Libero Gerosa, Ludger Müller (Hg.)

Katholische Kirche und Staat in der Schweiz

Kirchenrechtliche Bibliothek

herausgegeben von

Libero Gerosa

und

Ludger Müller

Band 14

LIT

Libero Gerosa, Ludger Müller (Hg.)

Katholische Kirche und Staat in der Schweiz

LIT

∞

Gedruckt auf alterungsbeständigem Werkdruckpapier entsprechend
ANSI Z3948 DIN ISO 9706

Bibliografische Information der Deutschen Nationalbibliothek
Die Deutsche Nationalbibliothek verzeichnet diese Publikation in der Deutschen Nationalbibliografie; detaillierte bibliografische Daten sind im Internet über http://dnb.d-nb.de abrufbar.

ISBN 978-3-643-80056-5

Dufourstr. 31
CH-8008 Zürich
Tel. +41 (0) 44-251 75 05
Fax +41 (0) 44-251 75 06
e-Mail: zuerich@lit-verlag.ch
http://www.lit-verlag.ch

LIT VERLAG Dr. W. Hopf
Berlin 2010
Verlagskontakt:
Fresnostr. 2
D-48159 Münster
Tel. +49 (0) 2 51-620 320
Fax +49 (0) 2 51-922 60 99
e-Mail: lit@lit-verlag.de
http://www.lit-verlag.de

Auslieferung:
Deutschland: LIT Verlag Fresnostr. 2, D-48159 Münster
Tel. +49 (0) 2 51-620 32 22, Fax +49 (0) 2 51-922 60 99, e-Mail: vertrieb@lit-verlag.de

Österreich: Medienlogistik Pichler-ÖBZ, e-Mail: mlo@medien-logistik.at

Schweiz: B + M Buch- und Medienvertrieb, e-Mail: order@buch-medien.ch

Inhalt

II. Kernfragen des Staatskirchenrechts der Schweizer Kantone

A. Referate

B. Beiträge für die Sitzungen der Arbeitsgruppen

a) Der Fall Röschenz *im Kanton Basellandschaft*

b) Die Pfarreien im Kanton Waadt

Vorwort

Auf Anregung des Apostolischen Stuhls und der Schweizerischen Bischofskonferenz fand am 3. und 4. November 2008 in Lugano eine wissenschaftliche Tagung mit dem Thema „Katholische Kirche und Staat in der Schweiz" statt, an der Vertreter des Apostolischen Stuhls, alle schweizerischen Bischöfe sowie Fachleute aus dem Bereich des Kirchenrechts und des Staatskirchenrechts teilgenommen haben. Die Akten dieser Tagung wurden in der jeweiligen Originalsprache bereits im Jahr 2009 veröffentlicht.

In der vorliegenden deutschsprachigen Ausgabe werden nur die wissenschaftlichen Vorträge auf dieser Tagung (I. und II.), vermehrt um einzelne ergänzende wissenschaftliche Beiträge, die nicht für die Tagung verfaßt worden sind (III.), und nachträglich ausformulierte Stellungnahmen und Voten der Tagungsteilnehmer (IV.) publiziert. Auf die nochmalige Veröffentlichung des zusammenfassenden Berichts über die Diskussion sowie der Homilien und Ansprachen meinten die Herausgeber hier verzichten zu können.

Die schweizerische Konföderation, einer der kleineren Staaten in Europa, bietet einen ganzen Kosmos staatskirchenrechtlicher Modelle und stellt so ein vorrangiges Forschungsgebiet vergleichender Arbeit im Bereich des (Staats-)Kirchenrechts dar. Die hier gewachsenen Strukturen scheinen jedoch heute in Spannung zu stehen zu den aufgrund der Lehre des Zweiten Vatikanischen Konzils veränderten innerkirchlichen Vorgaben. Die Ergebnisse der Tagung des Jahres 2008 sind daher nicht nur für die Kirche in der Schweiz – hier vielleicht in besonderer Weise für die Diözesen in den deutschsprachigen Kantonen –, sondern auch für die Kirchenrechtswissenschaft im deutschsprachigen Raum und darüber hinaus von Interesse.

Die Dankbarkeit der Herausgeber gilt zunächst dem scheidenden Vorsitzenden der Schweizerischen Bischofskonferenz Bischof Dr. Kurt Koch für seine Ermutigung und seinen guten Rat. Dank gesagt sei ebenfalls der *Katholischen Kirche im Kanton Zürich* sowie der *Römisch-Katholischen Zentralkonferenz der Schweiz (RKZ)* wegen der großzügigen finanziellen Unterstützung der Vorbereitung und Drucklegung dieses Bandes. Ein besonderes Dankeschön sei dem Generalsekretär der RKZ Dr. Daniel Kosch für seine bereitwillige und kompetente Hilfe gesagt. Nicht weniger sei Herrn Dr. Felix Gmür, dem Sekretär der Schweizerischen Bischofskonferenz, für seine Aufmerksamkeit im Zusammenhang mit der Tagung und der folgenden Arbeiten gedankt. Schließlich soll unseren Mitarbeitern, Frau Carla Fraioli und Herrn Alexander Kuhn, Lugano, sowie Herrn Dr. Klaus Zeller und Herrn Stephan Csernohorszky, Wien, herzlichst für ihre stets zuverlässige Hilfestellung gedankt werden.

Wien, den 25. Januar 2010, am Fest der Bekehrung des Apostels Paulus

Libero Gerosa　　　　　　　　　　　　　　　　　　Ludger Müller

Voten zur Eröffnung der Tagung

Zur Studientagung „Katholische Kirche und Staat in der Schweiz" darf ich Sie alle im Namen der Schweizer Bischofskonferenz herzlich begrüßen. Diese Tagung ist aus den intensiven Gesprächen mit den Kardinalpräfekten der römischen Dikasterien anläßlich des *Ad-Limina*-Besuchs vom 7. bis 9. November 2006 herausgewachsen. Wir Schweizer Bischöfe führen diese Tagung deshalb bewußt mit den Vertretern des Heiligen Stuhls durch, denen ich für ihre Gegenwart und ihr Mitwirken herzlich danke. Ein besonderer Dank gilt dem Ortsbischof, Mgr. Pier Giacomo Grampa, für seine Gastfreundschaft. Ebenso herzlich danke ich dem Internationalen Institut für Kirchenrecht und vergleichendes Religionsrecht der Theologischen Fakultät Lugano und seinem Direktor, Herrn Dr. Libero Gerosa, für die intensive Arbeit bei der Vorbereitung unserer Tagung und für deren Moderation. Unter den zahlreichen Gästen heiße ich die Referenten und die Vertreter und Vertreterinnen der Römisch-katholischen Zentralkonferenz herzlich willkommen, die von der Tagungsthematik unmittelbar betroffen sind.

Wer einen auch nur kurzen Blick in die Geschichte Europas wirft, wird feststellen können, wie wechselreich und spannungsvoll sich das Verhältnis zwischen Kirche und Staat gestaltet und entwickelt hat. Es ist dabei jedoch stets deutlicher zu Tage getreten, daß sowohl dem Selbstverständnis der Kirche als auch dem Selbstverständnis des neuzeitlichen weltanschaulich neutralen Staates nur eine weitgehende Trennung von Kirche und Staat wirklich entsprechen kann, was freilich eine loyale Partnerschaft und Zusammenarbeit zwischen beiden gerade nicht ausschließt, sondern ermöglicht. Diese Sicht wird seit einiger Zeit unter dem Stichwort der „positiven Laizität des Staates" verhandelt, zu der sich auch Papst Benedikt XVI. in seiner Begrüßungsansprache zu Beginn seiner Apostolischen Reise nach Frankreich im Palais de L'Elysée mit den folgenden Worten positiv geäußert hat:

„En ce moment historique où les cultures s'entrecroisent de plus en plus, je suis profondément convaincu qu'une nouvelle réflexion sur le vrai sens et sur l'importance de la laicité est devenu nécessaire. Il est en effet fondamental, d'une part, d'insister sur la distinction entre la politique et le religiuex, afin de garantir aussi bien la liberté religieuse des citoyens que la responsabilité de l'Etat envers eux, et de'autre part, de prendre une consciensce plus claire de la fonction irremplacable de la religion pour la formation des consciences et de la contribution qu'elle peut apporter, avec d'autres instances, à la création d'un consensus éthique fondemental dans la société."

In dieser Sinnrichtung hoffe ich, daß auf unserer Tagung sowohl die offenen Fragen im Verhältnis zwischen Kirche und Staat angesprochen als auch hilfreiche Wege in die Zukunft angezeigt werden können. In der Hoffnung auf ein gutes Gelingen unserer Tagung darf ich nun das Wort unserem Tagungsmoderator, Herrn Prof. Dr. Libero Gerosa übergeben.

Kurt Koch

Hochwürdigste Exzellenzen,
sehr geehrte Damen und Herren,

im doppelten Gewand des Moderators der Tagung und des Direktors des Internationalen Instituts für Kanonisches Recht und Vergleichendes Religionsrecht (DiReCom) der Theologischen Fakultät Lugano schließe ich mich dem Vorsitzenden der Schweizerischen Bischofskonferenz, Bischof Kurt Koch von Basel, an und entbiete ihnen ein herzliches Willkommen und die besten Wünsche für eine gute Arbeit.

Die Wahl dieses Veranstaltungsortes für unsere Tagung „Katholische Kirche und Staat in der Schweiz", die zwischen dem Heiligen Stuhl und der Schweizerischen Bischofskonferenz vereinbart worden ist, kann – nach meiner bescheidenen Meinung – nicht einfach nur als Anerkennung der wissenschaftlichen Qualität der Arbeit interpretiert werden, die vom *Istituto DiReCom* im Bereich jener Fragen geleistet wird, denen wir uns in diesen Tagen stellen werden, sondern vielmehr als ein klarer Hinweis auf die Methode, mit der wir unsere gemeinsame Arbeit über diese aktuellen und heiklen Fragen angehen müssen.

Tatsächlich, wenn das *Istituto DiReCom* so sehr auf der Notwendigkeit insistiert, die Berücksichtigung der Grundlegung der Normen immer mit der Rechtsvergleichung zu verbinden, geschieht dies deshalb, weil seine Angehörigen zutiefst davon überzeugt sind, daß heute – mehr noch als je – zwischen *Kenntnis* der Gesetze, ihrer *Interpretation* und ihrer *Weiterentwicklung* eine zirkuläre Beziehung besteht als Ergebnis eines Prozesses, der niemals eine „Einbahnstraße" dargestellt hat.[1] Ja, schon „im Römischen Recht war die Interpretation, seit den Anfängen, eine Rechtsquelle, als die wenigen Gesetze immer wieder einer neuen Integration und Vervollständigung, nicht nur durch den Praetor, sondern vor allem durch die Rechtsgelehrten, bedurften".[2] Ja, gerade dank der Arbeit der Rechtsgelehrten erleuchtet der „enge, notwendige Bezug zwischen Gesetz und Gemeinschaft"[3] die Bedeutung der verschiedenen Rechtsinstitute und macht auf diese Weise klar und evident, daß ihr normativer Gehalt „in der Mitteilung an die Betroffenen wahre Festigkeit gewinnt".[4]

---

1 Vgl. Franz Pototschnig, *Kirchliche Rechtsentwicklung als Anpassungsprozeß,* in: ÖAKR 25 (1974) 16–39; Libero Gerosa, *Gesetzesauslegung im Kirchenrecht. Anregungen und Zukunftsperspektiven für die katholische Kanonistik,* Münster 1999 (Kirchenrechtliche Bibliothek 2), 119–124.

2 Rosalio J. Castillo Lara, *Die authentische Auslegung des kanonischen Rechts im Rahmen der Tätigkeit der päpstlichen Kommission für die authentische Interpretation des Ius Cnaonicum,* in: ÖAKR 38 (1987/88) 209–228, hier: 211.

3 Juan L. Gutierrez, *Alcune questioni sull'interpretazione della legge,* in: Apollinaris 60 (1987) 507–525, hier: 517–518.

4 Vittorio Frosini, *Lezioni di teoria dell'interpretazione giuridica,* Mailand 1989, 108; auch Castillo Lara spricht von der Auslegung als einer „Vermittlung" zwischen „Gesetzgeber" und „Personen" (vgl. *Die authentische Auslegung des kanonischen Rechts* [Anm. 2], 209). Das entspricht der allgemeinen Interpretationstheorie: „Eine sinnhal-

Diese wissenschaftliche Arbeitsweise uneingeschränkt auf die Analyse der komplexen Fragen anzuwenden, die heute vom schweizerischen Staatskirchenrecht aufgeworfen werden, bedeutet, sich in die richtige Position desjenigen zu begeben, der einerseits die Lehre des Zweiten Vatikanischen Konzils über die Kirche als Geheimnis der *communio* vollständig rezipieren und andererseits zeigen will, daß gerade diese Rezeption alles das hochschätzt, was es an gutem in der jahrhundertealte missionarischen Tradition der Teilkirchen gibt, die in der Schweiz leben und wirken.

Sicher, die Schweiz ist ein kleines Land, es weist aber in höchstem Maß Unterschiede im Blick auf seine ethnische, kulturelle und religiöse Zusammensetzung auf. Gerade deshalb kann die Schweiz wichtige Beiträge leisten nicht nur für die großen Nationen in der *global village*, und besonders in Europa, sondern auch und vor allem für die Teilkirchen, die größere homogene Territorien umfassen und deshalb weniger reich an kultureller Vielfalt, an bunten konfessionellen, liturgisch-theologischen und politischen Traditionen, die hingegen im Laufe der Jahrhunderte in den 26 schweizerischen Kantonen sehr komplizierte juristische Systeme hervorgebracht haben, welche jedoch jede Minderheit mit tiefstem Respekt behandeln.

In der Analyse dieser juristischen Systeme das vergleichende Element mit jenem der Grundlegung des Rechts zu verbinden ist nicht leicht, aber sicher eine Übung, die einereits dazu verhelfen wird, die kirchliche Gemeinschaft unter uns und zwischen uns und dem Heiligen Stuhl wahrer und fruchtbarer zu machen, andererseits aber auch in unserer aktuellen multikulturellen und multiethnischen Gesellschaft deutlicher werden zu lassen, daß die katholische Kirche, auch in der Schweiz, nicht auf Privilegien aus ist, sondern aufgrund ihrer Sendung dazu berufen ist, mit allen ihren Kräften zur Verwirklichung des Gemeinwohls in allen Bereichen der weltlichen Gesellschaft beizutragen. So hat es uns in autoritativer Weise Papst Benedikt XVI. in Erinnerung gerufen, als er den Ausdruck „positive Laizität" kommentierte, den der französische Präsident bei der Begrüßungszeremonie im Elysée-Palast am 12. September 2008 verwendet hatte: „Ich bin überzeugt, daß in dieser geschichtlichen Zeit, in der die Kulturen sich immer mehr verflechten, ein neues Nachdenken über den wahren Sinn und die Bedeutung der Laizität notwendig geworden ist. In der Tat ist es grundlegend, einerseits auf der Unterscheidung zwischen politischem und religiösem Bereich zu bestehen, um sowohl die Religionsfreiheit der Bürger als auch die Verantwortung des Staates, die er ihnen gegenüber hat, zu gewährleisten, und sich andererseits deutlicher der unersetzlichen Funktion der Religion für die Gewissensbildung bewußt zu werden und des Beitrags, den die Reli-

---

tige Äußerung gültig interpretieren bedeutet, das von dem Sich-Äußernden Gemeinte ermitteln, das heißt, verstehen und es weiter vermitteln, das heißt, verständlich machen" (Joseph Pieper, *Was heißt Interpretation?*, Opladen 1979, 13).

gion gemeinsam mit anderen zur Bildung eines ethischen Grundkonsenses innerhalb der Gesellschaft erbringen kann."[5]

Es sind diese Offenheit und diese Verantwortungsbewußtsein, die uns in allen Momenten unserer gemeinsamen Arbeit begleiten müssen, entsprechend dem wahrhaft intensiven Programm, das wir bei dieser Tagung zu erfüllen haben.

Ihnen allen – Bischöfen, Referenten und Gästen – von Herzen: Willkommen und gute Arbeit!

Libero Gerosa

---

5 Benedikt XVI., *Ansprache bei der Begrüßungszeremonie im Elysée-Palast,* Paris, 12. September 2008, in: L'Osservatore Romano, 12. 9. 2008, 8; deutsch: http://www.vatican.va/holy_father/benedict_xvi/speeches/2008/september/documents/hf_ben-xvi_spe_20080912_parigi-elysee_ge.html.

I. Allgemeine Grundsätze und „status quo“ in der Schweizerischen Eidgenossenschaft

A. Referate

Eine Problemanzeige: Das schweizerische Staatsverständnis in seiner Auswirkung auf das Verhältnis Staat – Kirche

Peter Henrici

Drei Vorbemerkungen

1. Die katholische Kirche bleibt sich zwar in ihrem Wesen durch die Jahrhunderte hindurch gleich;[1] sie hat jedoch im Lauf ihrer langen Geschichte mit den verschiedensten Staatsformen und Staatsauffassungen zusammengelebt. Das reicht von den Kirchenverfolgungen aus Staatsräson bis zum Staatskirchentum und bis zu quasi ekklesiokratischen Staatsformen – letzteres nicht so sehr im katholischen Mittelalter als in der nachreformatorischen Neuzeit. Im Gegenzug dazu setzt sich seit der Zeit der Aufklärung die Idee einer Trennung *de jure,* wenn auch nicht immer *de facto,* von Kirche und Staat durch. Diese Vielfalt von Verhältnissen ergibt sich nicht aus dem unveränderlichen Wesen der Kirche (das sich darin jedoch als äußerst anpassungsfähig erwiesen hat), sondern aus der Verschiedenheit der Staatswesen, in denen die Christen zu leben hatten, näher gesagt aus dem Selbstverständnis dieser Staaten, aus der daraus sich ergebenden Auffassung vom Verhältnis zwischen Staat und Kirche. Dieses Selbstverständnis ist keine platonische Idee in einem fernen Jenseits; sie ist konkrete Wirklichkeit in der Vorstellung, die sich die Staatsbürger und die für das Staatswesen Verantwortlichen von ihrem Staate machen.

Wer über das wirkliche oder wünschbare Verhältnis zwischen Kirche und Staat in der Schweiz diskutieren will, muß deshalb auch das Selbstverständnis des schweizerischen Staates und seiner Bürger beachten; sonst bleibt die Diskussion abstrakt und führt zu keinem positiven und realisierbaren Ergebnis.

2. Daran anschließend drängt sich eine zweite Vorbemerkung auf. Zwar sind Wesen und Selbstverständnis eines Staates wandelbarer als jene der Kirche, sie können jedoch von einer so langen geschichtlichen Vergangenheit geprägt sein, daß auch sie eine gewisse Beständigkeit und Festigkeit aufweisen.

Daraus folgt, daß die Änderung eines bestimmten Verhältnisses zwischen Staat und Kirche, das aus kirchlicher Sicht gewisse Nachteile aufweist, in der

---

1 Das *„subsistit"* in *Lumen gentium* Nr. 8 weist in seiner lateinischen Urbedeutung sowie in den romanischen Sprachen in erster Linie auf dieses Fortdauern hin; statt: „ist verwirklicht in" wäre wohl besser zu übersetzen: „hat Bestand in".

Regel nur in einem langwierigen und Geduld erheischenden geschichtlichen Prozeß gelingen kann.

3. Die Notwendigkeit, die Beziehungen zwischen Kirche und Staat zu regeln, ergibt sich nicht zuletzt aus der Tatsache, daß die gleichen Menschen zugleich Glieder der Kirche und Staatsbürger sind. Sie müssen sowohl in der einen wie in der andern dieser beiden Institutionen mit ruhigem Gewissen leben und die dort geltenden Regeln und Gesetze beobachten können.

Daraus folgt, daß das Verhältnis zwischen Kirche und Staat in der Schweiz so zu regeln ist, daß es sowohl mit dem katholischen Selbstverständnis der Schweizer Katholiken vereinbar ist wie auch mit ihrer besonderen Art, ihr Staatsbürgertum zu leben.

Im Sinn dieser drei Vorbemerkungen möchte dieses einleitende Referat die Besonderheiten des schweizerischen Staatsverständnisses und des Selbstverständnisses der Schweizer Staatsbürger in aller Kürze (und manchmal um den Preis ungebührlicher Vereinfachung) in seinen großen Linien darstellen und dabei auch auf die Schwierigkeiten hinweisen, die sich aus diesem schweizerischen Selbstverständnis für das Verhältnis von Kirche und Staat ergeben können.

I. Die politische Struktur der Schweiz in ihrem Verhältnis zur Kirchenstruktur

A. 26 Kantone und ihre Autonomie, namentlich in Religionsfragen

1. Wer die politische Struktur der Schweiz beschreiben will, muß als erstes bemerken, daß es sich nicht um einen einheitliches Staatswesen handelt, sondern um einen Bundesstaat, in welchem sich die ursprünglich souveränen Stände zusammengefunden haben zur Schweizerischen Eidgenossenschaft, zur „*Confoederatio Helvetica*", wie der offizielle Name des schweizerischen Staates lautet. Die Schweizer „Kantone" sind nicht nur geographisch abgeteilte Gebiete (entsprechend der Bedeutung dieses Wortes in den romanischen Sprachen), sondern die ursprünglichen politischen Größen, aus deren gemeinsamem Willen zum Zusammenschluß sich die Schweiz als Staat ergeben hat. Deshalb behalten sie auch heute noch eine gewisse Autonomie, die sich nicht zuletzt auf das Schulwesen[2] und auf die Religionsfragen bezieht. In dieser ihrer Autonomie unterscheiden sich die Schweizer Kantone grundsätzlich von rein administrativen Unterteilungen eines Einheitsstaates, wie dies beispielsweise französischen Departemente und die italienischen Provinzen und Regionen sind.

2 Zur Illustration kann das gegenwärtige Bemühen dienen, die Schulsysteme interkantonal zu harmonisieren („Harmos"). Mehrere Kantone haben diesen Harmonisierungsversuch schon abgelehnt.

Aus dieser Autonomie der Kantone in Religionssachen ergibt es sich, daß in der Schweiz nicht nur *ein* System der Beziehung zwischen Staat und Kirche zu finden ist, sondern deren 26, die sich oft grundlegend voneinander unterscheiden, ja zueinander in Gegensatz stehen können. Da sich das Territorium von fünf der sechs Schweizer Bistümer über mehr als einen Kanton erstreckt, haben es fast alle Bischöfe (mit Ausnahme des Bischofs von Lugano) nicht nur mit mehreren Kantonsregierungen zu tun, sondern auch mit verschiedenen und manchmal einander entgegengesetzten Systemen des Verhältnisses zwischen Kirche und Staat.

2. Die Autonomie der Kantone in Religionsfragen ist historisch aus den mit der Reformation entstandenen Problemen zu erklären.[3] Vor der Reformation war die Einheit unter den damals 13 Ständen durch einen Landfriedensvertrag gesichert, der sich auf die Anrufung Gottes als Garanten dieses Vertrags stützte – daher der Name „Eidgenossenschaft". Nach der Reformation konnten sich die protestantisch gewordenen und die katholisch gebliebenen Stände nicht mehr gemeinsam und in der gleichen Weise an den immer noch gleichen Gott wenden. Um deshalb nach den Religionskriegen die Einheit des Bündnisses zu wahren, unterstrich man die Souveränität der Stände in Religionssachen, wonach die Bevölkerung eines jeden Standes den Gottesdienst nach dessen jeweiliger Konfession feiern durfte.

Als sich dann die Schweiz 1848 nach den napoleonischen Wirren und der so genannten „Helvetik" und nach dem Sonderbundskrieg, der zumindest vordergründig als Religionskrieg betrachtet wurde, mit einer Verfassung als Bundesstaat konstituierte, wurde aus dem gleichen Grund verfassungsrechtlich festgehalten, daß der Bund in Religionsfragen und in Schulfragen (die eng mit der Religion verknüpft waren) neutral sein solle. Diese Materien blieben wie bisher den Kantonen überlassen. Desungeachtet wurden in die Bundesverfassung konfessionelle Ausnahmeartikel eingeführt, deren letzter erst vor wenigen Jahren abgeschafft wurde. Die zuletzt 1998 nachgeführte Bundesverfassung garantiert in Art. 15 wie bisher die persönliche Glaubens- und Gewissensfreiheit, woraus sich eine korporative Religionsfreiheit zumindest ableiten läßt, wenn sie auch nicht ausdrücklich genannt wird, entgegen dem in der Vernehmlassung ausgedrückten Wunsch der Bischofskonferenz.

Anderseits behält sich der Bund alle Außenbeziehungen vor und folglich auch die Beziehung zum Heiligen Stuhl. Der Nuntius ist als Doyen des Diplomatischen Korps in Bern akkreditiert, und nur der Bund hat das Recht, mit dem Heiligen Stuhl ein Konkordat abzuschließen. Die in Religionssachen autonomen Kantone müssen zum Abschluß oder zur Abänderung eines Konkordats oder auch nur eines Vertrags mit dem Heiligen Stuhl notwendig an den Bund gelangen. Aus dieser Sachlage ergibt sich der seinerzeit von Nuntius Rauber erwogene Vorschlag eines eidgenössischen Rahmenkonkordats, dem sich die ein-

3 Vgl. dazu Thomas Maissen, *Die Geburt der Republic. Staatsverständnis und Repräsentation in der frühneuzeitlichen Eidgenossenschaft,* Göttingen ²2008, 366 ff., 297 ff, 498 ff.

zelnen Kantone anschließen können, gegebenenfalls mit örtlich bedingten Änderungen oder Zusätzen.

Heute bemüht sich vor allem der Schweizerische Evangelische Kirchenbund darum, durch einen in die Verfassung einzufügenden Religionsartikel dem Bund eine gewisse Kompetenz in Religionsfragen zuzuschreiben. Es ist jedoch wenig wahrscheinlich, daß sich dieses Bemühen politisch durchsetzen läßt. Nicht zuletzt deshalb zeigt die Mehrheit der Schweizer Bischöfe wenig Sympathie für einen solchen Religionsartikel.

B. Die schweizerische Gemeindeautonomie, namentlich die Steuerhoheit der Gemeinden

1. Jeder Schweizer Bürger besitzt sein Bürgerrecht zuerst und grundlegend in einer der mehr als 3000 politischen Gemeinden der Schweiz. Erst aus diesem grundlegenden Bürgerrecht, das von Vater zu Sohn vererbt wird und das grundsätzlich auch dann nicht verloren geht, wenn sich eine Familie im Ausland aufhält, ergibt sich das Bürgerrecht in einem Kanton und das Schweizer Bürgerrecht.

Die Gemeinden stellen somit die Grundstruktur des schweizerischen Staates dar, und die echte Autonomie der politischen Gemeinden ist eines der Kennzeichen, durch die sich die Schweiz von jedem anderen neuzeitlichen Staat unterscheidet. Die schweizerische Gemeindeautonomie besteht in der Tat nicht nur darin, daß gewisse Verwaltungsaufgaben den Gemeinden überlassen bleiben, wie dies in den meisten europäischen Ländern der Fall ist; sie stellt vielmehr ein ursprüngliches Recht jeder schweizerischen Gemeinde dar, das von Kanton zu Kanton verschieden ausgestaltet und das vor allem in Westschweizer und Tessiner Gemeinden begrenzt sein kann.

Ihren sichtbarsten Ausdruck findet die Gemeindeautonomie in der Steuerhoheit der Gemeinden. Diese schneidet auch am folgenreichsten in das Verhältnis zwischen Kirche und Staat ein. Fast alle direkten Steuern sind in der Schweiz Gemeindesteuern, wobei jede Gemeinde selbst den Steuerfuß festsetzen kann, was bekanntlich zu erheblichen Unterschieden zwischen den einzelnen Wohngemeinden führt. Wo Kirchensteuern bestehen, gilt dies auch für diese, überdies ohne den Ausgleich einer Kantons- und Bundessteuer. Ein Kirchensteuersystem der „acht Promille", wie es beispielsweise in Italien besteht, mag deswegen zwar als wünschenswert erscheinen; seine Einführung und Durchführung würde jedoch auf fast unüberwindliche Schwierigkeiten stoßen.

Das System der Gemeindesteuern hat ferner zur Folge, das rund 86 % des Kirchensteuerertrags in den Kirchgemeinden verbleibt, d. h. in den Pfarreien, während die übergemeindlichen kantonalen, diözesanen und gesamtschweizerischen Aufgaben mit den übrigen 14 % finanziert werden müssen, die von den Gemeinden dafür überwiesen werden. Daraus ergibt sich – wenigstens in einer Mehrheit der Kantone – eine unverhältnismäßig starke Position der Kirchgemeinden (und damit auch der Pfarreien) gegenüber der Leitungsgewalt der Bischöfe. Dieses finanzielle Ungleichgewicht braucht nicht zu verwundern, wenn man bedenkt, daß auch staatlicherseits die Gemeinden bis vor kurzem fast 50 % des gesamten Steuerertrags verschlangen.

2. Die so ausgestaltete Gemeindeautonomie, die manch einer als überholt bezeichnen möchte, ist ebenfalls historisch zu erklären, und zwar nicht in erster Linie daraus, daß sich die Städte im Mittelalter vielerorts als unabhängige Gemeinwesen konstituierten. Sie geht vielmehr weitgehend auf die Verhältnisse in den von Landesherren oder von den Städten unabhängigen ländlichen Gegenden zurück – in jenen Gegenden also, die zur Reformationszeit weitgehend katholisch blieben. Dort war der Grundbesitz: Weiden, Wälder und manchmal auch Weinberge großenteils Gemeinbesitz aller ortsansässigen Familien und er wurde auch gemeinsam bearbeitet und verwaltet. Aus diesen zunächst wirtschaftlichen Verhältnissen ergab sich dann eine politische Struktur, die Gemeinde, was bis den kirchlichen Bereich hinein seine Folgen hatte.[4]

Denn zu den von der Gemeinde verwalteten Gütern gehörte auch kirchliches Eigentum, Benefizien und andere Stiftungen, woraus diese Gemeinden – um einen historisch komplexen Vorgang vereinfachend zusammenzufassen – dann auch ein Kollaturrecht ableiteten, d. h. das Recht, dem Bischof einen Nutznießer dieser Güter vorzuschlagen, der dann ihr Pfarrer sein würde. Im Gegensatz zum geltenden kanonischen Recht, das nur lebenslange Benefizien vorsah, mußte dieser Pfarrer manchmal Jahr für Jahr in seinem Amt bestätigt werden. Mit einer Bulle vom 8. Januar 1513 bestätigte Papst Julius II. den Urschweizer Kantonen dieses Kollaturrecht.[5]

Eigentümlicherweise behielten einige katholische Äbte ihr Kollaturrecht jahrhundertelang auch in den reformiert gewordenen Kantonen und übten es auch aus. Zur Ablösung dieser Kollaturrechte übertrug man im Kanton Zürich zu Anfang des 19. Jahrhunderts das Pfarrwahlrecht den Gemeinden, wodurch sie zu reformierten Kirchgemeinden wurden. Als bald darauf die aargauische, mehrheitlich katholische Gemeinde Dietikon, deren Pfarreigebiet sich über die Gemeinde- und Kantonsgrenzen hinaus erstreckte, in den Kanton Zürich eingegliedert wurde, begann man die Kirchgemeinden von den politischen Gemeinden abzulösen, eine Ablösung, die beispielsweise im Kanton Schwyz erst in den letzten Jahrzehnten unter dem Druck der Kirchenleitung durchgehend durchgeführt wurde.

Anderseits bildet gerade das Modell der katholisch gebliebenen ländlichen Gemeinwesen den geistigen Hintergrund für die schweizerische direkte Demo-

4 Genauere historische Angaben zum Folgenden am Beispiel des Kantons Nidwalden finden sich in den Beiträgen von Paul Oberholzer und Martin Grichting in diesem Band.

5 Vgl. Josef Frei, *Die Pfarrwahlbulle Papst Julius' II.*, in: Der Geschichtsfreund. Mitteilungen des Historischen Vereins der fünf Orte Luzern, Uri, Schwyz, Unterwalden und Zug 89 (1934) 165–193.

kratie. Oberste Instanz in diesen Gemeinwesen war die Gemeindeversammlung und bei ihrem Zusammenschluß zu einem Stand die ebenfalls direkt demokratische „Landsgemeinde". Heute sind die Landsgemeinden zwar bis auf eine abgeschafft und durch die Abstimmung an der Urne ersetzt, doch die ihnen zugrunde liegende Überzeugung, daß alle Bürger die Möglichkeit haben müssen, sich zu allen wichtigen Sachgeschäften direkt äußern, bestimmt auch heute noch die schweizerische Politik auf allen Ebenen.

3. Aus dem Gesagten ergeben sich einige erste Bemerkungen bezüglich des Verhältnisses Kirche – Staat.

1° Zunächst und grundlegend ist zu bemerken, daß die staatliche Grundstruktur der Schweiz der Struktur der katholischen Kirche diametral entgegengesetzt zu sein scheint. Der Schweizer versteht seinen Staat als „von unten nach oben" aufgebaut, von den Gemeinden, in denen der Bürger als Bürger zunächst beheimatet ist, über die Kantone zum Bund. Die katholische Kirche ist dagegen hierarchisch „von oben nach unten" konstituiert, d. h. von der „einen, heiligen, katholischen und apostolischen" Weltkirche zu den Partikularkirchen, den Bistümern, die ihr Territorium dann weiter in Pfarreien aufteilen.

Bei nicht wenigen Schweizer Katholiken ist deshalb eine Tendenz festzustellen, diese Strukturverschiedenheit zu übersehen und die katholische Kirche analog zur schweizerischen Gemeindeautonomie „kongregationalistisch" zu verstehen, d. h. als einen Zusammenschluß unabhängiger Pfarreien (bzw. Kirchgemeinden), welche dann zudem fälschlicherweise als „Ortskirche" bezeichnet werden. Doch selbst die evangelisch-reformierten Landeskirchen der Schweiz verstehen sich nicht kongregationalistisch.

2 Dagegen wäre es sinnvoll, daß in allen Kantonen eigene Kirchgemeinden von den politischen Gemeinden unterschieden und abgetrennt würden. Dies bedeutet in den immer noch recht archaischen schweizerischen Strukturen eine größere, namentlich auch finanzielle Entflechtung zwischen Kirche und Staat.

3 Auf dieser Entflechtung beruht das bekannte und manchmal verschriene schweizerische „duale" System zwischen kirchlichen und staatskirchenrechtlichen Strukturen. Es geht darauf zurück, daß die meisten Kantone nur demokratisch verfaßten Kirchgemeinden das Recht gewähren wollen, Kirchensteuern zu erheben, nicht aber der Kirche bzw. dem Bistum als solchen. Man würde diese spezifisch schweizerische Lösung besser als ein „auxiliares" System bezeichnen; denn die staatskirchenrechtlichen Strukturen haben gemäß ihren eigenen „Verfassungen", „Kirchenordnungen" oder Organisationstatuten nur die Aufgabe, die kirchliche Seelsorge finanziell zu ermöglichen und zu unterstützen.

4 Aus meiner persönlichen Erfahrung kann ich versichern, daß dieses System mit etwas gutem Willen von beiden Seiten gut funktioniert und für die kirchlich Verantwortlichen eine große Hilfe sein kann. Es entlastet sie vor allem in den finanziellen Belangen weitgehend, und es stellt zur Verwirkli-

chung seelsorgerlicher Anliegen sehr oft die Fachkompetenz und Effizienz ausgewiesener Berufsleute zur Verfügung.

Dennoch darf man nicht übersehen, daß dieses System auch die Gefahr in sich birgt, daß die finanzielle Übermacht der staatskirchenrechtlichen Kirchgemeinden gegenüber den eigentlich kirchlichen Strukturen und gegenüber den gemeinde- und kantonsübergreifenden seelsorglichen Aufgaben das Wirken und die Entscheidungsfreiheit der Bischöfe auch behindern kann, namentlich im Fall eines Konflikts zwischen den kirchlichen und den staatskirchenrechtlichen Instanzen.

5 Ein weiterer nicht zu unterschätzender Nachteil des „dualen" Systems ist die Zweiheit zwischen der ernennungsberechtigten kirchlichen Autorität (konkret dem Bischof) und der staatskirchenrechtlichen Anstellungsbehörde. Auch diese Zweiheit kann zu Meinungsverschiedenheiten und Konflikten führen.[6] Wenn sich jedoch beide Teile an die ihnen zukommenden Kompetenzen halten und sich bemühen, bei allen Ernennungen, wie schon in allen anderen kirchlichen Angelegenheiten einvernehmlich vorzugehen, stellt diese Zweiheit kein Problem dar; sie kann den Bischof und sein Ordinariat vielmehr von mancherlei Verwaltungsaufgaben entlasten. Erst wenn die genannten Voraussetzungen von der einen oder der andern Seite nicht beachtet werden, kann das „duale" System zu fast unlöslichen Arbeitskonflikten führen. Im Normalfall stellt es jedoch ein zwar einzigartiges, aber gut funktionierendes System der Trennung und zugleich der Zusammenarbeit zwischen Kirche und Staat dar.

II. Zwei Grundprinzipien des schweizerischen Staatsrechts, die auch für die Kirche von Bedeutung sind

Hier wird es notwendig, auf zwei noch grundlegendere Prinzipien des schweizerischen Staatsverständnisses hinzuweisen, die im spezifisch katholischen Denken ihren Ursprung haben, und die *mutatis mutandis* auch für das kirchliche Leben richtungweisend sein sollten. Aus diesen Prinzipien, die zum Grundbestand der kirchlichen Soziallehre gehören, können sich im kirchlichen Alltagsleben gewisse Schwierigkeiten ergeben, weil sie den schon erwähnten Aufbau jeder Gesellschaft „von unten nach oben" festzuschreiben scheinen.

---

6 Emblematisch dafür wurde der „Fall Röschenz", wo die Grenzen der staatskirchenrechtlichen Zuständigkeit nicht beachtet wurden. Vgl. dazu die untenstehenden Beiträge von Urs Brosi und Arturo Cattaneo.

A. Die Volkssouveränität

Der Schweizer als Bürger einer politischen Gemeinde anerkennt keinen anderen Souverän als das Volk, d. h. die Gesamtheit der stimmberechtigten Bürger. Diese Souveränität wurde in alten Zeiten in den „Landsgemeinden" ausgeübt und heute im allgemeinen Stimm- und Wahlrecht. „Wir anerkennen keine andere Autorität über uns als Gott allein" pflegten die Bürger der Urkantone zu wiederholen. Noch heute überwacht das Volk (oder wie man früher zu sagen pflegte „der Souverän") mit seinem Initiativ- und Referendumsrecht in den jährlich mehrmals stattfindenden Abstimmungen die Tätigkeit der Parlamente und der Regierungen auf allen Stufen des schweizerischen Staatswesens, in den Gemeinden, in den Kantonen und im Bund. Das Ergebnis einer Volksabstimmung auf Bundesebene kann nicht angefochten werden; es gibt in der Schweiz keine diesbezügliche Verfassungsgerichtsbarkeit.

Im mehr und mehr laisierten Staat und im (oft unbewußten) Gefolge des „*Contrat social*" Rousseaus geht jedoch das Bewußtsein mehr und mehr verloren, daß dieses *ius maiestatis* dem Staatsvolk nur von Gott verliehen sein kann. So sahen es auch die katholischen Autoren, beispielsweise Bellarmin und Suarez, die dem Begriff der Volkssouveränität Nachdruck verliehen haben. Infolge der Vergessenheit ihres göttlichen Ursprungs werden heute die Souveränitätsrechte nicht mehr als ein Naturrecht betrachtet, sondern als eine Gegebenheit positiven Rechtes, in deren Genuß nur die Staatsbürger kommen. Daraus ergibt sich das heute auf politischer Ebene noch weitgehend ungelöste Problem des Ausländerstimmrechts. In staatskirchenrechtlichen Belangen ist es zum größten Teil schon gelöst, was deshalb richtig und wichtig ist, weil rund 30 % der katholischen Bevölkerung der Schweiz aus dem Ausland stammt.

B. Das Subsidiaritätsprinzip

Aus dem Aufbau des schweizerischen Staatswesens „von unten nach oben" folgt auch, daß die übergeordneten Instanzen, die Kantone und der Bund, gegenüber den untergeordneten grundsätzlich „subsidiär" sind, d. h. daß sie nur jene Aufgaben erfüllen sollten, welche die untergeordneten Instanzen, die Gemeinden bzw. die Kantone, selbst nicht oder nur schwer erfüllen können. Dieses Staatsverständnis ist der gängigen Auffassung diametral entgegengesetzt, derzufolge der Staat „von oben nach unten" einen Teil seiner Aufgaben an untergeordnete, regionale oder lokale Instanzen delegieren kann.

Das Subsidiaritätsprinzip, ein Grundprinzip der katholischen Soziallehre,[7] hat denn auch vor allem durch die Werke von zwei Schweizer Autoren Heimatrecht in der kirchlichen Lehre gefunden: durch die *Institutiones iuris naturalis seu philosophiae moralis universae secundum principia S. Thomae Aquinatis* (1885–

7 Vgl. dazu neuestens Benedikt XVI., *Caritas in veritate*, Nr. 57.

1900) von Theodor Meyer SJ, deren Grundlinien sein Schüler Victor Cathrein SJ in seiner *Philosophia moralis* zu einem Lehrbuch umgearbeitet hat, das immer wieder aufgelegt wurde und in fast allen Priesterseminarien Eingang fand.

In der Linie des Subisidiaritätsprinzips, das die Schweizer immer wieder gerne zitieren, verstehen viele Schweizer Katholiken auch ihr Bistum und selbst das Papsttum als „subsidiär" für das Leben ihrer Pfarrgemeinde, die sie als die eigentliche „Ortskirche" verstehen, wo die Kirche an der „Basis"[8] lebt und sich von dorther aufbaut. Dabei vergißt man – ein Vergessen, das in manchen Teilen der Schweiz infolge der weiten Entfernung vom Bischofssitz schon Tradition hat –, daß es nach katholischer Lehre keine Kirche ohne Bischof geben kann, und daß folglich erst das Bistum die eigentliche Ortskirche ist.

Gleicherweise, und hier mit mehr Recht, werden auf staatskirchenrechtlicher Ebene auch die kantonalen kirchlichen Körperschaften (oft fälschlicherweise als „Kantonalkirchen" bezeichnet) als nur subsidiär gegenüber den Kirchgemeinden betrachtet. Das wirkt sich, wie schon angedeutet, namentlich auf den schwierigen Fluß der Steuergelder „von unten nach oben" aus.

III. Auswirkungen dieser Prinzipien auf das politische und kirchliche Leben in der Schweiz

A. Die direkte Demokratie

Die Schweiz ist die einzige Nation, in der alle volljährigen Staatsbürger auf allen Ebenen und bezüglicher aller wichtigen Geschäfte ein direktes Mitspracherecht haben. Das betrifft in erster Linie alle Verfassungsänderungen, aber auch Finanzfragen, z. B. die Festsetzung des Steuerfußes oder (auf Gemeindeebene) wichtige Bauten. Daraus ergibt es sich, daß die Schweizer jedes Jahr drei- bis viermal „an die Urne gerufen" werden, um über jeweils mehrere Sachgeschäfte ihre Stimme abzugeben. Die Notwendigkeit oder Möglichkeit, die Stimmbürger über jedes einigermaßen wichtige Geschäft konsultieren zu müssen, macht das politische Leben der Schweiz ziemlich schwerfällig, und sie stellt ein nicht zu unterschätzendes Hindernis für eine effiziente Außenpolitik der Schweiz dar. Das ungeminderte Festhalten an der direkten Demokratie ist zudem einer der wichtigsten Gründe für die Schweizer Stimmbürger, auf einen Beitritt zur Europäischen Union zu verzichten und statt dessen den Weg bilateraler Verträge zu versuchen.

---

8 Daß dieser Ausdruck, den man immer wieder hören kann, wenn vom „Kirchenvolk" oder den Laien als den eigentlichen Trägern des kirchlichen Lebens die Rede ist, aus dem Marxismus stammt und erst von daher einen gewissen herrschaftlichen Anspruch beinhaltet, scheint den meisten, die ihn gebrauchen, nicht (mehr) bewußt zu sein. Ein Beispiel, wie eine Terminologie fremden Ursprungs (die hier von 1968 stammt) das kirchliche Denken beeinflussen kann.

Aus diesem unhinterfragten und unhinterfragbaren Beharren auf dem Prinzip der direkten Demokratie erklärt sich, warum die meisten Kantone von den Katholiken eine demokratische Organisation ihrer Pfarreien als Kirchgemeinden fordern, bevor sie diesen das Recht verleihen, Kirchensteuern zu erheben. In dieser ur-schweizerischen Forderung ist der eigentliche Ursprung des schweizerischen „dualen“ Systems zwischen Kirchenrecht und Staatskirchenrecht zu suchen.

Im kirchlichen Alltagsleben folgt aus der tief eingewurzelten Idee der direkten Demokratie, daß die Gläubigen und auch viele Priester es nur schwer oder gar nicht verstehen wollen und können, daß die verschiedenen Räte, welche vom II. Vatikanum gefordert wurden, namentlich die Pfarreiräte und der Priesterrat, nach den Regeln des Kirchenrechts nur beratende Funktion haben und keine verbindlichen Beschlüsse fassen können. Immer wieder wurde und wird deshalb für diese Räte volle Entscheidungsgewalt eingefordert. Aus dem gleichen Grund finden die staatskirchenrechtlichen Gremien manchmal mehr Beachtung als die kirchlichen, weil sie das Recht haben, staatsrechtlich bindende Beschlüsse zu fassen – wobei sie gelegentlich auch versucht sind, die Grenzen ihrer Komptenz zu überschreiten.

B. Die kollegiale Regierungsform

Um die Meinung nicht nur einer Mehrheit der Bürger zu repräsentieren, sondern auch jene der größeren Minderheiten, sind die Regierungen auf allen Ebenen jeweils aus Mitgliedern verschiedener Parteien zusammengesetzt, die in aller Regel nach einem System des Proporz gewählt werden. Einmal gewählt, vertritt jedoch jedes Mitglied einer Regierung nicht mehr in erster Linie die Interessen seiner Partei, sondern die kollegial gefaßten Beschlüsse der ganzen Regierung.

Dieses kollegiale Regierungssystem findet seinen sprechendsten Ausdruck auf Bundesebene, im Bundesrat, einem Kollegium von sieben Mitgliedern, die einzeln vom Parlament für eine unbeschränkt erneuerbare Amtsdauer von je vier Jahren gewählt werden, und zwar nach einem traditionell feststehenden Schlüssel der Vertretung der Landesteile und der großen Parteien. Aus diesen sieben Bundesrät(inn)en wird vom Parlament der Bundespräsident oder die Bundespräsidentin gewählt, und zwar turnusgemäß und nur für ein Jahr. Die Präsidialaufgaben erschöpfen sich im wesentlichen im Vorsitz bei den wöchentlichen Sitzungen des Bundesrates und in der Vertretung des Bundes nach innen und nach außen.

Aus der Gewöhnung an dieses kollegiale Regierungssystem ergibt sich im kirchlichen Leben der Schweiz ein gutes Verständnis und eine Hochschätzung für die kollegialen kirchlichen Organe, die Bischofskonferenz, die Synode 1972 und nicht zuletzt das II. Vatikanische Konzil. Nicht selten wird der Wunsch geäußert, dieser kollegiale Entscheidungs- und Führungsstil möge sich auf allen

Ebenen des kirchlichen Lebens durchsetzen, vom Seelsorgeteam in einer Pfarrei oder in einem Seelsorgeraum bis in die römische Kurie.

C. Wertschätzung von Kompromißlösungen

Die kollegiale Regierungsform und die direkte Demokratie machen es nötig, daß für die meisten anstehenden Probleme eine Kompromißlösung gesucht und gefunden werden muß, die für den größeren Teil aller Beteiligten zumindest annehmbar ist. Während man andernorts einen Kompromiß oft als Verlegenheitslösung betrachtet, die es tunlichst zu vermeiden gilt, gilt dieser in der Schweiz als ein sicherer und anzustrebender Wert, der das politische und gesellschaftliche Zusammenleben in der Schweiz allererst ermöglicht.

Daraus folgt, daß die Schweizer Katholiken auch im kirchlichen Leben eine ähnliche Bereitschaft zu solchen Kompromißlösungen erwarten. Echte Kompromißbereitschaft vermag das Ansehen und die Autorität der kirchlich Verantwortlichen in keiner Weise zu vermindern; sie begründet diese vielmehr und stärkt sie. Umgekehrt werden kirchliche Entscheide und Verlautbarungen, die keine Möglichkeit zu einem Kompromiß offen lassen, in der Schweiz auch von den Katholiken nur schwer verstanden und angenommen. Sie sind deshalb auch entsprechend schwer zu vermitteln.

Schlussfolgerungen

1° Nach dem schweizerischen Staatsverständnis und insbesondere nach dem Gewicht, das dabei der direkten Demokratie zukommt, beruht ein gutes Verhältnis zwischen Kirche und Staat weniger auf rechtlichen Grundlagen und Abmachungen, kanonistischer oder staatskirchenrechtlicher Art, als auf dem guten Willen der beteiligten Personen und ihrer Bereitschaft zur Zusammenarbeit.

Auch das kann ein Grund dafür sein, daß der Staat (das heißt konkret: die Mehrheit der Stimmbürger eines Kantons) eine öffentlich-rechtliche Anerkennung lieber der Gesamtheit (der Korporation) der in diesem Kanton wohnhaften Katholiken gewährt, die zumindest mehrheitlich auch Staatsbürger sind, als der katholischen Kirche oder dem Bistum als solchen. Um dieses System der öffentlich-rechtlichen Anerkennung zu verbessern, ohne es grundsätzlich zu verändern oder gar abzuschaffen, müßte vom Staatskirchenrecht auch die spezifische hierarchisch-kirchliche Verantwortung einiger dieser katholischen Staatsbürger ausdrücklich als solche anerkannt werden. Erst so hätte man die Garantie, daß der Staat in Konfliktfällen diese Verantwortung respektiert und ihr Rechnung trägt.

2° Struktur und Selbstverständnis des schweizerischen Staates sind, wie wir gesehen haben, dem Selbstverständnis der katholischen Kirche in einigen Punkten diametral entgegengesetzt, namentlich bezüglich des Aufbaus „von unten nach oben", der daraus sich ergebenden Subsidiarität der übergeordneten Instanzen, der Volkssouveränität und der direkten Demokratie. Dennoch haben sich im Lauf der Jahrhunderte auf dem Gebiet der schweizerischen Eidgenossenschaft verschiedene Modelle herausgebildet, wie Kirche und Staat nicht nur friedlich koexistieren, sondern sich gegenseitig verstehen und fruchtbar zusammenarbeiten können. Sie funktionieren in aller Regel auch heute noch gut zum Nutzen und zur Zufriedenheit beider Teile.

3° Weil das gute Funktionieren dieser Modelle nicht in erster Linie auf staatskirchenrechtlichen oder kanonistischen Abmachungen und Festlegungen beruht, sondern auf dem guten Willen der beteiligten Personen, die als gleichzeitig Schweizerbürger und Katholiken beiden Ordnungen angehören, und die sich bemühen, in ihrem Denken und Handeln sowohl gute Staatsbürger wie gute Glieder der katholischen Kirche zu sein, haben, wie sich feststellen läßt, gelegentliche Streitigkeiten und Konflikte, welche als ein Versagen des entsprechenden Modells ausgelegt werden könnten, ihren wahren Grund oft in einer falschen Einstellung und/oder in charakterlichen Unverträglichkeiten der beteiligten Personen.

4 Hieraus läßt sich der Schluß ziehen, daß zur Verbesserung des Verhältnisses zwischen Kirche und Staat in der Schweiz strukturelle Veränderungen und Korrekturen allein nicht genügen; sie sind vielleicht nicht einmal das Vordringlichste. Ebenso wichtig und noch grundlegender scheint eine bessere Bewußtseins- und Gewissensbildung im Kirchenvolk und eine bessere Kenntnis und ein vertieftes Verständnis des wahren Wesens der katholischen Kirche und ihrer Strukturen zu sein. Strukturelle Veränderungen können keine wesentlichen Verbesserungen bringen, wenn ihre Umsetzung nicht vom Einverständnis und vom Gewissen der Beteiligten getragen wird.

Die hier in Kürze vorgelegten Streiflichter auf das schweizerische Staatsverständnis in seiner Beziehung zum Selbstverständnis der katholischen Kirche möchten nicht mehr, aber auch nicht weniger, als anregen zu einer weiteren und vertieften Diskussion über eine Reihe wichtiger, aber keineswegs einfacher Probleme. Für diese kann es wohl auch keine schnellen Patentlösungen geben.

Religiöse Freiheit und konfessionelle Autonomie

Carlo Cardia

1. Internationale Norm, religiöse Freiheit, institutionelle Autonomie der religiösen Konfessionen

Das 20. Jahrhundert war das Jahrhundert der Tragödie und der Niederlage der religiösen Freiheit (und anschließend ihres Wiederaufblühens), vor allem wegen der diktatorischen Regime, welche an verschiedenen Orten Europas sich durchgesetzt haben, für einige Jahren im Westen mit dem Rechtstotalitarismus, für eine lange Zeit in fast ganz Osteuropa mit dem Linkstotalitarismus. Mehr als zuvor hat die religiöse Freiheit das Schicksal der anderen Freiheiten geteilt, und aus der Hölle der Menschenrechte, verwirklicht durch das nationalsozialistische und das kommunistische Regime, ist die Frage von Hannah Arendt nach einer neuen Garantie für die Menschenwürde hervorgegangen, des „neuen Gesetzes auf Erden für die ganze Menschheit",[1] das heißt eines neuen Sinai, fähig, die Freiheit und die Würde der menschlichen Wesen wiederherzustellen. Dieses neue Gesetz ist nicht mit wenigen Worten geschrieben worden, aber es hat sich verwirklicht in den internationalen Erklärungen der Rechte der Person, in den demokratischen Verfassungen, welche die europäischen Rechtsordnungen neugestaltet haben, sowie in den Vereinbarungen, welche die Staaten mit den Kirchen abgeschlossen haben und die in den letzten Jahrzehnten zahlreicher geworden sind.

Die Wiedergeburt und die Entwicklung der religiösen Freiheit in der nachtotalitären Epoche haben hingegen die Uhrzeiger der Geschichte nicht zurückgedreht, sondern zu einem Nachdenken auch über die Vergangenheit geführt, über die Härte des Separatismus des 19. Jahrhunderts und über die vielen Formen des Staatskirchentums, welche den christlichen Kirchen auferlegt wurden in allen Teilen des alten Kontinents. Es ist also eine umfassendere und allgemeinere Reflexion über die Beziehung zwischen Religion und Modernität in Gang gekommen, und es hat sich eine umfassende Revision der Beziehungen zwischen Kirche und Staats abgezeichnet, die immer noch in Gange ist und die Eingriffe des Staates auf das wesentliche begrenzt sowie die unantastbaren Rechte der Kirchen und Konfessionen hochhält.[2]

In kurzer Zeit sind Vorurteile und scheinbar unüberwindliche Tabus gefallen, welche sich seit zwei Jahrhunderten von den Konflikten zwischen Staat und den Kirchen genährt hatten. Der totalitäre Plan, der darauf ausgerichtet ist, die Religionen aus der Gesellschaft auszumerzen, tritt in den Hintergrund, und man wird sich bewußt, daß die Religion in Wirklichkeit stärker ist als jegliches

---

1 Hannah Arendt, *Le origini del totalitarismo* (1951), Milano 1967, 594.

2 Vgl. hierzu Carlo Cardia, *Le sfide della laicità*, Cinisello Balsamo 2007, 77 ff.

Druckmittel. Der alte Antiklerikalismus mit seinen Satiren und Blasphemien vergeht, auch weil die Menschen nach den weltweiten Tragödien keine Nachsicht mit Albernheiten mehr üben wollen. Die konfessionellen Feindseligkeiten der Kirchen verschwinden, vielmehr werden diese sich bewußt, daß die religiöse Freiheit das einzige natürliche Milieu ist, in dem sie leben und sich den Überzeugungen der Menschen anbieten können. Es nehmen aber auch die alten Versuchungen des Staates ab, in den Bereich der Kirchen einzufallen, sie für eigene Zwecke zu benützen und ihnen Gesetze aufzuerlegen, die in die institutionelle kirchliche Struktur eingreifen. Der Staat stellt fest, daß er die Religionen nötig hat als ethisches und spirituelles Bindemittel der Gesellschaft, und die Kirchen sehen in einer für alle Glaubensrichtungen offenen Gesellschaft die beste Möglichkeit für die eigene Freiheit. Darum gibt es heute keine europäische Ordnung, außer den ehemals totalitären, welche nicht den demokratischen Weg wieder aufgenommen hat mit der umfassenden Anerkennung des Rechtes des Bürgers, einer Religion anzugehören, und dem Recht der Religionsbekenntnisse, sich eine Struktur zu geben, und auf der Basis der eigenen Identität und der selbstgegebenen Ordnungen zu handeln. Aber auch die Länder mit einer gefestigten Demokratie haben die Revision der ablehnenden Elemente in Gang gesetzt, die in den eigenen Traditionen verankert sind, welche voll von Konfessionalismus und von Feindschaft gegenüber der Religion, von Staatskirchentum und von nationalistischen Privilegien für einzelne Religionsgemeinschaften sind. Es ist ein langer Weg, aber er wird zügig gegangen. So definiert sich gegen Ende des Jahrtausends ein neuer fundamentaler Bund zwischen Staat und Kirche, ruhend auf dem Bemühen, nicht mehr die Fehler der Vergangenheit zu begehen, sondern sich gegenseitig anzuerkennen und zusammenzuarbeiten für das Wohl des Ganzen.

Die Anhaltspunkte für die normativen Wandlungen in dieser Richtung sind beinahe unendlich und können nicht knapp zusammengefaßt werden. Man kann hingegen jene herausarbeiten, welche die Herkules-Säulen des Rechtes auf religiöse Freiheit sind, wie es in der internationalen und nationalen zeitgenössischen Rechtsordnung definiert ist: das individuelle Recht, einem religiösen Glaubensbekenntnis anzuhangen, es zu wechseln, keines zu haben, sowie das Recht der Konfessionen, frei zu leben mit den Strukturen, den Ordnungen und der Disziplin, welche für angemessen gehalten werden. Freiheit des Einzelnen und institutionelle Autonomie der Konfessionen sind die Stützen der modernen Religionsfreiheit, welche in ständiger Symbiose leben, gerade auch weil es keine individuelle Freiheit gibt, wenn die institutionelle Freiheit der Kirchen fehlt. Wenn es der Staat wäre, der entscheidet, wie die Konfessionen sich organisieren müssen, würde dem Bürger nicht das Recht anerkannt werden, einer Religion anzugehören, sondern in vom Staat errichtete oder geprägte konfessionelle Realitäten einzutreten.[3]

---

3 Man kann allgemein sagen, daß es keine europäische Ordnung gibt, die nicht die Freiheit der Selbstbestimmung der Religionsbekenntnisse anerkennt. Um nur einige Beispiele zu geben: „Das Recht der Selbstbestimmung, definiert durch Art. 137 § 3

In diese Richtung gehen auch die fundamentalen Normen der Menschenrechtserklärung von 1948 und der europäischen Menschenrechtskonvention von 1950, nach welcher, zusätzlich zur Garantie der Religionsfreiheit, vorgesehen ist, daß es keine Grenzen der religiösen Freiheit gibt außer jenen, die für die öffentliche Sicherheit notwendig sind, für den Schutz der öffentlichen Ordnung, der Gesundheit und Moral oder für den Schutz der Rechte und der Freiheiten anderer (Art. 9). Diese Normen begegnen immer wieder in anderen Konventionen und internationalen Vereinbarungen, z. B. in Art. 18 des Internationalen Paktes über bürgerliche und politische Rechte von 1966. Eine besondere Erwähnung verdient das Schlußdokument der KSZE von Wien aus dem Jahr 1989, in welchem die spezifischen Rechte der Religionsgemeinschaften vorgesehen sind, und darunter das Recht, „sich nach ihrer eigenen hierarchischen und institutionellen Struktur zu organisieren", und das Recht, „ihr Personal in Übereinstimmung mit ihren jeweiligen Erfordernissen und Normen sowie mit etwaigen zwischen ihnen und ihrem Staat freiwillig vereinbarten Regelungen auszuwählen, zu ernennen und auszutauschen." Es handelt sich um eine Regelung, die nicht so sehr wegen ihres Inhalts besonders bedeutsam ist, der schon in der Anerkennung des Rechtes auf religiöse Freiheit impliziert ist, als vielmehr weil sie auf jene Forderung nach Autonomie und Freiheit der Selbstbestimmung antwortet, welche die Kirchen vor allem jener Länder im Osten Europas verspürt haben, die nun am Rand des Kollapses stehen, der sich innerhalb weniger Monate ereignet hat – im Gegensatz zu den im kommunistischen

---

WRV i. V. m. Art. 140 GG, kann als der zentrale Bezugspunkt der ganzen rechtlichen und sozialen Existenz der Religionsgemeinschaften in der Bundesrepublik Deutschland betrachtet werden. Jede Religionsgemeinschaft ordnet und verwaltet die eigenen Angelegenheiten innerhalb der Grenzen des für alle geltenden Gesetzes. Jede Religionsgemeinschaft erfreut sich also einer Autonomie in der Ordnung der eigenen Angelegenheiten unabhängig von der rechtlichen Stellung, welche ihr zukommt. Das Recht der Selbstbestimmung betrifft Gegenstände wie den Religionsunterricht, die Amtsverleihung, den Gottesdienst, die Organisation der sozialen Aktivitäten, die Fragen, die den zentralen Kern der Beziehungen zwischen Arbeitgeber und Arbeitnehmer betreffen, den Datenschutz." „Diese beispielhafte Liste" aber „darf nicht vermuten lassen, daß das Recht auf Selbstbestimmung auf diese Fälle begrenzt ist, noch daß seine Auswirkung auf einige definierte Bereiche begrenzt sein müßte" (GERHARD ROBBERS, *Stato e Chiesa in Germania,* in: Stato e Chiesa nell'Unione Europea, hrsg. von Gerhard Robbers, Milano 1996, 65 [deutsch: Staat und Kirche in der europäischen Union, Baden-Baden [2]2005]). In Österreich „bildet Art. 15 StGG die prinzipielle verfassungsrechtliche Basis der Rechtsstellung der anerkannten Kirchen und Religionsgesellschaften: Jede von ihnen hat das Recht, öffentlich und gemeinschaftlich den Gottesdienst auszuüben und die inneren Angelegenheiten in voller Unabhängigkeit zu regeln und zu besorgen" (RICHARD POTZ, *Stato e Chiesa in Austria,* ebd. 257). Die italienische Verfassung erklärt in Art. 7, daß „Staat und katholische Kirche, jeder in seiner Rechtsordnung, unabhängig und souverän sind", während für Art. 8 „die von der katholischen verschiedenen religiösen Konfessionen das Recht haben, sich entsprechend den eigenen Statuten zu organisieren, insofern sie nicht mit der Rechtsordnung Italiens im Widerspruch stehen".

Herrschaftsgebiet verwirklichten Bestrebungen, Parallelkirchen zu schaffen, die durch die politische Autorität mittels schwerwiegender Eingriffe in ihr inneres Leben beeinflußt wurden.

Von nochmals höherer Bedeutung ist die Jurisprudenz des Straßburger Gerichtshofs, welcher mehrmals an die Notwendigkeit erinnert hat, die Autonomie der religiösen Konfessionen als „Tendenzinstitutionen“ anzuerkennen, denen jeder freiwillig zugehört, aber in welchen in Anerkennung der rechtlichen Regeln gehandelt wird, die jede Kirche sich gegeben hat.[4] Die volle Freiheit der Zugehörigkeit zu einer Kirche bedeutet, daß der Einzelne, sei er nun einfacher Gläubiger oder geistlicher Amtsträger, die von der institutionellen kirchlichen Ordnung vorgesehenen Pflichten erfüllt, da „die Staaten nicht verpflichtet sind zu intervenieren, damit die Kirchen ihren Amtsträgern und ihren Mitgliedern Religions- und Meinungsfreiheit garantieren. Personen, die meinen, daß ihnen von seiten der Kirche Anordnungen erteilt werden, die in Konflikt mit ihrer eigenen Überzeugung stehen, müssen das Recht haben, ihre Zugehörigkeit aufzugeben: dies ist nach der Kommission eine Garantie der Gedanken-, Gewissens- und Religionsfreiheit.“[5]

2. Modernität und religiöse Freiheit. Zerfall des Totalitarismus und Untergang des Staatskirchentums

In den letzten zwei Jahrzehnten haben wir in Europa dem quasi immer plötzlichen Zerfall aller Regime beigewohnt, welche in Opposition und Haß zu Religionen und Kirchen entstanden sind. Aber wir haben beigewohnt, und tun es jetzt immer noch, einer langen und weniger sichtbaren Erosion anderer Modelle des 19. Jahrhunderts von staatskirchenrechtlichen Beziehungen – jener, welche inspiriert waren durch den Separatismus der Aufklärung, und jener, welche Territorialkirchen in Staaten protestantischen Ursprungs hervorgebracht haben, vor allem in Nordeuropa. Diese Erosion war die Frucht einer epochalen politischen Reifung und der wachsenden Einbindung der soeben erwähnten Prinzipien, die in den internationalen Erklärungen der Menschenrechte und den demokratischen Verfassungen der europäischen Länder enthalten sind, in unsere Rechtsordungen.

---

4 Vgl. Marco Ventura, *La laicità dell'Unione Europea,* Torino 2001, 82 ff. Ventura erinnert daran, daß die „Jurisprudenz den Art. 9 [der Europäischen Menschenrechtskonvention] interpretiert hat im Sinne der Unterordnung des individuellen Rechtes des Gläubigen in bezug auf das kollektive Recht der Gruppe der Zugehörigen und im Konfliktsfall die Autonomie der Religionsbekenntnisse der religiösen Freiheit des einzelnen Mitglieds vorgehen läßt“ (ebd., 82 f.).

5 Rik Torfs, *Stati e Chiese nella Comunità europea,* in: Quaderni di diritto e politica ecclesiastica 1 (1993), 11–32, 29.

Vielen im Westen schien der Zerfall des Systems selbstverständlich. Aber dem ist nicht so, nicht nur, weil die Niederlage der totalitären Regime die größte Revanche des Geistes der Freiheit in der zeitgenössischen Geschichte darstellt, sondern weil wir heute in fast allen ex-kommunistischen Ländern einige der modernsten gesetzlichen Regelungen hinsichtlich der religiösen Freiheit finden, und wir finden die Beziehung zwischen Staat und Kirchen sogar noch besser umschrieben als in einigen westlichen Ordnungen, nach welchen es keinerlei Einmischung gibt, weder der Kirche in den Staat, noch des Staates in die Kirchen.[6] Das ergibt sich auch aus der Tatsache, daß diese Länder die Erfahrung des härtesten antireligiösen Staatskirchentums erlebt haben, den man in der Geschichte gekannt hat (des sowjetischen), mit dem der Staat, über die Ein-

---

6 Vom Standpunkt der Freiheit der Selbstbestimmung für die religiösen Konfessionen genügt es hier daran zu erinnern, daß auf der Basis der Prinzipien, welche in der russischen Verfassung enthalten sind, „die religiösen Verbände ihre eigenen Aktivitäten in Konformität mit der eigenen hierarchischen und institutionellen Struktur abwickeln; sie wählen, ernennen, ersetzen das interne Personal in Übereinstimmung mit den eigenen Normen und haben keinen Anteil an den Wahlen der Regierungsorgane des Staates und der Gemeinden" (Lev Simkin, *Chiesa e Stato in Russia,* in: Diritto e religione nell'Europa post-comunista, hrsg. von Silvio Ferrari, Bologna 2004, 359). Nach Art. 13 der bulgarischen Verfassung sind die religiösen Konfessionen frei und autonom in ihren Überzeugungen und in ihrer inneren Organisation. Im Jahre 1992 hat der bulgarische Verfassungsgerichtshof die Norm der Verfassung im dem Sinne interpretiert, daß „ein Eingreifen von seiten der Regierung und des Staates in das innere organisatorische Leben der religiösen Gemeinschaften und Institute unzulässig ist" (Jenia Peteva, *Chiesa e Stato in Bulgaria,* ebd., 54). In Albanien „haben die religiösen Gemeinschaften im Blick auf die statutären und inneren Normen das Recht der Selbstbestimmung unter Beachtung des staatlichen Rechts. In diesem Sinne legt Art. 10 der Verfassung das Recht der religiösen Gemeinschaften fest, die eigenen Güter zu verwalten unter der Bedingung, daß die Interessen Dritter nicht verletzt werden" (Evis Karandrea, *Chiesa e Stato in Albania,* ebd., 40). Für Art. 25 Nr. 3 der polnischen Verfassung „basieren die Beziehungen zwischen dem Staat und den Kirchen sowie den anderen religiösen Bekenntnissen auf dem Prinzip des Respekts ihrer Autonomie und der Unabhängigkeit eines jeden in seinem eigenen Bereich sowie auf der Zusammenarbeit zum Schutze des Menschen und des Allgemeinwohls". Von dieser Bestimmung leitet sich ab, daß „die Bekenntnisse das Recht haben, sich im Bereich der inneren Angelegenheiten zu leiten (Autonomie), die geistliche Vollmacht in voller Freiheit auszuüben und, schließlich, das eigene organisatorische Leben abzuwickeln (Selbstbestimmung). Die religiösen Bekenntnisse sind frei, Normen des inneren Rechts zu erlassen und zu modifizieren, ohne daß sich der Staat in diese ihre Aktivität einmischt" (Michał Pietrzak, *Chiesa e Stato in Polonia,* ebd., 305 f.). Zusätzlich zu den normativen Bestimmungen, welche die individuelle und kollektive Religionsfreiheit garantieren, hat der Verfassungshof in Ungarn das Prinzip der Autonomie der Kirchen in zweifacher Richtung interpretiert, in dem Sinn, daß „der Staat sich nicht einmischen darf in den Ablauf der inneren Aktivitäten der Kirchen", und daß der Staat „keinerlei Druck ausüben darf, der geeignet wäre, die Anwendung der inneren Gesetze und Normen einer Kirche zu beeinflussen" (Balázs Schanda, *Chiesa e Stato in Ungheria,* ebd., 168).

schränkung der individuellen Religionsfreiheit hinaus, die Organisation der Kirchen nach von den staatlichen Gesetzen auferlegten Schemata erzwang. Es war im sowjetischen Russland, daß die Kirchen ihre eigene Identität verloren haben; sie konnten sich nur organisieren nach dem Muster von „Kultvereinen", von denen das Gesetz im vorhinein die Zahl der Mitglieder bestimmte, den territorialen Zuständigkeitsbereich, die zugelassenen und die verbotenen Aktivitäten.[7] Die Kirchen verloren ihre ursprüngliche Identität und wurden in Mikroorganisationen zerteilt, die sich gegenseitig kaum kannten, sie wurden zu Machtinstrumenten reduziert und mit schwacher Vertretung der Interessen der eigenen Gemeinden. In diesem Typ von Staatskirchentum ist das Individuum wenig und die Kirchen sind nichts, denn praktisch alles ist in den Händen des Staates. Mit den neuen Verfassungen hat ganz Osteuropa die Seite gewechselt, und die verschiedenen Länder haben die eigene Tradition wieder aufgenommen, nicht ohne auch den je eigenen traditionellen Religionen Gewicht zu geben, sei dies die orthodoxe[8] oder die katholische.[9]

---

7 Das Dekret vom 8. April 1929 läßt eine Anerkennung von Nationalkirchen nicht zu, sondern nur die Möglichkeit für religiöse Vereinigungen (ohne Rechtspersönlichkeit und ohne jede vermögensrechtliche Sicherheit), den Kult auszuüben, sofern er von der Regierung erlaubt wurde. In dieser Ordnung findet man die totalitärste Norm (wenn man so sagen kann), die je abgefaßt worden ist, weil verboten wurde, „Versammlungen religiöser oder anderer Art zu organisieren, die vor allem für Kinder, Jugendliche und Frauen vorgesehen sind, wie auch Versammlungen, Gruppen, Kurse, allgemeine Kreise mit literarischem oder biblischem Charakter oder auch solche, die sich mit Näh- und Handarbeiten, religiöser Unterweisung usw. befassen, wie auch Ausflüge und Spiele für Kinder zu organisieren, Bibliotheken und Lesesäle zu eröffnen sowie Sanatorien und medizinische Hilfe zu organisieren" (vgl. CARLO CARDIA, *Manuale di diritto ecclesiastico,* Bologna 1999, 135).

8 Man kann leicht feststellen, daß in den Rechtsordnungen aus orthodoxer Tradition die betreffenden nationalen Kirchen eine manchmal formale, manchmal eher substanzielle Anerkennung erlangt haben. So erkennt z. B. Art. 13 der bulgarischen Verfassung das orthodoxe Christentum als traditionelle Religion in Bulgarien an, während der Verfassungsgerichtshof „die kulturelle und geschichtliche Rolle" unterstrichen hat „und den Beitrag" der orthodoxen Kirche „für den bulgarischen Staat und die Bedeutung, die ihr noch immer in Leben des Staates zukommt, wie am System der nationalen Feiertage deutlich wird" (Entscheid des Verfassungshofes Nr. 2 vom 18. Februar 1998). Was Rußland betrifft, anerkennt die Präambel des Gesetzes von 1997 über die religiöse Freiheit „den speziellen Beitrag der Orthodoxie an der Entstehung des Staates in Rußland und an seiner geistlichen und kulturellen Entwicklung". Ein Rest der in Rumänien existierenden engen Beziehung von Staat und orthodoxer Kirche (eine Art von Staatskirchentum) läßt sich nachverfolgen im Dekret Nr. 86 von 1990, in welchem die Organisation der rumänischen orthodoxen Kirche nachgezeichnet wird „nach einem System, das ein Patriarchat mit fünf Metropolitandiözesen, 15 Bischofssitzen und einer höchsten Autorität, der Heiligen Synode, umfaßt" (ROMANIȚA E. IORDACHE, *Chiesa e Stato in Romania,* ebd., 331).

9 Vor allem in den mit einigen ex-kommunistischen Ländern abgeschlossenen Konkordaten finden sich Aussagen, die nicht nur an die historische Rolle des Katholizis-

Der sowjetische Prototyp war nicht von den kommunistischen Machthabern erfunden worden, da er sich auf wichtige Vorläufer in aufklärerischen Erfahrungen berufen konnte, vor allem französische, in dem revolutionären Vorläufer von 1789 und in jenem von 1905. Dies Vorläufer entstehen in politischen Systemen, die formal demokratisch sind (ich sage formal, weil man in der terroristischen Phase der Französischen Revolution wohl kaum von Demokratie sprechen kann), und die das ausdrückliche Ziel haben, vor allem in der Konfrontation mit der katholischen Religion, ihr eine gegenüber der universalen Kirche autonome Struktur aufzuerlegen und sie zu reduzieren auf eine nationale Einrichtung, die Druck, Einmischungen, Bedingungen jeglicher Art seitens der politischen Autorität ausgesetzt ist. Das französische Staatskirchentum hat quasi alles auf zwei Elemente ausgerichtet, die Religion auf den privaten Bereich zu reduzieren, indem die Beziehung zwischen Kirche und Gliederungen der weltlichen Gesellschaft beschnitten werden, und ein organisatorisches Modell aufzuzwingen, welches vom natürlichen Recht der Selbstorganisation absieht und das eigene Recht der Kirche ignoriert. Diese doppelte Zange ist voll wirksam in der *Loi de séparation* von 1905, in welcher der alte französische Traum wieder zum Ausdruck kommt, aus der Kirche eine demokratische Organisation zu machen, in der die Wahl der Bischöfe und der Pfarrer in der Hand der gläubigen Bürger aus dem Distrikt der Residenz wäre (ja sogar nur der Bürger, auch der Nichtkatholiken). Die verpflichtende Organisation der Kultvereinigungen[10] eröffnet einen Konflikt mit Rom, der sich auf einige Jahre hinzieht und mit einem substantiellen Sieg der Kirche zu Ende geht. Durch eine weite Interpretation des Gesetzes von 1905 und in der Folge aufgrund einer Inter-

---

mus für die nationale Identität erinnern, sondern auch eine Art von Anerkennung für das Engagement und die Widerstandsfähigkeit zum Ausdruck bringen, welche die Kirche in der Auseinandersetzung mit dem Kommunismus gezeigt hat. Das Konkordat mit Polen erinnert „an die Mission der katholischen Kirche, die Rolle, welche die Kirche in der tausendjährigen Geschichte des polnischen Staates gespielt hat, sowie an die Bedeutung des Pontifikates Seiner Heiligkeit Johannes Pauls II. für die heutige Geschichte Polens". Das Konkordat mit Lettland anerkennt „den positiven Beitrag der katholischen Kirche für die religiöse und moralische Entwicklung, die Rehabilitation und die soziale Reintegration der Republik Lettland." Auch Slowenien erinnert in seinem Vertrag mit dem Heiligen Stuhl an die „jahrhundertalte Verbindung zwischen der katholischen Kirche und dem slowenischen Volk", während die Slowakei Bezug nimmt auf „die beträchtliche Aufgabe, welche die katholische Kirche in der Geschichte der Slowakei hatte, sowie auf ihre aktuelle Rolle auf sozialem, moralischem und kulturellem Gebiet." Kroatien erwähnt die „unersetzliche Rolle der katholischen Kirche in der Erziehung des kroatischen Volkes und ihre geschichtliche und aktuelle Rolle im sozialen, kulturellen und pädagogischen Bereich."

10 Vgl. Francesco Ruffini, *La separazione dello Stato dalla Chiesa in Francia,* in: ders., Scritti giuridici minori, Milano 1936, 330 ff.

vention des Staatsrates wird der demokratische Wahlmechanismus im wesentlichen abgeschafft.[11]

Heute bleibt in Frankreich vom aufklärerischen Staatskirchentum und seinen Konsequenzen praktisch nichts mehr. Das wichtigste Nachspiel können wir vielleicht im Gesetz über die religiösen Symbole finden, das in den letzten Jahren einen äußeren Damm für die Präsenz von Religion in der Gesellschaft errichten wollte, indem es jedermann verbot, religiöse Symbole im Umfeld der Arbeit zu tragen, es sei denn, sie seien von kleinem Format. Aber trotz dieses Ausrutschers hat sich in den kirchlichen Beziehungen in Frankreich fast alles geändert, nicht nur weil die Kirchen volle Freiheit in der Selbstorganisation und der eigenen Leitung genießen, sondern weil der Staat endlich ihre private Präsenz in entscheidenden Bereichen der Gesellschaft akzeptiert, wie z. B. jenem der Ausbildung. Es genügt zu sehen, daß in Frankreich aufgrund einer Reform der 50–60er Jahre des letzten Jahrhunderts ein Netz von privaten Schulen existiert, das quasi vollumfänglich vom Staat finanziert wird, und daß 90 % dieser privaten Schulen von der katholischen Kirche oder katholischen Organisationen geführt werden.

Das Ziel, die Struktur der Kirche zu demokratisieren, hat seine Wurzeln im kulturellen Horizont eines liberalen Neo-Staatskirchentums, welches von Zeit zu Zeit in unechten Formen und im Vergleich mit dem jakobinischen Modell sicher eher eingeschränkt wieder aufblüht. Im katholischen Europa z. B. war die Versuchung des Staates groß, das Ziel zu erlangen, welches in den protestantischen Ländern erreicht worden war, wo die reformierten Kirchen Ortskirchen oder Nationalkirchen geworden sind, die sehr auf die Wünsche der politischen Autoritäten eingingen. Dieses Ziel stellt einen Widerspruch zur authentischeren liberalen Kultur dar, der es zur Ehre gereichte, den Privatbereich in seiner Autonomie und Fähigkeit zur Selbstorganisation zu respektieren. Zusammen mit diesem typisch antiliberalen Ziel tauchte ein zweites auf, das heute noch hier und da gegenwärtig ist, auch in nicht statokratischen Systemen (zum Beispiel im System der Vereinigten Staaten von Amerika und in der angelsächsischen Welt). Dieses besteht im Willen, daß die demokratische Organisation der Gesellschaft sich in irgendeiner Weise in der kirchlichen Struktur widerspiegelt und die inneren Beziehungen und die Leitung des geistlichen Bereichs

---

11 Die Kultvereinigungen, die nach demokratischen Prinzipien strukturiert sind, mußten für die „Kosten, den Unterhalt und die Ausübung des Kultes" aufkommen. Die Lösung des Konfliktes mit der katholischen Kirche führte zur Anerkennung des Statuten-Typs „diözesane Vereinigungen" von seiten des Staatsrates, dessen Art. 2 vorsieht, daß diese „unter der Autorität des Bischofs, in Gemeinschaft mit dem Heiligen Stuhl und entsprechend der Verfassung der katholischen Kirche" handeln. Hierzu vgl. Brigitte Basdevant-Gaudemet, *Stato e Chiesa in Francia,* in: Stato e Chiesa nell'Unione Europea (Anm. 3), 133; Laura Governatori Renzoni, *La separazione tra Stato e Chiese in Francia e la tutela degli interessi religiosi,* Milano 1977, 70 ff. Ausführlicher: Emile Poulat, *Les Diocésaines. Republique française, Eglise catholique: Loi de 1905 et associations cultuelles, le dossier d'un litige et de sa solution (1903–2003),* Paris 2007.

beeinflußt, indem quasi die Mechanismen der äußeren Geselleschaft reproduziert werden.

Ich habe die Vereinigten Staaten erwähnt, weil sich hier, wenn auch in einem Kontext von großem Wohlwollen gegenüber der Religion, der protestantische Einfluß im 19. Jahrhundert doch bemerkbar machte, der dahin tendierte, die kirchlichen Strukturen demokratischen Modellen oder solchen einer autonomen Führung anzupassen, wie z. B. *Trust, Corporation sole* oder *Religious society.*[12] In den Vereinigten Staaten wurde dieser Versuch relativ bald überwunden, wenn auch um den Preis einiger religiöser Konflikte, und jede Konfession konnte sich entsprechend ihrer Eigenheit des Glaubens und der Organisation organisieren und so handeln. Francesco Ruffini erinnert uns daran, daß die Religionsbekenntnisse mit der Überwindung der demokratistischen Tendenzen in den Vereinigten Staaten jene Macht verloren haben, die sie zuvor inngehabt haben wie „in keinem anderen Land des europäischen Kontinents, es sei denn, man geht ins Mittelalter zurück".[13] Aber schon Alexis von Tocqueville hatte in seinem Text über die amerikanische Demokratie beobachtet, daß „zwischen den verschiedenen christlichen Konfessionen, der Katholizismus am geeignetsten für die Gleichheit der Bedingungen"[14] ist, weil er sich besser eignet, in einem demokratischen System zu leben, ohne daß die Verbindung mit der Kirche von Rom ein Hindernis wäre. Man kann also beobachten, daß mit der Zeit, und heute unter dem bestimmenden Einfluß der internationalen Abkommen über die Menschenrechte, die bekannten historischen Formen des aufklärerischen Staatskirchentums bis zu ihrer vollkommenen Auflösung verblassen. Und man kann hinzufügen, daß der neue Bezug zwischen Modernität und religiöser Freiheit zur Überwindung auch der Formen des Staatskirchentums führt, die wir als konfessionalistisch, als Kompromiß oder jedenfalls als wohlwollend gegenüber der Kirche definieren können. Das heißt, die andere große Tradition verliert jetzt an Bedeutung, die aus dem 17. Jahrhundert hervorgeht, und die nicht von antireligiösen Entwürfen ausging, sondern von einer protektionistischen Perspektive in bezug auf die nationalen Kirchen und die trotz einer Optik des Schutzes Konditionierungen und Einmischungen des Staates in kirchliches Leben und Organisation aufwies.

In den katholischen Ländern hat die Reform der Konkordate jede Form von Eingreifen der staatlichen Autorität bei der Ernennung von Pfarrern und Bischöfen, jede Einmischung in die inneren – auch die finanziellen – Strukturen der Kirche verringert, indem sie die restlichen Formen von Kompromissen zwischen den beiden Institutionen abgeschafft hat. Aber es wird mit besonderer

---

12 Vgl. Francesco Ruffini, *Corso di diritto ecclesiastico italiano. La libertà religiosa come diritto pubblico subiettivo,* Torino 1924, 256 ff.

13 Ebd., 264. Ruffini macht darauf aufmerksam, daß im amerikanischen Trennungssystem „die Gemeinschaft der Gläubigen deshalb herausgenommen ist von jeglicher Einmischung in die Verwaltung der kirchlichen Angelegenheiten, in markantester Weise, wie in keiner Ordnung der europäischen Staaten" (ebd.).

14 Alexis De Tocqueville, *La democrazia in America (1835–1840),* Milano 1999, 291.

Zufriedenheit bemerkt, daß seit kurzem das uralte konfessionelle Staatskirchentum erodiert, gerade in den Rechtsordnungen Nordeuropas, in denen die Mehrheit der reformierten Kirche die Rechtsordnung gestaltet und selbst die monarchische Form des Staates geprägt hat. Es handelt sich um ein absolut wohlwollendes Staatskirchentum (wenn auch diskriminierend gegenüber anderen Konfessionen), das verbunden ist mit der Geschichte der Territorialkirchen des Staates, der die offiziellen Kirchen (die lutherische bzw. anglikanische Kirche) rechtlich und ökonomisch deutlich privilegiert hat, indem er sie in das geradezu dynastische Verfassungssystem des Staates eingefügt hat. Wir wissen alle, daß z. B. in Großbritannien die gesamte Verfassung noch immer gebunden ist an die Beziehung zwischen Monarchie und anglikanischer Kirche, weil der König immer noch das Oberhaupt der anglikanischen Kirche ist, daß niemand auf den Thron gelangen kann, der nicht der offiziellen Religion angehört, daß die Bischöfe und der höhere Klerus auf verschiedenste Weisen der politischen Macht unterworfen sind, von der sie allerdings Privilegien und beachtliche Pfründen erhalten.[15] Aber vielleicht wissen nicht alle, daß die dynastische Grenze auch in anderen Ländern Nordeuropas existiert, daß in diesen Ländern die offizielle Religion durch staatliche Gesetze regiert wird, die vom Parlament erlassen werden. Zum Beispiel sind sich wenige der Tatsache bewußt, daß in Norwegen die Verfassung sogar vorsieht, daß die Mehrheit des Ministerrates lutherischer Konfession sein muß und daß, wenn der Rat Fragen entscheiden muß, welche die Kirche betreffen, jene Minister, die nicht der offiziellen Religion angehören, nicht an den kollegialen Versammlungen teilnehmen. In Norwegen wurde ein Reformprozeß eingeleitet, der naturgemäß lang und arbeitsreich ist, aber tatsächlich ist die aktuelle Situation dieselbe wie vor zwei Jahrhunderten.

Auch dieses System des wohlwollenden Staatskirchentums bricht langsam zusammen, gerade wegen der kontinuierlichen Erosion, welche die internationale und gemeinschaftliche Gesetzgebung im juristischen und kulturellen Bereich im alten Europa hervorruft. In Schweden ist das staatskirchliche System nun schon vor einigen Jahren abgeschafft worden und es wurde ein System eingeführt, das Religionsfreiheit und Gleichberechtigung der Bekenntnisse respektiert, in Norwegen wurde eine ähnliche Reform vorangebracht, in Großbritannien spricht man seit langem ausdrücklich von einer Modifikation des ge-

15 Vgl. David McLean, *Stato e Chiesa nel Regno Unito,* in: Stato e Chiesa nell'Unione Europea (Anm. 3), 331 ff. Der Autor beobachtet, daß „paradoxerweise gerade die privilegierte Position der Kirche Englands als offizielle Kirche ihre Autonomie in mehr als einer Hinsicht beeinträchtigt" (ebd., 338). Unter den Begrenzungen der Autonomie der Kirchen werden jene angegeben, die mit der „parlamentarischen Kontrolle über die Ausübung der speziellen Gesetzgebungsvollmachten, die in kirchlichen Fragen der Generalsynode zustehen," in Bezug stehen (ebd.), die „Begrenzung der Freiheit der Kirche, welche aus dem Recht des (auf Hinweis des Premierministers handelnden) Herrschers hervorgeht, die Erzbischöfe und die Diözesanbischöfe der Kirche Englands zu ernennen" (ebd., 339).

samten cäsaropapistischen Systems, das immer noch in Kraft ist.[16] Es ist offensichtlich, daß es sich um Reformen handelt, die in Ruhe und in einem Klima von guten Beziehungen zwischen Staat und Kirche vorgenommen werden müssen, auch weil wir von stabilen demokratischen Ordnungen sprechen, in denen das Gewicht der Tradition sich nunmehr schlicht als Restbestand der Vergangenheit herausstellt. Tatsächlich jedoch verblaßt das protektionistische und staatskirchliche Erbe, das aus fernen Jahrhunderten zu uns kommt, immer mehr und verschwindet letztlich Stück für Stück, womöglich in einem Klima einer recht allgemeinen Indifferenz.

3. Restformen eines wohlwollenden Staatskirchentums. Durch staatliche Gesetze geschaffene konfessionelle Organismen und Abhängigkeit der Kirchen

Das wohlwollende Staatskirchentum, von dem ich gesprochen habe, existiert nicht nur in den Ländern Nordeuropas, sondern weist auch in Zentraleuropa eine eigene Tradition auf, nämlich in Deutschland, Österreich und einigen Kantonen der Schweiz. Es ist ein Staatskirchentum ganz eigener Art, weil es nicht so sehr auf der Vorherrschaft der protestantischen Kirchen als vielmehr auf dem privilegierten Zusammenleben von Katholiken und Protestanten basiert, die im Bündnis mit dem Staat ein gutes Instrument gefunden haben, Konflikte und Kollisionen religiöser Art zu verhindern. Auch dieses Verhältnis von Kirche und Staat ist Erbe des alten konfessionellen Systems, das die Kirchen gestärkt und gestützt hat, das aber dann eine Gegenleistung verlangte in der Art von Kontrolle und Einmischung in innere kirchliche Geschehnisse. Heute erscheint diese Form staatskirchenrechtlicher Beziehungen insgesamt im Kontrast mit der internationalen und gemeinschaftlichen Rechtslage zur religiösen Freiheit und muß im Licht der Säkularisation überprüft werden, auf der das Leben unserer Gesellschaft aufbaut.

Der verführerische Profit dieses Staatskirchentums besteht in der Tatsache, daß der Kirche ein öffentlich-rechtlicher Status zuerkannt wird, der nach der deutschen Tradition die Rechtsstellung einer Körperschaft des öffentlichen Rechtes beinhaltet mit den Vorteilen, die sich daraus ergeben, in Gestalt sozialer Legitimation, juristischer Beständigkeit und auch ökonomischer Stabilität

16 Großbritannien bleibt noch heute das Land der religiösen Gegensätze. Während sich von mehreren Seiten Konversionen zum Katholizismus abzeichnen, auch bei Personen auf höchster Ebene des politischen Lebens (aus einer Reihe von Gründen, auch in Verbindung mit der Entwicklung der anglikanischen Kirche), halten alte Normen oder Gepflogenheiten stand, die aus der Symbiose von Dynastie und anglikanischer Kirche hervorgegangen sind. Beispielsweise erinnert René Remond daran, daß „der *Prince of Wales,* der Thronerbe, bei seinem Besuch in Rom es sich nicht erlaubt hat, an der Privatmesse Johannes Pauls II. teilzunehmen, wegen der konstitutionellen Tradition und seiner Pflichten": René Remond, *La secolarizzazione. Religione e società nell'Europa contemporanea* (1998), Roma – Bari 2003, 77.

aufgrund öffentlicher Finanzierung.[17] Die andere Seite der Medaille jedoch besteht darin, daß in einigen Fällen der Staat einseitig Normen diktiert, um kirchliche Organe zu schaffen, die im eigenen konfessionellen Recht keine Entsprechung haben und auf der Basis eines demokratischen Prinzips handeln, das die Bildung von Mehrheit und Minderheit beinhaltet und die unvermeidbare Vorherrschaft der Mehrheit bei der Entscheidungsfindung mit sich bringt. Dies ist vor allem der Fall der Schweiz oder wenigstens einiger seiner Kantone.[18] Welches sind die Konsequenzen eines solchen Systems, in dem das weltliche Recht tatsächlich Quelle des Kirchenrechts wird, mit der Schaffung von Strukturen, die von den eigenen Organen der betreffenden Konfessionen unabhängig sind, aber spezifische und exklusive Kompetenzen in finanziellen Angelegenheiten haben? Dies ist das Problem, das ich im zweiten Teil meines Vortrags analysieren möchte, immer mit Bezug zum Recht auf religiöse Freiheit, das in der internationalen und gemeinschaftlichen Rechtsordnung definiert ist.

Die erste Konsequenz ist, daß die Kirche zum Teil durch den Staat beherrscht wird, und weil diese Disziplin unilateral entstanden ist, kann sie unilateral modifiziert werden. So wird jenes Prinzip verletzt, das ich soeben erwähnt habe und welches das Recht der Kirche anerkennt, sich in voller Autonomie ohne Einmischung der öffentlichen Vollmachten zu organisieren und sich selbst zu leiten.[19] Die zweite Konsequenz ist die Entstehung einer Spaltung zwischen hierarchischer Struktur der Kirche, entsprechend den klassischen kano-

17 Dazu vgl. Robbers, *Stato e Chiesa in Germania* (Anm. 3), 59 ff.

18 Es ist tatsächlich notwendig, Übereinstimmungen und Unterschiede zwischen dem deutschen und dem schweizerischen System im Auge zu behalten. Während die wichtigste Übereinstimmung jene in bezug auf das System der obligatorischen Kirchensteuer ist, ist das Konzept der Kirchen als Korporationen öffentlichen Rechts in beiden Ordnungen sehr verschieden. Tatsächlich, „während der Staat in Deutschland mit der Gewährung der Qualität der Körperschaft öffentlichen Rechts anerkennt, daß die Religionsgemeinschaften in einem begrenzten Bereich eine originäre Gesetzgebungsgewalt innehaben und deshalb als solche anerkannt sind, bedeutet in der Schweiz die ‚Anerkennung', daß der Staat einen Rahmen von Gesetzesnormen über die Organisation der Kirche festlegt, ohne sich um das kanonische Recht zu kümmern – Normen, welche die Kirchen benützen müssen, wenn sie als Körperschaft öffentlichen Rechts anerkannt werden wollen – und daß der Staat sich das Recht höchster Aufsicht über die äußeren Angelegenheiten der Kirche vorbehält" Gabriela Eisenring, *I problemi del rapporto Chiesa – Stato in Svizzera: il caso del Cantone di Zurigo (riflessioni su una monografia),* in Il Diritto ecclesiastico 4 (1994) 984. Das Buch, das im Artikel von Eisenring rezensiert wird, ist: Martin Grichting, *Chiesa e Stato nel Cantone di Zurigo. Un caso unico nel diritto ecclesiastico dello Stato nei confronti della Chiesa cattolica,* Rom – Freiburg – Wien 1997. Grichting präsentiert erneut viele Kritiken gerade am staatskirchlichen Charakter des schweizerischen Rechtssystems, welches nunmehr im Bereich der europäischen Entwicklung der staatskirchenrechtlichen Beziehungen eine Ausnahme darstellt.

19 Vgl. Arturo Cattaneo, *Le anomalie del Diritto ecclesiastico in Svizzera*, in: Rivista Teologica di Lugano 10 (2005) 273–285.

nistischen Kriterien, und der der finanziellen Verwaltung vorgegebenen Struktur, die auf der Basis der Gesetze des Staates dazu ernannten Subjekten anvertraut ist, welche entsprechend in demokratischer Weise handeln. Die dritte Konsequenz ist, daß diese Spaltung sowohl auf lokaler Ebene entsteht, mit der Pfarrei, die neben der „Kirchgemeinde" lebt, als auch auf der kantonalen Ebene, mit der bischöflichen Leitung, die neben der „Zentralkommission" (wie auch immer sie bezeichnet sein mag) lebt. Die Beziehung zwischen den staatlichen und den kirchlichen Organen ist geprägt durch die Tatsache, daß der Bischof bzw. der Pfarrer die Kirchgemeinde bzw. die Zentralkommission bezüglich der Verwendung und Verwaltung der kirchlichen Finanzen beraten können, daß aber Gemeinde bzw. Kommission autonom handeln ohne hierarchische Bindung gegenüber der kirchlichen Autorität. Mit Bezug auf dieses Modell der kirchlichen Beziehungen, die in einigen schweizerischen Kantonen existieren, sprach Eugenio Corecco im Jahre 1970 von „institutioneller Zweiteilung".[20] Und er erwähnte mit besonderem Scharfsinn das ähnliche System, das für einige Zeit in den Vereinigten Staaten bestanden hat, wo jene Organe geschaffen wurden (die ich eben erwähnt habe), welche die Finanzen der Kirche verwalteten und begannen, das Recht zur Ernennung und Versetzung der Pfarrer zu fordern.[21] Man kann heute hinzufügen, daß „mit diesem System des Kirchenrechts, der innere Bereich der Kirche, verwaltet durch den Diözesanbischof und seine Mitarbeiter, auf einen Anhang reduziert ist, der abhängt von den durch den Staat geschaffenen Institutionen".[22]

Die Analyse und die Einschätzungen von Corecco sind noch heute gültig und zutreffend.[23] Aber ich würde Betrachtungen hinzufügen, die von der aktuellen Phase der Säkularisation ausgehen, welche Europa insgesamt prägt und deshalb auch Länder wie Deutschland, die Schweiz und Österreich. Das Problem ist nämlich nicht nur verbunden mit einer zweifelhaften und schädlichen institutionellen Zwiespältigkeit, die im Bereich der kirchlichen Organisation geschaffen wird, sondern mit den Konsequenzen, welche ein solcher Zwiespalt in der Hierarchie der Beziehungen zwischen den zwei institutionellen Ebenen und innerhalb der betreffenden Religionsgemeinschaft hervorrufen kann. Die ursprüngliche kirchliche Institution (Bischof und Pfarrer) hat zwei fundamentale Rechte verloren, die ihr vom kanonischen Recht und von der internationalen Rechtsordnung über die religiöse Freiheit zugesprochen werden, nämlich die

---

20 EUGENIO CORECCO, *Katholische „Landeskirche" im Kanton Luzern. Das Problem der Autonomie und der synodalen Struktur der Kirche,* in: Archiv für katholisches Kirchenrecht 139 (1970) 3–42.

21 EUGENIO CORECCO, *La formazione della Chiesa cattolica negli Stati Uniti d'America attraverso l'attività sinodale con particolare riguardo al problema dell'amministrazione dei beni ecclesiastici,* Brescia 1970.

22 CATTANEO, *Le anomalie del Diritto ecclesiastico in Svizzera* (Anm. 19), 275.

23 Vgl. dazu MARTIN GRICHTING, *Prophetische Warnungen. Eugenio Corecco zu heutigen Entwicklungen im schweizerischen Staatskirchenrecht,* in: Forum katholische Theologie 14 (1998) 41–48.

Religionsgemeinschaft auf der Basis ihrer eigenen Ordnung zu leiten und die finanziellen Mittel, die für die Notwendigkeiten der Gemeinschaft zur Verfügung stehen, auf der Basis der eigenen Ordnung zu verwalten. Die in einigen Fällen durch das weltliche Recht für rechtmäßig erklärte Kompetenz der Finanzverwaltungsorgane im Blick auf die Wahl des Pfarrers muß nachdenklich machen hinsichtlich des Risikos, das die Religionsgemeinschaft eingeht – des Risikos der Bildung von *pressure-groups*, die sich, weil sie die Verfügungsgewalt über die finanziellen Mittel haben, mit der Zeit organisieren und vorbereiten, um die Ernennung von Pfarrern und später auch Bischöfen entscheidend zu beeinflussen. In dieser Hinsicht ist Aufmerksamkeit geboten, denn alle historischen Erfahrungen von Staatskirchentum, jeder Epoche und jeglicher Art – von den sehr aggressiven und antireligiösen bis zu den protektionistischen und wohlwollenden – bestimmen unvermeidlich die Umstände des Prozesses von Ausbildung und Ernennung des kirchlichen Personals, mit einer möglichen Konkurrenzsituation, die dem katholischen System der Übertragung von Weihe- und Jurisdiktionsvollmacht fremd ist.

Es ist notwendig, die Situation noch aus einem anderen Blickwinkel zu bewerten, insofern auch die Pfarrer und Bischöfe, die eventuell aufgrund der Initiative oder der Einwilligung der Finanzverwaltungsorgane nominiert werden, Exekutoren des Willens der jeweiligen Mehrheiten werden würden und mehr und mehr die notwendige Autonomie zur Leitung mit Kompetenz und Vollmacht verlören. Anders ausgedrückt, es ist nötig, der in einigen kirchlichen Kreisen herrschenden Versuchung zu widerstehen, sich dem demokratischen System protestantischen Ursprungs zu überlassen in der Illusion, daß die von Versammlungen gewählten Verantwortlichen sich auf einen demokratischen Konsens stützen könnten. Es handelt sich um eine Illusion, weil die Autonomie der Finanzorgane sich sehr oft auswirkt in einer Zersplitterung der Meinungen, der Interessen und der Entscheidungen und der Pfarrer bzw. der Bischof gezwungen wäre, der Unbeständigkeit der so gearteten Organe zu folgen, weil er, wie ich zuvor gesagt habe, ihnen in jedem Fall verpflichtet ist.[24]

---

24 Zur Kontroverse in der Frage der Bischofsernennung verweisen wir auf die Analyse von Pier Virgilio Aimone, *Sistemi di finanziamento della Chiesa cattolica in Svizzera,* in: Il Diritto ecclesiastico 106 (1995) 310–320 Aimone streicht heraus, daß im Zusammanhang mit der Kontroverse über die Ernennung des Bischofs von Chur sich kleine, aber aufschlußreiche Ereignisse gezeigt haben, die mit der Finanzverwaltung der Ortskirche in Beziehung stehen. Besonders erinnert er daran, daß die Zentralkommission des Kantons Zürich im Juni 1990 die Bezahlung des neuen Generalvikars vom Vertrauen der Priester in Zürich abhängig gemacht hatte. Im November desselben Jahres entschied das Parlament der kantonalen Kirche von Nidwalden, der Diözese kein Geld mehr zu überweisen. Im Mai 1991 verringerte die kantonale Kirche von Uri den finanziellen Beitrag für die Diözese um circa 80 %. Im Juni 1991 bestätigte die Synode des Kantons Zürich die Weigerung, dem Geralvikar sein Gehalt zu zahlen und etwas zur Diözese beizutragen. Im Dezember 1991 beschloß die Synode der Katholiken von Zürich die Schaffung eines Fonds der Diözese von Zürich, welcher zum Teil mit dem unterhalten werden sollte, was man der Diözese von Chur

Es muß des weiteren über die Konsequenzen nachgedacht werden, die sich möglicherweise innerhalb der katholischen Gemeinschaft ergeben können. Auch unabhängig von den Grundsatzfragen, an die wir eben erinnert haben, muß beachtet werden, daß die finanziellen Leitungsorgane, die vom Staat geschaffen worden sind, in einer Phase der Säkularisierung wie der jetzigen auf lange Sicht gesehen in den Augen der Katholiken als richtig und als konfessionelle Einrichtungen erscheinen können (vor allem wenn sie durch die Gewohnheit oder durch eine Rechtsprechung, die sie schützt und garantiert, bestätigt werden), und daß die Zugehörigkeit zu diesen Organen verflochten ist und sich vermischt mit der Zugehörigkeit zur wahren und eigentlichen kirchlichen Körperschaft. Die Säkularisation kann sich noch auf eine andere Seite auswirken: Wenn sich nämlich Verschiedenheiten in Meinung und Haltung zwischen Vermögensverwaltungsorganen und wahren und eigentlichen kanonischen Leitungsorganen (auch in heiklen Angelegenheiten von Lehre und Moral) ergeben sollten, könnten sich diese Divergenzen in der katholische Gemeinschaft als solcher auswirken, indem sie gegensätzliche Tendenzen hervorrufen – Spaltungen, die mit der Zeit das Kirchenvermögen, aber auch die kirchliche Gemeinschaft selbst betreffen können oder kulturelle und den Glauben betreffende Einstellungen.[25]

Die Möglichkeit der Verwechslung von kirchlichen Organen und Organen der Finanzverwaltung ist leicht zu folgern aus einem Urteil des schweizerischen Bundesgericht von 2002 in bezug auf den Antrag eines katholischen Bürgers auf Entlassung aus der Kirchgemeinde des Kantons Luzern. Es scheint, daß die Entlassung durch den Wunsch begründet war, keine Kirchensteuer mehr zu bezahlen (die gesetzlich obligatorisch ist), aber gerade diese sehr irdische Motivation führte den Antragsteller dazu zu präzisieren, daß die Entlassung verstanden werden solle als nur die Kirchgemeinde betreffend und nicht auch die katholische Kirche als solche, welcher er, so bestätigte dieser, angehören wolle. Die Antwort von seiten der kantonalen Kirche stützte sich auf das Faktum, daß teilweise erklärte Entlassungen nicht vorstellbar seien und jener,

---

schuldig war. Anhand der einzelnen Episoden kann man leicht erkennen, wie die ökonomische Frage tatsächlich mit den kirchlichen Ereignissen verflochten ist und die Spaltungen innerhalb der Gemeinschaft erhöhen kann auch durch die Macht der finanziellen Mittel, welche die verschiedenen Rechtsträger zur Verfügung haben.

25 Der Bischof von Basel, Kurt Koch hat eine andere Anomalie hervorgehoben, welche infolge des staatskirchlichen Systems der Schweiz entsteht, insofern mit der Zeit „eine echte theologische Diskussion über die konkreten Strukturen der katholischen Kirche in der Schweiz" abgenommen hat. „Gerade in der schwierigen Situation von heute kann die Kirche ihren Weg in die Zukunft nur glaubwürdig, ihrer Identität bewußt gehen, wenn sie Strukturen findet, die nicht ihre kirchliche Identität be- oder verhindern, sondern sie zum Ausdruck bringen und in angemessener Weise stärken" (Kurt Koch, *I sistemi di diritto ecclesiastico nella Svizzera tedesca e l'ecclesiologia del Concilio Vaticano II. Un'analisi teologica della situazione attuale,* in: Ius Ecclesiae 13 [2001] 49–70, hier: 58, 70).

der aus den Lokalorganen austreten wolle, sich kontextuell außerhalb der katholischen Kirche insgesamt befinde.

Der Frage der obligatorischen Kirchensteuer und der Modalitäten des Rücktritts, um dieser zu entgehen, werde ich später nachgehen. Was mich interessiert, ist hervorzuheben, daß das Bundesgericht, bei dem der Kläger Rekurs eingelegt hatte, ihn zurückgewiesen hat mit der Voraussetzung, daß die lokalen Organe, die durch die staatliche Rechtsordnung geregelt sind, „gleichzeitig Organe der höchsten Institution sind, und zu ihren Gunsten und in ihrem Auftrag handeln". Man sieht leicht, daß der erste in der Sichtweise des Staatskirchentums gesetzte Schritt (mit vom Staat geschaffenen Organen) dann das Risiko mit sich bringt, daß es der Staat und der staatliche Richter ist, die entscheiden, welche Organe solche der katholischen Kirche sind und wie man sich die Beziehung der Zugehörigkeit der Gläubigen zur Ortskirche und zur Universalkirche zu denken hat. Die Gläubigen gewinnen so den Eindruck, daß sie die eigene Konfessionszugehörigkeit nicht in einer exklusiven Beziehung zur katholischen Kirche leben, sondern in einem komplizierten Dreieck (Universalkirche, lokale Organe, staatliche Gerichte), in dem der zivile Richter das letzte Wort haben kann.[26] Aber was am meisten verwirrt in diesem und anderen Urteilssprüchen, ist die Kompetenz, die die weltlichen Gerichte sich anmaßen zu entscheiden, in welchem Maß und in welcher Art die Gläubigen aus der katholischen Kirche austreten können; so entscheiden sie in einer Sache, die in einem System, das auf der Religionsfreiheit aufgebaut ist, ausschließlich der konfessionellen Autorität zukommen würde. Auch aus einem Urteil von 2007, obwohl es den Ansprüchen der katholischen Institution achtsamer gegenübertritt, kann man die Überzeugung herauslesen, daß es dem weltlichen Richter immerhin zusteht, über die Zugehörigkeit eines Bürgers zur katholischen Kirche zu entscheiden. Aber diese Kompetenz steht im Widerspruch zum Prinzip der selbständigen Leitung der Kirchen, wie sie in den internationalen Normen über die religiöse Freiheit festgelegt ist.

4. Fortsetzung: Öffentliche Finanzierung der Kirchen, Einmischung in die Freiheit der Gläubigen und in die konfessionelle Autonomie

Der judizierte Fall, den wir zitiert haben, führt uns dazu, die Frage der öffentlichen Finanzierung der Kirchen und ihrer Beziehung zum Recht der individuel-

26 Zum Urteil von 2002 vgl. Cattaneo, *Le anomalie del Diritto ecclesiastico svizzero* (Anm. 19), 282 f. Eine neuere Entscheidung, vom 16. November 2007, zu einem ähnlichen Fall, der sich in demselben Kanton Luzern zugetragen hat, bestätigt indirekt das Prinzip, wonach „zum Verlassen der Kirche eine Erklärung genügt, die sich auf die ‚Regionalkirche' bezieht. Im Gegensatz ist die Interpretation des Synodalrates verfassungswidrig, wonach man explizit erklären muß, nicht mehr dem Bekenntnis, der Kirche oder römisch-katholischen Religionsgemeinschaft anzugehören".

len Religionsfreiheit und dem Recht der jeweiligen Konfessionen zu prüfen. Es ist bekannt, daß die Kirchenfinanzierung in den westlichen Ordnungen die unterschiedlichsten Formen annimmt und normalerweise mit der nationalen Tradition bezüglich der Beziehungen zwischen öffentlichem und privatem Bereich verbunden sind. Nicht per Zufall bedienen sich dieser Formen sowohl die Kirchen an sich als auch konfessionelle Schulen und Wohlfahrteinrichtungen. Als die älteste Tradition im demokratischen Westen kann die amerikanische angesehen werden, in welcher das Instrument der Steuerbefreiung sich praktisch auf alle privatrechtlichen Initiativen im religiösen, sozialen und schulischen Bereich erstreckt, so sehr, daß die Entwicklung der öffentlichen Sphäre sich im Blick auf den Ursprung der amerikanischen Rechtsordnung als recht spät erweist. Spenden für Religionsbekenntnisse, Schulen und private Universitäten, für Fürsorgeaktivitäten, Stipendien für geistliche Amtsträger, von den Kirchen verwaltete Fonds für religiöse Bildungstätigkeit erfreuen sich seit immer in den Vereinigten Staaten eines Steuervorteils, der bis in in unsere Tage nicht eingeschränkt wurde.[27] So erklärt sich auch, wieso es nie ein Problem in bezug auf den Unterhalt der religiösen Bekenntnisse gegeben hat und wieso das Netz der in der Mehrzahl konfessionell geführten privaten Schulen noch heute bei mehr als 10 % der nationalen schulischen Einrichtungen liegt.

Das amerikanische System der Steuerbefreiung ist in letzter Zeit auch in einigen europäischen Ländern verbreitet, aber immer mit Schwierigkeiten, weil die Tradition des alten Kontinents ziemlich verworren und komplex ist und im allgemeinen auf einem klaren Übergewicht des Öffentlichen über das Private aufbaut. Dies brachte mit sich, daß, als sich die Notwendigkeit einer finanziellen Unterstützung der Kirchen, im Osten wie im Westen, wieder zeigte, dies oft mittels eines direkten oder indirekten Eingreifens des Staates zugunsten der Bekenntnisgemeinschaften verwirklicht wurde. In vielen Ländern ist das Mißtrauen gegenüber dem Privaten, auch dem konfessionellen, schwächer geworden und heute sehen wir, daß die Mehrheit der Staaten finanzielle Beiträge zur Unterstützung sozialer, kultureller und oft schulischer Strukturen leistet, die von nicht-öffentlichen Trägern geleitet werden. Dies zeigt sich überall, von Italien bis nach Spanien, von Rußland bis nach Polen, von Rumänien bis nach Deutschland, von Portugal bis in fast alle ex-kommunistischen Länder.[28] Sogar,

---

27 Der große steuerliche Vorteil in bezug auf die religiösen Konfessionen wurzelt in den Vereinigten Staaten auf einem von der amerikanischen Rechtsprechung ständig verteidigten Prinzip, wonach „der Kult und die religiöse Praxis ein Gut für die Gesellschaft repräsentieren, insofern sie indirekt dazu beitragen, die Moralität und den gesunden Verstand der Bürger zu fördern" (FRANCESCO ONIDA, *Uguaglianza e libertà religiosa nel separatismo statunitense,* Milano 1970, 312).

28 In fast allen ex-kommunistischen Ländern wurden vielerlei Formen der Finanzierung religiöser Bekenntnisse eingeführt, vor allem zugunsten schulischer, sozialer und Gesundheitsstrukturen. Dies ergab sich auch aus der Tatsache, daß sich der Staat nach der totalitären Erfahrung in einer Situation substantieller Unfähigkeit fand, die wachsenden sozialen Notwendigkeiten der Bevölkerung anzugehen, in Konsequenz des Fehlens von privaten Strukturen mit sozialer Funktion. Der Kom-

wie ich vorher schon erwähnt habe, in Frankreich, das (wenigstens nominell) noch stolz ist auf die eigene separatistische Tradition, existiert seit einigen Jahrzehnten ein Netz von privaten, zu 90 % unter katholischer Leitung stehenden Schulen, die vom Staat massiv finanziert werden, und 16 % des nationalen Schulnetzes ausmachen. Es ist nötig zu bemerken, daß es bei allem, was diesen Bereich finanzieller Beiträge betrifft, keine Probleme in bezug auf die institutionelle Freiheit der Religionsbekenntnisse gibt, in dem Sinne, daß die Finanzierung von einigen positiven Standard abhängt, an die sich die privaten Strukturen anpassen müssen: keine Diskriminierung derjenigen, die sie in Anspruch nehmen, Respekt vor den Grundrechten, Übereinstimmung mit den Prinzipien der Rechtsordnung im Bereich des Gesundheits- und Sozialwesens usw.[29]

---

munismus hat alles zerstört, was Frucht einer Privatinitiative sein konnte. Der Rückgriff auf die religiösen Konfessionen und auf ihre Strukturen und Wohltätigkeitsorganisationen zeigt die Notwendigkeit des Staates, sich auf nicht-öffentliche Träger zu stützen, die sich für die Schwächsten und die Benachteiligtsten in der Zivilbevölkerung engagieren. Diesbezüglich beobachtet Silvio Ferrari, daß „die Entwicklung eines öffentlichen Finanzsystems der Kirchen in Anbetracht der ökonomischen Schwierigkeiten, die die aktuellen Regierungen von den vorhergehenden Regimen geerbt haben, und die finanzielle Anstrengung, die von vielen Staaten gemacht wurden, um die religiösen Bekenntnisse für die während der Zeit des Kommunismus erlittene Enteignung ihres Eigentums zu entschädigen, noch bedeutungsvoller erscheinen: die meisten post-kommunistischen Länder haben Erleichterungen und/oder Steuerbefreiungen für die Religionsgemeinschaften eingeführt und eine beachtliche Zahl von ihnen sehen auch eine unmittelbare ökonomische Unterstützung vor, die in einigen Fällen auf der Basis individueller Entscheidung (nach dem Beispiel des Finanzierungsmodells, wie es in Spanien und in Italien gilt, aufgegriffen in Ungarn) und in anderen durch die Bezahlung des Einkommens der geistlichen Amtsträger (Republik Tschechien, Rumänien, Slowakei) und/oder die Übertragung staatlicher Fonds an die religiösen Bekenntnisgemeinschaften (Slowakei, Rumänien, Estland, Kroatien) zur Verfügung gestellt wird" (Silvio Ferrari, *Chiesa e Stato nell'Europa post-comunista,* in: Diritto e religione nell'Europa post-comunista (Anm. 6), 512 f.).

29 Vgl. hierzu Alessandro Ferrari, *Libertà scolastiche e laicità dello Stato in Italia e Francia,* Torino 2002, 371 ff. Der Autor hebt hervor, daß in Folge der Reform Debré von 1959 „für die Klassen, die mit dem Staat durch einen Assoziationsvertrag verbunden waren, mit öffentlichen Fonds nicht nur die Löhne des Lehrpersonals finanziert wird, wie es auch für die Klassen geschieht, die einen einfachen Vertrag abgeschlossen haben, sondern sogar die Kosten für das nicht unterrichtende Personal und die Lasten, die aus allen anderen Kosten hervorgehen, die in Verbindung stehen mit dem sog. materiellen Funktionieren" (ebd. 376.) Man versteht, daß das Gesetz Debré, auf dem noch immer das ganze Schulsystem in Frankreich beruht, starke Kontraste hervorrief und vor allem von jenen kritisiert wurde, die der Meinung waren, daß dies das Prinzip der Laizität des Staates verletze. Schon im Jahre 1960 bemerkte Bernard Mégrine, daß „das Gesetz vom 31. Dezember 1959 in der Substanz schon ein kleines Konkordat ist, da es mit dem stillschweigenden Einverständnis des Episkopates erlassen wurde" (Bernard Mégrine, *La question scolaire en France,* Paris 1960, 119).

Das Problem begegnet jedoch wieder im Fall der unmittelbaren Finanzierung der Konfessionen als solcher, besonders wenn sie irgendwie mit der steuerlichen Behandlung physischer Personen zusammenhängt. Ich beziehe mich auf jenen Teil des Steuerbeitrags, 8, 6 oder 7 ‰, welcher den Bekenntnissen aufgrund der Einkommenserklärung und/oder der vom Steuerzahler getroffenen Wahl zukommt. Dieses System seinerseits unterteilt sich in zwei Untersysteme, das eine deutschen Typs, das andere italienisch-spanischer Herkunft.

Das zweite System wurde entwickelt, zumindest in Italien, aufgrund der besonderen nationalen Sensibilität, aber auch, weil man die Probleme, die sich mit dem deutschen Modell ergeben hatten, im Blick hatte. Wenn in Italien die Kirchenfinanzierung unmittelbar mit den persönlichen Steuern verbunden und so vorgesehen worden wäre, daß der Bürger einen Teil des eigenen Einkommens an die Kirche bezahlt, der er angehört (für die große Mehrheit die katholische Kirche), hätte das zu einer inneren Ablehnung von außerordentlichen Dimensionen geführt und eine Antipathie gegen die Kirche genährt, wie es sie noch nie gegeben hat in einem Land, das – trotz der Polemik – der Kirche von Rom und dem Papst eine Rolle unbestreitbarer moralischer Repräsentanz und Sorge zuerkennt. Man hat also den Weg gewählt, die finanziellen Belastung, die der Staat aufgrund der Congrua-Zahlungen aus dem 19. Jahrhundert schon getragen hat, in das Gesamtaufkommen der Einkommensteuer zu verschieben und nach dem völlig freien und jährlich veränderbaren Willen der Steuerzahler zuzuweisen. Mit anderen Worten, wer in Italien die Einkommenserklärung ausfüllt, ist frei, 8 ‰ (ein nominaler Wert, welcher nicht im Verhältnis zum Einkommen steht) demjenigen zukommen zu lassen, dem er es zukommen lassen will, der katholischen Kirche oder einer der anderen sechs Konfessionen, die im Moment zugelassen sind, oder dem Staat. Und er ist frei, seine Wahl zu ändern, was in begrenztem Maß sogar tatsächlich vorkommt.[30]

Ich sagte jedoch, daß dieses System auch ausgearbeitet wurde, um die Nachteile zu umgehen, die sich zwischenzeitlich herausgestellt haben im deutschen System und in jenen, die nach diesem nachgebildet sind.[31] Es sind Nach-

---

30 Mit dem italienischen System der Kultusfinanzierung ist das ungarische verwandt, das im Jahre 1997 eingeführt wurde, und mit welchem den Steuerzahlern die Möglichkeit gegeben wurde, 1 % der eigenen Steuern zugunsten eines öffentlichen Fonds oder einer Kirche eigener Wahl zuzuwenden (ein weiteres Prozent kann gezahlt werden zugunsten von NGO's, Museen, Theatern oder anderen öffentlichen Institutionen). Der Mechanismus ist dem italienischen ähnlich, weil der Steuerzahler volle Wahlfreiheit hat, ohne durch seine Konfessionszugehörigkeit gebunden zu sein. Es ist hingegen verschieden durch die Tatsache, daß das eine Prozent aus der Steuerschuld des Steuerzahlers berechnet wird mit der Konsequenz, daß „jene, welche eine höheres Einkommen haben und dementsprechend eine höhere Einkommenssteuer zahlen, größeres Gewicht haben, was die Verteilung des staatlicher Gelder betrifft" (SCHANDA, *Chiesa e Stato in Ungheria* [Anm. 6], 183).

31 Eine solche Verbindung mit dem deutschen System kann in Österreich festgestellt werden, wo infolge einer Reform von 1939 „alle erwachsenen Mitglieder einer Kirche dem Kirchenbeitrag unterworfen sind, unabhängig davon, ob sie kirchliche

teile, welche die religiöse Freiheit des Bürgers oder, wenn wir so wollen, des Gläubigen und die Rechte der kirchlichen Institution betreffen mit einer Einmischung seitens des Staates, welche letztendlich den innersten Teil des Gewissens der Person, ihr Festhalten an der Konfession oder Kirche berührt, der sie angehört.[32] Es ist bekannt, daß eine wachsende Zahl von Katholiken und Protestanten formell aus der eigenen Kirche austreten und diesen Austritt dem zuständigen staatlichen Amt mitteilen,[33] um die Einzahlung eines Anteils des eigenen Einkommens an die Kirche der Zugehörigkeit zu verhindern. Man muß Acht geben, denn sie können nicht beantragen, aus der Liste der Steuerzahler gestrichen zu werden, die verpflichtet sind, die Steuer der Kirche zu zahlen, der sie angehören, sondern sie müssen formell selbst aus der Kirche austreten, d. h. einen Akt setzen, der richtig verstanden, einen Akt des Abfallens im eigentlichen Sinn und ein Verlassen der konfessionellen Gemeinschaft darstellt.

Natürlich kann die Kirche so tun, als ob nichts wäre, und kann den Akt des Austritt nicht in seiner letzten kanonistischen Bedeutung und in seinen Konsequenzen in den Blick nehmen. Und so scheint es die katholische Kirche zu tun, vielleicht weil sie sich der menschlichen Schwäche bewußt ist und der doppelten Wahrheit, die im Akt des Austrittes enhalten ist: eine steuerliche Wahrheit – das offizielle Verlassen der Kirche – und eine Wahrheit des Bekenntnisses und

---

Dienste in Anspruch nehmen oder nicht. Der Gesamtbeitrag und seine Verteilung ist festgesetzt mit einer Verfügung, welche von jeder Kirche getroffen wird. Diese Verfügung hat verbindlichen Charakter für die Mitglieder einer Kirche kraft ihrer Zugehörigkeit zur Kirche selbst, wie in den Normen festgesetzt ist, welche die rechtlichen Beziehungen zwischen Gläubigen und Kirche regeln" (Potz, *Stato e Chiesa in Austria* [Anm. 3], 272).

32 Unter den Nachteilen der Systeme, die eine Kirchensteuerpflicht vorsehen, wurde auf jenen des „Steuerpartikalismus" aufmerksam gemacht, weil die Berechnung der Steuer und ihre Einzahlung nur auf lokaler Ebene vorgesehen ist ohne jeglichen Mechanismus eines Ausgleichs auf zentraler Ebene. Es kann tatsächlich Ortskirchen geben, die sich erheblicher Einnahmen erfreuen, andere dagegen haben weniger Glück. Außer der Frage des Finanzausgleichs ist zudem bemerkt worden, daß ein „derartiger Partikalismus und das genannte System das Prinzip der Universalität der katholischen Kirche verkennen" (Aimone, *Sistemi di finanziamento della Chiesa cattolica in Svizzera* [Anm. 24], 323), weil der kirchlichen Autorität tatsächlich verboten ist, die finanziellen Beiträge in einer umfassenderen Sichtweise des Ausgleichs zu verwenden und unter Beachtung der Bedürfnisse der verschiedenen kirchlichen Rechtsträger, unter territorialem Blickwinkel und unter Beachtung der Qualität ihres Engagements.

33 Was die deutsche Rechtslage betrifft, erinnert Gerhard Robbers daran, daß „sich alle, die es wollen, von der Verpflichtung zur Zahlung der Kirchensteuer befreien können, indem sie aus der Kirche mit einem Akt austreten, der weltlich-rechtliche Gültigkeit hat. Das Verlassen der Kirche verwirklicht sich durch eine Erklärung, die in Gegenwart des zuständigen staatlichen Beamten geleistet wird: dadurch wird die Zugehörigkeit einer Person zur Kirche beeinträchtigt, mit allen Effekten des weltlichen Rechts" (Robbers, *Stato e Chiesa in Germania* [Anm. 3], 72).

des Gewissens, das festhält an der eigenen Kirchenzugehörigkeit.[34] Sicher aber bildet sich ein schwerer und praktisch einzigartiger ekklesiologischer Mangel heraus, weil es „nach dem katholischen Glauben keinen Abfall von der Kirche gibt, es sei denn wegen Häresie oder wegen Glaubensabfalls, und andererseits besteht die Gefahr der Praxis des Staatskirchenrechts, die kanonische Kirchenzugehörigkeit, entgegen allem Respekt der katholischen Sichtweise, mit der Mitgliedschaft in der Kirchgemeinde des Wohnsitzes zu identifizieren."[35] Wenn es nicht für blasphemisch gehalten wird, möchte ich an die Praxis erinnern, welche die Moslems in den von ihnen eroberten Territorien eingeführt haben, nämlich den Angehörigen anderer Buchreligionen (Juden und Christen) Steuern aufzuerlegen (Kopfsteuer – *gizya).* Man konnte sich dieser Steuer nur entziehen, wenn man die eigene Religionsgemeinschaft, der man angehörte, verließ und sich dem Islam anschloß. Die Geschichte sagt uns, daß der Abfall vom Judentum und vom Christentum mit der Zeit massiv geworden ist, so sehr, daß einige Herrscher diesen Abfall behinderten, auch weil sie sich bewußt wurden, daß es vor allem die Staatskasse war, welche die Konsequenzen trug, insofern sie eben wegen der Kopfsteuer ungeheure Einnahmen verlor.[36] Aber auch so wäre eine ziemlich wenig erhebende Vermischung von Staatskasse und religiösem Glauben entstanden mit Beeinträchtigung für das Gewissen, was mit der Zeit dramatische Folgen gehabt hätte.

Wenn wir auf den Kern des Problems achten, müssen wir uns darin einig werden, daß die individuelle Religionsfreiheit mehrfach verletzt und die legitimen Interessen der kirchlichen Institution in gewisser Weise mißachtet werden.[37] Zunächst ist es ganz offensichtlich, daß der Gläubige in dem Moment, in dem er sich einer Steuerpflicht unterworfen sieht, sie nicht als Folge einer kirchlichen Verpflichtung wahrnimmt und jenen Überdruß verspürt, den jeder von uns bei einer zusätzlichen Abgabe erlebt. Und es ist ebenso offensichtlich, daß dort, wo in den staatlichen Gesetzen geschrieben steht, daß es möglich ist, die Kirchensteuer nicht zu bezahlen, indem man aus der Kirche austritt (oder

---

34 Nach Robbers „betrachtet die Mehrheit der evangelischen Kirche diesen Akt als ein effektives Verlassen der Kirche. Für die katholische Kirche bedeutet der Kirchenaustritt, allgemein gesehen, eine schwerwiegende Verletzung der Pflichten eines Gläubigen gegenüber der Kirche, auch wenn seine Zugehörigkeit zur Kirche selbst nicht zur Diskussion gestellt wird" (ebd., 72). Der Heilige Stuhl ist auf dieses Thema eingegangen mit einem Dokument des Päpstlichen Rates für die Gesetzestextes, vom 13. März 2006.

35 Koch, *I sistemi di diritto ecclesiastico nella Svizzera tedesca* (Anm. 24), 60.

36 Vgl. Carlo Cardia, *Principi di diritto ecclesiastico,* Torino 2005, 55.

37 Das System der obligatorischen Kirchensteuer kann in bezug auf die religiösen Überzeugungen der Bürger besonders störend sein, wenn es Tatbestände regeln muß, welche die Konfessionsverschiedenheit von Ehepartnern betreffen. Zu diesem Thema und zu den Komplikationen, die sich aus diesen Tatbeständen ergeben vgl. Romeo Astorri, *L'esperienza della Repubblica Federale Tedesca,* in: Enti di culto e finanziamento delle confessioni religiose. L'esperienza di un ventennio (1985–2005), hrsg. von Isabella Bolgiani, Bologna 2007, 299–322.

indem man erklärt, nicht mehr dazu zu gehören, was dasselbe ist), sich in ihm ein Anreiz ergibt, in diese Richtung zu handeln, mit einer daraus hervorgehenden Verletzung seiner inneren Freiheit. Diese ist nämlich nur dann vollkommen, wenn sie nicht Verlockungen unterworfen ist, Abhängigkeiten, widersprechenden Anregungen und so weiter.

Die Verletzungen der Freiheit der Kirche sind nicht geringer; denn diese fühlt sich dazu genötigt, zwischen zwei Verhaltensweisen zu wählen, die beide in ekklesiologischer Sicht fraglich und unliebsam sind. Einerseits kann man den Willen ignorieren, die Kirche zu verlassen, indem man ihn nur in seiner Bezogenheit auf die steuerliche Seite und jedenfalls abhängig von der individuellen Schwäche betrachtet; andererseits kann man die Willensäußerung wörtlich verstehen, die mit der Austrittserklärung vorgelegt worden ist, und den Betreffenden als nicht mehr zur kirchlichen Gemeinschaft gehörend betrachten. Es handelt sich, wie man sieht, um Haltungen, die beide zu kritisieren sind. Die erste, weil sie eine Verletzung des Rechtssystems bewirkt und weil sie das Prinzip der Gleichheit der Gläubigen verletzt: Sie würde dazu führen, daß gerade jene benachteiligt werden, die der Versuchung des Kirchenaustritts nicht nachgeben. Die zweite, weil sie in der Realität das Verlassen der Kirche (mit all seinen Konsequenzen, die es mit sich bringt) von einem Willen abhängig macht, von dem bekannt ist, daß er nicht eindeutig ist, daß er sich nämlich nicht auf das Ablehnen des Glaubens und der kirchlichen Gemeinschaft richtet, sondern aus anderen, eher menschlichen Motiven hervorgeht. Dazu ist es angebracht, auf eine Präzisierung des zuständigen Päpstlichen Rates aufmerksam zu machen in bezug auf das, was unter einem formellen Akt des Abfalls von der katholischen Kirche zu verstehen ist. Nach dieser Erklärung muß „der Abfall von der katholischen Kirche …, damit er sich gültig als wirklicher *actus formalis defectionis ab Ecclesia* darstellen kann, auch hinsichtlich der in den zitierten Canones vorgesehenen Ausnahmen, konkretisiert werden in:

a) einer inneren Entscheidung, die katholische Kirche zu verlassen;
b) der Ausführung und äußeren Bekundung dieser Entscheidung;
c) der Annahme dieser Entscheidung von Seiten der kirchlichen Autorität."

Das Dokument des Päpstlichen Rates für die Gesetzestexte fügt hinzu, daß „der juristisch-administrative Akt des Kirchenaustritts für sich genommen nicht einen formalen Akt des Abfalls im Sinne des CIC darstellen kann, weil der Wille bestehen könnte, in der Gemeinschaft der Gläubigen zu verbleiben". Man kann legitimerweise ableiten, daß die Austrittserklärungen, die in Gegenwart einer weltlichen Autorität vorgelegt werden, vor allem wenn sie durch den Willen, motiviert sind, sich der Kirchensteuerpflicht zu entziehen, keine wirkliche Loslösung von der Kirche zum Inhalt haben.[38]

---

38 Das approbierte Dokument des Päpstlichen Rates für die Interpretation von Gesetzestexten vom 8. Dezember 2005 präzisiert des weiteren: „Der Inhalt des Willensaktes muß bestehen im Bruch jener Bande der Gemeinschaft – Glaube, Sakramente, pastorale Leitung –, die es den Gläubigen ermöglichen, in der Kirche das Leben der Gnade zu empfangen. Das bedeutet, daß ein derartiger formaler Akt nicht nur recht-

5. Zusammenfassung: Reformbedarf, staatliche Gesetze, kirchliche Gesetze

Alles, was ich gesagt habe, bedeutet nicht, daß die Beziehung zwischen Staat und Kirche in der Weise einer eindeutigen Trennung verstanden werden muß, als ob die Struktur der Kirche von der staatlichen Rechtsordnung weit entfernt und ihr fremd sein müßte und der Staat über das Funktionieren der kirchlichen Organe nichts zu sagen hätte. Dieses Verständnis mag irrig sein, entspricht aber vor allem nicht der Realität der rechtlichen Welt und der tatsächlichen Beziehungen zwischen religiöser und ziviler Gesellschaft.

Zum Beispiel gibt es in allen Rechtsordnungen immer die Schranken der öffentlichen Ordnung oder der fundamentalen Prinzipien der Rechtsordnung, die von den Kirchen in ihrem Verhalten respektiert werden müssen. Zudem gibt es vor allem im finanziellen Bereich die voll und ganz legitime Notwendigkeit einer Kontrolle durch den Staat, die auch den Interessen der Kirche zugute kommt und sich in verschiedener Hinsicht auswirkt. Sie betrifft die tatsächliche Nutzung der öffentlichen Finanzierung für religiöse (oder karitative oder soziale) Zwecke, was zum Beispiel in Ländern, in denen das System der 8 ‰ (oder eines anderen Prozentsatzes) gilt, entweder mit der Pflicht zur Rechenschaftsablegung oder zur jährlichen Veröffentlichung eines Rechenschaftsberichts oder mit der periodischen Überprüfung der Finanzverwaltung und der tatsächlichen Verwendung der Finanzen durch paritätische Kommissionen (Staat – Kirche) verbunden ist. Die staatliche Kontrolle wird auch durch die Unterordnung aller ökonomischen und das Vermögen betreffenden Aktivitäten der Kirche unter das allgemeine Recht verwirklicht mit der Konsequenz, daß sich die Kirchen und Religionsgemeinschaften in dieser Hinsicht weder Steuerprivilegien erfreuen (wenn es sich nicht um Befreiungen handelt, die auch anderen privaten Rechtsträgern zukommen können), noch Vermögensprogramme und unmittelbare Investitionsprogramme zur unmotivierten Steigerung der eigenen Güter und der eigenen Reichtümer vorbereiten können.[39]

---

lich-administrativen Charakter hat (das Verlassen der Kirche im melderechtlichen Sinn mit den entsprechenden zivilrechtlichen Konsequenzen), sondern daß er sich als wirkliche Trennung von den konstitutiven Elementen des Lebens der Kirche darstellt: Er setzt also einen Akt der Apostasie, der Häresie oder des Schismas voraus". Nach der Ordnung, die vom Päpstlichen Rat formuliert worden ist, „wird überdies verlangt, daß der Akt von dem Betroffenen schriftlich vor der zuständigen kirchlich-katholischen Autorität bekundet wird: vor dem Ordinarius oder dem eigenen Pfarrer, dem allein das Urteil darüber zusteht, ob wirklich ein Willensakt des in Nr. 2 beschriebenen Inhalts vorliegt oder nicht".

39 Über die direkten und indirekten Kontrollen, die durch die Gesetzgebung im Anschluß an das italienische Konkordat hinsichtlich der Finanzverwaltung der Kirche vorgesehen sind, sei verwiesen auf den Sammelband: *Enti di culto e finanziamento delle confessioni religiose* (Anm. 37) und speziell auf die Beiträge von Carlo Cardia, *Otto per mille e offerte deducibili,* ebd., 225–252, und von Pierangela Floris, *La remunerazione del clero,* ebd., 253–298.

Aber diese Kontrollen, diese Grenzen für jede staatliche Ordnung, die auf das korrekte Funktionieren der ökonomischen Aktivitäten auch der Kirchen abzielen, haben nichts mit einer neo-staatskirchlichen Tendenz zu tun, welche die öffentlichen Autoritäten dazu brächte, die kirchliche Struktur, ihre Funktionsweise und innere Dynamik beeinflussen, wenn nicht sogar bestimmen zu wollen.

Wenn durch den finanziellen Beitrag des Staates die individuelle Religionsfreiheit eingeschränkt wird (wie wir gesehen haben, daß es bei der an die Konfessionszugehörigkeit anknüpfenden Kirchensteuer der Fall ist), gelangt man jedenfalls zu einer Vermischung von Staat und Kirche, von religiöser und ziviler Sphäre, welche bestimmt ist, sich früher oder später auf den Zustand und das innere Gleichgewicht der Kirche auszuwirken. Die ersten, welche die Konsequenzen der Schaffung von autonomen Finanzverwaltungsorganen spüren, sind die geistlichen Amtsträger, die, um frei zu handeln, die Entscheidungen desjenigen beachten müssen, der die ökonomische und finanzielle Macht faktisch in der Hand hat. Zu denken, daß man diese zwei Aspekte trennen kann, die Verwaltung der kirchlichen Struktur und die Verwaltung ihrer Finanzen, ist eine im wesentlichen illusorische Idee. In einigen lokalen Mikrokosmen ist dies möglich, weil die Geschlossenheit kleiner Gemeinschaften vor Spannungen oder internen Spaltungen schützen kann. Aber unter den Bedingungen einer Makro-Realität und in einer von einer wachsenden Säkularisierung charakterisierten Epoche ist die Trennung des Rechtes auf eigene Leitung von der Verfügung über die finanziellen Ressourcen ein Konzept, das gegen die Natur geht, wie wenn eine Familie bei einem autonomen Subjekt anfragen müßte, das ihre Güter verwaltet und die Entscheidungen übernimmt für die Ausgaben für Kleidung, Schule, Ferien, Genuß und so weiter. Dies wäre eine halbierte Familie, der jene innere Einheit fehlte, die auch beim Treffen von alltäglichen Entscheidungen ihrer Angehörigen Solidarität verlangt. Aus diesen Gründen stellt sich heute das Problem einer Überwindung jenes wohlwollenden Staatskirchentums, das auch noch heute in den Ländern Nord- und Mitteleuropas herrscht und in einem objektiven Kontrast zur Rechtsentwicklung zu stehen scheint, die das Recht auf religiöse Freiheit auf der internationalen Ebene, auf der Ebene der Gemeinde und in den meisten Rechtsordnungen unseres Kontinents schützt, welche ihr Staatskirchenrecht bereits revidiert haben.

Strukturelle Entwicklungen in der staatlichen Rechtsprechung und Gesetzgebung der Schweiz

Giusep Nay

1. Einleitung

Wenn mir heute aufgetragen ist, über strukturelle Entwicklungen in der staatlichen Rechtsprechung und Gesetzgebung zum Verhältnis zwischen der katholischen Kirche und dem Staat in der Schweiz zu referieren, so kann und muß der Ansatzpunkt die als ein Grund- und Menschenrecht garantierte Religionsfreiheit sein. Die Religionsfreiheit ist das Ziel des Religionsverfassungsrechts und sie hat zugleich auch das Maß jeglichen Religionsrechts zu sein.

Das Grundrecht der Glaubens- und Gewissensfreiheit ist in Art. 15 der schweizerischen Bundesverfassung (BV) gewährleistet. Die Religionsfreiheit wird namentlich auch in Art. 9 der Europäischen Menschenrechtskonvention (EMRK) garantiert, die in der Schweiz seit 1975 unmittelbar anwendbar ist. Die Verfassungen der schweizerischen Kantone gewährleisten ebenfalls teils ausdrücklich, teils durch Verweisung auf die Bundesverfassung die Religionsfreiheit.

Die Religionsfreiheit ist vorab ein Freiheitsrecht, das dem Einzelnen für sich und in einer Gemeinschaft erlaubt, seine Religion frei von staatlichen Eingriffen auszuüben. Neben dieser individuellen und kollektiven Religionsfreiheit ist heute auch eine korporative Religionsfreiheit anerkannt, die den Religionsgemeinschaften selber die Freiheit der Religionsausübung gewährleistet.

Die Religionsfreiheit ist nicht nur ein individuelles, kollektives und korporatives Freiheitsrecht, sondern entsprechend dem Charakter als Grundrecht auch eine objektivrechtliche Norm, an der sich die gesamte Staatstätigkeit zu orientieren hat. Sie hat die Funktion, das Individuum und die Religionsgemeinschaft vor unzulässigen Eingriffen des Staates zu schützen, und gleichzeitig eine wichtige normative Funktion für den Gesetzgeber. In unserem Falle ist vor allem der kantonale Verfassungsgeber damit angesprochen, denn die schweizerische Bundesverfassung beschränkt sich im Wesentlichen darauf, die Religionsfreiheit – bzw. in der Sprache der Bundesverfassung die Glaubens- und Gewissensfreiheit – zu garantieren. Die Regelung des Verhältnisses zwischen Kirche und Staat überläßt sie hingegen in Art. 72 den Kantonen.

Die Glaubens- und Gewissensfreiheit, die der Staat garantiert, verpflichtet ihn zu einem religiös neutralen Verhalten. Dies bedeutet jedoch keine negative Trennung des Staatlichen vom Religiösen, sondern erlaubt – freilich schon unter Trennung der beiden Bereiche – ein positives Verhalten des Staates zu den Religionsgemeinschaften, wenn alle in der pluralistischen Gesellschaft bestehenden Überzeugungen rechtsgleich Beachtung und Berücksichtigung finden.

Aus der korporativen Religionsfreiheit folgt ein Selbstbestimmungs- und Selbstorganisationsrecht der Kirchen und Religionsgemeinschaften. Und dieses interessiert besonders, wenn strukturelle Entwicklungen aufgezeigt werden sollen. Dabei soll nicht nur von vergangenen, sondern ebenso von künftigen möglichen und notwendigen Entwicklungen die Rede sein.

2. Die korporative Religionsfreiheit

Die korporative Religionsfreiheit ist zwar weder in der Bundesverfassung noch in der Europäischen Menschenrechtskonvention explizit gewährleistet. Die Lehre ist sich hingegen darin einig, daß die allgemeine Umschreibung der Religionsfreiheit in den angeführten Art. 15 BV und Art. 9 EMRK ebenfalls eine korporative Religionsfreiheit mitumfaßt. Diese ist eine verselbständigte Form der kollektiven Religionsfreiheit, die dem religiösen Verband selber das Grundrecht der freien Religionsausübung gewährt. Das Recht der gemeinschaftlichen, kollektiven Religionsausübung wird nur dem Individuum zuerkannt, auch wenn diese Befugnis der Gemeinschaft zugute kommt. Hier setzt nun die korporative Religionsfreiheit ein, indem sie – wenn man es auf den Punkt bringen will – der Religionsgemeinschaft selber auch die Religionsfreiheit zuerkennt.

Die Herausschälung des Begriffs der korporativen Religionsfreiheit in der neueren Lehre und insbesondere ihre Folgen kann als eine der wichtigsten Entwicklungen in der Verhältnisbeziehung zwischen Staat und Religionsgemeinschaften der letzten Jahrzehnte und Jahre in der Schweiz bezeichnet werden.

2.1. Rechtsprechung

Daß es zur Frage der korporativen Religionsfreiheit kaum eine Rechtsprechung gibt, ist Ausdruck der immer wieder gesuchten und auch gefundenen einvernehmlichen Lösungen zwischen Kirche und Staat in den schweizerischen Kantonen.

Es läßt sich deshalb nur ein publizierter Bundesgerichtsentscheid aus dem Jahre 1994 anführen, um zu veranschaulichen, warum es konkret geht oder gehen kann. Der Entscheid selber verkennt noch die korporative Religionsfreiheit als solche, und wurde in der Literatur denn auch einhellig kritisiert. Er betraf die Frage, ob der (evangelisch-reformierte) Pfarrer im Kanton Thurgau dem Kirchgemeindevorstand angehören dürfe oder ob dies wegen der Vorschrift der Thurgauer Kantonsverfassung, niemand dürfe der eigenen Aufsichtsbehörde angehören, unzulässig sei. Das Bundesgericht erachtete die Unvereinbarkeitsvorschrift der Kantonsverfassung ohne weiteres als auch für die Kirchgemeinden anwendbar. Das verletzt hingegen deren aus der korporativen Religionsfreiheit fließendes Selbstbestimmungsrecht, d. h. das Recht der Landeskirche, ihre Organisation in dieser Frage nach ihrem Selbstverständnis und ihrer Auffassung über die Stellung des Pfarrers so zu regeln, wie sie es für richtig erachtet.

Seit einigen Jahren widmet sich die Lehre mit einer stark zunehmenden Zahl von Publikationen auch dem Staatskirchenrecht bzw. – wie man den Bereich heute zutreffender nennt – dem Religionsverfassungsrecht. Und wenn man darin nach Entwicklungen Umschau hält, ist eine solche, wie bereits erwähnt, die Herausbildung der korporativen Religionsfreiheit. Es ist daher nicht zu bezweifeln, daß das Bundesgericht heute den erwähnten Fall anders, im Sinne der Freiheit der Kirche entscheiden würde.

2.2. *Rechtsetzung*

Auf die Rechtsetzung, d. h. insbesondere auf die Regelung des Verhältnisses des Staates zu den Religionsgemeinschaften in den Kantonsverfassungen, hatte die Ausweitung des Schutzbereiches der Religionsfreiheit auf ein aus der korporativen Religionsfreiheit fließendes Selbstbestimmungsrecht der Religionsgemeinschaften erhebliche Auswirkungen. Diesen neueren Rechtsentwicklungen wird die Rechtsprechung Rechnung tragen und tragen müssen.

In den älteren Kantonsverfassungen wurde vielfach den Religionsgemeinschaften lediglich das Recht eingeräumt, die inneren Angelegenheiten autonom zu ordnen. Leider ist dies vereinzelt auch in in neuerer Zeit revidierten Kantonsverfassungen noch der Fall. Die neuen Verfassungen z. B. der Kantone Basel-Land und Graubünden gehen aber weiter und gewähren den Religionsgemeinschaften das Recht, allgemein „ihre Angelegenheiten" – also auch die äußeren – selbständig zu regeln. Die Verfassungen der Kantone Jura und Aargau, wie die neue Verfassung und das neue, noch nicht in Kraft gesetzte Kirchengesetz des Kantons Zürich verankern ebenfalls ein allgemeines autonomes Organisationsrecht, das die inneren wie die äußeren Angelegenheiten der Kirchen und Religionsgemeinschaften umfaßt. Als geradezu vorbildlich in dieser Hinsicht möchte ich noch die Regelung in Art. 4 Abs. 1 der Verfassung des (katholischen) Kantons Obwalden von 1968 anführen, die schlicht und einfach und grundrechtlich ebenso richtig festhält: „Die Religionsgemeinschaften organisieren sich nach ihrem Selbstverständnis".

Eine genauere abstrakte Abgrenzung von inneren und äußeren Angelegenheiten einer Religionsgemeinschaft war immer schwierig und ist heute mit der betonten Neutralitätspflicht des säkularen Staates aber nicht mehr notwendig. Hinzu kommt, daß diese Abgrenzung für die verschiedenen Religionsgemeinschaften im pluralistischen Staat nicht die gleiche sein kann, da die einen Kirchen und Religionsgemeinschaften ihrer Organisation, ihren Strukturen und Ämtern eine hohe religiöse Bedeutung beimessen, während sie für andere wesentlich weniger bedeutsam sind. Das hat zur Folge, daß die faktische Reichweite der Religionsfreiheit auch vom Selbstverständnis der Religionsgemeinschaft abhängt.

Diese Erkenntnis und Tatsache zusammen mit dem aus der korporativen Religionsfreiheit abgeleiteten Selbstbestimmungsrecht der Kirchen und Religionsgemeinschaften hatte Einfluß auf die erwähnten Revisionen von Kantonsverfassungen in bezug auf die Autonomie der Kirche, vorab der römisch-katholischen Kirche, wenn auch nicht alles verwirklicht wurde, was hätte verwirklicht werden können. Ich komme darauf noch zurück.

2.3. *Verfassungskonforme Auslegung und Anwendung*

Das in der Religionsfreiheit nach Art. 15 BV und Art. 9 EMRK mitgarantierte, aus der korporativen Religionsfreiheit fließende Selbstbestimmungsrecht der Religionsgemeinschaft ist weiter im Hinblick auf die verfassungskonforme Auslegung und Anwendung der bestehenden Regelungen in den Kantonsverfassungen von großer Bedeutung. Diese sind in ihren in der Regel sehr allgemeinen Umschreibungen auch auslegungsbedürftig und daher dafür zugänglich. Wird diesem Gesichtspunkt, der nicht nur ein Recht, sondern eine Pflicht der Behörden und des Richters ist, gebührend nachgelebt, darf das von Cavour so formulierte Anliegen der freien Kirche im freien Staat in einem modernen Sinn für die katholische Kirche in der Schweiz ebenfalls dort als gewährleistet betrachtet werden, wo der Wortlaut von Regelungen in Kantonsverfassungen und Kirchengesetzen oder Verfassungen von Kantonalkirchen und Kirchgemeinden vielleicht zu wünschen übrig läßt.

3. Grundanforderungen an die Ausgestaltung des Verhältnisses zwischen Kirche und Staat

Welche Grundanforderungen stellt nun die korporative Religionsfreiheit an die Ausgestaltung des Verhältnisses zwischen Kirche und Staat? Und wie wirkt sie sich auf das deutschschweizerische System der öffentlichrechtlichen Anerkennung und besonders auf ihre Ausgestaltung für die römisch-katholische Kirche aus? Das ist die konkrete Frage, der ich mich zuwenden will.

3.1. *Eckpfeiler*

Die Eckpfeiler eines modernen Religionsverfassungsrechts sind nach meiner Auffassung die folgenden:

Der Staat beansprucht zwar die Kompetenz-Kompetenz, um sein Verhältnis zu den Religionsgemeinschaften festzulegen. D. h. er nimmt in Anspruch, selber zu bestimmen, dafür zuständig zu sein; nicht mehr, aber auch nicht weniger. Er nimmt damit aber ausschließlich in Anspruch zu sagen, wie er die Religionsgemeinschaften *staatsrechtlich* versteht und erfassen will. Das führt weg von der alten Auffassung eines Nebeneinanders von Kirche und Staat als rechtlich selbständige Subjekte. Die Religionsfreiheit verpflichtet den Staat hingegen, das je eigene Selbstverständnis jeder Religionsgemeinschaft zu respektieren. Im freiheitlichen demokratischen Rechtsstaat ist das Recht Grundlage und Schranke staatlichen Handelns, wie es die schweizerische Bundesverfassung in Art. 5 ausdrücklich festhält. Das Grundrecht der Religionsfreiheit setzt daher dem Staat und seiner Kompetenz-Kompetenz klare Schranken, wie sie mit dem Selbstbestimmungsrecht der Kirche bereits angesprochen wurden.

Was zum Glaubensinhalt einer Religion gehört und was nicht, bestimmt demgegenüber allein diese. In dieser ganz wesentlichen Frage steht *der Religionsgemeinschaft* – wenn sie so wollen – die Kompetenz-Kompetenz zu. Kerngehalt der staatlich garantierten Religionsfreiheit ist das Recht jeder Person zu glauben, was sie für richtig hält, oder auch nicht zu glauben. Entsprechend diesem Individualrecht der Glaubenden hat auch die Kirche als Gemeinschaft der Glaubenden im Sinne der dargelegten korporativen Religionsfreiheit – hier immer allein aus staatsrechtlicher Sicht formuliert – das Recht, den Glaubensinhalt und die richtige Religionsausübung selber festzulegen und der Staat hat dies nicht nur zu respektieren, sondern auch zu schützen. Schranken sind den Religionsgemeinschaften selbstredend in ihrer Kompetenz-Kompetenz in Glaubenssachen ebenfalls gesetzt, die – mehr kann jedenfalls hier dazu nicht gesagt werden – indes erst dort einsetzen, wo der Staat sonst seine in strikter Beachtung der Religionsfreiheit ausgeübte Kompetenz-Kompetenz nicht mehr wahrnehmen könnte, d. h. wo eine Religionsgemeinschaft in seinen Zuständigkeitsbereich eingreifen wollte oder mit Berufung auf ihre Glaubensüberzeugung andere Grundrechte ihrer eigenen Mitglieder oder Dritter verletzen würde.

3.2. Konkrete Anforderungen

Die konkreten Anforderungen an die Ausgestaltung der öffentlichrechtlichen Anerkennung, die sich aus der Religionsfreiheit ergeben, sind im Wesentlichen:

3.2.1. Öffentlichrechtliche Anerkennung als Angebot

Der öffentlichrechtliche Status darf nicht vom Staat vorgeschrieben sein. Er muß ein Angebot sein, das die Religionsangehörigen annehmen können oder nicht. Bekundet die Religionsgemeinschaft den Willen, das Angebot anzunehmen und erfüllt sie die entsprechenden, vom Staat festgelegten Kriterien, wird sie öffentlichrechtlich anerkannt. Es handelt sich bei den öffentlichrechtlichen Religionskörperschaften also um Zusammenschlüsse ihrer Angehörigen, die auf deren Willen beruhen und die sie gemäß ihren eigenen Verfassungen und

Statuten selber ausgestalten. Sie sind vom Staat nicht geschaffen, sondern lediglich ermöglicht.

Katholischerseits haben sie ihre Wurzeln in den Kirchgemeinden, die sich bereits im Spätmittelalter auf der Basis des kirchlichen Patronatsrechts ausbildeten und somit auch kirchenrechtlich verankert sind. Die Kirche des Spätmittelalters war nicht nur eine religiöse, sondern auch eine wirtschaftliche und politische Größe. Sie gewährte vielerorts in der Schweiz den weltlichen Obrigkeiten Patronatsrechte über die Pfarreikirche und ließ diese damit über die Bestellung des Pfarrers und die Verwendung der kirchlichen Pfründe und Stiftungen entscheiden bzw. mitentscheiden. In den Länderorten wie auch in Graubünden und im Wallis bildeten sich daher vor dem Entstehen des neuzeitlichen Staates und auch einige Zeit vor der Reformation Kirchgemeinden aus.

Diese Kirchgemeinden, die in unseren von genossenschaftlichem Denken geprägten Verhältnissen bereits damals auf dem Willen ihrer Mitglieder als Glieder der Kirche beruhten und die Zustimmung der kirchlichen Autoritäten hatten, sind die Vorläufer der katholischen Kantonal- oder Landeskirchen mit ihren Kirchgemeinden. Zunächst deckten sich diese mit den politischen Gemeinden, wurden später insbesondere aufgrund der konfessionellen Durchmischung als Spezialgemeinden organisiert und später als eigene autonome Körperschaften anerkannt. Diese Entwicklung verlief je nach Kanton unterschiedlich schnell. Dasselbe gilt für die Entstehung der kantonalkirchlichen Organisationen, die z. T. bereits auf eine bald zweihundertjährige Geschichte zurückblicken, andernorts aber erst in den 70er-Jahren des 20. Jahrhunderts entstanden.

Die kantonalkirchlichen Organisationen und ihre Kirchgemeinden können daher insbesondere nach den Entflechtungen der letzten Jahre, die ihnen in allen wesentlichen Belangen größere Organisationsfreiheit brachten, in keiner Weise mehr als staatliche Gebilde oder gar Staatskirchen betrachtet und bezeichnet werden. Die öffentlichrechtlich anerkannten kirchlichen Körperschaften sind gemäß der heutigen Ausprägung dieses Rechtsinstituts im Sinne der korporativen Religionsfreiheit nicht mehr Ausdruck staatlicher Kirchenhoheit, sondern einer positiven Trennung von Staat und Kirchen bzw. Religionsgemeinschaften. Diese Organisationsform gewährt der Kirche einerseits große Freiheit und schafft anderseits beste Voraussetzungen dafür, daß sie ihre Aufgaben im Dienst an ihren Mitgliedern und am Gemeinwohl wahrnehmen können.

3.2.2. Der Zweck der katholischen Kantonalkirchen und ihrer Kirchgemeinden

Die katholischen Landes- oder Kantonalkirchen und ihre Kirchgemeinden wollen, wie das im Entwurf für eine neue Kirchordnung der Römisch-katholischen Körperschaft des Kantons Zürich in der Präambel am aktuellsten formuliert wird:

- Voraussetzungen schaffen für eine lebendige Kirche zum Heil der Menschen;
- sie wollen das in Mitverantwortung für die Bedürfnisse der Kirche im Bistum und in der Schweiz sowie für die Weltkirche tun;

- dabei beachten sie die je eigenen kirchlichen und staatskirchenrechtlichen Zuständigkeiten;
- und schließlich arbeiten kantonale kirchliche Körperschaft und Kirchgemeinden mit den kirchlichen Organen einvernehmlich zusammen.

Diese Zweckausrichtung auf die Unterstützung der römisch-katholischen Kirche gemäß ihrer eigenen Verfaßtheit ist wesentlich für die katholischen Körperschaften. Ohne diese fehlte ihnen ihre eigentliche Legitimation. Sie haben in diesem Sinne grundsätzlich eine dienende Funktion.

Wegen ihrer Pflicht, das Selbstverständnis der Kirche stets zu respektieren, werden die öffentlichrechtlich anerkannten Körperschaften nicht zu bloßen Befehlsempfängern der Kirche, dies jedenfalls in dem Maße nicht, als die Kirche die Mündigkeit der Laien anerkennt und diese als Mitglieder der Kirchgemeinden und Kantonalkirchen in ihrem Zuständigkeitsbereich die demokratische und rechtsstaatliche Verantwortung tragen.

3.2.3. Die einfache Anerkennung

Die Kirche, auf deren Zweck die Körperschaften ausgerichtet sind, ist mit deren öffentlichrechtlicher Anerkennung – wo dies nicht explizit der Fall ist, jedenfalls implizit – im Sinne einer einfachen oder kleinen Anerkennung – öffentlichrechtlich anerkannt und gilt somit als eine Kraft von öffentlicher Bedeutung mit den entsprechenden Folgen für deren Beziehungen zum Staat, z. B. bei Vernehmlassungen und offiziellen öffentlichen Auftritten usw. Förmlich werden die Kirchen in den Kantonsverfassungen in aller Regel lediglich in der Rechtsform als Körperschaften anerkannt, die die Landes- oder Kantonalkirchen und ihre Kirchgemeinden bilden. Das bedeutet aber in bezug auf die römisch-katholische Kirche nicht, daß die Kirche selber nicht auch mitanerkannt wäre. Vielmehr ist dies durch die Zweckausrichtung der anerkannten kirchlichen Körperschaften auf sie und ihre Bedürfnisse implizit der Fall. Ja, allein weil die katholische Kirche als solche eine öffentliche Potenz ist, sind letztlich die Kirchgemeinden und Kantonalkirchen öffentlichrechtlich anerkannt.

Besser ist, wenn diese einfache Anerkennung in der Kantonsverfassung ausdrücklich erfolgt, weil die römisch-katholische Kirche gemäß ihrem eigenen Selbstverständnis hierarchisch und nicht demokratisch verfaßt ist und daher auf der Ebene der Pfarrei durch den Pfarrer und auf der Ebene der Diözese durch den Bischof repräsentiert wird.

Dem trägt Art. 98 der Verfassung des Kantons Graubünden Rechnung. Die evangelisch-reformierte und die römisch-katholische Kirche werden zunächst als solche und ohne Vorbehalte so, wie sie sich selber verstehen wollen, öffentlichrechtlich anerkannt. Damit konnte sich schließlich auch die Evangelisch-reformierte Landeskirche einverstanden erklären, der theologisch eine Unterscheidung zwischen Geistkirche und Rechtskirche zumindest nicht ganz fremd ist.

Eine solche Betrachtungsweise, die die Anforderungen an eine einfache Anerkennung von Religionsgemeinschaften auf das entsprechend der Funktion dieses staatsrechtlichen Instituts absolut Notwendige reduziert, erlaubt, deren Selbstbestimmungsrecht optimal zu respektieren. Sie erleichtert auch eine förmliche einfache Anerkennung weiterer Religionsgemeinschaften, denen, wenn sie nicht qualifiziert als öffentlichrechtliche Körperschaft anerkannt sind oder werden wollen, auch ohne dies Rechte wie die Erteilung von Religionsunterricht in öffentlichen Schulen oder die Seelsorge in öffentlichen Spitälern eingeräumt werden können.

3.2.4. Die qualifizierte öffentlichrechtliche Anerkennung

Die *qualifizierte* öffentlichrechtliche Anerkennung als Körperschaften wahrt das Selbstbestimmungsrecht der Religionsgemeinschaften, *sofern diesen die größtmögliche Organisationsautonomie gewährt wird.* Je weniger weit diese geht, desto mehr bleiben sie im staatlichen Recht verhaftet und können jedenfalls so noch als halbstaatliche Gebilde erscheinen. Wo aber, wie bereits angeführt, die notwendigen Entflechtungen erfolgten, sind die Kantonalkirchen und die Kirchgemeinden vom Staat klar getrennt.

Demokratische und rechtsstaatliche Anforderungen an ihre Organisation sind aber mit der Religionsfreiheit im Einklang, weil und soweit den Körperschaften das Recht, Kirchensteuern zu erheben, eingeräumt wird. Dieses grundsätzlich allein dem Staat vorbehaltene Recht kann der demokratische Rechtsstaat einer Religionsgemeinschaft nach schweizerischem, historisch stark verankertem Rechtsverständnis nur leihen, wenn sich diese bereit erklärt, die Kirchensteuern nach demokratischen und rechtsstaatlichen Grundsätzen zu erheben und zu verwenden. Damit wird von einer kirchlichen Körperschaft Demokratie und Rechtsstaatlichkeit verlangt, nicht aber von der Kirche selber.

Die Entwicklung der letzten Jahre und Jahrzehnte war in verschiedenen Kantonen von einer Entflechtung des Verhältnisses von Kirche und Staat geprägt. Nicht mehr die Kantonsverfassungen oder die Kirchengesetze regeln die Einzelheiten der Organisation der Kirchgemeinden und Landeskirchen, so daß diese nicht mehr auf staatlichem Recht beruhen, sondern auf eigenem Recht. Die gestellten demokratischen und rechtsstaatlichen Anforderungen zusammen mit den historischen Wurzeln des Systems führen zwar dazu, daß staatliches Recht, insbesondere das Gemeindegesetz, subsidiär sinngemäß auf die kirchlichen Körperschaften Anwendung findet. Diese wenden dieses Recht jedoch als eigenes Recht an, mit der für ihre Autonomie z. B. wichtigen Folge, daß ein Rechtsstreit durch eine Rekurskommission der Kantonalkirche beurteilt wird und nur in einem weiteren Schritt an ein kantonales Verwaltungsgericht oder je nach Regelung direkt an das Bundesgericht weitergezogen werden kann. Es könnte nun vorgesehen werden, daß in bestimmten Fällen vor oder mit dem Gang vor die kantonalkirchliche Rekurskommission ein bestehender, genügend bekannter und ausgestalteter kirchlicher Rechtsweg zu beschreiten ist und dessen Ausgang abzuwarten ist, bis die kantonalkirchliche Rekurskommission entscheiden kann. Das wäre eine mögliche bessere verfahrensmäßige Sicherung der Beachtung des kanonischen Rechts, die eine nähere Prüfung verdient.

Als Ideal betrachte ich eine Regelung der öffentlichen Anerkennung wie sie etwa der Kanton Graubünden seit dem 19. Jahrhundert und der neue Kanton Jura kennen: Der Kanton begnügt sich in seiner Verfassung mit der Aussprechung der öffentlichrechtlichen Anerkennung mit der Verleihung des Besteuerungsrechts und begnügt sich mit der Formulierung eines Demokratie- und Rechtsstaatsvorbehalt für die Erhebung und Verwendung der Kirchensteuern. Auf ein Kirchengesetz kann so weitgehend verzichtet werden.

Der Kanton Zürich, der sein Verhältnis zu den Kirchen in mehreren Schritten entflocht, geht in der verabschiedeten und am 1. Januar 2010 in Kraft getretenen Regelung noch nicht so weit, aber mehr um das funktionierende System nicht allzu sehr umzugestalten als in der Absicht, der Evangelisch-reformierten Landeskirche und der Römisch-katholischen Körperschaft nicht die größtmögliche Selbständigkeit zu gewähren. Es sind teilweise Einzelheiten der Organisation im Kirchengesetz enthalten – wie die Organe der kirchlichen Körperschaften und deren Benennung – die diesen selbst überlassen sein müßten, aber immerhin im Einvernehmen mit diesen so geregelt wurden. Wichtig ist, daß ausdrücklich festgelegt wird, daß die Körperschaften, soweit sie staatliches Recht subsidiär anwenden, dieses als eigenes Recht anwenden. Der Kanton Zürich sieht daher neu auch vor, daß die Körperschaften selber genügenden Rechtsschutz mit der Einrichtung einer Rekurskommission als unabhängiger richterlicher Instanz gewähren können und müssen, wie dies in anderen Kantonen bereits der Fall ist. Zu erwähnen ist schließlich, daß die Kantonalkirchen neu selber das Stimm- und Wahlrecht nach ihren Bedürfnissen regeln können und es so im Einklang mit der zivilrechtlichen Religionsmündigkeit auf 16-Jährige herabsetzen und auf Ausländerinnen und Ausländer ausdehnen können.

Nicht näher eingehen kann ich hier darauf, daß im dualen System von Kirche und Körperschaften – soweit diese Ausdrucksweise angesichts des notwendigerweise sehr engen Miteinanders überhaupt noch adäquat ist – auch ein Recht der Kirche anzunehmen ist, sich unter Berufung auf die korporative Religionsfreiheit gegen Eingriffe der Kirchlichen Körperschaften in ihre alleinigen Zuständigkeitsbereiche zur Wehr zu setzen. Ein solches gegebenenfalls zur Verfügung stehendes Beschwerderecht wurde, soweit ersichtlich, nie in Anspruch genommen, wäre aber nach meiner Auffassung grundsätzlich zu bejahen.

3.2.5. Die zwingende Verknüpfung der Mitgliedschaft in den Kantonalkirchen und Kirchgemeinden und der Gliedschaft in der Kirche

Nur wer Glied der Kirche ist, kann auch Mitglied einer Kirchgemeinde und oder Kantonalkirche sein.

Der Staat macht, wie ausgeführt, den Angehörigen der jeweiligen Religionsgemeinschaft das Angebot, eine öffentlichrechtliche Körperschaft bilden zu können. Diese muß, wie dargelegt, in ihrem Zweck auf die Bedürfnisse der Kirche oder Religionsgemeinschaft selber nach deren Selbstverständnis ausgerichtet sein. In gleicher Weise kann sie auch nur Personen als Angehörige der Kirche anerkennen, die nach deren Selbstverständnis dazu gehören.

Deshalb umschreiben die Kantonsverfassungen oder Kirchengesetze oder Verfassungen der katholischen Kantonalkirchen die Mitgliedschaft in den Kirchgemeinden und Kantonalkirchen so, daß Mitglied ist, wer Glied der römisch-katholischen Kirche ist. Ist die notwendige Voraussetzung der Mitgliedschaft in den Körperschaften indes die Zugehörigkeit zur Kirche als Glaubensgemeinschaft nach deren Ordnung, kann ganz logisch nur eine Verneinung dieser Zugehörigkeit zu einem Erlöschen der körperschaftlichen Mitgliedschaft führen.

Dieses enge Miteinander der katholischen Kirche und ihrer Kirchgemeinden und Kantonalkirchen verkennt der neue Bundesgerichtsentscheid zum sog. partiellen Kirchenaustritt, der als wesentliche Begründung nur anführt, eine Verneinung der Zugehörigkeit zur Kirche sei nicht notwendig. Das Gegenteil ist nach der Organisation der Fall, die sich die katholischen Kirchgemeinden und Kantonalkirchen geben und gestützt auf das Grundrecht der korporativen Religionsfreiheit zu geben befugt, ja – wie dargelegt – gar verpflichtet sind. Die Religionsfreiheit der Glaubensangehörigen ist gewahrt, wenn die Erklärung der Nichtzugehörigkeit zur Kirche die staatsrechtliche Wirkung des Wegfalls der Mitgliedschaft und der Kirchensteuerpflicht zur Folge hat, unabhängig davon, welche Wirkung eine solche Erklärung nach dem Selbstverständnis der Kirche hat, was unbestritten ist.

4. Zusammenfassung

Etwas vereinfachend und konkreter möchte ich meine Ausführungen wie folgt zusammenfassen:

1. Aufgrund ihrer Bedeutung anerkennt der Staat die Kirche als von öffentlichem Interesse und Belang.
2. Will die Kirche vom Recht, Kirchensteuern zu erheben, Gebrauch machen können, bietet der Staat ihr an, ihre Angehörigen neben ihrer eigenen, kanonischen Struktur öffentlichrechtliche Körperschaften bilden zu lassen, die dieses Recht in ihrem Interesse ausüben können. Diese haben entsprechend ihre Verantwortung und ihre Zuständigkeit im Finanz- und Administrativbereich.
3. Der Zusammenschluß der Kirchenangehörigen in Körperschaften – als eine in der Schweiz für andere Bereiche weit verbreitete Organisationsform für öffentliche Interessengemeinschaften mit tiefen historischen Wurzeln – macht sowohl gegenüber dem Staat als auch in der Öffentlichkeit die gesamtgesellschaftliche Bedeutung der Kirche in besonderer Weise sichtbar.

4. Wo die Grenzen der Zuständigkeiten der Körperschaften verlaufen, ist Sache der Kirche, außer wo es um die vom Staat verliehene hoheitliche Kompetenz im Zusammenhang mit dem Besteuerungsrecht geht.
5. Das so genannte „duale System" verbindet die „staatsrechtlich" sichergestellten Vorteile einer optimalen Kooperation mit dem Staat und einer solidarischen und breit abgestützten Finanzierung der Kirche mit dem Respekt vor ihrem Selbstverständnis und ihren Strukturen, in die weder der Staat noch die kirchlichen Körperschaften eingreifen.
6. Eine Weiterentwicklung der bestehenden Ordnungen ist insbesondere dort nötig, wo die öffentlichrechtliche Anerkennung noch mit unnötigen Eingriffen in das kirchliche Selbstbestimmungsrecht verbunden ist.

5. Schlussbemerkungen

Zwei Bemerkungen zum Schluß mögen das Aufeinander-angewiesen-Sein von Kirche und Staat augenscheinlich machen, das stets in gegenseitigem Interesse nach Zeit und Ort zu unterschiedlichen Lösungen ihrer Beziehungen geführt hat.

Der freiheitlich demokratische Rechtsstaat lebt von Voraussetzungen, die er nicht selber gewährleisten kann (Ernst-Wolfgang Böckenförde), weshalb er in einem positiven Trennungsverhältnis wichtige gesellschaftliche Kräfte wie die Kirchen und andere Religionsgemeinschaften legitimerweise fördert und unterstützt. In den deutschschweizerischen Kantonen tut er dies mit deren öffentlichrechtlicher Anerkennung und der Einräumung des Rechts, sich mittels Kirchensteuern zu finanzieren.

Ebenso leben die Kirchen heute jedoch in dem Sinne von Voraussetzungen, die sie nicht selber gewährleisten können, als der ihnen durch das Grundrecht der Religionsfreiheit garantierte *Freiraum* wesentliche Voraussetzung für ihr öffentliches Wirken ist. Der gesicherte Freiraum macht den großen Unterschied zwischen dem Verhältnis von Staat und Kirche in der Zeit nach der konstantinischen Wende und heute im modernen freiheitlich demokratischen Rechtsstaat aus. Das Grund- und Menschenrecht der Religionsfreiheit kann und muß der Kirche die Zuversicht geben, daß sie auch die staatkirchenrechtlichen Verhältnisse in den deutschschweizerischen Kantonen nutzen kann, ohne daß dies dem Grundsatz der freien Kirche im freien Staat in einem modernen Sinne Abbruch tun würde.

Theologische und kanonistische Postulate zur Struktur der Ortskirchen

Jean-Claude Périsset

Mir wurde die Aufgabe anvertraut, die kirchlichen Rechtsnormen mit ihren theologischen Voraussetzungen hinsichtlich der Struktur der Ortskirchen darzustellen, genauer gesagt der Diözese und der Pfarrei, im Kontext des Grundthemas dieses Symposions über die Beziehungen zwischen den Räten auf den verschiedenen Ebenen der Kirche und dem entsprechenden Dienst der Einheit der Ortsgemeinde, sowohl in sich selbst als auch mit den anderen Ortsgemeinden untereinander.

Mit diesem allgemeinen Rahmen ist schon das Panorama oder Szenario meines kirchenrechtlichen Exposés gegeben, in welchem ich die einschlägigen universalen Regelungen vorlege, wie sie heute im CIC von 1983 formuliert sind. Es ist nicht meine Aufgabe, Vergleiche mit der Realität der Diözesen und jener der Pfarren anzustellen – das wird von anderen gemacht. Für uns alle ist es wichtig, diese universalen Normen vor Augen zu haben, weil sie die Frucht einer mehr als 1000jährigen Tradition sind, und immer in Entwicklung, weil es eine lebendige Tradition ist, die Zeiten und Orte berücksichtigt, in denen die Kirche lebt und ihre Sendung erfüllt.

Grundsätzlich erscheint es mir unerläßlich, sich zu vergegenwärtigen, daß die kanonischen Normen zum Dienst an diesem Auftrag da sind, das heißt, für „das Heil der Seelen, das in der Kirche immer das oberste Gesetz sein muß" (c. 1752 CIC).

Es handelt sich um Strukturen in der Kirche, daher gibt es darin Elemente, die auf Christus zurückgehen, weil es sich um Seine Kirche handelt, und solche, die sich aus der Sendung der Kirche in der Welt ergeben, die mit einem wunderschönen Wort von Bossuet „der ausgegossene und mitgeteilte Christus" *(le Christ répandu et communiqué)* ist. Die fundamentalen Elemente finden sich im Evangelium und in den Büchern des Neuen Testamentes, von denen das ganze Kirchenrecht, wie in feiner Filigranarbeit, widerhallt. Die je nach Zeit, Ort oder Kultur veränderlichen Elemente folgen der irdischen Realität der Kirche, welche die Sendung, die ihr von Christus übertragen wurde, für die jeweilige Gesellschaft „inkarnieren", sichtbar und ausführbar machen muß, nämlich „zu gehen und alle Völker zu lehren, und sie im Namen des Vaters und des Sohnes und des Heiligen Geistes zu taufen, und ihnen zu lehren, alles zu befolgen, was ich euch gesagt habe" (Mt 28, 19–20).

Die Entfaltung der kirchlichen Strukturen zeigt das Maß der Treue der Kirchenglieder zu ihrer eigenen Sendung in der Kirche und für die Kirche. Es geht also nicht darum, diese oder jene Form anzuschauen, die besser sei als die andere, nur deshalb, weil sie neu ist oder unserer Mentalität entspricht. Vielmehr muß man diese Formen unter dem Aspekt beurteilen, inwieweit sie von Christus für seine Kirche gewollt sind, inwieweit sie uns die 2000jährige Erfahrung der Kirche lehren, um für die Sendung der Kirche die bestgeeigneten kirchlichen Strukturen zu finden, zum Heil der Welt, die gegenwärtige Gesellschaft vor Augen.

Meine Ausführung handelt von kirchlichen Rechtsnormen und mag Ihnen vielleicht „trocken" erscheinen, ohne Fleisch und schematisch. Hätten wir jedoch keine Wirbelsäule, auf das unser gesamtes Knochengerüst und unser Leben ausgerichtet sind, so könnten wir weder sehen, noch reden, noch gehen. Daher wird im Lauf meines Vortrages die Manifestation und Anwendung auf die Wirklichkeit der Kirche in der Schweiz zu erkennen sein. Wie ich gebeten wurde – weil hierin die konkrete Erscheinung der Kirche als Ortsgemeinde hervorzutreten scheint –, werde ich über die Struktur der Diözese und der Pfarre sprechen. In der Tat ist doch die Kirche für die Gesellschaft – oder wie man sagt, „für die Leute" – ihre Pfarre. Und auch wenn man im Hochgebet Papst und Diözesanbischof kommemoriert, werden wir daran erinnert, daß die Pfarre Teil einer größeren Gemeinschaft ist, nämlich der Diözese, die ihrerseits wiederum in Gemeinschaft mit allen Diözesen der Welt lebt, in Einheit mit dem Bischofskollegium, dessen sichtbares Zentrum der Einheit der Bischof von Rom ist. Deswegen durchzieht diese kirchliche Dynamik alle Strukturen der Kirche, so wie das Nervensystem den menschlichen Körper. Wenn eine Verbindung fehlt, kommt es zur Lähmung eines Elements. Oder, um beim Bild des Blutkreislaufs zu bleiben: Das vom Herzen aufbereitete Blut fließt nicht mehr, und bald entschwindet das Leben.

1. Fundamentale Strukturen der Teilkirche

Die fundamentale Struktur der Kirche – sei es in der Diözese als Vollform der Teil- oder Ortskirche, sei es in der Pfarre als „Zelle der Diözese" (AA 10) – wurde von Christus gegeben, als er den Aposteln die Aufgabe anvertraute, alle Nationen zu unterweisen und „sie zu lehren, alles zu befolgen, was ich euch anvertraut habe" (Mt 28, 19–20). Wichtig ist die abschließende Ergänzung: „Siehe, ich bin bei euch alle Tage, bis zum Ende der Welt" (Mt 28, 30).

In diesen Worten ist die Berufung der Völker enthalten, „Volk Gottes" zu werden. Die Dogmatische Konstitution *Lumen gentium* des II. Vaticanums widmet ihr ein ganzes Kapitel (LG 2, 9–17) als Basis für ihre Ausführungen über die Kirche. Der CIC macht es ebenso, wenn er generell von den Gläubigen – Laien wie Klerikern – spricht, bevor er von der hierarchischen Verfaßtheit der Kirche handelt. Der hl. Cyprian definiert die Kirche als „Volk, das geeint ist in der Einheit des Vaters und des Sohnes und des Heiligen Geistes".[1] Von diesem Begriff leiten sich die wesentlichen Elemente der Diözese und der Pfarre als konkreter Ausdruck der Kirche Christi ab, was ich das gemeinschaftliche und das hierar-

---

1 *„De unitate Patris et Filii et Spiritus Sancti plebs adunata"*, De orat. dom. 23, PL 4, 553, zitiert in LG 4, 2.

chische Prinzip nenne. Diese Prinzipien finden sich in jedem sichtbaren Ausdruck der Kirche wieder, denn das Volk Gottes ist geeint durch das Wirken der Apostel. Sie ist keine amorphe Gemeinschaft, sozusagen als die Summe derer, die das verkündete Wort hören, die Gnade der Sakramente empfangen und weiter so isoliert bleiben, ein jeder für sich, lebend auf eigene Rechnung. Wer wird dann das Wort Gottes hören, wenn es niemanden gibt, der es verkündet (vgl. Röm 10, 14)? Wer wird Vermittler der Gnade in den Sakramenten sein, wenn es niemanden gibt, der imstande ist, sie mitzuteilen? Die Kirche ist eine organisierte Gemeinschaft, strukturiert durch das Wirken der Apostel, mit dem ihnen eigenen Auftrag, „sie (die Nationen) zu lehren, alles zu befolgen, was ich euch aufgetragen habe" (Mt 26, 20).

Darum ist der Dienst, die *diakonia* der Apostel – hierarchisches Prinzip – unerläßlich für die Existenz der Kirche in all ihren Erscheinungsformen.

Die kirchenrechtliche Problematik mit ihren dogmatischen Voraussetzungen bezüglich des Verhältnisses von Diözese und Pfarre untereinander und ihrer Strukturen war Gegenstand aufmerksamer Forschungen und Studien in der ersten Hälfte des 20. Jahrhunderts.[2]

Ich habe vor allem von den Studien des Soziologen Oswald von Nell-Breuning und des Theologen Karl Rahner die lehramtlichen Elemente abgeleitet, die dazu verhelfen, die Struktur einer jeden kirchlichen Gemeinschaft, oder das Verhältnis von Diözese und Pfarre zu erhellen. Deshalb schlage ich als Schlüssel zum Verständnis (den wir in der Folge in allen Erscheinungsformen der Kirche wiederfinden werden) folgende kirchliche Strukturelemente vor:

1) *Das Zusammenrufen des Volkes Gottes ist vorrangig,* durch die Taufe, welche die Eingliederung der Gläubigen in die Kirche und so ihre Teilnahme an ihrer Sendung (c. 96) grundlegt. Die Kirche ist wahrhaft das Volk Gottes „versammelt durch die Dreifaltigkeit". Daher betrifft das gemeinschaftliche Prinzip der Kirche alle Glieder der Kirche, Laien und Kleriker, und ihre Sendung in der Kirche und mit der Kirche. Der CIC zählt die Rechte und Pflichten der Gläubigen auf (cc. 208–223), also jene der Laien wie jene der Kleriker, und danach in besonderer Weise jene der Laien (cc. 224–231) und der Kleriker (cc. 273–289), indem er Normen für ihre Ausbildung (cc. 232, 264) und Inkardination (cc. 265–272) nennt.
   Wir stellen fest, daß das kirchliche Gesetzbuch bei der Behandlung des Volkes Gottes an erster Stelle zuerst von dem spricht, was allen gemeinsam ist, mit den Elementen ihrer Identität als Mitglieder dieses Volkes und mit ihrer Sendung, um danach ihre Rechte und Verpflichtungen in der bipolaren Struktur der Kirche darzulegen.
2) *Die hierarchische Struktur der Kirche* wird sodann im II. Teil des II. Buches des CIC dargelegt, das dem Volk Gottes gewidmet ist (cc. 330–572). Er beginnt mit dem, was die höchste Autorität in der Kirche angeht, vom Papst und

2 Vgl. meine Dissertation: *Curé et Presbytérium paroissial,* Roma 1982 (Analecta Gregoriana, vol. 227, sec. B, nr. 46), 25–36.

dem Bischofkollegium (c. 330 ff.) bis hin zu den Kaplänen in verschiedenen Situationen (cc. 654–572).
Dieser zweite Teil des II. Buches über das Volk Gottes führt auf allen Ebenen der Kirche das aus, was ich das hierarchische Prinzip der Kirche nenne. Dieses Prinzip strukturiert die Kirche durch die eigene dreifache Sendung – innerhalb der dreifachen Sendung der Kirche selbst –, die den Aposteln anvertraut wurde, nämlich auf sichere Weise all das zu verkünden, was Christus gelehrt hat, die Gnade durch die Sakramente weiterzugeben und der Einheit aller Glieder der Kirche zu dienen durch die Förderung von Werken und Mitteln, die geeignet sind, aus diesem Volk Gottes eine Brüderlichkeit der Liebe zu machen. Der Gipfel dieser Verantwortlichkeit der Kleriker liegt *im* und kommt *aus* dem Weihesakrament, dessen Fülle im Bischofsamt liegt. Ich verbreite mich nicht weiter über dieses Thema, das Ihr gut kennt, wenn man davon ausgeht, daß *die Eucharistie die Kirche konstituiert.* Um Eucharistie zu feiern, braucht man den Priester, und um den Priester zu haben, braucht man die Weihespendung durch den Bischof. Erinnert euch diesbezüglich an die treffenden Aussagen des II. Vaticanums über die Eucharistie als „Quelle und Höhepunkt des ganzen christlichen Lebens“ (LG 11b) und als „Mitte und Höhepunkt des ganzen Lebens der christlichen Gemeinde“ (CD 30, 2b). Man muß sich diesen letzten Ausdruck präsent halten, um das ganze Rechtssystem der Kirche zu begreifen; nicht um über das Volk Gottes zu herrschen, ist der Priester geweiht worden, sondern um ihm *in persona Christi* zu dienen. Auch hier haben wir das Wort und Beispiel Jesu: „Ihr nennt mich Meister und Herr, und ihr habt recht, denn ich bin es“ (Joh 13, 13), „dennoch stehe ich unter euch da wie einer, der dient“ (Lk 22, 27). Jesus leugnet nicht seine Verantwortung, die er als Meister hat, sondern er übt sie in brüderlicher Weise aus, um die Einheit der Brüder zu stärken.

Es geht also darum, so gut wie möglich im Volk Gottes – der *communio hierarchica* – die Synergie zwischen den beiden fundamentalen Prinzipien seiner Struktur zu stärken: dem gemeinschaftlichen und dem hierarchischen Prinzip. Beide sind notwendig für die kirchliche Gemeinschaft, die Gemeinschaft aller untereinander und die Gemeinschaft der Kirche mit Gott. In der Folge sehen wir, wie diese beiden Prinzipien in der Diözese und in der Pfarre gelebt werden, eben um die kirchliche Einheit in der Diözese und in der Pfarre zu fördern.

2. Die Diözese

C. 368 CIC definiert die Diözesen als „Teilkirchen, in denen und aus denen die eine und einzige katholische Kirche besteht“, und c. 369 führt weiter aus: „Eine Diözese ist der Teil des Gottesvolkes, der dem Bischof in Zusammenarbeit mit dem Presbyterium zu weiden anvertraut wird, indem sie ihrem Hirten anhängt und von ihm durch das Evangelium und die Eucharistie im Heiligen Geist zusammengeführt wird, bildet sie eine Teilkirche, in der die eine, heilige, katholische und apostolische Kirche Christi wahrhaft gegenwärtig ist und wirkt."

Diese Definition, die unmittelbar aus den Texten des II. Vaticanums stammt (CD 11; LG 13. 23. 26; AG 19), benennt treffend:

- die zwei für die Struktur der Kirche unerläßlichen Prinzipien: das Volk Gottes, das seinem Hirten anhängt;
- für die eigene Sendung der Kirche, weil geeint im Heiligen Geist;
- durch die ihr eigenen Mittel: mit dem Evangelium und der Eucharistie, wodurch die Kirche Christi gegenwärtig und tätig wird.

C. 368 zeigt deutlich, daß die Diözese in Beziehung zu anderen Teilkirchen steht, „in denen und aus denen die eine und einzige katholische Kirche besteht" (LG 23), weswegen c. 369 sie als einen „Teil des Gottesvolkes" definiert. Das bedeutet, daß das gemeinschaftliche wie das hierarchische Prinzip von jenseits der konkreten (territorialen oder personellen) Grenzen der Diözese her stammt, und daß in der universalen Gemeinschaft aller Teilkirchen sich die eine, heilige, katholische und apostolische Kirche Christi verwirklicht.

Damit sie die Kirche „widerspiegelt", ist die Diözese berufen, dem zu entsprechen, was Christus gesagt und getan hat. Es geht darum, sowohl der Tradition der Kirche treu zu sein (zeitliche Dimension), wie auch der brüderlichen Gemeinschaft mit den anderen Teilkirchen (räumliche Dimension). In diesem Kontext besagt die Definition der Kirche als „apostolisch", woher das hierarchische Prinzip stammt.

Durch die Vermittlung des Diözesanbischofs wird die Apostolizität der Teilkirche wirksam. Als Bischof ist er Teil des Bischofskollegiums, dessen Einheit und Sendung in der Person des Papstes wirksam werden. Daher werden Papst und Diözesanbischof im Eucharistischen Hochgebet erwähnt. Die Zugehörigkeit des Bischofs zum Bischofskollegium schafft die Einheit seiner Diözese mit den anderen Teilkirchen und bringt daher die Erfordernisse der Einheit in Glauben, Hoffnung und Liebe für den ganzen Teil des Gottesvolkes mit sich, der ihm anvertraut ist. Es kann keine Katholiken geben, die im Turm ihrer eigenen Kathedrale abgeschottet bleiben, während die kirchliche Gemeinschaft sie einlädt, mit allen anderen Diözesen die gleichen Schätze des Glaubens, der Hoffnung und der Liebe zu teilen.

Der Ausdruck in c. 369 „Gottesvolk, das seinem Hirten anhängt", stellt besonders die eigene Verantwortung des Bischofs und der Gläubigen in den Vordergrund. Später in meinen Ausführungen werde ich auf diesen Punkt zurückkommen, der auch für die Pfarre gilt. Für jetzt reicht es festzustellen, daß es der Synergie beider Prinzipien, des gemeinschaftlichen und des hierarchischen, bedarf, um in der Diözese Gemeinschaft zu haben.

Die Beziehung zwischen diesen beiden Prinzipien, welche die Kirche in der Diözese strukturieren, zeigt sich v. a. in den vier wichtigsten diözesanen Räten:

- Priesterrat (cc. 495–501),
- Konsultorenkollegium (c. 502),
- Pastoralrat (cc. 511–514),
- Vermögensverwaltungsrat (cc. 492–494).

Dazu kommt – wo vorhanden –
- das Domkapitel (cc. 503–510 und 502 § 3),

  dessen Funktionen jene des Konsultorenkollegiums sind, wo die Bischofskonferenz entschieden hat, daß die Funktionen des Konsultorenrates vom Domkapitel übernommen werden (c. 502 § 3).

In allen diesen Räten präzisieren die kirchlichen Rechtsvorschriften die Kompetenzen und so die je eigene Verantwortung ihrer Mitglieder. Da es sich um „Räte" handelt, besagt die Basisnorm, daß diese Gremien errichtet wurden, um den Bischof in seiner Hirtenaufgabe für den Teil des Volkes Gottes, das seiner Sorge anvertraut ist, zu unterstützen (c. 381 § 1; 492; 495 § 1; 511).

Die dem Bischof eigene Verantwortung ist Gegenstand der Norm von c. 134, mit Akzent auf § 3 über jene Gegenstände, die einzig und allein in seine Kompetenz als Diözesanbischof fallen, während der folgende c. 135 die generellen Normen der Ausübung dieser seiner Verantwortung zum Erlaß von Gesetzen, zur Rechtsprechung und zur Ausübung seines Auftrags präzisiert. Da die Gesetze dazu dienen, den Umfang der Verantwortung dessen zu bestimmen, der in der Kirche eine Aufgabe hat, ist es offensichtlich, daß die fundamentalen Normen, die sich auf die Ausübung des Hirtenamtes beziehen, sehr genau in den drei Bereichen seiner kirchlichen Sendung sind, besonders was den „exekutiven" Part des Hirtenamtes anlangt (cc. 136–144). Dasselbe gilt auch für die Mitarbeiter des Diözesanbischofs, gleich ob Priester oder Laien. Was den gesetzgeberischen Teil seines Amtes und die Formulierung von Entscheidungen anlangt, mittels der Mitarbeit verschiedener Räte, präzisiert c. 135 § 2:

> „Die gesetzgebende Gewalt ist auf die im Recht vorgeschriebene Weise auszuüben, und die Gewalt, die ein Gesetzgeber in der Kirche unterhalb der höchsten Autorität [Papst und Ökumenisches Konzil] besitzt, kann nicht gültig delegiert werden, wenn nicht im Recht ausdrücklich etwas anderes vorgesehen ist; von einem untergeordneten Gesetzgeber kann ein höherem Recht widersprechendes Gesetz nicht gültig erlassen werden."

Diese Norm ist also eine Einladung an den Diözesanbischof, als einziger Gesetzgeber in der Diözese (c. 391 § 2), eigene Gesetze in Übereinstimmung mit jenen der Gesamtkirche zu erlassen (c. 392 § 1).

Da eben genau durch den Bischof als Mitglied des Bischofskollegiums (c. 375 § 2) die Diözese als Teilkirche in *communio* mit allen anderen Teilkirchen steht, um die katholische Kirche zu konstituieren und sie zu repräsentieren (c. 368), bestimmt seine Verantwortung, diese kirchliche *communio* zu verwirklichen, all seine Entscheidungen. Daher müssen auch all die verschiedenen Räte, die ihm in der Sendung der Diözese beistehen, dieselbe Sorge haben, die Einheit unter allen Kirchen innerhalb der Gesamtkirche zu fördern.

Was den Priesterrat angeht, dessen Aufgabe darin besteht, „den Bischof bei der Leitung der Diözese nach Maßgabe des Rechts zu unterstützen" (c. 495 § 1), so haben seine Entscheidungen beratenden Charakter in den Angelegenheiten von großer Bedeutung, die der Bischof ihm zur Beratung unterbreiten muß (c. 500 § 2).

Ebenso hat der Pastoralrat, der den der Sorge des Bischofs anvertrauten Teil des Gottesvolkes repräsentiert (c. 512 § 1), ein beratendes Votum in den ihm zur Beratung vorgelegten Angelegenheiten.

Es geht nicht darum, die Wichtigkeit dieser beiden Räte zu schmälern, indem ihr Beitrag als beratend qualifiziert wird, wenn berücksichtigt wird, was c. 127 § 2 n. 2 sagt: „wenn der Rat gefordert wird, ist die Handlung eines Oberen [des Bischofs in diesen beiden Räten] rechtsunwirksam, der diese Personen nicht hört; obgleich der Obere keineswegs verpflichtet ist, sich ihrer, wenn auch übereinstimmenden, Stellungnahme anzuschließen, darf er dennoch ohne einen seinem Ermessen nach überwiegenden Grund von deren Stellungnahme, vor allem von einer übereinstimmenden, nicht abweichen." Um eben zu unterstreichen, daß das Verhältnis eines Rates zum Oberen in *communio* realisiert werden muß und das Gemeinwohl vor Augen haben muß, präzisiert die folgende Norm: „Alle, deren Zustimmung oder Rat erforderlich ist, sind verpflichtet, ihre Meinung aufrichtig vorzutragen und, wenn es die Wichtigkeit der Angelegenheiten verlangt, sorgsam die Geheimhaltung zu wahren; diese Verpflichtung kann vom Oberen eingeschärft werden" (c. 137 § 3).

Diese doppelte Norm für die Zusammenarbeit innerhalb der Kirche fördert nicht nur eine menschliche verantwortungsvolle Haltung, sondern auch den Geist der *communio,* die das Wesen der Kirche ausmacht.

Es gibt allerdings Fälle, in denen die Mitarbeit eines Rates den Oberen bindet – Fälle, die vom allgemeinen Recht vorgesehen sind. Dies kommt vor allem bei wirtschaftlichen Angelegenheiten vor, in denen eine bindende Meinung vieler eine größere Vorsicht bei Entscheidungen erlaubt. So wie oben für den Fall des „Rates", wenn es einer bindenden „Stellungnahme" bedarf, sagt die erste Norm des c. 127 § 2 n. 1 folgendes: „wenn die Zustimmung gefordert wird, ist die Handlung eines Oberen rechtsunwirksam, der die Zustimmung dieser Personen [der Mitglieder des Rates] nicht einholt oder gegen deren Stellungnahme oder die Stellungnahme einer dieser Personen handelt".

Gerade im Vermögensverwaltungsrat macht man oft von dieser Norm Gebrauch, in Verbindung mit der Befragung des Konsultorenkollegiums (bzw. des Domkapitels), in Fällen, die vom universalen oder partikularen Recht genauer bestimmt werden (c. 1277 § 1):

„Der Ordinarius" – das heißt in der Diözese der Diözesanbischof und jene, die an seinem Amt Anteil haben: Generalvikar oder Bischofsvikar für das Territorium oder den ihm zugewiesenen Aufgabenbereich (vgl. c. 134 § 1) – „hat gewissenhaft die Verwaltung des gesamten Vermögens zu überwachen, das den ihm unterstellten öffentlichen juristischen Personen gehört, unbeschadet der Rechtstitel, die ihm weitergehende Rechte einräumen" (c. 1276 § 1).

Weiters kommt es dem Ordinarius zu, die Normen für eine gute Verwaltung der Güter im Umfeld seines Amtes – der Diözese – festzusetzen. Ich rufe in Erinnerung, daß das Universalrecht Parameter für die Veräußerung von Gütern enthält, die ab einer gewissen Summe die Zustimmung der höchsten Autorität erfordert – des Heiligen Stuhles – über die Zustimmung des Vermögensverwaltungsrates und des Konsultorenkollegs oder Kapitels hinaus.

Ein anderes Gebiet, in dem das gemeinschaftliche und das hierarchische Prinzip in der Diözese in Synergie zusammenwirken, ist das der Teilnahme der Laien an gewissen Ämtern in der Kirche.

Es gibt liturgische Ämter, wie jenes des Lektoren und Akolythen, die als ständige Dienste übertragen werden können, wenn auch nur Männern (c. 230 § 1); auf nicht institutierte Weise, sondern durch Beauftragung und nach entsprechender Ausbildung (c. 231 § 1) können Laien – Männer wie Frauen – bestimmte Ämter in ergänzender Weise ausüben, in bezug auf die Predigt (vgl. cc. 759 und 766) – nicht jedoch die Homilie in der Eucharistiefeier, die nur der Priester zelebriert –, die Liturgie, die Spendung der Taufe (c. 861 § 2), das Austeilen der Eucharistie, die kanonische Assistenz bei Eheschließungen (c. 1112) und auch die Sorge für eine Pfarrei (c. 517 § 2). Ich weise darauf hin, daß die Norm des c. 230 § 3 ausdrücklich sagt: „wo es ein Bedarf der Kirche nahelegt, weil für diese Dienste Beauftragte nicht zur Verfügung stehen". Es wird also dem Heil der Personen Rechnung getragen als Grundlage für eine ergänzende – nicht ersetzende – Tätigkeit von Laien in Bereichen, die gewöhnlich Klerikern anvertraut werden, aber die sakramentale Weihe nicht voraussetzen. Auf diesen Aspekt werden ich im Blick auf die Pfarre zurückkommen. Die Synergie zwischen gemeinschaftlichem und hierarchischem Prinzip verwirklicht sich in der Beauftragung von Laien durch die zuständige kirchliche Autorität: Ordinarius oder Pfarrer.

Was die kirchlichen Lehre betrifft, hat der Bischof – als Mitglied des Bischofskollegiums – die besondere Verantwortung, die Treue zu dem von Christus Offenbarten zu sichern, wofür das universale Lehramt der Garant in der Tradition der Kirche ist (c. 755). „Im Hinblick auf die ihnen anvertraute Teilkirche üben diese Aufgabe die einzelnen Bischöfe aus, die ja die Leiter des gesamten Dienstes am Wort Gottes in ihren Teilkirchen sind" (c. 756 § 2). C. 757 erinnert diesbezüglich an dieselbe Verantwortung der Priester, insbesondere der Pfarrer, angefangen beim Katechismus (cc. 776–777).

Es ist Aufgabe des Bischofs als Lehrer, über die richtige Weitergabe des katholischen Glaubens in allen Einrichtungen der Diözese zu wachen, besonders bei der Approbation der Religionslehrer (c. 804–806). Die universitäre Lehre untersteht der Aufsicht der Bischofskonferenz und des Ortsbischofs, wenn es sich um eine „katholische" Universität handelt (c. 808–810). Handelt es sich um eine kirchliche Universität oder Fakultät – d. h. eine Hochschuleinrichtung, in der Theologie und theologische Fächer wie Exegese, Kirchengeschichte und Kirchenrecht gelehrt werden – so obliegt die Wachsamkeit und das Eingriffsrecht nicht nur dem Diözesanbischof (c. 818), sondern auch dem Heiligen Stuhl (c. 816).

Nach einer Übersicht über die jeweilige Verantwortung der Gläubigen – gemeinschaftliches Prinzip – und der kirchlichen Autorität – hierarchisches Prinzip – in der Diözese in bezug auf die dreifache Sendung der Kirche, nämlich, die Frohe Botschaft von Christus zu verkünden *(martyria),* das zum Heil in Christus berufene Volk zu heiligen *(liturgia)* und die *communio* in der brüderlichen Gemeinschaft zu sichern *(diakonia),* stellen wir nun fest, daß die fundamentalen Prinzipien der kirchlichen Strukturierung als „hierarchische Gemeinschaft" immer interaktiv oder in Synergie sind. Der Schlüssel zum Verständnis dieser Struktur liegt im Willen Christi, den Aposteln seine heilbringende Sendung anzuvertrauen. Die kirchlichen Rechtsnormen benennen die Struktur, das Knochengerüst, das dem Leib der Kirche ermöglicht, aufrecht zu stehen, zu gehen, zu handeln und in der Welt zu leben, um seine Sendung zu erfüllen. Dies hängt jedoch davon ab, inwieweit jene, die an der Ausübung dieser Sendung beteiligt sind, den nötigen Gebrauch davon machen, indem sie eben diese Struktur leben lassen, damit die Sendung der Kirche erfüllt werden kann. Es ist wie bei einem Computer: Man kommt in seinem Programm nicht weiter, wenn man andere als die Tasten benützt, die uns von Christus und vom Lehramt vorgegeben sind.

3. Die Pfarre, „Zelle" der Diözese

Ich verweise auf die Studien, die ich damals für mein Doktorat in Kirchenrecht gemacht habe,[3] und zwar auf die Seiten 37-52, wo ich über die „strukturellen Prinzipien der Pfarre als ‚Zelle der Diözese'" schreibe, um das hierarchische[4] und das gemeinschaftliche[5] Prinzip zu erörtern, um dann auf das „pfarrliche Prinzip" als Synergie der beiden ersten in der Ortsgemeinde des Volkes Gottes, die der pastoralen Sorge des Pfarrers anvertraut ist, zu sprechen zu kommen. Zu diesem Thema verdanke ich viel der deutschen theologischen Tradition, besonders Joseph Höffner mit seinem Doppelartikel: „Um das Pfarrprinzip" und „Nochmals das Pfarrprinzip",[6] der sich seinerseits von den Theorien des bekannten Soziologen Oswald von Nell-Breuning inspirieren ließ. Der Ausdruck „Zelle der Diözese" entstammt dem Laiendekret des II. Vaticanums *Apostolicam actuositatem,* Nr. 10. Die diesbezügliche Definition des CIC hebt die beiden Prinzipien hervor, welche die Kirche strukturieren, wenn es heißt: „Die Pfarrei ist eine bestimmte Gemeinschaft von Gläubigen, die in einer Teilkirche auf Dauer errichtet ist und deren Seelsorge unter der Autorität des Diözesanbischofs einem Pfarrer als ihrem eigenen Hirten anvertraut wird" (c. 515 § 1).

Die Pfarre ist keine „Teilkirche" oder Diözese im Kleinen, auch wenn es Analogien gibt. Die Pfarre ist „Zelle" und geht aus der Diözese hervor. Ihr Pfarrer übt die Seelsorge unter der Aufsicht des Bischofs aus, und zwar in der Weise, daß die Kommentatoren des Kircherechts sagen, daß die Autorität in der Pfarrei der Diözesanbischof ist, weil der Pfarrer keinerlei eigene „Vollmacht" hat, sondern sich der für seinen pastoralen Dienst nötigen Befähigungen er-

3 S. o. Anm. 2.

4 Ebd., 37–42.

5 Ebd., 42–44.

6 In: Trierer Theologische Zeitschrift 56 (1947) 60–62; Trierer Theologische Zeitschrift 57 (1948) 236–239.

freut, mit eigenen Pflichten und Rechten von dem Moment an, da er dieses Amt übernimmt (c. 519).

C. 519 definiert den Pfarrer und übernimmt dabei die Definition der Pfarrei selbst (c. 515 § 1) unter Hinzufügung von Elementen, die seine Identität bestimmen, und zwar:

- sein Verhältnis zum Diözesanbischof, „zu dessen Teilhabe am Amt Christi er berufen ist";
- die dreifache Sendung der Kirche in der Ausübung der Seelsorge: Lehren, Heiligen und Leiten (oder Dienen);
- die Kooperation anderer Priester, Diakone und Laien an seinem Amt, gemäß den Normen des Rechts.

Fundamental ist für den Pfarrer sein Priestersein (c. 521 § 1), als *conditio sine qua non* für die Ernennung zum Pfarrer, weil es sich dabei um ein Amt mit voller Seelsorge handelt (c. 150).

Can 519 sagt hierzu zweierlei:

1) Der Pfarrer nimmt durch seine Berufung und Priesterweihe am Dienst Christi teil.

Dies ist in den Dokumenten des II. Vaticanums ausgedrückt, wo es heißt, ein Priester (und folglich auch ein Bischof um so mehr) handelt in *persona christi capitis* – in der Person Christi, des Hauptes des mystischen Leibes der Kirche, wovon der heilige Paulus so oft spricht (Röm 12, 4–5; 1 Kor 6, 15; 12, 16.25; Eph 4, 12.16; Kol 1, 18; 2, 19; 3,15). Die stärkste Äußerung dieser mystischen Wirklichkeit der Kirche als „Leib Christi" ist die Feier der Eucharistie, wenn innerhalb der Pfarrgemeinde, die sich sonntags in der Kirche versammelt, der Pfarrer „im Namen Christi" lehrt, indem er die Heilige Schrift auslegt und die Eucharistie feiert, indem er sagt: „Das ist mein Leib", „das ist der Kelch des neuen und ewigen Bundes, mein Blut". Nicht umsonst verpflichtet das Kirchenrecht den Pfarrer, die Sonntagsmesse für das Volk Gottes, das seiner pastoralen Sorge anvertraut ist, zu feiern – oder feiern zu lassen (c. 534 § 1).

Daher besteht ein angemessener Weg, um die Synergie des gemeinschaftlichen und des hierarchischen Prinzips in der Pfarre zu betrachten, darin, als Bezugspunkt die sonntägliche Versammlung des Volkes Gottes um den Altar in der Pfarrkirche zu nehmen. Das geltende Gesetzbuch betrachtet die bestimmte „Gemeinschaft von Gläubigen" als das wesentliche Element der Pfarre, das heißt, umschrieben durch ein Territorium oder auch (und zusätzlich) durch ein soziologisches Kriterium (Sprache, Aktivität als Universitätspfarre, Status als Spitalspfarre usw.) (c. 518). Diese Umschreibung ist notwendig, damit der Pfarrer weiß, welche Gemeinschaft seiner Seelsorge anvertraut ist, und damit die Gläubigen wissen, an wen sie sich in erster Linie zu wenden haben, um die Güter zu empfangen, die Christus seiner Kirche durch den geweihten Amtsträger anvertraut hat (vgl. c. 213). Dabei handelt es sich um ein Recht von seiten der Gläubigen (cc. 213, 214, 217), dem eine Pflicht auf seiten des Pfarrers gegenübersteht (cc. 528, 529). Mehr noch, gewisse pfarrliche Funktionen sind speziell der Verantwortung des Pfarrers anvertraut, weil er der „eigene Hirte" der Pfarrgemeinde ist (c. 530): Es handelt sich um die Sakramente und die liturgischen Aufgaben, die das Leben und das Wachstum der Glieder des Volkes Gottes bezeichnen, darunter besonders die Sonntagsmesse.

2) Der Pfarrer handelt im Kontext des diözesanen Presbyteriums dessen Mitglied er ist, und der bestimmten Gemeinschaft, die seiner pastoralen Sorge anvertraut ist.

Bei der Erfüllung seines pastoralen Amtes handelt der Hirte nicht im Alleingang, sondern unter Mitwirkung „auch anderer Priester oder Diakone sowie Laien" (c. 519). Der CIC präzisiert, daß diese Zusammenarbeit „nach Maßgabe des Rechts" geschieht. In der Tat sieht das Recht die Möglichkeit vor, in jeder Pfarre, „wenn es dem Diözesanbischof nach Anhörung des Priesterrates zweckmäßig scheint" (c. 536 § 1), einen Pastoralrat zu errichten, „dem der Pfarrer vorsteht; in ihm sollen Gläubige zusammen mit denen, die kraft ihres Amtes an der pfarrlichen Seelsorge Anteil haben, zur Förderung der Seelsorgstätigkeit mithelfen" (c. 536 § 1). Außer den priesterlichen und diakonalen Mitarbeitern werden Pastoralassistenten für verschiedene Aufgaben herangezogen wie z. B. die Katechese, die caritative Hilfe oder das Pfarrsekretariat.

Wie der diözesane Pastoralrat so erfreut sich auch der Pfarrpastoralrat eines beratenden Votums. Für seine Entscheidungen gilt, was wir über die Beziehung des Rates gesagt haben, mit dem er die Verantwortung der Letztentscheidung hat (c. 127 § 2).

Ein weiterer Rat auf Pfarrebene ist der Vermögensverwaltungsrat, auch wenn er nicht ausdrücklich in den Normen über die Pfarrei erwähnt wird, sondern nur indirekt in c. 532, wo es heißt: „Bei allen Rechtsgeschäften vertritt der Pfarrer die Pfarrei, und zwar nach Maßgabe des Rechts; er hat dafür zu sorgen, daß das Vermögen der Pfarrei nach Maßgabe der cc. 1281–1288 verwaltet wird." Es gibt aber noch einen anderen Kanon, nämlich c. 1280, der einen Rat für Vermögensangelegenheiten vorsieht, der auch für die Pfarre wichtig ist: „Jedwede juristische Person [vgl. c. 515 § 3 für die Pfarrei] muß ihren Vermögensverwaltungsrat haben oder wenigstens zwei Ratgeber, welche dem Verwalter nach Maßgabe der Statuten bei der Erfüllung seiner Aufgabe helfen" (c. 1280). Das allgemeine kanonische Recht bekräftigt also, daß der Pfarrer der „geborene Verwalter" des pfarrlichen Vermögens ist; und um einseitigen oder falschen Entscheidungen entgegenzuwirken, stellt es ihm einen Rat oder zumindest zwei Berater zur Seite.

Sodann gibt es das Partikularrecht einer jeden Diözese – in der Schweiz das Recht jedes Kantons aufgrund des jeweils geltenden Staatskirchenrechts –, welches die konkreten Modalitäten festlegt bezüglich der Zusammensetzung des Rates (Anzahl der Mitglieder, Modalitäten der Wahl etc.) sowie seiner Funktionen. Das Universalrecht setzt in seinen Normen die beiden fundamentalen Prinzipien für die Struktur der Kirche in Beziehung zueinander. Dies ist umso notwendiger, als, wie bereits gesagt, für viele Gläubige die Pfarre die „Kirche am Ort" ist.

Ich wende mich jetzt dem Verhältnis der Pfarre – und ergo des Pfarrers – zum Diözesanbischof zu und ziehe in Betracht, daß in der Definition der Pfarrei (c. 515 § 1) wie in jener des Pfarrers (c. 519) ausdrücklich die Rede davon ist, daß die Seelsorge der Pfarre, die vom Pfarrer ausgeübt wird, „unter der Autorität des Diözesanbischofs" wahrgenommen wird. Wir haben bereits gesagt, daß die Pfarre „Zelle der Diözese" ist und daß der Pfarrer, als Priester, Mitglied des Diözesanpresbyteriums ist, dessen Zentrum der Einheit und Angelpunkt der Bischof ist.

Die Normen über die Pfarre verwirklichen diese lebendige Beziehung zwischen Diözese und Pfarre, indem sie präzisieren, wann und wo ein Eingreifen des Bischofs nötig ist. Was das Handeln des Bischofs als Gesetzgeber für die Pfarre anlangt,[7] so muß er in folgenden Fällen eingreifen:

1. um eine Pfarre zu errichten, aufzulösen, zu verändern. Dabei wird präzisiert, daß dies nur dem Diözesanbischof mit Anhörung des Priesterrates zusteht (c. 515 § 2);
2. um in der pastoralen Leitung einer Pfarre beide Formen anzuwenden, die ich als „außerordentliche" bezeichne:[8] von Priestern *„in solidum"* oder einer Gruppe von Gläubigen (eventuell mit einem Diakon) unter der Leitung eines priesterlichen Moderators (c. 517);
3. um die pastorale Sorge für eine Pfarrei einem Religioseninstitut oder einer Gesellschaft apostolischen Lebens mittels einer Vereinbarung anzuvertrauen (c. 520 § 2);
4. zur Ernennung des Pfarrers (cc. 523–524), sei es mit ausschließlicher Zuständigkeit, sei es um seine Vorstellung oder Wahl zu bestätigen, und für eine Ernennung *ad tempus,* falls die Bischofskonferenz diese Art der Übertragung des Pfarreramts gestattet (c. 522); für die Ernennung und Bestätigung eines präsentierten oder gewählten Kandidaten muß der Bischof ihn für geeignet befinden (c. 524); dasselbe gilt für den Moderator der Equipe *in solidum;*
5. um den Pfarrer in sein Amtes einzuführen (c. 527 § 2), durch den Ordinarius oder seinen Delegaten (oft den Dechanten);
6. zum Erlaß von Normen über die Wahrnehmung der pastoralen Sorge für die Pfarrei bei längerer Abwesenheit des Pfarrers (c. 533 § 3);
7. zur Festlegung von Normen über das Führen der pfarrlichen Bücher (Taufbuch, Ehebuch, Sterbebuch) (c. 535 § 1);
8. zur Errichtung des Pfarrpastoralrates (c. 536 § 1);
9. zum Erlaß von Normen für die Arbeit des pfarrlichen Vermögensverwaltungsrates (c. 537);
10. zur Annahme des Amtsverzichts eines Pfarrers oder zur Versetzung auf ein anderes Amt (c. 538);
11. um für die Seelsorge in einer Pfarrei während der Vakanz vorzusorgen (c. 539–540);
12. zur Ernennung von Pfarrvikaren (c. 547) und zu ihrer Versetzung (c. 552);

7 Vgl. unseren Kommentar zum CIC: *La Paroisse. Commentaire des canons 515–572,* Paris 1989 (Le nouveau droit ecclésial 2, 3), Annexe I, 259 f.

8 Vgl. ebd., 179–207.

13. um sicherzustellen, daß das Pfarreramt in pastoraler Einheit mit der Diözese ausgeführt wird unter Beachtung der einschlägigen Anweisungen mittels Visiten durch den zuständigen Dechanten (cc. 555, 384, 391, 392, § 2);

Anmerkung: Die Ernennung eines gewählten Pfarrers

C. 523 bestimmt, daß die kanonische Verleihung des Pfarreramts einzig und allein dem Diözesanbischof zukommt. Man muß jedoch unterscheiden zwischen der Auswahl des Kandidaten und seiner Amtseinführung. Die Auswahl kann auf vier verschiedene Weisen erfolgen:

- exklusiv durch den Bischof, der sich von der Eignung des Kandidaten überzeugen muß (c. 521), wofür es oft entsprechende diözesane Normen gibt;
- im Fall eines Ordensmitglieds oder in einem vergleichbaren Fall (c. 682 § 1) wird der Pfarrer von seinem Oberen präsentiert;
- durch Präsentation (z. B. seitens eines Kapitels, einer Vereinigung oder weltliche Körperschaft, vgl. cann. 158-163);
- durch Wahl (z. B. durch ein Kollegium oder Kapitel, durch eine Bruderschaft, eine weltliche Körperschaft wie z. B. Pfarrversammlung in manchen Schweizer Kantonen, vgl. cann. 164-179).

Die Verleihung oder kanonische Verleihung des Amtes ist der Rechtsakt der zuständigen Autorität, der notwendig ist, um jemandem ein Amt in der Kirche anzuvertrauen. Die diesbezüglichen Normen finden sich in den cc. 146–183 und betreffen:

- die freie Amtsverleihung (c. 157);
- die Präsentation (cc. 158–163);
- die Wahl (cc. 164–179);
- die Postulation (cc. 180–183).

Bei all diesen Vorgängen ist der entscheidende Akt zur Verleihung des *kanonischen Titels für ein kirchliches Amt* die kanonische Amtsverleihung. Im Fall der Pfarrei ist einzig der Diözesanbischof die zuständige Autorität für die Verleihung des Pfarreramtes; allerdings kann der Diözesanadministrator im Fall einer mehr als einjährigen Vakanz des Bischofsstuhles bei freier Amtsverleihung die Übertragung des Pfarreramtes vornehmen (c. 525 n. 2). Im Falle von Wahl- oder Präsentationsrecht kann er die Amtsverleihung sofort vornehmen, sobald er die Aufgabe des Diözesanadministrators übernommen hat, ohne ein Jahr seit Beginn der Vakanz des Bischofsstuhles abwarten zu müssen.

Diese letzte Norm hebt den Respekt hervor, den das kanonische Recht im Hinblick auf die wohlerworbenen Rechte von Körperschaften oder Personen hat, die nicht kirchliche Autorität sind, besonders was die Auswahl eines Kandidaten für ein Amt betrifft, und zwar in vollkommenem Respekt vor der Synergie zwischen dem gemeinschaftlichen und dem hierarchischen Prinzip der Kirche. So kommt auch das Subsidiaritätsprinzip im Verfahren der Amtsverleihung zur Auswirkung. Das gemeinschaftliche Prinzip ist da, um den Kandidaten zu benennen, das hierarchische Prinzip verleiht ihm das Amt, indem es die Zustimmung zur Wahl oder Präsentation mittels der kanonischen Amtsverleihung gibt.

Die kanonischen Normen für eine Wahl, die auch für die Wahl des Pfarrers durch die Pfarrversammlung gelten sollten– sind folgende (cc. 164–179):

1. Vorgehen innerhalb der ersten drei Monate nach Freiwerden des Pfarreramtes; nach Verstreichen dieser Zeitspanne kommt dem Diözesanbischof die freie Amtsverleihung zu (c. 165);
2. die Wähler müssen rechtmäßig einberufen werden und rechtlich imstande sein, ihr Votum abzugeben (cc. 166, 169). Hier stellt sich die Frage nach der Rechtfähigkeit in der Kirche, die im Falle einer Exkommunikation aufgehoben ist (cc. 171 § 1 n. 3; 1331 § 1 n. 3), wie auch, in Analogie zur Norm von c. 915 für den Empfang der Eucharistie, die rechtliche Unfähigkeit des sogenannten „öffentlichen Sünders"; während der formale Akt des Kirchenaustritts – oder besser gesagt, des Austritts aus der Kirchgemeinde als der vom weltlichen Recht anerkannten Körperschaft – demjenigen, der diesen Akt gesetzt hat, das Recht zur Teilnahme an der Pfarrversammlung nimmt, gilt dies um so mehr vom kirchlichen Recht, auch deshalb, weil dieser Ausschluß mit dem übereinstimmt, was in c. 171 § 1 n. 4 vorgesehen ist;
3. die Wahl muß in vollkommener Freiheit der Wähler in geheimer und sicherer Weise erfolgen (c. 172 § 1); eventuelle vor der Stimmabgabe aufgestellte Bedingungen haben keinerlei Geltung (c. 172 § 2);
4. der zum Pfarrer Gewählte benötigt die Bestätigung des Diözesanbischofs (cc. 178 und 523). Hier muß unterschieden werden zwischen dem *ius ad officium* desjenigen, der gewählt worden ist und einer Bestätigung bedarf, und dem *ius in officio,* nach Erteilung der Bestätigung. Dasselbe gilt für die Präsentation;
5. außerdem erfolgt die Bestätigung durch den Bischof nach Überprüfung, ob der gewählte oder präsentierte Kandidat für das Pfarreramt geeignet ist (c. 179 § 1), gemäß den Normen von c. 521: ein Priester, der die reine Lehre verkündet, mit einem vorbildlichen moralischen Lebenswandel, der fähig ist, die konkrete Seelsorge auszuüben, für welche die Wahl oder die Präsentation erfolgt ist.

Es urteilt also nicht nur die zuständige Pfarrversammlung über die Eignung eines Kandidaten, sondern auch und vor allem der Diözesanbischof mit jenen Kriterien, die seiner Verantwortung entsprechen, das pastorale Leben der Pfarre zu fördern innerhalb der Diözese, in Einheit mit der Universalkirche (c. 392).

Schluss

Am Schluß meines Vortrags über die kanonischen Strukturen der Diözese und der Pfarre nach dem heute in der Universalkirche geltenden Recht möchte ich einige Elemente unterstreichen, die ich für unerläßlich erachte, um diese Problematik richtig zu bewerten:

1. Die zuständige Autorität für die Ausübung der Seelsorge in der Diözese, und daher in der Pfarre als Zelle der Diözese, ist der Diözesanbischof, aufgrund seiner Zugehörigkeit zum Bischofkollegium, dem Lehramt der Universalkirche, mit einem Amt, das sich auf einen bestimmten Teil des Volkes Gottes erstreckt.
2. Die Seelsorge ist eine Gabe Christi für seine Kirche, die darin wirksam wird, daß Menschen gerufen werden, seine Sendung zu übernehmen, das Volk Gottes auf seiner irdischen Pilgerschaft zu weiden, „wenn er [Christus] das Reich Gott dem Vater übergeben wird, nachdem er jede Herrschaft, Macht und Gewalt vernichtet hat" (1 Kor 15, 24). Daher handeln Bischof und Pfarrer im Namen Christi des Lehrers und Hirten, weil sie durch das Sakrament der Weihe dazu bestimmt wurden.
3. Alle Glieder der Kirche, auf allen Ebenen oder in allen Formen ihrer konkreten Gestalt, sind berufen, an ihrer Sendung mitzuarbeiten, sowohl *ad intra* wie *ad extra,* kraft ihrer Taufe und Firmung.
4. Eine solche Zusammenarbeit ist wirksam, wenn sie ausgeht von der Koordination der verschiedenen Aktivitäten und daher der verschiedenen Handelnden in der Sendung der Kirche, die von jenen aufgestellt wurde, die von Christus das Hirtenamt im Namen Christi erhalten haben.
5. Die Modalitäten der Zusammenarbeit können je nach Zeit und Ort verschieden sein. Fundamental bleibt aber, daß die Kirche der permanenten Synergie des gemeinschaftlichen und des hierarchischen Prinzips bedarf, weil es so von Christus eingesetzt wurde, als er den Aposteln den Dienst anvertraute, alle Völker in seiner Kirche zusammenzuführen. Die Kirche ist Gemeinschaft. Dies verlangt von den Hierarchen und von den Gläubigen den Geist der Gemeinschaft.
6. Die rechtlichen Strukturen der Diözese und der Pfarre stehen im Dienst dieser kirchlichen Gemeinschaft in der Konkretheit des Volkes Gottes an einem bestimmten Ort. Es hängt jedoch von den in der Sendung der Kirche *ad intra* und *ad extra* Handelnden ab, daß sie im Geist der Gemeinschaft angewendet werden.
7. Die kirchenrechtliche Definition der Diözese als „Teil des Gottesvolkes, der dem Bischof in Zusammenarbeit mit dem Presbyterium zu weiden anvertraut wird" (c. 369), sowie jene der Pfarre als „bestimmte Gemeinschaft von Gläubigen, die in einer Teilkirche auf Dauer errichtet ist und deren Seelsorge unter der Autorität des Diözesanbischofs einem Pfarrer als ihrem eigenen Hirten anvertraut wird" (c. 515 § 1), besagen nichts anderes, als die Synergie des gemeinschaftlichen und des hierarchischen Prinzips als fundamentaler Prinzipien der Struktur der Kirche Christi. Für eine lebendige und wirksame Synergie braucht es die konkrete Teilnahme jener, die diese Prinzipien ausdrücken, im eigentlichen Geist der Kirche, der Gemeinschaft ist. So geht die Definition der Diözese weiter und sagt aus: „indem sie ihrem Hirten anhängt und von ihm durch das Evangelium und die Eucharistie im Heiligen

> Geist zusammengeführt wird, bildet sie eine Teilkirche, in der die eine, heilige, katholische und apostolische Kirche Christi wahrhaft gegenwärtig ist und wirkt" (c. 369).

Abschließend sei mir der folgende Hinweis gestattet: Wenn man sieht, wie die pastorale Praxis der Kirche in unseren konkreten Schweizer Strukturen – eine Frucht aus der Geschichte und der Inkulturation der Kirche im helvetischen Kontext – die Identität der einen, heiligen, katholischen und apostolischen Kirche widerspiegelt (in dem Sinne, daß sie im Spiegel des allgemeinen kanonischen Rechts erkannt werden kann), ist es notwendig, genau die fundamentale Forderung in bezug auf die Rolle des Rechts in der Kirche zu beachten, daß nämlich „das Heil der Seelen … in der Kirche immer das oberste Gesetz sein muß" (c. 1752). Die weltlichen Strukturen für die Kirche in der Schweiz – das heißt des Staatskirchenrechts für die Organisation der Kirche auf kantonaler und pfarrlicher (kommunaler) Ebene mit unmittelbaren Auswirkungen auf die Diözesen und kanonischen Pfarren – sind tatsächlich Ausdruck des „Schweizerischen Sonderfalls"; aber diese können sich verbinden mit den fundamentalen Strukturen der gesamten Kirche – als zwei parallele Systeme –, denn mehr als die Strukturen selbst wiegt die Art ihrer Anwendung in der Synergie der beiden fundamentalen Prinzipien, die der Kirche Christi ihre Struktur geben: das gemeinschaftliche und das hierarchische.

Ich wünsche mir, daß diese Begegnung uns hilft, die Beziehungen zwischen diesen weltlichen Strukturen (Staatskirchenrecht) und den kirchlichen Strukturen (kanonisches Recht) zu erhellen, die ich Ihnen vorgestellt habe. Meines Erachtens sind es parallele Strukturen, deren Kompatibilität in bestimmten Fällen einer ernsthaften Überprüfung bedarf, will man das Bestehen und die Sendung der Kirche in der Schweiz fördern und ihr dienen, der Kirche in der Schweiz, als hierarchische *communio,* denn als eine solche erscheint mir prinzipiell das weltliche Schweizer System für die Kirche als Modalität, um die Präsenz der Kirche in der helvetischen Gesellschaft möglich zu machen, in der Verschiedenheit ihrer 26 Kantone und Halbkantone.

Besonderheiten der Teilkirchen in der Schweiz

Ivo Fürer

Die Tagung studiert das Thema „Katholische Kirche und Staat in der Schweiz". Mgr. Peter Henrici befaßt sich in seinem Beitrag mit den politischen Strukturen in der Schweiz. Diese bestimmen das Verhältnis des Staates zur Kirche. Mgr. Jean-Claude Périsset legt die theologischen und kirchenrechtlichen Postulate der Struktur der Teilkirche vor, welche das Verhältnis der Kirche zum Staat bestimmen. In den meisten Kantonen der Schweiz kommt zu Kirche und Staat ein dritter dieses Verhältnis bestimmender Rechtsträger hinzu. Es handelt sich dabei um die von den Kantonen öffentlich-rechtlich anerkannten Gebietskörperschaften der Katholiken. Diese Körperschaften befinden sich „zwischen Kirche und Staat".[1] Diese Gebietskörperschaften sind kantonalen Rechts. Ihr Verhältnis zu den staatlichen Instanzen ist grundgelegt in den kantonalen Verfassungen. Es ist Gegenstand des sog. Staatskirchenrechts. Insofern sie kirchlichen Aufgaben dienen, sind sie Gegenstand des Kirchenrechts. Die folgenden Überlegungen befassen sich mit den Beziehungen der Kirche zu diesen staatskirchenrechtlichen Körperschaften.

1. Staatskirchenrechtliche Körperschaften

Staatskirchenrechtliche Körperschaften sind Körperschaften der im betreffenden Kanton wohnenden Katholiken, welche von den Kantonen öffentlich-rechtlich anerkannt und mit besonderen Rechten, insbesondere mit dem Recht der Besteuerung der Katholiken ausgestattet sind. Es handelt sich um Körperschaften auf der Grundlage des staatlichen Rechtes, welche aber nicht staatliche, sondern kirchliche Ziele verfolgen. Sie sind demokratisch strukturiert. Man unterscheidet Körperschaften auf kantonaler Ebene, welche teilweise als Landeskirchen bezeichnet werden, und Körperschaften auf Gemeindeebene, welche meistens als Kirchgemeinden bezeichnet werden. Die Kirchgemeinden üben das Steuerrecht aus und finanzieren die Kirche auf Pfarreiebene. Zudem tragen sie zur Finanzierung der kantonalkirchlichen Korporationen bei. Diese arbeiten in der Römisch-katholischen Zentralkonferenz[2] auf Bundesebene zusammen.

Die kantonalkirchlichen Körperschaften basieren auf dem gemeinsamen Willen der Katholiken, eine Korporation zu bilden und erhalten durch staatliche Anerkennung und Verleihung öffentlich-rechtlichen Status. Weil sie im Dienst der Kirche stehen, ist die Willenskundgebung der Bischöfe, diesen

---

1 So der Titel der *Festschrift für das 175jährige Bestehen des Katholischen Konfessionsteils des Kantons St. Gallen*, St. Gallen 1988.

2 Verein gemäß Art. 60 ff. des Schweizerischen Zivilgesetzbuches.

Dienst anzunehmen, von größter Bedeutung. Stellungnahmen von einzelnen Bischöfen erfolgten in verschiedener Art und zu verschiedener Zeit. Eine besonders deutliche und gleichzeitige Empfehlung durch verschiedene Bischöfe erfolgte im Zusammenhang mit der Synode 72. Die Bischöfe von Basel, Chur, St. Gallen und Sitten genehmigten den fast gleichlautenden Text ihrer Synoden: „Die Synode befürwortet in unseren konkreten Verhältnissen die öffentlich-rechtliche Anerkennung der Landeskirchen und der Kirchgemeinden".[3] Wegen der andersartigen Voraussetzungen in den Bistümern Fribourg-Lausanne-Genf und Lugano wurden dort keine gleichlautenden Texte verabschiedet.

2. Bistum und kantonale Korporationen

In verschiedenen Kantonen wird die kantonalkirchliche Korporation mit „Landeskirche" bezeichnet. Es ist festzuhalten, daß die kantonalkirchliche Korporation nicht Kirche im Sinn der römisch-katholischen Ekklesiologie ist. Dies ist bei den staatskirchenrechtlichen und staatlichen Organen unbestritten. Der Ausdruck „Landeskirche" dürfte dem alten Staatskirchentum auf der Basis des Grundsatzes *cuius regio illius et religio* entstammen.[4] Er wird in vielen kantonalen Verfassungen und in den Rechtsgrundlagen kantonaler staatskirchenrechtlicher Korporationen verwendet. Abweichend davon kennt der Kanton St. Gallen die Bezeichnung „Katholischer Konfessionsteil", der Kanton Zürich neben der reformierten Landeskirche die „Römisch-katholische Körperschaft", der Kanton Graubünden das *Corpus catholicum.*

Die Bezeichnung „Landeskirche" kann zu Mißverständnissen Anlaß geben.[5] Es wäre richtig, dürfte aber schwierig sein, die Terminologie zu ändern. Um Mißverständnissen zuvor zu kommen, betonen die staatskirchenrechtlichen Körperschaften, daß sie im Dienst der Kirche stehen, also nicht Kirche sind.

Wie wirkt sich die grundlegende Verschiedenheit in der Zusammenarbeit zwischen den kantonalen Korporationen und den Bischöfen aus? Ein Testfall ist die Zusammenarbeit im Bereich der Finanzen. Die Finanzen dienen den pastoralen Zielen der Kirche, stehen aber unter der Verfügungsgewalt von staatskirchenrechtlichen Organen. Allgemein ist anerkannt, daß Pastoral Aufgabe der Bischöfe ist. Dies wird auf schweizerischer Ebene im Vertrag zwischen der Schweizer Bischofskonferenz, der Römisch-katholischen Zentralkonferenz und dem Fastenopfer vom 24. Dezember 1983 in Art. 3 folgendermaßen formuliert: „Die pastoralen Zielsetzungen sowie Prioritäten werden durch die Bischofskonferenz bestimmt". In den Diözesen und Kantonen bestehen verschie-

3 Synode 72, Verabschiedete Texte, Basel IX, 4.1.2; Chur IX 6.1.2; St. Gallen IX 6.1.2; Sitten IX 6.1.2.

4 Ulrich Lampert, *Kirche und Staat in der Schweiz,* Bd. I, Basel – Freiburg 1929, 288 ff.

5 Vgl. Yvo Hangartner, *Würdigung des Urteils „Kirchenaustritt Luzern II" des Bundesgerichtes,* in: AJP/PJA 8 (2008) 989.

dene Modelle der praktischen Zusammenarbeit zwischen kirchlichen und staatskirchenrechtlichen Organen.

3. Diözesane Räte und Parlamente der kantonalen Korporationen

Wie im Kirchenrecht vorgesehen, existieren in der Schweiz diözesane Priester- und Seelsorgeräte. Wegen der Bedeutung der Kantone im gesellschaftlichen Leben und der kantonalen staatskirchenrechtlichen Organe bestehen in manchen Diözesen zudem Seelsorgeräte auf kantonaler Ebene.

Das Staatskirchenrecht kennt gesetzgebende Versammlungen nach Art von Parlamenten. Diese werden teils, in Anlehnung an reformierte Strukturen, mit „Synoden" bezeichnet. Dafür gelten ähnliche Vorbehalte wie für den Begriff „Landeskirche".

Im Unterschied zu den diözesanen bzw. kantonalen kirchlichen Seelsorgeräten, welche Beratungsorgane des Bischofs sind, sind die staatskirchenrechtlichen „Parlamente" die höchsten gesetzgebenden Organe in ihrem Bereich. Der Umstand, daß im schweizerischen politischen Sprachgebrauch Räte Entscheidungsorgane sind, erschwert das Verständnis von kirchlichen Räten als Beratungsorgane.

Die in verschiedenen Rechtsordnungen basierende Kompetenz der pastoralen Leitung (Kirchenrecht) und der kirchlichen Finanzierung (Staatskirchenrecht) birgt Gefahren des Mißbrauches in sich. Staatskirchenrechtliche Parlamente mit antikirchlicher Ausrichtung könnten die Pastoral der Kirche erschweren. Andererseits darf nicht übersehen werden, daß die staatskirchenrechtlichen Strukturen Voraussetzung für die heutige Finanzierung der Kirche sind. Staatskirchenrechtliche Organe mit positiv kirchlicher Ausrichtung sind aber auch eine Chance: Finanziell bedeutsame Projekte müssen gut und für den Bürger verständlich begründet werden und die Mitverantwortung des Kirchbürgers ist zugleich ein Beitrag für die Erfahrung von Kirche als Gemeinschaft.

4. Mitarbeit von Laien in der Kirche

Können staatskirchenrechtliche Korporationen der Realisierung der Rechte und Pflichten aller Gläubigen in der Kirche gemäß cc. 208 ff. CIC dienen? Gemäß der Zielsetzung der katholischen Korporationen ist diese Frage zu bejahen. Insoweit es sich bei ihnen um öffentlich-rechtliche Korporationen des zivilen Rechtes handelt, welche die Mitgliedschaft aller Katholiken des betreffenden Kantons voraussetzen, ist diese Frage genauer zu klären. Die Römisch-katholische Zentralkonferenz hat in ihrem Papier vom 16. November 2007 diese Frage als Gesprächsthema mit der Bischofskonferenz angemeldet.

5. Pfarrei – Kirchgemeinde

Die Errichtung, Aufhebung oder Veränderung der Pfarreien ist Aufgabe des Bischofs gemäß kirchlichem Recht. Kirchgemeinden werden gemäß staatlichem und staatskirchenrechtlichem Recht errichtet, aufgehoben oder verändert. In ländlichen Gebieten sind die Grenzen der Kirchgemeinde meist identisch mit den Grenzen der Pfarrei, in den Städten umfassen die Kirchgemeinden oft mehrere Pfarreien. Verkündigung, Liturgie und Seelsorge sind Aufgabe des Pfarrers bzw. aller Seelsorger, Finanzierung der Seelsorger, Unterhalt von Gebäuden und Anstellungen sind Aufgaben der Kirchgemeinde. Sie werden teilweise durch die Kirchbürgerversammlungen bzw. Abstimmungen, teilweise durch die Kirchenverwaltungsräte wahrgenommen. Übergeordnete Instanz der Seelsorgenden ist der Bischof, übergeordnete Instanz der Kirchenverwaltungen die Organe der kantonalen Körperschaften.

Der Kirchenverwaltungsrat ist zuständig für die administrativen Belange, der Pfarreirat Beratungsorgan des Pfarrers in Fragen der Leitung der Pfarrei. Weil beide Bereiche insbesondere durch die Finanzierung eng miteinander verbunden sind, ist eine Zusammenarbeit zwischen Pfarreiräten und Kirchenverwaltungsräten von entscheidender Bedeutung. Strukturell wird dies dadurch gefördert, daß Seelsorger Mitglieder des Kirchenverwaltungsrates sind, teils mit entscheidender, teils mit beratender Stimme und daß andererseits Kirchenverwaltungsräte in den Pfarreiräten vertreten sind.

Die Finanzierung der Pfarrei (Gehälter, Liegenschaften usw.) ist grundsätzlich Aufgabe der Kirchgemeinde, weil die Kirchensteuer mit dieser Zweckbestimmung erhoben wird. Dem Pfarrer steht es jedoch frei, durch andere Mittel, insbesondere durch Kollekten, Projekte zu realisieren, welche der Kontrolle durch den Kirchenverwaltungsrat entzogen sind. Er ist verantwortlich für pfarramtliche Gelder. In manchen Regionen bestehen kirchliche Stiftungen gemäß CIC.

6. Pfarrwahlen

In verschiedenen Kantonen besteht ein sogenanntes Pfarrwahlrecht. Oft ist es auch auf andere Priester und Laien im kirchlichen Dienst ausgedehnt. Historisch ist die Entstehung und Entwicklung der heutigen Pfarrwahlrechte sehr verschieden.

Kirchenrechtlich sind die Wurzeln des Wahlrechtes im Patronatsrecht zu suchen. Der CIC von 1983 kennt das Patronatsrecht nicht mehr. Es handelt sich heute gemäß cc. 4 und 6 § 1 n. 2 CIC 1983 um wohlerworbene Rechte, die dem CIC nicht widersprechen.

Im Vergleich zum alten Patronatsrecht ist das in einigen Kantonen übliche Wahlrecht sehr eingeschränkt. Die Kirchgemeinde kann nur Priester wählen, welche vom Bischof präsentiert werden. Theoretisch wird vom Bischof erwartet, eine Terna zu präsentieren. In der heutigen personellen Situation muß aber die Kirchgemeinde dankbar sein, wenn überhaupt ein Priester als Pfarrer präsentiert werden kann. Die auf eine oder höchstens drei Personen eingeschränkte Wahl erfolgt teilweise durch den Kirchenverwaltungsrat, teilweise durch die Kirchbürger. Das Ergebnis wird dem Bischof mitgeteilt, zusammen mit der Bitte, den von der Kirchgemeinde gewählten Pfarrer zu bestätigen. Der Bischof nimmt die kanonische Amtsübertragung (die eigentliche *provisio officii)* vor, die zustandige kirchliche Instanz (meistens Dekan) setzt ihn in sein Amt ein.

Gewisse Probleme sind in letzter Zeit entstanden, wenn der Bischof die kirchliche *Missio* entzieht, der Kirchenverwaltungsrat aber die Person weiter entlöhnen will. Es ist allgemein anerkannt, daß der Kirchenverwaltungsrat eine Kündigung aussprechen muß, wenn der Bischof die *Missio* entzieht. Es hat sich aber gezeigt, daß ein Bedarf an genaueren Regelungen besteht. Deshalb hat sich die Römisch-katholische Zentralkonferenz an die Bischofskonferenz gewandt mit Vorschlägen zur Vermeidung von Konflikten.

Zusammenfassung

Es handelt sich bei unseren staatskirchenrechtlichen Körperschaften um Institutionen, welche im CIC nicht vorgesehen sind. Die öffentlich-rechtliche Stellung, insbesondere das Besteuerungsrecht, welches eine ausreichende Finanzierung der Kirche ermöglicht, sind vom Staat verliehen und unterliegen staatlichen Grundsätzen. Unter Berücksichtigung des verschiedenen Rechtscharakters der Kirche und der staatskirchenrechtlichen Strukturen im demokratischen Staat, des Gewohnheitsrechts sowie von c. 1274 CIC[6] können sie als Strukturen *praeter legem* taxiert werden. Wenn kirchliche und staatskirchenrechtliche Instanzen loyal miteinander zusammenarbeiten, bedeutet dies eine Chance für die katholische Kirche in der Schweiz.

Eine loyale Zusammenarbeit habe ich während 25 Jahren als für die Pastoral zuständiger Bischofsvikar und während zwölf Jahren als Diözesanbischof als wertvolle Hilfe erfahren und bin dafür dankbar.

6 Die staatskirchenrechtlichen Instanzen sind für die Finanzierung der Kleriker (und auch der übrigen Mitarbeitenden in der Kirche) zuständig und können so als die in c. 1274 § 1 genannte „besondere Einrichtung" qualifiziert werden. § 5 desselben c. 1274 ergänzt, daß diese „besonderen Einrichtungen so verfaßt werden sollen, daß sie auch nach weltlichem Recht Wirksamkeit erhalten".

Kurt Koch

B. Voten am Ende des ersten Tages

An erster Stelle möchte allen Referenten herzlich danken. Wir haben einige Wechselbäder erlebt, da die Standpunkte – auch unter den Bischöfen – nicht hätten gegensätzlicher sein können.

1. Wir sind in die Problematik eingestiegen mit dem Grundsatzreferat von Bischof Peter Henrici. Er hat eine kristallklare Diagnose der Gegenläufigkeit der ekklesialen und der staatskirchenrechtlichen Strukturen geboten; bei den Konsequenzen hat er aber das Funktionieren des Zusammenspiels allein „vom guten Willen der Personen" abhängig gemacht. Dieser Aussage kann ich zunächst durchaus zustimmen. Die Personen können in der Tat großes leisten, wenn sie die staatskirchenrechtlichen Institutionen im Dienst an der Ermöglichung und Förderung des kirchlichen Lebens auf administrativer und finanzieller Ebene gebrauchen. Man wird dankbar anerkennen dürfen, daß dies bei einem Großteil der in diesen Strukturen engagierten Personen durchaus zutrifft. Die Kehrseite darf man aber auch nicht verschweigen, daß die Gefahr des Mißbrauchs der staatskirchenrechtlichen Strukturen dann nahe liegt, wenn staatskirchenrechtliche Repräsentanten mit diesen Gefäßen ihre eigene Ideologie durchsetzen wollen, wie dies jüngst bei der Motion Ammann auf Abschaffung der kirchlichen Hierarchie bei der Synode St. Gallen unzweideutig der Fall gewesen ist. Das Funktionieren einfach vom guten Willen der beteiligten Personen abhängig machen zu wollen, kann deshalb nicht genügen. Es braucht in meinen Augen vielmehr auch Veränderungen der Strukturen selbst, und zwar bereits deshalb, weil Strukturen auch Bewußtsein prägen. Ich will dies nur kurz an zwei Beispielen verdeutlichen:

a) Die staatskirchenrechtlichen Institutionen auf kantonaler Ebene werden erstens in verschiedenen Kantonen als „Kantonalkirchen" oder „Landeskirchen" bezeichnet, wiewohl sie keine Kirchen sind. Erschwerend kommt hinzu, daß es sich eingebürgert hat, dort, wo es um die Kirche geht, von „innerkirchlichen Angelegenheiten" zu sprechen. Damit wird die Realität terminologisch auf den Kopf gestellt, was ebenso absurd ist, wie wenn ich die Weinflasche als Wein und den Wein als innerweinliche Angelegenheiten bezeichnen würde. Dieses Beispiel zeigt deutlich, daß die Terminologie zu einer gravierenden Verzerrung der Realität geführt hat und daß auf eine Änderung von Begriffen wie „Kantonalkirche" und „Synode" hingearbeitet werden muß, da diese Begriffe bereits von der katholischen Ekklesiologie mit klaren Konturen belegt sind.

b) Die staatskirchenrechtlichen Strukturen prägen zweitens auch die Wahrnehmung der ökumenischen Situation. Die christkatholische Kirche in der Schweiz beispielsweise zählt heute noch ca. 11 000 Mitglieder, spielt aber in der Ökumene eine relativ große Rolle, weil sie in verschiedenen Kantonen öffentlich-rechtlich anerkannt ist. Demgegenüber leben in den orthodoxen Kirchen in der Schweiz ca. 170 000 Gläubige; sie werden aber in der Ökumene noch immer marginal wahrgenommen, weil sie nicht öffentlich-rechtlich anerkannt sind. Die „Landeskirchlichkeit" kann und darf deshalb nicht weiterhin als entscheidendes Kriterium in der Ökumene in der Schweiz betrachtet werden.

2. Strukturelle Veränderungen, die sich im Verhältnis von Kirche und Staat aufdrängen, sind mir vor allem deutlich geworden im Grundsatzreferat von alt Bundesrichter Nay, das ich mit großem Gewinn zur Kenntnis genommen habe. Was er freilich als Tatsachenfeststellung beschreibt, hört sich bei mir eher wie Zukunftsmusik an und löst noch immer offene Fragen aus, die eingehender studiert werden müßten und deshalb hier festgehalten werden:

a) Die Behauptung einer weitgehenden Entflechtung von Kirche und Staat in den vergangenen Jahrzehnten, die dem Prinzip der Religionsfreiheit gerecht werde, muß zumindest relativiert werden. Es gibt noch immer Situationen, in denen dieser Prozeß noch keineswegs soweit vorangeschritten ist, daß man von einer freien Kirche im freien Staat reden könnte. Es ist beispielsweise nicht einzusehen, daß im Kanton Solothurn noch immer der Regierungsrat, genauer das Amt für Gemeinde, die Oberaufsicht über die Kirchgemeinden ausübt, was sich im Konflikt in der Kirchgemeinde Kleinlützel als sehr beschwerlich herausgestellt hat. Oder im Kanton Bern ist das Verhältnis zwischen Staat und Kirche noch immer so eng gestaltet, daß eher von einer Staatskirche als von einer öffentlich-rechtlichen Anerkennung der Kirche gesprochen werden muß. Hier sind Prozesse einer weiteren Entflechtung dringend angezeigt.

b) Herr Nay bezeichnet die öffentlich-rechtliche Anerkennung der katholischen Kirche und die damit verbundene und vom Staat geforderte Etablierung von demokratischen Strukturen als ein freies Angebot des Staates, das die Kirche annehmen oder ablehnen könne. Dies scheint mir allerdings eine sehr euphemistische Einschätzung der Situation zu sein, wenn man die konkrete Realität betrachtet. Nehmen wir einmal hypothetisch an, der Bischof von Basel möchte auf diese staatskirchenrechtlichen Strukturen verzichten, dann müßten in zehn Diözesankantonen Volksabstimmungen durchgeführt werden. Was würde geschehen, wenn diese für den Bischof negativ ausgehen würden? Diesbezüglich scheint mir die „Freiheit der Kirche" doch eher eine platonische als wirklich realistische zu sein. Die kritische Anfrage von Prof. Pacillo, ob der Staat mit der Forderung, für die öffentlich-rechtliche Anerkennung der Kirche demokratische Strukturen schaffen zu müssen, das Prinzip der korporativen Religionsfreiheit in genügender Weise respektiert und ob sie mit der europäischen Menschenrechtskonvention kompatibel ist, muß deshalb weiter vertieft werden.

c) Auch die weitere Aussage von Herrn Nay, die staatskirchenrechtlichen Institutionen seien stets mit der Zustimmung der Bischöfe errichtet worden, hält nicht jeder kritischen Überprüfung stand. Vor der Errichtung der sogenannten Landeskirche Luzern beispielsweise hat der damalige Diözesanbischof Anton Hänggi eine umfangreiche Stellungnahme abgegeben mit der klaren Stoßrichtung, daß diese staatskirchenrechtliche Struktur nicht den Namen

„Kirche" tragen dürfe und daß vor allem die Wiederwahl der Pfarrer durch die Kirchgemeinden nach katholischer Ekklesiologie unmöglich sei. Bei der Verabschiedung der Verfassung der Landeskirche wurde keines der von Bischof Hänggi angeführten *Gravamina* berücksichtigt. Nachdem er *nolens volens* nachgeben mußte, ist es unfair und unstatthaft, sich zur nachträglichen Legitimierung auf ihn zu berufen. Umgekehrt muß man daraus die Konsequenz ziehen, daß die Bischöfe inskünftig bei Veränderungen von Verfassungen aufmerksam sein müssen und nicht einfach „um des Friedens willen" Kompromisse schließen dürfen.

d) Schließlich hat Herr Nay an meine Adresse eingewandt, die öffentlich-rechtliche Anerkennung durch den Staat beziehe sich nicht nur auf die staatskirchenrechtlichen Körperschaften, sondern zumindest indirekt würde damit auch die Kirche als solche, nämlich das Bistum anerkannt. Wenn es sich wirklich so verhielte, wären aber beispielsweise im Bistum Basel die sogenannten zehn Kantonalkirchen verpflichtet, unter sich verbindliche Vereinbarungen mit dem Ziel zu treffen, das Bistum zu tragen und auf der Ebene der Diözese ein entscheidungsfähiges Organ zu schaffen, das als verbindlicher Partner der Bistumsleitung handeln könnte. Ebenso dürfte der Gedanke, einen Finanzausgleich nicht nur innerhalb der Diözesankantone, sondern auch zwischen ihnen zu ermöglichen, nicht wie bisher von vornherein als unrealistisch abgelehnt werden. Solche Weiterentwicklungen drängen sich vor allem deshalb auf, weil sich die kanonischen und die staatskirchenrechtlichen Strukturen zueinander konträr verhalten, dies heißt daß die staatskirchenrechtlichen Körperschaften auf den Ebenen der Kirchgemeinden und der Kantone relativ stark ausgebaut sind, während sie auf den Ebenen der Bistümer und der ganzen Kirche in der Schweiz zunehmend schwächer werden. Dies provoziert immer wieder schwerwiegende Schieflagen, die notwendigerweise Anfragen an die Katholizität der staatskirchenrechtlichen Systeme nach sich ziehen. Während man sich beispielsweise in Basel-Stadt aus finanziellen Gründen bereits Gedanken darüber macht, ob Kirchengebäude veräußert werden müssen, gibt es in anderen Diözesankantonen Kirchgemeinden, die Überschüsse bis Millionenhöhe erwirtschaften. Dieses Beispiel bringt die eigentliche Wunde der staatskirchenrechtlichen Systeme an den Tag: Sie sind äußerst subsidiaritätsvirtuos, aber sehr solidarschwach. Da sich aber in der katholischen Soziallehre die Prinzipien der Subsidiarität und der Solidarität gegenseitig bedingen, scheint hier ein deutliches Defizit auf.

Damit hoffe ich, die wichtigsten offenen Fragen, die sich im Verhältnis von Staat und Kirche am heutigen Tag gestellt haben, benannt zu haben. Sie zeigen auf jeden Fall, daß wir noch lange nicht arbeitslos werden.

Kurt Koch

Ich möchte meine Dankbarkeit für alle Beiträge dieses arbeitsreichen Tages zum Ausdruck bringen. Wir haben fünf Vorträge gehört. Zwei von ihnen haben uns die Prinzipien der Religionsfreiheit und die kirchenrechtlichen Prinzipien der Pfarre gezeigt, drei die Situation in der Schweiz beleuchtet. Die Diskussionen waren intensiv und inhaltlich sehr reich.

Ich möchte jedoch nochmals das Ziel dieses Kongresses in Erinnerung rufen, nämlich die Beziehung zwischen Staat und Kirche in der Schweiz zu untersuchen, eben um beurteilen zu können, ob die grundlegenden Strukturen der Kirche und die Situation in der Schweiz zusammenpassen, um das Wesen der kirchlichen Strukturen, um die es geht, genau kennenzulernen und sie mit der Situation in der Schweiz zu vergleichen, um zu sehen, ob das Schweizer Staatskirchenrecht diese respektiert oder nicht.

Es sind in der Folge einige genauere Fragen aufgekommen. Ich erinnere an das Problem der Verwaltung der pfarrlichen Güter und die Frage der Wahl des Pfarrers. Des weiteren folgende Punkte: Zählt die „Kirchensteuer" zum kirchlichen Vermögen? Wenn ja, und im eigentlichen Sinne, so wird der Pfarrer zum Verwalter jenes Vermögens und entscheidet über seine Verwendung, während die Laien ihm lediglich bei der Verwaltung helfen. Wenn nein, müssen die Regeln für ihre Verwaltung zum besten der Kirche präzisiert werden.

Was die Wahl des Pfarrers durch die Kirchgemeinde betrifft, so muß man die verwendeten Begriffe klären. Ist es die Pfarrgemeinde, die dem Bischof einen Kandidaten vorschlägt? Oder macht sie einen Dreiervorschlag? Der Bischof muß sodann über die Eignung der Kandidaten entscheiden. All das muß analysiert werden, um zu sehen, ob die aktuelle Situation der Ekklesiologie des Zweiten Vatikanums entspricht.

Es entspricht nicht dem Wunsch des Heiligen Stuhles, sofort diese Strukturen zu ändern, vielmehr das Problem ihrer ekklesiologischen Angemessenheit ins Gespräch zu bringen. Wir wollen sehen, wie die Dinge stehen. Wenn es in Zukunft notwendig sein wird, eine Änderung der Strukturen vorzuschlagen, müssen wir in aller Ruhe die Lage auswerten.

Wie Prof. Cardia sagte: Die Dinge ändern sich. Schauen wir also Schritt für Schritt, was der Heilige Geist uns vorschlägt, welchen Weg er uns anzeigt.

Francesco Coccopalmerio

II. Kernfragen des Staatskirchenrechts der Schweizer Kantone

A. Referate

Das kantonale Staatskirchenrecht oder Die rechtlichen Verhältnisse von Kirche und Staat in den 26 Kantonen der Schweiz

Adrian Loretan

1. Überlegungen zum Verhältnis von Kirche und Staat

a) Der liberale Rechtsstaat

In einer multireligiösen Gesellschaft spielen die Kirchen und die Religionsgemeinschaften eine neue Rolle. Die katholische Kirche hat das Ende der Konstantinischen Ära (313–1965) in der Konzilserklärung über die Religionsfreiheit *Dignitatis humanae* bejaht. Damit hat diese Kirche ein Fundament geschaffen, um mit dem liberalen Rechtsstaat in Dialog treten zu können. Der Rechtsstaat als religiös neutrale und säkulare Institution ist aber nicht mehr der religiösen Wahrheit, sondern der Rechtsgleichheit verpflichtet. Deshalb stellt sich die Frage heute umso dringender: Wie können Religionsgemeinschaften mit verschiedenen Wahrheitsansprüchen friedlich zusammenleben?

Dazu werden hier zwei Antworten gegeben, eine explizit christliche und eine säkulare. Der damalige Kardinal Joseph Ratzinger unterscheidet sehr klar zwischen dem weltlichen, freiheitlichen Rechtsstaat und dem Glauben an das Reich Gottes, das universale Heilsbedeutung hat. Der christliche Glaube hat „die Idee der politischen Theokratie aufgehoben. Er hat … die Weltlichkeit des Staates [die Säkularität] hergestellt, in dem die Christen mit Angehörigen anderer Überzeugungen in Freiheit zusammenleben, zusammengehalten … von der gemeinsamen moralischen Verantwortung, die sich aus dem Wesen des Menschen, aus dem Wesen der Gerechtigkeit ergibt. Davon unterscheidet der christliche Glaube das Reich Gottes, das in dieser Welt nicht als politische Wirklichkeit existiert und nicht existieren kann."[1]

Der Rechtsphilosoph Jürgen Habermas hat verschiedentlich die Religionsgemeinschaften aufgefordert, sich mit dem säkularen Rechtsstaat auseinanderzusetzen: „Religiöse Lehren, die dem Staat einmal die sakralen Grundlagen seiner Legitimation bereitgestellt hatten, verarbeiten den Zwang zur Entpolitisierung, indem sie aus ihrer Binnenperspektive das Verhältnis der religiösen Gemeinde

---

1 Joseph Kardinal Ratzinger, *Auf der Suche nach dem Frieden*, in: Ders.: Werte in Zeiten des Umbruchs. Die Herausforderungen der Zukunft bestehen, Freiburg i. Br. 2005, 123–137, 136.

(a) zum liberalen Staat, (b) zu anderen Religionsgemeinschaften und (c) zur säkularisierten Gesellschaft im Ganzen neu bestimmen."[2]

Damit haben zwei gewichtige Vertreter einer Religionsgemeinschaft[3] und einer Weltanschauung, die noch im 20. Jahrhundert aus unterschiedlichen Gründen den liberalen Rechtsstaat ablehnten, diesen freiheitlichen Rechtsstaat in ihrem Münchner Gespräch als gemeinsame Grundlage gesehen.[4] Dies zeigt weiter, welche Bedeutung der liberale Rechtsstaat für eine pluralistische Gesellschaft am Anfang des 21. Jahrhunderts bekommen hat, eine Bedeutung, die er früher in dieser Form nicht hatte.

b) Vorgaben der Bundesverfassung und des internationalen Rechts

Die Schweiz kennt Formen der konkordatären und der staatsrechtlichen Kooperation zwischen Staat und Religionsgemeinschaften.[5] Kirchen und Religionsgemeinschaften wirken hier in einem säkularen Rechtsstaat. In der direktdemokratischen Schweiz lassen sich nötige Veränderungen am bestehenden Verhältnis von Kirche und Staat nur dadurch bewirken, daß für solche Korrekturen demokratische Mehrheiten gewonnen werden. Der Rechtsstaat ist aber nicht nur der Demokratie, sondern auch der Friedensordnung, dem Recht und der Gerechtigkeit verpflichtet.[6]

---

2 Jürgen Habermas, *Intoleranz und Diskriminierung,* in: Intoleranz im Zeitalter der Revolutionen. Europa 1770–1848, hrsg. von Aram Mattioli, Markus Ries und Enno Rudolph, Zürich 2004 (Kultur – Philosophie – Geschichte 1), 43–56, hier: 48; vgl. Jürgen Habermas, *Glauben und Wissen,* in: Ders.: Glauben und Wissen. Friedenspreis des Deutschen Buchhandels 2001, Frankfurt 2002, 7–31.

3 Vgl. Adrian Loretan, *Wie entwickelte die römisch-katholische Kirche ein Ja zum demokratischen Rechtsstaat und seinen Grundrechten,* in: Das Kreuz der Kirche mit der Demokratie. Zum Verhältnis von katholischer Kirche und Rechtsstaat, hrsg. von Adrian Loretan-Saladin, Toni Bernet-Strahm, Zürich 2006, 19–34, 23–25.

4 Vgl. *„zur Debatte". Themen der Katholischen Akademie in Bayern* 34 (2004) Heft 1. Hier sind die Stellungnahmen von Professor Habermas (2–5) und von Kardinal Ratzinger (5–7) abgedruckt.

5 Vgl. *Kooperation zwischen Staat und Religionsgemeinschaften nach schweizerischem Recht / Coopération entre Etat et communautés religieuses selon le droit suisse,* hrsg. von René Pahud de Mortanges, Erwin Tanner, Zürich 2005 (Freiburger Veröffentlichungen zum Religionsrecht 15). In diesem fast 1000-seitigen *opus magnum* beschreiben Autoren verschiedene Bereiche der Zusammenarbeit zwischen Staat und Religionsgemeinschaften nach schweizerischem Recht.

6 „Ferner haben sie [die Kantone] sich in ihrem Verhalten an das staatspolitische und staatsrechtliche Werte-Fundament der Schweizerischen Eidgenossenschaft, das sich die Bundesverfassungsurkunde zur Grundlage nimmt, zu halten, das heißt, sie haben den bundesverfassungsrechtlichen Grundwerten – wie etwa der Rechtsstaatlichkeit, Demokratiestaatlichkeit, Kulturstaatlichkeit, Säkularstaatlichkeit und Frie-

In der Schweiz steht es den Kantonen zu, ihr Verhältnis zu den Kirchen und Religionsgemeinschaften zu regeln. Es gibt kein allgemeingültiges schweizerisches Modell. Zwei Extrempositionen werden durch die Bundesverfassung ausgeschlossen: Einerseits „ist es dem Staat untersagt, Religionsgemeinschaften zu verbieten oder gar zu verfolgen … Andererseits darf der Staat, der die Religionsfreiheit garantiert, keine verbindliche Staatsreligion vorschreiben."[7] Innerhalb dieser bundesrechtlichen Grenzen (Art. 15 BV) können die Kantone eine Vielfalt von Modellen zwischen Staat und Religionsgemeinschaften entwickeln (Art. 3 und 72 Abs. 1).

Natürliche Personen können sich auf das Grundrecht der Religionsfreiheit (Art. 15 BV) berufen. Juristische Personen können die Religionsfreiheit gemäß der Rechtssprechung nur dann geltend machen, wenn sie einen religiösen Zweck verfolgen.[8] Es ist davon auszugehen, „daß öffentlich-rechtlich anerkannte Religionsgemeinschaften, also namentlich die evangelischen und katholischen Landeskirchen, sich ebenfalls nicht auf Art. 15 BV berufen können",[9] weil eine mit staatlicher Hoheitsgewalt ausgestattete Rechtsperson sich nicht auf die Grundrechte berufen kann.

Von einer korporativen Religionsfreiheit ist jedoch mit Heinrich Koller, dem ehemaligen Direktor des Bundesamtes für Justiz, auszugehen, „weil sie als Teilgehalt der Glaubens- und Gewissensfreiheit in Rechtssprechung und Lehre bereits heute anerkannt ist".[10] Auf diese korporative Religionsfreiheit können sich nicht die Körperschaften bzw. „Landeskirchen" berufen, wohl aber die römisch-katholische Kirche. Haben damit Religionsgemeinschaften mit einer Dualstruktur einen Vorteil? Die ökumenische Diskussion in der Schweiz wird jedenfalls staatskirchenrechtliche Fragen in Zukunft noch stärker beachten müssen.

---

densstaatlichkeit – in ihren Rechts- und Realakten Genüge zu leisten", zit. aus: Erwin Tanner, *Die Grundpfeiler des schweizerischen Religionsrechts,* in: KuR 12 (2006), Leitz. 110, 174–188, 184.

7 Felix Hafner, Georg Gremmelspacher, *Beziehungen zwischen Staat und Religionsgemeinschaften in der Schweiz,* in: Menschenrechte konkret – Integration im Alltag. Referate des 2. Basler Menschenrechtssymposions und weitere Beiträge, hrsg. von Denise Buser u. a., Basel – Genf – München 2005, 67–86, 68.

8 BGE 97 I 120; 118 Ia 46; vgl. Urs Josef Cavelti, in: *Die Schweizerische Bundesverfassung. Kommentar,* hrsg. von Bernhard Ehrenzeller, Philippe Mastronardi, Rainer J. Schweizer, Klaus A. Vallender, Zürich 2002, N. 11 f. zu Art. 15 BV.

9 René Pahud de Mortanges, *System und Entwicklungstendenzen des Religionsverfassungsrechts der Schweiz und des Fürstentums Liechtenstein,* in: Zeitschrift für evangelisches Kirchenrecht 2007, 495–523, 500.

10 Heinrich Koller, *Der schwierige Weg von der Streichung des Bistumsartikels zur Aufnahme eines Religionsartikels in der neuen Bundesverfassung,* in: (K)Ein Koch-Buch. Anleitungen und Rezepte für eine Kirche der Hoffnung. FS zum 50. Geburtstag von Bischof Dr. Kurt Koch, hrsg. von Roger Liggenstorfer und Brigitte Muth-Oelschner, Freiburg (Schweiz) 2000, 597–615, 608.

Das internationale Recht, also Art. 9 der Europäischen Menschenrechtskonvention (EMRK) oder Art. 18 des für die Schweiz geltenden internationalen Paktes über bürgerliche und politische Rechte, ergibt keine zusätzlichen Anforderungen an das kantonale religionsrechtliche System. Denn die *margin of appreciation,* also die Lehre vom Ermessensspielraum, nimmt „Rücksicht auf Rechtstraditionen und moralische Standards der einzelnen Staaten".[11]

Es gibt in der Schweiz bisher keinen Rechtsanspruch auf öffentlich-rechtliche Anerkennung von Religionsgemeinschaften.[12] Eine öffentlich-rechtliche Anerkennung läßt sich nicht erzwingen.[13] „Die Privilegierung einzelner Religionsgemeinschaften widerspreche weder dem Neutralitäts- noch dem Paritätsprinzip grundsätzlich, solange sie nicht aufgrund von religiöser, sondern säkularer Kriterien erfolgt."[14] Auch in der theologischen Literatur mehren sich die Stimmen, die für eine Anerkennung weiterer Religionsgemeinschaften plädieren.[15] Die rechtliche Möglichkeit für eine Anerkennung weiterer Religionsgemeinschaften bestünde heute schon in über der Hälfte der Kantone.[16] Bei Revisionen der Kantonsverfassungen besteht die Tendenz, die Anerkennung weiterer Religionsgemeinschaften zu ermöglichen, „doch wird das zu seiner Konkretisierung erforderliche Gesetzesrecht, von seltenen Ausnahmen abgesehen [z. B. Freiburg], nicht erlassen."[17]

---

11 Konrad Sahlfeld, *Aspekte der Religionsfreiheit im Lichte der Rechtsprechung der EMRK-Organe, des UNO-Menschenrechtsausschusses und nationaler Gerichte,* Zürich 2004 (Luzerner Beiträge zur Rechtswissenschaft 3), 237 f.

12 Vgl. Adrian Loretan-Saladin, *Die öffentlich-rechtliche Anerkennung weiterer Religionsgemeinschaften – ein Instrument gesellschaftlicher Integration?,* in: Religiöser Pluralismus. Empirische Studien und analytische Perspektiven, hrsg. von Martin Baumann, Samuel M. Behloul, Bielefeld 2005, 171–196, 184–186.

13 Vgl. Cla Reto Famos, *Die öffentlichrechtliche Anerkennung von Religionsgemeinschaften im Lichte des Rechtsgleichheitsprinzips,* Freiburg 1999 (Freiburger Veröffentlichungen zum Religionsrecht 6), 167–170.

14 Ueli Friederich, *Kirchen und Glaubensgemeinschaften im pluralistischen Staat. Zur Bedeutung der Religionsfreiheit im schweizerischen Staatskirchenrecht,* Bern 1993, 349.

15 Stefan Grotefeld, *Politische Integration und rechtliche Anerkennung von Religionsgemeinschaften. Überlegungen aus sozialethischer Sicht,* in: Schweizerisches Jahrbuch für Kirchenrecht (SJKR) 1999, Bern 2000, 107–143; vgl. Adrian Loretan, *Das Verhältnis von Kirche zum Staat im Umbruch,* in: Ders., Kirche – Staat im Umbruch. Neuere Entwicklungen im Verhältnis von Kirchen und anderen Religionsgemeinschaften zum Staat, Zürich 1995, 12–18.

16 Liz Fischli-Giesser, *Die öffentlich-rechtliche Stellung „anderer" Religionsgemeinschaften,* in: Adrian Loretan, Kirche – Staat im Umbruch (Anm. 15), 160–168.

17 Pahud de Mortanges, *Religionsverfassungsrecht der Schweiz und des Fürstentums Liechtenstein* (Anm. 9), 512.

2. Kantonale Vielfalt der Modelle

Innerhalb der Grenzen des Bundes und des internationalen Rechts haben die Kantone eine große Gestaltungsfreiheit. Die föderal aufgebaute Schweiz besteht aus einer Vielfalt religionsrechtlicher Modelle. Diese Vielfalt ist darauf zurückzuführen, daß weder die Bundesverfassung noch das Bundesgericht eine einheitlich-zentralistische Zuordnung von Kirche und Staat für die ganze Schweiz vorsehen. Die Regelung der Beziehung des Staates zu den Religionsgemeinschaften ist aufgrund der Bundesverfassung (Art. 3 und 72 Abs. 1) den 26 Kantonen überlassen. Die kantonalen Staatskirchenrechte enthalten von der institutionellen Einheit bis hin zur partnerschaftlichen Trennung praktisch sämtliche Modelle des Verhältnisses von Kirche und Staat.

a) Öffentliche Anerkennung oder einfache Anerkennung

Die beiden großen Landeskirchen, d. h. die evangelisch-reformierten Kantonalkirchen und die römisch-katholische Kirche, sind in allen 26 Kantonen öffentlich anerkannt. In den beiden Trennungskantonen Genf und Neuenburg sind die Kirchen wie alle Religionsgemeinschaften privatrechtliche Vereine. Aber auch in den Trennungskantonen sind die Kirchen von öffentlichem Interesse.

Diese Form der öffentlichen Anerkennung wird auch als Modell für die einfache Anerkennung weiterer Religionsgemeinschaften besprochen, so z. B. in den Kantonen Basel-Stadt und Luzern.[18] Der Kanton Waadt anerkennt die jüdische Gemeinde als *d'interêt public* und nicht als juristische Person des öffentlichen Rechts.

b) Öffentlich-rechtliche Anerkennung oder qualifizierte Anerkennung

Die Regelungskompetenz für das Verhältnis von Staat und Religionsgemeinschaften liegt bei den Kantonen. So entstehen 26 staatskirchenrechtliche Rechtsordnungen. Mit Ausnahme der Kantone Genf und Neuenburg besteht „ein in den allermeisten Kantonen ähnliches System. Dieses ist dadurch gekennzeichnet, daß den beiden Hauptkonfessionen, also der römisch-katholischen und der evangelisch-reformierten Kirche, ein öffentlich-rechtlicher Status gewährt wird",[19] so stellten es verschiedene juristische Autoren dar. Eine ekkle-

---

18 Vgl. den Schlußbericht der Arbeitsgruppe *„Staat – Kirchen / Glaubensgemeinschaften"* der Totalrevision der Luzerner Staatsverfassung. Der Autor begleitete diese politische Arbeitsgruppe als wissenschaftliche Fachperson.

19 Pahud de Mortanges, *Religionsverfassungsrecht der Schweiz und des Fürstentums Liechtenstein* (Anm. 9), 507.

siologische Darstellung des Sachverhalts wird für die römisch-katholische Kirche differenzieren müssen. Es wird nicht die römisch-katholische Kirche anerkannt, sondern die Mitglieder der römisch-katholischen Kirche in diesem Kanton werden zu einer Körperschaft des öffentlichen Rechts geformt, der das staatliche Hoheitsrecht der Besteuerung ihrer Mitglieder übertragen wird. Diese Unterscheidung zwischen Kirche und landeskirchlicher Körperschaft liegt auch dem neuesten Bundesgerichtsurteil[20] über den „Kirchenaustritt“ zugrunde. Diese Unterscheidung von Kirche und kirchlicher Körperschaft kann als Nebeneinander oder als Miteinander interpretiert werden. Für die Zukunft der Ortskirchen in der Schweiz wird die Interpretation der Bischöfe in dieser Frage wegweisend sein.

Das kantonale Recht prägt für das Verhältnis von Staat und Religionsgemeinschaften den Schlüsselbegriff der öffentlich-rechtlichen Anerkennung.[21] Durch die öffentlich-rechtliche Anerkennung einer Religionsgemeinschaft durch den Kanton entsteht ein neues öffentlich-rechtliches Rechtssubjekt des kantonalen Rechts. Der Kanton setzt sich durch diesen Rechtsakt in ein näheres Verhältnis zu der betreffenden Religionsgemeinschaft. „Der Begriff der Anerkennung drückt die Bedeutsamkeit der betreffenden Religionsgemeinschaft für den Staat [Kanton] aus, der Zusatz öffentlich-rechtlich präzisiert die rechtliche Organisation derselben.“[22]

Außer in den Trennungskantonen Genf und Neuenburg lassen die Kantone die zwei großen Kirchen an ihrem öffentlichen Recht partizipieren. Darüber hinaus wird dieses Modell der öffentlich-rechtlichen Anerkennung der Mitglieder in neun Kantonen[23] der christkatholischen Kirche und in fünf Kantonen[24] der israelitischen Gemeinde gewährt. Islamische Organisationen haben hingegen bisher noch in keinem Kanton die öffentlich-rechtliche Anerkennung erlangt. Die öffentlich-rechtliche Anerkennung der christlichen Kirchen steht somit gegenwärtig im Zentrum des schweizerischen Staatskirchenrechts.[25]

---

20 BGE 2P.321/2006 vom 16. 11. 2007.

21 Christoph Winzeler, *Einführung in das Religionsverfassungsrecht der Schweiz*, Zürich 2005 (Freiburger Veröffentlichungen zum Religionsrecht 16), 77. Übereinstimmend in dieser Beurteilung die Rezension von Dieter Kraus, in: Schweizerisches Jahrbuch für Kirchenrecht 2006, Bern 2007, 181–184, hier: 183.

22 Pahud de Mortanges, *Religionsverfassungsrecht der Schweiz und des Fürstentums Liechtenstein* (Anm. 9), 507.

23 Zürich, Bern, Solothurn, Basel-Stadt, Basel-Landschaft und Aargau (auf Verfassungsebene), Luzern, Schaffhausen und St. Gallen (durch Parlamentsbeschluß).

24 Basel-Stadt, Bern, Freiburg, St. Gallen, Zürich und Waadt (*„d'interêt public“*, keine öffentlich-rechtliche Anerkennung).

25 Für Paul Mikat ist der Begriff Staatskirchenrecht inadäquat. „Schon 1973 sprach er von ‚staatlichem Religionsrecht‘. Diese von Mikat entwickelte neue Terminologie hat sich inzwischen vielfach eingebürgert“, zit. aus: Peter Landau, *Paul Mikats wissenschaftliches Werk. Laudatio zum 50. Jahrestag seiner Promotion am 12. Juni 2004*, in: AfkKR 172 (2003), 450–464, 463. Im folgenden werden die Begriffe Staatskirchenrecht

Eine Folge der öffentlich-rechtlichen Anerkennung ist der Umstand, daß die Kantone den staatlich anerkannten Kirchen (bzw. kirchlichen Körperschaften) und der israelitischen Gemeinde einen Teil ihrer staatlichen Hoheitsgewalt zukommen lassen. Das staatliche Recht gibt den Religionsgemeinschaften die Möglichkeit, Kirchensteuern von ihren Mitgliedern zu erheben.

Die Kantone erkennen nicht-demokratisch organisierte Religionsgemeinschaften nicht als solche an, außer bei Konkordaten. Die Kantone stellen daher den Mitgliedern der römisch-katholischen Kirche zusätzliche, demokratisch verfaßte Körperschaften des öffentlichen Rechts zur Verfügung. „Man spricht von einem dualistischen System. Diesen parakirchlichen Zweitorganisationen und nicht den Bischöfen verleihen die Kantone das Steuerrecht.“[26] Dazu schreibt der Präsident der Schweizer Bischofskonferenz, Kurt Koch: „Das strukturelle Hauptproblem der katholischen Kirche in der Deutschschweiz besteht somit in der Existenz von zwei verschiedenen Systemen, die miteinander zur Deckung zu bringen sind. Deshalb reiben sich die staatskirchenrechtlichen Systeme mit dem katholischen Kirchenverständnis und vor allem mit der Ekklesiologie des Zweiten Vatikanischen Konzils.“[27]

In der staatskirchenrechtlichen Literatur wird diese Kritik ernst genommen. Der religiös neutrale, die Religionsfreiheit respektierende Staat leiht den Mitgliedern einer Religionsgemeinschaft sein öffentliches Recht, so Urs Josef Cavelti. Die landeskirchlichen Körperschaften verfolgen nicht den Zweck, selber Kirche zu sein, sondern „die finanziellen und administrativen Voraussetzungen für die Seelsorge zu schaffen, und sie leisten Hilfe zur Erfüllung kirchlicher Aufgaben“.[28]

Die öffentlich-rechtliche Anerkennung soll es den Religionsgemeinschaften ermöglichen, „ohne weitere staatliche Einschränkungen als einem Demokratie- und Rechtsstaatvorbehalt sowohl ihre inneren als auch ihre äußeren Angelegenheiten … autonom regeln (zu) können“.[29] Diese Einschränkungen sind wie

---

und Religionsrecht nebeneinander verwendet. In einem Land, in dem viele Kantone nur zwei Kirchen öffentlich-rechtlich anerkennen, findet der Wechsel der Terminologie nur langsam statt.

26 Vgl. Winzeler, *Religionsverfassungsrecht der Schweiz* (Anm. 21), 51.

27 Kurt Koch, *Kirche an der Schwelle zum dritten Jahrtausend,* in: Schweizerische Kirchenzeitung 167 (1999) 722–725, 723 f. Vgl. ders., *Kirche im Übergang zum dritten Jahrtausend, Wegweisungen für die Kirche der Zukunft,* Freiburg (Schweiz) 2000, 25.

28 Urs Josef Cavelti, *System und Funktion der staatskirchenrechtlichen Organe in der Schweiz,* in: Räte in der Kirche zwischen Recht und Alltag, hrsg. von. Louis Carlen, Freiburg (Schweiz) 1987 (Freiburger Veröffentlichungen aus dem Gebiete von Kirche und Staat 24), 31–43, 31.

29 Giusep Nay, *Selbstverständnis, Selbstbestimmungsrecht und öffentlich-rechtliche Anerkennung. Voraussetzungen der Anerkennung weiterer, auch islamischer Religionsgemeinschaften,* in: Muslime und schweizerische Rechtsordnung, hrsg. von René Pahud de Mortanges, Erwin Tanner, Freiburg 2002 (Freiburger Veröffentlichungen zum Religionsrecht 13), 111–128, 115.

folgt begründet: „Der Rechtsstaat, der selbst die Grundrechte und demokratische Grundsätze beachten muß, kann den Religionsgemeinschaften nicht hoheitliche Befugnisse einräumen, ohne sicherzustellen, daß von diesen nur in einem rechtsstaatlichen Sinn Gebrauch gemacht werden kann … Die Angehörigen einer … Religionsgemeinschaft sollen eine öffentlich-rechtliche Körperschaft errichten und bilden können, wenn sie dies wollen und bereit sind, die notwendigen Voraussetzungen hiefür zu erfüllen … Um mit dem Selbstverständnis der anerkannten Religionsgemeinschaft vereinbar zu sein, muß der Zweck der öffentlich-rechtlichen Körperschaft auf die Interessen und Bedürfnisse der Religionsgemeinschaft ausgerichtet sein."[30]

Religionsgemeinschaften, die von ihren Mitgliedern Steuern erheben wollen, haben sich nach direkt-demokratischen und rechtsstaatlichen Prinzipien zu organisieren.[31] Dieses Erfordernis läuft u. a. der römisch-katholischen Kirche zum Teil zuwider, nützt aber letztlich ihren Mitgliedern, weil ihnen damit ein demokratisches Mitspracherecht bei der Finanzierung ihrer Kirche vermittelt wird, das über Jahrhunderte in den mittelalterlichen Kirchgenossenschaften in den katholischen Kantonen bestanden hat.[32] Diese Institutionen haben einiges zur Inkulturation des Christentums in die direkt-demokratische Eidgenossenschaft beigetragen.[33] Zur Demokratie in der Kirche schreibt Josef Kardinal Ratzinger: „Kirchliche Amtsverantwortung ist gebunden an die Weihe … Aber die heilige Gewalt ist nicht vonnöten für die kirchlichen Finanzen."[34] Damit ist der ehemalige Kardinal und heutige Papst noch einiges weiter gegangen als sein Amtsvorgänger Leo XIII., der im April 1879 in die Abhaltung von Pfarrwahlen im französischsprachigen Teil des Kantons Bern einwilligte.[35]

Die Kirchen plädieren heute bei der öffentlich-rechtlichen Anerkennung für möglichst wenig organisatorische Vorschriften des Kantons. Die katholische

---

30 Ebd. 119–120.

31 Vgl. Felix Hafner, *Kirche und Demokratie. Betrachtungen aus juristischer Sicht,* in: Schweizerisches Jahrbuch für Kirchenrecht 1997, Bern 1998, 37–90, 77.

32 Vgl. Pius Hafner, *Staat und Kirche im Kanton Luzern. Historische und rechtliche Grundlagen,* Freiburg 1991, 321-322. Die Kirchgenossenschaft entwickelte sich „aus der Zehntgenossenschaft und stellt den körperschaftlichen Zusammenschluß der Pfarrgenossen zu Wahrung ihrer Rechte (z. B. Wahl des Kirchmeiers, beim Vorliegen eines Gemeindepatronates Präsentation des Pfarrers usw.) dar." Zit. aus: ebd., 62.

33 Ebd. 321.

34 Joseph Ratzinger, *Demokratisierung der Kirche?,* in: Ders., Hans Maier, Demokratie in der Kirche. Möglichkeiten und Grenzen, Limburg [2]2005, 7–46, 32.

35 „Das dem jurassischen Emissär Ernest Daucourt auf den Weg gegebene päpstliche ‚tolerari posse' hinsichtlich der Pfarrwahlen, das ‚den Abbau des jurassischen Kulturkampfes so entscheidend erleichterte, gehört in den größeren Kontext der politischen Annäherung an republikanische und demokratische Lebensformen, die dieser große Papst inaugurierte.'" Zit. aus: Dieter Kraus, *Schweizerisches Staatskirchenrecht,* Tübingen 1993, 47–48, Anm. 144.

Kirche fordert z. B. die freie Ernennung[36] und Versetzung[37] ihrer Amtsträger gemäß den Vorschriften des kanonischen Rechts. Das Staatskirchenrecht aber schreibt in vielen Kantonen vor, daß die Pfarrer von den eigenen Kirchenmitgliedern demokratisch gewählt werden.

In der staatskirchenrechtlichen und theologischen Literatur wird Kritik laut, daß die von den Kantonen geschaffenen Zweitorganisationen die Bezeichnung Landeskirchen führen und ihr Legislativorgan als Synode bezeichnen. „Das komme einer staatlichen Anmaßung von Titeln gleich, die der Kirche vorbehalten seien, und verführe die [subsidiäre] Zweitorganisation, das Bistum in seinem Kirchesein zu konkurrenzieren",[38] wie der reformierte Staatskirchenrechtler Christoph Winzeler betont.

c) Modelle der Zusammenarbeit von Kirche und Staat

Der Schwerpunkt des schweizerischen Staatskirchenrechts liegt in den Rechtsordnungen der 26 Kantone.[39] Angesichts der Verschiedenheit der Modelle wird in der Literatur nach einem Vereinheitlichungskriterium gesucht. Man spricht

---

36 „Die Zuständigkeit zur Verleihung des Pfarramtes liegt beim Diözesanbischof ... In der Regel herrscht das freie Verleihungsrecht, sofern nicht Dritten ein Vorschlags- oder Wahlrecht zusteht (c. 523). Im letzten Fall spricht man von gebundener Amtsverleihung. Diese besteht im Fall des Vorschlagsrechts (z. B. Patronatsrecht) in der Einsetzung, im Fall eines Wahlrechtes in der Bestätigung." Zit. aus: Winfried Aymans, *Kanonisches Recht. Lehrbuch aufgrund des Codex Iuris Canonici,* Bd. 2, Paderborn – München – Wien – Zürich [13]1997, 425.

37 Das Zweite Vatikanische Konzil „hatte den Dienst des Pfarrers grundsätzlich neu konzipiert, und zwar von den Erfordernissen der Seelsorge her. So stellt CD 31, 2 fest, daß der einzige Sinn des pfarrlichen Dienstes im Heil der Seelen bestehe ... Gemäß [dem Motu proprio ‚Ecclesiae Sanctae'] ES I, 20 § 1 sollte der jeweilige Diözesanbischof grundsätzlich das Recht haben, Pfarrer zu versetzen, wenn ihr Dienst schädlich oder auch nur unwirksam wird, und zwar unabhängig davon, ob diese Wirkung mit oder ohne Schuld des jeweiligen Pfarrers eintritt." Zit. aus: Heribert Hallermann; *Pfarrei und pfarrliche Seelsorge. Ein kirchenrechtliches Handbuch für Studium und Praxis,* Paderborn 2004, 81.

38 Winzeler, *Religionsverfassungsrecht der Schweiz* (Anm. 21), 52.

39 Vgl. Dieter Kraus, *Kantonales Staatskirchenrecht. Sechsundzwanzig Realisierungen eines Themas,* in: Ders., Das Verhältnis von Staat und Kirche bzw. Religionsgemeinschaften in der Schweiz, in: Religionsfreiheit als Leitbild. Staatskirchenrecht in Deutschland und Europa im Prozeß der Reform. hrsg. von Hartmut Kress, Münster 2004, 150–314; *Kirche – Staat im Umbruch. Neuere Entwicklungen im Verhältnis von Kirchen und anderen Religionsgemeinschaften zum Staat,* hrsg. von Adrian Loretan, Zürich 1995; *Rapports Église – État en mutation. La situation en Suisse romande et au Tessin,* hrsg. von Adrian Loretan, Freiburg (Schweiz) 1997.

von reformatorisch geprägten Kantonen, von katholisch geprägten Kantonen und von paritätischen Kantonen.

Reformatorisch geprägte Kantone sind Basel-Landschaft, Basel-Stadt, Bern, Schaffhausen, Waadt, Zürich. Vor allem die Kantone Bern und Zürich sind aus historischen Gründen eine enge Verbindung mit ihrer Landeskirche eingegangen. Bern gehört zu jenen Kantonen, „deren Landeskirchentum – wenn auch in rechtsstaatlich gemäßigter Form – bis heute substantielle Teile eines landesherrlichen Kirchenregimentes bewahrt".[40] In den Kantonen Bern und Zürich sind die Landeskirchen selbständig und organisatorisch aus dem Staat ausgegliedert. Allerdings wurden in diesen Kantonen wesentliche Elemente der Kirchenorganisation in staatlichen Gesetzen geregelt.

Katholisch geprägte Kantone machen den öffentlich-rechtlich anerkannten Kirchen in der Regel weniger organisatorische Vorschriften als reformatorisch geprägte Kantone. In diesen Kantonen (Tessin, Freiburg, Appenzell-Innerrhoden, Wallis, Jura und die Innerschweizer Kantone), die einen starken römisch-katholischen Bevölkerungsanteil aufweisen, hat der Staat bei der öffentlich-rechtlichen Anerkennung in der Regel darauf Rücksicht genommen, daß die römisch-katholische Kirche eine eigene weltweite Organisation besitzt, das kanonische Recht. So entwickelte z. B. der Innerschweizer Kanton Obwalden „eine Formulierung des Selbstbestimmungsrechts, die den modernsten Anforderungen an eine Konkretisierung der Religionsfreiheit entspricht".[41]

In den konfessionell paritätisch zusammengesetzten Kantonen Graubünden, St. Gallen, Aargau und Thurgau schließlich hat der Staat für die Kirchen Rahmenordnungen geschaffen, in denen sich diese mehr oder weniger autonom organisieren können. Bestehend aus früheren Untertanengebieten sowohl evangelischer als auch katholischer Obrigkeiten, war z. B. der Aargau seit je paritätisch.

Die Entwicklung in den 26 Kantonen wird auch in folgenden drei Modellen vereinfachend zusammengefaßt:

1. das Modell der institutionellen Einheit bzw. engsten Zusammenarbeit von Staat und Kirche
2. das Modell der so genannten Landeskirchen
3. das Modell der Trennung von Religionsgemeinschaften und Staat

Erstes Modell: Das Modell der institutionalisierten Einheit von Kirche und Staat existiert eher in reformierten Kantonen, aber in Finanzfragen von politischer Gemeinde und Pfarrei wird dieses auch im Kanton Wallis angewandt. Grundsätzlich besteht „im Wallis Trennung von Kirche und Staat. Die Verfassung des Kantons anerkennt die Rechtspersönlichkeit und Autonomie der traditionellen Kirchen. Diese finden finanzielle Unterstützung von Staat und Gemeinden."[42]

---

40 Winzeler, *Religionsverfassungsrecht der Schweiz* (Anm. 21), 96.

41 Ebd. 87.

42 Louis Carlen, *Zum Verhältnis von Kirche und Staat im Wallis,* in: Kirche in einer säkularisierten Gesellschaft, hrsg. von Dieter A. Binder, Klaus Lüdicke und Hans Paarhammer, Innsbruck 2006, 35–44, 41.

Die Anerkennung der römisch-katholischen und der evangelisch-reformierten Kirche bot keinerlei Probleme. Es gelang aber „im Wallis nie, die römisch-katholische Kirche in Kirchgemeinden zu organisieren",[43] während die evangelisch-reformierte Kirche im Kanton Wallis das Kirchgemeindesystem kennt. In der mehrheitlich katholischen Bevölkerung überwogen die steuerlichen Argumente gegen das Denkmodell der Kirchgemeinden[44], für das auch der Bischof und die Kantonsregierung votiert hatten.[45]

Zweites Modell: „In den Kantonen der Deutschschweiz sowie in den Kantonen Jura, Freiburg und Waadt anerkennt der kantonale Staat die Angehörigen der römisch-katholischen Kirche als Körperschaft des öffentlichen Rechts."[46] Die Kirchenmitglieder werden in diesem Modell nach staatlichem Recht, d. h. öffentlich-rechtlich, organisiert. Sie heben sich damit vom privatrechtlichen Verbandswesen ab. Die Kirchgemeinde ist eine Körperschaft, die durch das staatliche Recht, das Staatskirchenrecht, gebildet wird. Ihr steht die Pfarrei gegenüber als Institution des kirchlichen Rechts.[47] Nicht die Kirche in ihrer kanonischen Struktur wird staatskirchenrechtlich anerkannt, sondern die demokratisch sich organisierenden Mitglieder einer Kirche.

Das heißt, nicht die katholische Kirche, sondern die katholischen Mitglieder der staatskirchenrechtlichen Körperschaft erhalten die hoheitlichen Rechte der Besteuerung ihrer Mitglieder. Der ehemalige Bundesgerichtspräsident Dr. Giusep Nay führt dazu folgende Begründung an: Die Landeskirchen und die Kirchgemeinden üben die vom Kanton „geliehene Hoheitsgewalt – insbesondere das Besteuerungsrecht ... autonom aus ... Der Rechtsstaat, dessen ‚Grundlage und Schranke' das Recht ist [Art. 35 Abs. 1 BV], kann hingegen den Religionsgemeinschaften nicht hoheitliche Befugnisse einräumen, ohne sicherzustellen, daß von diesen [hoheitlichen Befugnissen der Besteuerung] nur in seinem rechtsstaatlichen Sinn Gebrauch gemacht wird."[48]

---

43 Johannes Theler, *Zum Verhältnis von Kirchen und Staat im Kanton Wallis: eine besondere Art der Kirchenfinanzierung,* in: Kirche – Staat im Umbruch. Neuere Entwicklungen im Verhältnis von Kirchen und anderen Religionsgemeinschaften zum Staat, hrsg. von Adrian Loretan, Zürich 1995, 228–235, 229.

44 Vgl. Carlen, *Zum Verhältnis von Kirche und Staat im Wallis* (Anm. 42), bes. 37–40.

45 Ebd. 38 u. 42 Anm. 23.

46 Daniel Kosch, *Das Miteinander von kirchenrechtlichen und öffentlichrechtlichen Strukturen als Lernchance,* in: Das Kreuz der Kirche mit der Demokratie (Anm. 3), 69–87, 69.

47 Vgl. Adrian Loretan, *Pfarrei und Kirchgemeinde – ein ungleiches Paar. Zum Staatskirchenrecht in der Schweiz,* in: (K)Ein Koch-Buch. Anleitungen und Rezepte für eine Kirche der Hoffnung. FS zum 50. Geburtstag von Bischof Dr. Kurt Koch, hrsg. von Roger Liggenstorfer und Brigitte Muth-Oelschner, Freiburg (Schweiz) 2000, 623–637.

48 Giusep Nay, *Schweizer Rechtsstaat und Religionsgemeinschaften: Hilfen und Grenzen,* in: Das Kreuz der Kirche mit der Demokratie (Anm. 3), 35–47, 35 f.

Drittes Modell: Das Trennungsmodell von Kirche und Staat in Frankreich ist nicht ohne Einfluß auf die französischsprachige Schweiz geblieben und wurde in den Kantonen Genf[49] und Neuenburg[50] mehrheitsfähig. Die Religionsgemeinschaften werden in diesem Modell der Trennung als privatrechtliche Vereine behandelt.

d) Neueste Entwicklungen

Nach der Revision der Bundesverfassung vom 18. April 1999 ist es in mehreren Kantonen zu Revisionen der kantonalen Verfassungen gekommen. „Neue Verfassungen traten etwa in den Kantonen St. Gallen (2001), Neuenburg (2002), Waadt (2003), Freiburg (2004), Zürich (2005) und Basel-Stadt (2005) [und Luzern (2008)] in Kraft."[51] Im Rahmen dieser kantonalen Verfassungsrevisionen wurde auch das Staatskirchenrecht bzw. das Religionsverfassungsrecht besprochen.[52] Vorschläge für einen Systemwechsel sind in verschiedenen Kantonen im Verfassungsrat oder im Parlament eingegangen, waren aber politisch nicht mehrheitsfähig: Zum Beispiel wurde im Kanton Freiburg eine Trennung von Staat und Kirche nach dem Vorbild von Neuenburg diskutiert. Die Mandatssteuer wurde in Freiburg, Basel-Stadt und Luzern genauer geprüft.

Ein Anerkennungsgesetz, welches einen Rechtsanspruch auf öffentlich-rechtliche Anerkennung weiterer Religionsgemeinschaften bei Erfüllung entsprechender Voraussetzungen vorsah, erlitt in einer Volksabstimmung im Kanton Zürich Schiffbruch.[53] Im Wesentlichen beinhalten die staatskirchenrechtlichen Bestimmungen der neuen Zürcher Kantonsverfassung „eine gezielte Erweiterung der Autonomie der kirchlichen Körperschaften und eine minimale Ausdehnung hinsichtlich der Anerkennung weiterer Religionsgemein-

---

49 Vgl. Pierre Regad, *Comment l'Église catholique romaine à Genève vit-elle la séparation Église-État?,* in: Rapports Église – État en mutation. La situation en Suisse romande et au Tessin, hrsg. von Adrian Loretan, Freiburg (Schweiz) 1997, 147–154.

50 Vgl. Piermarco Zen-Ruffinen, Christine Guy-Ecabert, *La séparation de l'Église et de l'État à Neuchâtel,* ebd., 155–166.

51 Pahud de Mortanges, *Religionsverfassungsrecht der Schweiz und des Fürstentums Liechtenstein* (Anm. 9), 509.

52 Vgl. René Pahud de Mortanges, *Kantonale Verfassungsrevision und Religionsrecht in der Westschweiz,* in: Mensch und Staat. Festgabe der rechtswissenschaftlichen Fakultät der Universität Freiburg für Thomas Fleiner zum 65. Geburtstag, hrsg. von Peter Hänni, Freiburg i. Ue. 2003, 147–160; Adrian Loretan, *Das Religionsverfassungsrecht des Kantons Luzern,* in: Kommentar zur Kantonsverfassung Luzern, hrsg. von Martina Caroni, Paul Richli und Franz Wicki, Bern 2010.

53 Martin Röhl, *Neuregelung des Verhältnisses zwischen Kirchen und Staat im Kanton Zürich – Standortbestimmung nach der Volksabstimmung vom 30. November 2003,* in: SJKR 8, 2003, 241–251.

schaften. Es liegt keine Neuregelung, sondern eine Fortentwicklung des heutigen Zustandes vor."[54] Die Autonomie zeigt sich z. B. in der Ermöglichung der vom kantonalen Recht unabhängigen Regelung des Stimm- und Wahlrechts für die kirchlichen Körperschaften.

Gegen die Kirchensteuer juristischer Personen werden Bedenken von Verfassungsrechtlern,[55] Wirtschaftskreisen und Politikern geäußert. Es stand die Frage im Mittelpunkt, ob infolge des geänderten Verfassungstextes von Art. 15 BV (gegenüber Art. 49 alte BV) sich auch die juristischen Personen auf die Religionsfreiheit berufen können. Mit dem Grundsatzentscheid BGE 126 I 122 verzichtete das Bundesgericht auf eine Abkehr von seiner langjährigen Rechtsprechung. „Der kantonale Gesetzgeber darf weiterhin den juristischen Personen mit verfassungsgerichtlichem Plazet Kirchensteuern auferlegen."

Einige Kantone kommen der Kritik entgegen. Sie schränken die Verwendung der Kirchensteuererträge juristischer Personen ein. Die Erträge aus dieser Kirchensteuer „sollen nicht für kultische, sondern für soziale und kulturelle Tätigkeiten der Kirche eingesetzt werden. Davon profitieren alle Menschen".[56] Die kirchlichen Körperschaften bzw. Kirchen müssen entsprechende praktisch umsetzbare Kriterien entwickeln, „die die kultischen Tätigkeiten von den nichtkultischen abgrenzen, und sie müssen sich in dieser Frage auch eine gewisse staatliche Aufsicht gefallen lassen".[57]

Die Kirchenbesteuerung juristischer Personen in den Kantonen Zürich und Luzern[58] hatte nur dank der negativen Zweckbindung eine Chance, die Hürde des Parlamentes zu überwinden. Es wurde in Luzern daran erinnert, daß die Kantone Aargau, Appenzell-Außerrhoden, Basel-Stadt, Genf, Neuenburg, Schaffhausen und Waadt keine Kirchensteuer für juristische Personen kennen. Die Zürcher Kantonsverfassung hingegen hat die Besteuerung der juristischen

---

54 Martin Röhl, *Die staatskirchenrechtlichen Bestimmungen der neuen Zürcher Kantonsverfassung,* in: SJKR 10, 2005, 200–209, 208. Diese Beurteilung wird auch auf die anderen revidierten Kantonsverfassungen angewandt. Vgl. Pahud de Mortanges, *Religionsverfassungsrecht der Schweiz und des Fürstentums Liechtenstein* (Anm. 9), 510.

55 Vgl. Ferdinand Zuppinger, *Zur Kirchensteuerpflicht juristischer Personen,* in: Louis Carlen, Die Kirchensteuer juristischer Personen in der Schweiz, Freiburg Schweiz 1988 (Freiburger Veröffentlichungen aus dem Gebiete von Kirche und Staat 26) 11–24, bes. 11–20.

56 Pahud de Mortanges, *Religionsverfassungsrecht der Schweiz und des Fürstentums Liechtenstein* (Anm. 9), 511.

57 Ebd.

58 Kirchensteuern sollten die anerkannten Religionsgemeinschaften im Kanton Luzern nur von ihren Mitgliedern erhalten, d. h. von den natürlichen Personen, nicht von den juristischen Personen. Aufgrund eines Rückkommensantrages hat die Kommission die Besteuerung juristischer Personen nochmals diskutiert und aufgenommen. Dabei wurde ein Streichungsantrag der negativen Zweckbindung deutlich abgelehnt.

Personen wieder aufgenommen, gekoppelt mit einer negativen Zweckbindung.[59]

Im Kanton Waadt wurde mit der Verfassungsrevision die Ungleichbehandlung der römisch-katholischen und der evangelisch-reformierten Kirche beseitigt. Hier war die evangelisch-reformierte Kirche Staatskirche gewesen, während die römisch-katholische Kirche ein bloßer Verein war. Neu sind beide *institutions de droit public.* „Der Kanton Waadt hat sich damit als letzter Kanton der Schweiz von staats-kirchlichen Verhältnissen verabschiedet. Im Kanton Zürich soll die römisch-katholische Kirche bei den finanziellen Leistungen des Staates zulasten der evangelisch-reformierten Kirche besser gestellt werden."[60]

In Wissenschaft, Religionsgemeinschaften und Staat setzt sich zunehmend die Erkenntnis durch, daß die Zukunft des schweizerischen Staatskirchenrechts nicht in der radikalen Trennung von Staat und Religionsgemeinschaften und in der Laizität des Staates besteht, „sondern in der Kooperation zwischen beiden gesellschaftlichen Mächten."[61]

Anhang
Begriffsklärung: Selbstbestimmungsrecht und Autonomie

Die Bundesverfassung verzichtet darauf, den öffentlich-rechtlich anerkannten Religionsgemeinschaften ein wie immer ausgestaltetes Selbstbestimmungsrecht zu garantieren (Art. 15 BV). Dies bedeutet für öffentlich-rechtlich anerkannte Religionsgemeinschaften bzw. staatskirchenrechtliche Körperschaften, daß sie grundsätzlich kein Selbstbestimmungsrecht beanspruchen können, wie es im Unterschied dazu das Grundgesetz der Bundesrepublik Deutschland ermöglicht.[62]

Die Kantone gewähren den staatskirchenrechtlichen Institutionen Autonomie für ihre nach staatlichem Recht geregelten Aufgaben wie zum Beispiel die Verwaltung der Kirchensteuergelder. Wie das Verhältnis zwischen dieser Autonomie und dem Selbstbestimmungsrecht der Religionsgemeinschaften verstanden wird, deutet die Rechtsliteratur unterschiedlich.[63] Hoheitliches Handeln der öffentlich-rechtlichen Religionsgemeinschaften ist grundrechtsgebunden.

---

59 Vgl. Andreas Kley u. a., *Die negative Zweckbindung von Kirchensteuern juristischer Personen,* in: SJKR 9 (2004) 73–82, 74.

60 Pahud de Mortanges, *Religionsverfassungsrecht der Schweiz und des Fürstentums Liechtenstein* (Anm. 9), 510 f.

61 Ebd. 512.

62 Art. 140 GG i. V. m. Art. 137 Abs. 3 WRV gewährleistetet das Selbstbestimmungsrecht der Religionsgemeinschaften.

63 Felix Hafner, *Trennung von Kirche und Staat. Anspruch und Wirklichkeit,* in: Basler Juristische Mitteilungen 1996, 225–256; Giusep Nay, *Schweizer Rechtsstaat und Religionsgemeinschaften* (Anm. 45), 41 f.

Daß ein europäischer „Staat dies als Bedingung nennt, ist unter der EMRK nicht zu beanstanden".[64]

Das Bundesgericht verwendet den Autonomiebegriff durchwegs in Verbindung mit einem Träger hoheitlicher, vom Staat verliehener Rechte, zum Beispiel bei den staatskirchenrechtlichen Kirchgemeinden und Landeskirchen. Nach dem Verständnis dieses Gerichts und der überwiegenden Lehre „bedeutet Autonomie nicht Freiheit privatautonomer Willkür, sondern ‚an das öffentliche Interesse gebundene Freiheit' und darf ‚nur in Ausrichtung auf den Zweck, dem sie dienen soll, gebraucht werden'. Der Schutzbereich der Autonomie ergibt sich nicht direkt aus einem Grundrecht, sondern meint lediglich Gestaltungsfreiheit innerhalb eines gesetzlich bestimmten Rahmens."[65]

Den Schweizer Kantonen ist es also vom Bundesgesetzgeber und vom Bundesgericht überlassen, ob und welche Autonomie sie einzelnen oder allen Religionsgemeinschaften bzw. staatskirchenrechtlichen Körperschaften zukommen lassen wollen. Demgemäß ist auch die Bedingung, eine direkt-demokratische Binnenstruktur vorweisen zu müssen, im Gegensatz zur Bundesrepublik, nicht verfassungswidrig, auch nicht konventionswidrig im Sinne der EMRK. Die hier dargestellte Rechtslage führt bei einer hierarchisch gegliederten Religionsgemeinschaft wie der römisch-katholischen Kirche zu einer Doppelstruktur: Das kanonische Verfassungsrecht und die staatskirchenrechtliche Körperschaft der katholischen Mitglieder, die Hoheitsrechte des Staates (Besteuerungsrecht der Mitglieder) erhalten haben, stehen sich gegenüber. In den Ortskirchen der Schweiz treffen in verschiedenen Kantonen zwei Rechtsordnungen aufeinander, die sich teilweise widersprechen: Die hierarchische Verfaßtheit der katholischen Kirche sieht in der Mehrheit der Leitungsfunktionen keine demokratische Mitsprache der Mitglieder vor. Das Mitspracherecht der besteuerten Mitglieder wird im staatskirchenrechtlichen Bereich eingefordert. Dies kann zu Konflikten führen. Diese können aber im Ausgleich der Rechte zwischen Kirchenrecht und Staatskirchenrecht[66] und in der Respektierung der Zuständigkeiten gelöst werden.[67] Dabei ist auch Neuland zu betreten. Der Bischof von Basel,

---

64 Konrad Sahlfeld, *Aspekte der Religionsfreiheit im Lichte der Rechtsprechung der EMRK-Organe, des UNO-Menschenrechtsausschusses und nationaler Gerichte,* Zürich 2004 (Luzerner Beiträge zur Rechtswissenschaft 3), 174. „Der Rechtsstaat, dessen ‚Grundlage und Schranke' das Recht ist, kann hingegen den Religionsgemeinschaften nicht hoheitliche Befugnisse einräumen, ohne sicherzustellen, daß von diesen nur in seinem rechtsstaatlichen Sinn Gebrauch gemacht wird." Zit. aus: Giusep Nay, *Schweizer Rechtsstaat und Religionsgemeinschaften* (Anm. 45), 36.

65 Ueli Friederich, *Kirchen und Glaubensgemeinschaften im pluralistischen Staat. Zur Bedeutung der Religionsfreiheit im schweizerischen Staatskirchenrecht,* Bern 1993, 469.

66 Vgl. Marie-Andrée Beuret, *l'organisation d'une région diocésaine. Questions de droit canonique et de droit ecclésiastique à l'exemple de la région Berne-Jura-Soleure (St. Vérène) du diocèse de Bâle,* Münster 2008.

67 Vgl. Giusep Nay, *Kirche und Staat im Lichte der Religionsfreiheit. Die schweizerische Lösung des Dualismus,* in: Gesellschaftliche Ängste als theologische Herausforderung.

Kurt Koch, hat zum Beispiel die Schaffung eines interkantonalen Finanzausgleichs angeregt:

„Mit anderen Worten ist die Zeit (über-)reif geworden, den kantonalkirchlichen Organisationen genau jenen Fortschritt zuzumuten, der bei ihrer Errichtung den Kirchgemeinden zugemutet und auch zugetraut worden ist. Die kantonalkirchlichen Organisationen sind ja vor allem deshalb errichtet worden, damit in den einzelnen Bistumskantonen erstens ein Finanzausgleich zwischen reicheren und ärmeren Kirchgemeinden ermöglicht werden und zweitens zunehmenden übergemeindlichen pastoralen Notwendigkeiten auf kantonaler Ebene besser entsprochen werden konnte."[68]

Denn das Kirchturmdenken verkörpert weder auf Pfarreiebene (Kirchenrecht) noch auf Kirchgemeindeebene (Staatskirchenrecht) eine weltoffene, katholische Spiritualität.

Summarium

Die öffentlich-rechtliche (ö.-r.) Anerkennung einer Religionsgemeinschaft steht in der Schweiz im Spannungsfeld von Religionsgemeinschaft, Kanton und Religionsmitglied. Das Selbstorganisationsrecht der ö.-r. anerkannten Kirchen wird von der Bundsverfassung nicht garantiert. Dies führt zu einer Dualstruktur von kanonisch verfaßter katholischer Kirche und staatskirchenrechtlicher Körperschaft.

Neben den Kirchen werden auch israelitische Gemeinden ö.-r. anerkannt. Islamische Organisationen (obwohl 4,3 % der Bevölkerung im Jahr 2000) wurden bisher nicht anerkannt.

Plurale Gesellschaften konfrontieren Kirche und Staat mit neuen Fragen. Bei diesem religionsrechtlichen Dialog sollte die Kanonistik auch in Zukunft eine entscheidende Rolle spielen.

Kontext Europa, hrsg. von Adrian Loretan, Franco Luzzatto, Münster 2004 (Theologie Ost-West 3), 65–78.

68 Eröffnungsvortrag von Bischof Prof. Dr. Kurt Koch gehalten am 2. April 2008 im Rahmen der Ringvorlesung „Ekklesiologische und staatskirchenrechtliche Fragestellungen im Bistum Basel" der Professur Kirchenrecht und Staatskirchenrecht der Universität Luzern; vgl. http://www.unilu.ch/files/kurt-koch-kirche-staat.pdf [Freitag, 2. April 2008], abgedruckt unten S. 291 ff.

Kirche und Staat in den schweizerischen Kantonen und in den europäischen Ländern

Vincenzo Pacillo

Einleitung: Gibt es ein „schweizerisches System" der Beziehungen zwischen Staat und Kirchen?

Die extreme Zersplitterung der Geschichte und der Systeme der Staat-Kirche-Beziehungen in den verschiedenen schweizerischen Kantonen bringt zusammen mit der Verwurzelung in der Tradition – die eine bestimmende Rolle spielt bei der Ausrichtung der Prinzipien des kantonalen Gesetzgebers, der sich anschickt, das normative (Sub-)System des Staatskirchenrechts zu aktualisieren – eine durch extreme Komplexität gekennzeichnete Situation mit sich, wenn man die gemeinsamen Elemente der schweizerischen Gesetzesordnungen auf dem Gebiet der Beziehungen zwischen Staat und Religionen definieren möchte.

So hat uns das Referat von Adrian Loretan geholfen zu verstehen, daß es alles in allem unmöglich ist, sich in der Schweiz gemäß einem einheitlichen Modell auf das Verhältnis zwischen Staat und Religionen zu beziehen und daß die Rolle des Staatskirchenrechtlers höchstens in einem Versuch bestehen kann, die 26 verschiedenen Modelle, die sich aus dem Studium der kantonalen Gesetzesordnungen ergeben, in homogene Gruppen einzuteilen, die gemeinsame Merkmale aufweisen. Daher ist es angebracht, drei grundlegende Punkte in Erinnerung zu rufen, die das Verhältnis zwischen Staat und Religionen in den verschiedenen Kantonen der Konföderation kennzeichnen, um dann zu versuchen, eine Reihe von Gesamterwägungen anzustellen.

A) Wie bekannt, ist die kirchenbezogene Gesetzgebung in den Kantonen mit evangelischer Mehrheit[1] von einem radikalen System der Kirchenhoheit geprägt, das dadurch gekennzeichnet ist, daß den Kirchen, die traditionell auf dem Territorium verwurzelt sind, öffentliche Rechtspersönlichkeit zuerkannt wird.[2] Die Kirchen/Körperschaften des öffentlichen Rechts werden somit zu Rechtspersonen, die mit Hoheitsgewalt sowie Rechten und Pflichten mit öffentlich-rechtlichem Charakter ausgestattet sind und die unter besonderem Schutz und Aufsicht des Staates stehen; ihre Autoritäten und Funktionäre sind den öffentlichen Angestellten angeglichen, obwohl sie rein kirchliche Funktionen ausüben und

---

1 Es handelt sich um Zürich, Bern, Basel-Stadt, Basel-Landschaft, Schaffhausen, Appenzell, Außerrhoden und Waadt.

2 Vgl. Christoph Winzeler, *Einführung in das Religionsverfassungsrecht der Schweiz*, Zürich 2005, 70 ff.

die Dokumente, die sie ausstellen, keinen amtlichen Charakter[3] haben. Den Kirchen/Körperschaften des öffentlichen Rechts wird eine Reihe von Vorrechten zugesprochen, die ihnen in der kantonalen Rechtsordnung je nach spiritueller Bedeutung und geschichtlicher Tradition eine privilegierte Stellung verleihen. Diese Vorrechte variieren von Kanton zu Kanton; im allgemeinen bestehen sie:

- in der Möglichkeit, vom Staat subventionierte theologische Fakultäten zu schaffen,
- in der Vorsorge für ein System der Gefängnis- und Krankenhausseelsorge für die den Kirchen/öffentlich-rechtlichen Körperschaften angehörigen Gläubigen,

---

3 Nach Franco Zorzi ist das System der „Kirchenhoheit" durch folgende Elemente gekennzeichnet:

a) Der Staat erkennt der Kirche eigene Gewalt und Jurisdiktion zu und macht sie damit zu einem Verwaltungsorgan mit unabhängiger Exekutivgewalt. Ihre Autoritäten und ihre Funktionäre haben öffentlichen Charakter, obwohl sie rein kirchliche Funktionen ausführen und die von ihnen ausgestellten Dokumente keinen offiziellen Charakter haben.

b) Der Staat garantiert einen ständigen Rechtsschutz gegenüber den Einrichtungen der Kirche. Das Strafrecht behandelt Taten, die die Religion angreifen oder die freie Ausübung des Gottesdienstes stören, als Delikte und die Einzelgesetzgebung des Staates enthält normalerweise Normen, die die konkreten Umstände und Bedingungen festlegen, in denen sich die Zivilgewalt für die Exekution von rein kirchlichen Akten in Dienst nehmen läßt. Die Hilfe des Staates kann in Anspruch genommen werden, um kirchliche Disziplinarurteile gegen einen Geistlichen zu exekutieren, der dem Urteil seiner unmittelbaren hierarchischen Vorgesetzten nicht gehorcht. Der wesentliche Unterschied zwischen der Hilfe, die der Staat der Kirche im System der Kirchenhoheit gewährt, und dem *bracchium saeculare,* den die zivile Gesellschaft in der alten Theokratie bieten mußte, besteht nach Zorzi in der Möglichkeit des modernen Staates, den Inhalt und die Reichweite der angeforderten Leistung zu prüfen und sie möglicherweise abzulehnen, indem er sie als unangemessen oder dem öffentlichen Nutzen abträglich deklariert.

c) Der Kirche wird eine Reihe von Vorrechten zugeordnet, die ihr „eine ihrer Bedeutung und geschichtlichen Tradition angemessene Position in der Rechtsordnung verleihen. Diese Rechte haben zum Gegenstand entweder die Stellung der einzelnen Geistlichen oder das Vermögen der religiösen Einrichtungen oder eine gemeinsame Vorgehensweise von Staat und Kirche in Bereichen und Interessen, die beiden Jurisdiktionsgewalten gleichzeitig angehören".

d) Der Staat verleiht der Kirche den Status einer Körperschaft des öffentlichen Rechts, behält sich aber eine aktive Aufsicht über die Tätigkeiten vor, die die religiösen Vereinigungen auf ihrem Gebiet ausführen. Allein der Umstand, daß der Staat der Kirche nur kraft seiner Legislativ- oder Exekutivgewalt die Persönlichkeit des öffentlichen Rechts zuspricht, bedeutet, daß die staatliche Souveränität nicht zu Verzichtserklärungen bereit ist, die ihre volle Ausübung behindern könnten. Der Staat legt nämlich die Kompetenzgrenzen zwischen der Rechtssphäre und jener der Kirche fest und übt eine wirksame Kontrolle über deren Tätigkeiten aus – auf der Grundlage von Gesetzen und Vorschriften, die je nach Land, wo das besagte System angewandt wird, variieren.

- in der Befreiung von Gebühren (zum Beispiel Handänderungssteuer, Grundpfandrecht, Erbschaften und Schenkungssteuer) für die Kirchen/öffentlich-rechtliche Körperschaften,
- in der Verleihung von Steuerhoheit an die besagten Kirchen.[4]

Im Gegenzug zu diesen Privilegien wird die Tätigkeit der Kirchen/öffentlich-rechtlichen Körperschaften von den Kantonen relativ streng kontrolliert, die den besagten Gemeinschaften einseitig Organisationsvorschriften auferlegen und damit mehr oder weniger einschneidend ihre Autonomie beschränken.[5]

Das System der Beziehungen zwischen Staat und Kirchen ist in den paritätischen[6] Kantonen und in jenen mit katholischer Mehrheit nicht viel anders.[7] Dennoch ist – vor allem in den letztgenannten – das System der Kirchenhoheit zumindest in einigen Fällen bedeutend abgemildert bis hin zu einer fast vollständigen kirchlichen Freiheit, die den religiösen Gruppen gewährt wird, die die Anerkennung erhalten haben.[8]

B) Die Normen der Bundesverfassung in bezug auf die Religionsfreiheit und das Staat-Kirche-Verhältnis gestatten dem kantonalen Gesetzgeber, bestimmten Religionsgemeinschaften durch die Anerkennung des öffentlichen Rechts einen Sonderstatus zu verleihen, jedoch nur unter der Bedingung, daß die privilegierte Behandlung auf tatsächlichen Unterschieden beruht – seien sie geschichtlicher, soziologischer oder traditioneller Art – die so sind, daß sie auf rechtlicher Ebene von Relevanz sind.[9] Bis heute machen fast alle Kantone von dieser Möglichkeit Gebrauch und bestimmen in voller Autonomie die Religionsgemeinschaften (betrachtet als für die Gesamtheit bedeutsame Organisationen, als Einrichtungen, die zur Bildung von Richtwerten in der kantonalen Gemeinschaft beitragen können), denen eine privilegierte Stellung eingeräumt wird – nicht nur in bezug auf andere Religionsgemeinschaften, die in diesem

---

Vgl. Franco Zorzi, *Le relazioni tra la Chiesa e lo Stato nel cantone Ticino. Contributo alla storia ed all'interpretazione del diritto ecclesiastico ticinese,* Bellinzona 1969, 122 ff.

4 Vgl. René Pahud de Mortanges, *De la reconnaissance et de l'égalité de traitement des communautés religieuses,* in: Schweizerisches Jahrbuch für Kirchenrecht/Annuaire suisse de droit ecclesial 4 (2003) 155 ff.

5 Vgl. Ueli Friederich, *Droit d'autodétermination des Églises et autres communautés religieuses,* in: Schweizerisches Jahrbuch für Kirchenrecht/Annuaire suisse de droit ecclesial 4 (2003) 188 ff.

6 Glarus, Graubünden, Aargau, Thurgau, Sankt Gallen. Vgl. Winzeler, *Religionsverfassungsrecht der Schweiz* (Anm. 2), 112 ff.

7 Uri, Schwyz, Nidwalden, Obwalden, Luzern, Zug, Solothurn, Freiburg, Appenzell Innerrhoden, Wallis, Jura und natürlich Tessin.

8 Vgl. den Fall des Kantons Wallis in Dieter Kraus, *Schweizerisches Staatskirchenrecht,* Tübingen 1993, 291 ff.

9 Pahud de Mortanges, *Reconnaissance et égalité* (Anm. 4), 158 ff.

Kanton vorhanden sind, sondern auch in bezug auf fast alle intermediären Gruppen, die keine religiöse Zielsetzung haben.[10]

C) In fast allen kantonalen Rechtsordnungen besitzen die nicht-traditionellen Religionsgemeinschaften – oder zumindest die nicht historisch auf dem Territorium verwurzelten – einen Status von Einrichtungen des Privatrechts; dieser Qualifizierung entspricht keine Zuweisung besonderer Rechtspositionen; vielmehr sind diese Einrichtungen letztlich Träger einer Reihe von Rechten, die gewiß geringer sind als jene, die den Kirchen/öffentlich-rechtlichen Körperschaften zuerkannt werden.[11] Diese Situation spiegelt einen der gemeinsamen Nenner aller europäischen Systeme des Staat-Kirche-Verhältnisses wider, die sogenannte „selektive Kooperation":[12] Die schweizerischen Kantone beachten wie fast alle europäischen Staaten die Erfordernisse der religiösen Gruppen, betrachten sie als intermediäre Gesellschaften, die potentiell in der Lage sind, das Individuum spirituell zu erbauen und tatkräftig zur sozialen Entwicklung beizutragen, und sind daher tendenziell bereit, mit ihnen zusammenzuarbeiten. Diese Bereitschaft gilt jedoch nicht ohne Unterschied: sie ist dort größer, wo die Werte, die eine Religionsgemeinschaft leiten, und jene, die der zivilen Gesellschaft zugrunde gelegt werden, übereinstimmen; und sie ist dort geringer, wo diese Übereinstimmung nicht oder nur begrenzt vorliegt.

Den offensichtlichsten Beweis dieser These erhält man, wenn man untersucht, welche Religionsgemeinschaften – im gegenwärtigen Rechtspanorama – sich des Status von Körperschaften des öffentlichen Rechts erfreuen.

Heute gewährt der Großteil der Kantone die öffentlich-rechtliche Persönlichkeit nur zwei konfessionellen Gruppen, die seit dem 16. Jahrhundert den traditionellen religiösen Bezugspunkt des Großteils der Schweizer Bürger darstellen: der katholischen Kirche und der evangelisch-reformierten Kirche. Diese Anerkennung wird im allgemeinen durch Bestimmungen in der Verfassungsurkunde des Kantons festgelegt, die die höchste Stelle in der Hierarchie der Rechtsquellen der lokalen Rechtsordnung einnimmt und deren Änderung nur durch erschwerte Verfahren und einen sehr breiten gesellschaftlichen Konsens möglich ist; in der Mehrzahl der Fälle ist zwar ausdrücklich die Möglichkeit vorgesehen, anderen religiösen Gruppen den Status von selbstständigen Körperschaften des öffentlichen Rechts durch einfaches Gesetz *ad hoc* anzubieten, aber *de facto* macht die gesetzgebende Gewalt von dieser Möglichkeit keinen Gebrauch.

---

10 Vgl. Gregor A. Rutz, *Die öffentlich-rechtliche Anerkennung in der Schweiz*, in: René Pahud de Mortanges – Gregor Rutz – Christoph Winzeler, Die Zukunft der öffentlich-rechtlichen Anerkennung von Religionsgemeinschaften, Freiburg i. Ü. 2000 (Freiburger Veröffentlichungen zum Religionsrecht 8), 5–76, 35 f.

11 Vgl. Liz Fischli-Giesser, *Le statut de droit public d'„autres" communautés religieuses*, in: Adrian Loretan, Rapports Église-État en mutation, Freiburg 1997, 93 ff.

12 Vgl. Silvio Ferrari, *Autonomia delle comunità religiose e collaborazione con le istituzioni publiche: quale futuro in uno Stato laico?*, in: exLege 42 (2007) 87 ff.

Gewiß gibt es in einigen Kantonen außer der katholischen und der evangelisch-reformierten Kirche andere Religionsgemeinschaften, denen durch die Verfassung öffentliche Rechtspersönlichkeit zugedacht wurde, aber auch in diesen Fällen handelt es sich um religiöse Strukturen, die historisch auf dem Territorium verwurzelt sind und als vollkommen vereinbar mit der schweizerischen Demokratie angesehen werden. Wir beziehen uns hier auf die christ-katholische (oder altkatholische) Kirche und auf die israelitische Glaubensgemeinschaft, also auf religiöse Gruppen, die dem Gesetzgeber gut bekannt und im sozialen Gewebe der kantonalen Gemeinschaft traditionellerweise präsent sind.

1. Die kantonalen Systeme des Staat-Kirche-Verhältnisses vor dem europäischen Panorama

Auf der Grundlage dessen, was bis jetzt festgehalten wurde, kann man – wenn man versucht, eine Bilanz im Lichte der ersten Betrachtungen über die Beziehungen zwischen den Kantonen und den Religionsgemeinschaften zu ziehen – behaupten, daß die Schweizer Erfahrung in genauer Gegentendenz zum Rest des europäischen Panoramas steht.

Wie wir wissen, ist, obwohl als obsolet beurteilt, in den Überlegungen der Lehre[13] immer noch die herkömmliche Aufteilung der Systeme des Staat-Kirche-Verhältnisses in Europa in drei Kategorien präsent:

- das Modell der Staatskirche (charakterisiert durch die ausdrückliche Ausrufung einer oder mehrerer Religionsbekenntnisse als Nationalkirche, durch die Zuerkennung der öffentlichen Rechtspersönlichkeit, durch die Gewährung eines privilegierten Rechtsstatus und durch das Vorhandensein eines staatlichen Rechtsbestandes, der darauf abzielt, die interne Organisation dieser Nationalkirche[n] mehr oder weniger intensiv zu regeln),
- das konkordatäre Modell (das auf dem Abschluß von Konkordaten oder Verträgen zwischen dem Staat und den einzelnen Religionsgemeinschaften beruht, die frei bleiben, ihre eigene Organisation selbst zu regeln),
- das Trennungsmodell (in dem die Beziehungen zwischen Staat und Kirche prinzipiell vom allgemeinen Recht geregelt sind).[14]

---

13 Auf der Dreiteilung besteht zuletzt Elizabeth F. Defeis, *Religious Liberty and Protections in Europe,* in: Journal of Catholic Legal Studies 73 (2006) 73 ff.; mit vielen Vorbehalten akzeptiert die Dreiteilung Gerhard Robbers, *State and Church in the European Union,* in: State and Church in the European Union, hrsg. von Gerhard Robbers, Baden-Baden 2005, 577–580; kritischer Silvio Ferrari, *Islam and the Western European Model of Church and State Relations,* in: Religious freedom and the neutrality of the State: the position of the Islam in the European Union, hrsg von Wasif Abdelrahman R. Shadid – Pieter Sjoerd Van Koningsveld, Louvain 2002, 6–19, 6 f.; Silvio Ferrari – Ivan C. Iban, *Diritto e religione in Europa occidentale,* Bologna 1997, 189–202.

14 Roberto Mazzola, *Modelli di diritto e politica ecclesiastica nella Unione Europea,* relazione al convegno „Pluralismo religioso, multicultura e laicità. Terreno di confronto cultu-

Die herrschende Lehre hat jedoch – innerhalb einer komplexeren und detaillierteren Kritik an dieser Dreiteilung[15] – drei Punkte hervorgehoben, die als unbestreitbar erscheinen – auch für jemanden, der an der Aktualität der besagten Kategorisierung festhalten möchte:

a) das Modell der Staatskirche befindet sich in einer Krise, ist nicht in der Lage, sich auszubreiten, und unterliegt einer fortschreitenden Aushöhlung selbst in den Rechtsordnungen, in denen es am stärksten erscheint;[16]
b) die europäischen staatlichen Rechtsordnungen haben bei der internen Regelung der Beziehungen mit den Religionsgemeinschaften einen Teil ihrer normativen Besonderheit aufgegeben, um für ein homogeneres Modell einzutreten;[17]
c) das konkordatäre Modell scheint in starker Expansion begriffen zu sein.

Wenn man das schweizerische Modell betrachtet, erweist sich keine dieser drei Feststellungen als wahr. Im Großteil der Kantone beruht das Modell des Staat-Kirche-Verhältnisses auf der Existenz einer oder mehrerer Staatskirchen, die „Kantonalkirchen", „Staatskirchen", „Landeskirchen" heißen können oder einfach als Kirchen mit öffentlich-rechtlichem Körperschaftsstatus definiert sind. Die jüngsten Verfassungsänderungen haben dieses Modell nicht angerührt, das in letzter Zeit sogar sehr entschieden verteidigt wurde, sei es von Zürich (wo eine Volksabstimmung 2003 ein Reformprojekt abgelehnt hat, das das herkömmliche Staat-Kirche-System ziemlich einschneidend verändert hätte), sei es von Freiburg.

Dazu kommt, daß kein Kanton auf die Besonderheiten seines Systems der Beziehungen mit den Kirchen verzichtet hat, um sich an einem Modell auszurichten, das von größerer Homogenität geprägt ist; und wenn das einerseits auch durch die Entscheidung der Eidgenossenschaft motiviert ist, nicht der Europäischen Union beizutreten, so unterstreicht es doch, wie hartnäckig die lokale Bevölkerung den eigenen Rechtsbestand bewahrt, der den Rechtsstatus der verschiedenen religiösen Gruppen regelt. Vielleicht sind – fast paradoxerweise – die bedeutsamsten Schritte auf dem Weg zu einer „Europäisierung" des

---

rale o luogo di scontro?", 19 aprile 2005, in: http://www.elledici.org/scuola/formazione/convegnoregionale2005.php

15 Die Kritik, die von maßgeblicher Seite gegenüber der Dreiteilung formuliert wurde, besteht darin, daß diese das Erbe einer Unterteilung der europäischen Rechtsordnungen in protestantische Länder (gekennzeichnet durch die Existenz einer Staatskirche), katholische Länder (in denen das Konkordat das generell anerkannte Instrument darstellt, das eine gesunde Zusammenarbeit zwischen Staat und katholischer Kirche sicherstellt) und dezidiert laikale Länder (Frankreich) sei, die heute nicht mehr so einsichtig erscheint wie früher. Außerdem richtet die Dreiteilung die Aufmerksamkeit mehr auf die Form als auf die Substanz der Beziehungen zwischen Staat und Kirchen.

16 Silvio Ferrari, *Church and State in Europe: a comparative outlook,* www.gobernacion.gob.mx/archnov/ponencia7.pdf.

17 Mazzola, *Modelli di diritto e politica ecclesiastica nella Unione Europea* (Anm. 14).

Staat-Kirche-Verhältnisses gerade von der Republik und dem Kanton Tessin vollzogen worden, der (wie wir noch genauer sehen werden) das System der Kirchenhoheit durch jenes der freundschaftlichen Zusammenarbeit ersetzt hat.

Schließlich ist das Konkordat in der Schweiz, wie schon angedeutet, ein rechtliches Instrument, das einen substantiell anderen Zweck hat als im übrigen Europa.

Wir wissen, daß sich das Instrument des Konkordats vor allem nach dem II. Vatikanischen Konzil verändert hat: Von einer Konvention zur Lösung einzelner spezieller Fragen ist es mit immer größerer Häufigkeit zu einem generellen und feierlichen Pakt geworden, der zwischen dem Apostolischen Stuhl und einer Nation (oder einer anderen politischen Gemeinschaft) abgeschlossen wird und in dem die Fragen des gemeinsamen Interesses im ganzen erwogen werden. Mit anderen Worten: Die letzten Jahrzehnte haben im Konkordat ein Rechtssystem aufgezeigt, das darauf ausgerichtet ist, das Staat-Kirche-Verhältnis in weitgehend vollständiger und detaillierter Weise zu bestimmen. Der Inhalt der konkordatären Vertragsschließung ist, auch wenn er auf zahlenmäßig begrenzte Problemfelder zugeschnitten ist, immer mehr darauf ausgerichtet, Kernfragen betreffend die Freiheit und den Rechtsstatus der katholischen Kirche in einer bestimmten Rechtsordnung anzugehen. Durch Konkordat werden heute Rechtsfragen bezüglich der kirchlichen Einrichtungen, der Ernennung zu den kirchlichen Ämtern, des Zivilstatus der Kleriker und Ordensleute, des kirchlichen Vermögens, der staatlichen Anerkennung der kirchlichen Eheschließung, der Anstaltsseelsorge, der katholischen Privatschulen, des Religionsunterrichts in den staatlichen Schulen, der Gottesdienstgebäude und der Finanzierung gelöst.

Diese Veränderung des konkordatären Systems kann in einigen Punkten sicher diskutiert werden, besonders was die Opferung der individuellen Religionsfreiheit auf dem Altar der kirchlichen/institutionellen Freiheit und was die Erzeugung vieler Vertragsklauseln betrifft, die oft weitere Anwendungsnormen verlangen und so einen „konkordatären Prozeß ohne Ende“ bewirken, in den eine unabsehbare Zahl von gemischten und paritätischen Kommissionen einbezogen ist. Dennoch entspricht diese Veränderung einem immer dringenderen Bedürfnis der Bevölkerung: der Suche nach einer Abstimmung in der Normsetzung, besonders bei Themen von ausgeprägter gesellschaftlicher Sensibilität.

In der Schweiz ist der Rahmen der Fragestellung ein anderer. Die zahlreichen Vereinbarungen zwischen dem Heiligen Stuhl und den Autoritäten des Bundes und/oder der Kantone[18] betreffen üblicherweise nicht den harten Kern

18 Nur beispielshalber werden zitiert das Übereinkommen vom 23. 10. 1869 zwischen dem Schweizerischen Bundesrat und dem Heiligen Stuhl über die Eingliederung der Graubündner Gemeinden Poschiavo und Brusio in die Diözese Chur (0.181.2), das Übereinkommen vom 24. 8. 1968 zwischen dem Schweizerischen Bundesrat und dem Heiligen Stuhl betreffend die Abtrennung der Apostolischen Administratur Tessin von der Diözese Basel und ihre Erhebung zur Diözese (0.183), das Überein-

der Beziehungen zwischen katholischer Kirche und politischer Autorität, sondern beschränken sich auf Fragen rein territorialen Charakters, die mit geographischen Dimensionen und Detailproblemen bei der Verwaltung der Diözesen verbunden sind.

Das heißt natürlich nicht, daß es in den verschiedenen Ordnungen der Kantone nicht irgendeine Kooperation zwischen den politischen und religiösen Autoritäten gäbe, sondern nur, daß diese Kooperation nicht institutionalisiert ist und keine solide Rechtsgrundlage hat, die als Basisdokument verwendet werden könnte, um Verhandlungen mit den nichtkatholischen Religionen aufzunehmen.

Die Gegentendenz der kantonalen Gesetzgebung in Sachen Staat-Kirche-Verhältnis gegenüber dem Rest des europäischen Panoramas ist offensichtlich, auch wenn man von den jüngsten maßgebenden Beobachtungen von Silvio Ferrari und Zsolt Enyedi ausgehen möchte.

Nachdem Silvio Ferrari aufgezeigt hat, daß die herkömmliche Dreiteilung zwischen Ländern mit einer etablierten Kirche, mit Konkordaten oder mit einem Trennungssystem obsolet geworden ist, legt er, wie bekannt ist, ein „europäisches Modell der Beziehungen zwischen Staat und Religionsgemeinschaften" vor, das auf drei Prinzipien beruht, die in unterschiedlicher Form und Intensität in den Rechtsordnungen aller europäischer Länder wiederkehren: der Schutz der individuellen Religionsfreiheit, die Unzuständigkeit des Staates in religiösen Dingen (die nach Ferrari ihre deutlichste rechtliche Anerkennung in der Bekräftigung der Autonomie und Unabhängigkeit der Religionsgemeinschaften findet) und die schon erwähnte selektive Kooperation zwischen den Staaten und den Religionsgemeinschaften.[19]

Dieses „europäische Modell des Staat-Kirche-Verhältnisses" kann die Schweiz nicht einschließen. Zwar garantiert die schweizerische Rechtsordnung die individuelle Religionsfreiheit und die Kantone berücksichtigen im Allgemeinen das Prinzip der selektiven Kooperation mit den Kirchen (auch wenn

---

kommen vom 11. 6. 1864 zwischen dem Beauftragten des Heiligen Stuhls und dem Präsidenten des Regierungsrates des Kantons Bern über die Eingliederung des alten Teils des Kantons Bern in die Diözese Basel. Auf kantonaler Ebene gibt es in Wirklichkeit eine gewisse Anzahl von Vereinbarungen zwischen staatlichen und religiösen Autoritäten, um Fragen der Seelsorge an Gläubigen zu regeln, die in bestimmten Gemeinden wohnen, oder um eine Partnerschaftsbeziehung in Sachen Krankenhäuser oder theologische Fakultäten einzurichten: Im VI. Kapitel der vorliegenden Arbeit werden wir Bericht erstatten über das Konkordat zwischen dem Staat Neuenburg und der evangelisch-reformierten Kirche des Kantons Neuenburg, der römisch-katholischen Kirche und der altkatholischen Kirche, das *de facto* eine der Hauptrechtsquellen des Kantons Neuenburg darstellt (in dem – theoretisch – ein Trennungssystem herrschen müßte). Eine umfangreiche Sammlung der Vereinbarungen zwischen staatlichen und religiösen Autoritäten ist im Schweizerischen Jahrbuch für Kirchenrecht / Annuaire suisse de droit ecclésial 5 (2004) enthalten.

19 Silvio Ferrari, *Rapporti tra Stato e Chiesa: un modello europeo,* in: Antonianum 80 (2005) 699–723.

diese Kooperation kaum institutionalisiert ist, zeigt sich die Selektion, wie wir bereits angedeutet haben, vielleicht in einer etwas zu radikalen Form), aber die Tatsache, daß der Großteil der kantonalen Autoritäten sich für zuständig hält, den Religionsgemeinschaften, die geschichtlich auf dem Territorium verwurzelt sind, Normen über die innere Organisation vorzuschreiben, steht in klarem Widerspruch mit dem dritten Prinzip, das Ferrari anführt: jene „Unzuständigkeit des Staates in religiösen Dingen", mit der notwendig die Pflicht der öffentlichen Gewalten verbunden ist, allen religiösen Gruppen die Fähigkeit zu garantieren, das eigene Glaubenssystem frei festzulegen und sich in voller Autonomie eine eigene rechtliche und institutionelle Struktur zu geben (oder sich keine solche zu geben).

Auch die Theorien von Enyedi scheinen auf das schweizerische Modell der Beziehungen nicht anwendbar zu sein. Nach dem zitierten Autor „gibt es noch kein gemeinsames europäisches Modell, obwohl die staatliche Unterstützung für kirchliche Einrichtungen die Selbstbestimmung der Religionsgemeinschaften respektiert und die Ausdehnung von Privilegien auf einen wachsenden Kreis religiöser Organisationen in den meisten Ländern die Regel zu sein scheint".[20] Diese Lehre – die offensichtlich skeptisch ist gegenüber der Möglichkeit einer Reduzierung auf ein Einheitsschema der Staat-Kirche-Beziehungen in Europa und die unserer Ansicht nach recht gut zeigt, wie fast alle Rechtsordnungen unseres Kontinents Formen materieller Unterstützung zu Gunsten einer oder mehrerer Religionsgemeinschaften vorsehen – findet im Großteil der kantonalen Gesetzesordnungen keine Bestätigung: erstens weil die letzteren, wie bereits argumentiert wurde, die Selbstbestimmung der Religionsgemeinschaften nicht respektieren; zweitens weil die Ausdehnung der Privilegien, die sich aus der Anerkennung des Status als öffentlich-rechtlicher Körperschaft ergeben, auf Gruppen, die traditionell auf dem Territorium nicht präsent sind, gegenwärtig gewiß nicht die Regel darstellt. Wir haben bereits angedeutet, daß die Bürger des Kantons Zürich im Jahr 2003 ein Reformprojekt der Religionsgesetzgebung abgelehnt haben, das unter anderem eine Ausdehnung des Status der staatlich anerkannten Person des öffentlichen Rechts auch auf andere Religionsgemeinschaften als die evangelisch-reformierte Landeskirche (und ihre Kirchgemeinden), die römisch-katholische Körperschaft (und ihre Kirchgemeinden) und die christ-katholische Kirchgemeinde Zürich ermöglich hätte: dieses Projekt, das den islamischen Gemeinschaften von Zürich den Weg zur Anerkennung eröffnet hätte, erwies sich als Weg, der versperrt wurde durch das Nein von mehr als 55 % der Wähler, die sich zu den Urnen begaben (das Gesetz über die Anerkennung von Religionsgemeinschaften wurde sogar von 64 % der Stimmen abgelehnt) und die sich sehr empfänglich zeigten für die Nein-Kampagne der Züricher SVP. Diese Partei betätigte – auch durch die Aktion des Komitees „3× Nein zu den Kirchenvorlagen" – das Spektrum der „isla-

---

20 Zsolt Enyedi, *Conclusion: Emerging Issues in the Study of Church-State Relations,* in: Church and State in Contemporary Europe: The Chimera of Neutrality, hrsg. von John T. S. Madeley – Zsolt Enyedi, London 2003, 218–232, 219.

mischen Bedrohung", um Gegenstimmen gegen die Reform anzuhäufen, die weit über das Ausmaß der Wähler dieser Partei hinausgingen: die Gefahren, die mit einem Bruch des religiösen Friedens im Kanton verbunden sind, die Befürchtung, daß öffentliche Gelder für Koranschulen bestimmt werden könnten, und der Verdacht, daß der neue öffentlich-rechtliche Status in irgendeiner Weise terroristische Aktivitäten begünstigen könnte, überzeugte das Volk von Zürich, die Reform, die sowohl von der katholischen als auch von der evangelisch-reformierten Kirche vertreten wurde, abzulehnen.[21] Diese Entscheidung mußte sich im neuen kantonalen Grundgesetz von 2006 niederschlagen, das eher vorsichtig die vorherige Rechtslage bestätigt hat.

Dieselbe Verschlossenheit gegenüber der Anerkennung nicht-traditioneller Religionsgemeinschaften zeigte sich in der jüngsten Verfassungsreform im Kanton St. Gallen. Hier ist daran zu erinnern, daß die Artt. 23 und 24 der St. Galler Verfassung von 1890 für Religionsgemeinschaften außer der katholischen und der evangelisch-reformierten die Möglichkeit einer Anerkennung als Person des öffentlichen Rechts auszuschließen schien, aber eine immer offenere und fortschrittlichere Interpretation dieser Bestimmungen den Großen Rat überzeugt hatte, den Status von Kirchen/Körperschaften des öffentlichen Rechts zunächst der christ-katholischen Kirche (1899) und dann der israelitischen Gemeinschaft (1993) zu verleihen.

Angesichts dieser fortschreitenden Ausdehnung der Anerkennung anderer Religionsgemeinschaften als jener, die mit der Geschichte der Konföderation verbunden sind, hätte der Fachmann erwarten können, daß das neue St. Galler Grundgesetz von 2001 den Status von öffentlich-rechtlichen Körperschaften auch Kirchen verleiht, die erst seit kurzem auf dem Territorium angesiedelt sind. Mit einer äußerst zögernden Entscheidung hat sich die verfassunggebende Versammlung hingegen darauf beschränkt, den *status quo* festzuschreiben; der Art. 109 der Verfassung gibt als Gemeinschaften des öffentlichen Rechts die katholische Konfession und ihre Pfarreien, die protestantische Kirche und ihre Pfarreien, die christ-katholische Gemeinschaft und ihre Pfarreien sowie die israelitische Gemeinschaft an. Keine Verfassungsbestimmung sieht die Möglichkeit vor, den Status der öffentlich-rechtlichen Körperschaften anderen Religionsgemeinschaften zu verleihen; und auch wenn die Lehre diese Möglichkeit nicht für völlig illegitim hält, bleibt doch das Problem des Ermessensspielraums, den die kantonalen Organe gegenüber einem eventuellen Antrag haben, der auf den Erwerb der Anerkennung gerichtet ist (ungeachtet dessen ist es gemäß Art. 111 notwendig, daß sich das Wahlrecht und die Organisation der Religionsgemeinschaften des öffentlichen Rechts auf demokratische Prinzipien stützen).

---

21 Vgl. Ruedi Baumann, *Nein zu allen drei Kirchenvorlagen,* in: Tages-Anzeiger, 1. 12. 2003.

2. Die Beziehungen zwischen Staat und katholischer Kirche in der Schweiz zwischen Kontinuität und Diskontinuität. Die Antwort des „Tessiner Staatskirchenrechts“ als Paradigma eines neuen Modells der Beziehungen zwischen politischer Autorität und religiösen Gruppen?

Die Gegentendenz der verschiedenen schweizerischen Modelle der Beziehungen zwischen Staat und Kirchen im Verhältnis zum Rest des europäischen Panoramas macht die Herausforderung, die in den letzten Jahren allen westeuropäischen Demokratien gestellt wurde, noch schwieriger; wir beziehen uns auf die Herausforderung, die darauf abzielt, die alte antiklerikale Laizität, die vom 19. Jahrhundert geprägt ist, in eine Laizität umzuwandeln, die durch eine Kooperation von Staat und Religionsgemeinschaften gekennzeichnet ist, in der die religiösen Glaubensrichtungen auf den Rahmen jener Elemente zurückgeführt werden können und müssen, die einen Beitrag zum spirituellen Fortschritt der Gesellschaft leisten.[22] Daraus ergibt sich, daß diese keine Fremdheit gegenüber dem religiösen Phänomen impliziert, sondern im Gegenteil die Möglichkeit (und vielleicht auch die Notwendigkeit) von Maßnahmen „im positiven“ mit sich bringt, d. h. zur Unterstützung der religiösen Aktivitäten, soweit ein Bedürfnis/Interesse der Bürger besteht, das voll und ganz des rechtlichen Schutzes würdig ist.[23] Es ist völlig klar, daß es, wenn im System der Staat-Kirche-Verhältnisses einiger Kantone „Reste des Konfessionalismus“ oder Vermächtnisse des Staatskirchentums des 19. Jahrhunderts überleben, sehr schwierig sein wird, für eine Laizisierung der Laizität zu kämpfen bzw. für eine Neubestimmung des Konzepts des laikalen Staates, das – ohne von jedes antikirchliche Vorurteil – fähig ist,

a) sich dem kulturellen und religiösen Pluralismus in der Zivilgesellschaft zu öffnen und

---

22 Zu diesem Thema Carlo Cardia: „Es ist Aufgabe des laikalen Staates, die dynamische und positive Rolle wahrzunehmen, welche die Religionen für die Gemeinschaft spielen, und zu verstehen, daß der Bedeutung der Konfessionszugehörigkeit Platz gegeben werden kann, solange sie sich im Rahmen der Religionsfreiheit und der Menschenrechte hält ... Die große Lektion des laikalen Sozialstaates, der sich in Europa nach dem Ende der Totalitarismen behauptet hat, wird wieder aktuell, wenn der Staat aufhört, in der Religion eine feindliche Kraft, einen Faktor von Rückständigkeit zu sehen, wenn es ihm gelingt, darin eine Quelle von Idealen, Verhaltensweisen und Organisationen zu sehen, in denen sich viele soziale Gruppen wiederfinden und einfügen.“ (Carlo Cardia, *Laicità dello stato, appartenenze religiose e ordinamento giuridico: prospettive secolare,* in Annuario DiReCom 7 [2008] 21–38, 31).

23 Vgl. Carlo Cardia, nach dem die Laizität der modernen globalisierten Gesellschaften nach dem Trennungssystem nur einen „einladenden“ Charakter haben kann: „die einladende Laizität“, bekräftigt der bekannte Autor, „drückt sich nicht in Worten des Konflikts mit der Religion aus, sondern erkennt ihre individuelle und kollektive Rolle, die sie erfüllt, und die soziale Funktion an, die sie auf dem Weg der Geschichte angenommen hat“; so Carlo Cardia, *Democrazia, Multiculturalismo, Diritti Religiosi,* in: Daimon 7 (2007) 7–20.

b) im religiösen Empfinden – verstanden als beharrliche, unauslöschliche und nicht zu unterdrückende Sinnfrage, die die personale und soziale Entfaltung des Menschen begleitet und führt – ein Mittel der tendenziellen Förderung und Entwicklung der Person zu sehen.[24]

„Das System der Beziehungen zwischen Staat und Kirche zu ändern ist möglich" bekräftigt Carlo Cardia in seinem Referat. Aber Vorsicht: Die Ordnung der Beziehungen zwischen Staat und Kirche zu ändern und die Aufgaben der Körperschaften des öffentlichen Rechts neu zu bestimmen, die das Leben der Schweizer Katholiken[25] sei es auf kommunaler oder kantonaler Ebene zumindest in einigen Sektoren verwalten, ist kein Vorgang, der allein auf kirchlicher Ebene vollzogen werden könnte!

In vielen Kantonen sind die Normen, die die Organisation, die Aufgaben und Funktionen der kirchlichen Körperschaften festlegen, in staatlichen Gesetzen enthalten, wenn nicht sogar in den Grundgesetzen der Kantone: Ich zitiere einfach zum Beispiel das Gesetz über die Organisation des Kirchenwesens im Kanton Bern (6. 5. 1945), das nicht nur die Schaffung von Kirchgemeinden und einer Kantonalsynode der katholischen Nationalkirche vorsieht, sondern auch die theologische und kulturelle Bildung der Kleriker minutiös regelt, die – vom Staat besoldet – sich des Status eines öffentlichen Kantonalbeamten erfreuen. Dies stellt zweifellos eine der größten Besonderheiten des Systems der Beziehungen zwischen Staat und Kirche des Kantons Bern dar und enthüllt in völlig eindeutiger Weise seinen staatskirchlichen Ansatz. Die Verpflichtung der kantonalen Autoritäten, für die finanzielle Unterstützung des Klerus (oder zumindest eines Teils davon) Vorsorge zu treffen, ist in der Rechtsordnung Berns von den kantonalen Autoritäten durch die Verwendung öffentlicher Gelder in der Tat auf unmittelbare Art und Weise gelöst worden. Andererseits bringt die Entsprechung zwischen dem Status des Religionsdieners und des öffentlichen Beamten mit sich, daß die Tätigkeiten der Geistlichen den Grundprinzipien der Effizienz und Korrektheit des Verwaltungshandelns entsprechen müssen, und dies ruft verschiedene Konsequenzen rechtlicher Art hervor.

Ähnliches ist über Basel-Landschaft zu sagen, wo die demokratische Beteiligung der Gläubigen am Leben der Landeskirche, der sie angehören, durch eine Reihe kantonaler Bestimmungen sichergestellt ist bezüglich

---

24 Passenderweise bekräftigt daher Libero Gerosa, daß die Laizität ein institutionelles Prinzip ist, das voll mit der Religionsfreiheit in Einklang steht, weil es einerseits den Religionen verwehrt, die staatliche Unterstützung anzufordern, um die Beachtung der eigenen Vorschriften durchzusetzen, und andererseits einen gewissen Schutz der ethisch-religiösen Werte impliziert in einem Rahmen von Freiheit und Gleichheit, von Nichtdiskriminierung und Förderung der Zusammenarbeit zwischen dem Staat und den verfassungsmäßig anerkannten Religionsgemeinschaften. So Libero Gerosa, *Politica senza religione? Laicità dello Stato, appartenenze religiose e ordinamento giuridico. Relazione di chiusura,* in: Annuario DiReCom 7 (2008) 84–110, 94.

25 Für einen Gesamtrahmen vgl. Arturo Cattaneo, *Le anomalie del Diritto ecclesiastico in Svizzera,* in: Rivista Teologica di Lugano 2 (2005) 273–285.

a) der Normen über die interne Organisation der Nationalkirchen: Das kantonale Recht verpflichtet diese in der Tat, die eigenen Tätigkeiten so zu strukturieren, daß sie Kirchgemeinden schaffen, denen das Recht zugesprochen wird, den eigenen Pfarrer zu wählen (§ 4 des Kirchengesetzes vom 3. 4. 1950). Dazu kommt – vor allem, was die katholische Kirche betrifft –, daß die Änderungen der Statuten der Landeskirchen von der Mehrheit der wahlberechtigten Gläubigen approbiert werden müssen, abgesehen von der jeweiligen Sachentscheidung des Bischofs von Basel (Art. 137 Abs. 2 Verf.).
b) der Normen über die Wahl des Pfarrers: Die Rechtsordnung der Republik Liestal beschränkt sich in der Tat nicht darauf, prinzipielle Normen in Wahlangelegenheiten vorzusehen, sondern legt eine Reihe von Detailvorschriften fest, aus denen ein öffentliches Interesse dafür hervorgeht, daß die Gläubigen der Landeskirchen einen Pfarrer in Anspruch nehmen können, der kompetent ist und in Übereinstimmung mit dem *coetus fidelium* steht. Im Besonderen sieht das Kirchengesetz von 1950 vor, daß das Wahlverfahren des Pfarrers gemäß dem Verfahren abläuft, das vom kantonalen Recht für die politischen Wahlen vorgesehen ist, daß eine Gruppe von Gläubigen einer Nationalkirche den *coetus fidelium* zu den Urnen rufen kann, um sich über die Bestätigung der Verbeamtung des Pfarrers auszusprechen, und schließlich, daß die Pfarranwärter, nachdem sie eine Reifeprüfung gemäß den staatlichen Bestimmungen bestanden haben, eine angemessene Ausbildung auf theologischem Gebiet erhalten.

Das also ist der Rahmen einiger kantonaler Gesetzesordnungen. Gegenüber einer derartigen Situation sind zwei Haltungen möglich:

I) Eine Haltung frontaler Konfrontation zwischen der schweizerischen kirchlichen Hierarchie und einzelnen kantonalen Autoritäten. Dabei handelt es sich meiner Meinung nach um eine aus mehreren Gründen schädliche und gefährliche Lösung. Im politischen Rahmen vieler Kantone befinden sich die katholischen Parteien erstens in großen Schwierigkeiten und es ist daher sehr schwer, die Möglichkeit anzunehmen, daß die Theorie der Konfrontation auf dem parlamentarischen Feld eine Bestätigung finden könnte. Dazu kommt,

- daß die Schweizer Politik auf einem stillschweigenden Kompromiß zwischen Mehrheit und Opposition beruht, kraft dessen die Entscheidungsmechanismen des politischen Systems fast nie aus der Konfrontation zwischen verschiedenen Weltanschauungen entstehen und keine Brüche auf der gesellschaftlichen Ebene produzieren, sondern sich vielmehr auf die Suche nach freundschaftlichen Verständigungen und auf Kompromißlösungen zwischen den organisierten gesellschaftlichen Gruppen stützen, die von einer bestimmten Frage betroffen sind.[26] Die Suche nach einem Kompromiß

---

26 Zur Rolle des stillschweigenden Kompromisses zwischen der Mehrheit und der Opposition in der Dynamik der Schweizer Institutionen vgl. Arend Lijphart, *Consociational Democracy,* in: World Politics 21 (1969) 207–221, bes. 211 ff.; David Earle Bohn, *Consociational Democracy and the case of Switzerland,* in: The Journal of Politics 42 (1980)

betrifft vor allem die politischen Parteien, muß sich aber auch auf die Beziehungen zwischen Staat und religiösen Gruppen auswirken. Auf diese Weise entstanden Formen des konfessionellen Korporativismus, die (zumindest nach der Meinung der kantonalen Gesetzgeber) darauf gerichtet sind, den „religiösen Frieden" zu schützen und zu sichern, und gleichzeitig entstand ein substantieller Rückstau politischer Reformen betreffend die Beziehungen zwischen Kirchen und politischen Institutionen;
- daß nicht wenige Verfassungen der Kantone in den letzten Jahren geändert wurden und zwar immer unter dem Zeichen einer gewissen Unbeweglichkeit in kirchlichen Angelegenheiten (mit Ausnahme von Basel-Stadt);
- daß eine Politik der gegenseitigen Mauern zu einem neuen Volksbegehren für die vollständige Trennung von Staat und Kirche führen könnte, die eine Reihe von Problemen von unberechenbarer Tragweite mit sich brächte.

II) Eine Haltung des Dialogs mit den kantonalen Autoritäten. Diese meiner Meinung nach vorteilhaftere Lösung markiert den Übergang vom System der Kirchenhoheit – das gemäß einem neo-staatskirchlichen Modell, das auf dem Recht der öffentlichen Gewalten beruht, sich in die Verfassung der kirchlichen Organisation[27] einzumischen, die Freiheit der Religionsgemeinschaften, sich auf der Grundlage der eigenen Statuten[28] autonom zu leiten, bedeutenden Beschränkungen unterwirft – zu jenem der freiheitlichen Kooperation: einem System, das – gebührend beachtet – „unter Rücksicht auf die jeweiligen Autonomien ... eine wirksamere legislative Kohärenz und eine bessere Zusammenarbeit zwischen Staat und Kirche bei der Verwirklichung eines Systems der friedlichen Koexistenz begünstigt".[29]

Gewiß ist es für die Zusammenarbeit unerläßlich, Gesprächspartner, Personen, Kenntnisse und rechtliche Mittel zu finden.
- Was den ersten Aspekt betrifft (Gesprächspartner), kann ich zwar keine Lösungen vorschlagen; ich glaube nur, daß man die Falle der Instrumentalisierung durch jene politischen Parteien vermeiden muß, die das Christentum als Waffe gegen eine vermeintliche Überfremdung der Konföderation zücken,[30] und dann aber nachdrücklich die Rolle des religiösen Friedens be-

---

165–179; Conway W. Henderson, *Comments: Consociational Democracy and the case of Switzerland,* in: The Journal of Politics 43 (1981) 1232–1235.

27 Vgl. Giusep Nay, *Freie Kirche im freien Staat,* in: Kirche – Kultur – Kommunikation. Peter Henrici zum 70. Geburtstag, hrsg. von Urban Fink und René Zihlmann, Zürich 1988, 475 ff.; Markus Walser, *Pfarrei, Kirchgemeinde und Landeskirche in der Diözese Chur,* in: AfkKR 163 (1994) 423–440.

28 Vgl. Zorzi, *Le relazioni tra la Chiesa e lo Stato nel cantone Ticino* (Anm. 3), passim.

29 Libero Gerosa, *Gruppo di lavoro per un esame preliminare della revisione della LCE/1886,* pro manusripto, 2.

30 Dies ist auf die von der SVP vorgeschlagene Kirchenpolitik bezogen.
Stark vor allem in den ländlichen Gebieten der deutschsprachigen Kantone hat die SVP in 20 Jahren ihre Stimmen mehr als verdoppelt – dank der Unzufriedenheit im

tonen und versuchen, das Recht aller Kirchen auf Beteiligung an der Debatte über Probleme der öffentlichen Ordnung zu beschränken.[31] Ich glaube, daß die katholische Kirche um jeden Preis einer populistischen Kirchenpolitik mißtrauen muß, in der sich der positive Wert, der der christlichen Ethik und Tugendlehre vorbehalten wird, gerade einem vermeintlichen gesellschaftlichen Unwert der Mitwirkung der religiösen Hierarchien in der öffentlichen Sphäre entgegenstellt. Das Schweigen der Kirche in politischen Fragen kann auf keinen Fall gefordert werden, weder von einem rechtlichen Gesichtspunkt aus – da die Meinungsäußerungsfreiheit, die die Grundlage jedes demokratischen Staates und unentbehrlich für die volle Ausübung der Demokratie ist, nicht beschränkt werden darf wegen des vom Individuum bekannten Glaubens, wegen seiner persönlichen Umstände oder wegen möglicher religiöser Ämter, es sei denn es lägen ausdrückliche und gerechtfertigte gesetzliche Einschränkungen vor – noch von einem politischen Gesichtspunkt aus. Unter diesem letzten Aspekt ist daran zu erinnern, daß selbst Habermas – der die Meinung vertritt, daß sich der Staat in selbstbezüglicher Weise allein auf rechtliche Verfahren stützen kann und muß, die demokratisch erzeugt und durchgeführt werden, und daß die Autonomie der Verfassungsprinzipien und -kriterien dank der Vernunft und nicht dank

---

Volk über eine ziemlich komplexe wirtschaftliche Situation (Konkurs der Swissair, Finanzdefizit wegen der sehr umstrittenen Nationalausstellung, die Massenkündigungen in zahlreichen Sektoren, die finanziellen Schwierigkeiten in den Pensionsfonds, Skandale bei der Führung der Kantonalbanken) aber vor allem dank einer Reihe von Zielen, die von einem beträchtlichen Teil der öffentlichen Meinung vehement vertreten werden:

a) der absolute Widerstand gegen einen EU-Beitritt der Schweiz, der als Bedrohung der nationalen Identität, der Unabhängigkeit, der Neutralität und der direkten Demokratie angesehen wird;

b) die Senkung der direkten Steuern und der Sozialausgaben;

c) der Kampf gegen die Drogen und die Kriminalität nach dem Muster der Repression;

d) die Verringerung der Immigration besonders aus außereuropäischen Ländern, zusammen mit einer strengeren Asylpolitik;

e) die Verteidigung der westlichen christlichen Tradition und die Ablehnung der religiösen Forderungen der nicht-christlichen Minderheiten. (Vgl. SVP/UDC, *Piattaforma elettorale 2007–2011. La mia casa – la nostra Svizzera,* Bern o. J. [2007]).

Das Problem der Verteidigung der christlichen Tradition der Konföderation ist jedoch viel komplexer, als es auf den ersten Blick scheinen mag. Die SVP scheint überhaupt nicht die Absicht zu haben, die Schweiz zu rekonfessionalisieren oder den Kirchen, die auf dem Territorium traditionell verwurzelt sind, eine Rolle als Gesprächspartner der Politik zu geben; das Ziel der ersten Partei der Schweiz scheint vielmehr das zu sein, die Rolle des religiösen Friedens mit Nachdruck hervorzuheben – und das Recht aller Kirchen auf Teilnahme an der Debatte über öffentliche Angelegenheiten zu beschränken.

31 SVP/UDC, *Piattaforma elettorale 2007–2011. La mia casa – la nostra Svizzera,* ebd., 80.

der Glaubenswahl annehmbar werden – ausdrücklich ein Recht der Bürger, die sich in religiöser Sprache ausdrücken, einräumt, in der politischen Debatte von ihren laikalen Mitbürgern gehört zu werden. Diesen letzteren wird also nach Habermas nicht erlaubt, den rationalen Inhalt von Beiträgen in religiöser Sprache von vornherein abzulehnen, zumal in einer demokratischen Gesellschaft die Meinungs- und Willensbildung weder kanalisiert noch durch Sprachverbote ihrer möglichen Sinnstiftungsfähigkeit beraubt werden kann.

- Was den zweiten Aspekt betrifft (die Personen), glaube ich, daß es notwendig ist, eine katholische politische Klasse zu bilden, die fähig ist, auf die Erfordernisse der Kirche zu antworten, auch bezüglich der öffentlichen Dimension. Vielleicht wäre es aus pastoraler Sicht günstig, auf der Tatsache zu bestehen, daß die Mitarbeit der Laien am Leben der Kirche unter Berücksichtigung der verschiedenen Charismen und der freien Wahl des Lebensstandes auch in der öffentlichen Verwaltung ausgeübt werden kann und muß;
- Was die Kenntnisse betrifft, ist es undenkbar, mit jemandem in einen Dialog zu treten, ohne zu wissen, worüber man spricht und was die Ziele des Dialogs sind. Daher – und hier beziehe ich mich auf das Referat von Peter Henrici – glaube ich, daß es notwendig ist, in die Ausbildung von gläubigen Laien zu investieren, die sich sowohl unter dem Aspekt des Kirchenrechts als auch unter jenem des Staatskirchenrechts für das Leben der Kirche interessieren. Warum zum Beispiel nicht eine kostenlose Datenbank mit allen kantonalen Gesetzen in kirchlichen Angelegenheiten schaffen, die in alle Nationalsprachen übersetzt und mit der Rechtsprechung versehen werden? Und warum nicht an Auffrischungskurse in kanonischem Recht denken, die zu Hause oder auf kantonaler Ebene organsiert werden?
- Was den Aspekt der rechtlichen Instrumente betrifft, ist es nicht notwendig, ans Konkordat zu denken. Hier kann uns das tessinische Recht helfen.

3. Das tessinische Modell

Das gegenwärtige tessinische Staatskirchenrecht geht aus zwei Umständen hervor, die für das Leben des Kantons von grundlegender Bedeutung sind: die auch nominelle Schaffung der Diözese Lugano nach ihrer Abtrennung von der Diözese Basel (1971) und das Ende des Konfessionsprinzips, das in Art. 1 der Kantonalverfassung (1975) festgesetzt ist.

Das erste der beiden erwähnten Ereignisse hat rein symbolischen Wert: Mons. Martinoli wird als derjenige in Erinnerung bleiben, der am 22. März 1971 den Titel des ersten Bischofs von Lugano angenommen hat auf der Grundlage des Abkommens zwischen dem Heiligen Stuhl und dem Schweizerischen Bundesrat über die Abtrennung der Apostolischen Administratur des Tessins vom Bistum Basel vom 24. Juli 1969 (das Abkommen wurde am 26. Februar 1971 ratifiziert);[32] dennoch muß daran erinnert werden, daß der Apostolische Administrator des Tessins *de facto* schon die volle und ganze Jurisdiktion über die Ge-

---

32 Abkommen vom 24. Juli 1968 zwischen dem Schweizerischen Bundesrate und dem Heiligen Stuhl über die Abtrennung der Apostolischen Administration des Tessins vom Bistum Basel und ihrer Umwandlung in ein Bistum.

Der Schweizerische Bundesrat, in seinem eigenen Namen und im Namen des Kantons Tessin, und der Heilige Stuhl, vom Wunsche geleitet, die Frage der Abtrennung der Apostolischen Administration des Tessins vom Bistum Basel zu regeln, haben beschlossen, ein Abkommen abzuschließen, zu welchem Zwecke sie zu ihren Bevollmächtigten ernannt haben:

Der Heilige Stuhl:
Seine Exzellenz Msgr. Ambrogio Marchioni
Titaularerzbischof von Severiana
Apostolischer Nuntius in der Schweiz
Der Schweizerische Bundesrat:
Botschafter Pierre Micheli
Generalsekretär des Eidgenössischen Politischen Departements

die, nachdem sie sich ihre Vollmachten mitgeteilt und in gehöriger Form befunden haben, folgendes vereinbart haben:

Art. 1

[1] Die Hohen Vertragsparteien vereinbaren, den im Übereinkommen vom 1. September 1884 zwischen dem Schweizerischen Bundesrat und dem Heiligen Stuhl betreffend die kirchlichen Verhältnisse im Kanton Tessin verankerte Status der Apostolischen Administration des Tessins zu beenden. In gleicher Weise vereinbaren sie, die in der Übereinkunft vom 16. März 1888 zwischen der Schweiz und dem Heiligen Stuhl betreffend die endgültige Regelung der kirchlichen Verhältnisse des Kantons Tessin festgelegte kanonische Verbindung der Kathedralkirche zum heiligen Laurentius in Lugano mit dem Bistum Basel zu beenden.

[2] Die Hohen Vertragsparteien vereinbaren zu diesem Zwecke, die beiden Kirchsprengel von Basel und des Tessins zu trennen. Der Ordinarius des letzteren wird den Titel Bischof des Bistums Lugano führen.

[3] Der Bischof von Lugano wird vom Heiligen Stuhl ernannt und aus der Zahl der dem Kanton Tessin angehörenden Priester gewählt.

[4] Die Kirche zum heiligen Laurentius in Lugano bleibt Kathedralkirche des Gebietes des Kantons Tessin.

biete der ehemaligen Vogteien besaß, ohne daß der Bischof von Basel diese Macht *de facto* in irgendeiner Weise hätte beschränken können.

Viel folgenreicher war das zweite Ereignis: der formelle Verzicht auf den Konfessionalismus seitens der Tessiner Republik – vollzogen durch die Approbation des neuen Textes des Art. 1 der Kantonalverfassung durch das Volk[33] – brachte das Ende der symbolischen Ehrerbietung für die Mehrheitsreligion des Landes, aber auch die endgültige Niederlage jener Theorien, die als Ergänzung zu Art. 1 in seiner ursprünglichen Fassung die Pflicht herausgearbeitet haben, den Inhalt des staatlichen Rechts mit den Canones der römisch-katholischen Kirche in Einklang zu bringen.

Durch die Änderung des Art. 1 der Tessiner Verfassung durch ausdrückliche Abrogation des staatlichen Konfessionalismus sind offiziell zwei Prinzipien in das Grundgesetz eingegangen, die bis heute unausgesprochen blieben: das Prinzip des Schutzes des religiösen und kulturellen Pluralismus und das Prinzip der Unerzwingbarkeit des Gewissens; darüber hinaus verpflichtete die besagte Norm in ihrer novellierten Fassung die öffentlichen Gewalten, nicht die eigenen theologischen Richtwerte der katholischen Religion sondern des allge-

---

Art. 2

[1] Der Bischof von Lugano hat die volle und uneingeschränkte Freiheit, seine geistliche und bischöfliche Gewalt im ganzen Gebiet des Kantons Tessin auszuüben.

[2] Für die Beziehungen der Katholischen Kirche zum Kanton Tessin bleibt die Vereinbarung vom 23. September 1884 zwischen dem Kanton Tessin und dem Heiligen Stuhl betreffend die Apostolische Administration im Kanton Tessin maßgebend.

[3] Der Kanton Tessin und der Bischof von Lugano sind befugt, die finanziellen Bestimmungen des Artikels 4 der Vereinbarung vom 23. September 1884 im gegenseitigen Einvernehmen zu ändern.

Art. 3

Mit dem Inkrafttreten dieses Abkommens werden aufgehoben:

das Übereinkommen vom 1. September 1884 zwischen dem Schweizerischen Bundesrat und dem Heiligen Stuhl betreffend die kirchlichen Verhältnisse im Kanton Tessin;

die Übereinkunft vom 16. März 1888 zwischen der Schweiz und dem Heiligen Stuhl betreffend die endgültige Regelung der kirchlichen Verhältnisse des Kantons Tessin.

Art. 4

Dieses Abkommen soll ratifiziert und die Ratifikationsurkunden sollen so bald wie möglich in Bern ausgetauscht werden. Es tritt mit dem Austausch der Ratifikationsurkunden in Kraft.

Zu Urkund dessen haben die Bevollmächtigten dieses Abkommen unterzeichnet.

Geschehen zu Bern, am 24. Juli 1968, in zwei Originalausfertigungen in französischer Sprache.

Unterzeichnung: 24. Juli 1968; Ratifizierung: 26. Februar 1971.

33 Der neue Text des Art. 1 bestimmt: „Die Gewissens- und Kultusfreiheit sind gewährleistet. Die apostolische römisch-katholische Kirche und die evangelisch-reformierte Kirchen besitzen öffentlich-rechtliche Persönlichkeit und organisieren sich frei. Das Gesetz kann die öffentlich-rechtliche Persönlichkeit auch andern Religionsgemeinschaften zugestehen."

meinen gesellschaftlichen Gewissens, das in einem bestimmten geschichtlichen Moment gegeben ist, heranzuziehen.[34]

Der Verzicht auf den Konfessionalismus brachte daher eine Neubestimmung der Begriffe der „Unabhängigkeit“ und der „Volkssouveränität“[35] mit sich: In seiner neuen Formulierung nahm der Art. 1 des Grundgesetzes der katholischen Kirche jede direkte und unmittelbare Einflußmacht auf die zeitlichen Dinge und trennte die Ordnung der zivilen Fragen von der Ordnung der religiösen Fragen.[36] Die oben erwähnten Prinzipien gehören zu den Pfeilern, die auch die geltende Verfassung von 1997 bestimmen, die endgültig und voll-

---

34 Ausführlich zu diesem Thema, Alberto Lepori, *L'articolo primo della Costituzione ticinese,* in: ders., Libera Chiesa in Stato laico, Bellinzona 1996, 21 ff.

35 Wie eine maßgebende italienische Lehrmeinung bemerkt (vgl. Enrico Vitali, *„Legislatio libertatis" e prospettazioni sociologiche nella recente dottrina ecclesiasticistica,* in: Dir. eccl. 1 [1980] 24 ff. bes. 39), bringt der Verzicht auf den Konfessionalismus eine Abgrenzung der rechtlichen Sphäre mit sich, innerhalb derer Interessen, Prinzipien und Werte liegen, die für wesentlich und unaufgebbar gehalten werden und die der Staat schützen soll abgesehen von einer Intervention oder Widerstand von Seiten der Kirche. Die Begriffe „Unabhängigkeit“ und „Souveränität“ des Staates werden in dem Sinne neu definiert, daß der Gesetzgeber den Erlaß einer normativen Vorschrift nicht auf die Grundlage stützen kann, daß es notwendig ist, die Beachtung der Prinzipien und Dogmen einer bestimmten Konfession zu sichern. Daraus folgt, daß die Prinzipien der „Unabhängigkeit“ und „Souveränität sich als unaufgebbare Schranke gegenüber Forderungen der Religionsgemeinschaften darstellen, und daß diese Forderungen kein Hindernis für die freie Ausübung der zivilen Rechte und der unaufgebbaren Solidaritätspflichten schaffen können“, weil „die Anerkennung der Existenz eines Kompetenzbereichs, der den religiösen Rechtsordnungen exklusiv gehört, den Staat verpflichtet, diese Bereiche zu schützen und sich von Einflußnahmen fernzuhalten; eine Pflicht, die aus Gründen der Reziprozität, auch die Religionsgemeinschaften bindet, sich nicht in die Ordnung des Staates einzumischen“; so Valerio Tozzi, *Patti e diversità di fini fra Stato e confessioni religiose,* in Quaderni di diritto e politica ecclesiastica (1987) 175.
Die Frage wurde auch vom Kassationshof wieder aufgenommen I. sez. pen., sent. 21 maggio 2003, n. 22516, in www.olir.it/documenti, dem zufolge „die Beifügung des Prinzips der Unabhängigkeit und Souveränität des italienischen Staates in der eigenen Rechtsordnung (Art. 7 Abs. 1 der Verfassung) unter der Bedingung der Reziprozität mit der katholischen Kirche darin besteht, daß dort, wo eine hoheitliche Staatsgewalt vorliegt, jede Souveränität und Unabhängigkeit der Kirche ausgeschlossen ist, der andererseits die absolute Autonomie bei der Ausübung ihres Dienstes zuerkannt wird, wo auch immer er sich entfaltet“.

36 Zum Prinzip der Trennung der Ordnungen, soweit es die italienische Literatur betrifft, vgl. Francesco Onida, *Considerazioni preliminari sulla distinzione degli ordini spirituale e temporale, e sui riflessi nell ordinamento canonico del mutamento del sistema di relazioni tra Chiesa e Stato,* in Studi urb. 1 (1978) 35 ff.; Valerio Tozzi, *La cooperazione, per mezzo di accordi fra Stato e confessioni religiose ed i principi di specialità ed uguaglianza,* in: Il Diritto ecclesiastico I (1990) 122 ff., 129 und Giuseppe Casuscelli – Sara Domaniello, Art. *Intese con le confessioni religiose diverse dalla cattolica,* in: Digesto delle discipline

ständig bekräftigt hat, daß das Tessin eine pluralistische und akonfessionelle Demokratie ist.[37]

---

pubblicistiche, vol. VIII, Torino 1993, 518 ff., die die Unterscheidung der Ordnungen mit dem Prinzip der Laizität verbinden, durch das der Staat gehalten ist, die volle Unabhängigkeit von den Geboten jeglichen religiösen Glaubens zu beanspruchen. Nach diesen Autoren dürfen und können sich daher die rechtlichen Wertungen, die sich in der Ordnung des Staates verwirklichen, in keiner Weise von jenen abhängig machen lassen, die dagegen die Ordnung der Kirchen betreffen.

37 Die Novelle des Art. 1 der Verfassung legte also den Übergang vom Staatskonfessionalismus zum religiösen Pluralismus fest: dieser Übergang wurde dann vom Bundesgericht weiter gefestigt, das die Anrufung „Im Namen des Herrn", die, wie wir erwähnten, vom geltenden Notariatsgesetz bei der Eröffnung öffentlicher Akten verpflichtend vorgesehen war, für teilweise verfassungswidrig erklärte und damit *de facto* einen der bedeutsamsten „Überreste des Konfessionalismus", die in der tessinischen Rechtsordnung vorhanden waren, auslöschte.
In Wahrheit hat die kantonale Gerichtsbarkeit bereits in den vorausgehenden Jahrzehnten mit Klarheit bekräftigt, daß die Weglassung der Präambel bei öffentlichen Akten die Gültigkeit derselben nicht beeinträchtigt: Es handelte sich nämlich um eine symbolische Formel, deren Rechtsnatur nur ordnungshalber, aber nicht verpflichtend ist. Trotz dieser konsolidierten Rechtsprechungslinie hat das Notariatsgesetz von 1983 in Art. 42 bekräftigt, daß die öffentliche Akte mit den Worten „im Namen des Herrn" beginnen muß; in der Folge hat der Disziplinarrat einem Notar eine Disziplinarstrafe auferlegt (Entscheidung vom 22. September 1985), der die vorgenannte Anrufung ausgelassen hatte: nach dem genannten Disziplinarrat hätte der Notar nämlich „von der eigenen religiösen Überzeugung absehen und die Vorschrift auf den Buchstaben anwenden müssen".
Der bestrafte Notar erhob Rekurs ans Bundesgericht, das mit Urteil vom 2. Mai 1986 die Entscheidung des Disziplinarrats aufhob. Das Bundesgericht bekräftigte, daß die Verpflichtung der Präambel „Im Namen des Herrn" auch als reine Ordnungsvorschrift im Widerspruch zu Art. 49 Abs. 2 der Bundesverfassung von 1874 steht und mit der unverletzlichen Glaubens- und Gewissensfreiheit jedes Bürgers unvereinbar ist. Im zitierten Urteil wird nämlich festgehalten, daß der Staat nicht zu einem Verhalten oder zu einer Erklärung verpflichten darf, die einen bestimmten Glauben ausdrücken. Nach der Ansicht der höchsten Versammlung entzieht das Recht auf Religionsfreiheit, das in der Bundesverfassung proklamiert wird, die Sphäre des Gewissens jeglichem staatlichem Zwang; diese Garantie hat absoluten Charakter und schließt die Durchsetzung eines Verhaltens aus, das einen religiösen Charakter kundtut.

Der Artikel 1 des geltenden Grundgesetzes, mit dem der erste Titel beginnt, der dem Wesen und dem Ziel des Kantons gewidmet ist, macht überhaupt keine Andeutung mehr hinsichtlich Religion und legt stattdessen fest, daß der Kanton Tessin eine demokratische Republik mit italienischer Kultur und Sprache ist. Im zweiten Absatz des Art. 1 wird präzisiert, daß das Tessin ein Stand der Schweizerischen Eidgenossenschaft ist und seine Souveränität allein durch die Bundesverfassung eingeschränkt wird.

Wie im Bericht der Kommission für die Revision der Verfassung unterstrichen wird, will das neue Grundgesetz aus der katholischen Religion keine Staatsreligion und aus dem Kantonalstaat keinen konfessionellen Staat machen, sondern möchte nur die gesellschaftliche Bedeutung der Religion und der katholischen Kirche unterstreichen, indem sie der letzteren eine angemessene rechtliche Anerkennung anbietet, ohne damit die Prinzipien der Freiheit des Gewissens und der Religion angreifen zu wollen.[38]

Wenn die neue Verfassung daher einerseits das Prinzip der Gewissens- und Glaubensfreiheit im Inneren in den Katalog der Grundrechte des Menschen eingefügt und sie dabei von jedem Bezug auf Religionsgemeinschaften gelöst wurde und somit ihren absoluten Charakter signalisiert hat (Art. 8), so legt sie andererseits die Anerkennung der katholischen Kirche im vierten Kapitel der Verfassung betreffend die gesellschaftlichen Organisationen fest. Damit wollte die verfassunggebende Versammlung zumindest unserer Ansicht nach erneut die historische Bedeutung und die gesellschaftliche Funktion der katholischen Kirche und der evangelischen Kirche hervorheben. Diese Konfessionen, die traditionell auf dem Territorium der ehemaligen italienischen Vogteien präsent sind, werden im Katalog der verschiedenen gesellschaftlichen Organisationen aufgezählt, denen der Staat den privilegierten Status von Körperschaften des

---

Nach dem Bundesgericht impliziert die Einfügung „Im Namen des Herrn" einen regelrechten religiösen Bezug, der das Tun des Notars in eine klare Ordnung der christlichen Werte stellt: aus diesem Grund muß die Verhängung von Disziplinarmaßnahmen gegen einen Notar, der die Anrufung des Herrn ausläßt, indem er sich der eigenen Glaubens- und Gewissensfreiheit bedient, als Widerspruch zur Glaubens- und Gewissensfreiheit betrachtet werden, die es nicht nur erlaubt, den eigenen Glauben frei auszuüben, sondern auch den eigenen Agnostizismus auszudrücken, ohne Verurteilungen zu befürchten.

Das Bundesgericht fügte jedoch hinzu, daß nicht alle Normen, die religiöse Bezüge bei den Notariatsakten vorsehen, als verfassungswidrig betrachtet werden müssen. Nach dem Schweizer Höchstgericht kann eine Norm, die die Möglichkeit eines derartigen Bezugs vorsieht, nicht als der Glaubens- und Gewissensfreiheit entgegengesetzt betrachtet werden: die Parteien und der Notar müssen frei und einvernehmlich entscheiden können, ob sie der Akte eine Anrufung des Herrn oder eine andere Präambel konfessioneller Art beifügen.

38 Vgl. Alberto Lepori, *Perché regolare nella Costituzione i rapporti tra Stato e Chiese,* in: Costituzione in cammino. Aspetti del progetto di revisione totale della Costituzione ticinese, hrsg. von Mauro dell'Ambrogio, Antonio Gili, Remigio Ratti, Bellinzona 1989, 145 ff.

öffentlichen Rechts zuerkennt aufgrund einer tatsächlichen, historischen und aktualisierten (d.h. nicht einer theoretischen, immanenten und unveränderlichen) Bewertung der gesellschaftlichen Rolle, die diese Kirchen (wie die anderen anerkannten Organisationen und mit den Besonderheiten und Differenzen, die sie unterscheiden) heute im konkreten unbestreitbar bekleiden.

Es ist völlig klar, daß sich die verfassunggebende Versammlung das Verhält nis zwischen Art. 8 und Art. 24 als grundlegenden Übergang vorstellen wollte, der darauf gerichtet ist, die politische Konfrontation von einem ideologischen Bruch zu befreien, der in der Vergangenheit eine bestimmende und oft negative Rolle für das friedliche Zusammenleben im Kanton spielte.[39] Der Grund für die Anerkennung der öffentlichen Rechtspersönlichkeit der katholischen und evangelischen Kirche beruht nicht auf einer ideologischen Entscheidung zur Wiederherstellung des Konfessionalismus, sondern auf der Bedeutung, die die besagten gesellschaftlichen Gruppen im Leben der Gemeinschaft einnehmen; auch und vor allem in diesen Kirchen entstehen und entfalten sich die intersubjektiven Beziehungen zwischen den Bürgern, werden politische Orientierungen festgelegt und bilden sich affektive, soziale, wirtschaftliche und spirituelle Beziehungen, aus denen das soziale Gewebe des Staates lebt und sich zusammensetzt.[40]

Der Verfassungsrahmen, der sich aus der Verbindung der Art. 8 und 24 ergibt, scheint daher die öffentlichen Gewalten im Tessin dazu zu verpflichten, einen offenen religiösen Pluralismus zu schaffen, der auf die Verwirklichung einer authentischen und nicht feindlichen Laizität ausgerichtet ist; einer Laizität, die mit sich bringt

- die absolute Unmöglichkeit für die öffentlichen Gewalten, den Lehrinhalt, die Riten, Zeremonien, Funktionen und alle gottesdienstlichen Ausdrucksformen der Religionen im Tessin zu überprüfen; die Republik und der Kanton Tessin können keine souveräne Gewalt über die spirituelle Ordnung ausüben, selbst wenn sie Beschränkungen und Kontrollen über die Organisation von Einrichtungen mit religiöser Zielsetzung auf ihrem Territorium einsetzen würden. Daraus ergibt sich, daß die öffentlichen Gewalten von jeder Begünstigung, Propaganda oder Rüge der Werte einer bestimmten religiösen Lehre Abstand nehmen müssen.[41]
- die Zuerkennung der Vollmacht an alle Kirchen, sich eine eigene normative Ordnung zu geben und sich zur Erreichung ihrer besonderen Ziele durch organisatorisches Wirken eine Struktur zu geben. Die Laizität bedeutet hingegen keine absolute Pflicht des Staates, sich jeder Einmischung in die *inter-*

39 Vgl. Enrico Morresi, *Creare un clima di consenso,* in: La legislazione civile-ecclesiastica nel Ticino. Atti della Giornata di studio organizzata dal Centro culturale L'Incontro a Mendrisio, il 9 gennaio 1999, Mendrisio 1999, 14.

40 Vgl. Eugenio Corecco, *I rapporti tra Stato e Chiesa nel Canton Ticino,* in: Costituzione in cammino (Anm. 38), bes. 166 f.

41 Vgl. den ersten *Rapporto della commissione per lo studio della revisione totale della Costituzione cantonale,* Agno o. J. [1986], 101 ff.

na corporis der Religionsgemeinschaften zu enthalten: Die Vollmacht der Kirchen, die den Status der öffentlichen Rechtspersönlichkeit besitzen, sich selbst zu leiten, ist in der Tat von staatlichen Normen begrenzt, die als Folge der Unaufhebbarkeit einiger grundlegender Verfassungsprinzipien wie z. B. des demokratischen Prinzips Spezialvorschriften vorsehen können, um direkt und unmittelbar auf deren Organisation Einfluß zu nehmen.[42] Der Staat besitzt also die Kompetenz, ein System von Vorschriften über die Organisation vorzubereiten, die dazu bestimmt sind, die Leitung der katholischen und der evangelischen Kirche zu regeln und die damit das Prinzip der Unabhängigkeit derselben von der staatlichen Rechtsordnung teilweise außer Kraft setzen.[43]

- die entschiedene Abschwächung des privilegierten Status der katholischen Kirche (auf welche die vorhergehende Gesetzgebung im wesentlichen ausgerichtet war) durch die Versagung jeder Vorherrschaft derselben in bezug auf die religiösen Interessen, die im Kanton bestehen, und durch die entschiedene Verneinung der Rolle der Unterlegenheit, mit der die Kirchenpolitik der Regierung und die Verwaltungspraxis in der früheren Rechtslage die nichtkatholischen Religionen behandelt hatte.[44]
- die Zuerkennung des vollen Genusses der verfassungsmäßig garantierten Rechte an alle Kirchen. Wie jedoch bereits deutlich gemacht wurde, verbietet die Laizität der Republik und des Kantons Tessin nicht, daß die Religionsgemeinschaften, die mit öffentlich-rechtlicher Persönlichkeit ausgestattet sind, einer teilweise anderen Ordnung unterstellt werden als die übrigen Kirchen, die auf dem Territorium präsent sind. Man muß feststellen, daß weder Art. 24 noch Art. 8 der Verfassung dem Gesetzgeber die Möglichkeit verwehren, Normen zu Gunsten der katholischen und der evangelischen Kirche zu erlassen; daher verlangen Art. 6 Abs. 2 und Art. 7 Abs. 1 der Verfassung, daß die Promulgation einer begünstigenden Norm darauf ausgerichtet sein muß, spezifische Erfordernisse der genannten Religionsgemeinschaften wirksam zu erfüllen, und daß eventuelle Unterschiede in der rechtlichen Behandlung, die für die Kirchen mit öffentlich-rechtlichem Status vorgesehen sind, nicht von solcher Art sind, daß sie unbegründete Diskriminierungen zwischen den Einwohnern schaffen.

Auf diesen verfassungsrechtlichen Grundlagen wurde die Gesetzgebung von 2002 über die katholische Kirche aufgebaut. Es handelt sich um ein Gesetz, das sich ähnlich wie die *Legge sulla Chiesa evangelica riformata nel Cantone Ticino* (LCEvR) von 1997 auf der Linie bewegt, die Achtung der Identität der Kirche von Rom und die Wertschätzung ihrer institutionellen Besonderheiten zu garantieren. Die *Legge sulla Chiesa cattolica* (LCCatt) entstand in der Perspektive je-

---

42 Vgl. Giampiero Gianella, *Il contributo del cantone alla riforma,* in: La legislazione civile-ecclesiastica nel Ticino (Anm. 39), 19.

43 Vgl. Gerosa, *Politica senza religione?* (Anm. 24), 89 f.

44 Vgl. den zweiten *Rapporto della commissione per lo studio della revisione totale della Costituzione cantonale,* Agno 1997, 31 f.

nes „offenen Pluralismus“,[45] der an der Basis der westlichen Demokratien steht; in diesem Zusammenhang scheint es ihr zu gelingen, in voller und zufriedenstellender Form „die größtmögliche Religionsfreiheit des Menschen in ihrem negativen Aspekt als Freiheit vor Einflußnahmen des Staates auf religiösem Gebiet“[46] zu garantieren, indem sie sich als Schutzinstrument für die Freiheit der Kirche und ihrer Gläubigen darstellt.

Die Kirche wird in ihren Rechtsbeziehungen mit dem Staat von einem unilateralen kantonalen Gesetz geregelt, das nach einer langen und gründlichen Abstimmung mit den kirchlichen Autoritäten im Tessin promulgiert wurde: dieses Gesetz läßt der katholischen Kirche eine weite Freiheit, sich autonom zu organisieren, verzichtet aber nicht darauf, eine Reihe von Rechtsinstituten zu regeln, um die unmittelbare Beteiligung der katholischen Gläubigen am institutionellen Leben ihrer Religionsgemeinschaft sicherzustellen. Nämlich

I. die Rechtsinstitute, die vom Tessiner Staatskirchenrecht vorgesehen sind und die zumindest theoretisch in der Lage sind, die Organisationsfreiheit der katholischen Kirche zu beschränken, sind die Pfarrgemeinde und ihre Organe, aus denen sie sich zusammensetzt: keine Beschränkung ist vorgesehen für die freie Organisation und Verwaltung der Diözese. Das bringt mit sich, daß der Bischof von Lugano bei der Ausübung seiner Gesetzgebungsgewalt über die Tessiner Gläubigen völlig frei ist und nur den Schranken des Codex des kanonischen Rechts unterliegt.

II. Die pfarrlichen Organe, die die aktive Beteiligung der Gläubigen am Leben der Kirche schützen sollen, haben streng administrative Aufgaben (Pfarrrat, Finanzausschuß), nehmen mit dem Bischof an den Entscheidungsprozessen teil, die mit der Auswahl der Leitung der Gemeinschaft verbunden sind (Versammlung, die durch Volksabstimmung entscheidet), oder führen eine Reihe von Tätigkeiten zur Regelung des inneren Lebens der Pfarrei durch (z. B. erläßt die Versammlung in öffentlicher Sitzung die Pfarrordnung; sie approbiert den Haushaltsplan und die Abschlußrechnung und legt gegebenenfalls den Bedarf für die Entnahme der Kultussteuer fest; sie genehmigt die Investitionsausgaben; sie beschließt über die Veräußerungen, die Tauschverträge, die Erbbaurechte und die Gebrauchsänderungen der pfarrlichen Güter; sie entscheidet über die Änderungen oder Renovierungen der Gottesdienststätten und der zugehörigen Ausstattung; sie ermächtigt den Pfarrrat, Prozesse zu führen und einen Rechtsstreit durch Vergleich beizulegen, den Schiedsrichtern zu übergeben oder die Klage zurückzuziehen; und sie ermächtigt den Pfarrrat, Darlehen oder andere Obligationen zu Lasten der pfarrlichen Güter aufzunehmen; sie

---

45 Vgl. Giuseppe Casuscelli, *Concordati, intese e pluralismo confessionale,* Milano 1974, 151 ff.

46 Casuscelli – Domianello, Art. *Intese con le confessioni religiose* (Anm. 36), 532.

ernennt die Finanzkommission), ohne sich zu „Kirchenparlamenten“ zu erheben, die die Gewalt des Bischofs mit einer falsch verstandenen demokratischen Sicht der Legislativgewalt im kirchlichen Bereich ersetzen würden.

III. Die Wahl des Pfarrers wird mit einer *fictio iuris* gelöst. Die Tatsache, daß der Art. 10 LCCatt vorsieht, daß der Pfarrer von der Pfarrversammlung auf Vorschlag des *Ordinarius* (das Gesetz verwendet den Ausdruck „die Designation des Pfarrers steht dem Ordinarius zu“) durch Volksabstimmung ernannt wird (vgl. Art. 14 lit. b), löst sich einfach in der Festlegung des Sonderrechts der Präsentation, die vom Staat zu Gunsten der einzelnen Pfarrgemeinden garantiert wird, die in der Versammlung repräsentiert sind: ein Recht, das mit der Notwendigkeit untermauert wird, daß die Ernennung des Ordinarius von seiten des *coetus fidelium* geteilt wird. Wie in der abrogierten Regelung der *Legge sulla libertà della Chiesa cattolica e sull'amministrazione dei beni ecclesiastici* (L.C.E.) von 1886 ist das Volk weiterhin frei, eine Präferenz über den Kandidaten, der für das Amt vorzuschlagen ist, zu äußern, während der Bischof als Hirte seines *laos* die Macht hat, der demokratischen Wahl durch die Gläubigen die Zustimmung zu verweigern, indem er den vom Volk gewünschten Kandidaten für ungeeignet erklärt. Die Art. 10 und 14 lit. b) der LCCatt formalisieren also die Gewohnheit, die sich seit einiger Zeit im Tessin gebildet hat, soweit sie die Ernennung des Pfarrers betrifft: eine Gewohnheit, kraft derer dem Verfahren zur Ernennung des Pfarrers im Allgemeinen einen informelle Verständigung zwischen Ordinarius und Pfarrei vorausgeht. Daher ist es kraft der neuen Regelung in Wirklichkeit der Bischof, der die Person für das Pfarreramt durch einen unilateralen Ermessensakt öffentlich-rechtlichen Charakters ernennt; der Volksentscheid, der zwar notwendige Bedingung dafür ist, daß die vom Ordinarius ernannte Person ihr *munus* gültig annehmen kann, hat nur die Funktion, einen Akt, der vom Ordinarius selbst rechtmäßig, wenn auch nur provisorisch, gesetzt wurde, durch zustimmendes Votum zu untermauern. Wieder einmal wird der demokratische Geist, der die Beteiligung der Schweizer Laien am kirchlichen Leben kennzeichnet, durch die kirchliche Hierarchie „kanalisiert“ und in gewisser Weise „kontrolliert“: Die im Ernennungsverfahren des Pfarrers verbleibende Demokratisierung hat nicht die Funktion eines „Bruchs“ des Verhältnisses *populus ducens – populus ductus,* sondern wird zu einer aktiven Beteiligung des gesamten Volkes Gottes, das in der Pfarrgemeinde wohnt, an einem komplexen Amtsverleihungsverfahren, das letztlich im Ordinarius den zentralen und notwendigen Bezugspunkt hat. Kennzeichnend für diese *fictio iuris* ist auch die Art und Weise, wie die LCCatt die Problematik bezüglich der vakanten Pfarrämter angeht: Art. 11 sieht nämlich vor, daß im Falle der Vakanz eines Pfarreramtes allein dem Ordinarius die Aufgabe zukommt, jemanden zu ernennen, der sich vorübergehend um die Pfarrei kümmert (in der Vorgängerregelung wurde diese Person „Spiritualökonom“ genannt, während sie jetzt „Pfarradministrator“ heißt). Es ist völlig klar, daß dort, wo die Versammlung und der *Ordinarius* kein Einvernehmen finden, die Pfarrei weiterhin von einer Person geleitet wird, die allein vom Bischof bestimmt wird.

Weit davon entfernt, eine Rechtsvorschrift ohne Mängel zu schaffen, gelingt es dem tessinischen Gesetz vom 16. Dezember 2002 über die katholische Kirche doch, die Freiheit der Kirche mit der demokratischen Tradition der Länder der ehemaligen italienischen Vogteien zu verbinden und anscheinend auch das öffentliche und institutionelle Profil der katholischen Kirche in der Tessiner Republik zu regeln, indem es sowohl deren institutionelle Besonderheit als auch ihre historische Bedeutung und ihren gesellschaftlichen Wert respektiert. Die Tatsache, daß auch im Inneren der katholischen Kirche, wie erwähnt, intersubjektive Beziehungen zwischen den Bürgern entstehen und sich entfalten, daß politische Orientierungen festgelegt werden und sich affektive, soziale, wirtschaftliche und spirituelle Beziehungen bilden, aus denen das soziale Gewebe des Staates lebt und sich zusammensetzt, rechtfertigt und legitimiert die Einflußnahme der öffentlichen Gewalten: eine Einflußnahme, die sich darauf richtet, die wechselseitigen Rechte und Pflichten zwischen den kantonalen und kirchlichen Autoritäten zu regeln, das Funktionieren der kirchlichen Autoritäten unter Berücksichtigung des demokratischen Prinzips sowie der transparenten Ressourcenverwaltung sicherzustellen und die Beachtung der Grundrechte der Gläubigen im Inneren der Institution Kirche zu garantieren.

In zwei Fragen ist es innerhalb der LCCatt 2002 jedoch noch nicht gelungen, eine organische und aktuellere Regelung zu finden, die geeignet ist, die Grundprinzipien des Tessiner Grundgesetzes zu respektieren: die Frage der öffentlichen Finanzierung der katholischen Kirche und jene des katholischen Religionsunterrichts in den Schulen. Diese Fragen zu lösen ist die Herausforderung, die jene annehmen müssen, die sich in den nächsten Jahren mit dem Staatskirchenrecht und der Kirchenpolitik in der Republik und im Kanton Tessin beschäftigen werden.

Wenn wir jedoch vom *ius condendum* zum *ius conditum* zurückkehren, glaube ich, ist es notwendig einzuräumen, daß die rechtlich-politischen Prinzipien, auf denen das Verhältnis zwischen Staat und Kirche im Tessin beruhen, bewerkstelligen, daß die tessinische Republik – wie im ersten Kapitel der vorliegenden Arbeit angedeutet – sich als ein „Labor“ anbietet, aus dem die „Formel“ hervorgehen könnte, die in der Lage ist, den verschiedenen Kirchenordnungen der Kantone in diesem Morgengrauen des 21. Jahrhunderts eine Orientierung zu geben. Das tessinische Staatskirchenrecht bietet sich in der Tat als rechtliches Subsystem an, das auf jenem Trinom beruht, das die postmoderne Ordnung der Beziehungen zwischen Staat und Kirche auf die Spur der Wertschätzung der Glaubenserfahrungen, des Respekts der menschlichen Würde und des Schutzes der Religionsfreiheit sowie der gleichen Freiheit aller Kirchen zurückführen soll: ein „demoreligiöses Trinom“ basierend auf den Begriffen Laizisierung der Laizität – religiöser Pluralismus – freiheitliche Kooperation, das – wie wir schon vorweggenommen haben – den ausgewogenen Gebrauch religiöser Sprache im öffentlichen Leben vollends möglich macht und es schafft, die Werte des demokratischen Pluralismus in einer nicht konfliktträchtigen Beziehung zwischen den numinosen Glaubensrichtungen und der öffentlichen Sphäre zu fördern.

Sich des doppelten Lernprozesses bewußt, der sowohl die Tradition der Aufklärung als auch die Tradition der religiösen Lehre verpflichtet, die jeweiligen eigenen Grenzen[47] zu reflektieren, gelingt es dem tessinischen Staatskirchenrecht, zur Geltung zu bringen:

- sowohl eine „offene“ Konzeption der Laizität, die einerseits dazu bestimmt ist zu verhindern, daß die Religionsgemeinschaften die Zwangsgewalt des Staates einfordern können, um die Beachtung der eigenen Vorschriften zu verlangen oder jene zum Gehorsam gegenüber der eigenen Autorität anzuleiten, die ihr nicht frei angehören, und andererseits um das Recht auf Wertschätzung der religiösen Besonderheiten zu garantieren in einem Rahmen der Freiheit und Gleichheit sowie des Nichtdiskriminierungsprinzips, in einem System des Dialogs und der Kooperation zwischen Staat und Religionsgemeinschaften, das die Befriedigung der religiösen Interessen letzterer unter Berücksichtigung der Freiheiten, Grundrechte und unaufhebbaren Pflichten erlaubt,
- als auch eine einzigartige und maßvolle Interaktion zwischen der Freiheit der (Selbst-)Organisation der Kirchen und der Notwendigkeit, begrenzte Formen der assoziativen Demokratie innerhalb der kirchlichen Institutionen zu fördern, die mit öffentlich-rechtlicher Persönlichkeit ausgestattet sind – und das ist in der Schweiz wahrscheinlich ein Einzelfall.

---

47 So Jürgen Habermas, in: Jürgen Habermas – Joseph Ratzinger, *Etica, religione e stato liberale,* in: Humanitas 2 (2004) 240.

Wie können Konflikte im Arbeitsrecht vermieden oder gelöst werden?

Andreas Hubler

1. Teil: Ausgangslage[1]

1.1. Konflikte als Normalfall im Leben

Wo Personen zusammen leben und arbeiten, treffen positive und negative Empfindungen aufeinander. Meinungsverschiedenheiten und gegensätzliche Interessen können zu Spannungen, diese wiederum zu Konflikten führen.

Arbeitsrechtliche Konflikte sind in jedem Arbeitsverhältnis zwischen der Arbeitgeberin und den Arbeitnehmenden oder unter den Arbeitnehmenden möglich. Rechtliche Regelungen und Verfahrensregeln leisten zwar einen wichtigen Beitrag zu einer positiven Konfliktkultur, sie bilden aber keine Garantie, um das Entstehen von Konflikten zu verhindern.

Da sich die Anstellung der Mitarbeitenden der Katholischen Kirche nicht im rechtsfreien Raum bewegt, können Konflikte grundsätzlich immer vor ein staatliches Gericht gezogen werden. Dies ist nicht nur in der Schweiz, sondern in allen Ländern der Fall, unabhängig von der jeweiligen kirchlichen Ordnung.

1.2. Ungelöste Konflikte schädigen Menschen und jede Organisation

Konflikte werden oft verdrängt und übergangen, so lange wie dies von den Betroffenen ausgehalten wird. Persönliche Verletzungen, ein vergiftetes Arbeitsklima, Resignation und Mobbing[2] führen nicht selten zu einer Eskalation des Konfliktes.

Unsere Kirche versteht sich als eine geschwisterliche Gemeinschaft. Die Mitarbeiterinnen und Mitarbeiter üben in der Regel seelsorgerische oder „helfende" Tätigkeiten aus. Dies führt nicht nur zu einem besonderen Anspruch gegenüber der Institution Kirche, sondern auch gegenüber den in der Kirche Täti-

---

1 Grundlage des ersten Teils des Referates bildet die Informationsbroschüre der katholischen Kirche im Kanton Zürich *Konfliktbewältigung in den Kirchgemeinden und den Pfarreien,* Zürich [3]2006. Siehe auch hinten Kapitel 4.5.

2 Eine allgemein anerkannte Definition des Begriffs Mobbing gibt es nicht. Streiff/von Kaenel bezeichnet es als die systematische, über eine längere Zeit andauernde und ohne begründeten Anlaß erfolgte Ausgrenzung eines Gruppenmitgliedes (z. B. durch schikanöses Verhalten) durch die eigene Gruppe oder einzelne von deren Mitgliedern (Ullin Streiff – Adrian von Kaenel, *Arbeitsvertrag. Praxiskommentar zu Art. 319–362 OR,* Zürich [6]2006, Note 17 zu Art. 328 OR).

gen. Angesichts dieser Besonderheiten wirken Spannungen und liebloses Verhalten noch befremdlicher als in anderen Organisationen.

Daher scheinen Konflikte das öffentliche Selbstverständnis der Kirche und das der Beteiligten zu verletzen.

1.3. Förderung der Konfliktfähigkeit

Im beruflichen Umfeld sollten alle Mitarbeiterinnen und Mitarbeiter konfliktfähig sein. Speziell verlangt wird diese Eigenschaft bei Führungskräften. Die persönliche Konfliktfähigkeit kann entwickelt werden. Die Konfliktfähigkeit wird gefördert, wenn:

- die ersten Symptome für Spannungen und Konflikte möglichst früh wahrgenommenen werden
- die Mechanismen der Konflikteskalation bewußt sind (dazu unten Kapitel 2.1)
- die Mittel und Wege bekannt sind, welche Standpunkte und Situationen klären helfen
- die Grenzen des eigenen Könnens bekannt sind und rechtzeitig externe Hilfe beigezogen wird.

2. Teil: Konflikte und deren Lösung

Ohne den Anspruch auf Vollständigkeit erheben zu wollen – und zu können –, soll in der Folge aufgezeigt werden, wie arbeitsrechtliche Konflikte entstehen, wie sie eskalieren und wie sie gelöst werden können.

2.1. Das Stufenmodell der Konflikteskalation

Der Salzburger Konfliktberater Friedrich Glasl hat ein Modell erarbeitet, in welchem er in neun Stufen die Eskalation von Konflikten darstellt.[3]

---

3 Friedrich Glasl, *Selbsthilfe in Konflikten*, Bern ^{5}2008, 96 ff.

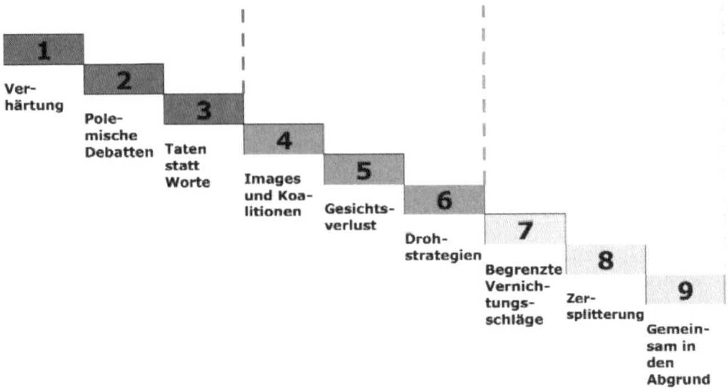

Stufe 1: Verhärtung

In einer ersten Stufe prallen die verhärteten Standpunkte der Beteiligten gelegentlich aufeinander. Die zunehmenden „Ausrutscher" wirken verkrampfend. Da der Gedanke der Kooperation stärker ist als das Konkurrenzdenken, besteht noch Hoffnung, daß durch Gespräche eine Lösung erzielt werden kann.

Stufe 2: Polemische Debatten

In der zweiten Stufe vermehren sich die Streitpunkte. Es werden „Schwarz-Weiß"-Positionen bezogen und Verbündete gesucht. Die Sprache wird kämpferisch, das Kooperieren und Rivalisieren wechseln sich ab.

Stufe 3: Taten statt Worte

In der dritten Stufe tritt das Schaffen von vollendeten Tatsachen an die Stelle von Gesprächen. Das Mißtrauen gegenüber der anderen Person wirkt blockierend, die Rollen verfestigen sich (insbesondere das subjektive Empfinden bezüglich der Täter- und der Opferrolle). Die Konkurrenz ist stärker als die Kooperation.

Stufe 4: Images und Koalitionen

In der nächsten Stufe wird versucht, mit Gerüchten und Klischees den guten Ruf (Image) der „Gegenseite" zu beschädigen. Die negativen Rollen werden zementiert und die eigenen Anhänger „mobilisiert". Es kommt regelmäßig zu verdeckten Sticheleien und Provokationen.

Stufe 5: Gesichtsangriff und Gesichtsverlust

Die Schwelle zur fünften Stufe ist dramatisch. Sie wird dann überschritten, wenn eine Konfliktpartei meint, sie habe nun die wahren, destruktiven Absichten der Gegenseite erkannt. Die Auseinandersetzung wird radikal. Es kommt zu öffentlichen, direkten und persönlichen Angriffen. Die Gegenseite soll moralisch bloßgestellt werden.

Stufe 6: Drohstrategien

Kann immer noch kein Weg aus dem Konflikt gefunden werden, eskaliert er in besonderer Härte weiter. Damit eine Forderung durchgesetzt werden kann, wird eine folgenschwere Bestrafung angedroht. Drohungen werden in der Regel mit Gegendrohungen beantwortet. Beide Seiten bringen sich in Handlungszwang und verlieren die Initiative. Keine Partei kann mehr zurück, ohne ihre Glaubwürdigkeit zu verlieren.

Stufe 7: Begrenzte Vernichtungsschläge

Im nächsten Schritt der Eskalation werden die Drohungen in Taten umgesetzt. Die Konfliktparteien nehmen in Kauf, daß sie nichts mehr gewinnen können. Entscheidend ist, daß der Schaden auf der anderen Seite größer ist als der eigene. List und Lüge werden zur „Tugend", die zentralen moralischen Werte schließlich in ihr Gegenteil verkehrt.

Stufe 8: Zersplitterung des Feindes

Hat sich der Schaden auf Stufe 7 noch einigermaßen in Grenzen gehalten, so geht es nach dem Überschreiten der nächsten Stufe nun wie besessen ums Ganze, der Gegner soll zugrunde gerichtet werden, materiell und/oder psychisch oder geistig.

Stufe 9: Gemeinsam in den Abgrund

In der letzten Stufe gehen die Konfliktparteien – oder mindestens eine von ihnen – hemmungslos bis zum Äußersten. Sie scheuen kein Mittel mehr. Wenn diese Schwelle überschritten wird, meinen die Betroffenen, sogar im eigenen Untergang einen Triumph zu erleben, wenn die Gegenseite mit in den Abgrund gerissen wird.

2.2. *Was tun bei Konflikten?*

Die Beschreibung dieses Eskalationsmodells könnte den Eindruck erwecken, daß wir als Menschen wehrlos übermächtigen Kräften ausgeliefert sind, die uns unweigerlich von Stufe zu Stufe in den Abgrund ziehen. Dem ist aber nicht so. Die Beteiligten können grundsätzlich bei jeder Stufe zur Besinnung kommen und dem Konflikt ein Ende setzen,[4] sei es durch Selbsterkenntnis (in der Praxis eher selten) oder durch die Intervention Dritter.

Je früher in einem Konflikt interveniert wird, desto eher ist eine Vermittlung möglich. Vorgesetzte sind in ihrem Zuständigkeitsbereich sogar zur Intervention verpflichtet. Je nach Eskalationsstufe sind unterschiedliche Interventionen angebracht.

In den Eskalationsstufen 1–3 soll das direkte Gespräch zwischen den Konfliktparteien gefördert werden. Dazu bedarf es einer Moderation. Aufgabe des Moderierens ist es,

- das Vorgehen für alle Beteiligten transparent zu machen
- die gegensätzlichen Standpunkte auszuarbeiten
- die Interessen aller Beteiligten ernst zu nehmen
- darauf zu achten, daß die Diskussion sachlich und lösungsorientiert geführt wird.

In den Eskalationsstufen 4-6 muß die gemeinsame Gesprächsbasis vorerst durch eine intervenierende, neutrale Person gut vorbereitet werden. Sie wird mit den Parteien getrennt reden, um Vertrauen in die Intervention aufzubauen. Dabei gilt es, folgende Punkte zu beachten:

- gleich viele Kontakte zu beiden Parteien
- inhaltlich nicht Stellung beziehen
- wenn notwendig, den Kreis der Beteiligten reduzieren
- Streitpunkte und dazugehörende Positionen klar herausarbeiten
- eine klare Struktur für ein allfälliges gemeinsames Gespräch der Konfliktparteien vorgeben (Themen, Ablauf, Zeit)
- bei einem gemeinsamen Gespräch die vorher beschriebenen Aufgaben der Moderation wahrnehmen.

In den Eskalationsstufen 7–9 ist eine gemeinsame Beratung kaum mehr möglich. In dieser Situation ist es wichtig, den entstandenen oder befürchteten Schaden zu begrenzen. Manchmal können noch Kompromisse erarbeitet werden.

Unter Wahrung des Verhältnismäßigkeitsprinzips können bei Arbeitskonflikten je nach Situation folgende Lösungen angemessen sein:

- Änderung oder Einschränkung der Arbeits- und Einflußbereiche
- räumliche Trennung oder Trennung der Aufgabenbereiche
- Koexistenz mit Waffenstillstand (in der Praxis eher problematisch, da kein „Friede“ geschlossen wird)

---

4 Glasl, 119.

- weitere Anweisungen der vorgesetzten Stelle oder der Arbeitgeberin an die Konfliktparteien
- Trennung im gegenseitigen Einvernehmen oder mittels Kündigung.

Im schlimmsten Fall braucht es Gerichtsverfahren und Machteingriffe (z. B. bei schwerem Mobbing oder Fällen von sexuellen Übergriffen).

3. Teil: Vermeidung von arbeitsrechtlichen Konflikten in der Kirche

3.1. Anforderungen an die Mitarbeitenden

Vieles belastet die Mitarbeiterinnen und Mitarbeiter der Kirche, seien es die Einflüsse der gesellschaftlichen Veränderungen auf die kirchliche Arbeit oder der Personalmangel. Immer wieder wird Veränderung und Anpassung gefordert.

Um den Anforderungen an ihre Aufgaben gerecht zu werden, ist es heute mehr denn je unerläßlich, daß die Mitarbeitenden der katholischen Kirche für ihre spezifischen Aufgaben bestens qualifiziert sind und sich darin permanent fortbilden. Überforderung ist eine der Ursachen von Konflikten. Führungskräfte müssen auf ihre Führungsaufgaben, insbesondere auch die Personalführungsaufgabe sorgfältig vorbereitet und geschult werden. In diesem Sinne müssen Personen, welche die Aufgabe der Leitung einer Pfarrei übernehmen, in den meisten Bistümern der Schweiz auf Geheiß ihres Bischofs den obligatorischen Kurs Gemeindeleitung absolvieren.

3.2. Zusammenarbeit zwischen kirchlichen und staatskirchlichen Instanzen

An der Anstellung von kirchlichen Mitarbeitenden sind in den meisten Kantonen der Schweiz sowohl kirchliche als auch staatskirchenrechtliche Instanzen beteiligt. Der Bischof oder in seinem Zuständigkeitsbereich der Pfarrer beauftragt zum kirchlichen Dienst. Die formelle Anstellung der zum kirchlichen Dienst in einer Pfarrei beauftragten Personen erfolgt durch die Kirchenpflege der Kirchgemeinde. Die Kirchenpflege hat Mitwirkungsrechte. Das kann schon bei der Auswahl der Personen sein oder auch bei der Pfarrwahl.

Rechtlich gesehen entsteht lediglich zwischen der kirchlichen Mitarbeiterin oder dem kirchlichen Mitarbeiter und der Kirchgemeinde ein Arbeitsverhältnis mit allen Rechten und Pflichten, nicht aber zwischen dem kirchlichen Mitarbeiter und dem Diözesanbischof. Die Vorteile dieser Regelung bestehen insbesondere darin, daß die Finanzierung der Stellen vollumfänglich durch die Kirchgemeinden gewährleistet wird und gegen den Diözesanbischof bei Verfehlungen der kirchlichen Mitarbeitenden grundsätzlich keine zivilrechtlichen Haftungsansprüche geltend gemacht werden können (entsprechende Haftungsfälle wie in den Vereinigten Staaten wären dank dieses Systems in der Schweiz so nicht möglich).

Auch bei einer Demission von Mitarbeitenden mit einer *Missio canonica* müssen zunächst die kirchlichen Vorgaben eingehalten werden. Erst in einem zweiten Schritt gelangen anschließend die staatskirchenrechtlichen Vorgaben des Personalrechtes zur Anwendung (z. B. Formelle Kündigung, Kündigungsfristen).

In der überwiegenden Mehrheit der Fälle verläuft die Zusammenarbeit zwischen den kirchlichen und den staatskirchenrechtlichen Instanzen problemlos und es werden einvernehmliche Lösungen getroffen, mit denen sich alle Beteiligten einverstanden erklären können.

Zu Problemen kann es jedoch kommen, wenn ein kirchlicher Mitarbeitender oder eine Mitarbeiterin mit *Missio canonica* mit dem Personalentscheid einer der beiden Instanzen nicht einverstanden ist und darin von der anderen Instanz unterstützt wird.Vereinzelt gab es auch schon Fälle, in welchen die Kirchenpflege das Arbeitsverhältnis mit einem Priester auflösen, dieser aber seine Arbeit fortsetzen wollte und dabei vom zuständigen Bischof unterstützt wurde.

Solche Konflikte belasten die betroffenen Kirchgemeinden und Pfarreien und schaden auch den direkt betroffenen Personen. Insbesondere für diese Fälle braucht es Konfliktlösungsmechanismen, mit denen sich die beteiligten Instanzen vorgängig einverstanden erklärt haben und welche die kirchenrechtlichen und die staatskirchenrechtlichen Vorgaben beachten.

Die Kommission für Staatskirchenrecht und Religionsrecht der Römisch-katholischen Zentralkonferenz der Schweiz hat im Juni 2008 ein Grundsatzpapier zu diesem Thema verfaßt, aus welchem in den folgenden Kapiteln einige Empfehlungen für die Vermeidung von Konflikten erläutert werden.[5]

3.3. *Frühzeitige Information und Dialog*

Schwierige Personalentscheide sind in der Regel das Resultat von längeren Entwicklungen. Sie lassen sich am ehesten einvernehmlich lösen, wo der Dialog zwischen kirchlichen und staatskirchenrechtlichen Instanzen institutionalisiert ist und ein Klima gegenseitigen Vertrauens und Respekts besteht.Wenn sich Schwierigkeiten abzeichnen, soll die gegenseitige Information frühzeitig erfolgen und das Gespräch zwischen allen Beteiligten gesucht werden.

Zeigt sich, daß die Konflikte auf der Ebene der direkt Beteiligten nicht bereinigt werden können, ist sowohl von seiten der kirchlichen als auch der staatskirchenrechtlichen Seite die nächsthöhere Ebene einzubeziehen. In solchen Fäl-

---

5 *Grundsatzüberlegungen und praktische Empfehlungen der Kommission für Staatskirchenrecht und Religionsrecht der Römisch-katholischen Zentralkonferenz der Schweiz bei schwierigen Personalentscheiden,* Zürich 2008 (Zit. *Grundsatzüberlegungen),* 2 ff.

len ist den Verfahrensfragen von Anfang an besondere Aufmerksamkeit zu schenken.

Externe Fachpersonen tragen beratend oder mit einer Mediation zur Lösungssuche bei.

3.4. Beachtung der rechtlichen Vorgaben …

Jeder Personalentscheid hat eine rechtliche Dimension. Bei der Anstellung von kirchlichen Mitarbeitenden müssen die staatlichen Vorgaben, bei Mitarbeitenden in Verkündigungsfunktionen zusätzlich die kirchenrechtlichen Vorgaben beachtet werden. Zu berücksichtigen sind ferner die spezifischen Regelungen, die für die Arbeitsverhältnisse der staatskirchenrechtlichen Körperschaften gelten (z. B. Pfarrwahlrechte, kantonalkirchliche Anstellungsordnungen oder die Rechtsfolgen öffentlich-rechtlicher Anstellungen).

Zu den rechtlichen Vorgaben gehört auch, daß die jeweiligen Zuständigkeiten der kirchlichen und der staatskirchenrechtlichen Instanzen gewahrt und die Rechte der Betroffenen respektiert werden.

Da Personalentscheidungen für kirchliche Mitarbeitende mit bischöflicher Beauftragung regelmäßig von kirchlichen als auch von staatskirchenrechtlichen Instanzen zu fällen sind, die zwar voneinander abhängig sind, aber je eigenverantwortlich getroffen werden müssen, braucht es – insbesondere auch im staatskirchenrechtlichen Bereich – klar und präzis formulierte Regelungen, die klären, wie diese Entscheidungen aufeinander abgestimmt werden und vor allem, wie mit Situationen umzugehen ist, bei denen die andere Instanz zu einer anderen Auffassung gelangt. Sind solche Abläufe innerhalb des dualen Systems korrekt geklärt, werden sie auch von den staatlichen Gerichten respektiert.[6]

Im Zusammenhang mit der Beachtung der rechtlichen Vorgaben bei personalrechtlichen Entscheiden empfiehlt es sich, Alleingänge oder „Schnellschüsse" zu vermeiden und frühzeitig von den kirchlichen oder staatskirchenrechtlichen Beratungsangeboten Gebrauch zu machen.

3.5. … insbesondere der Grund- und Menschenrechte

Die Grund- und die Menschenrechte bilden das Fundament jedes freiheitlichen und demokratischen Rechtsstaates. Sie sind auch tief im christlichen Menschenbild verankert.

Es entspricht daher dem Selbstverständnis sowohl der kirchlichen als auch der staatskirchenrechtlichen Instanzen, daß die Rechte ihrer Mitarbeitenden sorgfältig geschützt werden, und zwar unabhängig davon, ob es sich um öf-

6 *Grundsatzüberlegungen*, 4.

fentlich-rechtliche oder um privatrechtliche Anstellungsverhältnisse handelt. Die der Kirche damit gesetzten Grenzen sollten sie in dem Maße nicht stören, als die Verwirklichung der Menschenrechte ihr selber ein großes Anliegen ist.

Für Personalentscheidungen, welche wie ein Entzug der *Missio canonica* einschneidende Folgen für die betroffene Person haben, braucht die katholische Kirche Verfahrensregeln, die den erwähnten grundrechtlichen Anforderungen genügen und insbesondere Rekursmöglichkeiten vorsehen, welche eine Neubeurteilung eines Entscheides ermöglichen. Solche Regelungen müssen auch gewährleisten, daß in den konkreten Fällen in angemessener Weise gegenüber staatskirchenrechtlichen bzw. staatlichen oder gerichtlichen Instanzen dokumentiert wird, wie die kirchlichen Instanzen vorgegangen sind und wie sie ihre Entscheidungen begründen.

In den Kantonen, in welchen die katholische Kirche öffentlich-rechtlich anerkannt ist, müssen bei einer Kündigung des Arbeitsverhältnisses sachliche Kündigungsgründe vorliegen[7] und der von der Kündigung betroffenen Person vorgängig das rechtliche Gehör gewährt werden.[8] Die Einhaltung dieser zwingenden Verfahrensvorschriften bildet eine wesentliche Grundlage dafür, damit die Kündigung eines Arbeitsverhältnisses der Beurteilung durch ein staatliches Gericht standhält.

Im Zusammenhang mit der Beachtung der Verfahrensregeln bei personalrechtlichen Entscheiden empfiehlt es sich, Alleingänge oder „Schnellschüsse“ zu vermeiden und von den kirchlichen oder staatskirchlichen Beratungsangeboten Gebrauch zu machen. Die Wiederholung dieser Aussage ist durchaus beabsichtigt.

4. Teil: Konfliktprävention und Konfliktlösung der Katholischen Kirche im Kanton Zürich

Im Interesse einer positiven Konfliktkultur hat die katholische Kirche im Kanton Zürich im Verlaufe der letzten Jahre verschiedene Maßnahmen umgesetzt, die einerseits präventiv Konflikte vermeiden oder aber einen Beitrag zur Bewältigung von Konflikten leisten.

---

7 Bei öffentlich-rechtlichen Anstellungsverhältnissen muß eine Kündigung objektiv gerechtfertigt und verhältnismäßig sein. Liegt kein zureichender Grund für eine Kündigung vor, ist sie in der Regel auch willkürlich (BGE 131 I 6 E. 4.2, zitiert in RRB 3505/1996, 45 *Personalgesetz des Kantons Zürich* vom 22. Mai 1996).

8 Der Anspruch auf die Gewährung des rechtlichen Gehörs stützt sich auf Art. 29 Abs. 2 BV sowie auf Art. 6 EMRK.

4.1. Anstellungsordnung vom 26. März 2007

Bei der im vergangenen Jahr verabschiedeten Totalrevision der Anstellungsordnung wurde darauf geachtet, daß die Regelungen klar und präzise formuliert wurden und sie auf das kirchliche Recht abgestimmt sind. Insbesondere wurde Wert darauf gelegt, daß die jeweiligen Zuständigkeiten der kirchlichen und der staatskirchenrechtlichen Instanzen gewahrt bleiben. Sowohl in der Kommission, welche die Vorlage erarbeitete, als auch in den einzelnen Arbeitsgruppen war der Generalvikar vertreten. Zusätzlich wurden die spezifischen Bestimmungen für Priester, Diakone und die weiteren Verkündigungsfunktionen (Pastoralassistentinnen und Pastoralassistenten, Religionspädagoginnen und Religionspädagogen, Katechetinnen und Katecheten) dem diözesanen Bischofsrat vorgelegt.

Als praktische Arbeitshilfe hat die Zentralkommission ein Personalhandbuch zur Anstellungsordnung herausgegeben. Es enthält nebst den maßgebenden Gesetzes- und Vollzugserlassen zahlreiche praktische Anwendungshilfen (Muster, Checklisten, Erläuterungen etc.).[9]

Im Zusammenhang mit der neuen Anstellungsordnung wurde auch das Verfahren bei der Auflösung des Arbeitsverhältnisses auf Betreiben des Bischofs (Entzug der *Missio canonica)* oder der Konfliktlösungsmechanismus bei einer Kündigung des Arbeitsverhältnisses auf Betreiben der Anstellungsbehörde, geregelt. In den berufsbezogenen Bestimmungen für Priester und Diakone heißt es dazu:

> „Die Abberufung von Priestern und Diakonen richtet sich nach der kirchlichen Ordnung. Der sachlich begründete Entzug der bischöflichen Ernennung hat, sofern diese für die Anstellung erforderlich ist und vor dem Entzug eine Anhörung durch den Bischof stattgefunden hat (rechtliches Gehör), zwingend die Kündigung des Arbeitsverhältnisses zur Folge".[10]
>
> „Wünscht die Kirchenpflege einem Priester, der nicht gewählter Pfarrer ist, oder einem Diakon zu kündigen, so bittet sie nach vorgängiger Rücksprache mit dem Pfarrer oder dem Pfarradministrator und dem Generalvikar den Diözesanbischof, seine Ernennung zurückzuziehen und ersucht ihn um eine schriftliche Stellungnahme. Unterbleibt die Stellungnahme oder kommt keine Einvernehmlichkeit zu Stande, kann die Anstellungsbehörde unter Beachtung von § 16 Abs. 3 der Anstellungsordnung (Bestimmungen betreffend die mißbräuchliche Kündigung) auch ohne Einverständnis der kirchlichen Stelle die Kündigung aussprechen. Dabei ist eine Kündigungsfrist von mindestens 3 Monaten einzuhalten".[11]

---

9 Sämtliche Dokumente des *Personalhandbuches* sind online unter www.zh.kath/personal abrufbar.

10 *Berufsbezogene Bestimmungen Priester und Diakone,* Ziffer 5, Absatz 5.

11 *Berufsbezogene Bestimmungen Priester und Diakone,* Ziffer 5, Absatz 4.

4.2. Fachberatung in Personalfragen

Im Interesse einer optimalen Beratung und Unterstützung arbeiten im Bereich Personal der Röm.-kath. Zentralkommission eine Juristin, ein Jurist und ein Personalassistent, welche in Fragen des Personalrechts und des Sozialversicherungsrechts spezialisiert sind. Sie beraten kirchliche und staatskirchenrechtliche Instanzen sowie Angestellte unentgeltlich. Die Beratungstätigkeit ist insofern sehr wichtig, als in den staatskirchenrechtlichen Gremien aufgrund des Milizsystems regelmäßig nebenamtliche Laien tätig sind, welche in Personalfragen auf die Unterstützung durch Fachpersonen angewiesen sind.

Dank der örtlichen Nähe mit dem Generalvikariat (die Büros des Generalvikariates und des Ressorts Personal Zentralkommission befinden sich im selben Gebäude und auf derselben Etage) können der Generalvikar und seine Mitarbeitenden das professionelle Unterstützungsangebot jederzeit abholen – und der Generalvikar und seine Mitarbeitenden machen davon regen Gebrauch.

4.3. Personalombudsstelle

Im Interesse eines konstruktiven Umganges mit Konflikten in Kirchgemeinden und Pfarreien sowie des Findens von fairen Lösungsansätzen schuf die Röm.-kath. Körperschaft im Jahre 2001 eine Personalombudsstelle. Sie ist eine neutrale und unabhängige Beratungs- und Vermittlungsstelle, die allen kirchlichen und staatskirchenrechtlichen Instanzen sowie allen Mitarbeiterinnen und Mitarbeitern der katholischen Kirche im Kanton Zürich kostenlos zur Verfügung steht.

Die Personalombudsstelle kann bei Beanstandungen und Konflikten im Zusammenhang mit dem Arbeitsverhältnis angerufen werden. Sie vermittelt zwischen den Konfliktparteien. Die Ombudspersonen (ein Theologe und eine Rechtsanwältin) geben Empfehlungen zur Beilegung eines Konfliktes ab. Sie besitzen aber keine Entscheidungs- und Weisungsbefugnisse.

Die Personalombudsstelle ist eine wertvolle Einrichtung zur Lösung von Konflikten.

4.4. Kirchliche Stelle für Gemeindeberatung und Supervision

Im Jahre 2004 hat das Generalvikariat eine Kirchliche Stelle für Gemeindeberatung und Supervision eingerichtet. Die Stelle ist mit einem Theologen besetzt, der eine Zusatzausbildung als Supervisor absolviert hat. Er unterstützt die Pfarreien auf deren Wunsch oder auf Geheiß des Generalvikars bei Konflikten im Bereich der Teambildung, wenn Leitung oder Führung nicht oder unangemessen wahrgenommen werden, oder wenn Strukturen verändert werden sollen (bei der Umsetzung von Seelsorgeräumen und Pastoralplänen).

4.5. *Broschüre Konfliktbewältigung*

Vor sechs Jahren haben die Zentralkommission und der Generalvikar eine Broschüre zum Thema Konfliktbewältigung herausgegeben.[12] Damit bezogen sie unmißverständlich Stellung gegen das Verneinen von Konflikten, aber auch gegen Mobbing, sexuelle Belästigung und sexuelle Ausbeutung.

Aufgrund des großen Interesses ist in der Zwischenzeit bereits die dritte Auflage der Broschüre erschienen. Vielleicht kann diese Tagung zum Anlaß genommen werden, daß die Bischofskonferenz und die Römisch-katholische Zentralkonferenz ihrerseits schon bald gemeinsam eine entsprechende Informationsbroschüre für die katholische Kirche in der Schweiz erarbeiten.

4.6. *Personalförderung*

Im Rahmen der Personalförderung erhalten die Mitarbeitenden jährlich eine umfangreiche Broschüre für die persönliche Fortbildung.[13] Schwerpunkte der Kursangebote bilden die Themen Pastoral, Personalführung und Management. Sie werden in der Regel durch die Zentralkommission finanziert oder mitfinanziert. Im zweiten Teil der Broschüre finden sich nützliche Hinweise zur Personalförderung, beispielsweise Empfehlungen für die Fortbildung oder den Einsatz von Supervision sowie Hinweise und Adressen von Beratungsstellen.

5. Teil: Abschliessende Überlegungen

In jedem Arbeitsverhältnis können Konflikte entstehen. Trotzdem oder gerade deshalb muß Wert darauf gelegt werden, daß im kirchlichen Berufsalltag ein förderlicher und fairer Umgang gepflegt wird. Der zwischenmenschliche Umgang soll geprägt sein von Wohlwollen und Vertrauen.

Um arbeitsrechtliche Konflikte zu vermeiden oder damit konstruktiv umgehen zu können, bedarf es einer koordinierten, durchdachten und verbindlich vereinbarten Strategie. Dazu gehören einerseits Maßnahmen zur Vermeidung von Konflikten sowie andererseits Maßnahmen zur Verhinderung einer Eskalation und zur Lösung der Konflikte.

Als Maßnahmen zur Vermeidung von Konflikten gelten:

- präzise staatskirchenrechtliche Anstellungsregelungen, die auf das kirchliche Recht abgestimmt sind
- die Beachtung dieser rechtlichen Vorgaben

---

12 Die Broschüre *Konfliktbewältigung* ist online abrufbar unter www.zh.kath.ch/personal.

13 Die *Personalförderungsbroschüre* ist online abrufbar unter www.zh.kath.ch/personal.

- die Gewährleistung einer ausreichenden fachlichen Qualifikation der Mitarbeitenden, insbesondere der Personen mit Personalführungsaufgaben
- die Vertrautheit mit der Doppelstruktur von kirchlichen und staatskirchenrechtlichen Strukturen
- ein umfassendes Beratungs- und Unterstützungsangebot durch qualifizierte, mit den kirchlichen Gegebenheiten vertraute Fachpersonen.

Als Maßnahmen zur Verhinderung einer Eskalation sowie zur Lösung der Konflikte dienen:

- stufengerechte Interventionen durch die vorgesetzten Stellen (Konflikte dürfen nicht verdrängt werden)
- die Beachtung der rechtlichen Vorgaben
- das Hinzuziehen von externen Fachpersonen (z. B. Mediator, Mediatorin)
- evtl. die Schaffung von spezialisierten, mit den kirchlichen Verhältnissen vertrauten Fachstellen (z. B. Personalombudsstellen).

„Das Recht, ein staatliches Gericht anzurufen, bleibt letztlich immer bestehen; dessen Überprüfungsbefugnis ist jedoch beschränkter, je besser der kirchliche Rechtsschutz ausgebaut ist. Eine Kultur der Einvernehmlichkeit und des sorgfältigen Umgangs mit schwierigen Personalentscheidungen trägt dazu bei, daß Konfliktfälle als Ausnahmeerscheinungen wahrgenommen und behandelt werden, ohne daß deshalb gleich das System als solches in Frage gestellt wird". [14]

Der Bereich Personal der Zentralkommission ist als Fachstelle der katholischen Kirche im Kanton Zürich auf die Vertretung der Interessen der katholischen Kirche verpflichtet. Als Fachstelle berät sie die kirchlichen und die staatskirchenrechtlichen Gremien in personalrechtlichen Fragen und in Fragen des Sozialversicherungsrechts. Sie ist dafür besorgt, daß die Entscheide der kirchlichen und der staatskirchenrechtlichen Gremien im Rahmen des bestehenden Rechtssystems umgesetzt werden können.

Ziel der Katholischen Kirche im Kanton Zürich ist es, eine vorbildliche Arbeitgeberin zu sein. Dazu bietet die Zentralkommission professionelle Unterstützung an. Sie will helfen, daß Konflikte möglichst vermieden oder aber im Interesse der Betroffenen, aber auch im Interesse der Kirche und ihres Ansehens gelöst werden.

---

14 Zitate aus *Grundsatzüberlegungen*, 7.

„Kirchenaustritt": Austritt aus der Kirche oder lediglich Austritt aus einer öffentlich-rechtlichen Körperschaft?

Libero Gerosa

Der sogenannte „Kirchenaustritt" ist typisch für das Staatskirchenrecht einiger europäischer Länder wie Österreich und Deutschland und einiger Kantone der Schweiz. Vor allem in den letzten Jahrzehnten ist dieses Institut in ständiger Entwicklung begriffen, wie ja auch das Staatskirchenrecht dieser Länder sich stets weiter fortentwickelt. Heute ist ihr *Staatskirchenrecht* (das sich vor allem im 17.–19. Jahrhundert entwickelt hat) nicht mehr bloß der Teil des öffentlichen Rechts, der die christlichen Kirchen betrifft, sondern es wird immer mehr – nicht nur auf begrifflicher Ebene! – ein eigentliches, wahres *Religionsrecht,*[1] das heißt ein öffentliches und privates staatliches Recht in bezug auf die Religionen, das offenbar dem großen Religionspluralismus, der die heutige europäische zivile Gesellschaft charakterisiert, Rechnung trägt.

Um für die nicht wenigen Probleme, die sich im Falle des besonderen Rechtsinstituts des „Kirchenaustritts" stellen, gerechte und auch in der Schweiz gültige Lösungen erarbeiten zu können, ist deshalb dieser neue hermeneutische Kontext zu bedenken, der im Licht der Lehre des Konzils nicht als ein Hindernis anzusehen ist, sondern als ein „Zeichen der Zeit", dank dem die Kirche ihre Sendung im „Dienst des Wohles aller" (vgl. GS 42) frei entfalten kann.

I. Das Rechtsinstitut des „Kirchenaustritts" im Licht der neuen statistischen Daten und der neuesten Gerichtsurteile

1. *Die letzten Entwicklungen im Verständnis des „Kirchenaustritts" und in der ihn betreffenden Rechtsprechung*

Nach den vom Sekretariat der Deutschen Bischofskonferenz im Januar 2008 veröffentlichten statistischen Daten von 2006 in bezug auf die katholische Kirche in Deutschland[2] gibt es drei Ursachen der Gesamtverminderung (2,9 Millio-

1 Diese neue Terminologie setzt sich nun nicht nur in Deutschland und Österreich, sondern auch in Frankreich, Portugal und Griechenland durch und beginnt folglich, die Staat-Kirche-Beziehungen sämtlicher Länder der Europäischen Gemeinschaft zu beeinflussen; vgl. Francis Messner, *La „reconnaissance" des religions en Europe. L´exemple des mécanismes d´accès aux statuts et aux régimes des cultes,* in: RDC 54 (2004) 15–47, hier: 20.

2 Vgl. Sekretariat der Deutschen Bischofskonferenz, *Katholische Kirche in Deutschland. Statistische Daten 2006,* Bonn 2008 (Arbeitshilfen 221), 7–10. Zu den statistischen Daten von 2004 und einem Kommentar dazu vgl. René Löffler, *Ungestraft aus der Kirche austreten? Der staatliche Kirchenaustritt in kanonischer Sicht,* Würzburg 2007, 19–47.

nen) der Zahl der katholischen Gläubigen gegenüber 1990: erstens den Rückgang der Geburten und der Taufen (533 000 weniger), sodann die Auswanderungen (ca. 107 000 Wegzüge) und schließlich die beträchtliche Zunahme der „Kirchenaustritte" (von 1990 an bis heute insgesamt ungefähr 1 927 000, mit einem Minimum von 69 000 im Jahr 2006 und einem Maximum von ungefähr 100 000 jährlich in der Periode 1973–1975!). Heute machen die 25,7 Millionen Katholiken etwas weniger als ein Drittel der deutschen Bevölkerung aus. Auch wenn die absoluten Zahlen nicht vergleichbar sind, wurden in Österreich und in der Schweiz in den letzten 30 Jahren ähnliche Entwicklungen wie in Deutschland registriert. Insbesondere in der Schweiz stellte sich Ende der 80er Jahre klarer heraus, daß der vorherrschende Beweggrund zum „Kirchenaustritt" die geforderte Kirchensteuer ist. Während in den Kantonen, in denen keine Kirchensteuer erhoben werden, die Kirchenaustritte nämlich nur 8 % der Gesamtabnahme der Katholikenzahl ausmacht, steigt in den Kantonen mit einer Kirchensteuer der Prozentsatz sogar auf 25 %.[3]

Man kann lange nach den persönlichen Beweggründen forschen, die viele Katholiken gedrängt haben und auch jetzt drängen, diesen Entschluß zu fassen, wie man das vor allem in Deutschland in den siebziger Jahren getan hat, als man eine starke statistische Zunahme registrierte. Auf alle Fälle bleiben zwei Tatsachen unbestreitbar: 1. Rechtlich ist das staatliche Rechtsinstitut des „Kirchenaustritts" durch Steuergesetze oder spezifische Bestimmungen hinsichtlich der Kultussteuern geregelt;[4] 2. bei den meisten Urteilen, die in den, wie gesagt, dramatischen siebziger Jahren von deutschen Gerichten ausgesprochen wurden, führte die Hinzufügung, daß der Entschluß ausschließlich von Steuergründen diktiert war, nicht zur Nichtigkeit des Urteils selbst,[5] und deshalb ist es letztlich tautologisch, in diesen Fällen von einem „Teilaustritt aus der Kirche" zu sprechen, weil diese Entscheidungen nie eine automatische ekklesiologische Relevanz haben.[6]

Aus diesen Gründen wurden in Bezug auf die innerkirchlichen Folgen des so genannten „Kirchenaustritts" stets ausschließlich die einzelnen Kirchen als zuständig erachtet. Der Umstand aber, daß die Diözesen nicht einmal in Deutschland imstande waren, diesbezüglich eine einheitliche Verwaltungspraxis auszuarbeiten,[7] ist ein klares Symptom dafür, in welcher Verlegenheit sich

3 Vgl. Löffler, ebd., 35, Anm. 138.

4 Vgl. ebd., 124, v. a. Anm. 608 und 617.

5 Vgl. ebd., 139, v. a. Anm. 704, wo der Autor die wichtigsten Urteile anführt.

6 Vgl. hierzu Markus Walser, *Kantonalkirche und Kirchgemeinden im Kanton Luzern. Anmerkungen zum Entscheid vom 18. Dezember 2002 des Schweizerischen Bundesgerichts zum so genannten Kirchenaustritt (AZ 2P.16/2002/mks) und zu Eigenheiten des Schweizer Staatskirchenrechts,* in: Recht in Kirche und Staat. Joseph Listl zum 75. Geburtstag, hrsg. von Wilhelm Rees, Berlin 2004, 833–852, hier: 838.

7 Vgl. diesbezüglich den ganzen Abschnitt 1.1.2 „Die kirchliche Verwaltungspraxis und deren rechtliche Grundlage" in: Löffler, *Ungestraft aus der Kirche austreten?* (Anm. 2), 170–175.

die kirchlichen Autoritäten der Notwendigkeit gegenüber befinden, auf der Ebene des kanonischen Rechts und des kirchlichen Lebens überhaupt die entsprechenden Konsequenzen zu ziehen. Nicht zufällig ist die Sekundärliteratur darüber immens,[8] und neben den verschiedenen „Anweisungen“, die von den einzelnen Diözesen veröffentlicht wurden, gibt es ferner ein Handbuch über die Vorgehensweisen und Formalitäten bei „Kirchenaustritten“.[9]

Ist all das wirklich notwendig? Zum Wohl der Teilkirchen in der Schweiz, um die Gemeinschaft zwischen ihnen und dem Apostolischen Stuhl in Rom zu fördern sowie ihre Sendung in einer multireligiösen zivilen Gesellschaft wieder zu stärken, ist es mehr denn je wichtig und dringlich, die spezifische und begrenzte Rolle dieses Rechtsinstitutes des „Kirchenaustritts“ klar neu zu bestimmen, auch wenn das zu eventuellen Vereinfachungen führen sollte. In dieser Richtung könnten die Begründungen, die das Bundesgericht von Lausanne im zentralen Teil seines Urteils vom 16. November 2007[10] bietet, als wegweisend für die Zukunft angesehen werden.

2. *Die vom Bundesgericht gegebene neue Definition des „Kirchenaustritts“ als reiner „Körperschaftsaustritt“*

Zu dem negativen Ergebnis kam es im verfügenden Teil des fraglichen Urteils deshalb, weil die Rekurrierende ihre Absicht nicht klar und eindeutig geäußert hatte.[11] Das eigentliche *Novum* des Entscheids gegenüber den vorhergehenden Urteilen – zumindest was die sogenannte Erklärung des Austritts aus den öffentlichen oder kantonalen Körperschaften der katholischen Kirche betrifft – stellt aber der Hauptteil dar, der die Begründungen des Entscheids enthält.[12]

---

8 Vgl. ebd., 387–411.

9 Vgl. Franz-Helmut Richter, *Handbuch Kirchenaustritt. Wie trete ich aus der Kirche aus? Verfahren – Gebühren – Adressen. Deutschland – Österreich – Schweiz,* Aschaffenburg – Berlin 1993.

10 Der Text des Urteils ist veröffentlicht in: SJKR 12 (2007) 169–176.

11 Daß die Absicht, aus der Kirche auszutreten, klar und eindeutig ausdrücklich geäußert werden muß, ist eine Grundforderung nicht nur der Rechtsprechung des Bundesgerichts, sondern auch der deutschen und österreichischen Gerichte; vgl. Löffler, *Ungestraft aus der Kirche austreten?* (Anm. 2), 253.

12 Das betont in seinem Kommentar zum Urteil Dieter Kraus, *Religionsrechtlich bedeutsame Entscheide des Bundesgerichts in den Jahren 2006–2007,* in: SJKR 12 (2007) 147–180, hier: 148. Derselbe Autor hatte schon vorher Anmerkungen zu Urteilen über den „Kirchenaustritt“ gemacht (vgl. SJKR 8 [2003] 145–184); in seinem letzten Kommentar hob er indes hervor, daß das neue Urteil des Bundesgerichts auf die heikle Frage des so genannten „modifizierten Kirchenaustritts“ wenigstens vom staatlichen Recht her klar und eindeutig geantwortet hat (180).

Diese für das staatliche Recht auch in Zukunft rechtlich verbindliche Neuheit ist in ihren Konsequenzen zu analysieren und einzuschätzen, nicht so sehr die – mehr oder weniger überholten – theologischen Reflexionen, die von den Bundesrichtern willkürlich in die Urteilsbegründungen eingefügt worden sind. Es steht ja weder dem Bundesgericht noch dem neutralen Staat zu, theologische Fragen zu entscheiden, sondern sie haben zu gewährleisten, daß die Verfassungsvorschriften von allen genau eingehalten werden, zumal in einem so schwierigen und wichtigen Bereich wie dem der Religionsfreiheit. Und auf dieser Ebene hat das betreffende Urteil, vor allem in Nr. 6, zweifelsohne eine klare und endgültige Antwort auf verschiedene Fragen gegeben, die mit dem von verschiedenen Schweizer Kantonen der katholischen Kirche zuerkannten Status einer öffentlich-rechtlichen Körperschaft zusammenhängen.[13]

Das Urteil hat in bezug auf das sogenannte „duale" System, das in der Schweiz die Beziehungen zwischen dem Staat und den christlichen Kirchen charakterisiert, vier Klärungen gebracht:

1. Da in der Schweiz neben der Religionsgemeinschaft eine Kirchenorganisation staatlichen öffentlichen Rechts besteht, genügt es, den Austritt aus dieser zu erklären, um von der Verpflichtung zur Kultussteuer befreit zu sein.
2. Für das staatliche Recht ist auch im Fall einer „Landeskirche" (die artikulierteste und umfassendste Korporationsform öffentlichen Rechts!) einzig die Erklärung des Austritts aus der betreffenden öffentlichen Körperschaft rechtlich bedeutsam und somit entscheidend, was bekanntlich nicht unbedingt besagt, daß auch die konfessionelle oder kirchliche Zugehörigkeit aufgegeben wird.
3. Da die Kompetenz der Autorität der öffentlich-rechtlichen Körperschaft sich auf deren Zwecke beschränkt, betrifft sie einzig die Regelung der staatskirchenrechtlichen Zugehörigkeit zu der Körperschaft und nicht der zu der Kirche als solcher; Verfügungen wie die von § 12 der Verfassung der „Landeskirche" des Kantons Luzern, wonach die Erklärung des Austritts aus der öffentlich-rechtlichen Körperschaft eine vorherige Erklärung des Austritts aus der katholischen Kirche voraussetzt, sind deshalb nicht annehmbar und darum im Licht des kürzlich erfolgten Urteils zu interpretieren oder abzuändern
4. Die entschiedene Trennung zwischen öffentlich-rechtlicher Körperschaft und katholischer Kirche wird markanter zum Vorteil der klaren Unterscheidung zwischen „weltlicher Sphäre" und „geistlicher Sphäre", und die Erklärung des Austritts aus einer öffentlich-rechtlichen Körperschaft wird endlich von ekklesiologischen und religiösen Bedeutungen befreit, die ihr nicht zukommen.[14]

Nachdem sie so neu bestimmt sind, ist klar, daß die Aspekte des „Kirchenaustritts" im Sinn des staatlichen öffentlichen Rechts sich genau mit denen für

---

13 Dieses Urteil teilt substantiell KRAUS, ebd., 177–180.

14 Vgl. KRAUS, ebd., 179.

einen bloßen „Körperschaftsaustritt" decken,[15] der als solcher *ad intra* sich nicht *eo ipso* als ein *actus formalis defectionis ab Ecclesia Catholica* auffassen läßt, während er *ad extra* das Recht auf Religionsfreiheit voll respektiert.

II. Die Folgen der Erklärung des Austritts aus der ihr entsprechenden öffentlich-rechtlichen Körperschaft für die katholische Kirche ad intra

Die große Mehrheit der Schweizer Kantone erkennt der katholischen und der evangelischen Kirche den Status einer öffentlich-rechtlichen Körperschaft zu, einige Kantone auch der jüdischen Gemeinschaft, und sie können das unter gewissen Bedingungen auch anderen Religionsgemeinschaften gewähren, die darum ersuchen.[16] Für die anerkannten Kirchen und Religionsgemeinschaften ist es legitim, Verfahren und Formalitäten vorzusehen, die im Fall der Trennung oder der Austrittserklärung eines ihrer Mitglieder zu befolgen sind, aber das ist für die Rechtsordnung des Staates letztlich nicht von Bedeutung, wie durch das angeführte Urteil des Bundesgerichts ebenfalls bestätigt wird.[17] Somit lohnt es sich, die Konsequenzen des letztgenannten für die katholische Kirche näher zu betrachten.

1. *Auf allgemeiner Ebene*

Jede Religionsgemeinschaft – speziell die christlichen Kirchen und vor allem die katholische Kirche – kann mit Befriedigung davon Kenntnis nehmen, daß das angeführte Urteil des Bundesgerichts fürs erste eine klare Unterscheidung trifft zwischen der durch staatliche Gesetze geregelten Körperschaft des öffentlichen Rechts und der Religionsgemeinschaft selbst mit ihren Strukturen und ihrer Autonomie. Im Willen, die Religionsfreiheit und das Wohl aller in der ganzen multireligiösen weltlichen Gesellschaft zu schützen, erweist sich der

15 Diese Schlußfolgerung läßt sich auch aus der Analyse einiger ähnlicher Urteile deutscher Gerichte ziehen; vgl. Löffler, *Ungestraft aus der Kirche austreten?* (Anm. 2), 139 f. und 164 f.; Hartmut Zapp, *„Kirchenaustritt" zur Vermeidung von Kirchensteuern – nun ohne kirchenrechtliche Konsequenzen,* in: Dienst an Glaube und Recht. Festschrift für Georg May zum 80. Geburtstag, hrsg. von Wilhelm Rees – Anna Egler, Berlin 2006 (Kanonistische Studien und Texte 52), 673–707.

16 Zu einer kurzen Übersicht über die Pluralität von Systemen der Beziehungen zwischen Staat und Kirche in der Schweiz vgl. Libero Gerosa, *Die staatskirchenrechtliche Vielfalt in der Schweiz,* in: AfkKR 156 (1987) 34–47; Adrian Loretan, *Das Verhältnis von Kirche und Staat in der Schweiz in der aktuellen Diskussion um die öffentlich-rechtliche Anerkennung weiterer Religionsgemeinschaften,* in: AfkKR 176 (2007) 77–101.

17 Vgl. vor allem die Abschnitte 4.2 und 4.3 des Urteils des Bundesgerichts von Lausanne vom 15. November 2007.

Staat als konsequent, wenn er bei jedem Eintritt oder Austritt, der diese öffentlich-rechtlichen Körperschaften betrifft, die Freiheit von jeglichem Zwang gewährleistet.[18]

In Analogie zu dem, was der Staat in bezug auf die Mitgliedschaft oder Nichtmitgliedschaft in einer auf eine bestimmte Religionsgemeinschaft bezogenen öffentich-rechtlichen Körperschaft vorsieht, indem er für die christlichen Kirchen die Taufe als rechtlich gültig anerkennt oder für die jüdische Religion einen anderen die Mitgliedschaft grundlegenden Akt, beispielsweise die Abstammung von der jüdischen Mutter,[19] so gewährleistet der Staat verfassungsmäßig auch die Möglichkeit, auf der Ebene des privaten oder des öffentlichen Rechts den Austritt aus einer Religionsgemeinschaft zu erklären, wobei jedem erwachsenen Bürger das Recht der freien Entscheidung zusteht. Das gilt selbstverständlich auch für Religionsgemeinschaften, in denen keine juristischen Verfahren zur Austrittserklärung vorgesehen sind – wie im Fall der katholischen Kirche, wo der Grundsatz gilt *„semel catholicus, semper catholicus"*.[20] Hingegen muß der Austritt aus der entsprechenden öffentlich-rechtlichen Körperschaft staatlich gewährleistet sein und zwar ohne überflüssige Belastungen und ohne viel Wenn und Aber. Zu gewährleisten ist auch der Übertritt von einer öffentlichen Körperschaft zu einer anderen,[21] um einerseits die Gewissens- und Religionsfreiheit jedes einzelnen Bürgers, andererseits die Autonomie der betreffenden Religionsgemeinschaften zu schützen.

2. *Auf der Ebene des geltenden kanonischen Rechts*

Zu erklären, wie es das Urteil des Bundesgerichts am Schluß des Abschnitts 6 tut, daß der Staat hinsichtlich der innerkirchlichen rechtlichen Konsequenzen der Erklärung des Austritts aus der öffentlich-rechtlichen Körperschaft der katholischen Kirche nicht zuständig ist, heißt, wenigstens indirekt, die überkanto-

---

18 Vgl. ebd., wo einige verfassungsrechtliche Autoren angeführt werden, insbesondere: Christoph Winzeler, *Einführung in das Religionsverfassungsrecht der Schweiz,* Zürich – Basel – Genf 2005, und Peter Carlen, *Das Grundrecht der Religionsfreiheit in der Schweiz,* Zürich 1987/1988.

19 Vgl. Löffler, *Ungestraft aus der Kirche austreten?* (Anm. 2), 104 f.

20 Zur Bedeutung der Aufnahme dieses Prinzips in c. 11 des CIC/1983 vgl. Josef Weber, *Religionsfreiheit und Unwiderruflichkeit der Kirchenmitgliedschaft. Zur Problematik des Kirchenaustritts im Horizont des II. Vaticanums,* in: Krönung oder Entwertung des Konzils? Das Verfassungsrecht der katholischen Kirche im Spiegel der Ekklesiologie des Zweiten Vatikanischen Konzils, hrsg. von Sabine Demel – Ludger Müller, o. O. [Trier] 2007, 56–73, hier: 57.

21 Dazu vgl. Hanns Engelhardt, *Kirchenübertritt und Übertrittsregelungen aus staatskirchenrechtlicher Sicht,* in: Kirchenwechsel ein Tabuthema der Ökumene? Probleme und Perspektiven, hrsg. von Athanasios Basdekis – Klaus Peter Voß, Frankfurt a. M. 2004, 22–33, hier: 24.

nale Bedeutung und die verbindliche Rechtsgeltung der Rechtsordnung der katholischen Kirche für die Gläubigen, nämlich des kanonischen Rechts, anzuerkennen. Folglich ist von diesem letzteren aus die wahre kirchliche Bedeutung der Tatsache zu bewerten, daß für das Bundesgericht der sogenannte „Kirchenaustritt" nichts anderes als lediglich ein „Körperschaftsaustritt" ist. Mit anderen Worten: Kann gemäß dem geltenden kanonischen Recht diese Erklärung wirklich als ein schismatischer oder häretischer Akt aufgefaßt werden? Läßt sie sich *eo ipso* einem *actus formalis defectionis ab Ecclesia Catholica* im Sinn des Codex Iuris Canonici gleichsetzen? Stellt sie tatsächlich ein kanonisches Delikt dar? Außerdem, aus der Sicht des kanonischen Rechts: Welches sind in bezug auf das sakramentale Leben und auf die kirchliche Gemeinschaft die Folgen dieses Austritts aus der staatlichen öffentlich-rechtlichen Körperschaft? Beeinträchtigt er wirklich die sogenannten Rechte und Pflichten aus der Mitgliedschaft in der katholischen Kirche oder nur jene, die sich auf die Zugehörigkeit zu einer öffentlich-rechtlichen Körperschaft beziehen, deren Zielsetzung durch kantonale Gesetze und die Jurisprudenz des Bundesgerichts genau umrissen ist?

Ohne irgendeinen Anspruch auf Vollständigkeit kann hier nur sehr kurz angedeutet werden, wie das Urteil des Bundesgerichts klärendes Licht auf jede dieser Fragen wirft.

Der Codex Iuris Canonici von 1983 verpflichtet in den cc. 222 § 1 und 1262 die Gläubigen, „für die Erfordernisse der Kirche Beiträge zu leisten" (c. 222 § 1) „gemäß den von der Bischofskonferenz erlassenen Normen" (c. 1262), sieht aber für denjenigen, der diesen kanonischen Normen nicht nachkommt, keine kanonische Sanktion vor und erst recht nicht für eine Person, die aus einer Körperschaft öffentlichen Rechts austritt. Ungeachtet der Verwaltungspraxis der Diözesen Deutschlands kann dieser Austritt als solcher kaum, wie das bei Häresie oder Schisma der Fall ist (vgl. cc. 751; 1364 § 1), mit der Exkommunikation geahndet werden, außer wenn er mit dem Übertritt in eine andere Religionsgemeinschaft oder in eine atheistische Gesellschaft verbunden ist.[22] Wenn das nicht der Fall ist und die betreffende Erklärung klar und eindeutig eine äußere Pflichtverletzung und somit einen Verstoß gegen c. 222 § 1 CIC darstellen würde, sollte der Diözesanbischof sie mit einer entsprechenden kanonischen Sanktion bestrafen, nicht aber mit der Exkommunikation, die für schwerere Vergehen vorgesehen ist und von den Sakramenten ausschließt. Im Großen und Ganzen in diese Richtung, wenigstens insofern die Austrittserklärung nicht ohne weiteres einem Akt von Schisma oder Apostasie gleichgesetzt wird, der von den Sakramenten ausschließen würde, bewegt sich die Stellungnahme, welche die Römisch-katholische Zentralkommission des Kantons Zürich im Jahre 2002 veröffentlicht hat. Darin ist richtigerweise nur vom Verlust der Rech-

---

22 Dieses Urteil wird von verschiedenen Kanonisten geteilt, so von Löffler, *Ungestraft aus der Kirche austreten?* (Anm. 2), 289 und 218 f.; Klaus Lüdicke, in: MKCIC 1364, 12; Eugenio Corecco, *La sortie de l´Église pour raison fiscale. Le problème canonique,* in: Austritt aus der Kirche – Sortir de l'Église, hrsg. von Louis Carlen, Freiburg/Schweiz 1982, 11–64, hier: 44–50.

te und Pflichten eines Mitglieds der Kirchgemeinde, der öffentlich-rechtlichen Körperschaft, die Rede, weil der betreffende Gläubige diese mit seinem Kirchenaustritt verlassen hat.[23] Im selben Text wird darüber hinaus genauer erklärt, daß das Recht dieser Gläubigen auf den Zugang zu den Sakramenten und Sakramentalien eine pastorale Frage ist, die von Fall zu Fall geklärt werden muß. Eine Absprache unter den Diözesen über die Maßnahmen, die in solchen Fällen zu treffen sind, wäre in jedem Fall wünschenswert,[24] sowohl um eine gleiche Behandlung zu garantieren, als auch um zu zeigen, daß es der kirchlichen Autorität nicht gleichgültig ist, ob ein Gläubiger seiner Pflicht nachkommt oder nicht, zu den materiellen Notwendigkeiten der Kirche einen Beitrag zu leisten.

Man muß sich fragen, ob die Erklärung des als „Kirchenaustritt" bezeichneten Austritts aus der öffentlich-rechtlichen Körperschaft *eo ipso* einen *actus formalis defectionis ab Ecclesia Catholica* darstellt. Da diese Erklärung für gewöhnlich direkt bei den staatlichen Behörden eingereicht wird und der notwendigen Eindeutigkeit entbehrt, so daß sie stets von Fall zu Fall zu prüfen und zu interpretieren ist, muß das verneint werden. Ja, es gibt, wenigstens auf der Ebene des kanonischen Rechts, Autoren, welche die Erklärung des Austritts aus einer staatlichen öffentlich-rechtlichen Körperschaft als einen bloßen *actus inter alios factus* und nicht als einen eigentlichen, wahren Rechtsakt auffassen.[25] Abgesehen von dieser letzten Erwägung ist es, vor allem nach einem am 13. März 2006 vom Päpstlichen Rat für die Interpretation von Gesetzestexten veröffentlichten Rundschreiben,[26] jedenfalls klar, daß sich der vom Codex des kanonischen Rechts verwendete Ausdruck *„actus formalis defectionis"* nicht auf die sogenann-

---

23 „Die ausgetretene Person verliert alle Rechte eines Mitglieds der Kirchgemeinde. Sie kann nicht mehr an der Wahl der Kirchenpflege und des Pfarrers sowie an den Diskussionen und Abstimmungen über kirchgemeindliche Geschäfte und über den entsprechenden Einsatz der Finanzmittel teilnehmen. Sie muß aber auch keinen Pflichten mehr nachkommen. Insbesondere entfällt die Kirchensteuerpflicht. Aus der Sicht der Kirchgemeinde besteht kein Anspruch mehr auf seelsorgerliche Dienste. Aber es gibt pastorale Gründe, abweichend zu handeln. Dies ist nicht staatskirchenrechtlich, sondern pastoral zu beurteilen und zu entscheiden. Zuständig für die Entscheidung ist jener Pfarrer, der Jurisdiktionsträger ist. Zur Frage der kirchlichen Bestattung halte man sich an die pastoralen Richtlinien, die vom Ordinariat Chur für das ganze Bistum erlassen wurden. Von einer Person, die ausgetreten ist und trotzdem seelsorgerliche Dienste erhält, wird anstelle der Kirchensteuer ersatzweise eine materielle Gabe erwartet. Diese Gabe darf nicht in Form von Gebühren oder gar mittels eines Tarifs erhoben werden. Vielmehr sind solche Personen zu motivieren, eine Spende für einen kirchlichen oder kirchennahen Zweck zu entrichten" (Römisch-katholische Zentralkommission von ZH, *Umgang mit Kirchenaustritten. Handreichung für Kirchenpfleger und für Seelsorgerinnen und Seelsorger im Kanton Zürich,* Zürich 2002, 26).

24 Vgl. z. B. Ivo Fürer, *Kirche und „Kirchenaustritt"*, St. Gallen 2003.

25 Diesen Schluß zieht Löffler, *Ungestraft aus der Kirche austreten?* (Anm. 2), 257 f.

26 Vgl. Communicationes 38 (2006), 175–177.

te „Kirchenaustrittserklärung“ anwenden läßt. Die Analyse der Inhalte dieses Rundschreibens läßt folgende Schlüsse zu:

a) Das erwähnte Dokument handelt weder von der Frage, wie Haltungen, die der kirchlichen Gemeinschaft widersprechen, zu sanktionieren sind, noch von Problemen in bezug auf die öffentlichen Finanzierungssysteme der Kirche, sondern einfach von einer Frage des kanonischen Eherechts.
b) Diese betrifft das Problem, „was“ unter dem Begriff *actus formalis*[27] zu verstehen ist, der vom Gesetzgeber von 1983 in den cc. 1086 § 1, 1117 und 1124 verwendet wird, die alle zum Titel VII über die kanonische Ehe gehören; in diesem Zusammenhang ist der *actus formalis* ein Akt, der sich in einem inneren Entscheid zum Austritt aus der katholischen Kirche konkretisiert, welcher der zuständigen kirchlichen Autorität äußerlich mitgeteilt wird. Als solcher läßt er sich keineswegs dem staatskirchenrechtlichen oder staatlichen Institut des „Kirchenaustritts“ („Körperschaftsaustritt“) gleichsetzen, das von den Rechtsordnungen einiger schweizerischer Kantone, Deutschlands und Österreichs geregelt wird.[28]

Zum Schluß: Wie in der Rechtsordnung der katholischen Kirche der Begriff „*actus formalis*“ (oder des formalen Abfalls von der Kirche, ohne notwendigerweise Apostasie im theologischen Sinn zu sein) dazu dienen soll, einzelne Probleme des kanonischen Eherechts zu klären, ohne indes die Frage der sakramentalen Kirchenmitgliedschaft zu berühren, so könnte man sagen, daß in der Rechtsordnung einiger Schweizer Kantone das Institut der Erklärung des Austritts aus der der katholischen Kirche entsprechenden öffentlich-rechtlichen Körperschaft zur geordneten Verwaltung der Kirchensteuern dient,[29] ohne unmittelbar die Frage der Kirchenmitgliedschaft zu berühren. Allerdings wurde in anderen europäischen Ländern wie in Italien und Spanien das Problem der öffentlichen Finanzierung der Kirche und der Religionsgemeinschaften auf andere

---

27 Die Schwierigkeiten bei der Interpretation dieses kodikarischen Begriffs wurden im Blick auf den sogenannten „Kirchenaustritt“ auch analysiert von Markus Walser, *Der sogenannte Kirchenaustritt und die de-facto-Konversion in ihren Auswirkungen auf die Formpflicht bei der Eheschließung. Probleme in der Anwendung von c. 1117,* in: Iudicare inter fideles. Festschrift für Karl-Theodor Geringer zum 65. Geburtstag, hrsg. von Winfried Aymans – Stephan Haering – Heribert Schmitz, St. Ottilien 2002, 505–521, bes. 509–512.

28 Dazu vgl. Ludger Müller, *Die Defektionsklauseln im kanonischen Eherecht. Zum Schreiben des Päpstlichen Rates für Gesetzestexte an die Vorsitzenden der Bischofskonferenzen vom 13. März 2006,* in: AfkKR 175 (2006) 374–396.

29 Das bezeugt wiederum das neueste Urteil des Deutschen Bundesverfassungsgerichts in Karlsruhe, das am Freitag den 8. August 2008 veröffentlicht wurde und worin gesagt wird, daß es nach der Verfassung legitim ist, für die Austrittserklärung eine staatliche Gebühr zu verlangen, da diese den Zweck habe, eine korrekte Verwaltung der Kultussteuern zu sichern; vgl. *Die Tagespost,* Nr. 32, 9. 8. 2008, S. 4.

Weise gelöst.[30] Auch hat der Kanton Tessin, obwohl er der katholischen Kirche den Status einer öffentlich-rechtlichen Körperschaft zuerkannt hat, das Problem der Vereinbarkeit der pfarreilichen Kultussteuern mit der Gewissensfreiheit gelöst, ohne nach dem Rechtsinstitut des „Kirchenaustritts" zu greifen. Im Gesetzesdekret über die Kultussteuer der Pfarreien der katholischen Kirche und der regionalen Gemeinden der evangelisch-reformierten Kirche, das der Große Rat der Republik und des Kantons Tessin am 10. November 1992 erlassen hat, spricht der Gesetzgeber in Art. 8 der ausdrücklich von einer Entpflichtungs- bzw. Verpflichtungserklärung *(„Dichiarazione di esenzione o di assoggettamento")*, welche als solche ausschließlich die Eintragung oder Nichteintragung in das Steuerverzeichnis betrifft.[31] Man kann sich sicherlich fragen, ob eine derartige Kultussteuer, obwohl nach den vom Staat verwendeten Kriterien zur Bestimmung der Steuern aller Bürger berechnet, nicht einfach ein freiwilliger Beitrag ist, doch es besteht kein Zweifel daran, daß die Freiheit, welche die sogenannte Entpflichtungserklärung kennzeichnet, im Grunde einige der Hauptelemente vorwegnimmt, mit denen das Bundesgericht den für gewöhnlich als „Kirchenaustritt" bezeichneten Austritt aus einer öffentlichen Körperschaft bestimmt in der Absicht, die öffentliche Finanzierung der Kirchen und der Religionsgemeinschaften besser mit dem Verfassungsprinzip der Religionsfreiheit in Übereinstimmung zu bringen.

Das im Anschluß an das kürzlich erfolgte Urteil des Bundesgerichts über die begrenzten und genauen Kennzeichen des Instituts des „Kirchenaustritts" Gesagte verdeutlicht jedoch klar, daß die These, wonach zwischen der Teilkirche und der ihr entsprechenden öffentlich-rechtlichen Körperschaft eine reale Identität besteht, sowohl in ekklesiologischer als auch kanonistischer Hinsicht gänzlich unannehmbar ist.[32] Einerseits ist nämlich die strukturelle Verfassung der Kirche als *communio Ecclesiarum* vom Zweiten Vatikanischen Konzil, wie der Formel *in quibus et ex quibus* in LG 23, 1 zu entnehmen ist, als volle wechselseiti-

30 Vgl. Heiner Marré, *Die Kirchenfinanzierung in Kirche und Staat der Gegenwart,* Essen 1991, 27; *Il sostentamento del clero nella legislazione canonica e concordataria italiana,* Città del Vaticano 1993; *Il finanziamento delle comunità religiose in Europa: modelli e prospettive,* in: Quaderni di diritto e politica ecclesiastica 1 (2006). Für einen Vergleich zwischen dem System der Kultussteuern und jenem von freiwilligen Spenden vgl. Georg Fischer, *Finanzierung der kirchlichen Sendung. Das kanonische Recht und die Kirchenfinanzierungssysteme in der Bundesrepublik Deutschland und den USA,* Paderborn 2005.

31 Zu einer eingehenden Analyse der Vorzüge und Grenzen dieses Gesetzesdekrets, das am 1. Januar 1993 im Tessin in Kraft gesetzt wurde (BU 1992, 417), vgl. das Werk von Vincenzo Pacillo, *Il nuovo status delle confessioni religiose nel Cantone Ticino: in particolare la Chiesa cattolica* (im Druck).

32 Vgl. Löffler, *Ungestraft aus der Kirche austreten?* (Anm. 2), 159–165. Zu einem vollständigeren Studium dieser ekklesiologischen Thematik vgl. Kurt Koch, *I sistemi di diritto ecclesiastico nella Svizzera Tedesca e l'Ecclesiologia del Concilio Vaticano II. Un'analisi teologica della situazione,* in: Ius Ecclesiae. Rivista Internazionale di diritto canonico 13 (2001) 49–70.

ge Immanenz zwischen der Gesamtkirche und den Teilkirchen bestimmt worden. Hierzu gibt es im Verfassungsrecht eines modernen Staates keinerlei Entsprechung,[33] nicht einmal in dem der Schweizerischen Eidgenossenschaft. Andererseits deckt sich, gerade in der Schweiz, wo in jedem Kanton ein anderes System der Beziehungen zwischen Staat und Kirchen besteht, das Territorium einer Diözese für gewöhnlich nicht mit dem der öffentlich-rechtlichen Körperschaft, weil es sich, mit Ausnahme des Tessins, auf mehrere Kantone erstreckt, ja das des Bistums Basel sogar auf zehn Kantone.[34] In jedem dieser Kantone besteht normalerweise eine der katholischen Kirche entsprechende öffentlich-rechtliche Körperschaft und deshalb natürlich eine unterschiedliche Regelung einiger Fragen, vom „Kirchenaustritt" bis zum gewählten Typus der öffentlichen Finanzierung.[35] Doch da, wo man diesen öffentlich-rechtlichen Körperschaften, wie beispielsweise im Fall der „Landeskirche" des Kantons Luzern,[36] strukturelle und pastorale ekklesiologische Bedeutungen beilegen wollte, die über die spezifische, begrenzte der Vermögensverwaltung und der öffentlichen Finanzierung der katholischen Kirche hinausgingen, kam es zu einen starken Abbau und einer Deformation ihrer ursprünglichen Hilfsfunktion.[37] Will man die positiven Aspekte und Vorteile nicht aufs Spiel setzen, die das sogenannte „schweizerische duale System" – das vom neuesten Urteil des Bundesgerichts wenigstens teilweise wieder bestätigt und präzisiert wurde – nicht nur für die katholische Kirche, sondern für jede Religionsgemeinschaft in einer Gesellschaft aufweist, die durch einen markanten Religionspluralismus wie der jetzige charakterisiert wird, ist auf zwei Ebenen einzugreifen.

Vor allem auf der Ebene der *beständigen Bildung der Laien,* die in die verschiedenen Leitungsorgane der öffentlich-rechtlichen Körperschaften gewählt werden, denn diese kantonalen Institutionen dürfen nicht mit den vom geltenden

---

33 Zu einer vollständigen Erklärung des verfassungsrechtlichen Sinns der Konzilsformel vgl. Libero Gerosa, *Grundlagen und Paradigmen der Gesetzesauslegung in der Kirche. Zukunftsperspektiven für die katholische Kanonistik,* Münster 2000, 49–64; vgl. diesbezüglich auch die Bemerkungen von Joseph Kardinal Ratzinger, *Zur Lage des Glaubens. Ein Gespräch mit Vittorio Messori,* München 1985, 49.

34 Vgl. Dieter Kraus, *Schweizerisches Staatskirchenrecht. Hauptlinien des Verhältnisses von Staat und Kirche auf eidgenössischer und kantonaler Ebene,* Tübingen 1993.

35 Vgl. Kurt Koch, *Ekklesiologische und staatskirchenrechtliche Fragestellungen im Bistum Basel.* Eröffnungsvortrag an der öffentlichen Ringvorlesung „Kirche – Staat" an der Theologischen Fakultät Luzern in der Jesuitenkirche in Luzern am 2. April 2008, abgedruckt unten S. 291–320, hier: 292.

36 Zu einer eingehenden Kritik dieses Falls und weiterer Beispiele vgl. Eugenio Corecco, *Katholische „Landeskirche" im Kanton Luzern. Das Problem der Autonomie und der synodalen Struktur der Kirche,* in: AfkKR 139 (1970) 3–42; Martin Grichting, *Kirche oder Kirchenwesen? Zur Problematik des Verhältnisses von Kirche und Staat in der Schweiz, dargestellt am Beispiel des Kantons Zürich,* Freiburg/Schweiz 1997.

37 Zu diesem Abbau vgl. Walter Gut, *Landes- und Kantonalkirchen im Lichte des Zweiten Vatikanischen Konzils,* in: Kirche – Kultur – Kommunikation, Peter Henrici zum 70. Geburtstag, hrsg. von Urban Fink – René Zihlmann, Zürich 1998, 533–553.

Kirchenrecht vorgesehenen synodalen Organen (wie der Diözesansynode, dem Pastoralrat und den verschiedenen diözesanen und pfarreilichen Vermögensverwaltungsräten) verwechselt werden.[38]

In zweiter Hinsicht, wenn die Beziehungen zwischen den kanonischen Strukturen und den zu derselben Diözese gehörenden kantonalen Körperschaften von den geltenden Gesetzen nicht klar geregelt sind, muß für die Zukunft vorgesehen werden, daß eine der beiden folgenden Vorgehensweisen befolgt wird:

a) der Weg, der auf dieser Tagung von Prof. Ehrenzeller von der Universität St. Gallen zu Ende seines Vortrags aufgezeigt wurde, nämlich das Schließen von Vereinbarungen oder Verträgen zwischen den öffentlich-rechtlichen Körperschaften und der Diözese, zu der sie gehören;
b) der – wahrscheinlich mühsamere – Weg, möglichst bald in den Statuten oder der Verfassung derselben kantonalen Körperschaften ihre Beziehungen zu der Diözese zu präzisieren, zu der sie gehören, um sowohl die pastorale Selbständigkeit des Ordinarius in allen Bereichen wirksam zu schützen als auch der Notwendigkeit zu entsprechen, die Regelungen bezüglich so heikler Probleme wie des Austritts vieler Gläubiger aus der kantonalen Körperschaft zu harmonisieren.

Drittens und schließlich sind da, wo es möglich und absolut notwendig ist, in den Statuten und Anwendungsreglements dieser kantonalen Körperschaften die nötigen Änderungen anzubringen, insbesondere was zwei heikle und kürzlich auch in der öffentlichen Meinung erörterte Probleme betrifft: die Ernennung der Pfarrer (und Pastoralassistenten) und die Finanzierung der Diözesen. Um das erste zu lösen, genügt es, in diesen Statuten zu vermerken und auf geeignete Weise festzuhalten, daß das so häufig vorgetragene Prinzip der pfarrlichen Autonomie in der Ekklesiologie des Zweiten Vatikanischen Konzils und in der Definition der Pfarrei im CIC[39] keine Bestätigung findet, aber auch und vor allem, daß die *missio canonica* oder der Auftrag des Diözesanbischofs zur Gültigkeit eines Arbeitsvertrages auch in anderen Bereichen unbedingt erforderlich ist, wie beispielsweise im Bereich der Universität, wo sogar die staatlichen theologischen Fakultäten für die Ernennung von Professoren nicht vom *nihil obstat* absehen dürfen. Um das zweite Problem zu lösen, ist es, bevor man irgendeinen Anspruch an den Staat stellt, absolut notwendig, in die Statuten

38 In einigen Kantonen der Diözese Basel gibt es bereits solche Kurse, die jedoch intensiviert und verbessert werden müssen, weil auch die neue Bundesverfassung diese Art von Problemen nicht geklärt hat; vgl. Kurt Koch, *Religionsrecht der Schweiz im Licht der Religionsfreiheit,* in: Das Religionsrecht der neuen Bundesverfassung, hrsg. von René Pahud de Mortanges, Freiburg/Schweiz 2001, 93–103; ders., *Ekklesiologische und staatskirchenrechtliche Fragestellungen im Bistum Basel* (Anm. 35) 13 f.

39 Vgl. hierzu LG 18, 2 und c. 582 § 2 CIC/1983 sowie den Kommentar bei Libero Gerosa, *Kirchliches Recht und Pastoral,* Eichstätt – Wien 1991, 95–109, vor allem 95 und 102. Zu den aktuellen Spannungen in den öffentlichen Körperschaften auf der Pfarreiebene vgl. Peter Henrici, *Gegenwart und Zukunft des Verhältnisses zwischen Staat und Kirche,* in: SKZ 172 (2004) 918–923, hier: 920.

dieser kantonalen Institutionen eine rechtlich bindende Anwendung des Prinzips der Solidarität nicht nur zwischen den Kirchengemeinden einer kantonalen Korporation, sondern auch und vor allem unter den zum Gebiet derselben Diözese gehörenden kantonalen Korporationen und dem Ordinarius dieser Diözese vorzusehen.[40] Wenn in der Zeit vor dem Zweiten Vatikanischen Konzil die überpfarrlichen pastoralen Funktionen deutlich begrenzt waren, haben sie heute in allen Bereichen unverhältnismäßig zugenommen, angefangen von der Pastoral für die Migranten bis zur Jugendpastoral, von der Gerichtsverwaltung durch die Kirchengerichte bis zur katholischen Erziehung und zur Fortbildung der verschiedenen pastoralen Mitarbeiter. Folglich – und das war unvermeidlich – hat auch die Zahl der Angestellten der Diözesankurien in den letzten 40 Jahren deutlich zugenommen. Es ist aus pastoraler Sicht unvertretbar und theologisch widersprüchlich, das Prinzip der Solidarität zu fordern angesichts des großen Problems des Austritts der Gläubigen aus der Körperschaft öffentlichen Rechts und es nicht anzuwenden auf die Hilfsfunktion dieser Körperschaften gegenüber der unverzichtbaren pastoralen Sendung der Ordinarien. Die juristischen Mittel, die das Schweizerische Zivilgesetzbuch und der Codex Iuris Canonici bieten, sind vielfältig und unterschiedlich, vorausgesetzt, daß weder die Finanzierung der katholischen Kirche auf eine rein öffentliche Finanzierung reduziert wird,[41] noch die öffentlichen Finanzierung nur auf eine Kirchensteuer, der jedoch eine Stellung von besonderer Bedeutung zukommt. Die Ordinarien können sowohl autonom als auch in Zusammenarbeit mit den kantonalen Körperschaften an die Errichtung von Stiftungen mit bestimmten Zielen denken, wie beispielsweise dem Ziel, die Spenden der Gläubigen entgegenzunehmen, die zwar ihren Austritt aus der öffentlichen Körperschaft erklärt haben, aber dennoch die katholische Kirche finanziell unterstützen wollen (was sozusagen den Wert eines Tatsachenbeweises hätte), oder an Fonds der Solidarität zwischen den reichen kantonalen Körperschaften und den ärmeren, analog zu den bereits in anderen Bereichen der interdiözesanen Pastoral existierenden.[42]

In dem Maße, in dem nicht nur die Ordinarien und ihre kirchlichen Verwaltungsstrukturen, sondern auch die kantonalen Körperschaften öffentlichen und damit staatlichen Rechts sich die gemeinschaftliche und synodale Logik der Ekklesiologie des Zweiten Vatikanischen Konzils zu eigen machen, können

---

40 Begrüßenswerte Vorschläge in diesem Sinn bietet Urs Josef Cavelti, *Elemente einer Konkordatspolitik,* in: SJKR/ASDE 9 (2004) 95–140, hier: 119.

41 Auf diese Art von Finanzierung der katholischen Kirche sind die Grundsätze, die der CIC für die Verwaltung der Kirchengüter festgelegt hat, nicht unmittelbar anwendbar, wie jedoch glauben läßt: Arturo Cattaneo, *La potestà sui beni ecclesiastici. A proposito di uno studio storico-giuridico su una questione decisiva per la libertà della Chiesa* (Martin Grichting, Das Verfügungsrecht über das Kirchenvermögen auf den Ebenen um Diözese und Pfarrei, St. Ottilien 2007), in: Ius Ecclesiae 19 (2007) 711–726.

42 Zu einer genaueren Darstellung vgl. Koch, *Ekklesiologische und staatskirchenrechtliche Fragestellungen im Bistum Basel* (Anm. 35).

letztere auch in Zukunft auf korrekte Weise eine wirksame Funktion im Dienst der katholischen Kirche in der Schweiz ausüben.

3. Die Folgen aus dem Verständnis des „Kirchenaustritts" als „Körperschaftsaustritt" „ad extra"

Die klare Unterscheidung zwischen kanonisch-ekklesiologischer Identität des katholischen Gläubigen und seiner Zugehörigkeit zu der entsprechenden öffentlich-rechtlichen Körperschaft in einem bestimmten Schweizer Kanton, die vom kürzlich erfolgten Urteil des Bundesgerichts bestätigt wurde,[43] sowie die entsprechende Unterscheidung zwischen der theologischen oder geistlichen Identität eines Gläubigen einer anderen Kirche oder Religionsgemeinschaft und seiner Zugehörigkeit zu einer entsprechenden öffentlichen Körperschaft ermöglichen es abzuschätzen, wie wichtig das schweizerische duale System zur Verwirklichung des Wohles aller in einer pluralen Gesellschaft und folglich für die zukünftigen Entwicklungen der multiplen zivilen Identität in ganz Europa ist.

1. *Das schweizerische duale System und die Verbindung der Laizität des Staates mit dem Prinzip der Religionsfreiheit*

Im dualen schweizerischen System hat der Status einer öffentlich-rechtlichen Körperschaft, der von einigen Kantonen den christlichen Kirchen und anderen Religionsgemeinschaften verliehen worden ist, einen doppelten Zweck: erstens diesen Gemeinschaften ein Mindestmaß an öffentlicher Finanzierung zu gewährleisten entweder durch Kultussteuern oder andere Arten von Beiträgen und Steuererleichterungen; zweitens den Religionsfrieden und das Gemeinwohl aller Bestandteile der zivilen Gesellschaft zu schützen. Aus dieser Sicht hat das Handeln der der katholischen Kirche entsprechenden öffentlichen Körperschaften gewiß auch eine pastorale Bedeutung, aber es wäre aus mindestens zwei Gründen falsch, diesen Aspekt zum Nachteil der pastoralen Autonomie, die in den betreffenden Statuten dem Ortsordinarius zuerkannt wird, ideologisch und konkret herauszustellen.[44]

---

43 Zur Frage, wie zwischen Kirchenangehörigkeit und Mitgliedschaft in einer öffentlichen Körperschaft mit bestimmtem Zweck („Kirchensteuerverband") genau zu unterscheiden ist, vgl. auch Dietrich Pirson, *Kirchliches Recht in der weltlichen Rechtsordnung,* in: Festschrift für Erich Ruppel zum 65. Geburtstag am 25. Januar 1968, hrsg. von Heinz Brunotte – Konrad Müller – Rudolf Smend, Hannover – Berlin – Hamburg 1968, 277–311, hier 295 f.

44 In der Richtung, den öffentlich-rechtlichen Körperschaften ihnen fremde pastorale Sinngehalte beizulegen, bewegt sich leider das Dokument „Glaube, Kirchenzugehö-

In erster Linie würde eine solche Vorgehensweise die „communionale" Struktur der katholischen Kirche, die vom kanonischen Recht auch auf der Ebene der Teilkirche gewährleistet wird, und die pastorale Tätigkeit all ihrer synodal-hierarchischen Organe schwer verletzen; zweitens würde so die fundamentale Unterscheidung zwischen der sakralen und der profanen Sphäre, zwischen dem „Geistlichen" und dem „Zeitlichen" verdunkelt, die dank des Einflusses der christlichen theologischen Tradition nun die politische Kultur und die Organisation der öffentlichen Gewalten eines modernen demokratischen Staates charakterisiert, von anderen in Europa und in der Schweiz verbreiteten Religionen aber keineswegs geteilt wird.

Dieser zweite Grund ist durchaus nicht nebensächlich; ja, in einem historischen Augenblick wie dem jetzigen, in welchem die Stimmen der Laizisten, die den von schweizerischen Kantonen vor allem den christlichen Kirchen und den jüdischen Gemeinden verliehenen öffentlich-rechtlichen Rechtsstatus immer hartnäckiger kritisieren, ist es wichtiger und dringlicher denn je, daß die katholische Kirche theoretisch und praktisch bekräftigt, daß die Verleihung dieses Status prinzipiell weder das Verfassungsprinzip der Gleichstellung aller Bürger noch das der Laizität des Staates verletzt. Unter bestimmten Bedingungen den christlichen Kirchen und anderen Religionsgemeinschaften den Status einer öffentlich-rechtlichen Körperschaft zu verleihen, steht nicht im Widerspruch zu den Gleichheits- und Neutralitätsprinzipien, nicht einmal nach dem französischen System der *„reconnaissance des cultes"*.[45] Der Staat bewertet nämlich nicht nur die Verträglichkeit jeder Religionsgemeinschaft mit der öffentlichen Ordnung, indem er auf sie alle dieselben Beurteilungskriterien anwendet wie beispielsweise den Ausschluß von jeglichem Zwang,[46] sondern der gleiche Staat bestimmt sich (oder sollte sich bestimmen) im Blick auf die höheren Interessen der Legalität und des Gemeinwohls der ganzen menschlichen Gemeinschaft. Einige Religionsgemeinschaften öffentlich anzuerkennen widerspricht nicht, sondern entwickelt sogar die Laizität des Staates in Richtung auf die Verwirklichung des Wohls aller hin, das sich von sich aus jeder Art von laizistischem oder religiösem Fanatismus widersetzt und zwar aus zwei Gründen verschiedener Art.

Vor allem wird der Rechtsstatus einer öffentlich-rechtlichen Körperschaft nur solchen Religionsgemeinschaften verliehen, die schon lange *in statu cooperationis* und somit der Loyalität mit dem Staat stehen, der mit dieser Verleihung

---

rigkeit und finanzielle Autorität gehören zusammen", das am 18. Juni 2008 von der Römisch-katholischen Zentralkonferenz der Schweiz als Besprechung des Urteils vom 10. November 2007 des Bundesgerichts veröffentlicht wurde und davon ausgeht, daß die Organe der öffentlich-rechtlichen Körperschaften, wenn auch nur teilweise, in Entscheide, die das Personal betreffen, einbezogen werden.

45 Zum Verständnis dieses Systems und seiner heutigen Bedeutung für Europa vgl. Jean Marie Woehrling, *Entre impossible neutralité et difficile pluralisme, un nécessaire retour au système de reconnaissance?*, in: RDC 54 (2004) 5–14, hier 10 f.

46 Vgl. Christian Hillgruber, *Staat und Religion*, Paderborn 2007, 68.

nicht eine Religion mehr als eine andere zu begünstigen gedenkt, sondern das *weltliche Gemeinwohl* aller gesellschaftlich besonders bedeutsamen Gruppen zu verwirklichen und somit den Respekt der öffentlichen und privaten Rechtsordnung zu fördern sucht, indem er jede Art von Fundamentalismus und Fanatismus ausschließt.[47]

Des weteren fördert, richtig verstanden, diese Verleihung gerade die volle Verwirklichung der „laikalen" Natur der öffentlichen Strukturen eines modernen demokratischen Staates. Seit der klassischen Antike, seit Homer,[48] will der Ausdruck λαός auf die Zugehörigkeit einer Menschengruppe zu einem ethisch-politischen Zusammenhang hinweisen, worin die Pluralität der Subjekte in einer verfaßten Ordnung, einem bestimmten Volk, einem Heimatland zusammenlebt, denen man sich angehörig empfindet.[49] Seinem tiefsten Wortsinn nach bedeutet *Laizität* also nicht Gleichgültigkeit gegenüber dem religiösen Phänomen oder gar Zurückweisung jeder religiösen Zugehörigkeit, sondern Ausschluß von atheistischem oder religiösem Fanatismus gleich welcher Art. Die Laizität der öffentlichen Strukturen steht im Dienst des Aufbaus eines gemeinsamen Heimatlandes, an dessen Leben man teilnimmt, weil darin eine gemeinsame ethisch-rechtliche Ordnung herrscht, die von allen geteilt wird, weil sie auf der Respektierung jeder menschlichen Person und ihrer Grundrechte gründet. Unter diesen kommt, wenigstens in der europäischen Bevölkerung, gerade dem Recht auf Religionsfreiheit eine besonders wichtige Rolle zu.

2. *Das schweizerische duale System und die Entwicklung der multiplen bürgerlichen Identität*

Die Europäische Gemeinschaft hat keine Zuständigkeit in bezug auf die institutionellen Beziehungen zwischen dem Staat und den Religionen, sondern überläßt den einzelnen Mitgliedstaaten die Aufgabe, sie der eigenen Tradition und Kultur entsprechend zu regeln.[50] Die Europäische Menschenrechtskonvention schützt jedoch das Recht auf Religionsfreiheit und verlangt, daß die Verfassungen der Mitgliedstaaten das ebenfalls tun. Für das Gericht, das diesen Schutz überwacht, ist die religiöse Identität der europäischen Bürger einer der Werte, die ihre Identität am meisten ausmacht, und folglich die Religionsfreiheit ein

---

47 So urteilt HILLGRUBER, ebd., 51 und 76 f.

48 Vgl. HERMANN STRATHMANN, Art. *λαός A–C,* in: Theologisches Wörterbuch zum Neuen Testament, hrsg. von Gerhard Kittel, Bd. IV, Stuttgart 1942, 29–39, hier: 30 f.

49 Zu einem gründlicheren etymologisch-juristischen Studium vgl. MASSIMO JASONNI, *Alle radici della laicità,* Florenz 2008, 16–29.

50 Vgl. FRANCIS MESSNER, *La „reconnaissance" des religions en Europe* (Anm. 1), 18; HEINRICH DE WALL, *Europäisches Staatskirchenrecht,* in: Zeitschrift für evangelisches Kirchenrecht 45 (2000) 157–172.

wesentliches Element ihrer bürgerlichen Identität.[51] Es ist also eine unbestreitbare Tatsache, daß in Europa das komplexe System der Beziehungen zwischen dem Staat und den Religionen sich um zwei zentrale Elemente herum entwickelt, die kürzlich zu Recht als eigentliche, wahre *„pivots du droit des religions"*[52] bezeichnet wurden: Es sind zum einen der politische Wille, die Religionsfreiheit verfassungsrechtlich zu schützen, zum andern die Bejahung des Prinzips, daß die einzelnen Mitgliedsstaaten mit ihrer öffentlichen Gewalt die Religionsgemeinschaften in ihren Tätigkeiten zum Schutz des gesellschaftlichen Zusammenhalts zu regulieren und zu unterstützen haben.

Wenn diese Beschreibung der Situation in Europa den Tatsachen entspricht, scheinen die Entwicklungslinien seines Religionsrechts nicht sehr verschieden zu sein von denen, die seit mehr als einem Jahrhundert die Beziehungen zwischen dem Staat und den Religionen in der Schweiz charakterisieren: Einerseits schützt die Eidgenossenschaft verfassungsrechtlich das Recht auf Religionsfreiheit; andererseits überläßt sie den Kantonen die Zuständigkeit, die institutionellen Beziehungen mit den Kirchen und den Religionsgemeinschaften autonom zu regeln. Die jahrhundertelange Praxis des Föderalismus und der Respektierung der Minderheiten ermöglichte es jedoch der schweizerischen Rechtstradition, den Begriff der multiplen bürgerlichen Identität stärker auszuarbeiten und zu artikulieren zum großen Vorteil eines dauernden Religionsfriedens zwischen verschiedenen Kulturen und Ethnien und eines beständigeren Strebens nach dem Wohl aller. Innerhalb dieser Artikulierungen einer multiplen zivilen Identität sind – auch auf der Grundlage des kürzlich erfolgten Urteils des Bundesgerichts – die positiven Aspekte des sogenannten dualen schweizerischen Systems neu zu lesen und neu zu interpretieren, das heißt des Systems der Verleihung des Status einer öffentlich-rechtlichen Körperschaft an bestimmte Religionsgemeinschaften.

Vor allem darf nicht vergessen werden, daß der erste Entwurf einer mehrfachen Identität schon in der bekannten Mahnung des Evangeliums festgehalten ist: „Gebt dem Kaiser, was des Kaisers ist, und Gott, was Gottes ist" (Mk 12, 7), dank dem das Christentum in ganz Europa die Unterscheidung und Trennung zwischen der zeitlichen zivilen Ordnung und der sakralen und religiösen eingeführt hat. Des weiteren haben dann mit dem Zweiten Vatikanischen Konzil[53]

---

51 Vgl. CEDH, *20. September 1994, Otto Preminger Institut (OPI)/Österreich,* und den Kommentar von G. GONZALES, *La Convention européenne des droits de l'homme: développement jurisprudentiel d'une conception européenne de la liberté de la religion,* in: Traité de droit français des religions, hrsg. von Francis Messner – Pierre-Henri Prélot – Jean-Marie Woehrling, Paris 2003, 321–344.

52 MESSNER, *La „reconnaissance" des religions en Europe* (Anm. 1), 19.

53 Zu einem Kommentar zur Konzilserklärung vgl. CARLOS CORRAL, *Libertà religiosa,* in: Nuovo Dizionario di diritto canonico, hrsg. von Carlos Corral Salvador – Velasio De Paolis – Gianfranco Ghirlanda, Cinisello Balsamo 1993, 639–651; vgl. SALVATORE BERLINGO, *„Continuo" e „discontinuo" cattolico a proposito della libertà religiosa: dalla „Dignitatis humanae" al magistero di Papa Wojtyla,* in: Studi in onore di Piero Bellini, Soveria

sowohl das Recht auf Religionsfreiheit als auch die Legitimität, bei den Getauften verantwortlich eine multiple Identität heranreifen zu lassen, in der Konzilslehre eine solide Rechtfertigung gefunden.[54] In der Konzilserklärung *Dignitatis humanae* wird nämlich zwar einerseits die sittliche Verpflichtung jeder Person bekräftigt, „die Wahrheit zu suchen ..., an der erkannten Wahrheit festzuhalten und ihr ganzes Leben nach den Forderungen der Wahrheit zu ordnen" (DH 2); andererseits wird kraftvoll präzisiert: „Der Mensch vermag aber dieser Verpflichtung auf die seinem eigenen Wesen entsprechende Weise nicht nachzukommen, wenn er nicht im Genuß der inneren, psychologischen Freiheit und zugleich der Freiheit von äußerem Zwang steht" (DH 2). Ja, weil eben nach der christlichen Theologie der Glaubensakt seiner Natur nach frei ist, verträgt er nicht nur keinerlei äußeren Zwang, beispielsweise von politischen Gewalten, sondern auch keinen Zwang innerhalb der Religionsgemeinschaft. Wenn es sich um die katholische Kirche handelt, heißt das: Auf der Ebene des kanonischen Rechts bleibt der Glaubensakt stets frei, und der kirchliche Gesetzgeber schützt ihn vor jedem Zwang.[55] Überdies war es auf der Grundlage der Konzilslehre über die *communio plena* oder *non plena,* derer sich die Getauften aufgrund ihres freien Glaubensaktes erfreuen, nicht nur für die protestantischen, sondern auch für die katholischen Kanonisten möglich, einen dynamischen und differenzierten Begriff der Kirchenmitgliedschaft zu entwickeln.[56] Die Commu-

---

Manuelli 1999, 75 ff.; *Die Konzilserklärung über die Religionsfreiheit. Lateinischer und deutscher Text. Kommentare* von Pietro Pavan u. a., hrsg. von Jérôme Hamer – Yves Congar, Paderborn 1967.

54 In der evangelischen schweizerischen Tradition werden drei Identitätsebenen des Getauften unterschieden: a) die theologische („Gliedschaft" oder „Kirchengliedschaft"); b) die gesellschaftlich-kulturelle („Zugehörigkeit" oder „Kirchenzugehörigkeit"); c) die rechtliche („Mitgliedschaft" oder „Kirchenmitgliedschaft"). Herkömmlicherweise betrifft nur die letztere die sogenannte „Evangelische Landeskirche" und somit die öffentlich-rechtliche Körperschaft. Diese klassische Theologie wurde übernommen und kommentiert von Christoph Winzeler in seinem Kongreßreferat am III. Convegno Internazionale DiReCom (Lugano 9.-11. September 2007): *„Laicità dello Stato, appartenenza religiosa e ordinamento giuridico da un punto di vista evangelico",* in: Annuario DiReCom 7 (2008) 55–72, bes. 66 f. Zu einem vollständigen Studium des Begriffs mehrfache zivile Identität vgl. Libero Gerosa, *Politica senza religione? Laicità dello Stato, appartenenze religiose e ordinamento giuridico. Relazione di chiusura,* in: Annuario DiReCom 7 (2008) 85–110.

55 Vgl. cc. 748 § 2; 865 CIC/1983. Dazu, daß auch die Exkommunikation dieses Prinzip nicht verletzt, vgl. Libero Gerosa, *Exkommunikation und freier Glaubensgehorsam. Theologische Erwägungen zur Grundlegung und Anwendbarkeit der kanonischen Sanktionen,* Paderborn 1995; zum ganzen Thema vgl. auch Peter Krämer, *Religionsfreiheit und Absolutheitsanspruch der Religionen – aus der Perspektive des Christentums,* in: Recht auf Mission contra Religionsfreiheit?, hrsg. von Peter Krämer u. a. Berlin 2007, 35–51.

56 Zu einer Analyse der Aufnahme dieses vom Zweiten Vatikanischen Konzil entwickelten dynamischen Begriffs der Kirchengliedschaft in den CIC vgl. Peter Krämer, *Zugehörigkeit zur Kirche,* in: HdbKathKR, Regensburg ^{2}1999, 200–209, hier: 203.

nio-Ekklesiologie des Zweiten Vatikanischen Konzils macht also verständlicher, warum heute auch die katholischen Gläubigen, die Bürger europäischer Staaten und Bürger schweizerischer Kantone sind, in denen der katholischen Kirche durch die Verfassung die öffentliche Rechtspersönlichkeit zuerkannt wird, positiv in einer multiplen bürgerlichen Identität leben, ohne jedoch irgendwie auf ihre religiöse Identität sowie ihre eigenen ethischen Verpflichtungen und Werte zu verzichten. Übrigens hat der *status sui generis,* den die katholische Kirche in vielen Schweizer Kantonen, insbesondere im Kanton Tessin, durch den von der Verfassung verliehenen Status einer öffentlich-rechtlichen Körperschaft erworben hat, sie weder zu einem integrierenden Bestandteil der öffentlichen Verwaltung gemacht, noch hat er sie – wenigstens nicht prinzipiell – um ihre pastorale Autonomie gebracht.[57] Die „Verdoppelung" der kirchlichen Strukturen – auf der einen Seite die kanonischen von synodal-hierarchischer Natur, auf der anderen die des öffentlichen kirchlichen Rechts von demokratischer Natur – wird von den Gläubigen für gewöhnlich nicht als Konflikt empfunden, da die ersteren eine sehr pastorale Funktion haben, und die zweiten eine höchst administrative, da sie ausschließlich zur Verwaltung der öffentlichen Finanzierung, von Kultussteuer und Steuerleichterungen bestimmt sind. Es gibt nicht nur diese Verdoppelung, da sie oft mit weiteren körperschaftlichen Zugehörigkeiten wie beispielsweise mit dem Patriziat[58] gekoppelt ist. Folglich läßt sie sich als eine Art Inkulturation des katholischen kirchlichen Lebens in die schweizerische demokratische Umwelt ansehen.[59] In diesem Sinn stellt eine solche Praxis einen positiven Beitrag der Katholiken zur Entwicklung der multiplen zivilen Identität aller Schweizer Bürger dar, die oft über die normale Schweizer Staatsbürgerschaft hinaus nicht nur Mitglieder einer Religionsgemeinschaft, sondern auch eines Patriziates sind. Gilt dieses Urteil auch für solche, die einer anderen Religion angehören, insbesondere für die Juden und die Muslime?

---

57 Vgl. Vincenzo Pacillo, *Alcune riflessioni sul nuovo status giuridico della Chiesa Cattolica nel Cantone Ticino,* in: RTLu 11 (2006), 169–192.

58 Im Kanton Tessin ist das Patriziat, ursprünglich Vicinat oder Vicinia genannt, eine altertümliche Körperschaft von Verwaltern und Nutznießern gemeinschaftlicher Güter (Wälder, Weiden, Alpen, Patrizierhäuser usw.) mit öffentlicher Rechtspersönlichkeit. Es ist also hingeordnet auf die Ausübung von kollektivem Eigentumsrecht zugunsten der ganzen Gemeinschaft. In anderen Schweizer Kantonen lauteten die Bezeichnungen anders – z. B. „Bourgeoisie" oder „Bürgergemeinde" –, doch stets ohne den elitären Rang einer noblen Klasse, sondern als Herd einer altertümlichen Gemeinschaftstradition („Bourg", „Bürg"). Zum Thema vgl. Giovanna Scolari, *Il Patriziato ticinese: identità, pratiche sociali, interventi pubblici,* Locarno 2003, vor allem das interessante Kapitel: *Il Patriziato oggetto dell'antropologia politica,* 33–49.

59 Vgl. Kurt Koch, *Kirche und Staat in kritisch-loyaler Partnerschaft,* in: Adrian Loretan, Kirche – Staat im Umbruch. Neuere Entwicklungen im Verhältnis von Kirchen und anderen Religionsgemeinschaften zum Staat, Zürich 1995, 108–129, hier: 118.

Was die Juden in Europa betrifft, kann die Antwort im wesentlichen keine andere als ein Ja sein, denn zum einen leisten sie bekanntlich von ihrer Kultur her einen positiven Beitrag zur Entwicklung einer europäischen zivilen Identität; zum andern hat die Schaffung des Staates Israel nicht zur Wiedergeburt des jüdischen Rechts geführt, das im Lauf des 18. Jahrhunderts wegen der Emanzipation der Juden, die fast überall die gleichen Rechte und Pflichten wie die anderen Bürger erhielten, rasch unterging, und sie führte auch nicht dazu, daß das jüdische Recht innerhalb der israelischen Rechtsordnung die Rolle einer „subsidiären Quelle"[60] annahm. Übrigens ist im Judentum selbst die Interpretation des jüdischen Rechts in bezug auf die Religionszugehörigkeit sehr differenziert: diese reicht vom orthodoxen Judentum, gemäß dem die von der *Halacha* festgesetzten Regeln für den Eintritt und den Austritt absolute Geltung haben und somit keine Änderungen zulassen, über das reformierte Judentum, das für ihre Flexibilität und Anpassungsfähigkeit eintritt, bis hin zum israelischen Recht, das sie auf eine Weise interpretiert, die vor allem in bezug auf die Erwerbung des Bürgerrechts im wesentlichen säkular ist.[61]

Was die Muslime in Europa betrifft, ist die Antwort problematischer. Erstens gibt es im Unterschied zu dem, wozu es in Afrika schon gekommen ist, wo man von einem Afro-Islam sprechen kann, oder in Südasien, wo sich ein Indo-Islam herausgebildet hat, auf unserem Kontinent noch keinen Euro-Islam, und die wenn auch noch so zahlreich eingewanderten Muslime sind noch Fremde, deren kulturelle und bürgerliche Identität ganz von der Religionsangehörigkeit bestimmt wird, so wie diese in ihren Ursprungsländern praktiziert wird.[62] Und die Rechtsordnungen dieser Länder werden für gewöhnlich von den Prinzipien der *Sharīʻa* inspiriert; ja diese – man denke an den Iran oder Ägypten – wird oft von den betreffenden Verfassungen als die Hauptquelle der ganzen Gesetzgebung angegeben.[63] Gemäß dieser Quelle ist der Mensch, ungeachtet aller Interpretationsunterschiede zwischen Sunniten, Schiiten und den verschiedenen islamischen Rechtsschulen, seiner Urnatur nach Muslim; Kinder sind automatisch Muslime, auch wenn die Eltern einer anderen Religion angehören. Und vor allem sind sämtliche islamischen Rechtsströmungen und -schulen einstimmig der Ansicht, daß gemäß dieser Quelle der Abfall vom Islam ein schwerwiegendes Delikt ist, das normalerweise mit dem Tod zu bestrafen ist.[64] Zweitens bildet die Identität des einzelnen Moslems ein Ganzes mit seiner kollektiven

60 Vgl. diesbezüglich Silvio Ferrari, *Lo spirito dei diritti religiosi. Ebraismo, cristianesimo e islam a confronto,* Bologna 2002, 52–54.

61 Zur ganzen Frage vgl. Silvia Pasquetti, *Ebreo per nascita, „apostata" per scelta,* in: Daimon 1 (2001) 11–51.

62 Dazu vgl. Bassam Tibi, *Euro-Islam. L'integrazione mancata,* Venezia 2003, 170.

63 Vgl. Ferrari, *La spirito dei diritti religiosi* (Anm. 60), 62. Zur Rolle der *Sharīʻa* als selbst den Verfassungen übergeordnete Norm vgl. auch Alberto Predieri, *Sharīʻa e costituzione,* Roma – Bari 2006.

64 Zur ganzen Frage vgl. Silvia Tellenbach, *L'apostasia nel diritto islamico,* in: Daimon 1 (2001) 53–70.

Identität, das heißt mit der Zugehörigkeit zur *Umma*, der Religionsgemeinschaft des Islam, und sämtliche islamischen Traditionen stimmen überein in einer „pervasiven, inglobierenden Religionsauffassung, wonach der Islam zugleich Religion und Daseinsorganisation in allen ihren Formen ist. Die Aussage: ‚*al-Islam din wa dunyā*' (‚Der Islam ist die Weltreligion') findet eine Parallele in den Strömungen des islamistischen Radikalismus, in der Aussage: ‚*al-Islam dīn wa dawlah*' (‚Der Islam ist Staatsreligion'). Obwohl diese Redewendung durchaus nicht einhellig interpretiert wird, liegt in ihr eine ausdrückliche theozentrische Auffassung (unter anderem) im Prinzip, daß einzig Gott Souveränität zukommt und daß nur das religiöse Gesetz Gesetz im eigentlichen Sinn dieses Begriffs ist".[65] Beide genannten Gründe schließen jedoch nicht die Möglichkeit aus, daß es auch in Europa zu einer wahren Integration der Muslime kommt und daß diese die universalen Elemente, die in der europäischen bürgerlichen Identität liegen, annehmen. Auch innerhalb des Islam gibt es ja nicht nur Orthodoxe, die jedem Koranvers unbedingte und unveränderliche Geltung zuschreiben, sondern auch Liberale, die eine kontextualisierte, nicht vom Ort und von der Zeit absehende Koranlesung und -interpretation vorlegen.[66] Zudem sagt ein sehr oft zitierter Vers des Korans: „Es soll kein Zwang sein im Glauben" (Sure 2, Vers 256), aber im mittelalterlichen islamischen Denken wurde die Vernunft oft als eine göttliche Gabe im Dienst der Freiheit des Menschen beschworen.[67]

Genügt das, um nicht nur den Juden und den Christen, sondern auch den Muslimen eine positive Verbindung ihrer religiösen Identität mit der europäischen bürgerlichen Identität zu gewährleisten? Die Antwort hängt nicht nur von ihrer Rezeptivität, sondern auch von der Fähigkeit der Europäer ab, allen Eingewanderten, auch den Muslimen, die ihrer bürgerlichen Identität eingeprägten universalen Werte zu übermitteln.

4. Schluss

Bei der sozio-kulturellen Übermittlung der universalen Werte, die der europäischen und schweizerischen bürgerlichen Identität eingeprägt sind, an alle Eingewanderten kommt dem säkularen Staat, der seine Aufsicht im Privatrecht und im öffentlichen Recht vornehmen kann, eine höchst wichtige Rolle zu. Im öffentlichen Recht ist eines der Hauptinstrumente, die zur Verfügung stehen, das, den Status der Körperschaft öffentlichen Rechts zu verleihen, unter der Bedingung jedoch, daß die drei folgenden Grundsätze voll und ganz respektiert werden:

---

65 Ferrari, *Lo spirito dei diritti religiosi* (Anm. 60), 61.

66 Vgl. das Interview mit Samir Khalil Samir unter dem Titel: *Cento domande sull'Islam,* hrsg. von Giorgio Paolucci – Camille Eid, Genova 2002, 61.

67 Vgl. Samir Khalil Samir, *Se l'illuminismo separa la fede dalla ragione,* in: Oasis 5 (2007) 82–87, hier: 85.

1. das Prinzip der Religionsfreiheit, so daß völlig freisteht, in die Körperschaft einzutreten oder aus ihr auszutreten oder von einer Körperschaft in eine andere überzutreten;
2. das Prinzip der Unterscheidung zwischen zeitlicher und religiöser Sphäre;
3. das Prinzip der Loyalität gegenüber dem Staat und der entsprechenden Bereitschaft, sich am Aufbau der Wohlfahrt der ganzen zivilen Gesellschaft verantwortlich zu beteiligen.

In dieser Richtung scheint sich das kürzlich erfolgte Urteil des Bundesgerichts von Lausanne zu bewegen, vor allem da, wo es präzisiert, daß der „Kirchenaustritt" nichts anderes ist als lediglich ein „Körperschaftsaustritt". Er ist nur ein Stück der multiplen bürgerlichen Identität, wie sie im vorhergehenden Abschnitt beschrieben wurde, aber es ist wichtig, daß die katholische Kirche in der Schweiz die Weiterentwicklung der kantonalen Gesetzgebung in der von diesem Urteil vorgezeichneten Richtung fördert.

Es geht also darum, wieder die positive Rolle des der katholischen Kirche gewährten Status einer öffentlich-rechtlichen Körperschaft neu zu entdecken. Seine Grundlage ist das staatliche Recht, doch sein Zweck ist kirchlich oder, wenn man so will, die vor allem finanzielle Unterstützung der anerkannten Religionsgemeinschaften. Wie der Apostolische Nuntius Karl-Joseph Rauber mit Recht bemerkt hat,[68] widerspricht ein solcher Status, auch wenn er in dem einen oder anderen schweizerischen Kanton in einigen seiner Inhalte zu präzisieren und zu revidieren ist, nicht der Lehre des Zweiten Vatikanischen Konzils, das in der Konstitution *Gaudium et Spes* sagt: „Die politische Gemeinschaft und die Kirche sind auf je ihrem Gebiet voneinander unabhängig und autonom" (GS 76, 3).

---

68 Vgl. Karl-Joseph Rauber, *Das Verhältnis von Kirche und Staat in der Schweiz*, in: Loretan u. a., Kirche – Staat im Umbruch (Anm. 59), 170–177.

Die Finanzierung der Kirche in der Schweiz

Geschichte und Folgen einer Trennung von Kirche und Staat: Das Beispiel des Schweizer Kantons Neuenburg

Bernard Jordan

1. Einleitung

Welchen Status haben die Kirchen in einer aus 26 Kantonen bestehenden, föderalistischen Schweiz?

Aufgrund der bundesverfassungsrechtlichen Kompetenzverteilung verfügen die Kantone in religiösen Belangen über Souveränität. Sie entscheiden also im Rahmen der gesetzlichen Möglichkeiten selbst, wie sie die Beziehungen zu den Kirchen halten.

Man unterscheidet zwischen verschiedenen Systemen, die im großen und ganzen folgenden drei Grundmodellen zugeordnet werden können:

- Trennung von Kirche und Staat (Genf, Neuenburg).
- Partnerschaft von Kirche und Staat. Zwischen den Kirchen und dem Staat besteht eine starke Verbindung; oder die Kirchen sind in die staatliche Struktur integriert (Bern).
- Unabhängigkeit der Kirchen im Rahmen eines öffentlich-rechtlichen Status, ohne Bindung an die allgemeine Staatsverwaltung (Waadtland, Freiburg sowie die meisten anderen Kantone).

Die Geschichte des jeweiligen Kantons hat in der Regel starken Einfluß auf die Beziehungen zwischen dem Staat und den Kirchen und bedingt häufig eines der drei zuvor genannten Grundmodelle.

Im vorliegenden Aufsatz wird die Situation im Kanton Neuenburg vorgestellt – einem Kanton, in dem die Kirche und der Staat getrennt voneinander agieren.

2. Die Situation der Kirchen vor der Trennung

Die von Guillaume Farel gepredigte Kirchenreform breitet sich ab 1530 nach und nach über die gesamte Grafschaft Neuenburg aus. Nur die Schloßverwaltung von *Le Landeron,* zu der auch die Gemeinde *Cressier* zählt, hält dem von Neuenburg und Bern ausgehenden Druck stand. Sie profitiert von der Unterstützung aus Solothurn und bleibt dem katholischen Glauben treu.

Von nun an beziehen die Konfessionen ihr Quartier innerhalb geographischer Grenzen. Der evangelische Glaube ist in *Le Landeron* verboten ebenso wie der katholische Glaube im Rest des Landes.

Erst nach einer Wartezeit von 250 Jahren faßt die katholische Religion in Neuenburg wieder Fuß. Der französische Offizier Alexandre Berthier wird von Napoleon Bonaparte zum Fürsten von Neuenburg ernannt. Trotz der Vorbehalte der lokalen politischen und religiösen Organe führt er 1806 die katholische Religion wieder ein.

Alsbald entsteht eine katholische Gemeinde in der Stadt Neuenburg. Die Katholiken profitieren von der Anstellung der Spitalschwestern von Besançon in einem Krankenhaus in der Stadt und feiern die Heilige Messe dank des Wohlwollens des Eigentümers, des Grafen Louis de Pourtalès, in der Kapelle dieser Einrichtung.

Einige Jahre später, nach langen Verhandlungen und heftigen Debatten, wird im Jahr 1828 eine katholische Kapelle errichtet.

Ausgehend von dem so entstandenen Zentrum organisieren sich die Katholiken von Neuenburg und gründen nach und nach Pfarrgemeinden im restlichen Kanton: 1834 in *La Chaux-de-Fonds,* 1852 in *Val-de-Ruz,* 1855 in *Val-de-Travers,* 1857 in *Le Locle* und 1884 in *Colombier.*

Im 19. Jahrhundert sind ein Großteil der Katholiken des Kantons Neuenburg neben den Eidgenossen aus den katholischen Kantonen Personen ausländischer Herkunft, vor allem aus Frankreich und Italien. Durch Zuwanderer, vor allem aus Italien, Spanien und Portugal, wächst diese Gemeinschaft Ende des 19. Jahrhunderts und in der zweiten Hälfte des 20. Jahrhunderts an.

Das Zusammenleben von Katholiken und Reformierten funktioniert nicht immer reibungslos. Die ehrwürdigen Pastoren sowie die Bourgeoisie von Neuenburg stehen dem Wachstum der katholischen Gemeinschaft mit starkem Widerstand gegenüber. Sie sehen den Protestantismus als grundlegendes Element der politischen und kulturellen Identität von Neuenburg und versuchen, die Vorrangstellung der reformierten Kirche zu verteidigen. Ihre Bemühungen zielen darauf ab, den Einfluß der katholischen Religion rein auf private Bereiche zu begrenzen. Sie fürchten ihre Expansion in der Gesellschaft und ihre Ausbreitung in politischen Institutionen.

Nicht alle jedoch sind den Katholiken rein feindlich gesinnt. Der Staatsrat zum Beispiel vertritt eine weitaus differenziertere Position, die den gesamten Kanton betrifft. Die Existenz der katholischen Enklaven von *Le Landeron, Cressier* und *Cerneux-Péquignot,* einem französischen Dorf, das 1814 zu Neuenburg fällt, zwingen ihn, mehrere Religionsbekenntnisse zuzulassen, um eine Aufspaltung des Fürstentums zu vermeiden. Er ist demnach darauf bedacht, ein Gleichgewicht zwischen den verschiedenen Religionsgemeinschaften herzustellen. Auch aus den Reihen der Einwohner setzen sich einige für mehr Aufgeschlossenheit in religiösen Belangen ein. Zu Beginn des 19. Jahrhunderts gibt der Bürgermeister von Neuenburg, *Charles-Louis Depierre,* zum Vorteil der Katholiken eine flexiblere Interpretation der religiösen Gesetze bekannt. Selbst in den Reihen der Pastoren sind einige toleranter gesinnt als andere.

In *Le Locle* erlaubt der protestantische Pfarrer Villberger 1858, die Kirche *Temple-Allemand* den Katholiken (welche über keine ausreichend großen Räumlichkeiten verfügen) zugänglich zu machen, damit diese darin jeden zweiten Sonntag die Heilige Messe feiern können.

Aber die religiöse Vergangenheit der Schweiz ruft in Neuenburg Unruhen hervor, und trägt nicht zum Dialog zwischen den beiden Konfessionen bei. Trotz der Neutralität in Neuenburg läßt der Sonderbundskrieg im Jahr 1847 die Spannungen wieder wach werden und hinterläßt tiefe Spuren in den Köpfen der Menschen. Auch der Konfessionalismus lebt während der Periode des Kulturkampfs ab 1860 sehr stark auf und erreicht seinen Höhepunkt 1873, besonders durch die Ausweisung des Apostolischen Vikars von Genf *Mgr. Gaspard Mermillod* aus der Schweiz durch den Bundesrat und die Absetzung von Bischof *Mgr. Eugène Lachat* durch die Kantone der Diözese Basel.

Diese wiederholten Konflikte haben eine allmähliche Abkapselung der katholischen Gemeinschaft zur Folge, welche ihre religiöse und kulturelle Identität bewahren will, indem sie sich vor einer liberalen Gesellschaft schützt, die sie als feindlich empfindet. Daraus entsteht sehr bald eine Ghetto-Mentalität. Diese mündet in eine „Gegengesellschaft", deren Ziel darin besteht, die katholischen Besonderheiten zu schützen: Parallel zu der bereits in der Gesellschaft vorhandenen katholischen Struktur werden weitere eingerichtet. So entstehen Schulen, Spitäler, Clubs, Sport- und Freizeitvereine, Wohltätigkeitsvereine und viele andere, die es den Katholiken in Neuenburg erlauben, ihren Glauben ohne Einschränkungen zu leben, und das in einem Land, das sich nicht zu diesem bekennt. Diese Situation hält bis zur Mitte des 20. Jahrhunderts an: Obwohl die Unterschiede in den Religionsbekenntnissen vom kirchlichen und vom politischen Standpunkt aus nicht mehr dieselbe Tragkraft haben, behalten sie dennoch ihre sozio-kulturelle Bedeutung für die Bevölkerung.

Während der gesamten ersten Hälfte des 19. Jahrhundert finanzierten die Katholiken von Neuenburg ihre diversen Pfarren zur Gänze selbst. Die Ausrufung der Neuenburger Republik im Jahr 1848 wird diese Situation völlig verändern. Die neue Verfassung beruht nämlich auf einer Gleichstellung von Protestanten und Katholiken. Der Kanton versichert, von nun an Gehälter für protestantische Pfarrer und für Priester zu bezahlen. Dieses System wird bis zum Konkordat von 1942 unverändert bleiben.

3. Die Trennung von Kirche und Staat

3.1. Die Konkordate von 1942

Die Trennung von Staat und Kirche erfolgt 1941; jedoch nicht als Resultat einer anti-religiösen Manifestation, sondern auf Grund des Wunsches der reformierten Kirche, welche bei weitem die Mehrheit darstellt.

Von der Gesamtbevölkerung von 120 000 Einwohnern kann die reformierte Kirche immerhin 100 000 Gläubige (84 %) verzeichnen, während die Katholiken nur 17 000 Personen (14 %) zählen.

Die Trennung vom Staat stellt für die reformierte Kirche die einzige Möglichkeit dar, der Spaltung ein Ende zu setzen, die 1873 durch das Gesetz zur Regelung der Beziehungen zwischen dem Staat und den Religionsgemeinschaften hervorgerufen wurde. In diesem Gesetz wurde die Gewissensfreiheit der Pastoren erklärt. Ab diesem Zweitpunkt wird die Pastorenausbildung unter der Verantwortung des Kantons der Akademie anvertraut. Dies führt zur Bildung einer vom Staat unabhängigen, evangelischen Kirche in Neuenburg, parallel zur offiziellen oder nationalen Kirche.

Es wird ein Kompromiß gefunden, um der Spaltung der protestantischen Kirche in Neuenburg ein Ende zu setzen und gleichzeitig einen Zusammenschluß der beiden Kirchen zu bewirken. Dieser Kompromiß ist der Wunsch vieler und sieht die völlige Unabhängigkeit der Kirche vom Staat vor sowie eine Organisation derselben gemäß dem Privatrecht. Eine staatliche Subvention soll dennoch weiterhin aufrecht bleiben.

Natürlich sind auch die Katholiken von diesen Plänen betroffen. Bereits 1936 nimmt der Bischof der Diözese Lausanne-Genf-Fribourg mit dem Kanton Neuenburg Gespräche zum Thema einer möglichen Trennung von Kirche und Staat auf. Auf Einladung des sogenannten „Kultusdepartements" nimmt eine Delegation der katholischen Kirche im Jahr 1937 an einer Versammlung der Vertreter der christlichen Kirchen teil, um die endgültigen Texte der Verfassungsänderung zu prüfen und festzulegen (die damals gültige Verfassung stammt aus dem Jahre 1858), um über das Projekt des Konkordats zu verhandeln und um diversen Fragen zur Ausführung der Trennung von Kirche und Staat nachzugehen. Die Delegation der katholischen Kirche stimmt der Trennung zwar nicht zu, wird sie aber akzeptieren, wenn sie zustandekommt.

Die römisch-katholische Kirche wünscht sich also die Aufrechterhaltung der Partnerschaft von Kirche und Staat. Ohne während der am 5. und 6. Juli 1941 stattfindenden Wahlen ausdrückliche Anordnung zu erteilen, verkünden das Dekanat und der Bischof das Nein. Letzten Endes wird die Trennung von Kirche und Staat von einer großen Mehrheit des Volkes angenommen.

Die Trennung wird entsprechend auf die beiden anderen anerkannten Kirchen, für die der Staat verantwortlich zeichnet, angewandt: zwölf römisch-katholischen Pfarren und eine christkatholische.

1941 werden die drei anerkannten Kirchen gemäß § 60 ff. zu unabhängigen Gemeinschaften erklärt. Die Verfassung erkennt sie als Institutionen öffentlichen Interesses an, welche die christlichen Traditionen des Landes repräsentieren und an dessen religiöser Weiterentwicklung arbeiten. Dadurch stehen ihnen diverse Privilegien zu, die anderen Religionsgemeinschaften nicht zugesprochen werden. So zahlt ihnen der Kanton eine jährliche Unterstützung von 200 000 CHF (dieser Betrag ist in der Verfassung festgehalten und folglich unveränderlich), die je nach Anzahl ihrer Mitglieder verteilt werden. Diese Aufteilung wird alle zehn Jahre überarbeitet. Die Kirche und die Pfarren sind von allen Steuern und Gebühren für Erbschaften oder Nachlässe befreit, ebenso wie die ihnen angeschlossenen juristischen Personen hinsichtlich aller Besitztümer, deren Nutzung oder daraus gewonnene Einnahmen den Bedürfnissen der Religionsgemeinschaft oder des religiösen Lebens zuträglich sind. Der Kanton hebt den Betrag der freiwilligen Kirchenbeitragssteuer für die Mitglieder jeder der anerkannten Kirchen ohne Unkosten ein. Die Kirchen einigen sich, diese Beitragssteuer auf 15 % der direkten kantonalen Steuer für natürliche Personen und auf 12 % für juristische Personen festzusetzen.

Um die praktischen Probleme der verschiedenen Religionsgemeinschaften zu lösen, wird ein Konkordat zwischen dem Staat und jeder der drei Kirchen geschlossen. Das Konkordat wird im November 1942 von Mgr. Marius Besson unterzeichnet, der im Namen der römisch-katholischen Pfarren des Kantons Neuenburg handelt. Es legt gewisse Grundlagen fest. Die Pfarren bleiben weiterhin Eigentümer der römisch-katholischen Kirchen und Kapellen. In jenen Ortschaften, in denen keine Kirche oder Kapelle vorhanden ist, müssen die Gemeinden den Pfarren eine passende und dem Zweck dienliche Räumlichkeit zur Verfügung stellen, um die Heilige Messe zu feiern. Die Behörden tragen dafür Sorge, daß den Schülern und Lehrlingen die Möglichkeiten und die nötige Zeit für den Religionsunterricht eingeräumt werden.

Die Konkordate treten am 1. Juli 1943 in Kraft und legen fest, daß die Gemeinden nicht zu anderen Leistungen herangezogen werden können als jenen, die sie zum Datum des Inkrafttretens der Konkordate erfüllen. Diesbezüglich soll festgehalten werden, daß die meisten Kirchen der evangelischen Religion Eigentum der Gemeinden sind. Diese sind folglich auch zur Gänze für deren Instandhaltung verantwortlich (inkl. Heizkosten, Anstellung eines Hausmeisters, Anstellung des Organisten etc.).

Daraus ergibt sich eine deutliche Diskriminierung der katholischen Pfarren, welche all diese Kosten selbst tragen müssen. Mit der Zeit und dem Anwachsen der katholischen Bevölkerung zahlen jedoch einige Gemeinden den katholischen Religionsgemeinschaften eine mehr oder weniger vergleichbare finanzielle Unterstützung und kompensieren damit dieses Ungleichgewicht.

3.2. Die Gründung der „Fédération catholique romaine neuchâteloise"

Dieser Verband wird in unmittelbarer Konsequenz des Konkordats gegründet. Die Kleriker werden nicht mehr vom Kanton bezahlt, der es für ausreichend hält, den freiwilligen Kirchenbeitrag ohne Unkosten einzuheben. Die zwölf katholischen Pfarren, die zu diesem Zeitpunkt im Kanton existieren, müssen also einen Weg finden, die eingehobenen Beiträge aufzuteilen. Am 28. März 1943 gründen sie einen Dachverband, die *Fédération catholique romaine neuchâteloise* (FCRN), der sich dieser Aufgabe annimmt.

Die Funktion der FCRN besteht demnach darin, jene Gelder einzuheben und zu verwalten, die für den Unterhaltung des römisch-katholischen Klerus des Kantons bestimmt sind. Diese Gelder stammen in erster Linie aus den freiwilligen Kirchenbeiträgen, die sowohl von natürlichen als auch von juristischen Personen bezahlt werden, sowie auch aus der vom Kanton bezahlten Subvention. Die Versammlung von Delegierten der verschiedenen Pfarren bestimmt nun einen Vorstand, der sämtliche finanziellen, rechtlichen und administrativen Angelegenheiten des Dachverbandes verwaltet.

Seit 1966 wird die kirchliche Instanz im Kanton von einem bischöflichen Vikar repräsentiert, der vom Diözesanbischof ernannt wird. Dieser Vikar ist von Rechts wegen Mitglied des Vorstands und stellt die Schnittstelle zwischen dem kantonalen Leben und den Vorstellungen der Diözese dar.

3.3. Fehlschläge und Versuche, die finanzielle Situation der anerkannten Kirchen zu verbessern

Auf die Finanzen der Kirchen wirkt sich die Trennung von Staat und Kirche negativ aus. Die Kirchen versuchen, durch Abgeordnete aus ihren Reihen ihre staatliche Unterstützung zu erhöhen. In bezug auf diese Versuche ist ohne jeden Zweifel die reformierte Kirche die aktivste. Sie ist zahlenmäßig im Vorteil und am besten in der Politik vertreten, der Macht also am nächsten.

Am 22. März 1954 nimmt der Kantonsrat einen Antrag aus den reformierten Reihen an, in welcher der Staatsrat gebeten wird, „die eigenen Mittel zu prüfen, um die Unterstützung des Kantons zugunsten der Kirchen zu erhöhen und dem Kantonsrat einen Entwurf für die Änderung der Neuenburger Verfassung vorzulegen oder auch einen anderen Entwurf, der zum selben Ziel führen würde". Die Antragsteller meinen, daß die vom Kanton gewährte Unterstützung für die anerkannten Kirchen an die allgemeine Anhebung der Preise und Löhne anzupassen sei. Sie schlagen vor, jede zahlenmäßige Erwähnung aus der Verfassung zu streichen und diese darauf zu beschränken, den Grundsatz der finanziellen Unterstützung festzulegen. Die tatsächliche Höhe dieser Unterstützung soll jährlich durch den Kantonsrat festgelegt werden. Die finanzielle Situation der reformierten Kirche ist zu diesem Zeitpunkt so schlecht, daß diese nach diversen Untersuchungen davon ausgehen muß, daß ihr diese Summe nicht als notwendige Ergänzung ihrer Ressourcen genügen wird. Die reformierte Kirche meint, die einzige wirkungsvolle Maßnahme zur Stabilisierung ihrer Finanzen sei es, die freiwilligen Kirchenbeiträge in eine Pflichtsteuer umzuwandeln.

Sie beruft sich auf ein Rechtsgutachten des ehemaligen Bundesrichters Henri Zwahlen, der zu dieser Zeit Professor an der Juristischen Fakultät von Lausanne und Neuenburg ist, und schlägt dem Kantonsrat diese Lösung vor. Die beiden anderen anerkannten Kirchen schließen sich diesem Vorschlag an, im besonderen die römisch-katholische Kirche, der die Trennung von Kirche und Staat aufgedrängt wurde.

Der Staatsrat kommt dem Wunsch der reformierten Kirche nach und schlägt die Überarbeitung der Neuenburger Verfassung vor. Seit die anerkannten Kirchen vom Staat getrennt sind, kann sich dieser nicht mehr öffentlich dazu äußern, wer zu einem großen Teil vom Leben innerhalb der Kirchen abhängig ist. Es ist die Aufgabe des Volkes, über die bevorzugte Lösung zu entscheiden. Die Debatten im Kantonsrat sind lebhaft. Es handelt sich um eine sehr heikle Angelegenheit.

Nachdem die Hürde des Kantonsrats überwunden ist, wird die Verfassungsänderung im Zuge einer Volksabstimmung am 2. und 3. April 1960 mit 40 395 negativen und 11 419 positiven Stimmen zurückgewiesen.

Trotz dieses Mißerfolgs verlieren die anerkannten Kirchen nicht die Hoffnung, vom Kanton eine erhöhte finanzielle Unterstützung zu erhalten. Am 17. November 1965 akzeptiert der Kantonsrat ein Postulat zur Erhöhung der verfassungsmäßigen Unterstützung. Der Staatsrat gibt an, die Thematik zu prüfen. Obwohl man am 24. Februar 1969 eine Frage zum Vorankommen dieser Prüfung einreicht, wird dieses Postulat nie behandelt.

3.4. Das Konkordat von 2001

Die neue Verfassung, die vom Neuenburger Volk am 24. September 2000 angenommen wird, hat einige Änderungen in den Beziehungen zwischen den Kirchen und dem Kanton zur Folge.

So ist der Kanton von den Kirchen und anderen Religionsgemeinschaften getrennt, die reformierte Kirche, die römisch-katholische Kirche und die christkatholische Kirche werden jedoch als Institutionen öffentlichen Interesses anerkannt, welche die christlichen Traditionen des Landes repräsentieren. Mit ihnen kann der Kanton Konkordate aushandeln.

In seinem Bericht an den Kantonsrat zur Bekräftigung seines Entwurfes der Verordnung zur Anerkennung des zwischen dem Kanton Neuenburg und den anerkannten Kirchen abzuschließenden Konkordats weist der Staatsrat auf zahlreiche Gesetzes- und Verfassungstexte hin, welche die aktuellen Beziehungen zwischen dem Kanton und den Kirchen bestimmen, aber nicht mehr der aktuellen Situation entsprechen. Der Staatsrat hält es für passender, die Beziehungen zwischen dem Kanton und den anerkannten Kirchen nun auf weniger strenge Weise zu regeln.

Er schlägt vor, daß die neuen Beziehungen durch nur einen für sämtliche Kirchen gültigen Text geregelt werden: Ein einziges Konkordat, das seitens der römisch-katholischen Kirche von Diözesanbischof Mgr. Bernard Genoud und dem Vorstandsvorsitzenden des Dachverbandes, Maurice Perroset, unterzeichnet wird.

Vier Elemente prägen diesen neuen Text: Der neue Ansatz eines einzigen Konkordats für die Beziehungen zwischen dem Kanton und den drei Kirchen erlaubt eine deutliche Vereinfachung der Rechtsgrundlage. Das Konkordat ermöglicht außerdem die Vereinheitlichung der Beziehung zwischen dem Kanton und den Kirchen. Diese bestätigen den Gedanken einer ökumenischen Zusammenarbeit untereinander sowie den Wunsch, gemeinsam als Partner des Kantons im Dienste der Bevölkerung von Neuenburg aufzutreten. Außerdem trägt dieses Konkordat auch zur ökumenischen Bewegung bei, da es der Gerechtigkeit wegen eine Vermögensteilung veranlaßt. Alle Gemeinden stellen von nun an ihre Gebäude allen drei anerkannten Kirchen zur Verfügung, nicht mehr nur einer einzigen. Schließlich setzt das Konkordat der Strenge der verfassungsmäßigen finanziellen Unterstützung für die Kirchen ein Ende. Der Kanton hat nun die Möglichkeit, die jährlichen Subventionen für die anerkannten Leistungen der Kirchen in regelmäßigeren Abständen anzupassen.

Die seit 1942 ausbezahlte verfassungsmäßige Unterstützung von 200 000 CHF wird angepaßt, um der aktuellen Situation der durch die Kirchen erbrachten sozialen Leistungen Rechnung zu tragen (Finanzierung ihrer Sozialarbeit, Straßenseelsorge, Gefängnisseelsorge etc.), und auf 1 500 000 CHF angehoben.

Das Einkommen aus Kircheneigentum, das 1848 vom Kanton verstaatlicht wurde (83 915 CHF; ein Betrag, der seither nicht mehr verändert worden war, bestehend aus 6 440 CHF für die katholische Kirche, 77 475 für die reformierte Kirche), wird nun in die Berechnungen der pauschal festgesetzten Subvention mit einbezogen. Der Betrag der neuen Subvention wird nun für das Budget 2002 im Vergleich zum Vorjahr tatsächlich zusätzliche 1 216 085 CHF ausmachen.

Die Kirchen ihrerseits entscheiden über den Verteilungsschlüssel anhand eines Abkommens, das alle fünf Jahre überarbeitet wird. Sie teilen also dem Kanton den jeweiligen Anteil mit, der jeder von ihnen ausbezahlt wird.

Die Verteilungsschlüssel, die zwar freundschaftliche, aber dennoch lange und heftige Diskussionen mit sich brachten, berücksichtigen vor allem einen Basis-Pauschalbetrag, der jeder der Kirchen ausbezahlt wird (45 000 CHF). Der Restbetrag wird aufgeteilt. Diese Aufteilung erfolgt einerseits abhängig von der Anzahl der Personen, die laut der kantonalen Statistik entweder als römisch-katholisch, als christkatholisch oder als protestantisch registriert sind. Andererseits hängt die Aufteilung auch von der Anzahl der Steuerzahler ab, die sich laut Steuererklärung dazu bekennen, der einen oder der anderen Kirche anzugehören.

3.5. Die Beziehungen mit dem Kanton

Wenn sich der Grundsatz der Trennung im Kanton Neuenburg auch gut etabliert hat, dauert es dennoch einige Zeit, bis man von der Umsetzung dieser Trennung sprechen kann.

Dies ruft uns in Erinnerung, daß diese Trennung nicht als anti-religiöse Manifestation zu verstehen ist, sondern daß sie von der reformierten Kirche selbst gewünscht wurde. Zwischen dem Kanton und den anerkannten Kirchen bestehen nach wie vor gute Beziehungen. Davon zeugt auch die Tatsache, daß alle vier Jahre oder im Laufe jeder Legislaturperiode ein Treffen zwischen dem vollzähligen Staatsrat und dem Diözesanbischof stattfindet, letzterer in Begleitung einer Delegation von Mitgliedern des Bischofsvikariatsrates und des Dachverbandsvorstandes.

Ähnliche Treffen mit derselben Regelmäßigkeit finden auch zwischen dem Staatrat und den Vertretern der reformierten Kirche statt.

4. Die ökumenische Bewegung in Neuenburg

Geschichtlich gesehen ist Neuenburg eigentlich ein reformierter Kanton. Die katholische Bevölkerung hat jedoch im Laufe der Zeit immer mehr zugenommen, vor allem während des 20. Jahrhunderts. Die Katholiken erreichen die Mehrheit in den drei Städten des Kantons und stellen sie auch heute noch dar. Der Ansturm von Migranten, die zum Großteil aus Südeuropa kommen, ist an dieser Entwicklung nicht unbeteiligt.

Laut der letzten eidgenössischen Volkszählung leben im Kanton Neuenburg 64 000 Protestanten und 51 000 Katholiken.

Im Laufe der vergangenen 30 Jahre sind der Kontakt und die Zusammenarbeit zwischen den beiden Kirchen ständig gewachsen. Heute sind sie regelmäßig, selbstverständlich und auch notwendig.

An dieser Stelle soll außerdem betont werden, daß in unserem Kanton heute Mischehen die große Mehrheit darstellen.

4.1. L'Assemblée synodale œcuménique temporaire

Im Sinne des Zweiten Vatikanischen Konzils und nach den katholischen Diözesansynoden wird die Notwendigkeit einer Struktur spürbar, die es erlaubt, die unterschiedlichen christlichen Religionen in einer Diskussionsgruppe zu vereinen.

Im Jahr 1978 entscheiden die reformierte Synode und der Römisch-katholischer Pastoralrat, eine temporäre ökumenische Synodalversammlung, die *Assemblée œcuménique et temporaire* (ASOT) zu bestellen, um über Annäherungsmöglichkeiten zu beraten. An diesem Projekt nehmen die reformierte Kirche, die römisch-katholische Kirche, die christkatholische Kirche und die evangelische Mennonitenkirche teil. Der Bischof erteilt sein Einverständnis zu diesem Vorhaben.

Die Versammlung, die das erste Mal im Jahr 1981 zusammentritt, hat keine Entscheidungsmacht. Sie versucht jedoch, auf entscheidende und bestimmte Weise die unterschiedlichen Instanzen der Kirchen zu beeinflussen. Es werden verschiedene Themen behandelt: Die Fortführung der ökumenischen Bewegung, das Engagement der Christen in der Welt, Partnerschaft und Familie, die *foyers mixtes,* Religionsunterricht und christliche Erziehung, Vermögensteilung.

Man gibt also jenen Problemen den Vorrang, die mit dem täglichen Leben zusammenhängen, und nicht den großen theologischen Debatten.

1986 wird die Versammlung aufgelöst. Der Bericht, der nach diesen fünf Jahren Aktivität vorgelegt wird, beinhaltet an die 20 Vorschläge. Unter anderem unterbreitet die ASOT den Vorschlag, einen Ökumenischen Rat von Neuenburg zu gründen, dessen Aufgabe darin besteht, die ökumenische Bewegung im Kanton aufrechtzuerhalten und zu fördern, und die Kirchen anzuhalten, in der von ihnen entschiedenen Weise den Vorschlägen der ASOT zu folgen.

1988 tritt die *Communauté de travail des Eglises chrétiennes dans le canton de Neuchâtel* (COTEC; Arbeitsgemeinschaft der christlichen Kirchen im Kanton Neuenburg) an die Stelle der ASOT. Sie setzt sich das Ziel, den Zusammenhalt der Kirchen zu bekräftigen, und die Zusammenarbeit der Christen umzusetzen und zu fördern.

Heute wird eine Vielzahl an Aufgaben in enger Partnerschaft mit den beiden anderen anerkannten Kirchen ausgeführt.

4.2. *Das ökumenische Zentrum für Katechese*

1971 investieren die römisch-katholische und die reformierte Kirche in Material und Einrichtung eines Zentrums für Katechese in der Stadt Neuenburg. Das Zentrum dient der gemeinsamen Nutzung, unter der Verantwortung eines Priesters und eines Pastors.

Beinahe zehn Jahre später, im Jahr 1980, stellen dieselben Kirchen eine Arbeitsgruppe auf, um die Strukturierung und die Finanzierung dieses Zentrum mittels Statuten zu klären. Von diesem Zeitpunkt an trägt die Institution den Namen *Centre œcuménique de catéchèse* (COC; Ökumenisches Zentrum für Katechese). 1985 nimmt sie auch das *Caté-Centre* auf, eine von der reformierten Kirche in *La Chaux-de-Fonds* gegründete Institution. Ein von den Kirchen ernannter Vorstand sorgt für das Funktionieren und die Verwaltung der Institution. Sämtliche Betriebskosten (inklusive Personalkosten) werden von beiden Kirchen zu gleichen Teilen getragen.

4.3. *Ökumenische Fernsehsendungen*

Im September 1987 wird im Kanton Neuenburg eine regionale Fernsehstation mit dem Namen *Canal Alpha* gegründet. Die anerkannten Kirchen werden eingeladen, um ihre Präsenz in der Programmstruktur sicherzustellen. Ein Abkommen bindet die Kirchen an den *Canal Alpha* und legt fest, daß die Kirchen pro Jahr 21 Sendungen produzieren, die den ökumenischen Gedanken vermitteln. Der Inhalt der Sendungen wird allein von den Kirchen bestimmt. Diese übernehmen auch die volle Verantwortung für die Sendungen.

Die Kirchen teilen die mit der Produktion und Ausstrahlung der Sendungen verbundenen Kosten unter sich auf: Das Gehalt eines Moderators zu 30 %, und eine Beteiligung an den Produktionskosten inklusive der Bereitstellung von Material für den Fernsehsender.

4.4. Die ökumenische Seelsorge in Neuenburg und in La Chaux-de-Fonds

Alle drei anerkannten Kirchen haben ein Abkommen abgeschlossen, um Seelsorgestellen in diesen beiden Städten zu schaffen. Es handelt sich hierbei um einen Schritt, der einerseits die Sozialpolitik der Städte und des Kantons zugunsten der Menschen berücksichtigt, die sich in diesem Gebiet aufhalten oder leben, sowie andererseits auch die Arbeit des Diakonieverbands der anerkannten Kirchen.

Die Seelsorger werden von ihrer jeweiligen Kirche angestellt und bezahlt. Diese wiederum legt den anderen beiden Kirchen nach einem vereinbarten Verteilungsschlüssel eine Rechnung über den ihnen zustehenden Anteil des Gehalts.

4.5. Der ökumenische Kantonalrat für Spitalsseelsorge

Die drei anerkannten Kirchen haben kürzlich gemeinsame Praktiken für Spitalsseelsorge eingeführt. Dadurch haben sie ihren Wunsch zum Ausdruck gebracht, ihre Zusammenarbeit zu intensivieren, um sich vor dem *Hôpital Neuchâtelois* als einheitliches und vertrauenswürdiges Gegenüber präsentieren zu können.

4.6. Die ökumenische Studentenseelsorge

Die Seelsorger teilen sich ein gemeinsames Sprechzimmer, das ihnen die Universität zur Verfügung stellt. Die Kirchen tragen gemeinsam alle daraus entstehenden Betriebskosten.

4.7. Die interkonfessionelle Finanzkommission

Seit 1991 arbeitet eine aus Mitgliedern aller drei anerkannten Kirchen bestehende interkonfessionelle Kommission gemeinsam mit verschiedenen Medienagenturen daran, jährliche Kampagnen umzusetzen, um die Bevölkerung für die Zahlung der Kirchenbeiträge zu sensibilisieren.

Die Plakate, die Werbespots auf den Kinoleinwänden, die Werbeanzeigen in den Zeitungen, sie alle tragen die Handschrift aller drei Kirchen. Diese wiederum teilen sich die Kosten der Kampagnen laut einem Verteilungsschlüssel, der in einem regelmäßig überarbeiteten Abkommen festgelegt wird.

Außerdem erhält diese ökumenische Finanzkommission im Laufe der Jahre den Durchführungsauftrag der Kirchen, Lösungen für die zahlreichen Finanzprobleme zu untersuchen und vorzuschlagen, wie zum Beispiel:

- die graphische Präsentation der Kirchenbeitragsvorschreibungen;
- die Redaktion des Merkblattes, das die Kirchen der Steuererklärung beilegen, welche allen Steuerzahlern übermittelt wird;
- die Organisation von persönlichen Besuchen bei juristischen Personen, um sie dazu zu bewegen, die Kirchenbeiträge zu zahlen;
- die Durchführung von Untersuchungen, um den Kanton dazu zu bewegen, die Kirchenbeiträge von der Steuer zu befreien;
- die Durchführung von Umfragen zu den Beweggründen der Bürger, sich vom Kirchenbeitrag befreien zu lassen.

4.8. Regelmäßige Treffen der Verwaltungsorgane der anerkannten Kirchen

Auf Anregung der reformierten Kirche findet im Jahr 1985 ein erstes Treffen zwischen dem Synodalrat der reformierten Kirche, einer Delegation des Vorstandes der *Fédération catholique romaine neuchâteloise,* sowie dem Bischofsvikariatsrat statt.

Bei dieser Gelegenheit erklären die beiden Institutionen ihre jeweilige Funktionsweise.

Um ein besseres Verständnis und ein besseres Zusammenarbeiten zu garantieren, vereinbaren die Vertreter der Kirchen, sich regelmäßig zu treffen. Auch die christkatholische Kirche wird künftig zu den Treffen eingeladen.

Seit mehr als 20 Jahren organisieren die Exekutiven der drei Kirchen alle zwei oder drei Jahre abwechselnd eine Versammlung. Die Tagesordnung der zu behandelnden Themen wird jeweils gemeinsam ausgearbeitet.

Zu Beginn dieser Treffen wird immer ein Gebet gesprochen, danach folgt eine Arbeitssitzung. Den Abschluß der Versammlung stellt ein gemeinsames Essen dar.

Wenn auch die während dieser Treffen besprochenen Punkte für alle Beteiligten von großem Interesse sind, ermöglichen diese Termine den Teilnehmern doch vor allem, sich besser kennenzulernen.

Diese zahlreichen Beispiele der ökumenischen Zusammenarbeit (und die betreffende Liste ist unendlich lange) zeigen deutlich, daß die anerkannten Kirchen immer mehr ihren gemeinsamen Auftritt im Dienste der Neuenburger Bevölkerung sicherstellen.

Sollte es nun der Zufall wollen, daß eine von ihnen diese ökumenische Zusammenarbeit beenden und ihre eigenen Wege gehen möchte und dadurch ihren Willen zur Unabhängigkeit bestätigt, würde dieser Schritt gewiß von der gesamten Bevölkerung sehr negativ aufgefaßt werden. Auch die politischen Organe des Kantons bringen den immer stärker werdenden Wunsch zum Ausdruck, nur noch einen einzigen Ansprechpartner für alle drei Kirchen zu haben.

Angesichts der bedenklichen Finanzsituation ist den drei anerkannten Kirchen überdies bewußt geworden, wie groß das eigene Interesse ist, als Einheit Mittel und Wege zu finden, um ihre Präsenz vor der Bevölkerung zu festigen oder sogar zu verbessern.

5. Finanzierungsquellen und Verwaltung der Ausgaben

Während die Einnahmen stagnieren, steigen die Ausgaben Jahr für Jahr an, vor allem auf Grund von Gehaltsanpassungen.

Zu den Einnahmen: In einem Kanton, in dem die Kirchenbeiträge vom guten Willen (und von den finanziellen Möglichkeiten) des Steuerzahlers abhängen, ist es eine heikle Angelegenheit, ein Budget zu erstellen.

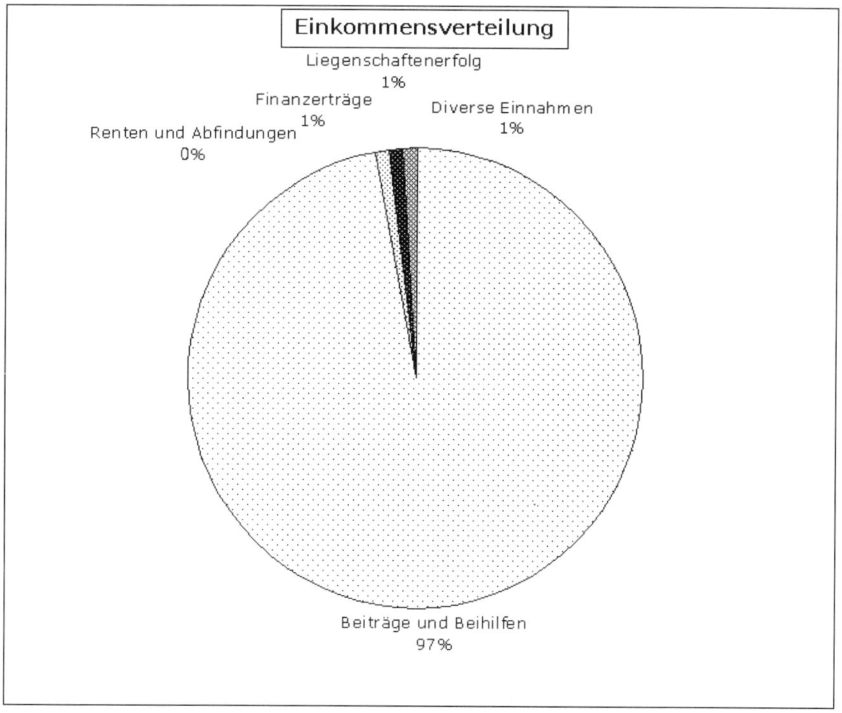

Der freiwillige Kirchenbeitrag von natürlichen und juristischen Personen stellt die Basis der Einnahmen dar. In Anbetracht des freiwilligen Charakters dieser

Beitragszahlungen ist es sehr schwierig, um nicht zu sagen unmöglich, von einem Jahr auf das nächste auch nur annähernd zu schätzen, wie hoch die Einnahmen aus den Kirchenbeiträgen sein werden.

Außerdem zeigen die Statistiken des Kantons, daß knapp ein Drittel der Steuerzahler in Neuenburg (natürliche Personen) ihre Konfession nicht mehr angibt. Daher wird ihnen auch keine Kirchenbeitragsvorschreibung übermittelt.

Des weiteren haben sich zum Beispiel im Jahr 2005 von den 23 288 (100 %) der Steuerzahler, die angegeben hatten, römisch-katholisch zu sein, 497 (2 %) zur Gänze von den Beiträgen befreien lassen, 4 759 (20 %) haben einen Teil des Beitrags bezahlt, und 18 032 (78 %) haben ihre Vorschreibung einfach ignoriert.

Die effektiv eingehobenen Beträge entsprechen ungefähr 12 % des fakturierten Betrages.

Auch die juristischen Personen behandeln die Beitragszahlungen ähnlich. Immerhin zahlt eines der wichtigsten im Kanton Neuenburg angesiedelten Unternehmen regelmäßig seinen Beitrag, und hebt damit den Prozentsatz der Zahlungen der Unternehmen etwas an.

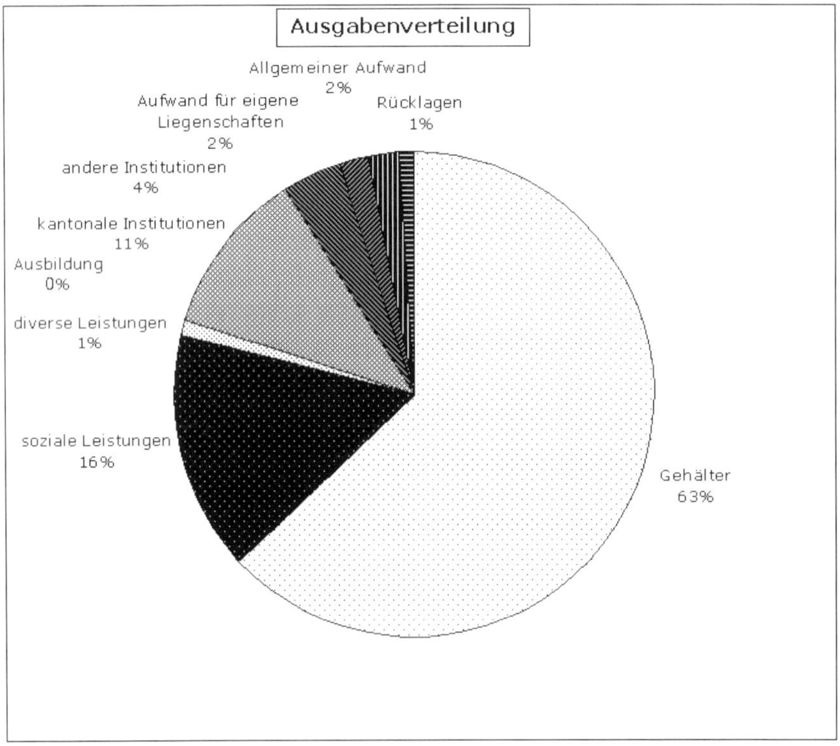

Im allgemeinen ist jedoch die ökonomische Situation im Kanton Neuenburg weit davon entfernt, als günstig bezeichnet werden zu können. Die Steuersätze, sowohl für natürliche als auch für juristische Personen, bewegen sich unter den höchsten der gesamten Schweiz. Man kann daher nachvollziehen, daß ein

Bürger, wenn er die Pflichtsteuern einmal bezahlt hat, es vorzieht, die freiwilligen Kirchenbeiträge zu ignorieren.

Die Ausgaben werden vor allem (zu 80 %) von den Gehältern für Priester, Ordensschwestern und Ordensgeistliche, sowie für Laienpriester im pastoralen Dienst verursacht. Insgesamt werden mehr als 70 Gehälter bezahlt.

Die allgemeinen Kosten und die Betriebskosten (zusammen 6 %) stellen den geringsten Anteil der Ausgaben dar. Ein ganztags beschäftigter Verwalter und eine zu 40 % angestellte Mitarbeiterin übernehmen sämtliche Aufgaben, die einem Generalsekretariat obliegen: Personalverwaltung, Finanzbuchhaltung, Gehaltsverrechnung, Korrespondenz, Beziehungen mit der Kantonsverwaltung, Realisierung von Kampagnen zur Beitragsgewinnung, Zusammenarbeit mit den Arbeitsgruppen.

Bis zum heutigen Tag hat das Gehalt der Priester in Neuenburg noch nicht den von der Diözese vorgeschriebenen Betrag von jährlich 75 000 CHF erreicht. Das aktuelle Gehalt der Laien ist nach wie vor mit dem Index vom 31. Dezember 2006 festgesetzt.

Dies bringt ein beachtliches Dilemma mit sich: Wie sollen wir unseren Mitarbeitern erklären, daß unsere Ortskirche im Rahmen der Pflichtzahlungen diverse Institutionen des Staates und der Diözese mitfinanziert und somit auch die durch den Index laufend ansteigenden Gehälter dieser Institutionen, während ihre eigenen Gehälter nicht angepaßt, sondern durch die Inflation sogar verringert werden?

6. Finanzielle Autonomie der kirchlichen Instanz

Paragraph 2 der Statuten der *Fédération catholique romaine neuchâteloise* besagt, dass „das Ziel des Dachverbandes darin besteht, die pastorale Tätigkeit der römisch-katholischen Kirche im Kanton Neuenburg zu fördern".

Diese pastorale Tätigkeit wird meist im Vorfeld auf diözesaner Ebene organisiert, um danach auf kantonaler Ebene ausgeführt zu werden.

Der Bischofsvikariatsrat, und im besonderen der bischöfliche Vikar, ist mit der Umsetzung dieser als unabdingbare Notwendigkeit verstandenen Sendung beauftragt (c. 1276 § 1 CIC). Um diese Sendung zu erfüllen, muß die Kirche über Mittel verfügen.

Zu diesem Zweck

- ist es sinnvoll, zuerst Klarheit über die Verwendung der zur Verfügung gestellten Mittel zu schaffen. Die Konten der pastoralen Instanzen (sowohl auf kantonaler Ebene – durch das Budget des Dachverbandes – als auch auf Pfarrebene) müssen bekannt sein und analysiert werden, damit nach den für alle gültigen Regeln die größtmögliche Transparenz gewährleistet ist;
- muß man sich dessen bewußt sein, daß es in der Verantwortung jedes einzelnen liegt, Ressourcen sicherzustellen. Die Ermittlung finanzieller Mittel ist Aufgabe eines jeden Christen und nicht nur der verantwortlichen Finan-

ciers. Diesbezüglich müssen sich wirklich alle an der Sendung der Kirche beteiligen.

Als Antwort auf dieses Anliegen wurde eine Kommission aus den Vertretern der pastoralen Mitarbeiter und der Delegierten des Dachverbandsvorstandes gegründet. Diese Kommission soll in Kürze Ergebnisse liefern, die es allen pastoralen Mitarbeitern (Priester, Laienangestellte, Mitglieder des Dachverbandsvorstandes) erlauben, die passenden Maßnahmen zu ergreifen, um finanzielle Mittel bei solchen Personen und Institutionen zu suchen und auch zu finden, die bislang wenig Interesse für diese Problematik gezeigt haben.

Die Prioritäten, die sich abzeichnen, werden den pastoralen Mitarbeitern und den verantwortlichen Financiers die Möglichkeit bieten, bei der Suche nach neuen finanziellen Mitteln zusammenzuarbeiten.

Der Bischofsvikariatsrat kann in das Budget der *Fédération* lediglich Einsicht nehmen. Dieses hängt in erster Linie von den freiwilligen Kirchenbeiträgen ab.

Wie bereits früher in diesem Aufsatz erwähnt, zählt der Dachverbandsvorstand von Rechts wegen den bischöflichen Vikar und den Dekan zu seinen Mitgliedern. Außerdem besteht er aus stimmberechtigten Mitgliedern: Ein pastoraler Laienmitarbeiter und ein Priester, beide aus den eigenen Kreisen gewählt.

Der Vorstand ist demnach auch ein privilegierter Kreis, um die finanziellen Fragen zu behandeln.

In dieser Hinsicht spielen natürlich die Personalfragen eine entscheidende Rolle. Die Ernennung der Priester hängt selbstverständlich vom Bischof ab; jene der pastoralen Laienmitarbeiter hingegen vom Bischofsvikar in Verbindung mit dem Bischof.

Die Ernennungen müssen koordiniert werden. Dies bringt mitunter Verhandlungen mit sich: Die finanziellen Mittel reichen nicht aus, und es gibt einen dringenden Bedarf an Personal in vielen pastoralen Bereichen, wie zum Beispiel Bildung, Jugend, Religionsunterricht und Krankenseelsorge. Es muß also eine Wahl getroffen werden. Am Ende der Verhandlungen entscheidet in der Regel der finanzielle Faktor.

Dem Bischofsvikariatsrat ist diese Problematik durchaus bewußt. Das positive Klima, das in den Reihen der verantwortlichen Instanzen der Kirche in unserem Kanton vorherrscht (ob sie nun pastoraler oder finanzieller Herkunft sind), soll den verschiedenen Akteuren die Möglichkeit bieten, die passenden Maßnahmen zu treffen.

Denn nur gemeinsam können sie jene Menschen, denen die Dienstleistungen der Kirche wichtig sind, davon überzeugen, finanziell dazu beizutragen, daß diese Institution weiterhin bestehen kann.

7. Schlussfolgerungen

Die Trennung von Kirche und Staat bringt ernste finanzielle Schwierigkeiten mit sich, welche die Verantwortlichen dazu zwingen, viel Zeit und Kraft aufzuwenden, um die notwendigen finanziellen Ressourcen für die Weiterführung ihrer Mission zu organisieren.

Die zahlreichen Dienste, die die Kirche für die Bevölkerung leistet (Taufe, Hochzeiten, Begräbnisse, Seelsorge usw.), werden als viel zu selbstverständlich angesehen; so, als wären sie Teile eines Services, den jeder von einem öffentlichen Dienst erwarten kann. Die vorherrschenden Unterschiede im Vergleich mit den Nachbarkantonen, vor allem dem Waadtland, tragen nicht zum Verständnis der Einwohner Neuenburgs bei, daß die Kirchenbeiträge nicht zusätzlich zu einer umfassenden staatlichen Unterstützung bezahlt werden, sondern dass diese das Haupteinkommen der Kirchen darstellen.

Die Gaben Gottes sind kostenlos, aber seine Kirche kann nicht überleben, wenn ihre Gläubigen nicht bereit sind, sich an der Finanzierung zu beteiligen.

Es gibt heute zwei vielversprechende Aktionen, die es erleichtern sollen, die finanziellen Mittel zu beschaffen.

Einerseits nehmen die Katholiken gemeinsam mit den anerkannten Kirchen an Sensibilisierungs- und Sichtbarkeitskampagnen teil, welche die Schlüsselrolle der Kirche in den wichtigen Ereignissen des täglichen Lebens eines jeden Bürgers deutlich vermitteln.

Außerdem sensibilisieren die Kirchen gemeinsam den Kanton in bezug auf die vielen Services, die sie der Gemeinschaft zur Verfügung stellen. Es handelt sich dabei um Services, die laut der Kantonsverfassung eine finanzielle Beteiligung des Kantons oder der Gemeinden rechtfertigen (würden).

Andererseits werden derzeit im Bischofsvikariat und im Dachverbandsvorstand interessante Wege verfolgt, die im speziellen die katholische Bevölkerung auf die Bedürfnisse ihrer Kirche sensibilisieren sollen. Es werden also Priester, pastorale Mitarbeiter und die verantwortlichen *Financiers* an einen Tisch gesetzt, um gemeinsam über die Möglichkeiten nachzudenken, wie dieses schwerwiegende Problem gelöst werden kann. Basierend auf den zur Verfügung stehenden finanziellen Mitteln wurden Prioritäten festgelegt.

Außerdem sind sich heute unsere Priester und pastoralen Mitarbeiter, die früher dem finanziellen Faktor kaum Beachtung schenkten, des Wertes ihrer Arbeit bewußt. Sie versuchen, dies auch dem Volk Gottes bewußt zu machen, mit dem sie zusammenarbeiten sollen.

Darüber hinaus wurde auf Veranlassung des Bischofsvikariats und des Dachverbandes eine Gruppe einflußreicher Katholiken gebildet, die Überlegungen über die finanzielle Situation der Kirche anstellt. Diese Gruppe nennt sich *Rencontres de Fontaine-André* und wird die finanzielle Situation der Kirche durch ein konkretes Projekt unterstützen. Aufgrund der Meinung, die Bildung, die Kommunikation und die Jugend stellten die primären Ziele dar, hat diese Gruppe ein Projekt zur Sicherstellung der Finanzierung gestartet. Viele Steuerzahler werden gebeten, das Projekt zu unterstützen.

Nun hatten in der wunderschönen Abtei von *Fontaine-André* unser Diözesanbischof *Mgr. Bernard Genoud* und der Weihbischof der Diözese Basel *Mgr. Denis Theurillat* die Möglichkeit, diese Gruppe und ihre Gäste zu treffen, um ihnen von den Problemen der Kirchen zu berichten.

Viele Teilnehmer haben sich anschließend dazu bereit erklärt, eine verbindliche Zusage zu unterzeichnen. Es handelt sich um ein Versprechen, für die Dauer von fünf Jahren einen gewissen Betrag zugunsten dieses Projektes beizusteuern. Es ist vorgesehen, einen Verband zu gründen, um die Abläufe besser zu strukturieren.

Um zu gewinnen, bedarf es Ausdauer und Leistungsfähigkeit. Wir versuchen, uns eben diese Eigenschaften anzueignen!

Danksagungen

Ich richte meine ganz besonderen Danksagungen an Pfarrer Jean-Jacques Martin, Bischofsvikar des Kantons Neuenburg, für die Darlegung seiner Ansichten über die finanzielle Autonomie der kirchlichen Instanz sowie auch für sein aufmerksames und kritisches Lektorat dieses kurzen Aufsatzes.

Ebenso danke ich dem Historiker *Vincent Callet-Molin,* der in beachtlichem Ausmaß zum geschichtlichen Teil dieses Dokuments beigetragen hat; *Cédric Pillonel,* Pressereferent der katholischen Kirche im Kanton Neuenburg, für seine hilfreichen Ratschläge sowie für die Ausarbeitung der Grafiken; sowie Frau *Maria Rüfenacht,* Assistentin der *Fédération catholique romaine neuchâteloise* und des Bischofsvikariats für ihre ständige und wertvolle Hilfe.

Zukunftsperspektive: Trennung von Kirche und Staat oder neue Kooperationsformen?*

Bernhard Ehrenzeller

1. Einleitung

Wenn der Zweckartikel der Bundesverfassung (Art. 2 BV) von der föderalen Vielfalt in der Einheit spricht,[1] so trifft dies sicherlich auch auf das Verhältnis Staat – Kirche(n) zu. Es gibt keine gesamtschweizerisch-einheitlichen Regelungen des Verhältnisses vom Staat zu den Kirchen resp. von den Kirchen zum Staat. Diese Vielfalt ergibt sich staatlicherseits aus dem in Art. 72 BV verankerten Grundentscheid, die Regelung des Verhältnisses von Kirche und Staat im Grundsatz weiterhin den Kantonen zu überlassen. Damit reflektiert sich die Dreistufigkeit des schweizerischen Staatswesens – mit Bund, 26 Kantonen und den Gemeinden – auch in der staatskirchenrechtlichen Beziehung. Die Vielfalt dieser Beziehung ergibt sich aber ebenso aus der Verschiedenheit und Bedeutung der einzelnen Religionsgemeinschaften mit ihrem je eigenen Selbstverständnis und den daraus wachsenden oder gewachsenen organisatorischen Strukturen. Während die Zahl der staatlichen Handlungsträger gleich bleibt oder – in bezug auf die Gemeinden – sogar abnimmt, nimmt die Anzahl der Religionsgemeinschaften laufend zu und der Differenzierungsbedarf zwischen den Religionsgemeinschaften wird größer und wichtiger.

Obschon das Thema dieser Tagung der Stellung der katholischen Kirche im Staat Schweiz gewidmet ist, so kann diese Fragestellung keineswegs unabhängig von der gesamtgesellschaftlichen Entwicklung der Kirchen und ihrer Rechtsstellung im Staat betrachtet werden. Auch wenn, wie wohl in keinem anderen staatlichen Regelungsbereich, das Verhältnis des Staates zu den christlichen Kirchen und insbesondere zur römisch-katholischen Kirche durch lange Tradition geprägt, ja vielleicht sogar verfestigt ist, so ist doch in jüngerer Zeit erhebliche Dynamik in diese Beziehung gekommen. Die Entwicklung vom alten „Staatskirchenrecht" zum heutigen „Religionsverfassungsrecht", wie sie in den jüngeren Verfassungsrevisionen zum Vorschein kommt, belegt diesen Wandel augenscheinlich. Offensichtlich ist die moderne Verfassungsentwicklung mit ihrer starken Betonung der Grundrechtsbindung aller öffentlich-rechtlichen Handlungsträger und der Hervorhebung rechtsstaatlich-demokratischer

* Meiner Assistentin, lic. iur. Madeleine Keel, danke ich herzlich für die wertvolle Unterstützung bei der Vorbereitung dieses Beitrages.

1 Vgl. Bernhard Ehrenzeller, *Kommentar zu Art. 2*, in: Ehrenzeller – Mastronardi – Schweizer – Vallender (Hrsg.), Die schweizerische Bundesverfassung: Kommentar, Zürich – St. Gallen 2008 (im folgenden: St. Galler Komm.), 21.

Grundsätze als Grundlage staatlichen Handelns[2] auch in der staatskirchenrechtlichen Beziehung nicht ohne Wirkung geblieben. Mehr und mehr hat sich denn auch die Ansicht durchgesetzt, daß die noch bestehenden institutionellen Verflechtungen zwischen Staat und Kirche gelöst werden sollten. Diese Entwicklung läuft grundsätzlich auf eine Trennung von Staat und Kirche hinaus. Allerdings bedeutet diese Trennung, jedenfalls für schweizerische Verhältnisse, nicht rechtliche Beziehungslosigkeit von Staat und Kirchen.[3] „Entflechtung" heißt das Losungswort oder das Leitmotiv. Darauf soll nachfolgend eingegangen werden. Dabei soll aber auch hervorgehoben werden, daß diese Entflechtung der gegenseitigen Beziehungen keineswegs nur Ausdruck eines staatlichen Bewußtseinswandels oder gar eines Abkoppelungsprozesses von den Kirchen ist, sondern ebenso kirchlicherseits das Postulat größerer Freiheit und Selbstbestimmung der Religionsgemeinschaften erhoben wird.[4] Wenn aber Trennung von Staat und Kirche nicht gleichbedeutend ist mit Indifferenz und Beziehungslosigkeit und auch die aus der Religionsfreiheit fließende konfessionelle Neutralität des Staates keine Äquidistanz zu allen Religionsgemeinschaften gebietet, so stellt sich aus der Sicht des Staatsrechts die Frage, welche Kooperationsformen offenstehen und sich auch aus der Sicht von Staat und Kirche als zukunftsträchtig erweisen könnten.

2. Der religionsverfassungsrechtliche Rahmen der Bundesverfassung

Bevor wir uns der neueren Entwicklung des Religionsverfassungsrechts in den Kantonen widmen, seien die zentralen Vorgaben der Bundesverfassung kurz angesprochen resp. – mit Blick auf die Vorgänger-Referate – in Erinnerung gerufen.

Art. 15 BV – im Einklang mit den menschenrechtlichen Garantien der internationalen Menschenrechtspakte – gewährleistet die individuelle Glaubens-, Gewissens- und Kultusfreiheit. Diese besteht sowohl als negative wie als positive Religionsfreiheit. Diese letztere Form garantiert jeder Person, ihre Religion allein oder in Gemeinschaft mit anderen öffentlich auszuüben. Da religiöse Handlungen regelmäßig in Gemeinschaft mit anderen Gläubigen, also im Rahmen der jeweiligen Kirche, ausgeübt werden, fallen auch die Religionsgemeinschaften selbst unter den Schutz der Religionsfreiheit.[5]

---

2 Dazu Yvo Hangartner, *St. Galler Komm.* (Anm. 1) zu Art. 5, 1 ff.

3 Vgl. Bernhard Ehrenzeller, *§ 212 – Glauben, Gewissen und Weltanschauung,* in: Merten – Papier, Handbuch der Grundrechte, Heidelberg – Zürich – St. Gallen 2007 (im folgenden: Handbuch), 8.

4 Vgl. dazu Martin Grichting, *Kirche oder Kirchenwesen? Zur Problematik des Verhältnisses von Kirche und Staat in der Schweiz, dargestellt am Beispiel des Kantons Zürich,* Dissertation, Fribourg 1997, 202 ff. und 278 f.

5 Dazu Urs Josef Cavelti – Andreas Kley, *St. Galler Komm.* (Anm. 1) zu Art. 15, 10 und 12; Ehrenzeller, *Handbuch* (Anm. 3), 10; Markus Schefer – Jörg Paul Muller, *Grundrechte in*

Der Staat ist gemäß Art. 35 BV nicht nur verpflichtet, die Grundrechte, also auch die Religionsfreiheit, seiner Bürger zu schützen, sondern diese in der ganzen Rechtsordnung zur Geltung zu bringen. Diese Verpflichtung verbietet dem Staat nicht nur, das kirchliche Leben der Religionsgemeinschaften zu behindern oder in bestimmte Richtungen zu lenken, sondern garantiert den Religionsgemeinschaften, im Rahmen der allgemeinen Rechtsordnung, die freie Entfaltung ihrer Tätigkeit gemäß ihrem Selbstverständnis.[6]

Die Religionsfreiheit ist, in ihrer negativen wie in ihrer positiven Ausprägung, ein individuelles, wenn auch oft kollektiv ausgeübtes Freiheitsrecht. Sie kann auch, wie alle Grundrechte, bei Vorliegen bestimmter Voraussetzungen – gesetzliche Grundlage, öffentliches Interesse, Verhältnismäßigkeit – eingeschränkt werden (Art. 36 BV).[7] Aus der positiven Religionsfreiheit läßt sich jedoch kein staatskirchenrechtliches System, keine institutionelle Ordnung ableiten. Aus der staatlichen Schutzpflicht der Grundrechte ergibt sich allenfalls das Gebot religionsfreundlichen Verhaltens. Dies ist jedoch durchaus möglich im Rahmen privatrechtlicher Handlungsformen und einer rechtlichen Stellung der Kirchen als Privatrechtssubjekte. Eine Pflicht zur öffentlich-rechtlichen Anerkennung von bestimmten Religionsgemeinschaften oder ein Anspruch darauf ergibt sich aus der Religionsfreiheit nicht.[8] In unserem Zusammenhang ist nun Art. 72 BV von besonderer Bedeutung. Die systematische Stellung dieser Verfassungsbestimmung im dritten Kapitel der Bundesverfassung, dem Teil über die Staatsaufgaben und die Kompetenzen im Verhältnis Bund – Kantone, hat

---

der Schweiz, Bern 2008, 281; Urs Josef Cavelti, *Dualismus und Zuordnung im Staatskirchenrecht: Änderung in der Stellung der katholischen Kantonalkirchen* (im Folgenden Dualismus), in Römisch-Katholische Zentralkonferenz der Schweiz (Hrsg.), Weiterentwicklung des Staatskirchenrechts: Aktuelle Herausforderungen im Licht der Denkanstöße von Urs Josef Cavelti (im folgenden: Denkanstöße), St. Gallen 2008, 39.

6 Vgl. Giusep Nay, *Organisatorische Verselbständigung als Leitidee: Staatsrechtliche Überlegungen zum kirchlichen Selbstbestimmungsrecht,* in Denkanstöße (Anm. 5), 24; Yvo Hangartner, *Staatskirchenrechtliche Grundsatzfragen: Bemerkungen aus Anlaß von Leitentscheiden des Kantonsgerichts Basel-Landschaft und des Bundesgerichts,* AJP/2008 (im folgenden: AJP), 990; vgl. auch Daniel Kosch, *Zur Weiterentwicklung des Staatskirchenrechts – Denkanstöße von Urs Josef Cavelti* (im folgenden: Weiterentwicklung), in Kosch (Hrsg.), Demokratisch – solidarisch – unternehmerisch. Organisation, Finanzierung und Management in der katholischen Kirche in der Schweiz, Zürich 2007, Punkt 7.2.

7 Dazu Rainer J. Schweizer, *St. Galler Komm.* (Anm. 1) zu Art. 36, 2 ff.

8 Art. 9 EMRK gibt den Vertragsstaaten kein staatskirchenrechtliches System vor und läßt ihnen bei der Ausgestaltung der Staat-Kirche-Beziehung eine weitgehende Gestaltungsfreiheit. Für Staaten, welche das System der öffentlich-rechtlichen Anerkennung der Religionsgemeinschaften kennen, hat der Straßburger Menschenrechtsgerichtshof (EGMR) allerdings in einem jüngeren, die Republik Österreich betreffenden Entscheid vom 31. Juli 2008 festgehalten, daß unter bestimmten Voraussetzungen eine Verweigerung der öffentlich-rechtlichen Anerkennung Art. 6 und Art. 9 EMRK verletzen kann (vgl. EGMR, *Entscheid vom 31. Juli 2008 i. S. Religionsgemeinschaft der Zeugen Jehovas und Andere gegen Republik Österreich,* Nr. 40825/98).

nicht nur eine formelle, sondern auch eine materielle Bedeutung. Indem diese Verfassungsbestimmung den Kantonen das Recht vorbehält, das Verhältnis zu den Religionsgemeinschaften zu bestimmen, läßt sie ihrerseits unterschiedliche staatskirchenrechtliche Systeme in den Kantonen zu, bestätigt aber gleichzeitig auch die Zulässigkeit von institutionellen kantonalen Regelungen öffentlich-rechtlicher Natur, die unter dem Aspekt der Religionsfreiheit allein nicht zulässig wären (z. B. Steuerrecht, privilegierte Rechtsstellung anerkannter Kirchen). Art. 72 BV ist also die Verfassungsgrundlage für eine – nach Tradition und Bedeutung – differenzierte institutionelle Ausgestaltung des Verhältnisses von Staat und Kirche.[9]

3. Jüngere Entwicklung der Religionsverfassungen in den Kantonen

Bei aller – immer noch bestehenden – Unterschiedlichkeit der staatskirchenrechtlichen Regelungen in den Kantonen ist aber doch unverkennbar, daß mit den jüngeren Verfassungsrevisionen im Grundsatz eine starke Angleichung der kantonalen Regelungen stattgefunden hat in Richtung einer Entflechtung der Beziehungen. Man könnte sogar von einer unmittelbaren Trennung von Staat und Kirche sprechen. Fast alle diese Verfassungsrevisionskantone haben, zumindest in erheblichem Ausmaß, ihre bestehenden Zuständigkeiten auf staatskirchenrechtliche Körperschaften der jeweiligen Religionsangehörigen übertragen. Auch anerkennen diese Kantone im Grundsatz, unter Vorbehalt der allgemeinen Gesetzgebung, das Selbstbestimmungsrecht der Religionsgemeinschaften.[10] Einen Sonderfall bilden weiterhin die Trennungskantone Neuenburg und Genf (wo eine Totalrevision der Verfassung in diesem Jahr beschlossen worden ist).

Der Kanton Neuenburg ist dabei von besonderem Interesse. In Art. 97 seiner Kantonsverfassung vom 24. September 2000 hält der Kanton Neuenburg vorerst als Grundsatz fest:

> „L'Etat tient compte de la dimension spirituelle de la personne humaine et de sa valeur pour la vie sociale.
>
> L'Etat est séparé des Eglises et des autres communautés religieuses. Il peut toutefois les reconnaître comme institutions d'intérêt public.
>
> L'indépendance des Eglises et des autres communautés religieuses est garantie."

In Art. 98 der neuenburgischen Kantonsverfassung wird dann u. a. die römisch-katholische Kirche als „Institution öffentlichen Interesses" anerkannt. Der Staat kann nicht nur die, allerdings freiwillig zu leistenden, Kirchensteuern einzie-

---

9 Dazu Ehrenzeller, *Handbuch* (Anm. 3), 5 und 7.

10 Vgl. Nay, *Organisatorische Verselbständigung* (Anm. 6), 21.

hen, sondern die von den anerkannten Kirchen erbrachten gemeinnützigen Leistungen mit staatlichen Beiträgen unterstützen. Schließlich kann er mit den anerkannten Kirchen auch Konkordate abschließen.

Mir scheint dieser Schritt des Kantons Neuenburg, der die Religionsgemeinschaften dem Privatrecht überläßt, in bezug auf die institutionelle Anerkennung der großen Religionsgemeinschaften doch sehr beachtlich. Dies zeigt sich auch daran, daß inzwischen auch andere Verfassungsrevisionskantone, die dem Grundsatz der öffentlich-rechtlichen Anerkennung der traditionellen christlichen Kirchen verpflichtet sind, eine ähnliche Regelung vorsehen. So hat beispielsweise der Kanton Waadt, ein ehemaliger protestantischer Staatskirchentumskanton, nicht nur der römisch-katholischen Kirche die öffentlich-rechtliche Anerkennung verschafft, sondern er anerkennt auch die israelitischen Gemeinden und gegebenenfalls weitere Gemeinschaften als „Institutionen öffentlichen Interesses".

Eine „kantonale Anerkennung" der nicht öffentlich-rechtlich anerkannten Kirchen kennt, unter bestimmten in der Verfassung festgehaltenen Voraussetzungen, der Kanton Basel-Stadt in Art. 132/133 der Kantonsverfassung. Eine solche kantonale Anerkennung, allerdings nur bezogen auf die Israelitische Cultusgemeinde und die Jüdische Liberale Gemeinde, sieht auch die neue Zürcher Kantonsverfassung vor (Art. 131 KV ZH). Die neue Freiburger Kantonsverfassung bestimmt in Art. 142 KV FR, daß andere als die öffentlich-rechtlich anerkannten Kirchen und Religionsgemeinschaften öffentlich-rechtliche Befugnisse erhalten können, wenn ihre gesellschaftliche Bedeutung es rechtfertigt und wenn sie die Grundrechte beachten (Art. 142 Abs. 2 der Kantonsverfassung).

Faßt man diese Regelungen zusammen, so zeichnet sich in den neueren Verfassungen eine Dreistufigkeit im Verhältnis Kirche – Staat ab:

- Grundsätzlich unterstehen alle Religionsgemeinschaften in der Schweiz dem Schutz der Religionsfreiheit und können gestützt darauf ihre kirchliche Tätigkeit entfalten. Sie sind Privatrechtssubjekte und unterstehen als solche in allen weltlichen Beziehungen dem Privatrecht.
- Als zweite Stufe verleihen einzelne Kantone bestimmten Religionsgemeinschaften, die von gesellschaftlicher Bedeutung sind, den Status einer einfachen (kantonalen) öffentlichen Anerkennung („kleine Anerkennung" genannt). Die Verfassung oder das Gesetz bestimmt die Voraussetzungen dieser Anerkennung und die öffentlich-rechtlichen Wirkungen (Vorrechte), die mit dieser Anerkennung verbunden sind (unter anderem automatische Mitteilung der Religionsangehörigen an die Registerbehörde, Recht auf Religionsunterricht während der Schulzeit, Seelsorge in Gefängnis oder Spital, Steuerbefreiungen etc.).
- Schließlich sehen alle Kantone (außer Genf und Neuenburg) nach wie vor die öffentlich-rechtliche Anerkennung insbesondere der großen traditionellen christlichen Religionsgemeinschaften vor, was bedeutet, daß die entsprechenden Konfessionsangehörigen in Form öffentlich-rechtlicher Körperschaften auf kommunaler und kantonaler Ebene organisiert sind. Das Gesetz regelt die Rechtsstellung dieser jeweiligen Körperschaften und die

Rechte und Pflichten von deren Mitgliedern (vor allem Kirchensteuerpflicht, Recht auf Pfarrwahl u. a.).

Das „Wording" der verschiedenen Verfassungstexte ist unterschiedlich, wenn auch in der Substanz das Gleiche gemeint ist. Dies betrifft insbesondere den Begriff der „Anerkennung". Wie jüngst der Staatsrechtler Yvo Hangartner[11] betont hat, bedürfen in der heutigen Zeit die Kirchen „wahrlich keiner staatlichen Anerkennung mehr". Effektiv verstehen die Verfassungen die Anerkennung denn auch nicht als „Bewilligung" oder „Akkreditierung" einer Religionsgemeinschaft, sondern als Verleihung eines öffentlich-rechtlichen Status (als Ausdruck der besonderen Wertschätzung und ihrer gesellschaftlichen Bedeutung).

Wichtiger als diese mißverständliche begriffliche Umschreibung ist aber der Fehl-Eindruck eines einseitigen, hoheitlichen Charakters, der in der Formulierung „Als Religionsgemeinschaften sind öffentlich-rechtlich anerkannt …" zum Ausdruck kommt. Eine solche Anerkennung basiert auf einem ausdrücklichen oder durch Tradition begründeten Einverständnis der jeweiligen Religionsgemeinschaft. Eine öffentlich-rechtliche Anerkennung kann nicht mehr sein als ein Angebot an die Religionsgemeinschaften, sich zur Erfüllung bestimmter Aufgaben zu Gunsten der Kirche in Form einer öffentlich-rechtlichen Körperschaft zu organisieren.[12] Der Staat stellt diesen Religionsgemeinschaften, so sie es wollen, die Regulierungsmacht, die Vollzugskraft und den Rechtsschutz des öffentlichen Rechts zur Verfügung. Das bedeutet nicht, daß die staatskirchenrechtliche Gesetzgebung mit der Religionsgemeinschaft ausgehandelt werden müßte oder sollte (auch wenn faktisch oft ein zumindest grundsätzliches Einverständnis vorliegt). Aber eine Religionsgemeinschaft kann das Angebot der öffentlich-rechtlichen Anerkennung ablehnen, wenn sie zur Ansicht kommt, daß die staatliche Regelung das Selbstbestimmungsrecht der Religionsgemeinschaft zu stark beeinträchtigt. Diese Gelegenheit hat sich allen bisher öffentlich-rechtlich anerkannten Religionsgemeinschaften anläßlich der verschiedenen kantonalen Verfassungsrevisionen der jüngeren Zeit mehrfach geboten. Als ideelle Interessenorganisationen waren sie in das jeweilige kantonale Vernehmlassungsverfahren einbezogen und hätten dabei im Rahmen ihrer Stellungnahmen den Verzicht auf den öffentlich-rechtlichen Status geltend machen können. Eine solche Forderung haben aber weder die staatskirchlichen Organisationen noch die Bistümer vorgebracht.

Die katholische Kirche könnte auch im beschriebenen System der Dreistufigkeit der Kirche-Staat-Beziehung auf die öffentlich-rechtliche Anerkennung verzichten und sich mit der „kleinen" kantonalen Anerkennung als „Institution öffentlichen Interesses" zufrieden geben, was zur Aufhebung der Kirchgemeinden oder der kantonalkirchlichen Körperschaften führen würde. Näher geprüft werden müßte allerdings, wer einen solchen Antrag stellen müßte und welche

---

11 Hangartner, AJP (Anm. 6), 991.

12 Vgl. Nay, *Organisatorische Verselbständigung* (Anm. 6), 23; ähnlich Hangartner, AJP (Anm. 6), 992; i. d. S. auch das Bundesgericht in BGE 129 I 68, 72.

Verfassungs- und Gesetzesänderungsverfahren dafür einzuleiten wären in Kantonen, in denen die betreffenden Religionsgemeinschaften qua Verfassung öffentlich-rechtlich anerkannt sind.

4. Öffentlich-rechtliche Körperschaften im Schwebezustand zwischen Staat und Kirche

Wie dargelegt, ist in den Kantonen der Prozeß der Entflechtung des Staates von seinen Zuständigkeiten in bezug auf die Kirchen in vollem Gange, wenn auch in einzelnen Kantonen noch Residuen staatlicher Kirchenaufsicht vorhanden sind (z. B. Aufsichtskompetenzen). Man kann dies als unmittelbare Trennung von Staat und Kirche bezeichnen. Es handelt sich aber nirgends um eine vollständige Trennung von Kirchen und Staat mit der Folge, daß die Kirchen nur noch dem Privatrecht unterstehen (zum Kanton Neuenburg siehe oben).[13] Vielmehr handelt es sich bei diesem Prozess um eine Übertragung bisheriger staatlicher Befugnisse auf öffentlich-rechtliche Körperschaften. Als vom Staat geschaffene und mit hoheitlichen Befugnissen ausgestattete Organisationen unterliegen sie notwendigerweise den staatlichen Rechtsprinzipien, sind also an das öffentliche Interesse, an das Gesetzmäßigkeits- und Verhältnismäßigkeitsprinzip und auch an die Grundrechte gebunden. Diese Körperschaften üben also mittelbare staatliche Gewalt aus. Dennoch sind sie nicht „Staat" oder gleichzusetzen mit „staatlichen Organen". Vom Staat unterscheiden sie sich gerade dadurch, daß nur die betreffenden Konfessionsangehörigen Mitglieder der Körperschaft sind und von den demokratischen Rechten Gebrauch machen können. Ebenso wichtig ist, daß die Zwecksetzung dieser Körperschaften klar auf die jeweiligen Kirchen ausgerichtet ist. Ihr Sinn und Zweck ist es, der Kirche bei der Erfüllung ihres Auftrages gemäß ihrem eigenen Selbstverständnis zu dienen. Eine solche Zwecksetzung wäre dem Staat selbst, aufgrund des Neutralitätsgebotes,[14] klarerweise verboten.

Dennoch: Diese staatskirchenrechtlichen Körperschaften sind zwar Gemeinschaft der Gläubigen, aber doch nicht „Kirche" im kanonischen Sinne. Vielmehr

---

13 Zu den unterschiedlichen Trennungssystemen und -verständnissen vgl. Felix Hafner, *Trennung von Kirche und Staat: Anspruch und Wirklichkeit,* BJM 1996, 225; Friedrich Wilhelm Graf, *Enge Kooperationen, radikale und hinkende Trennung,* NZZ vom 5./6. Juli 2008, B1; Peter Karlen, *Das Grundrecht der Religionsfreiheit in der Schweiz,* Zürich 1988, 68 ff.

14 Vgl. Christoph Winzeler, *Die weltanschauliche Neutralität des Staates: Ein Rechtsprinzip und seine Bedeutungsaspekte;* Christian R. Tappenbeck – René Pahud de Mortanges, *Religionsfreiheit und religiöse Neutralität in der Schule,* beide Beiträge in: *Religiöse Neutralität: Ein Rechtsprinzip in der multireligiösen Gesellschaft,* hrsg. von René Pahud de Mortanges, Zürich – Basel – Genf 2008, 1 ff. bzw. 65 ff.; Ehrenzeller, *Handbuch* (Anm. 3), 8; Regina Kiener – Walter Kalin, *Grundrechte,* § 27, Bern 2007, 269.

wird mit der staatskirchenrechtlichen Organisation ein dualistisches System geschaffen, das unterschiedlichen Prinzipien folgt: Die öffentlich-rechtlichen Körperschaften sind den rechtsstaatlichen Prinzipien und der demokratischen Mitwirkung aller Mitglieder verpflichtet, die Kirche aber, um derentwillen es diese Körperschaften gibt, ist hierarchisch aufgebaut und stützt ihren göttlichen Auftrag und ihr Handeln auf das Evangelium. So gegenübergestellt wären die beiden Organisations- und Handlungsprinzipien unvereinbar. Doch die Kirche lebt immer auch im hier und heute. Aus langer geschichtlicher Erfahrung weiß sie, daß sie ihren Auftrag immer nur unter den konkret gegebenen politischen und gesellschaftlichen Bedingungen optimal erfüllen kann. So hat die katholische Kirche der Schweiz ja bisher auch anerkannt, daß sie in der Besorgung der äußern Angelegenheiten eingebettet ist in die demokratische und föderale Tradition dieses Landes, was in bestimmten Fragen, etwa dem Pfarrwahlrecht, ein Abweichen von der reinen Geltung des kanonischen Rechts verlangt, allerdings ohne die Substanz des kanonischen Rechts zu verletzen.

So befinden sich also diese öffentlich-rechtlichen Körperschaften in einer Art rechtlichem Schwebezustand zwischen Nicht-Staat und Nicht-Kirche. Wie in letzter Zeit verschiedentlich betont wurde, z. B. vom Staatskirchenrechtler Urs Josef Cavelti,[15] besteht vor allem kirchlicherseits Klärungsbedarf. Wenn die Kirche anerkennt, daß diese Körperschaften unter den schweizerischen Bedingungen eine wichtige und notwendige Aufgabe im Dienste der Kirche (im Sinne von c. 222 § 1)[16] erfüllen, so können ihre Stellung und ihre Tätigkeit in ekklesiologischer Sicht nicht einfach unbeachtlich oder bedeutungslos sein. Sie erfüllen ja eine Aufgabe, die sonst die Kirche – Pfarreien und Bistum – selbst erfüllen müßte. Betrachtet die Kirche die Tätigkeit dieser Körperschaften als nicht mehr notwendig oder gar als schädlich für die Kirche, so müßte sie konsequenterweise auf einen Verzicht der öffentlich-rechtlichen Anerkennung drängen. Letzteres dürfte allerdings, schon der beträchtlichen finanziellen Folgen wegen, jedenfalls kurz- und mittelfristig, keine realistische Handlungsoption sein. Keine Handlungsoption ist allerdings auch eine ambivalente oder gar unterstützende Haltung der kirchlichen Autoritäten zum „partiellen Kirchenaustritt“ wie ihn die neueste bundesgerichtliche Rechtsprechung[17] nun ermöglicht. In begründeten Einzelfällen kann sicherlich eine adäquate Lösung gefunden werden. Sollte das Beispiel aber Schule machen, so würde der „partielle Kirchenaustritt“ das schweizerische System der öffentlich-rechtlichen Anerkennung der Religionsgemeinschaften in Frage stellen. Es handelt sich bei diesem Bundesgerichtsent-

---

15 Vgl. Cavelti, *Dualismus* (Anm. 5), 44 ff.; Kosch, *Weiterentwicklung* (Anm. 6), 18 ff.

16 „Die Gläubigen sind verpflichtet, für die Erfordernisse der Kirche Beiträge zu leisten, damit ihr die Mittel zur Verfügung stehen, die für den Gottesdienst, die Werke des Apostolats und der Caritas sowie für einen angemessenen Unterhalt der in ihrem Dienst Stehenden notwendig sind“.

17 Vgl. dazu BGE 134 I 75.

scheid um einen Fehlentscheid, wie dies u. a. Yvo Hangartner überzeugend dargetan hat.[18]

Um die Spannung auszuhalten, die dem dualistischen Verhältnis in der staatskirchenrechtlichen Ordnung notwendigerweise innewohnt, und um mögliche Konflikte unter Berücksichtigung der beidseitigen Interessen zu vermeiden oder zu lösen, hat Urs Josef Cavelti das Leitprinzip von Vertrauen und Kooperation in der beidseitigen Beziehung postuliert.[19] Dieses Leitmotiv dürfte auch heute, nach den Vorfällen der jüngsten Zeit umso mehr, Gültigkeit haben.

Was die staatskirchenrechtlichen Organisationen betrifft, so scheint mir, daß dieses Leitprinzip v. a. in zweierlei Hinsicht verstärkte Auswirkungen haben sollte:

- Es wäre einerseits zu prüfen, ob nicht die staatskirchenrechtlichen Kantonalkörperschaften verstärkt zusammenarbeiten könnten mit den Organen des entsprechenden Bistums.[20] Es wären dafür in den staatskirchenrechtlichen Erlassen „Öffnungsklauseln" vorzusehen und geeignete Mitwirkungsverfahren zu entwickeln. Dieser mitwirkende Einbezug der Bistumsorgane könnte an sich den gesamten Aufgabenbereich dieser Körperschaft betreffen, inklusive der gerichtlichen Erledigung von Rechtsstreitigkeiten im Zuständigkeitsbereich der Kantonalkörperschaften (wobei an sich das kantonale Recht die Erledigung aller staatskirchenrechtlicher Streitigkeiten den staatskirchlichen Körperschaften abschließend überlassen könnte, unter Vorbehalt bundesrechtlicher Rechtsmittel). Damit hätte z. B. der „Fall Röschenz" nicht durch das kantonale Verwaltungsgericht beurteilt werden können.[21]
- Aufgrund der Tatsache, daß die staatskirchenrechtlichen Kantonalorganisationen kein kantonales kirchliches Pendant haben – die drei großen Bistümer also mehrere Kantonalorganisationen als Ansprechpartner haben – wäre andererseits zu prüfen, ob nicht eine verstärkte vertragliche Regelung zwischen den kantonalkirchlichen Organisationen auf der einen Seite und dem jeweiligen Bistum auf der anderen Seite eine geeignete neue Kooperationsform wäre. Dazu nun einige Überlegungen.

---

18 Hangartner, AJP (Anm. 6), 988 ff.; in diesem Sinne auch René Pahud de Mortanges, *System und Entwicklungstendenzen des Religionsverfassungsrechts in der Schweiz und im Fürstentum Liechtenstein,* in: Zeitschrift für evangelisches Kirchenrecht 52 (2007), 493–521, hier: 513 ff.

19 Vgl. Cavelti, *Dualismus* (Anm. 5), 49.

20 So sieht Art. 3bis der Verfassung des katholischen Konfessionsteils des Bistums St. Gallen (sGS 173.5) vor: „Der Konfessionsteil arbeitet in pastoralen Aufgaben mit dem Bistum zusammen".

21 Zum „Fall Röschenz" siehe Textdokumentation: *„Röschenz" – Dokumente zum Streit um den Entzug der missio canonica eines Pfarradministrators,* in: Schweizerisches Jahrbuch für Kirchenrecht, Bern 2007, 251–332.

5. Übereinkünfte zwischen den staatskirchenrechtlichen Organisationen und dem Bistum als zukunftsweisende Kooperationsform

Wo die Bistumsgrenzen ganz oder weitgehend mit den Grenzen eines Kantons übereinstimmen, kann die Beziehung des staatskirchenrechtlichen Kantonalverbandes zum Bistum an sich auch ohne vertragliche Übereinkunft in geeigneter Weise geregelt werden. Die notwendige Zusammenarbeit wird, wie dies beispielsweise im Bistum St. Gallen in der Verfassung des Katholischen Konfessionsteiles[22] der Fall ist, direkt in der staatskirchenrechtlichen Gesetzgebung geordnet (was formelle Absprachen in speziellen Punkten keineswegs ausschließt). Wo aber mehrere Kantone „Bausteine des Bistums" (U. J. Cavelti) bilden, sieht die Lage anders aus. Bischof Kurt Koch hat in seinem Vortrag am St. Galler Symposium zum Gedenken an Urs J. Cavelti[23] wie auch vor der Luzerner Theologischen Fakultät am 2. April 2008 dargetan hat, wo der Schuh des Leiters der größten Diözese der Schweiz drückt: beim Mangel an Verbindlichkeit und Solidarität. Wenn der Zweck der staatskirchenrechtlichen Körperschaften auf die Erfüllung des Auftrages der Kirche ausgerichtet ist, so können sich diese Organisationen nicht darauf beschränken, die Finanzierung der Pfarreien und der eigenen kantonalkirchlichen Aufgaben zu übernehmen. Sie müssen aus dem Selbstverständnis der Kirche heraus auch die materiellen Bedürfnisse des Bistums als Ganzes absichern. Die heutige Situation ist zweifellos nicht befriedigend, denn der Prozeß der gegenseitigen Abstimmung einer gemeinsamen Haltung gegenüber dem Bistum unter mehreren Kantonalorganisationen ist schwerfällig und mit Unsicherheiten behaftet, weil er kurzfristig angelegt ist und somit keine mittelfristige Planungssicherheit vermittelt. Zudem beruht er letztlich auch immer auf Freiwilligkeit, was zu ungleichen Leistungsverpflichtungen der einzelnen Kantonalverbände führen kann.[24] Damit verbunden ist aber auch die mangelnde Solidarität oder der Finanzausgleich unter den Kantonalorganisationen. Zumindest eine mehrjährige befristete Bindung der Kantonalorganisationen gegenüber dem Bistum wie untereinander drängt sich eigentlich schon lange auf.

Die Frage ist, wie es zu einer solchen Übereinkunft kommen soll. Halten wir vorerst der juristischen Klarheit halber fest, daß es sich bei einer solchen Übereinkunft nicht um ein völkerrechtliches Konkordat der Bistumskantone mit dem Hl. Stuhl handelt wie auch nicht um ein staatsrechtliches Konkordat zwischen den Kantonsregierungen und dem Bistum (was an sich, wie der Fall des

22 Vgl. Anm. 19: Verfassung des katholischen Konfessionsteils des Bistums St. Gallen (sGS 173.5).

23 Dazu Kurt Koch, *Im Staatskirchenrecht nach pastoraler Notwendigkeit entscheiden – Erwartungen eines Diözesanbischofs an staatskirchenrechtliche Organe,* in: Denkanstöße (Anm. 5), 27 ff.

24 Zur Solidaritätspflicht der staatskirchlichen Organisationen vgl. Daniel Kosch, *Eigenverantwortliches Engagement des Volkes Gottes: Zur Aktualität der staatskirchenrechtlichen Arbeiten von Urs Josef Cavelti,* in: Denkanstöße (Anm. 5), 14 f.; Koch, ebd., 27 ff.

Kantons Neuenburg zeigt, der ein Konkordat u. a. mit dem Bischof von Lausanne, Genf und Fribourg abgeschlossen hat, durchaus möglich wäre).[25] Bei der hier in Frage stehenden Übereinkunft geht es dagegen um eine gemeinsame Vereinbarung zwischen den staatskirchenrechtlichen Kantonalorganisationen und dem jeweiligen Bistum. Auch diese Vereinbarung ist öffentlich-rechtlicher Natur. Als öffentlich-rechtliche Körperschaften dürfen die kantonalkirchlichen Organisationen im Rahmen der ihnen durch das kantonale Recht übertragenen staatskirchenrechtlichen Kompetenzen und Aufgaben auch Verträge abschließen und dies sowohl mit andern Kantonalorganisationen wie mit dem Bistum. Welche Ermächtigungen und Zustimmungen innerhalb des kantonalkirchlichen Verbandes für den Abschluß solcher – rechtssetzender wie rechtsgeschäftlicher – Verträge nötig sind, hat das jeweilige kantonale Staatskirchenrecht zu beantworten. Das Bistum auf der andern Seite, repräsentiert durch den Bischof, kann ohne weiteres Vertragspartner eines öffentlich-rechtlichen Vertrages sein, denn die Bistümer sind als Juristische Personen des öffentlichen Rechts anerkannt. Dies gilt für alle Kantone der Schweiz.[26] Doppelt abgesichert ist diese öffentlich-rechtliche Anerkennung des Bistums in Kantonen, die – wie im Bistum Basel – mit dem Hl. Stuhl ein Konkordat über die Bistumsgründung abgeschlossen haben. Ergänzend sollten die Vereinbarungskantone unter sich einen Vertrag schließen zur Regelung der gemeinsamen Rechte und Pflichten, die ihnen als Vertragspartner der Übereinkunft mit dem Bistum zukommen.

Gegenstand der Übereinkunft der staatskirchenrechtlichen Kantonalorganisationen mit dem Bistum könnten an sich alle Fragen gemeinsamen Interesses sein. Ein zentraler Platz wird dabei aber – nebst einer gegenseitigen Anerkennung im jeweiligen Aufgabenbereich – klarerweise die notwendige Finanzierung des Bistums einnehmen. Da es sich bei den zur Verfügung zu stellenden Finanzmitteln um Steuergelder der Kantonalorganisationen handelt, kann es nicht darum gehen, dem Bistum einfach eine jährliche Pauschalsumme zur freien Verwendung zu überweisen. Konkret wird dies heißen müssen, daß für die Umsetzung der Vereinbarung gemeinsame Organe und Kommissionen zu schaffen sind, welche über beratende, beschlußfassende und beaufsichtigende Kompetenzen in Finanzfragen verfügen.

Wenn die Übereinkunft zwischen Kantonalorganisationen und Bistum Ausdruck gegenseitigen Vertrauens und des Kooperationswillens ist, so dürften sich aus meiner Sicht die Übereinkünfte aber nicht auf Finanzierungsfragen beschränken. Die staatskirchenrechtlichen Kantonalorganisationen verstehen sich ja nicht als Sponsorenvereinigungen für die Kirche.Vielmehr wollen sie, ihrer Zwecksetzung gemäß, einen wichtigen Beitrag zum Gedeihen und zur Erfüllung des Auftrages der Kirche leisten. Es sollten deshalb auch gemeinsame Fo-

---

25 *Concordat entre l'Etat de Neuchâtel et l'Eglise réformée évangélique du canton de Neuchâtel, l'Eglise catholique romaine, l'Eglise catholique chrétienne* vom 2. Mai 2001, Recueil systématique de la législation neuchâteloise (RSN) 181.10.

26 So: Cavelti, *Dualismus* (Anm. 5), 45; Kley – Cavelti, *St. Galler Komm.* (Anm. 1) zu Art. 72 BV, 10; Nay, *Organisatorische Verselbständigung* (Anm. 6), 21.

ren und Institutionen zur Mitwirkung in wichtigen, beidseits interessierenden Angelegenheiten des Bistums geschaffen werden. Das wäre dann gewissermaßen das Pendant zur oben angesprochenen Mitwirkung der Bistumsorgane im Meinungsbildungs- und Entscheidungsprozeß der staatskirchlichen Organisationen.

So einleuchtend die Notwendigkeit solcher Übereinkünfte zwischen Kantonalorganisationen und Bistum sind, so wird es zweifellos noch erheblicher Anstrengungen und der Überwindung von Widerständen auf beiden Seiten bedürfen, bis solche Verträge tatsächlich zustandekommen werden. Beide Seiten können letztlich aber auch viel gewinnen, wenn die gegenseitige Kooperation auf eine gesicherte vertragliche Basis gestellt wird. Je stärker diese Zusammenarbeit zum Tragen kommt, desto mehr wächst auch das institutionelle, nicht nur das persönliche Vertrauen in der gegenseitigen Beziehung.

Fassen wir zusammen:

Die staatskirchenrechtliche Entwicklung der jüngeren Zeit in den schweizerischen Kantonen läuft klarerweise auf eine Entflechtung und Differenzierung, nicht auf eine vollständige Trennung der Beziehung von Staat und Kirche hinaus. Wohl halten die allermeisten Kantone nach wie vor am System der öffentlich-rechtlichen Anerkennung der traditionellen christlichen Religionsgemeinschaften fest, ja öffnen die Anerkennung auf weitere Religionsgemeinschaften. Doch sie übertragen ihre bisherigen staatlichen Handlungsbefugnisse auf die staatskirchenrechtlichen Körperschaften. Aus dem herkömmlichen Staat-Kirche-Verhältnis ist neu primär eine Beziehung der staatskirchenrechtlichen Körperschaften zur Kirche geworden. Diese Beziehung gestaltet sich damit nicht einfacher. Sie stellt im Gegenteil beide Seiten vor neue Herausforderungen. Die Kirche kann die staatskirchenrechtlichen Organisationen, die ja aus ihren Gläubigen als Mitglieder bestehen, nicht einfach als „Staat"oder als „Nicht-Kirche" betrachten. Umgekehrt sind diese Körperschaften, insbesondere die Kantonalorganisationen, aus ihrer kirchlichen Zweckorientierung heraus weit stärker als bisher in die Pflicht genommen, nach innen wie gegenüber dem Bistum. Das inhärente und vielleicht auch notwendige Spannungsfeld, das sich vor allem in der Beziehung zum Bistum zeigt, kann nur durch gegenseitiges Vertrauen, Respekt vor der je eigenen Aufgabe und Kooperation gelöst werden. Das gilt selbstverständlich für beide Seiten, weshalb auch, wie dargetan, Kooperationsmöglichkeiten in beiderlei Richtung zu schaffen sind.

Ich denke, daß es eine solche auf Vertrauen basierende gegenseitige Zusammenarbeit mit der Zeit auch erlauben könnte, über weitergehende Fragen zu diskutieren, bei deren Lösung wir heute faktisch blockiert sind. Ich denke etwa an das Mitwirkungsverfahren der Diözesankonferenz bei der Bischofswahl im Bistum Basel.[27] Ja, es könnte durchaus sein, daß mittelfristig auch Fragen der

27 Vgl. die Referate, Diskussionen und Erklärungen anläßlich der Tagung *175 Jahre Bistum Basel. Tagung aus Anlaß des 175jährigen Bestehens der Übereinkunft betreffend die Re-*

Gesamtstellung und -organisation der katholischen Kirche in der Schweiz – etwa jene der Neueinteilung der Bistümer – wieder neu und offen angegangen werden könnten.[28] Das wäre ja, wie ich meine, ein großer Schritt in die Zukunft der katholischen Kirche in der Schweiz.

---

organisation und die Umschreibung des Bistums Basel vom 26. März 1828, Freitag, 7. November 2003, im Schloss Waldegg, Feldbrunnen bei Solothurn, hrsg. von der Diözesankonferenz des Bistums Basel, Solothurn 2004.

28 Vgl. dazu auch: Urs Josef Cavelti, *Elemente einer Konkordatspolitik. Gutachten im Auftrag der Römisch-katholischen Zentralkonferenz der Schweiz, erstattet im März 2003,* abgedruckt in: Schweizerisches Jahrbuch für Kirchenrecht, Bern 2005, 95 ff.

B. Beiträge für die Sitzungen der Arbeitsgruppen

a) Der Fall Röschenz im Kanton Basel-Landschaft

Fallstudie „Röschenz"

Urs Brosi

1. Einleitung

Der Fall Röschenz, wie wir ihn aus den Medien kennen: Ein Priester verleumdet öffentlich seinen Bischof, und ein staatliches Gericht verhindert, daß der Kirchgemeinderat als anstellende Behörde den Priester entlassen muß. Die Vermutung liegt auf der Hand, daß die spezifisch schweizerische staatskirchenrechtliche Struktur die bischöfliche Entscheidungs- und Handlungsfreiheit unzulässig eingeschränkt hat. Der Fall Röschenz ist damit zum Paradebeispiel avanciert, daß die katholische Kirche mit dieser spezifisch schweizerischen staatskirchenrechtlichen Struktur von Kirchgemeinden und Landeskirchen nicht leben kann, daß diese Struktur zumindest nicht krisentauglich ist.[1]

---

1 In diesem Sinn äußerte sich Bischof Kurt Koch in seiner Stellungnahme zum Urteil des Kantonsgerichts Basel-Landschaft vom 12. November 2007, Pkt. 7 a): „Das Gerichtsurteil provoziert in erster Linie Fragen an die in den Bistumskantonen herrschenden staatskirchenrechtlichen Systeme selbst. Daß die rein kirchliche Angelegenheit der Erteilung oder des Entzugs der *Missio canonica* überhaupt von einem staatlichen Gericht beurteilt wird, hat seinen entscheidenden Grund in diesen staatskirchenrechtlichen Systemen. Der Fall Röschenz zeigt zudem einmal mehr, daß das Leben der Kirche mit dieser staatskirchenrechtlichen Struktur nur funktioniert, wenn beide Seiten demselben Ziel verpflichtet sind und einvernehmlich handeln wollen. Im Konfliktfall aber versagt diese Zusammenarbeit völlig, weil dann das Staatskirchenrecht stets Vorrang vor dem Kirchenrecht beansprucht und ihn auch durchsetzen kann und sich die Kirche vor dem Staatskirchenrecht und, wie das Gerichtsurteil zeigt, sogar vor staatlichem Recht zu beugen hätte. Wiewohl die staatskirchenrechtlichen Systeme Auxiliargefäße sind, die den Zweck haben, das kirchliche Leben administrativ und finanziell zu unterstützen, dienen sie im Konflikt gerade nicht der Kirche, sondern stellen ihre Freiheit radikal in Frage. Sollte das Vorhaben, die staatskirchenrechtlichen Systeme gegen die Kirche zu mißbrauchen, wie dies bei Röschenz in eklatanter Weise der Fall ist, Schule machen – die Kirchgemeinde Kleinlützel ist ein weiteres Beispiel dafür –, würde die Kirche keine andere Möglichkeit mehr haben als die, für eine völlige Trennung von Kirche und Staat einzutreten. Hier ist ein Umdenken unbedingt angesagt". NB: Der Bischof ist hier in der Verwendung des Begriffs Staatskirchenrecht unsauber: Er unterscheidet den Begriff Staatskirchenrecht von staatlichem Recht und setzt ihn mit den staatskirchenrechtlichen Strukturen gleich. In der katholischen Kirchenrechtsterminologie wird

Mit diesem Vorwurf behaftet steht der Fall Röschenz auf dem Programm dieser Tagung. Und deswegen möchte ich prüfen, inwieweit dieser Fall mit der sogenannt dualen Struktur der katholischen Kirche in der Deutschschweiz zu tun hat. Daß ich dabei nur einen kleinen Ausschnitt der Aspekte und Inhalte aufgreifen kann, welche die fünf Jahre dauernde Auseinandersetzung zwischen der Leitung des Bistums Basel und dem Priester Franz Sabo in der basellandschaftlichen Gemeinde Röschenz und in der solothurnischen Gemeinde Kleinlützel hervorrief, versteht sich von selbst.

2. Der Fall

Der Konflikt zwischen der Bistumsleitung und dem Pfarradministrator von Röschenz, Franz Sabo, geht auf die Jahre 2002 bis Ende 2004 zurück und hat mehrere Hintergründe, wobei die Verleumdung des Bischofs in der Basler Zeitung vom 8. August 2003 und die Verleumdung des Generalvikars im Pfarreiblatt der Nordwestschweiz vom 28. November 2004 öffentlich sind und deshalb hier genannt werden können. Welche Gründe die Bistumsleitung um die Jahreswende 2004/05 zum Entscheid bewogen, Franz Sabo des Amtes als Pfarradministrator zu entheben, muß hier nicht näher erörtert werden. Ich bin überzeugt, daß die Bistumsleitung ausreichende Gründe für ihren Entscheid hatte.

Am 9. Februar 2005 führte der für das Personal verantwortliche Bischofsvikar, Kurt Grüter, ein Gespräch mit Franz Sabo. In einem Brief an Franz Sabo, den der betreffende Bischofsvikar und der Generalvikar einen Monat später, am 18. März 2005 miteinander unterzeichneten, wird der Inhalt dieses Gesprächs wie folgt geschildert:

> „Wie Ihnen bereits am 9. Februar 2005 im Pfarrhaus Röschenz bei einem persönlichen Gespräch eröffnet werden mußte, wird Ihnen die Missio canonica in unserem Bistum durch unseren Bischof Dr. Kurt Koch aufgekündigt".

Die „Aufkündigung" bzw. der Entzug der *Missio canonica* entspricht dem, was der *Codex Iuris Canonici* als *amotio,* als Amtsenthebung, bezeichnet (vgl. v. a.

---

der Begriff Staatskirchenrecht aber immer für staatliches Recht gebraucht; er bezeichnet als Sammelbegriff jenes staatliche Recht, das den Bereich der Kirchen und Religionsgemeinschaften regelt. Ein Inhalt des Staatskirchenrechts der meisten Schweizer Kantone sind die öffentlich-rechtlichen Körperschaften „Landeskirchen" und „Kirchgemeinden". Deshalb werden die Landeskirchen und Kirchgemeinden als staatskirchenrechtliche Körperschaften bezeichnet. Sie beruhen also auf dem (staatlichen) Staatskirchenrecht, ihre eigene Rechtsordnung in Gestalt von Landeskirchenverfassungen und Synodalgesetzen heißt aber eben nicht Staatskirchenrecht, sondern kann als landeskirchliches Recht bezeichnet werden.

cc. 192–195 CIC). Denn die Erteilung der *Missio canonica* stellt im Bistum Basel faktisch eine kirchliche Amtsverleihung dar.[2]

Am 17. März führte der Generalvikar des Bistums Basel, P. Dr. Roland-B. Trauffer OP, mit dem Kirchgemeinderat der Kirchgemeinde Röschenz ein Gespräch, in welchem er dem Gremium die Gründe für den Entscheid mitteilte und verlangte, die Kirchgemeinde müsse Franz Sabo bis Ende des laufenden Monats entlassen. Gestützt auf die sechsmonatige Kündigungsfrist für Seelsorger in Gemeindeleitungsfunktion erwartete der Generalvikar die Entlassung per Ende September. So schrieb er denn in vorerwähntem Brief an Franz Sabo, der als Kopie auch an den Kirchgemeinderat ging, weiter:

> „Damit Sie genügend Zeit haben, den unabwendbaren Wechsel vorzubereiten, ist die Missio canonica bis zum 30. September 2005 befristet. Dies allerdings nur unter der Bedingung, daß Sie sich in dieser Zeit gegenüber Bischof und Bistum loyal verhalten".

Der Brief nennt keinen Grund für den Entscheid, sondern führt lediglich aus:

> „Die Gründe für diesen bedauerlichen Entscheid sind Ihnen wohl bekannt".

Der Kirchgemeinderat berief auf den 12. April 2005 eine außerordentliche Kirchgemeindeversammlung ein und stellte den Stimmberechtigten die Frage, ob der Kirchgemeinderat Pfarradministrator Franz Sabo trotz Entzug der *Missio canonica* weiterbeschäftigen soll, was die Versammlung mit 415 zu 0 Stimmen unterstützte. Dieser Beschluß, mit dem sich die Kirchgemeindeversammlung gegen den Entscheid der Bistumsleitung auflehnte, sorgte für Schlagzeilen weit über die Region Basel hinaus.

Der Bischof von Basel, Msgr. Dr. Kurt Koch, lud – auf den öffentlichen Widerstand reagierend – auf den 28. Mai 2005 eine Delegation der Pfarrei Röschenz zu einer Begegnung ins Bischöfliche Ordinariat ein. Folge dieses Treffens war, daß Bischof Kurt Koch und Pfarradministrator Franz Sabo sich im Juli und im September zu zwei Gesprächen trafen. Dabei wurden auch Bedingungen dis-

---

2 Der Begriff *Missio canonica* wird im Bistum Basel – und ähnlich in den anderen Bistümern der Deutschschweiz – als bischöfliche Beauftragung für alle Seelsorgeaufgaben in Pfarreien, Dekanaten, in kategorialen Funktionen oder in der Bistumsleitung gebraucht (z. B. für Pfarrer, Pastoralassistent/in, Katechet/in, Dekan, Kaplan in einem Spital oder Gefängnis, Hochschulseelsorger, Bischofsvikar etc.). Die *Missio canonica* gilt jeweils nur für die konkrete Aufgabe an einem bestimmten Ort (d. h. *officium*, Amt). Der Begriff wird somit anders verwendet als in Deutschland, wo mit *Missio canonica* die lebenslange kirchliche Ermächtigung zu einem konfessionellen Staatsamt bezeichnet wird. Weil die Erteilung bzw. der Entzug der Missio canonica im Bistum Basel *de facto* jene Vorgänge ausdrückt, die das kanonische Recht als Amtsverleihung bzw. Amtsenthebung/Versetzung bezeichnet, bewegen sich die Erteilung und der Entzug der *Missio canonica* auch nicht im kirchenrechtsfreien Raum, sondern es sind die einschlägigen Normen des CIC anzuwenden.

kutiert, unter denen der Bischof bereit wäre, Franz Sabo weiter im kirchlichen Dienst zu belassen. Da Sabos Antworten den Bischof nicht zu überzeugen vermochten, bestätigte dieser mit Schreiben vom 28. September 2005 den *Missio*-Entzug per 30. September.[3]

Nachdem Franz Sabo am ersten Oktobersonntag in Röschenz einen Gottesdienst feierte, drohte Bischof Kurt Koch ihm mit Sanktionen. Da Franz Sabo nicht aufhörte, in Röschenz seelsorglich zu wirken, verhängte der Bischof mit Dekret vom 22. Oktober 2005 über Franz Sabo die Strafe der Suspension wegen Amtsanmaßung. Die Suspension untersagte Franz Sabo alle priesterlichen Tätigkeiten.

Der Landeskirchenrat der Katholischen Landeskirche des Kantons Basel-Landschaft führte im Winter 2005 und Frühjahr 2006 ein aufsichtsrechtliches Verfahren gegen die Kirchgemeinde Röschenz durch, das im Juni 2006 mit der Verfügung schloß, die Kirchgemeinde habe Franz Sabo zu entlassen.

Gegen diese Verfügung erhob die Kirchgemeinde Röschenz Klage beim Kantonsgericht Basel-Landschaft.[4] Mit Urteil vom 5. September 2007 hob das Gericht die Verfügung des Landeskirchenrates auf, dies vor allem wegen Verletzung der Verfahrensgrundrechte von Franz Sabo beim Entzug der *Missio canonica:* Der Bischof oder jene, die mit bischöflicher Gewalt handeln, hätten Franz Sabo vor dem Entscheid das rechtliche Gehör gewähren und in der Entscheidung eine ausreichende Begründung angeben müssen.

3. Beurteilung

Bischof Kurt Koch bestritt in der Folge sowohl die vom Gericht vorgelegte Rechtslage *(in iure)* als auch seine Sachverhaltsermittlung im konkreten Fall *(de facto).* Er bestritt also erstens, daß ein Bischof aufgrund staatlichen Rechts überhaupt verpflichtet sei, das verfassungsmäßige Grundrecht des rechtlichen Gehörs bei einer kirchlichen Amtsenthebung zu gewähren und folglich ein staatliches Gericht diese Amtsenthebung auf die Einhaltung der Grundrechte überprüfen könne.[5] Er bestritt zweitens die Einschätzung, das rechtliche Gehör sei

3 Das Schreiben enthielt das Angebot, nach Ablauf eines halben Jahres über eine erneute Erteilung der *Missio canonica* zu diskutieren, sofern Sabo sich in der Zwischenzeit tatsächlich aus Röschenz zurückziehe. Nachdem Franz Sabo am ersten Oktobersonntag in Röschenz einen Gottesdienst feierte, teilte ihm Bischof Kurt Koch am 6. Oktober 2005 mit, daß das Angebot über eine erneute Erteilung der *Missio* hinfällig geworden sei.

4 In der öffentlichen Wahrnehmung standen sich Bischof Kurt Koch und Franz Sabo gegenüber. Das Bistum Basel als auch Franz Sabo waren zwar als Parteien beigeladen, juristisch standen sich jedoch die Kirchgemeinde Röschenz und die Katholische Landeskirche des Kantons Basel-Landschaft gegenüber.

5 Bischof Kurt Koch, Stellungnahme zum Urteil des Kantonsgerichts Basel-Landschaft vom 12. November 2007, Pkt. 4: „Es ist zwar auch in kirchlicher Sicht unbestritten, daß ein Missio-Entzug begründet und dem betroffenen Seelsorger rechtliches Gehör

im konkreten Fall nicht gewährt worden.[6] Deshalb möchte ich kurz auf die Rechtslage und die Beurteilung des Sachverhalts eingehen.

3.1. *In iure: Pflicht zur Gewährung des rechtlichen Gehörs*[7]

Gemäß heutigem Stand der Rechtsentwicklung beschränkt sich die Geltung der Grundrechte grundsätzlich auf das öffentliche Recht. Gemäß Art. 29 Abs. 1 BV sind alle Gerichts- und Verwaltungsinstanzen zur Gewährung der Verfahrensgarantien verpflichtet. Folglich ist ein Kirchgemeinderat als öffentlich-rechtlicher Arbeitgeber verpflichtet, vor einer Entlassung dem betreffenden Mitarbeiter oder der Mitarbeiterin das rechtliche Gehör zu gewähren. Ein Bischof, dessen Diözese nicht öffentlich-rechtliche Körperschaft ist, unterliegt *per se* nicht dieser Verpflichtung.

Da nun aber das Recht der Katholischen Landeskirche Basel-Landschaft die bischöfliche Sendung zur Voraussetzung für eine Anstellung im Seelsorgebereich erhebt,[8] wirkt die Pflicht zur Gewährung des rechtlichen Gehörs auf den Bischof zurück. Will der Bischof einem Seelsorger die *Missio canonica* entziehen, d. h. eine Person versetzen oder des Amtes entheben, so muß er – an Stelle des Kirchgemeinderates – das rechtliche Gehör gewähren.

Diese Rechtsauslegung des Kantonsgerichts – so nachteilig sie im konkreten Verfahren für das Bistum Basel war – ist aus meiner Sicht unabdingbar und ein wesentlicher Gewinn für die Stellung des Bischofs im Personalbereich. Würde nämlich nicht der Bischof in der Pflicht stehen, das rechtliche Gehör zu gewäh-

---

gewährt werden muß. Problematisch ist aber die Beurteilung dieser Sachverhalte durch das Kantonsgericht, wie bereits der Landeskirchenrat unmißverständlich festgestellt hat".

6 Bischof Kurt Koch, Stellungnahme zum Urteil des Kantonsgerichts Basel-Landschaft vom 12. November 2007, Pkt. 4 b): „Das Gericht hat zweitens geurteilt, sowohl ich als auch der Landeskirchenrat hätten Herrn Sabo das rechtliche Gehör nicht gewährt. Diese unverständliche und unhaltbare Behauptung kann das Gericht nur deshalb aufstellen, weil es in einer absolut formalistischen Fixierung nur die Fakten vor dem 9. Februar 2005 anerkennt, als Bischofsvikar Kurt Grüter Herrn Sabo mündlich mitteilen mußte, daß der Entzug der missio canonica unausweichlich geworden sei, und alle anderen Fakten und Ereignisse nach dem 9. Februar 2005 als irrelevant, weil ‚nachgeschoben', erklärt".

7 Vgl. zur Rechtslage im Fall Röschenz: Felix Hafner – Urs Brosi, *Personalentscheide und landeskirchliches Recht. Gutachten: Das Verhältnis der Römisch-katholischen Landeskirche des Kantons Basel-Landschaft zu ihren Kirchgemeinden, wenn Seelsorgenden die missio canonica entzogen wird,* hrsg. von der Römisch-katholischen Landeskirche des Kantons Basel-Landschaft, Basel 2007.

8 Die Verfassung der Katholischen Landeskirche des Kantons Basel-Landschaft hält in § 46 fest: „Die Seelsorge wird in den Kirchgemeinden und in der Landeskirche durch Seelsorgende mit kirchlicher Sendung ausgeübt".

ren, müßte der Kirchgemeinderat dies tun, was er aber nicht könnte, wenn ihm der Bischof nicht die Gründe für die Amtsenthebung darlegte; ferner wäre dann auch der Kirchgemeinderat Empfänger der Stellungsnahme des Seelsorgers und müßte folglich entscheiden, ob er der Einschätzung des Bischofs oder jener des Seelsorgers folgt. Die Auslegung des Gerichts stützt also im Endeffekt die Verantwortung und Zuständigkeit des Bischofs für das Seelsorgepersonal, unterstellt ihn aber auch der Pflicht, im Einklang mit den Grundrechten zu handeln.[9]

Die Beachtung der Grundrechte ist nun aber gerade etwas, was der katholischen Kirche nicht fremd ist. Die wesentlichen Voraussetzungen dazu sind im kanonischen Recht bereits enthalten: Wenn wir beachten, daß der Entzug der *Missio canonica* eine Amtsenthebung oder Versetzung bedeutet, so stellen wir fest, daß der CIC praktisch dieselben Voraussetzungen formuliert wie das staatliche Recht: In den Normen über die Amtsenthebung und Versetzung jeglicher Art von Amtsträgern gemäß cc. 190–195[10] und noch viel umfassender in den Normen über die Amtsenthebung und Versetzung von Pfarrern, die in cc. 1740-

---

9 Die neue Anstellungsordnung der Katholischen Körperschaft des Kantons Zürich nimmt die Ergebnisse des Kantonsgerichtsentscheids auf und formuliert in präziser und kurzer Weise, wie vorzugehen ist: „§ 14 Beendigungsgründe:[2] Der sachlich begründete Entzug der kirchlichen Ernennung oder der Missio canonica hat, sofern diese für die Anstellung erforderlich sind und vor dem Entzug eine Anhörung durch den Bischof oder seinen Personalverantwortlichen stattfand (rechtliches Gehör), zwingend die Kündigung des Arbeitsverhältnisses zur Folge" (vgl. Beitrag von Andreas Hubli in diesem Band).

10 Vor der Versetzung jeglicher Art von Amtsträgern ist der Bischof im Minimum verpflichtet, Gelegenheit zur Darlegung von Gegengründen zu geben, wie c. 190 § 2 CIC ausführt *(... firmo semper iure rationes contrarias exponendi, servetur modus procedendi iure praescriptus).* Bei der Amtsenthebung fehlt zwar in der Parallelnorm (c. 193 § 1) die Formulierung, *firmo semper iure rationes contrarias exponendi,* in der Kanonistik wird aber regelmäßig dargelegt, es handle sich hierbei um eine Gesetzeslücke, die entsprechend auszufüllen sei. Dazu:

- Winfried Aymans, *KanR* I, 500, stellt fest: „Da jedoch im Gegensatz zu der Regelung für die zwangsmäßige Versetzung in bezug auf die Amtsenthebung nicht allgemein gesetzlich sichergestellt ist, daß dem Betroffenen Gelegenheit zu Gegenvorstellungen geboten wird, ist hier das Vorliegen einer Gesetzeslücke anzuerkennen, zumal die bloße Amtsenthebung schwerer wiegt als die zwangsmäßige Versetzung. Bei der Schließung der Gesetzeslücke ist in erster Linie Anhalt an dem Verfahren für die Amtsenthebung von Pfarrern zu suchen und wenigstens sicherzustellen, daß der Betreffende ausreichend über die Gründe informiert wird (vgl. c. 1742 § 1) und sich aus seiner Sicht zur Sache äußern kann" (vgl. c. 1745).
- Hubert Socha, c. 193 Rdn. 2, in *MKCIC,* sagt, die Lücke sei durch die analoge Anwendung der Normen über die Pfarrerenthebung oder über die außergerichtlichen Strafverfahren gemäß c. 1720 CIC zu füllen.
- Hans Heimerl und Helmuth Pree, *Kirchenrecht. Allgemeine Normen und Eherecht,* S. 141, führen aus, daß hinsichtlich des Verfahrens bei nichtpfarrlichen Ämtern „wie bei der Versetzung die Lücke durch Analogie zu schließen" sei.

1752 ausführlich geregelt sind, wird die Pflicht formuliert, vor einem Entscheid gegenüber der betreffenden Person die Gründe zu nennen, die Beweisstücke vorzulegen und sie einzuladen, ihre Gegenargumente einzubringen (so v. a. cc. 1742 und 1745 n. 1). Ferner ist ein Dekret, das eine Amtsenthebung oder Versetzung festlegt, schriftlich auszufertigen und mit mindestens einer summarischen Begründung zu versehen (c. 51). Hätte die Bistumsleitung diese kodikarischen Normen sauber eingehalten, so wäre ihr nach meiner Einschätzung beim staatlichen Gericht kein Unbill widerfahren, da das Gericht kaum mehr fordert als das kanonische Recht. Das heißt aber auch, daß es unzweckmäßig ist, sich gegen die Rechtsinterpretation des Kantonsgerichts zu wehren, da das Gericht vom Bischof eine Verfahrensweise erwartet, zu der er nach kanonischem Recht bereits verpflichtet ist.

Was im CIC noch fehlt, ist die Rechtsmittelbelehrung. Wenn die Bistumsleitung vor dem Kantonsgericht geltend macht, Herr Sabo hätte zuerst die kirchlichen Rechtsmittel in Anspruch nehmen müssen, so gehört dazu auch, daß die Bistumsleitung auf einem Amtsenthebungsdekret und vor allem auf einem Strafdekret eine Rechtsmittelbelehrung platziert.

3.2. *De facto: Wurde das rechtliche Gehör gewährt?*

Die Frage, ob der Bischof im konkreten Fall des Priesters Franz Sabo das rechtliche Gehör gewährt hat, beantwortete das Kantonsgericht negativ und verärgerte damit massiv Bischof Kurt und auch den Landeskirchenrat, die beide der Meinung sind, Bischof Kurt hätte Franz Sabo in den beiden Gesprächen im Juli und September 2005 die Gründe für seinen Entscheid dargelegt und ihm die Möglichkeit zur Stellungnahme geboten. Bischof Kurt geht davon aus, der Missio-Entzug sei erst mit seinen Schreiben vom 28. September und vom 6. Oktober mitgeteilt worden.[11] Das Kantonsgericht erachtet dagegen den Entscheid bereits im Gespräch vom 9. Februar und im Brief vom 18. März als gegeben.

– Pablo Gefaell, c. 193 Pkt. 4 a), in *Exegetical Commentary on the Code of Canon Law*, verlangt unter Berufung auf c. 50 in jedem Fall das rechtliche Gehör, auch wenn es in c. 193 nicht eigens erwähnt werde.

11 Bischof Kurt Koch, Stellungnahme zum Urteil des Kantonsgerichts Basel-Landschaft vom 12. November 2007, Pkt. 4 b): „Es ist offensichtlich, daß das Kantonsgericht die Fiktion vorgenommen hat, die missio canonica sei Herrn Sabo am 9. Februar 2005 entzogen worden (tatsächlich erfolgte der Missio-Entzug aber am 30. September 2005), und zwar mit dem Zweck, alle nachfolgenden Verfehlungen von Herrn Sabo als nicht Gegenstand des Entzugs der missio canonica zu erklären. Hier dürfte auch der Grund liegen, daß das Kantonsgericht in einer rein formalistischen Argumentation auf den Sachverhalt fixiert bleibt, das rechtliche Gehör sei Herrn Sabo nicht so gewährt worden, wie es der Gerichtspraxis des Kantonsgerichts Basel-Landschaft entspreche. Dieser auf Willkür beruhende Formalismus des Urteils bildet eine für unsere demokratische Rechtskultur verhängnisvolle Erscheinung".

Nach meiner Einschätzung stand der Entscheid, die *Missio canonica* zu entziehen, zumindest für den Generalvikar im Frühjahr 2005 in der Tat fest. Nicht nur das oben zitierte Schreiben vom 18. März 2005 läßt hierzu an Deutlichkeit nicht zu wünschen übrig, auch die öffentlichen Stellungnahmen des Generalvikars gegenüber den Medien und in Kleinlützel gingen stets von einem bereits getroffenen Entscheid der Bistumsleitung aus. Unabhängig davon waren die Gespräche, die Bischof Kurt im Sommer 2005 mit Franz Sabo führte, wieder weitgehend entscheidungsoffen, indem er Sabo zumindest Möglichkeiten bot, mit geeigneten Maßnahmen dem drohenden *Missio*-Entzug zu entgehen.

Das Kantonsgericht hat in dieser nicht eindeutigen Situation geurteilt, daß der eindeutige Entscheid, der am 18. März schriftlich mitgeteilt wurde, anschließend nie aufgehoben wurde, wodurch trotz der Gespräche keine wirklich entscheidungsoffene Situation mehr entstanden ist.

Diese Sachverhaltsermittlung und Interpretation des Gerichts brauchen wir an dieser Stelle nicht weiter zu vertiefen. Wesentlich ist jedoch, die alte kanonistische Bedeutung von *potestas vicaria* in Erinnerung zu rufen: Jegliches Rechtshandeln von bischöflichen Stellvertretern bindet den Bischof; die General- und die Bischofsvikare handeln im Namen des Bischofs und damit direkt mit Wirkung für und gegen ihn; der Bischof stellt verfahrensmäßig keine höhere Instanz dar. Wesentlich ist aber auch, daß die Frage sauber geklärt wird, welche Spezialmandate gemäß c. 134 § 3 CIC die bischöflichen Stellvertreter erhalten. Erst wenn diese Spezialmandate auch im Amtsblatt veröffentlicht sind, so wie dies deutsche Diözesen tun, kann auch das Argument des Landeskirchenrates gewürdigt werden, der behauptet hat, das Gericht hätte feststellen müssen, daß ein Generalvikar gar nicht kompetent sei, eine *Missio canonica* zu entziehen.[12]

---

12 Analyse des Landeskirchenrats Basel-Landschaft betreffend Urteil des Kantonsgerichts Basel-Landschaft vom 5. September 2007 in Sachen Kirchgemeinde Röschenz (7. November 2007): „Der Zeitpunkt des Missio-Entzugs ist fraglos von entscheidender Tragweite für die Frage des rechtlichen Gehörs. Unter diesen Umständen überrascht es, daß das Kantonsgericht das Schreiben vom 18. März 2005 ohne jede Begründung als förmliche Eröffnung des Entzugs der missio canonica qualifiziert. Die unterzeichneten Personen (Generalvikar Trauffer und Bischofsvikar Grüter) können nach Meinung des Landeskirchenrats kanonisch-rechtlich den Missio-Entzug nämlich gar nicht gültig anordnen; diese Kompetenz steht grundsätzlich allein dem Diözesanbischof zu. Im Rahmen des partiellen Überprüfungsrechts hätte das Kantonsgericht das Schreiben vom 18. März 2005 nicht ohne weiteres als maßgebliches Dekret qualifizieren dürfen, sondern hätte dessen kanonisch-rechtliche Gültigkeit in formeller Hinsicht (Zuständigkeit) überprüfen müssen. Das Kantonsgericht hätte in diesem Fall festgestellt, daß das Schreiben vom 18. März 2005 gar nicht als maßgebliches Dekret in Betracht kommt".

4. Ergebnis

Daß ein Seelsorger gegen den Willen des Bischofs weiter beschäftigt werden konnte, war nur durch das duale System der Deutschschweiz möglich, in welchem die Kirchgemeinden Anstellungsträger des Seelsorgepersonals sind. Diese spannungsvolle Situation von Röschenz ist also in der Tat spezifisch schweizerisch, und wäre so in anderen staatskichenrechtlichen Systemen nicht denkbar. Diese Situation hätte aber auch in der Schweiz ihr gutes Ende gefunden, wenn das Gerichtsverfahren zu Gunsten der Bistumsleitung ausgegangen wäre.

Das Gerichtsverfahren ist aber nicht zu Gunsten der Bistumsleitung ausgefallen, da die Bistumsleitung sich in ihrer Vorgehensweise deutliche Mängel zu Schulden kommen ließ. Die Mängel bei der Gewährung der Verfahrensgrundrechte führte dazu, daß die kirchliche Amtsenthebung keine Wirkung im weltlichen Anstellungsverhältnis entfalten konnte. Dieser Zusammenhang ist nun aber gerade nicht spezifisch schweizerisch, da er in anderen Staaten, in denen die Kirche einen öffentlich-rechtlichen Status genießt, in ähnlicher Form vorkommen kann. Wären die Diözesen Körperschaften des öffentlichen Rechts, wie dies in Deutschland der Fall ist, so läge die Grundrechtsbindung noch eindeutiger bei den Bischöfen.

Der entscheidende Punkt des Falls Röschenz hängt damit gerade nicht mit der dualen Struktur zusammen, sondern mit dem öffentlich-rechtlichen Status an und für sich. Mit dem Wegfallen der öffentlich-rechtlichen Anerkennung würde für den Bischof zwar die staatliche Grundrechtsbindung wegfallen. In der Sache würde dies aber wie gesagt nichts verändern, da das rechtliche Gehör und die Begründungspflicht unabhängig von der staatlichen Grundrechtsbindung nach kanonischem Recht weiter bestehen würden, und eine Verletzung dieser Rechte mittels hierarchischer Beschwerde bei der zuständigen römischen Kongregation gerügt werden könnte.

Es ist daher nicht sachgemäß, wenn der Fall Röschenz dafür hinhalten muß, das duale System als krisenuntauglich darzustellen. Daß Verfahrensfehler passieren, ist übrigens keine Todsünde – das unterläuft wahrscheinlich jeder Leitung und jeder Verwaltung irgendwann. Schwierig ist es, wenn die Fehler nicht eingestanden werden, und wenn stattdessen das System für schuldig erklärt wird.[13]

13 Vgl. Anm. 1.

Lehren aus dem „Fall Röschenz“

Arturo Cattaneo

Der „Fall Röschenz“ zeigt trotz der Einigung, die am vergangenen 27. September zwischen dem Bischof von Basel und Pfarrer Franz Sabo erreicht wurde, klar die Problematik, die einigen Aspekten des staatskirchenrechtlichen Systems innewohnt, das im Kanton Basel-Landschaft und mit einigen Nuancierungen im Großteil der Schweizer Kantone in Geltung steht.

Ich schicke voraus, daß diese Überlegungen nicht eine radikale Kritik an diesem Rechtssystem sein wollen. Ich wünsche mir vielmehr, daß es für nicht wenige praktische Aspekte weiterhin nützlich sein kann.[1] Das wird es in dem Maße sein können, wie solche Strukturen wirklich als Hilfsstrukturen[2] verstanden werden und wirken, die somit das eigene Wesen der Kirche respektieren und nicht im Gegenteil versuchen, Ersatzstrukturen zu denen des kanonischen Rechts[3] zu schaffen, die mit letzteren in Widerspruch geraten können.

Gerade der „Fall Röschenz“ und in besonderer Weise das Urteil des Kantonsgerichts Basel-Landschaft hat gezeigt, daß dies nicht nur eine entfernte

1 Die Nützlichkeit des Systems, das in vielen Schweizer Kantonen angewandt wird, wurde von Bischof Kurt Koch folgendermaßen herausgestellt: „Ich sehe den Wert der Systeme des Staatskirchenrechts in der Tatsache, daß sie mit ihren Prinzipien der Partizipation, Transparenz und Subsidiarität eine breite Einbeziehung des Volkes Gottes bei den Entscheidungen erlauben, vor allem was die Finanzgebarung betrifft, und daß sie vielen engagierten Katholiken die Gelegenheit bieten, für das gute Funktionieren des kirchlichen Lebens Sorge zu tragen. Gerade in den Organen des Staatskirchenrechts – in denen man sich hauptsächlich mit den temporalia, mit den materiellen Erfordernissen der Kirche beschäftigt, d. h. mit der Verwaltung und Finanzierung der Pastoral – findet die Mitverantwortung der Laien einen angemessenen Platz und ihren authentischen Sinn. Daher muß man all das Gute wertschätzen, das durch diese Organe getan wurde und weiterhin getan wird, um in den Kirchgemeinden, in den diözesanen Gebieten, in der Diözese und für die Kirche in der Schweiz eine zeitgemäße Pastoral zu ermöglichen und voranzutreiben. Noch heute können wir dankbar sein für solche Errungenschaften der Systeme des Staatskirchenrechts.“ Kurt Koch, *I sistemi di diritto ecclesiastico nella Svizzera tedesca e l'ecclesiologia del Concilio Vaticano II. Un'analisi teologica della situazione attuale,* in: Ius Ecclesiae 13 (2001) 49–70, 55.

2 Walter Gut hat vorgeschlagen, in bezug auf die Systeme des Staatskirchenrechts von Hilfsstrukturen zu sprechen, um den mehrdeutigen Ausdruck „Dualsystem“ zu vermeiden: Walter Gut, *„Landeskirchen“ und „Kantonalkirchen“ im Lichte des Zweiten Vatikanischen Konzils. Eine ekklesiologisch-staatskirchenrechtliche Analyse,* in: ders., Fragen zur Rechtskultur in der katholischen Kirche, Freiburg/Schweiz 2000, 53–120, bes. 59 f.

3 Das Problem wurde schon von Johannes Paul II. wahrgenommen, der sich am Ende ihres Ad-limina-Besuchs im September 1997 an die Schweizer Bischöfe wandte und sie daran erinnerte, daß „das Leben der Ortsgemeinden sich in die Strukturen einfügen muß, die der Kirche eigen und andersgeartet sind als die bürgerlichen Institutionen“: Johannes Paul II., *Disorso all'Episcopato Elvetico in visita „ad limina“,* in: L'Osservatore Romano, 5. September 1997, auch in: AAS 98 (1998) 509.

Möglichkeit ist. Dieses Urteil spricht tatsächlich dem staatlichen Recht den Vorrang zu und respektiert dabei nicht genügend die Zuständigkeit der kircheneigenen Organe (in diesem Fall die Autorität des Diözesanbischofs) in einer Frage, die die interne Ordnung der Kirche betrifft.

In diesem meinem kurzen Referat habe ich nicht die Absicht, in die Diskussionen über das Urteil des Kantonsgerichts einzusteigen, sondern über die Tatsache nachzudenken, daß ein solches Gericht in einer Sache angerufen wurde, die in die Zuständigkeit der Kirche fallen müßte.

Diesbezüglich hat Bischof Kurt Koch erfahren, wie sich in Konfliktsituationen die Schwierigkeit erhebt, zwei Rechtssysteme – das kanonische und das staatliche – in Einklang zu bringen, eine Schwierigkeit, die sich gewiß nicht dadurch überwinden läßt, daß man bekräftigt, die Kirche müsse dem staatlichen Recht unterstehen,[4] wie in der Begründung des Urteils gesagt wird.[5] Mir erscheint es daher logisch, daß sich in der letzten Zeit – vielleicht auch angestoßen durch die Überlegungen zum „Fall Röschenz" – die Überzeugung den Weg bahnt, daß das aktuelle staatskirchenrechtliche System so korrigiert werden muß, daß seine Strukturen die Eigenart der Kirche stärker respektieren.

Gleich nach Kenntnisnahme des Urteils (am 5. September 2007) habe ich im *Giornale del Popolo* einen Kommentar veröffentlicht, in dem ich von einem „emblematischen Fall für ein System, das die Freiheit der Kirche nicht respektiert" gesprochen habe und präzisierte: „Es handelt sich um eine klare Einmischung des Staates in einer Frage von kirchlicher Zuständigkeit, was die Freiheit der Kirche schwer beeinträchtigt und besonders ihr Recht, sich nach den eigenen Normen zu leiten. Die fehlende Anerkennung dieses Rechts verletzt die Religionsfreiheit, da letztere nicht nur den Individuen zuerkannt wird, sondern auch den Religionsgemeinschaften, die frei sein müssen, sich nach den Vorgaben ihres Glaubens zu organisieren, natürlich immer unter Berücksichtigung der öffentlichen Ordnung".[6] Als Bischof Koch am 12. November erklärte, das Urteil des Kantonalgerichts von Basel-Landschaft nicht anzuerkennen, schrieb ich in derselben Zeitung: „Ich wünsche mir, daß die mutige Erklärung des Bischofs

---

4 Vgl. Kurt Koch, *Ekklesiologische und staatskirchenrechtliche Fragestellungen im Bistum Basel.* Eröffnungsvortrag bei der öffentlichen Ringvorlesung „Kirche-Staat" an der Theologischen Fakultät Luzern in der Jesuitenkirche in Luzern am 2. April 2008. In Absatz IV.1 drückt sich Bischof Koch folgendermaßen aus: „Mit diesen Konfliktsituationen ist eine letzte Inkompatibilität der beiden Rechtssysteme an den Tag getreten, die es aufmerksam und klug weiter zu verfolgen gilt. Dieses Problem kann freilich nicht auf dem Weg gelöst werden, daß sich im Konflikt die Kirche stets den staatskirchenrechtlichen Vorgaben zu beugen hätte, wie dies alt Bundesrichter *Giusep Nay* insinuiert, wenn er die Kompetenz-Kompetenz bezüglich der Regelung des Verhältnisses von Kirche und Staat eindeutig dem Staat zuordnet".

5 „Die aus Art. 29 der Bundesverfassung fließenden Grundrechtsbestimmungen sind stärker zu gewichten als die in der Verfassung der Landeskirche enthaltenen Verweise auf Lehre und Rechtsordnung der römisch-katholischen Kirche; die Grundrechtsnormen müssen deshalb grundsätzlich innerkirchlichem Recht vorgehen".

6 *Giornale del Popolo,* 7. September 2007.

von Basel ein Überdenken des Staat-Kirche-Verhältnisses in Gang setzt, damit sich in Zukunft ähnliche Situationen nicht wiederholen, die – um das geringste zu sagen – peinlich sind, nicht nur für die Kirche, sondern auch für den Staat".[7]

Die erste Lehre, die man aus dem „Fall Röschenz" ziehen müßte, scheint mir daher die fehlende Achtung gegenüber der Freiheit der Kirche zu sein.[8] Zu diesem Schluß kommt auch Walter Gut in einer genauen und gründlichen Studie.[9] Da gestern Prof. Carlo Cardia zum selben Thema gesprochen hat, scheint es mir nicht nötig zu sein, mich länger dabei aufzuhalten.

Ich sagte vorhin, daß die Strukturen des Staatskirchenrechts für die Kirche wirklich nützlich wären – und ihre Freiheit respektieren würden – in dem Maße, wie sie als Hilfsstrukturen verstanden werden und wirken unter Berücksichtigung der Eigenart der Kirche.

Die wenigen Minuten, die mir noch zur Verfügung stehen, möchte ich daher verwenden, um zwei Aspekte der kirchlichen Verfassung hervorzuheben, die bei der Gestaltung von Hilfsstrukturen im staatlichen Recht größte Berücksichtigung finden müßten, damit ähnliche Konfliktsituationen vermieden werden und sich unter den Gläubigen nicht eine falsche Auffassung von Kirche verbreitet.[10]

1. Die Zentralität der Diözese (Ortskirche)

Ich fange mit diesem Aspekt an, da eine der größten Schwierigkeiten, die von der gegenwärtigen Gestalt der Strukturen des Staatskirchenrechts hervorgeru-

7 Ebd., 13. November 2007.

8 Im Zusammenhang mit der Anerkennung der Freiheit der Kirche ist an das Schlußdokument der KSZE-Folgekonferenz von Wien (1989) zu erinnern. Nach diesem Dokument verpflichten sich die Teilnehmerstaaten, unter denen auch die Schweiz ist, wie folgt: „Um die Freiheit des Individuums, eine Religion zu kennen und auszuüben, zu garantieren … werden sie das Recht dieser Religionsgemeinschaften anerkennen … sich nach der eigenen hierarchischen und institutionellen Struktur zu organisieren" (§ 16,4 II) und „das eigene Personal gemäß den jeweiligen Erfordernissen und den eigenen Normen auszuwählen, zu ernennen und zu ersetzen" (§ 16,4 III).

9 Walter Gut, *Fehlender Respekt gegenüber der Kirchen- und Religionsfreiheit,* in: Schweizerische Kirchenzeitung 11 (2008) I–XV.

10 Markus Ries hat bemerkt, daß die staatskirchenrechtlichen Systeme wegen ihres Einflusses auf das Selbstverständnis der Gläubigen und wegen ihrer Entscheidungsmechanismen die Vorstellung hervorrufen, „gemäß der die Kirche mehr als das Ergebnis des allgemeinen Willens ihrer Mitglieder wahrgenommen wird und weniger als Sakrament der Lebensgemeinschaft mit Gott; eine Tendenz, die die Gefahr einer Assimilierung der Kirche an die Strukturen des zivilen Bereichs mit sich bringt": Markus Ries, *Die Kirchenfinanzierung in der Schweiz,* in: Geschichte des kirchlichen Lebens in den deutschsprachigen Ländern seit dem Ende des 18. Jahrhunderts, hrsg. von Erwin Gatz, Bd. I: Kirchenfinanzen, Freiburg i. Br. 2000, 358–372, 370.

fen werden, von der Zentralität der so genannten Kirchgemeinden zu Lasten der Diözesankirche ausgeht. Bischof Koch sprach von einer „strukturellen Verdrängung der Diözese", die von den aktuellen staatskirchenrechtlichen Systemen verursacht wird, die „von der Kirchgemeinde ausgehen und sich auf sie konzentrieren und nur bis zur kantonalen Ebene reichen, während die Diözese in ihren Strukturen nur in marginalem Ausmaß vorgesehen ist".[11] Kraft des Prinzips der Autonomie der Gemeinde, das für das Staatskirchenrecht typisch ist, entwickelte sich nämlich eine Situation, die Weihbischof Peter Henrici „den größten Hemmschuh für die Kirche in der Schweiz"[12] nennt. Dieses Prinzip begünstigt gewiß keine „Konzeption der lokalen Diözesankirche, sondern eine Konzeption kongregationalistischer Art, die versucht, die Kirche zuerst im lokalen Bereich zu betrachten, dann auf regionaler Ebene und erst am Ende auf der Ebene der Diözese. Daher wird die Kirche in föderalistischer Art von den einzelnen Gemeinden gebildet; von den höheren kirchlichen Einrichtungen erwartet man sich nur eine Unterstützung für das, was die Kirchgemeinden nicht selbst vollbringen können".[13] In einer solchen Entwicklung macht sich der Einfluß der protestantischen Ekklesiologie bemerkbar.[14]

Aus der Sicht der kirchlichen Struktur und Leitung ist hingegen klar – und dabei handelt es sich um einen der bedeutsamsten Fortschritte der konziliären Ekklesiologie –, daß die Zentralität nicht den pfarrlichen, sondern den diözesanen Gemeinschaften zukommt.

---

11 Koch, *I sistemi di diritto ecclesiastico* (Anm. 1), 61.

12 „Den größten Hemmschuh für die Kirche in der Schweiz": Peter Henrici, *Konzentration auf das Wesentliche. Weihbischof Dr. Peter Henrici SJ, Zürich, im Gespräch mit Georg Rimann,* in: Kirche – Kultur – Kommunikation. Peter Henrici zum 70. Geburtstag, hrsg. von Urban Fink und René Zihlmann, Zürich 1998, 911–930, 921. Henrici hat auch beobachtet: „Im Staatskirchenrecht kommt der Primat (und die Finanzhoheit) den einzelnen Kirchgemeinden zu, im Kirchenrecht dagegen den Bistümern. Die Spannungen und Mißverständnisse, die auch in unserer schweizerischen Idylle nicht fehlen, dürften zu einem guten Teil auf diese Gegenläufigkeit von staatskirchenrechtlichem und kirchenrechtlichem Strukturaufbau zurückzuführen sein": Peter Henrici, *Gegenwart und Zukunft des Verhältnisses zwischen Staat und Kirche(n),* in: Schweizerische Kirchenzeitung 172 (2004) 920.

13 Koch, *I sistemi di diritto ecclesiastico* (Anm. 1), 61 f. Folge dieser Konzentration auf die Kirchgemeinden ist, daß das Recht, Steuern zu erheben, nur diesen zukommt; es gibt keine Steuern für die Diözese; diese hängt finanziell von den untergeordneten Organen ab. Das fördert, wie Henrici bekräftigt hat, das „Kirchturmdenken": Henrici, *Konzentration auf das Wesentliche* (Anm. 12), 922.

14 Eugenio Corecco hat dieses Phänomen schon 1970 kritisiert, indem er die Kantonalkirche als Ergebnis einer unkritischen Übernahme der protestantischen Ekklesiologie betrachtete. Für die Protestanten ist die äußere Organisation der Kirche nämlich eine Aufgabe des Staates. Die Kirche organisiert sich dann im Innenbereich nach den Vorgaben des Staates; vgl. Eugenio Corecco, *Katholische „Landeskirche" im Kanton Luzern. Das Problem der Autonomie und der synodalen Struktur der Kirche,* in: Archiv für katholisches Kirchenrecht 139 (1970) 3–42.

In einer der ekklesiologischen Hauptaussagen des II. Vatikanums ist zu lesen, daß die Teilkirchen „nach dem Bild der Gesamtkirche gestaltet sind. In ihnen und aus ihnen besteht die eine und einzige katholische Kirche" (LG 23). Der Prototyp der Teilkirche (die das II. Vatikanum auch Ortskirche nennt) ist die Diözese, die in einem anderen grundlegenden Text definiert wird als „Teil des Gottesvolkes, der dem Bischof in Zusammenarbeit mit dem Presbyterum zu weiden anvertraut wird. Indem sie ihrem Hirten anhängt und von ihm durch das Evangelium und die Eucharistie im Heiligen Geist zusammengeführt wird, bildet sie eine Teilkirche, in der die eine, heilige, katholische und apostolische Kirche wahrhaft gegenwärtig ist und wirkt" (CD 11).

Hauptsächlich von diesen Aussagen angeregt, hat die nachkonziliare Ekklesiologie die Bedeutung der wechselseitigen Immanenz zwischen Ortskirche und Universalkirche klar anerkannt.[15] So versteht man, warum die gesamte von Christus gewirkte Erlösung geschichtlich in der Ortskirche verwirklicht wird, die alle Heilsmittel besitzt, um die Sendung der Kirche in ihrer Gesamtheit zu erfüllen. Die Ortskirche ist daher nicht ein reiner Verwaltungsbezirk einer übergeordneten einheitlichen und monolithischen Universalkirche, sondern stellt deren wahre und volle Verwirklichung vor Ort dar. Die Struktur der *communio Ecclesiarum* schließt jedoch auch das entgegengesetzte Verständnis aus, nämlich das einer Konföderation von Kirchen, die auf deren freiwilliger Vereinigung beruht.

Was über die Ortskirche gesagt wird, gilt natürlich nicht für die Pfarrei. Man kann nämlich nicht vertreten, daß die Ortskirche „aus und in" den Pfarreien besteht. Die Kirche selbst mit all ihren Funktionen verwirklicht sich nämlich nicht voll in den Pfarreien. Diese nämlich besitzen nicht alle Heilsmittel; vor allem fehlt ihnen das Haupt, das mit bischöflicher Gewalt ausgestattet ist. Die Pfarrei ist gewiß „die vorzüglichste, aber nicht die einzige Gestaltform des Vollzuges kirchlicher Sendung in der Teilkirche".[16]

In diesem Zusammenhang ist die Tatsache bedeutsam, daß das Konzil den Ausdruck Teilkirche/Ortskirche nie verwendet hat, um sich einfach auf die eucharistische Versammlung, auf Gemeinschaften von Gläubigen innerhalb der Diözese wie die Pfarreien, auf Vereine von Gläubigen oder auf Institute des geweihten Lebens zu beziehen.

Ich möchte dieses Thema hier nicht weiter ausführen, da sich bereits Msgr. Jean-Claude Périsset damit beschäftigt hat. Er hat zu Recht daran erinnert, daß in der Kirche neben dem Gemeinschaftsprinzip das hierarchische Prinzip gilt.

---

15 Zu diesem Thema vgl. Arturo Cattaneo, *La Chiesa locale. I fondamenti ecclesiologici e la sua missione nella teologia postconciliare,* Città del Vaticano 2003.

16 Winfried Aymans, *Synodalität – ordentliche oder außerordentliche Leitungsform in der Kirche,* in: La synodalité. La participation au gouvernement dans l'Église, in L'année canonique, Hors série II/I (1992) 23–43, 29; abgedruckt in: Winfried Aymans, Kirchenrechtliche Beiträge zur Ekklesiologie, Berlin 1995 (Kanonistische Studien und Texte 42), 169–192, 175.

2. Die „Vollständigkeit“ der bischöflichen Gewalt

Was die Leitung der Kirche betrifft, besteht die hauptsächliche Konsequenz dessen, was ich soeben dargelegt habe, in der Anerkennung, daß der Bischof die Fülle des Weihesakramentes erhalten hat, das mit dem Heiligungsamt ihm auch das Lehr- und Leitungsamt verleiht (vgl. LG 21). Auch hier muß man von einem bemerkenswerten Fortschritt der konziliaren Lehre sprechen, der zufolge der Bischof das sichtbare Prinzip und die Grundlage der Einheit in der eigenen Teilkirche ist (vgl. LG 23). Durch ihn erhält die Ortskirche auch die Apostolizität (vgl. LG 20) und die Katholizität (kraft der Fülle seines Weihesakraments und seiner Mitgliedschaft im Bischofskollegium, vgl. LG 21). Folglich leitet der Bischof die ihm anvertraute Ortskirche im Namen Christi und mit „eigenberechtigter, ordentlicher und unmittelbarer“ Gewalt (LG 27, vgl. CD 11).

Die Aufwertung der Ortskirche durch das Konzil hat also auch zu einer Aufwertung des Bischofsamtes geführt. So ging man von einem System der *Konzession* der päpstlichen Gewalten an die Bischöfe über zu einem System der *Reservation* des Papstes.[17] Folglich leiten die Bischöfe „die ihnen zugewiesenen Teilkirchen als Stellvertreter und Gesandte Christi“ und sind daher „nicht als Stellvertreter der Bischöfe von Rom zu verstehen, denn sie haben eine ihnen eigene Gewalt inne und heißen in voller Wahrheit Vorsteher des Volkes, das sie leiten“ (LG 27). Das ist im CIC folgendermaßen ausgedrückt: „Dem Diözesanbischof kommt in der ihm anvertrauten Diözese alle ordentliche, eigenberechtigte und unmittelbare Gewalt zu, die zur Ausübung seines Hirtendienstes erforderlich ist; ausgenommen ist, was von Rechts wegen oder aufgrund einer Anordnung des Papstes der höchsten oder einer anderen kirchlichen Autorität vorbehalten ist“ (c. 381 § 1). Zu diesem Thema gibt es eine überreiche Bibliographie und einen breiten Konsens.

Es ist offensichtlich, daß ein Gutteil der bestehenden Spannungen, die sich leicht zwischen den Einrichtungen der Kirche und jenen des Staatskirchenrechts entzünden können, die Verteilung der Kirchensteuer betrifft.

Das Thema wird in einer Studiengruppe behandelt, die sich mit den Stiftungen im Kanton Nidwalden beschäftigt. Ich beschränke mich daher darauf, das Prinzip in Erinnerung zu rufen, dem zufolge diejenigen, die die pastorale Verantwortung haben, auch die Zuständigkeit für die Verwaltung der entsprechenden Kirchengüter haben müssen. Der Grund für diese Verknüpfung liegt offensichtlich in dem Faktum, daß die Entscheidungen über die Verwaltung der Kirchengüter auch bedeutende pastorale Auswirkungen haben können.[18]

---

17 Vgl. unter den zahlreichen Studien zu diesem Thema Eugenio Corecco, *Der Bischof als Haupt der Ortskirche und Wahrer und Förderer der örtlichen Kirchendisziplin*, in: ders., Ordinatio Fidei. Schriften zum kanonischen Recht, hrsg. von Libero Gerosa und Ludger Müller, Paderborn – München – Wien – Zürich 1994, 269–281.

18 Zu diesem Thema vgl. die gründliche Studie von Martin Grichting, *Das Verfügungsrecht über das Kirchenvermögen auf den Ebenen von Diözese und Pfarrei*, St. Ottilien 2007, vor allem 649–665 und meine bibliographische Note *La potestà sui beni ecclesiastici. A*

Der CIC hat dieses Prinzip in c. 1279 § 1 ausgedrückt, wonach „die kirchliche Vermögensverwaltung demjenigen zusteht, der die Person, der dieses Vermögen gehört, unmittelbar leitet". Nun aber gehören die Einkünfte aus der Kirchensteuer im System der meisten Schweizer Kantone den Körperschaften des staatlichen öffentlichen Rechts und sind daher im strengen Sinn kein Kirchenvermögen. Der Bischof und die Pfarrer haben daher über die Einkünfte aus der Kirchensteuer nicht die Zuständigkeiten, die vom kanonischen Recht vorgesehen sind. Daher ist es nicht schwierig zu verstehen, daß dies leicht Anlaß für zahlreiche Schwierigkeiten geben kann.

So grundlegend die Rolle des Bischofs in der Ortskirche auch sei, so ist er dennoch nicht als über sie gestellt zu sehen, sondern in ihrem Dienst, er ist ihr erster Diener. Das II. Vatikanum hat nämlich bekräftigt, daß der heilige Dienst in der Kirche wesentlich ein „Dienst an der Gemeinschaft der Gläubigen" ist (LG 20). In diesem Sinne machte Giacomo Canobbio darauf aufmerksam, daß das Konzil sagt: „Die Einzelbischöfe hinwiederum sind sichtbares Prinzip und Fundament der Einheit in ihren … Teilkirchen [und nicht: ‚von' ihren Teilkirchen]" (LG 23).[19]

Ich habe mich ein wenig bei diesen beiden Aspekten der Kirchenverfassung aufgehalten und betrachtet, wie der Konflikt, der im „Fall Röschenz" entstanden ist, die Folgen aufgezeigt hat, zu denen jene Strukturen führen können, soweit sie nicht die Eigenprinzipien der Kirche Christi respektieren.

In einer mehr als wünschenswerten Revision dieser Strukturen des Staatskirchenrechts wären über die beiden erwähnten Aspekte hinaus natürlich noch andere zu berücksichtigen. Ich denke etwa an die Organisation auf kantonaler Ebene (Landeskirchen oder Kantonalkirchen), die die Leitung der Diözese erschwert, wenn diese mehrere Kantone umfaßt, oder an die demokratische und parlamentarische Ordnung, die diese Strukturen charakterisiert, zusammen mit der Tendenz, den grundlegenden Unterschied zwischen gemeinsamem und hierarchischem Priestertum (vgl. LG 10) zu nivellieren, ferner an das Wahlrecht, das diese für die Ernennung und Wiederwahl der pastoralen Amtsträger besitzen.

Ich schließe mit den Sätzen, mit denen Bischof Kurt Koch seinen Artikel über die Problematik schloß, die wir behandelt haben: „Gerade in der schwierigen Situation von heute kann die Kirche den Weg in die Zukunft auf glaubwürdige Weise und im Bewußtsein ihrer eigenen Identität nur weitergehen, wenn sie Strukturen findet, die ihre kirchliche Identität nicht hemmen oder behindern, sondern dieser Ausdruck verschaffen und sie in angemessener Weise kräftigen. So steht die katholische Kirche in der Schweiz vor einer großen Herausforderung, die sie nur mit einem erneuerten Bewußtsein ihrer Sendung an-

proposito di uno studio storico-giuridico su di una questione decisiva per la libertà della Chiesa, in: Ius Ecclesiae 19 (2007) 711–725.

19 Vgl. Giacomo Canobbio, *Il vescovo visibile principio e fondamento dell'unitá nella Chiesa particolare,* in: Il vescovo e la sua Chiesa, hrsg. von Giacomo Canobbio u. a., Brescia 1996, 70–73.

packen und meistern kann. Für eine solche schon seit einiger Zeit notwendige Neuorientierung ist und bleibt die Ekklesiologie des II. Vatikanischen Konzils die *magna charta* der katholischen Kirche, auch für die Schweiz, auf ihrem Weg in dieses dritte Jahrtausend."[20] Die Herausforderung, die auf uns wartet, ist umso schwerer, wenn man sich vergegenwärtigt, daß die staatliche Struktur in zahlreichen Aspekten grundlegend anders ist als die Verfassung der Kirche.

20 Koch, *I sistemi di diritto ecclesiastico* (Anm. 1), 70.

b) Die Pfarreien im Kanton Waadt

Der juristische Status der römisch-katholischen Kirche im Kanton Waadt

Philippe Gardaz

Am 22. September 2002 hat das waadtländer Volk eine neue Verfassung angenommen; sie ist mit 14. April 2003 in Kraft getreten, zu dem Zeitpunkt, als der Kanton Waadt seinen 200. Geburtstag feierte. Der Titel VIII der Verfassungsurkunde, überschrieben mit „Kirchen und Religionsgemeinschaften", führt für diese ein tatsächlich neuartiges System für unser Land ein. Es soll nun speziell auf den juristischen Status der römisch-katholischen Kirche im Kanton Waadt eingegangen werden, nachdem es in seinen Kontext versetzt wurde, insbesondere in historischer Hinsicht.

Eine explizite moralische Anerkennung

Als sie die Frage der Beziehung zwischen Kirche und Staat untersuchte, hat sich die verfassungsgebende Versammlung zuvor mit der Frage einer eventuellen Trennung von Kirche (bzw. Kirchen) und Staat befaßt. Diese Möglichkeit hat sie abgelehnt. Mehr als die Gewissens- und Glaubensfreiheit hat sie in Erwägung gezogen, daß die Kirchen und Religionsgemeinschaften nicht nur eine Legitimität aufgrund ihrer historischen Rolle und ihres demographischen Stellenwerts, sondern auch einen Nutzen, einen Vorteil in vielerlei Hinsicht aufweisen: spirituell, sozial, karitativ, erzieherisch und kulturell. Die Verfassungsgeber haben also anerkannt, daß ihr Handeln für alle Mitglieder der Gesellschaft generell positiv ist, und damit auch für den Staat. Diese moralische Anerkennung, welche eine Grundlage für die juristische Anerkennung und die materielle Unterstützung darstellt, wurde so ausgedrückt:

> [1] Der Staat trägt der spirituellen Dimension des Menschen Rechnung.
> [2] Er berücksichtigt den Beitrag der Kirchen und Religionsgemeinschaften zum sozialen Zusammenhalt und zur Vermittlung von Grundwerten. (Art. 169 Verfassung Waadt 2003)

Dieser an der Wende zum 21. Jahrhundert angenommene Verfassungsartikel geht entschieden vom Neutralismus aus, der faktisch, wenn nicht auch juristisch die gewöhnliche Haltung der öffentlichen Körperschaften gegenüber den Kirchen während der zweiten Hälfte des 20. Jahrhunderts zumindest in der französischen Schweiz gewesen ist. Diese explizite moralische Anerkennung kann entschieden als Innovation qualifiziert werden, um so mehr da es zu ihr in einem gesellschaftlichen Zusammenhang gekommen ist, in welchem der Pluralismus, besonders im religiösen Bereich, zur Neutralität führt und in der das Religiöse häufig in die Sphäre des Privaten verwiesen wird.

Ein bisschen Geschichte

Im kirchlichen Bereich wurde die Tradition des Waadtlandes tief durch Berner Einfluß geprägt. Bern besiegte das Waadtland 1536 und setzte dort die Reform durch. Der neue Herrscher deklarierte sich als Garant des Glaubens, als Initiator der reformierten Religion, organisierte den neuen Klerus und leitete die neue Kirche mittels staatskirchenrechtlicher Direktiven. Seit diesem Moment wurde die (reformierte) Kirche ein integrativer Bestandteil der staatlichen Institutionen und eine echte nationale Institution. Zunächst indirekt, dann direkt, versicherten sie die weltlichen Autoritäten der notwendigen Mittel – während der Berner Ära indirekt, indem die Erträge der pfarrlichen Güter für den Unterhalt der Seelsorger belastet wurden, und direkt seit dem Beginn des 19. Jahrhunderts durch die Zahlung eines Gehalts an die geistlichen Amtsträger. Im Jahr 1863 erkannte der Staat die geistliche Autonomie der reformierten Nationalkirche ausdrücklich an, hat ihr aber bis zur jetzt geltenden Verfassung die Rechtspersönlichkeit, also die Qualität einer Körperschaft öffentlichen Rechts, nicht aufgezwungen. Bis 2003 war die reformierte evangelische Kirche des Kantons Waadt ein autonomer *service public* ohne Rechtspersönlichkeit.

Seit der Eroberung durch Bern war der katholische Kult abgeschafft. Er bestand allerdings noch in zehn Gemeinden der Region *Echallens* weiter fort. In diesem Teil der Vogtei von *Orbe-Echallens*, unter gemeiner Herrschaft von *Bern* und *Fribourg* als Folge der Burgunder Kriege, stimmte man bei der Abstimmung im religiösen Bereich – genannt *Plus* – mehrheitlich nicht für die *„Presche"*, also die Reform. Im übrigen Kanton wurde die Feier der Messe seit Mitte des 18. Jahrhunderts in Privathäusern toleriert, besonders bei Fremden auf Sommerfrische.

Die Mediationsverfassung des Kantons Waadt (1803) garantierte keine Freiheit des Kultes außer den „gegenwärtig im Canton vorhandenen Glaubensbekenntnissen". 1810 erließ der neue Kanton das Gesetz zur Ausübung der einen der beiden Religionen in einer Gemeinde, in der die betreffende Religion gegenwärtig nicht existiert. Dieses Gesetz zielte faktisch nur auf die katholische Religion ab. Die Erlaubnis der Regierung zur Einrichtung wurde gewährt unter Verpflichtung der Antragssteller, alle Kosten zu tragen. Der geistliche Amtsträger oder der seelsorgerisch tätige Priester wurde vom Regierungsrat nach einem Dreiervorschlag aus der Pfarrei ernannt. Dieses Gesetz wurde erst ab 1817 angewendet, als die Regierung der diözesanen Autorität versicherte, keineswegs eine Person zum Pfarrer zu nominieren, welche die Zustimmung des Diözesanbischofs nicht erhalten hatte. Im Bezirk von *Echallens* wurden die Kleriker vom Staatsrat ernannt, aber nach Präsentation durch den Bischof. Bis 1850 waren ihre Gehälter durch die Erträge aus den pfarrlichen Gütern abgesichert, die im Laufe der Jahrhunderte zustandegekommen war. Seit 1851 garantierte ihnen der Staat Gehalt und Unterkunft, die Pfarrfonds aber wurden für neue Einrichtungen für unheilbare Kranke und gebrechliche ältere Menschen verwendet.

Seit 1863 gewährte der Staat dem Pfarrer von Lausanne eine Subvention und seit 1956 einen jährlichen Zuschuß von 200 000 Franken für soziale und karitative Aktivitäten der waadtländer Katholiken. Bestimmte Gemeinden haben

Subventionen für katholische Schulen verwendet. Abgesehen von der Region von *Echallens* haben die Kirchenbesucher der im 19. und 20. Jahrhundert im gesamten Kanton gegründeten Pfarreien alle Kosten getragen, dabei handelt es sich um den Unterhalt des Klerus und die Aufwendungen für das Gotteshaus. Im Jahr 1970 änderte sich die materielle Situation der katholischen Kirche grundlegend. Nach der Änderung der Kantonsverfassung übernahmen der Staat und die Gemeinden die Kosten für den katholischen Kultus gemäß denselben Normen wie für jene des protestantischen Kultus. Seither hat der Staat also eine Zahl von Priestern im selben Verhältnis zur Anzahl der Katholiken bezahlt wie reformierte Pfarrer im Verhältnis zur protestantischen Bevölkerung. Aber dieses System führte nichts anderes ein als ein finanzielles Statut ohne explizite Anerkennung der katholischen Kirche oder der Pfarreien. Um über Rechtspersönlichkeit zu verfügen, die für den Vermögenserwerb oder allgemeiner für Vertragsabschlüsse notwendig war, wurden die katholischen Pfarreien als Gesellschaften nach dem weltlichen Recht des Kantons Waadt errichtet und nach Inkrafttreten des Schweizer Zivilgesetzbuchs von 1912 als Vereine. Diese Vereine – etwa 60 – haben sich 1964 zum Verband der katholischen Pfarreien des Kantons Waadt zusammengeschlossen, der im Auftrag der betroffenen Bischöfe als Ansprechpartner des Staates Waadt auftrat.

Eine symmetrische, aber differenzierte Anerkennung

Die momentane verfassungsrechtliche Lage läuft darauf hinaus, eine Gleichheit der beiden wichtigsten christlichen Religionen aufzubauen.

> Die evangelisch-reformierte Kirche und die römisch-katholische Kirche, wie sie im Kanton bestehen, sind als öffentlich-rechtliche Institutionen mit Rechtspersönlichkeit anerkannt. (Art. 170 Verfassung Waadt 2003)

Diese Anerkennung entspricht jener, die man in zahlreichen Schweizer Kantonen kennt, obwohl man für gewöhnlich eher von der Körperschaft des öffentlichen Rechts als von einer Institution des öffentlichen Rechts spricht. Der Ausdruck Institution bringt den besonderen Platz der reformierten Kirche, außerdem aber auch der beiden wichtigsten christlichen Kirchen im Leben des Kantons zum Ausdruck.

Indessen muß man sofort die exakte Tragweite der Anerkennung präzisieren, welche die römisch-katholische Kirche genießt. Tatsächlich ist sie nicht als solche mit ihren kirchlichen Institutionen (Diözesen, Dekanate, Pfarreien) anerkannt, die in ihren eigenen Regeln – also dem kanonischen Recht – vorgesehen sind. Die römisch-katholische Kirche ist im Kanton anerkannt, wie sie besteht, allerdings durch den Verband der Pfarreien. Dementsprechend haben die kanonischen Institutionen im Kanton Waadt nicht die Eigenschaft von Rechtsträgern nach der staatlichen Rechtsordnung. Die katholische Kirche als solche oder die betroffenen Diözesen sind nicht die Partner des Staates, sondern der staatskirchenrechtliche römisch-katholische Verband des Kantons Waadt (FEDEC), der aus der Umwandlung des Verbandes der Pfarreien in eine Institution des öffentlichen Rechts hervorgegangen ist.

Die FEDEC

Ein sehr kurzes Gesetz (acht Artikel und Schlußbestimmungen) bestimmt die Prinzipien der Organisation und Verwaltung der FEDEC. Mitglieder dieser Einrichtung sind die pfarrlichen Verbände der üblicherweise territorialen Pfarreien und die pfarrlichen Verbände der Personalpfarreien, also der Sprachmissionen. Auf Antrag können auch die auf kantonaler Ebene strukturierten katholischen Institutionen, welche Rechtspersönlichkeit im Sinne des bürgerlichen Rechts haben und von der diözesanen Autorität anerkannt sind, Mitglieder der FEDEC werden. ein Beispiel: Der Caritas-Verband des Kantons Waadt. Man findet also hier den speziellen Fall, in dem die Mitglieder einer moralischen Person des öffentlichen Rechts – der FEDEC – moralische Personen des Privatrechts sind – die pfarrlichen Verbände. Diese Lösung, die das Netzwerk der pfarrlichen Verbände seit Jahrzehnten im Gang hält, erschien als die beste, um die organische und funktionelle Autonomie der Pfarreien aufrechtzuerhalten. Die pfarrlichen Verbände bestehen weiterhin mit ihren Statuten, welche der Verband der Pfarreien im Jahr 1973 als Standardstatuten ausgearbeitet hat. Für ihren Teil hat sich die neue FEDEC gesetzgemäß ein allgemeines Organisationsreglement gegeben, das im wesentlichen die Regeln des Statuts des ehemaligen Verbands der Pfarreien aufgreift.

Das Gesetz sieht auch vor, daß die FEDEC „im Einverständnis mit der diözesanen Autorität" handelt. Diese Bestimmung ist tatsächlich grundlegend. Einerseits garantiert sie der diözesanen Autorität, genauer gesagt dem Bischof von Lausanne, Genf und Freiburg sowie dem Bischof von Sitten, der die Jurisdiktion über die Region *Aigle* hat, daß die Anerkennung und die sich daraus ergebenden Mittel einer Institution gelten, die gut katholisch ist und im Einvernehmen mit der römisch-katholischen Kirche handelt.

Andererseits und umgekehrt garantiert sie dem Staat des Kantons Waadt, daß er durch den römisch-katholischen Verband des Kantons Waadt eben die römisch-katholische Kirche anerkennt und unterstützt. Da die Anerkennung nicht unmittelbar geschieht, sondern vermittels der FEDEC erreicht wird, ist diese gesetzliche Regelung für die katholische Kirche „der Schlußstein" des Systems.

Die Verfassung präzisiert:

> Die anerkannten Kirchen und Religionsgemeinschaften genießen spirituelle Unabhängigkeit und organisieren sich unter Achtung der Rechtsordnung und des konfessionellen Friedens selbständig.
>
> Die Anerkennung ist insbesondere an die Achtung der demokratischen Grundsätze und an die finanzielle Transparenz gebunden. (Art. 172 Abs. 2 und 3 Verfassung Waadt 2003)

Die Garantie der spirituellen Unabhängigkeit geschieht im Sinne der Anerkennung der Identität der Kirchen. Das Erfordernis der Achtung der Rechtsordnung, d. h. des Gesamt der geltenden Rechtsnormen versteht sich im Rahmen der staatlichen Ordnung und der darin eingeschlossenen Achtung des konfessionellen Friedens von selbst (Art. 72 Abs. 2 Bundesverfassung). Dagegen könnte die Verpflichtung zur Achtung der demokratischen Prinzipien Schwierigkeiten hervorrufen, sofern sie sich direkt an die römisch-katholische Kirche wendet. Aber nach dem System der Verfassung des Kantons Waadt sind diese Prinzipien nur hinsichtlich Funktionierens der Institution des waadter öffentlichen Rechts, der FEDEC notwendig und nicht hinsichtlich der kirchlichen Institution im strengen Sinn, die ihre eigenen Regeln beibehält. Entsprechend dem demokratischen Prinzip sind die Mitglieder des Komitees der FEDEC und des Kontrollorgans von der Generalversammlung dieser Institution demokratisch gewählt. Bezüglich der Forderung nach finanzieller Transparenz ist das begründet in der Notwendigkeit der Kontrolle der Verwendung öffentlicher Gelder.

Die Subventionierung

> Der Staat gewährt ihnen [der evangelisch-reformierten und der römisch-katholischen Kirche] die notwendigen Mittel zur Erfüllung der Aufgaben, die sie im Kanton im Dienste aller wahrnehmen. (Art. 170 Abs. 2 Verfassung Waadt 2003)

Die neue Verfassung bestätigt also, daß die Finanzierung der beiden wichtigsten christlichen Kirchen weiterhin durch das generelle Staatbudget abgesichert wird, wobei die Gemeinden die finanzielle Last der Gebäude und des kirchlichen Hilfspersonals (Kirchenmusiker und Hausmeister) tragen. Die Kirchensteuer wurde von der verfassungsgebenden Versammlung abgelehnt – wie übrigens auch die Einführung einer Steuer zur Finanzierung von Kirchen, Religionsgemeinschaften oder humanitären Organisationen nach Wahl des Steuerpflichtigen. Folglich ist der Kanton Waadt der einzige Schweizer Kanton, wo weder Kirchensteuer noch freiwilliger Kirchenbeitrag existieren. Einerseits die Tatsache, daß der Staat und die Gemeinden zunächst die reformierte Kirche, dann die beiden wichtigsten christlichen Kirchen immer finanziert haben, andererseits die positive Beurteilung des Handelns der Kirchen haben dazu beigetragen, daß ihre laufenden Haushalte von den öffentlichen Kassen übernommen werden.

Das Gesetz unterscheidet unter den Aufgaben der Kirche solche, die von jeder Kirche separat, und solche, die gemeinsam ausgeübt werden. So sind die pfarrlichen Aktivitäten, die Ausbildung der Amtsträger und ihrer Ausbilder, die interne und externe Kommunikation spezifische Aktivitäten jeder Kirche. Andere Aufgaben werden zu einem Teil gemeinsam, zum anderen Teil getrennt ausgeübt. Das betrifft die Ausbildung und Begleitung der Kinder, Heranwachsenden und Jugendlichen, die Seelsorge im Gesundheitsbereich, die Seelsorge im sozialen Bereich (Obdachlosigkeit, Drogensucht, Gefängnis), soziale Tätigkeiten, die Seelsorge in der Arbeitswelt sowie den ökumenischen und interreligiösen Dialog.

Die den beiden öffentlich-rechtlich anerkannten Kirchen zur Verfügung gestellten Mittel sind wichtig. Nach den derzeit geltenden Subventionsbestimmungen erhielt die evangelisch-reformierte Kirche im Jahr 2007 insgesamt 34,5 Millionen Franken, davon 29,8 Millionen Franken für ihre spezifischen Aufgaben – das entspricht 224 Vollzeitäquivalenten (VZÄ) – und 4,7 Millionen Franken für gemeinschaftlich ausgeübte Aufgaben (33 VZÄ). Die FEDEC hat 2007 17,3 Millionen Franken für spezifische Aufgaben (131 VZÄ) und 5,1 Millionen Franken für gemeinschaftlich ausgeübte Aufgaben (41 VZÄ) erhalten, das sind insgesamt 22,4 Millionen. Diese Summen entsprechen ungefähr jenen, die der Kanton Waadt für die beiden wichtigsten christlichen Kirchen vor der Anpassung an die neue Verfassung aufgewendet hat.

Das Ziel dieser Subventionierung ist die Deckung der Kosten der im Kanton wahrgenommenen Aufgaben. Das Gesetz erlaubt, daß ein Teil der Subvention von den Kirchen an juristische Personen ohne Gewinnorientierung, zweckbestimmt, zur Hilfe bei der Erfüllung ihrer Aufgaben weitergegeben wird. Dank dieser Klausel darf die FEDEC, an die Römisch-Katholische Zentralkonferenz der Schweiz (RKZ) sowie an die Diözesen Lausanne-Genf-Freiburg und Sitten einen Beitrag zahlen. Das entspricht den Beiträgen der evangelisch-reformierten Kirche an den Schweizerischen evangelischen Kirchenbund (SEK-FEPS) und an die reformierte Westschweizerische Kirchenkonferenz.

Die Priester und die Pastoralangestellten

Der Diözesanbischof ernennt in Übereinstimmung mit dem allgemeinen kanonischen Recht die Priester (zirka 100) für ein pfarrliches oder anderes Kirchenamt im Kanton Waadt. Jeder Priester erhält vom Bischof die *Missio canonica,* die seinen Auftrag präzisiert. Demzufolge zahlt die FEDEC in ihrer Eigenschaft als „Verwaltungsbürge" jedem Priester mit *Missio canonica* ein Gehalt gemäß dem Finanzstatut für die Priester der Diözese Lausanne-Genf-Fribourg, das ein jährliches Bruttoeinkommen von 75 000 Franken vorsieht. Es ist schwierig, die Beziehung zwischen Bischof, Priester und FEDEC nach dem weltlichen Recht zu charakterisieren. Man könnte denken, daß der Bischof und die FEDEC zusammen der Arbeitgeber des Priesters sind. Eine solche Charakterisierung aber verliert aus dem Auge, daß es keine Unterordnung des Priesters unter die FEDEC gibt. Die Tatsache, daß die Bezahlung der Priester Kosten für die Sozialversicherung verursacht wie bei Arbeitsverträgen, ist kein zwingendes Argument. Man muß nur daran denken, daß dies auch der Fall ist für die Verwalter von Aktiengesellschaften, die Mandatare sind. Man kann sich die Frage stellen, ob nicht in gewisser Weise der Priester im Kanton Waadt ein Mandatar des Bischofs ist. Diese Frage bleibt offen.

Für die Laienangestellten, ca. 120 Personen, gibt es den Abschluß eines Arbeitsvertrages zwischen FEDEC einerseits und Angestelltem andererseits. Das Gehalt ergibt sich aus dem „Kantonalen Gehaltsraster", das in Zusammenarbeit von delegierten Gewählten des Laienpersonals und der FEDEC ausgearbeitet worden ist.

Die Verpflichtungen der Gemeinden

Die reformierten Gotteshäuser des Kantons Waadt sind Eigentum der Gemeinden, die katholischen Kirchen sind Eigentum der pfarrlichen Vereine, außer in der Region *Echallens*. Die Gemeinden haben jedenfalls dieselben Verpflichtungen im Hinblick auf die Gotteshäuser der beiden wichtigsten christlichen Kirchen. Sie tragen Sorge für die Kosten der Bewirtschaftung und die laufende Instandhaltung dieser Gebäude. Nach Absprache mit den betroffenen Pfarreien unterstützen sie auch umfassendere Instandhaltungsarbeiten. Die Gemeinden beschaffen und erhalten das Mobiliar und das notwendige Material für den Gottesdienst. Sie halten die für die Katechese bestimmten Räumlichkeiten instand und tragen Sorge für deren Möblierung und Heizung. Sie bezahlen Kirchenmusiker und Hausmeister. Die Leistungen der Gemeinden für jede Kirche sind grundsätzlich durch Vereinbarungen festgelegt, die von den Pfarreien und den Gemeinden geschlossen werden.

Synthese

Die römisch-katholische Kirche im Kanton Waadt hat einen ganz besonderen Status. Sie erfreut sich öffentlich-rechtlicher Anerkennung, weil die Verfassung besagt, daß sie als Institution des öffentlichen Rechts anerkannt und mit Rechtspersönlichkeit ausgestattet ist. Sie ist aber nicht als solche anerkannt mit ihren konstitutiven Elementen, sondern mittels des staatskirchenrechtlichen römisch-katholischen Verbandes des Kantons Waadt, welcher der effektive Nutznießer der Anerkennung ist und die nach dem Privatrecht organisierten pfarrlichen Vereine umfaßt. Im Blick auf die Finanzen wird die römisch-katholische Kirche überwiegend vom Staat subventioniert und von den Gemeinden unterstützt. Sie kennt weder Kirchensteuer noch einen freiwilligen Kirchenbeitrag. Ihre organisatorische und funktionelle Autonomie bleibt sehr stark, weil der Staat von jeglicher Intervention in der Organisation und in der Leitung der nach dem Privatrecht organisierten Pfarreien absieht. Dieses Statut zeigt die Verschiedenartigkeit und Anpassungsfähigkeit der Lösungen, die die schweizerischen Kantone entwickelt haben, um die Beziehungen zwischen den Kirchen und dem Staat im Rahmen des Bundes- und des kantonalen Rechts zu organisieren.

c) Die Zusammenarbeit der Zürcher Zentralkommission mit dem Bistum Chur

Die Zusammenarbeit der Zentralkommission* mit dem Generalvikar im Kanton Zürich

Giorgio Prestele

1. Vorbemerkungen

Vorab einige Hinweise zur besseren Einordnung der nachfolgenden Ausführungen:

Ein Blick auf die konfessionelle Gliederung der Bevölkerung im Kanton Zürich:[1]

	Absolut	**in % gerundet**
Kantonsbevölkerung total	1 300 545	100,00 %
Evangelisch-reformiert	482 402	37,1 %
Römisch-katholisch	**381 639**	**29,40 %**
Christkatholisch	1 697	0,10 %
Andere oder keine Konfession	434 807	33,40 %

In der Stadt Zürich sind 111 545 Personen oder 31,5 % der Stadtbevölkerung katholisch; sie bilden die größte religiös-konfessionelle Bevölkerungsgruppe der Kantonshauptstadt (evangelisch-reformiert: 96 869 oder 27,3 %; christkatholisch: 591 oder 0,2 %; andere oder keine Konfession: 145 303 oder 41 %).[2]

Die Römisch-katholische Körperschaft des Kantons Zürich besteht seit 1963. Strukturell ist sie dem föderalistischen Standardtypus schweizerischen Zuschnitts nachgebildet.

Ihre obersten Organe sind die Gesamtheit der stimmberechtigten katholischen Bevölkerung im Kanton Zürich und die seit 1982 bzw. 1983 bestehende rund 100-köpfige Römisch-katholische Synode des Kantons Zürich als Souverän bzw. Parlament oder Legislative. Die Synodalen werden durch die katholischen Stimmberechtigen der Kirchgemeinden (direktdemokratisch) auf eine Amtsdauer von vier Jahren gewählt.

* Seit 1. 1. 2010 Synodalrat; vgl. 3 7 Abs. 2 lit. a Kirchengesetz (LS ZH 180.1).

1 Alle Angaben Stand 31. 12. 2007, Prozentzahlen gerundet, Statistisches Amt des Kantons Zürich.

2 *Amtsblatt des Kantons Zürich* Nr. 11/2008 vom 14. 3. 2008, 463 ff.

Exekutivorgan ist die Römisch-katholische Zentralkommission. Deren neun Mitglieder werden von der Synode (indirekt demokratisch) auf eine Amtsdauer von vier Jahren gewählt. Aus ihnen wählt die Synode den Präsidenten / die Präsidentin. Das Präsidialressort ist gesetzt, im übrigen konstituiert sich die Zentralkommission selbst. Die weiteren acht Ressorts sind heute: Jugendseelsorge und Katechese, Migrantenseelsorge, Spezialseelsorge, Soziales, Bauwesen und Liegenschaften, Finanzen, Bildung und Medien, Personal und Organisationsfragen. Gegenwärtig sind zwei der neun Behördenmitglieder Pfarrer und ein Behördenmitglied ist Pastoralassistent mit Gemeindeleitungsfunktion. Das Mandat wird als Nebenamt ausgeübt.

Aufgrund des auf den 1. Januar 2010 in Kraft tretenden neuen (staatlichen) Kirchengesetzes wird als drittes Organ der Körperschaft eine Rekurskommission bzw. Judikative eingeführt werden.

Der Kanton Zürich ist einer der sieben zum Bistum Chur gehörenden Kantone (Graubünden, Uri, Schwyz, Glarus, Obwalden, Nidwalden, Zürich). Sein kirchenrechtlicher Status ist der einer Apostolischen Administratur. Ein paar Hinweise auf die Verhältnisse einiger weniger ausgewählter Bezugsgrößen:

	Bistum Chur[3]	**Kanton Zürich**[4]	**Anteil Kanton Zürich**
Gesamtbevölkerung:	1 630 671	1 300 545	ca. 80 %
Katholische Bevölkerung:	681 992	381 639	ca. 56 %
Pfarreien:	308	96	ca. 31 %
Taufen:	4 969	2 127	ca. 43 %

Diese objektiven Größen-/Mengenverhältnisse machen deutlich, daß der Kanton Zürich für die Kirchenleitungsverantwortlichen eine besondere Herausforderung darstellt. Daß sich die katholische Bevölkerung im Kanton Zürich in Richtung der aufgezeigten Dimensionen entwickeln würde, haben vorausschauende Kirchenverantwortliche Mitte der 1950er Jahre, als Katholisch Zürich noch völlige Diaspora war, erkannt und mit der Einrichtung des Generalvikariates Zürich eine äußerst wichtige regional fest verankerte Kirchenleitungsinstitution geschaffen. Deren Repräsentanten sollten nicht nur für Katholisch Zürich, sondern namentlich auch für die Leitungsverantwortlichen der Evangelisch-reformierten Landeskirche des Kantons Zürich und für die Zürcher Kantonsregierung wichtige, ja unverzichtbare Gesprächspartner werden. Es ist wohl auch kein Zufall, daß einer der zwei im Jahr 1993 im Bistum Chur eingesetzten Weihbischöfe (vom Heiligen Stuhl) als Generalvikar mit besonderer Verantwortung für den Kanton Zürich (und den Kanton Glarus) ins Generalvikariat Zürich entsandt worden war.

Die herausragende Bedeutung des in der Kantonshauptstadt residierenden Zürcher Generalvikars als mit den Verhältnissen vor Ort bestens vertrauter Re-

3 *Annuario Pontificio* 2008, 178.

4 Katholische Kirche im Kanton Zürich, *Jahresbericht* 2007, 131 f.

präsentant der Katholischen Kirche hält heute unvermindert an; in den letzten Jahren hat sie angesichts der markanten Zunahme der muslimischen Bevölkerung – neben dem ökumenischen Dialog mit der Evangelisch-reformierten Schwesterkirche, dem christlich-jüdischen Dialog und dem Dialog mit den orthodoxen Glaubensgemeinschaften – durch die Etablierung eines umfassenden interreligiösen Dialoges eine wichtige Dimension hinzugewonnen.

2. Zusammenarbeit von Zentralkommission und Generalvikar im allgemeinen

Gemäß Kirchenordnung – das ist gewissermaßen die Verfassung der Römisch-katholischen Körperschaft des Kantons Zürich, die sich die stimmberechtigten Katholikinnen und Katholiken in einer Volksabstimmung 1982 gegeben haben – hat die Körperschaft folgende Hauptaufgabe: „[Sie] schafft auf ihrem Gebiet die äußeren Voraussetzungen für die Entfaltung des religiös-kirchlichen Lebens“.[5]

Der Generalvikar nimmt an den Sitzungen der Zentralkommission teil[6] (wie auch an den Sitzungen der Synode).[7] Ist er nicht Mitglied der Behörde, hat er beratende Stimme[8] und unterliegt somit auch nicht dem geltenden Stimmzwang und muß sich nie abstimmungsprotokollarisch exponieren. Er kann sich vielmehr frei und ohne Beschwer positionieren. Sein Wort, seine Empfehlungen, seine Wünsche und bisweilen auch seine Forderungen zu pastoralen Fragen und in anderen kirchlichen Belangen werden von der Zentralkommission indessen verbindlichen Positionsbezügen gleichgesetzt, die nicht ignoriert werden können und zum festen Bestandteil ihres Meinungsbildungs- und Entscheidungsprozesses gehören.

Natürlich besteht auch in der Katholischen Kirche im Kanton Zürich nicht immer und in allem Einigkeit. Doch werden Differenzen in einer lange praktizierten Kultur der Einvernehmlichkeit ausdiskutiert und auf einen *größten* gemeinsamen Nenner fokussiert. Dieser größte gemeinsame Nenner heißt kurz und bündig: Katholische Kirche im Kanton Zürich! Ihr gilt das ganze Engagement des Generalvikars und auch aller Zentralkommissionsmitglieder.

Das Prinzip der Zusammenarbeit zwischen Zentralkommission und Generalvikar ist im Grunde genommen einfach und nahezu stets dasselbe: In rein pastoralen bzw. kirchlichen Angelegenheiten agiert der Generalvikar allein bzw. selbständig; unterstützt wird er von seinen Mitarbeitenden und seinem

---

5 Art. 3 *Kirchenordnung der römisch-katholischen Körperschaft des Kantons Zürich* vom 28. 11. 1982 (LS ZH 182.12).

6 Art. 33 Abs. 2 *Kirchenordnung der römisch-katholischen Körperschaft des Kantons Zürich* vom 28. 11. 1982 (LS ZH 182.12).

7 Art. 23 *Kirchenordnung der römisch-katholischen Körperschaft des Kantons Zürich* vom 28. 11. 1982 (LS ZH 182.12).

8 Vgl. FN 6.

Sekretariat. Über wichtige Entscheidungen informiert er die Zentralkommission in geeigneter Weise. Haben seine Entscheidungen finanzielle Konsequenzen, für die Kirchensteuermittel eingesetzt werden müssen, konsultiert er bezüglich der finanziellen Realisierbarkeit seiner Vorstellungen vorgängig die Zentralkommission. In der Personal- und Finanzadministration wird er vom Zentralkommissionssekretariat unterstützt, ebenso in Raum- und anderen Infrastrukturfragen (z. B. Telefonie, Computerarbeitsplätze, Fotokopierer, IT-Netzwerk etc.).

Bei pastoral initiierten oder ausgerichteten Projekten, in die Dritte involviert sind (Staat und Gemeinden, andere öffentliche, halböffentliche bzw. halbprivate oder private Stellen und Einrichtungen, also *res mixtae* im engeren und weiteren Sinne) kann sich der Generalvikar in aller Regel darauf konzentrieren, die kirchlichen bzw. pastoralen Inhalte zu definieren, vorzugeben und deren Umsetzung zu überprüfen. Währenddessen werden die ganzen Finanzierungsfragen, Verhandlungen, Abklärungen etc. von der Zentralkommission bzw. von deren Sekretariat geführt bzw. getätigt und für eine Beschlußfassung – die selbstverständlich im Beisein des Generalvikars erfolgt – vorbereitet. Auch die wegen der rechtlich gegebenen Zuständigkeiten erforderlichen Beschlußfassungen durch die Zentralkommission selbst oder durch die Römisch-katholische Synode des Kantons Zürich werden durch entsprechende Berichte und Anträge von der Zentralkommission und ihrem Sekretariat vorbereitet.

3. Ausgewählte Fallbeispiele für die Zusammenarbeit von Zentralkommission und Generalvikar

Ein Set von Faktenblättern im Anhang zu diesem Bericht gibt über die wichtigsten im Kanton Zürich laufenden ökumenischen Projekte und ein rein katholisches Projekt Auskunft.

4. Schlussbemerkungen

Es ist eine Tatsache, daß die eigentliche Zusammenarbeit von Zentralkommission und Generalvikar im Kanton Zürich nicht wirklich kodifiziert ist. Die Zuständigkeiten des Generalvikars ergeben sich vielmehr aus den Bestimmungen des CIC, diejenigen der Zentralkommission aus Kirchenordnung und Kirchengesetz. Aus diesen je eigenständigen, unterschiedlich begründeten und strukturierten Rechtsordnungen ergeben sich – *quasi e contrario* – die Grenzen, die es in gegenseitiger Achtung zu respektieren gilt. Und ebenso ergeben sich daraus vielfältigste Handlungsfelder, in denen gemeinsam auf ein Ziel hin, für eine Sache gearbeitet werden kann. Neben Respekt, Anstand, Dialogbereitschaft und gutem Willen fördern persönliche Kompatibilitäten eine fruchtbare Zusammenarbeit ebenso wie Respektlosigkeit, Eigenbrötelei, Besserwisserei und persönliche Unverträglichkeiten sie erschweren.

Meine bescheidenen zehnjährigen Erfahrungen als Generalsekretär der Römischkatholischen Zentralkommission des Kantons Zürich bestätigen mir immer wieder, daß vieles, was in der Zusammenarbeit zwischen kirchlichen und staatskirchenrechtlich legitimierten Verantwortungspersonen als Schwierigkeit, als unlösbares Problem, als Unmöglichkeit daherkommt, dann meistens überwunden werden kann, wenn sich beide partnerschaftlich auf die Kirche als den größten gemeinsamen, ja verbindenden Nenner besinnen und sich in ihrer Amtsausübung von der Liebe zu dieser Kirche und vom Heiligen Geist leiten lassen.

Faktenblätter zum Bericht von Giorgio Prestele, lic. iur., Generalsekretär der Zentralkommission, Zürich

Bahnhofseelsorge

1. *Zweck/Tätigkeit*
   Ort der Stille und der spirituellen Präsenz, der Begegnung und des seelsorgerlichen Gesprächs mitten im Hauptbahnhof Zürich.

2. *Entstehung/Initiative*
   Ökumenisches Pilotprojekt ab dem Jahr 2000; Initiative der beiden Stadtverbände und kantonalkirchlichen Körperschaften, katholischerseits im Einvernehmen mit dem Generalvikar.

3. *Verhandlungspartner*
   - Evangelisch-reformierter Stadtverband.
   - Evangelisch-reformierte Landeskirche Zürich.
   - Römisch-katholischer Stadtverband.
   - SBB.

4. *Umsetzung*
   - Pilotprojekt für vier Jahre aufgrund Synodenbeschlüssen im Jahr 2000.
   - Überführung in ein ständiges ökumenisches Seelsorgeangebot aufgrund von Synodenbeschlüssen im Jahr 2004.
   - Vertrag zwischen Evangelisch-reformiertem Kirchenrat, Römisch-katholischer Zentralkommission, römisch-katholischem und evangelisch-reformiertem Stadtverband.

5. *Personalbestand*
   Insgesamt 280 %: je 100 % reformierter Pfarrer und katholischer Pastoralassistent; je 40 % Stellvertretungen durch einen reformierten Pfarrer und zwei katholische Ordensschwestern.

6. *Überprüfung/Begleitung*
   - Kommission Bahnhofkirche mit Vertreterinnen und Vertretern der katholischen und reformierten kantonalkirchlichen Körperschaften, der beiden Stadtverbände, der SBB, der Kantonspolizei im Bahnhof und der Bahnhofhilfe.
   - Vertreter des Generalvikars: Dekan der Stadt Zürich.
   - Vertreter Zentralkommission: Pfr. Hannes Rathgeb, Ressortverantwortlicher Spezialseelsorge.

7. *Kosten (Budget 2008)*
   CHF 135 700; katholischer Stadtverband und Körperschaft teilen katholische Personalkosten; Betriebskosten werden durch vier Träger geteilt; Gesamtkosten: ca. CHF 580 000. Kosten 2002 Zentralkommission: CHF 113 700.

FACOLTÀ DI TEOLOGIA DI LUGANO – Schweizer Bischofskonferenz und Heiliger Stuhl
Tagung Katholische Kirche und Staat in der Schweiz
Kanton Zürich: Zusammenarbeit Zentralkommission – Generalvikar

Faktenblätter zum Bericht von Giorgio Prestele, lic. iur., Generalsekretär der Zentralkommission, Zürich

Polizeiseelsorge

1. *Zweck/Tätigkeit*
   - Seelsorgegespräche zu privaten und beruflichen Themen von Angestellten der Stadtpolizei, der Kantonspolizei und der Dienstabteilung Schutz und Rettung Zürich (Berufsfeuerwehr, Berufssanität, Zivilschutz).
   - Gottesdienstfeiern.
   - Informations- und Unterrichtstätigkeit (Mitwirkung bei ethischer Schulung).

2. *Entstehung/Initiative*
   In den 90er-Jahre wurde in Zusammenarbeit mit Polizeigefängnissen ein erster Polizeigottesdienst durch den reformierten Pfarrer Patrice de Mestral gefeiert. Im Jahr 1998 haben die beiden Kantonalkirchen, katholischerseits im Einvernehmen mit dem Generalvikar, die beiden Stadtverbände sowie die Stadt- und Kantonspolizei die Einführung der Polizeiseelsorge beschlossen.

3. *Verhandlungspartner*
   - Polizeidepartement der Stadt Zürich, Stadtpolizei Zürich, Schutz und Rettung Zürich.
   - Direktion für Soziales und Sicherheit des Kantons Zürich, Kantonspolizei Zürich.
   - Evangelisch-reformierte Landeskirche des Kantons Zürich.
   - Evangelisch-reformierter Stadtverband.
   - Römisch-katholischer Stadtverband.

4. *Umsetzung*
   - Pilotphase ab 1999 (25 Stellenprozente).
   - im Jahr 2000 Aufstockung auf 40 Stellenprozente (Berufsfeuerwehr kam dazu).
   - 2001 Aufstockung auf 60 Stellenprozente.
   - Überführung in ein ständiges ökumenisches Seelsorgeangebot aufgrund von Synodenbeschlüssen im Jahr 2002.
   - Basisvertrag zwischen Evangelisch-reformiertem Kirchenrat, katholischer Zentralkommission, katholischem und reformiertem Stadtverband, Kantonspolizei Zürich, Stadtpolizei Zürich und Schutz und Rettung Zürich.

5. *Personalbestand*
   90 % ökumenische Seelsorge, wahrgenommen durch eine reformierte Pfarrerin, und 10 % Sekretariat.

6. *Überprüfung/Begleitung*
   - Kommission ökumenische Polizeiseelsorge mit Beteiligung aller Träger.
   - Vertretung Generalvikar und Zentralkommission: Pfr. Hannes Rathgeb, Ressortverantwortlicher Spezialseelsorge.

7. *Kosten (Budget 2008)*
   CHF 26 800; Finanzierungsschlüssel: je 7/48 Evangelisch-reformierte Landeskirche, katholische Körperschaft, reformierter und katholischer Stadtverband; je 1/6 Stadtpolizei Zürich und Kantonspolizei Zürich; 1/12 Schutz und Rettung Zürich; Gesamtbudget 2008: CHF 184 000. Anteil Zentralkommission im Jahr 2000: CHF 3 800.

Faktenblätter zum Bericht von Giorgio Prestele, lic. iur., Generalsekretär der Zentralkommission, Zürich

Haus der Stille zu Rheinau

1. *Zweck/Tätigkeit*
   - Mit dem Haus der Stille sollte ein ökumenisch offener Ort der Stille, Besinnung und Begegnung entstehen, der in zeitgemäßer Art und Weise an die klösterliche Tradition der Insel Rheinau anknüpft.
   - Menschen sollen hier Seele, Geist und Körper regenerieren und den Dialog mit Gott, ihren Nächsten und mit sich selbst führen können.

2. *Entstehung/Initiative*
   Als 1998 bekannt wurde, dass die in den ehemaligen Klostergebäuden untergebrachte Psychiatrische Klinik in einen Neubau verlegt werden sollte, lancierte Weihbischof Dr. Peter Henrici, damals Generalvikar mit besonderer Verantwortung für die Kantone Zürich und Glarus, die Idee, wieder klösterliches Leben auf die Insel Rheinau zu bringen.

3. *Verhandlungspartner*
   - Verschiedene Mitglieder der Zürcher Regierung (Direktionen der Gesundheit, der Finanzen, der Justiz und des Inneren).
   - Politische Gemeinde Rheinau.
   - Kirchenrat der Evangelisch-reformierten Landeskirche des Kantons Zürich.
   - Verschiedene Ordensgemeinschaften.
   - Diözesanbischof.
   - Katholische und reformierte Kirchgemeinde Rheinau.
   - Direktion der psychiatrischen Klinik Rheinau.
   - Arbeitsgemeinschaft Pro Insel Rheinau.
   - Diverse Vergabungsstiftungen.

4. *Umsetzung*
   - Projektidee 1998
   - Projektstart, Planung, Mittelbeschaffung 1999 – 2002
   - Umbauphase 2002 – 2003
   - Einzug der Schwestern der Spirituellen Weggemeinschaft und Einsegnung des Hauses der Stille durch den Diözesanbischof im Februar / März 2003
   - Seither Betrieb des Hauses der Stille zu Rheinau.

5. *Personalbestand*
   Sieben Schwestern, Novizinnen, Hausangestellte.

6. *Überprüfung/Begleitung*
   - Von Generalvikar und Zentralkommission errichtete Stiftung St. Magdalena zu Rheinau
   - Sporadisch durch den Generalvikar
   - Bezüglich finanzieller Aspekte Zentralkommission und deren Sekretariat.

7. *Kosten Budget 2008*
   - Investitionen: rund CHF 2,85 Mio., davon rund CHF 2,12 Mio. durch Stiftungen, andere Zuwendungen und Einzelspenden gedeckt; CHF 734 000 aus Körperschaftsmitteln.
   - Jährliche Miete und Unterhaltsbeiträge an Schwesterngemeinschaft: rund CHF 145 000.

Das Verhältnis von Generalvikariat und Zentralkommission in der Katholischen Kirche im Kanton Zürich aus innerkirchlicher Perspektive

Paul Vollmar

Ergänzend zu dem Vortrag von Herrn Giorgio Prestele, dem Generalsekretär der Zentralkommission der Römisch-katholischen Kirche im Kanton Zürich, möchte ich die Situation im Kanton Zürich und speziell auch in der Stadt Zürich aus innerkirchlicher Perspektive beleuchten.

Der Kanton Zürich ist mit 1,3 Millionen Einwohnerinnen und Einwohnern nicht nur der größte aller Schweizer Kantone, sondern sicher auch der religiös und kulturell vielfältigste. Nach Angaben des Statistischen Amtes des Kantons Zürich vom 31. Dezember 2007[1] gehören knapp 382 000 der gesamten Wohnbevölkerung der Katholischen Kirche an (29,4 %), wobei dieser Anteil durch den Zuzug vieler Migrantinnen und Migranten aus katholisch geprägten Ländern wie Süddeutschland, Spanien, Kroatien, Polen usw. oder aus Lateinamerika deutlich wächst. Der Anteil der Einwohnerinnen und Einwohner, die sich zur Evangelisch-reformierten Kirche bekennen, hält sich derzeit noch bei 37,1 %, also 482 000, allerdings mit einer rückläufigen Tendenz. Interessant sind nun aber auch die verbleibenden 33 %: Circa 435 000 gehören laut Statistischem Amt anderen christlichen Gemeinschaften oder anderen Religionen an bzw. machen keine Angaben. Bei genauerem Hinsehen ist zu entdecken, daß gerade die Zahl derjenigen, die tatsächlich keiner religiösen Gemeinschaft zugehören oder keine Angaben dazu machen, bei mehr als 50 % davon liegt, also circa 220 000. Dagegen sind die circa 70 000 Mitglieder islamischer Gemeinschaften, die „gefühlt“ viel stärker präsent sind als *de facto,* mit ihren 5,5 % tatsächlich eine Minderheit.

Diese Angaben des Statistischen Amtes beleuchten allerdings nur die Oberfläche der religiösen Zugehörigkeit. Wenn man jedoch etwas tiefer ansetzt, kommt man schnell zur der Erkenntnis, daß Vielfalt und Differenzierung angesagt ist. Das Bekenntnis zum römisch-katholischen Glauben kann sehr unterschiedlich sein – und dennoch jeweils sehr katholisch. So plädiert die Pastoraltheologie schon lange dafür, diese „Differenziertheit im Glauben“ zur Kenntnis zu nehmen und entsprechend darauf zu reagieren.[2]

Denn wie der Begriff „καθόλικος“ schon sagt, betrifft auch ein Teil das Ganze und kann Allgemeingültigkeit beanspruchen. Katholisch heißt eben nicht, alles

---

1 Quelle: http://www.statistik.zh.ch/themenportal/themen/daten_detail.php?id=672.

2 Vgl. Michael Hochschild, *Perspektivenwechsel nach vorn. Religiöse Individualisierung und Professionalisierung in einer Kirche als sozialem Netzwerk,* in: Bernd Jochen Hilberath – Bernhard Nitzsche, Ist Kirche planbar? Organisationsentwicklung und Theologie in Interaktion, Mainz 2002, 25–51; J. Heinze, *Postmoderne Kirche. Eine kontextuelle Verkündigung ist angesagt,* in: Pastoralblatt 5 (1996) 150–153.

„auf eine Linie" zu bringen, eine Bekenntnisform zu der allein maßgeblichen zu erklären, sondern die Einheit in der Vielfalt zu entdecken und zu fördern – und dies im Blick auf die katholische Tradition, die in sich auch schon vielfältig ist.

In solch einem multireligiösen und multikonfessionellen Kontext stellen sich einem Generalvikariat auch besondere Herausforderungen in den Weg: es geht zwar nach wie vor um die gute ökumenische Zusammenarbeit, besonders mit der Evangelisch-reformierten Kirche im Kanton Zürich und mit anderen christlichen Gemeinschaften, die in der Arbeitsgemeinschaft Christlicher Kirchen Zürich (AGCK) koordiniert sind, aber auch um die Verständigung mit anderen Religionen und – und in zunehmender Weise – um die Offenheit für Menschen, die keiner religiösen Gemeinschaft zugehören oder hier eben keine Angaben dazu machen. Solchen Menschen *a priori* zu unterstellen, sie wären an Kirche und an christlichem Glauben nicht interessiert, würde deren Situation verkennen. Denn oftmals sind wir in der Schweiz – und besonders in der Stadt Zürich – bereits in der Situation, von der uns bei einer Tagung im September 2008 Weihbischof Dr. Reinhard Hauke aus seinem Kontext im Bistum Erfurt berichtet hat: Bürgerinnen und Bürger der ehemaligen DDR, die schon in der zweiten oder dritten Generation areligiös erzogen sind, haben gar keine ablehnende Haltung gegenüber dem christlichen Glauben oder dem katholischen Bekenntnis, sondern sie wissen einfach nicht darum. Wie die französischen Bischöfe in ihrem Brief an die Katholiken Frankreichs von 1996 mit dem Titel *Proposer la foi*[3] oder auch die Deutschen Bischöfe in ihrem Schreiben *Zeit zur Aussaat* im Jahre 2000[4] betonen, gilt es heute in zunehmendem Maße wieder "missionarisch" zu sein. Und was es heute bedeutet, missionarisch zu sein, erläutern sie folgendermaßen: „Die unterschiedlichen Räume, in denen Menschen leben, sind voller Spuren, die auf Gott hinweisen. Sie zu entdecken und mit der Botschaft des Evangeliums zu verbinden, ist Aufgabe einer zeitgemäßen christlichen Verkündigung".[5]

Diesen Anliegen pastoralen Wirkens dient auch das Generalvikariat Zürich. Bereits 1999 hat mein Vorgänger, Weihbischof Dr. Peter Henrici, einen Pastoralplan erarbeitet mit dem Titel *Für eine lebendige und solidarische Kirche.*[6] Zentraler Gesichtspunkt dieses Pastoralplans war das diakonische Wirken der Kirche in der Welt von heute. In Relation zu den anderen beiden Dimensionen kirchlichen Handelns heißt es da: „Die Diakonie ist nicht nur die ‚Nagelprobe' für Liturgie und Verkündigung hinsichtlich ihrer Umsetzung in die Praxis: bleibt das Wort bloßes Wort oder wird es Fleisch in der Solidarität? Sie (die Diakonie) ist

3 Sekretariat der Deutschen Bischofskonferenz, *Den Glauben anbieten in der heutigen Gesellschaft. Brief an die Katholiken in Frankreich von 1996,* Erschienen in der Reihe Stimmen der Weltkirche Nr. 37.

4 Die deutschen Bischöfe, *Zeit zur Aussaat. Missionarisch Kirche sein,* Erschienen in der Reihe Die deutschen Bischöfe Nr. 68 vom 26. 11. 2000.

5 Ebd., 9 f.

6 Abrufbar unter http://www.zh.kath.ch/publikationen/handbuecher/pp1.pdf/view.

auch die ‚Nagelprobe' für das richtige Verstehen der biblischen Botschaft: Verstehen wir sie als frohe Botschaft für die Armen (Lk 7, 22)?"

Dieser Pastoralplan wurde mit der Zentralkommission besprochen und war für die finanziellen und strukturellen Planungen maßgebend. Die Beispiele, die Generalsekretär Giorgio Prestele in seinem Vortrag benannt hat, sind unter anderem Ausdruck einer gelungenen Zusammenarbeit zwischen Generalvikariat und Zentralkommission auch auf der Grundlage dieses Pastoralplans.

Als die Zürcher Katholiken im Jahre 2006 ihr 200-Jahr-Jubiläum feierten, war ein wesentlicher und nachhaltiger Akzent auch die Beschäftigung mit der Frage „... und wie geht es weiter?" In sogenannten Zukunftswerkstätten beteiligten sich mehr als die Hälfte aller Pfarreien im Kanton Zürich, um Anliegen und Visionen von einer Kirche zu formulieren, die auch in Zukunft Bestand hat und Anerkennung findet. Neben dem diakonischen Auftrag der Kirche, der nach wie vor als drängendes Anliegen bekräftigt wurde, schob sich ein weiteres zentrales Anliegen in der Vordergrund: Die Vielfalt christlicher Spiritualität anerkennen und fördern. Entsprechend den oben genannten Aussagen zu einem missionarischen Kirchesein in einer multikulturellen Gesellschaft sah es die Mehrheit der an den Zukunftswerkstätten Beteiligten als eine große Herausforderung an, in einer komplexen – und zum Teil auch diffus-komplizierten Welt – wieder den hohen Wert und Sinngehalt des christlichen Glaubens transparent zu machen und anzubieten (im Sinne des Wortes *proposer).* Und auch hier war die Zürcher Zentralkommission ein wesentlicher Motor, der durch die finanzielle Absicherung diese Form einer weiträumig konsultativen Pastoralentwicklung förderte.

Daß nun diese Zukunftswerkstätten nicht eine Sammlung von Wünschen und Visionen bleibt, wird dadurch gewährleistet, daß zwei Projektgruppen sich mit deren Umsetzung intensiv befassen: zum einen eine bischöfliche Projektgruppe unter der Präsidentschaft von Bischof Dr. Vitus Huonder, die sich mit den Anliegen befaßt, die an den Bischof von Chur bzw. die Bischöfe im Allgemeinen gerichtet sind, und zum anderen eine kantonale Projektgruppe unter der Leitung unseres Ressortleiters, Dr. Rudolf Vögele, die sich mit der Umsetzung der Anliegen befaßt, die an das Generalvikariat bzw. an die Dienst- und Fachstellen adressiert sind. Von diesem Ressort Pastoral aus werden auch Begleitungen und Arbeitshilfen für die Pfarreien angeboten. Auch diese Finanzierungen verdanken wir der Zentralkommission, die mit uns zum Einvernehmen kam, daß eine gute und notwendige Pastoralplanung und -umsetzung dringend eingerichtet werden muß.

Nicht zuletzt haben wir als Team im Generalvikariat auf der Grundlage der Ergebnisse aus den *„Werkstatten Zukunft Kirche Zürich"* in diesem Jahr 2008 pastorale Prioritäten erarbeitet, in denen wir, um das solidarische Wirken und die Vielfalt der Spiritualität zu fördern, eine enge Zusammenarbeit mit den Pfarreien sowie mit den Dienst- und Fachstellen als zentrale Aufgabe für das Generalvikariat sehen. Diese Prioritäten werden nun zusammen mit den Mitgliedern der Zentralkommission besprochen. Das Resultat dieser Beratungen wird wiederum Grundlage für die Finanzplanung in den kommenden Jahren sein.

Zusammenfassend kann ich aufgrund meiner langjährigen Erfahrung als Generalvikar für den Kanton Zürich sagen: Die Zentralkommission Zürich ist sich ihrer Aufgabe gemäß Artikel 3 der Kirchenordnung voll und ganz bewußt, „auf ihrem Gebiet die äußeren Voraussetzungen für die Entfaltung des religiös-kirchlichen Lebens zu schaffen". Sie braucht hierfür aber auch einen verläßlichen und erreichbaren Partner, der ihr aus theologischer und pastoraler Perspektive vorgibt, was im Hier und Heute angesagt ist.

Dieses „Hier und Heute" ist im Kanton Zürich andersartiger als in anderen Kantonen bzw. als im ländlicheren Bereich. Schon die große Unterschiedlichkeit der Kantone, die gemeinsam das Bistum Chur bilden, zeigt sehr deutlich, daß es nicht nur die Nähe zu den Menschen – und vor allem zu den Seelsorgenden – braucht, sondern auch die Überschaubarkeit. Die katholische Kirche im Kanton Zürich ist komplex genug, um notwendigerweise von einem geleitet zu werden, der eine solche Überschaubarkeit noch gewährleisten kann. Und gerade dies ist ja vom eigentlichen Wortsinn her eine „episkopale" Aufgabe. Und zugleich bedarf eine solch komplexe Struktur einer Entscheidungsbefugnis, die spontan, kontextuell und verbindlich gestaltet sein muß, weshalb ich die im Jahre 1956 vollzogene römische Entscheidung, dem Kanton Zürich ein eigenes Generalvikariat zuzuordnen, nach wie vor für eine sehr weise Entscheidung halte und dementsprechend für den Fortbestand plädiere.

Denn Zentralkommission und Generalvikariat im Kanton Zürich sind nicht zwei parallel agierende Behörden. Sie wirken um so effizienter und stärker, um so mehr sie miteinander verflochten sind. Daß ich diese Wirkungskraft, wie oben und in dem Vortrag von Generalsekretär Giorgio Prestele dargestellt, in den zurückliegenden Jahren immer leben durfte, dafür bin ich sehr dankbar.

d) Die kirchlichen Stiftungen im Kanton Nidwalden

Die Eigentumsübertragung der Nidwaldner Kirchengüter von den Kirchenstiftungen auf die Kirchgemeinden in den Jahren 1991/1992

Martin Grichting

1. Vorüberlegungen

In den Jahren 1991/1992 wurden im Schweizer Halbkanton Nidwalden (Bistum Chur) die Mehrzahl der Kirchgebäude und Pfarrhäuser, welche bisher grundbuchlich im Eigentum kirchlicher Stiftungen standen, auf die jeweiligen römisch-katholischen Kirchgemeinden eingetragen. Da diese Güter seither nicht mehr im Eigentum kirchlicher Rechtspersonen stehen, stellen sie kein Kirchenvermögen im Sinne von CIC, c. 1257 § 1 mehr dar. Um diesen Akt der Säkularisation verstehen und bewerten zu können, ist es unerläßlich, einige rechtsgeschichtliche und kirchengeschichtliche Vorüberlegungen zu machen.

1.1. Das Eigenkirchenwesen und seine Überwindung

Die katholische Kirche hat schon im ersten Jahrtausend erfahren müssen, welche Folgen es hat, wenn diejenigen, welche die primäre pastorale Verantwortung tragen (Bischöfe und Pfarrer), nicht zugleich auch die Verfügungsberechtigten über die Güter sind, welcher die Kirche für die Erfüllung ihrer Sendung bedarf. Im Zuge des Zusammenbruchs des Römischen Reichs kam es etwa seit dem 5. Jahrhundert zur Herausbildung eines Phänomens, das man Eigenkirchenwesen nennt.[1] Baute ein lokaler Fürst eine Kirche, so gehörte sie ihm auf

1 Der Entdecker der Eigenkirche war um die Wende zum 20. Jahrhundert Ulrich Stutz, vgl. dazu seine *Geschichte des kirchlichen Benefizialwesens von seinen Anfängen bis auf die Zeit Alexanders III.*, 1. Aufl., Berlin 1895, 3. Aufl., aus dem Nachlaß ergänzt und mit Vorwort versehen von Hans Erich Feine, Aalen 1972; vgl. Ulrich Stutz, *Die Eigenkirche als Element des mittelalterlich-germanischen Kirchenrechts*, Berlin 1895, Nachdruck Darmstadt 1959 (Libelli 28), 7–51. Die Forschung ist freilich über die Stutzschen Erkenntnisse weit hinausgegangen und hat diese relativiert. Einen guten Einblick in die Entwicklung des Eigenkirchenwesens gibt: Wilfried Hartmann, *Der rechtliche Zustand der Kirchen auf dem Lande. Die Eigenkirche in der fränkischen Gesetzgebung des 7. bis 9. Jahrhunderts*, in: Cristianizzazione ed organizzazione ecclesiastica delle campagne nell'alto medioevo. Espansione e resistenze, Spoleto 1982 (Settimane di studio del centro italiano di studi sull'alto medioevo 28), 397–441; vgl. auch Knut

der Basis des weltlichen Rechts als Privateigentum. Der Priester, der an der betreffenden Kirche angestellt war, unterstand *de facto* dem Eigenkirchenherrn. Das Kirchgebäude selbst konnte der Eigenkirchenherr, da es sein Eigentum war, gegebenenfalls samt dem Priester verkaufen.[2]

Das Eigenkirchenwesen führte bis ins Hochmittelalter zu chaotischen Verhältnissen und zum Verfall der kirchlichen Disziplin. Erst im Nachgang zum Investiturstreit konnte durch Gratian[3] und Rufinus von Bologna[4] eine juristische Lösung gefunden werden. Diese lautete: Wenn jemand eine Kirche erbaute oder sie mit den für den Unterhalt des Priesters erforderlichen Mitteln ausstattete, erhielt er dafür von der Kirche das Patronatsrecht *(Ius patronatus)*. Mit anderen Worten: Der Erbauer oder Ausstatter schenkte das Kirchgebäude oder dessen Ausstattung der Kirche. Er verzichtete somit darauf, im Sinn des weltlichen Rechts Eigentümer zu sein. Dafür erhielt er von der Kirche als Gegenleistung – und auf der Basis des kirchlichen Rechts – das Patronatsrecht. Dieses erlaubte ihm und seinen Nachfahren, als Pfleger für die Kirche zu sorgen und dem Bischof den an der Kirche tätigen Priester vorzuschlagen.[5] Dieser genoß

SCHÄFERDIEK, *Das Heilige in Laienhand. Zur Entstehungsgeschichte der fränkischen Eigenkirche,* in: Vom Amt des Laien in Kirche und Theologie. Festschrift für Gerhard Krause zum 70. Geburstag, hrsg. von Henning Schröer – Gerhard Müller, Berlin – New York 1982, 122–140; vgl. zum ganzen: MARTIN GRICHTING, *Das Verfügungsrecht über das Kirchenvermögen auf den Ebenen von Diözese und Pfarrei,* St. Ottilien 2007, 7–69.

2 So beschrieb etwa im Jahre 824 AGOBARD, der Erzbischof von Lyon, in seiner Schrift *De dispensatione ecclesiasticarum rerum* die Lage folgendermaßen: Keine Gruppe von Menschen – Freie oder Sklaven – sei sich ihrer Bleibe so unsicher wie die Priester. Sie wüßten in keiner Weise, wie viele Tage es ihnen erlaubt sei, ihre Kirche oder Wohnung noch innezuhaben. Der Grund dafür sei, daß nicht nur Kirchenbesitz, sondern die Kirchen selbst von ihren Eigentümern verkauft werden könnten, vgl. J.-P. Migne, Patrologiae Cursus Completus. Series Latina, Paris 1841 ff., Bd. 104, 236 f.

3 Vgl. PETER LANDAU, *Das „Dominium" der Laien an Kirchen im Decretum Gratiani und in vorgratianischen Kanonessammlungen der Reformzeit,* in: ZRG Kan. Abt. 83 (1997) 209–222.

4 Vgl. PETER LANDAU, *Jus patronatus. Studien zur Entwicklung des Patronats im Dekretalenrecht und der Kanonistik des 12. und 13. Jahrhunderts,* Köln – Wien 1975, 11 f. und 117 f.

5 GRATIAN sagte über die Patrone: *„Habent ius prouidendi, et consulendi, et sacerdotem inueniendi; sed non habent ius uendendi, uel donandi, uel utendi tamquam propriis",* dictum post C. 16 q. 7 c. 30. RUFINUS führte das dann weiter aus: *„Dixerat [Gratianus] laicos in ecclesiis nil iuris habere. Sed ne forte ex adverso diceretur fundatores ecclesiarum aliquid dominative potestatis in eis optinere, subdit ecclesiarum patronos nichil pre ceteris hominibus in ipsis ecclesiis posse vendicare. Sed hoc intelligendum est de iure vendendi vel donandi vel tamquam propriis utendi, non de iure patronatus ... Consistit autem hoc ius maxime in duobus, scil. in provisione et sacerdotis vel prelati electione. In provisione, ut scil. patronus ecclesie diligenter provideat, ne res ecclesie negligantur et pereant ... In sacerdotis electione, quia habet potestatem inveniendi et eligendi sacerdotem et offerendi episcopo, quatenus ipse episcopus eum in ecclesia statuat",* RUFINUS VON BOLOGNA, *Summa decretorum,* hrsg. von Heinrich Singer, Paderborn 1902, Nachdruck: Aalen 1963, 368 f.; vgl. dazu LANDAU, *Jus patronatus* (Anm. 4), 12.

dann Stabilität im Amt und konnte vom Patron nicht mehr entlassen werden. Das Benefizium garantierte dem Priester darüber hinaus die materielle Unabhängigkeit, weil er frei über dessen Einkünfte verfügen konnte.

Möglich geworden war diese Lösung durch das immer entschiedenere Vorgehen der Kirche gegen die Eigenkirchenherren. So lehrte das I. Laterankonzil von 1123 in gesamtkirchlicher Verbindlichkeit: „Laien … haben keinerlei Verfügungsvollmacht über das Kirchengut. Nach den apostolischen Kanones hat vielmehr der Bischof die Sorge für alle kirchlichen Angelegenheiten und verwaltet sie gleichsam unter den Augen Gottes. Wenn sich also ein Fürst oder ein anderer Laie das Verfügungs- oder Übertragungsrecht von Kirchengütern oder -besitzungen anmaßt, macht er sich eines Sakrilegs schuldig".[6] Das II. Laterankonzil von 1139 – ein Allgemeines Konzil wie das II. Vatikanische Konzil – dekretierte dann gar: „Laien, die Kirchen in ihrem Besitz haben, müssen sie entweder an die Bischöfe zurückgeben, oder sie unterliegen der Exkommunikation".[7]

Seit dem 12. Jahrhundert war also der Kirchenbesitz durch Laien theoretisch unter Strafe verboten. Viele Eigenkirchenherren übergaben nun ihre Kirchen an Klöster und Diözesen.[8] Es stellte sich auch ein „Abstraktionsprozeß von den Stiftungsverwaltern zur Stiftung als Rechtspersönlichkeit"[9] ein. Dies gilt auch für das Benefizium. Sowohl die Pfründe wie das Kirchgebäude wurden somit immer weniger als Privateigentum, das auf weltlicher Rechtsbasis ruhte, verstanden. Vielmehr wurden Kirchgebäude und Benefizium zusehends begriffen als selbständige kirchliche Rechtsperson mit Stiftungscharakter, welche der Pfarrer, allenfalls mit Hilfe von Laien, auf der Basis des kirchlichen Rechts verwaltete.[10] Für die Laien bedeutete die Wende vom Eigenkirchenwesen zum Patronatsrecht, daß sie nunmehr auf der Basis eines innerhalb der kirchlichen Communio angesiedelten Rechtes an der Sendung der Kirche mitwirken konnten. Aus der im weltlichen Recht fundierten Machtposition von Laien *gegenüber* der Kirche, welche sie als Eigenkirchenherren wahrgenommen hatten, wurde

---

6 *„8. … sanctionem statuimus ut laici … nullam tamen de ecclesiasticis rebus aliquid disponendi habeant facultatem, sed secundum apostolorum canones omnium negotiorum ecclesiasticorum curam episcopus habeat et ea velut Deo contemplante dispenset. Si quis ergo principum vel aliorum laicorum dispositionem seu donationem rerum sive possessionum ecclesiasticarum sibi vendicaverit, ut sacrilegus videatur"*, in: *Dekrete der ökumenischen Konzilien*, hrsg. von Josef Wohlmuth, Paderborn – München – Wien – Zürich 2000, Bd. 2, 191 f.

7 *„10. Praecipimus etiam, ut laici, qui ecclesias tenent, aut eas episcopis restituant aut excommunicationi subiaceant"*, ebd., Bd. 2, 199.

8 Vgl. dazu etwa Georg Schreiber, *Gregor VII., Cluny, Cîteaux, Prémontré zu Eigenkirche, Parochie, Seelsorge,* in: ZRG Kan. Abt. 34 (1947) 117–134.

9 Michael Borgolte, *Die Stiftungen des Mittelalters in rechts- und sozialhistorischer Sicht,* in: ZRG Kan. Abt. 74 (1988) 71–94, hier 82.

10 Zu diesem über Jahrhunderte sich erstreckenden vielschichten Prozeß vgl. etwa Paul Oberholzer, *Vom Eigenkirchenwesen zum Patronatsrecht. Leutkirchen des Klosters St. Gallen im Früh-und Hochmittelalter,* St. Gallen 2002, passim, bes. 126–130.

so eine Aufgabe der Laien *in* der Kirche, welche sie nun als Patrone wahrnahmen.[11]

1.2. Innerschweizer „Staatskirchentum“

Um die seelsorgliche Betreuung der Gläubigen stand es im Hochmittelalter bekanntlich nicht überall zum Besten. Aufgrund der Pfründenhäufung waren die Pfarrer oft nicht vor Ort und ließen sich durch Mietlinge, Leutpriester genannt, vertreten.[12] Im Falle der in ein Kloster inkorporierten Pfarrei nutzte das Kloster das Benefizium und mußte dafür lediglich einem jederzeit austauschbaren Leutpriester den Unterhalt *(portio congrua)* bezahlen.[13] Die dadurch seelsorglich und in ihrer Jenseitsvorsorge vernachlässigten Gläubigen waren deshalb nicht etwa zuerst am Eigentum an ihrem Kirchgebäude – eine typisch neuzeitliche Fragestellung – interessiert. Das Kirchengut galt nun sowieso als „Heiligengut“, das dem Zugriff der Menschen entzogen war. Denn: „Der Heilige [als Kirchenpatron] galt als der wahre Besitzer“.[14] Aus durchaus religiösen Motiven ging es den Gläubigen primär vielmehr um geordnete seelsorgliche Verhältnisse. Dies war die Triebfeder dafür, das Patronatsrecht zu erwerben. Und weil das in vielen Fällen nicht gelang,[15] wurde versucht, wenigstens Einfluß auf die Bestimmung der Person des Leutpriesters zu nehmen, der ja die Seelsorge vor Ort ausübte. Geradezu klassisch ist dafür der Fall der Nidwaldner Pfarrei Buochs, welche seit 1303 ins Kloster Engelberg inkorporiert war. In Buochs gelang es den Gläubigen nicht, das Patronatsrecht zu erwerben. Sie errangen jedoch im Jahr 1454 das den Abt von Engelberg bindende Nominationsrecht, selbst einen „Lütpriester ze erkiesen und ze nemmen, welcher uns gsellig und der darzuo nutz und guot ist“.[16]

---

11 Vgl. PETER LANDAU, Art. *Patronat,* in: TRE, Bd. 26, 106.

12 Vgl. dazu GRICHTING, *Das Verfügungsrecht über das Kirchenvermögen* (Anm. 1), 78–80.

13 Vgl. PETER LANDAU, Art. *Inkorporation,* in: TRE, Bd. 16, 163–166.

14 CARL PFAFF, *Pfarrei und Pfarreileben. Ein Beitrag zur spätmittelalterlichen Kirchengeschichte,* in: Innerschweiz und frühe Eidgenossenschaft. Jubiläumsschrift 700 Jahre Eidgenossenschaft, hrsg. vom Historischen Verein der fünf Orte, Bd. 1, Olten 1990, 205–282, hier 250.

15 Vgl. dazu DIETRICH KURZE, *Pfarrerwahlen im Mittelalter. Ein Beitrag zur Geschichte der Gemeinde und des Niederkirchenwesens,* Köln – Graz 1966, 316–318.

16 Die betreffende Urkunde ist zitiert bei: JOSEPH BUSINGER, *Die Geschichten des Volkes von Unterwalden ob und nid dem Wald,* Bd. 1, Luzern 1827, 398. In der Pfarrwahlbulle von 1513, welche Papst Julius II. für Uri, Schwyz, Unterwalden, Glarus, Zug und Luzern erließ, war denn auch ausdrücklich nicht nur von Präsentationsrechten, sondern auch von Nominationsrechten *[nemmen]* die Rede: *„... consuetudinem iuris nominandi et prasentandi huiusmodi, in cuius pacifica possessione vel quasi esse asseritis, auctoritate apostolica tenore praesentium approbamus et confirmamus“,* in: JOSEPH FREI, *Die Pfarrwahlbulle Papst Julius II.,* in: Der Geschichtsfreund 89 (1934) 175. Vgl. zur Motivation der

Die um einen Pfarrort herum gelegenen Dörfer hatten ihrerseits den Wunsch, ebenfalls über einen ständig anwesenden Priester zu verfügen. Auch hier ging es den Gläubigen nicht um das – verbotene – Eigentum an Kirchen und Pfründen.[17] Im Vordergrund standen die Garantie der seelsorglichen Betreuung und der Wunsch, durch das Stiften von Kirche und Pfründe mit der Zeit selbst Pfarrei zu werden, also von der „Minder(pfründen)stiftung" zur selbständigen Pfarrei aufzusteigen.[18]

Sowohl im Falle der in den Pfarreien tätigen Leutpriester wie auch im Falle der unter dem Niveau der Pfarrei liegenden Minderpfründenstiftungen auf dem Lande schlichen sich freilich privatrechtliche Dienstverhältnisse ein, denn das Patronats- und Benefizialrecht galt streng genommen in beiden Fällen nicht. Die Leutpriester wurden oft von den Gläubigen direkt besoldet und nach Bedarf wieder entlassen. Und auf dem Land verwalteten die Gläubigen ihre Stiftungen nicht selten selbst. Sie fühlten sich dann berechtigt, dem Priester als Angestelltem einen Stellenbeschrieb vorzulegen und diesem auch Nachachtung zu verschaffen.[19]

Als später – oft erst in nachreformatorischer Zeit – die Kirchgenossen in den Pfarreien dann tatsächlich das Patronatsrecht erwarben, blieb vielfach die Mentalität bestehen, aus dem selbst verwalteten Kirchengut den vom Leutpriester zum Pfarrer gewordenen Seelsorger zu besolden, anstatt ihn nun mit einem auf Lebenszeit verliehenen Benefizium auszustatten. Und auch auf dem Land blieb es in der zur Pfarrei gewordenen bisherigen Quasi-Pfarrei oft dabei, daß die Gläubigen das Vermögen der Kirche sowie die Pfründe verwalteten und ihren nunmehrigen Pfarrer als ihren Angestellten behandelten, der nach Lust und Laune entlassen werden konnte.[20] So konnte bei den Gläubigen sowohl in den

---

Gläubigen, bei der Bestimmung des Leutpriesters mitzuwirken: Dominikus Lindner, *Die Anstellung der Hilfspriester. Eine kirchenrechtsgeschichtliche Untersuchung,* Kempten 1924, 56 f.

17 Zu Recht wird diese Fragestellung im inzwischen zum Standardwerk gewordenen Buch von Rosi Fuhrmann, *Kirche und Dorf. Religiöse Bedürfnisse und kirchliche Stiftung auf dem Lande vor der Reformation,* Stuttgart – Jena – New York 1995, gar nicht angeschnitten.

18 Vgl. zu diesem manchmal über Jahrhunderte sich erstreckenden Prozeß: Immacolata Saulle Hippenmeyer, *Nachbarschaft, Pfarrei und Gemeinde in Graubünden 1400–1600,* Chur 1997, 49–111.

19 Vgl. dazu Rosi Fuhrmann, *Dorfgemeinde und Pfründstiftung vor der Reformation. Kommunale Selbstbestimmungschancen zwischen Religion und Recht,* in: Kommunalisierung und Christianisierung. Voraussetzungen und Folgen der Reformation 1400–1600, hrsg. von Peter Blickle – Johannes Kunisch, Berlin 1989, 99 und 106 f.; vgl. auch Sabine Arend, *Zwischen Bischof und Gemeinde. Pfarrbenefizien im Bistum Konstanz vor der Reformation,* Leinfelden-Echterdingen 2003, 193.

20 Vgl. Pfaff, *Pfarrei und Pfarreileben* (Anm. 14), 229 und 233; vgl. Rosi Fuhrmann, *Die Kirche im Dorf. Kommunale Initiativen zur Organisation von Seelsorge vor der Reformation,* in: Zugänge zur bäuerlichen Reformation, hrsg. von Peter Blickle, Zürich 1987 (Bauer und Reformation 1), 147–153; vgl. dazu auch Grichting, *Das Verfügungsrecht über das*

alten wie auch in den jüngeren Pfarreien entgegen dem kirchlichen Recht mit der Zeit die Überzeugung wachsen, Verwalter des Kirchenguts, Arbeitgeber des Pfarrers und zuletzt auch Eigentümer des Kirchenguts zu sein.

Dieses von den Eidgenossen in nachreformatorischer Zeit zäh verteidigte „alte Herkommen" blieb freilich nicht ohne Folgen: So beschwerte sich der zwischen 1608 und 1612 in der Schweiz weilende Nuntius Ladislao d'Aquino nach Rom darüber, daß die Pfarrgeistlichkeit in der Schweiz jederzeit absetzbar sei. Würde ein Priester den Leuten nicht mehr gefallen, drohten sie ihm mit der Absetzung oder setzten ihn tatsächlich ab. Die armen Priester seien deshalb bisweilen gezwungen, Unwürdiges zu tun, um geliebt und bestätigt zu werden. Das habe dann zur Folge, daß es dort keine guten Priester gebe.[21] Gerade Nidwalden scheint in der Tat um die Wende zum 17. Jahrhundert einen beträchtlichen Verschleiß an Pfarrern und Kaplänen gehabt zu haben.[22] Aus dem Kanton Schwyz ist für das 17. Jahrhundert überliefert, daß die Pfarrer, weil sie um ihren Arbeitsplatz fürchteten, für heikle Themen Ordensleute auf die Kanzel schikken mußten.[23] Und der Pfarrer von Schwyz und Bischöfliche Kommissar Thomas Fassbind schilderte in seiner zwischen 1794 und 1797 verfaßten Religionsgeschichte des Landes Schwyz die Lage folgendermaßen: „Sobald die Hoheit einmal das Kollaturrecht unserer Pfründen an sich gebracht hatte, behauptete sie auch das Recht, ihre Priester mit und ohne Grund ab der Pfrund tun zu können … Die Priester müssen auf der Kanzel um die Pfründen anhalten … Sobald ein Pfarrer zum Wohle seiner Herde etwas einführen oder Mißbräuche ahnden oder strafen möchte, hat er hundert Lästermäuler, die ihm mit dem Kirchenrat oder der Kirchgemeinde drohen".[24]

1.3. Die Altkatholizismus-Krise im 19. Jahrhundert und die Folgen

Um die Tragweite der Säkularisation der Nidwaldner Kirchengüter verstehen zu können, ist noch auf folgendes hinzuweisen: Da das weltliche Stiftungsrecht im 19. Jahrhundert noch nicht gesamtschweizerisch geregelt war, befanden sich

---

Kirchenvermögen (Anm. 1), 89–92.

21 Zitiert bei JOHANN GEORG MAYER, *Die Wiederwahl der Geistlichen in der Schweiz,* in: Katholische Schweizer-Blätter 15 (1899) 345; vgl. auch EDUARD SCHWEIZER, *Das Gemeindepatronatsrecht in den Urkantonen,* in: Zeitschrift für Schweizerisches Recht 46 (1905) 18 f. und 26 f.

22 Vgl. SCHWEIZER, ebd., 26 f.

23 Vgl. A[LOIS] REY, *Schwyzer kirchenpolitische Probleme im Laufe des 17. Jahrhunderts,* in: Zeitschrift für Schweizerische Geschichte 29 (1949) 553.

24 MAYER, *Die Wiederwahl der Geistlichen* (Anm. 21), 354 f., zitiert aus den handschriftlichen Aufzeichnungen FASSBINDS *„Das christliche Schwitz oder Religions-Geschichte Unsers Werthen Vatterlandes Schwitz".* Zum Autoritätsverlust der jederzeit absetzbaren Pfarrer vgl. auch KURZE, *Pfarrerwahlen im Mittelalter* (Anm. 15), 319.

viele Kirchgebäude, gerade auch in Diasporagebieten, im Eigentum der Kirchgemeinden. So weihte im Jahre 1844 der Bischof von Chur in Zürich die ehemalige Augustinerkirche. Der Staat hatte diese der katholischen Kirchgemeinde Zürich überlassen.[25] In Bern wurde mit Spendenmitteln aus ganz Europa im Jahr 1864 die Kirche St. Peter und Paul erbaut.[26] Im Zuge des Kulturkampfs gingen nicht nur diese beiden Kirchen durch Mehrheitsentscheidungen der betreffenden Kirchgemeinden für die katholische Kirche verloren. Auch im aargauischen Fricktal, so etwa in Kaiseraugst, Rheinfelden, Magden, Möhlin und in weiteren Gemeinden, führte jeweils ein Mehrheitsentscheid der Mitglieder der Kirchgemeinde dazu, daß die Katholiken ihre Pfarrkirche verloren.[27] Diese Kirchgebäude befinden sich bis heute im Eigentum der Christkatholischen Kirche der Schweiz.

Im Jahr 1912 wurde das Schweizerische Zivilgesetzbuch (ZGB) eingeführt. Auf Intervention einiger katholischer Ständeräte wurde darin die kirchliche Stiftung als eigenständige Form der Stiftung anerkannt (vgl. Art. 87, Abs. 1). Die kirchliche Politik ging fortan dahin, die Immobilien der Kirche im Grundbuch auf kirchliche Stiftungen einzutragen. Da der Zweck einer Stiftung, so lange er nicht unerfüllbar wird, nicht geändert werden darf, sah man in der Rechtsform der Stiftung den besten Schutz gegen den Verlust oder die Zweckentfremdung des Kirchenguts. Das neue zivilrechtliche Institut der kirchlichen Stiftungen brachte es zudem mit sich, daß an die Stelle der staatlichen Aufsicht die kirchliche Aufsicht treten konnte. Dies hatte und hat zur Folge, daß in der Schweiz die nach kanonischem Recht gegebene Aufsichtsfunktion des Diözesanbischofs über das Kirchenvermögen (vgl. CIC, cc. 1276, 1287 § 1, 1299–1310) auch im zivilrechtlichen Bereich anerkannt ist.[28]

2. Die Übertragung des Kirchenguts von kirchlichen Stiftungen auf Kirchgemeinden im Kanton Nidwalden in den 90er Jahren des 20. Jahrhunderts

Im Jahr 1884 war im Halbkanton Nidwalden das erste – damals noch kantonale – Grundbuch eingeführt worden.[29] Kirchen, Friedhöfe und Pfrundliegenschaften wurden darin – wohl in der Tradition des beschriebenen „alten Herkom-

25 Vgl. dazu Max Stierlin, *Die Katholiken im Kanton Zürich 1862–1875 im Spannungsfeld zwischen Eingliederung und Absonderung,* Zürich 1996, 311–376 und 484 ff.

26 Vgl. *Katholisch Bern von 1799 bis 1999. Ein Zwischenhalt,* hrsg. von Gabriella Hanke Knaus u. a., Bern 1999, 17–22; vgl. auch Peter Stadler, *Der Kulturkampf in der Schweiz,* Frauenfeld – Stuttgart 1984, 352 f.

27 Vgl. etwa Theodor Schwegler, *Geschichte der katholischen Kirche in der Schweiz von den Anfängen bis auf die Gegenwart,* Stans 1943, 322.

28 Vgl. statt vieler: Hans Michael Riemer, *Berner Kommentar zum schweizerischen Privatrecht,* Bd. I, 3. Abt., 3. Teilband: Die Stiftungen, Systematischer Teil und Art. 80–89 bis ZGB, Bern 1975, 132–137.

mens" – als Eigentum der Kirchgemeinden eingetragen. Auf Wunsch kirchlicher Instanzen[30] erließ der Regierungsrat des Kantons Nidwalden jedoch im Jahr 1928 eine Grundbuchsperre, um die Frage der Eintragung der Kirchengüter in Ruhe prüfen zu können. Die Nidwaldner Regierung holte im Jahr 1931 ein Gutachten beim eidgenössischen Grundbuchamt ein und zog ein Gutachten von Prof. Ulrich Lampert aus dem Jahr 1913 zu Rate, das sich mit der Grundbucheintragung der kirchlichen Güter im Kanton Schwyz befaßt hatte.[31] Gestützt auf diese Grundlagen erließ der Regierungsrat mit Datum vom 23. März 1936 eine Weisung.[32]

In dieser Weisung erwähnte die Regierung, der Bischof von Chur verlange, daß die kirchlichen Güter im Grundbuch auf Stiftungen eingetragen würden. Der Regierungsrat gab auch zu verstehen, was die Motivation für den bischöflichen Wunsch war: An der Kirchgemeindeversammlung beschließe die Mehrheit der Kirchgemeindemitglieder. Und das bedeutet: Der Bischof von Chur wollte mit seinem Vorstoß erreichen, daß die Kirchengüter in Nidwalden – nicht wie anderswo geschehen – durch einen Mehrheitsbeschluß einer Kirchgemeinde der katholischen Kirche abhanden kommen konnten. Was das Eigentum an den Kirchengütern anging, stellte die Regierung fest, daß „kein Zweifel" darüber aufkommen könne und es aus der ganzen Rechtsentwicklung hervorgehe, daß alle kirchlichen Grundstücke als „Stiftungen der katholischen Kirchgemeinden"[33] aufzufassen seien. Es sei deshalb die Pflicht der Regierung dafür zu sorgen, daß die Eintragung der kirchlichen Grundstücke in Nidwalden im Grundbuch so erfolge, daß diese „ihrem ursprünglichen Zwecke und Charakter, nämlich als Stiftungen, ausschließlich den römisch-katholischen

---

29 Vgl. dazu und zum folgenden: Auszug aus den Verhandlungen des Regierungsrats von Nidwalden, Nr. 813, 24. Juli 1989, Maschinenschrift, 10 S., in den Akten des Bischöflichen Ordinariats Chur.

30 Archivalisch greifbar ist die kirchliche Forderung nach der Berichtigung des Grundbuchs allerdings erst durch die Haltung des Priesterkapitels Nidwalden, das anläßlich einer Versammlung vom 7. August 1930 in Büren beschloß, „den Weisungen des Gnädigen Herrn gemäß mit aller Entschiedenheit für die Eintragung der Kirchengüter als Stiftungen einzutreten", vgl. das Protokoll des Priesterkapitels im Pfarrarchiv Stans.

31 Vgl. Ulrich Lampert, *Rechtsgutachten betreffend die Eintragung der Kirchengüter in die Grundbücher der schwyzerischen Gemeinden,* in: Folia Officiosa 19 (1913), 77–89.

32 Vgl. Zentralblatt für Staats- und Gemeindeverwaltung 37 (1936), 511 ff.; vgl. auch Schweizerische Zeitschrift für Beurkundungs- und Grundbuchrecht 18 (1937), 18–20.

33 Mit dieser mißverständlichen Formulierung folgte die Regierung dem Gutachten von Ulrich Lampert. Dieser hatte darin allerdings auch festgehalten: „Das Verhältnis der kirchlichen Stiftung zur Kirchgemeinde *ist ein Verhältnis der Angehörigkeit der Bestimmung nach, nicht ein Verhältnis der Sache zum Eigentümer,* weil die juristische Persönlichkeit der Stiftung verbietet, daß sie als bloße im Eigentum eines Andern stehende Sache aufgefaßt werden dürfte. Das ist eine ganz elementare Konsequenz der Stellung der Stiftung als juristische Person", in Lampert, *Rechtsgutachten* (Anm. 31), 87 (Hervorhebung dort).

Kulthandlungen zu dienen, zu keiner Zeit entfremdet werden können". Die Regierung nahm also das Grundanliegen des Bischofs auf, für eine langfristige Sicherung der Kirchengüter besorgt zu sein. Und sie lud die Kirchgemeinden ein, die kirchlichen Güter als selbständige Stiftungen – also z. B. „Römisch-katholische Pfarrkirchenstiftung Stans" – ins Grundbuch einzutragen. Mit Ausnahme der Kirchgemeinden Buochs und Ennetmoos sowie der Kapellgemeinde Büren trugen in der Folge sämtliche Kirchgemeinden Nidwaldens die kirchlichen Güter auf Stiftungen ein.[34]

Im Jahre 1983 führte die Restauration einer Kapelle in Ennetbürgen innerhalb der betreffenden Kirchgemeinde zu Diskussionen. Es wurde moniert, die Kirchgemeinde dürfe keine Beiträge an eine Kapelle zahlen, die nicht in ihrem Eigentum stehe.[35] Die betreffende Kirchgemeinde und die Landeskirche Nidwalden gelangten daraufhin an das Bischöfliche Ordinariat in Chur. Dieses ließ im Jahr 1984 durch seinen damaligen Rechtsberater, Dr. Josef Fuchs, ein Gutachten erarbeiten, welches zum Ergebnis kam, sowohl rechtsgeschichtlich wie zivilrechtlich betrachtet sei die bestehende Eintragung auf Stiftungen korrekt.[36] Der Kleine Kirchenrat der Landeskirche Nidwalden (die Exekutive dieser Landeskirche) bestellte seinerseits ein Gutachten beim St. Galler Staatskirchenrechtler Dr. Urs Josef Cavelti.[37] Darin behauptete Cavelti im Jahr 1988 das Gegenteil: Er bestritt den Stiftungscharakter des Nidwaldner Kirchenguts und behauptete, das Eigentum der Kirchgemeinden sei erwiesen. Die Einladung der Nidwaldner Regierung zur Änderung der Grundbucheintragungen aus dem Jahr 1936 stelle keinen gültigen Rechtstitel dar. Die derzeitige Eintragung der Kirchengüter sei deshalb anfechtbar.[38]

In der Folge versuchte die Landeskirche, das Bischöfliche Ordinariat in Chur dazu zu bringen, eine von Dr. Cavelti verfaßte Rahmenvereinbarung zwischen der Regierung des Kantons Nidwalden, dem Bischöflichen Ordinariat

34 Die Eintragung auf Stiftungen erfolgte durch Kirchgemeindebeschluß. So erteilte die Kirchgemeindeversammlung von Stans bereits am 15. Dezember 1935 dem Kirchenrat einstimmig die Vollmacht, das Grundbuch zu bereinigen, vgl. das betreffende Protokoll im Pfarrarchiv Stans, Kirchgemeindeprotokolle.

35 Vgl. Auszug aus den Verhandlungen des Regierungsrats von Nidwalden, Nr. 813, 24. Juli 1989 (Anm. 29), 4, in den Akten des Bischöflichen Ordinariats Chur.

36 J. Fuchs, *Gutachten über die Aufnahme kirchlicher Grundstücke ins Grundbuch von Nidwalden und das Verhältnis der Römisch-katholischen Kirchgemeinden zu den kirchlichen Stiftungen besonders in finanzieller Hinsicht und mit Berücksichtigung der Verhältnisse in Ennetbürgen,* Wollerau 1984, Maschinenschrift, 20 S., in den Akten des Bischöflichen Ordinariats Chur.

37 Urs Josef Cavelti, *Die Eigentümer der Römisch-katholischen Kirchen und Pfrundgebäude im Kanton Nidwalden,* November 1988, Maschinenschrift, 61 S., in den Akten des Bischöflichen Ordinariats Chur; unter gleichem Titel teilweise abgedruckt in: Urs Josef Cavelti, *Kirchenrecht im demokratischen Umfeld. Ausgewählte Aufsätze,* hrsg. René Pahud de Mortanges, Fribourg 1999, 279–312. Soweit gedruckt, wird das Gutachten in der Folge nach der gedruckten Version zitiert.

38 Vgl. ebd., 310 f.

und dem Kleinen Kirchenrat der Landeskirche zu unterzeichnen.[39] Dadurch hätte das Bistum Chur der Rückübertragung der Kirchengüter, die nach 1936 auf Stiftungen ins Grundbuch eingetragen worden waren, zugestimmt. Der Rechtsvertreter des Bischofs wies mit Datum vom 17. Juli 1989 die geplante Vereinbarung zurück.[40] Weder der Kleine Kirchenrat der Landeskirche Nidwalden noch die Kantonsregierung könnten Vertragspartner sein. Es könne nur eine Lösung zwischen den einzelnen Kirchgemeinden und Stiftungen gesucht werden. Der Rechtsanwalt des Bischofs plädierte dabei für eine Koexistenz der beiden Institutionen und eine angemessene Zusammenarbeit. Aus diesem Grund bot der Vertreter des Bischofs weitere Verhandlungen an.

Die Regierung handelte in der Folge jedoch blitzartig, indem sie bereits eine Woche nach dem abschlägigen Bescheid des bischöflichen Rechtsberaters an den Kleinen Kirchenrat der Landeskirche, am 24. Juli 1989, einen Beschluß faßte.[41] Sie zog sich mit dem Argument aus der Affäre, sie sei im Jahre 1936 gar nicht kompetent gewesen, auf dem Weg einer Weisung zu einem Streit über Eigentumsfragen Stellung zu nehmen. Deshalb hob sie die Weisung aus dem Jahr 1936 mit Datum vom 24. Juli 1989 wieder auf. Zugleich empfahl die Kantonsregierung den Kirchgemeinden, durch eine Grundbuchbereinigungsklage gemäß Art. 975 ZGB die Rückübertragung des Kirchenguts zu erlangen.

Der damalige Bischof von Chur, Mons. Dr. Johannes Vonderach, erhob daraufhin mit Datum vom 9. September 1989 beim Schweizerischen Bundesgericht Staatsrechtliche Beschwerde.[42] Er verlangte die Aufhebung des Beschlusses der Nidwaldner Regierung vom 24. Juli 1989 als verfassungswidrig. Das Bundesgericht prüfte die Beschwerde und teilte durch den Präsidenten der I. Öffentlichrechtlichen Abteilung, Bundesrichter Jean-François Egli, dem Bischof mit Datum vom 13. November 1989 mit, daß es sich kaum in der Lage sehen würde, auf die Beschwerde eintreten zu können.[43] Denn der Beschluß der Regierung

---

39 *Konzept einer Rahmenvereinbarung zwischen Regierungsrat des Kantons Nidwalden, Ordinariat des Bistums Chur und Kantonaler Kirchenrat der katholischen Landeskirche Nidwalden betreffend Grundbucheintrag kirchlicher Liegenschaften* vom 4. April 1989, Maschinenschrift, 4 S., in den Akten des Bischöflichen Ordinariats Chur.

40 Schreiben in den Akten des Bischöflichen Ordinariats Chur (Maschinenschrift, 5 S.).

41 Auszug aus den Verhandlungen des Regierungsrats (vgl. Anm. 29), 10 S. Mit diesem Beschluß folgte die Regierung offenbar einem Antrag des Kleinen Kirchenrats der Landeskirche Nidwalden. Dieser war anläßlich einer Sitzung vom 31. März 1989 in Aussicht genommen worden, an der neben mehreren Mitgliedern des Kleinen Kirchenrats auch die beiden erwähnten Gutachter, zwei Vertreter des Diözesanbischofs und der Nidwaldner Staatsarchivar teilgenommen hatten, vgl. Aktennotiz der Besprechung vom 31. März 1989, S. 5 f., in den Akten des Bischöflichen Ordinariats Chur.

42 Rechtsschrift vom 9. September 1989, 15 S., in den Akten des Bischöflichen Ordinariats Chur.

43 Gerade an diesem 13. November 1989 fand eine Sitzung des Kleinen Kirchenrats der Nidwaldner Landeskirche statt. Auf S. 2 des Protokolls der Sitzung vom 13. November 1989 des Kleinen Kirchenrats (Archiv der Römisch-katholischen Landeskirche

vom 24. Juli 1989 hebe lediglich einen Beschluß von 1936 auf und halte die Kirchgemeinden an, eine Änderung der Eigentumsverhältnisse anzustreben. Der Beschluß von 1989 habe jedoch keine direkten Auswirkungen auf die Eigentumsverhältnisse. Er schränke auch die Aufsichtsrechte des Bischofs nicht ein.[44] Aufgrund dieses Bescheids ließ der Bischof von Chur mit Datum 27. November 1989 die Staatsrechtliche Beschwerde zurückziehen.[45]

So ernüchternd dieses Ergebnis für den Bischof auch war: Es wies ihm immerhin den Weg, wie weiter zu verfahren sei: Das Bundesgericht wies nämlich im erwähnten Schreiben vom 13. November 1989 darauf hin, gegen eine in Aussicht genommene privatrechtliche Bereinigung der Eigentumsverhältnisse könnten sich die einzelnen Stiftungen mittels des Privatrechts wehren.

Aus nicht mehr zu eruierenden Gründen entschloß sich der Bischof von Chur jedoch an der Wende zum Jahr 1990, den Weg über eine gerichtliche Auseinandersetzung im Einzelfall nicht zu beschreiten.[46] Vielmehr willigte er nun doch in eine von der Landeskirche vorgeschlagene Rahmenvereinbarung ein, die nunmehr allerdings nur zwischen dem Bischöflichen Ordinariat Chur und dem Kleinen Kirchenrat des Kantons Nidwalden, also ohne Beteiligung des Staates, geschlossen wurde.[47] Diese Vereinbarung trug das Datum vom 23. Februar 1990 und gab den Kirchgemeinden und Kapellgemeinden des Kantons

---

Nidwalden, Stans) heißt es: „Der Redner [Präsident des Kleinen Kirchenrats] stellt fest, daß er gemäß telefonischer Besprechung mit Herrn Bundesrichter Brunschwiller davon überzeugt ist, die Angelegenheit werde nicht zu Gunsten des beschwerdeführenden Bischofs ausgehen". Die Staatsrechtliche Beschwerde des Bischofs hatte sich nicht gegen die Landeskirche, sondern gegen eine Entscheidung der Nidwaldner Kantonsregierung gerichtet.

44 Schreiben des Präsidenten der I. Öffentlichrechtlichen Abteilung vom 13. November 1989, 3 S., in den Akten des Bischöflichen Ordinariats Chur.

45 Schreiben des Rechtsvertreters des Bischofs, in den Akten des Bischöflichen Ordinariats Chur.

46 Es ist anzunehmen, daß der Bischof von Chur unter erheblichem Druck stand, denn die Angelegenheit war inzwischen Gegenstand von Presseartikeln geworden, vgl. dazu etwa den längeren Artikel *Gehören die Kirchen den Stiftungen oder Kirchgemeinden,* in: Nidwaldner Volksblatt, 7. Juni 1989, Nr. 129, 11, und *Nidwaldner kämpfen für ihre Kirchen. Die Nidwaldner Kirchgemeinden und das Bistum Chur liegen im Streit. Wem gehören die Kirchen im Kanton?,* in: Schweizer Woche, 2. Januar 1990, 12. Bereits im Sommer 1989 hatte der Bischof von Chur zudem ein Gespräch mit dem Gutachter der Landeskirche, Dr. Urs Josef Cavelti, geführt. Darüber wird vom damaligen Präsidenten des Kleinen Kirchenrats der Nidwaldner Landeskirche im Protokoll der Sitzung dieses Gremiums vom 24. August 1989 berichtet: „Herr Dr. Cavelti hat dem Bischof eröffnet, daß man es von Seiten des Ordinariats nicht so weit kommen lassen sollte, bis die Kirchgemeinden einen Rechtsstreit vor den richterlichen Instanzen anstrengen", S. 2 des Protokolls des Kleinen Kirchenrats der Römisch-katholischen Landeskirche Nidwalden, im Archiv der Römisch-katholischen Landeskirche Nidwalden, Stans. Gemäß Protokoll des Kleinen Kirchenrats vom 11. Januar 1990, 3, wurde die Gründung eines Zweckverbands der Kirchgemeinden ventiliert, um gemeinsam Prozesse führen zu können.

Nidwalden die Befugnis, im Rahmen der nachfolgenden Bestimmungen die grundbuchliche Eintragung kirchlicher Liegenschaften als Eigentum der Kirchgemeinden zu erwirken (vgl. Art. 1). Mit dem grundbuchlichen Eintrag einer Pfarrkirche sowie eines Pfarr- oder Kaplanenhauses – und damit nicht der sonstigen Immobilien und Grundstücke – sollten folgende „unwiderrufliche Beschränkungen" verbunden werden: Jede Veräußerung oder sonstige Eigentumsübertragung erfordere die vorgängige schriftliche Zustimmung „des jeweiligen Bischofs". Die Kirchen seien ferner dem römisch-katholischen Kultus zu erhalten. Eine dauernde, ganze oder teilweise Nutzungsänderung bedürfe der schriftlichen Zustimmung des jeweiligen Bischofs (vgl. Art. 3). Zu sichern sei dies als Anmerkung im Sinne von Art. 970 ZGB sowie als Personalservitut zugunsten der Römisch-katholischen Kirche, vertreten durch den jeweiligen Diözesanbischof. Die Rahmenvereinbarung sah ferner vor, daß nicht nur die nach der Einladung der Nidwaldner Regierung von 1936 umgeschriebenen Güter betroffen sein sollten (vgl. Art. 2). Vielmehr sollten auch Liegenschaften, die in den Rechnungen der Kirchgemeinden enthalten seien oder die von den Kirchgemeinden stets unterhalten worden seien, in Kirchgemeindeeigentum überführt werden können. Die Übertragungen seien durch einen Vertrag zwischen Kirchgemeinde und Stiftung zu regeln (vgl. Art. 4). Auf der Basis dieser Vereinbarung wurden in Nidwalden in den Jahren 1991 und 1992 sämtliche Pfarrkirchen und Pfarrhäuser sowie weitere Kirchgebäude und Grundstücke im Grundbuch auf die örtlichen Kirchgemeinden eingetragen.

3. Drei Beobachtungen

3.1. Landeskirche und Kirchgemeinde: auxiliare Strukturen?

Immer wieder wird behauptet, die staatskirchenrechtlichen Institutionen der Schweiz seien doch nur dazu da, der Kirche und ihrer Sendung zu dienen. Die von den staatskirchenrechtlichen Organisationen gegen den erklärten Willen des Bischofs von Chur erzwungene Säkularisation der Kirchengüter im Kanton Nidwalden zeigt demgegenüber, wie es um den auxiliaren Charakter dieser Organisationen tatsächlich bestellt ist.

Wenn – wie angeführt – argumentiert wurde, die Kirchgemeinden dürften nicht für Kirchgebäude Gelder aufwenden, die nicht in ihrem Eigentum stünden, dann ist bereits das der Ausdruck einer Haltung, welche den auxiliaren, zudienenden Charakter der Kirchgemeinde negiert. Und es wird das Prinzip hochgehalten: Wer zahlt, befiehlt.

---

47 Rahmenvereinbarung zwischen Bischöfliches Ordinariat Chur und Kleiner Kirchenrat der Römisch-katholischen Landeskirche Nidwalden betreffend Grundbucheintrag kirchlicher Liegenschaften vom 23. Februar 1990, Maschinenschrift, mit Anhang 8 S., in den Akten des Bischöflichen Ordinariats Chur.

Die Nidwaldner Landeskirche bzw. ihre Kirchgemeinden haben durch ihr Vorgehen dem Bischof von Chur die zivilrechtliche und kirchenrechtliche Aufsicht über die Kirchengüter entzogen (vgl. ZGB Art. 87, Abs. 1). Ja, die grundbuchliche Umschreibung war letztlich nichts anderes als eine Enteignung. Denn die betroffenen Güter haben dadurch ihren Charakter als Kirchenvermögen verloren, da sie nicht mehr im Eigentum einer kirchlichen juristischen Person stehen (vgl. CIC/1983, c. 1257 § 1). Damit wurde der Kirche sicher kein Dienst erwiesen.

Die kirchlichen Zwecken dienenden Güter befinden sich deshalb heute in einer prekären rechtlichen Lage. Sie stehen nun im Eigentum von Institutionen, den Kirchgemeinden, die vom politischen Willen der Stimmberechtigten des Kantons Nidwalden abhängen. Das hat zur Folge, daß diese Güter herrenlos werden, wenn die Stimmbürger, nicht bloß die Katholiken von Nidwalden, die Aufhebung der Kirchgemeinden beschließen sollten. Was in so einem Fall geschehen könnte, ist unklar. Es kann zwar sein, daß man die Güter dann wieder auf kirchliche Institutionen rückübertragen würde. Es könnte aber auch genauso gut geschehen, daß man am Tag X argumentieren wird, die Kirchgemeinden seien aus den politischen Gemeinden ausgegliedert worden. Würden die Kirchgemeinden aufgehoben, falle deren Eigentum an die politischen Gemeinden zurück. Da ja im Falle der Aufhebung der Kirchgemeinden die Mehrheit der Stimmberechtigten einen kirchenkritischen oder zumindest kirchenfernen Standpunkt einnehmen würde, dürfte dieses Szenario keineswegs unrealistisch sein.[48]

Hinzu kommt die aus dem 19. Jahrhundert bekannte Problematik: Es ist auch in Zukunft möglich, daß sich die Mehrheit der Kirchgemeindemitglieder per Beschluß aus der katholischen Kirche verabschiedet. Die im Eigentum der Kirchgemeinde stehenden Güter gehen dann der katholischen Kirche verloren. Gerade aus diesem Grund hatten die zuständigen kirchlichen Instanzen in den 20er Jahren des 20. Jahrhunderts die korrekte Eintragung der Nidwaldner Kirchengüter auf kirchliche Stiftungen gewünscht. Der „Fall Sabo" läßt erkennen, daß auch in unserer Zeit in einer Kirchgemeinde eine Mehrheit für renitentes oder gar schismatisches Verhalten gefunden werden kann.

Die erwähnten Garantien zugunsten der katholischen Kirche, welche in die Rahmenvereinbarung vom 23. Februar 1990 sowie in die Grundbuchberichtigungsverträge aufgenommen worden sind, gelten nur für die Kirchen und Pfarrhäuser. Diese Garantien ändern freilich nichts daran, daß die katholische Kirche enteignet worden ist und daß dem Diözesanbischof die Aufsicht über die kirchlichen Zwecken dienenden Güter seither entzogen ist. Das Bischöfli-

---

48 Zu erwähnen wäre hier etwa das nunmehr bald 20 Jahre andauernde Drama um die Rückgabe der Kirchengüter in Tschechien, die auf den Widerstand nicht nur kirchenferner bis kirchenfeindlicher Regierungen stößt, sondern die eben auch in einer Gesellschaft, die mehrheitlich post-christlich bzw. atheistisch ist, keinen ausreichenden Rückhalt findet, so sehr auch das Anliegen zumindest einer Teilrückgabe juristisch und historisch betrachtet als begründet erscheint.

che Ordinariat Chur hat seit 1992 keine Kenntnisse mehr darüber, was mit dem ehemaligen Kirchengut in Nidwalden geschehen ist. Die unmittelbare Überwachung der Art und Weise der Nutzung liegt – wo überhaupt Garantien verbrieft sind – an sich nun bei den Grundbuchämtern. Ob diese Ämter Kontrollen durchführen und ob am ehemaligen Kirchengut inzwischen Nutzungsveränderungen vorgenommen worden sind, ist dem Bischöflichen Ordinariat Chur nicht bekannt. Es stellt sich die Frage, wie das Ordinariat eine Kontrolle vornehmen kann, ob wenigstens das vertraglich Vereinbarte eingehalten wird.[49]

Die Klausel, welche eine Veräußerung oder eine sonstige Eigentumsübertragung von Kirchen und Pfarrhäusern von der vorgängigen schriftlichen Zustimmung des Diözesanbischofs abhängig macht, bietet zwar derzeit einen gewissen Schutz, scheint jedoch mehr zu versprechen, als sie halten kann. Denn zumindest im Falle einer Aufhebung der Kirchgemeinden käme es zwangsläufig zu einer Eigentumsübertragung, da ja die Kirchengüter zuerst einmal herrenlos werden würden und dann eines neuen Eigentümers bedürften. Was in diesem Fall geschehen wird, ist – wie dargelegt – völlig unklar.

Die erwähnten Garantien vermögen schließlich nicht zu verhindern, daß es bei einem Konflikt zu dem kommen kann, was sich im Jahr 1990 in Zürich bereits einmal abgespielt hat: daß eine Kirchgemeinde, die Eigentümerin der Pfarrkirche ist, dem Diözesanbischof den Zutritt zu dieser Kirche seiner Diözese verweigert und ihm für den Fall des Betretens der Kirche mit einer Strafanzeige wegen Hausfriedensbruchs droht.[50]

---

49 Vorgänge aus der Kirchgemeinde Wolfenschießen mögen das verdeutlichen: Der Neuen Nidwaldner Zeitung vom 6. November 2008, 19, konnte das Bischöfliche Ordinariat in Chur entnehmen, daß die Kirchgemeinde an die politische Gemeinde Land im Wert von Fr. 300 000 verkaufen wolle. Mit Schreiben vom 10. November 2008 hat daraufhin das Bischöfliche Ordinariat das Grundbuchamt Nidwalden um die Zusendung von Grundbuchauszügen gebeten, „betreffend sämtlicher kirchlicher Güter auf dem Gebiet dieser Gemeinde“. Bereits mit Datum vom 11. November 2008 sandte das Grundbuchamt Auszüge aus dem Grundbuch zu, allerdings nur betreffend die Grundbucheinträge der Pfarrkirche, des Pfarrhauses, des Pfarrhelferhauses und zweier Kapellen. Ein Besuch auf der Homepage der politischen Gemeinde Wolfenschießen (erfolgt am 15. November 2008) hat dann zu Tage gefördert, dass die zum Verkauf stehenden Grundstücke in den erwähnten Grundbuchauszügen nicht enthalten sind. Es handelt sich um die Parzellen 496, 502 und 510. Diese standen bis im Februar 1992 im Eigentum der „Röm.-kath. Pfarrkirchenstiftung Wolfenschießen“ (vgl. Grundbuchbereinigungsvertrag vom 3. Februar 1992, in den Akten des Bischöflichen Ordinariats Chur). Die Neue Nidwaldner Zeitung meldete dann am 22. November 2008 (25), die in Frage stehenden Grundstücke seien von der Kirchgemeinde verkauft worden.

50 Die Pfarrkirchen der Stadt Zürich gehören Pfarrkirchenstiftungen gemäß ZGB Art. 80 ff. Als einzige Kirchgemeinde in der Stadt Zürich ist die Kirchgemeinde Leimbach Eigentümerin der dortigen Pfarrkirche Maria Hilf. Der Grund dafür liegt darin, daß diese Kirche samt Pfarreizentrum nach der Einführung der Kirchgemeindesteuer mit Kirchgemeindesteuermitteln errichtet wurde. Am 10. Juli 1990 schrieb der damalige Präsident der Kirchenpflege der Kirchgemeinde Zürich-Leimbach an

3.2. *Staatskirchenrechtliche Institutionen: Der Traditionalismus der „Fortschrittlichen"*

Es gehört zur Ironie der staatskirchenrechtlichen Diskussion der letzten Jahre, daß hierzulande als „konservativ" und „reaktionär" Verketzerte zukunftsweisende Reformen verlangen, daß die sich fortschrittlich dünkenden landeskirchlichen Verfechter des Status quo jedoch gerne das Mittelalter bemühen, um ihre Position zu untermauern. Ein krasses Beispiel für den immer wieder zu beobachtenden Konservatismus der angeblich Fortschrittlichen stellt nun gerade die Begründung dar, mittels welcher der Gutachter der Nidwaldner Landeskirche, Urs Josef Cavelti, die Eintragung der Kirchengüter auf die Kirchgemeinden gefordert und schließlich auch erreicht hat.[51]

Cavelti war weder Historiker noch Rechtshistoriker. Entsprechend dürftig ist sein Gutachten, das er im Jahr 1978 für die Landeskirche Nidwalden erstellt hat, rechtshistorisch abgestützt. Cavelti berief sich im theoretischen Teil seines Gutachtens im wesentlichen auf das für die Schweiz nicht spezifische, dafür evangelisch eingefärbte rechtsgeschichtliche Handbuch von Hans Erich Feine[52] sowie auf eine weitgehend unbekannte und kaum greifbare Fallstudie zum luzernischen Dorf Sursee des Fribourger Staatskirchenrechtlers Eugen Isele.[53] Gestützt auf diese beiden Autoren behauptete Cavelti, Eigenkirchenherren seien

---

den damaligen Bischof von Chur: „Sehr geehrter Herr Bischof Wolfgang Haas, In meiner Eigenschaft als Präsident der Kirchgemeinde Maria-Hilf, 8041 Zürich-Leimbach, muß ich Ihnen und dem von Ihnen eingesetzten ‚Generalvikar' Christoph Casetti, für unser ganzes Kirchenzentrum Maria-Hilf in Zürich-Leimbach Hausverbot aussprechen. Sollten Sie oder der GV dies mißachten, würde ich Strafklage wegen Hausfriedensbruch einreichen. Dieses von mir ausgesprochene Verbot werde ich an der nächsten Versammlung der Kirchgemeinde vorlegen und ‚absegnen' lassen. Wir sind in der glücklichen Lage, unsere Kirchgemeinde ist Besitzer der ganzen Liegenschaft, und nicht wie üblich die Pfarrei" [eigentlich: Kirchenstiftung gemäß ZGB Art. 80 ff.], Brief in den Akten des Bischöflichen Ordinariats Chur.

51 Aufgrund des engen Rahmens, der diesem Beitrag gesetzt ist, kann freilich darauf nur relativ kurz und anhand einiger Beispiele eingegangen werden.

52 Hans Erich Feine, *Kirchliche Rechtsgeschichte. Bd. I: Die Katholische Kirche,* Köln – Graz ^{4}1964. Zum Zeitpunkt der Erstellung des Gutachtens von Cavelti (1988) war bereits die 5. Aufl. (Köln – Wien 1972) erschienen. Interessanterweise ignorierte Cavelti die fünfbändige Rechtsgeschichte von Willibald M. Plöchl, *Geschichte des Kirchenrechts,* die in Band II, 418 (Wien – München ^{2}1962) davon spricht, der Patronat sei „seinem Wesen nach" ein persönliches Recht gewesen, das „wider Willen der Kirche" bisweilen doch wieder verdinglicht und so zum Gegenstand weltlicher Rechtsgeschäfte gemacht worden sei. Plöchl war katholisch. Gerade die Frage, welche Rolle die teilweise als „Gemeinde" verstandenen Kirchgenossen schon vorreformatorisch gespielt haben, ist im vorliegenden Zusammenhang nicht irrelevant und wird je nach konfessionellem Standpunkt anders beantwortet.

53 Vgl. Eugen Isele, *Sursee. Rechtsgeschichte einer Ortskirche, ihrer Struktur und ihres Kirchenguts. Rechtsgutachten,* Landesbibliothek Bern 1982, Maschinenschrift.

auch nach der Wende zum Patronatsrecht – und damit auch nach dem I. und II. Laterankonzil – Eigentümer ihrer Kirchen geblieben und zwar aufgrund des so genannten „dinglichen" Patronatsrechts. Dieses Patronatsrecht sei nicht persönlicher Natur gewesen, sondern es habe als Zubehör zum Eigentum bestanden und sei mit dem Wechsel des Eigentums am Kirchengut auf den Erwerber übergegangen.[54] Cavelti hat jedoch ignoriert, daß es im klassischen kanonischen Recht ein dingliches Patronat gar nicht gegeben hat, wie er im Standardwerk zum Ius Patronatus von Peter Landau aus dem Jahr 1975 hätte nachlesen können.[55]

Auf dieser fragwürdigen Grundlage versuchte nun Cavelti, das Eigentum der Nidwaldner Kirchgemeinden an den Kirchengütern zu beweisen. Bezüglich einer der beiden ältesten Kirchen Nidwaldens, derjenigen von Stans, verhielt es sich dabei folgendermaßen: Deren Patronatsrecht stand dem Kloster Engelberg bereits zu, als die Pfarrei Stans im Jahre 1270 in das Kloster inkorporiert wurde.[56] Dadurch konnte das Kloster das Pfrundgut der Pfarrei nutzen, mußte dafür jedoch einen Leutpriester stellen und für dessen Unterhalt sorgen. Im Zuge ihrer politischen Emanzipation konnten sich die Gläubigen von Stans immer weniger mit dieser Abhängigkeit vom Kloster und seiner (Personal-)Politik abfinden. Sie erreichten schließlich im Jahr 1462 nach langen Auseinandersetzungen mittels eines Vergleichs, daß der Abt von Engelberg ihnen das bindende Nominationsrecht für die Leutpriesterei in Stans zugestehen mußte. Die Kirchgenossen von Stans erwarben also nicht das Patronatsrecht, sondern sie erhielten lediglich das Recht, dem Abt den Leutpriester vorzuschlagen, den dieser dann dem Bischof präsentieren mußte. Der Abt behielt das Patronatsrecht und er behielt sich zudem ausdrücklich das Zehntrecht vor, nahm dafür aber auch weiterhin die Pflicht auf sich, die Kirche „zu decken", sie also zu unterhalten.[57]

---

54 Vgl. Cavelti, *Die Eigentümer* (Anm. 37), 291–293. Cavelti hat die vermögensrechtlichen Bestimmungen der beiden erwähnten Konzilien entweder nicht gekannt oder sie in seinem Gutachten bewußt nicht zitiert.

55 Vgl. Landau, *Jus Patronatus* (Anm. 4), 114; vgl. in diesem Sinn auch schon Ludwig Wahrmund, *Das Kirchenpatronatsrecht und seine Entwicklung in Österreich,* I. Abtheilung, Wien 1894, 79 f., Zweite Abtheilung, Wien 1896, 52 f.

56 Vgl. die Inkorporationsurkunde in: Der Geschichtsfreund 14 (1858) 184–186; vgl. zum analogen Fall von Buochs: Der Geschichtsfreund 19 (1863) 261 f.

57 „Dem ist aso, dz die obgenantten von Stans hinenhin ir pfrůndÿ all und ieklichÿ in sunders, es sy die lyppriestry oder die andren průndÿ moegent besetzen und entsetzen wie dik und wie vil inen dz eben ist, doch mit eim priester, der von eim bÿschof von Costentz gewalt hab dott und lebend ze versorgen. Und wen sÿ asso enpfachent und den mit ir botschaft schikent einem abt und sim covent, dem sont sÿ den lien und inen des nút vor sin mit keinen wortten noch werken, da mit sÿ die vorgenantten von Stans und ir nachkomen an der lechenschaft gehindret moechttin werden. Und von soellichs gewaltz wegen, den sÿ hinenhin haben und han sont an eins abtz und sins coventz widerred, so hant die von Stans eim abt und sim gotzhus geben hundert und fúnfzechen pfund únsers lantz werschaft nit dem Wald ...", in

Dieser Vergleich war für beide Seiten ein gangbarer Weg, wie er in der Innerschweiz vielerorten gewählt wurde: Die Kirchgenossen konnten bestimmen, wer ihr Seelsorger war.[58] Das Kloster auf der anderen Seite wahrte den kirchlichen Rechtsstandpunkt und blieb Patronatsherr. Wie in vielen anderen Fällen,[59] die aus der Innerschweiz jener Zeit bekannt sind, machte der Patronatsherr damit „nur eine kanonisch-rechtlich irrelevante Konzession, wenn er auf sein Recht zur Bestellung eines auf Zeit ernannten Stellvertreters zugunsten der betroffenen Gläubigen verzichtete oder auf Druck seiner Untertanen verzichten mußte".[60] Aus dem Zugeständnis eines unterhalb des Patronatsrechts liegenden Nominationsrechts die Übertragung eines „dinglichen" Patronatsrechts sowie „die Abtretung des Kirchenvermögens" machen zu wollen, wie es Cavelti versucht,[61] ist deshalb abwegig.[62] Der Abt von Engelberg überließ den

---

Robert Durrer, *Bruder Klaus. Die ältesten Quellen über den seligen Nikolaus von Flüe, sein Leben und seinen Einfluß,* Bd. 1, Sarnen 1917, 18 f. Im ähnlich gelagerten Fall hatten die Buochser Kirchgenossen bereits im Jahr 1454 ebenfalls nur das Nominationsrecht erworben, vgl. Businger, *Die Geschichten des Volkes von Unterwalden,* Bd. 1 (Anm. 16), 398. Im Rahmen einer Auseinandersetzung, die von 1580 bis 1625 dauerte, konnte sich Stans von der Zehntpflicht lösen. Das Patronatsrecht blieb aber auch dann noch beim Kloster Engelberg, vgl. dazu A. Odermatt, *Geschichte der Pfarrkirche Stans,* Manuskript 1882, Kantonsbibliothek Nidwalden, Stans, 335–358.

58 Vgl. dafür und zu den Nominationsrechten in der Innerschweiz etwa Arend, *Zwischen Bischof und Gemeinde* (Anm. 19), 189–196, bes. 192.

59 Schweizer, *Das Gemeindepatronatsrecht* (Anm. 21), 4, weist darauf hin, daß diese Art die gängigste war in der Innerschweiz, das Recht zur Bestimmung des für die Seelsorge zuständigen Priesters zu erlangen.

60 Pfaff, *Pfarrei und Pfarreileben* (Anm. 14), 229 und 233. Peter Blickle, *Antiklerikalismus um den Vierwaldstättersee 1300-1500: Von der Kritik der Macht der Kirche,* in: Anticlericalism in late medieval and early modern Europe, hrsg. von Peter A. Dykema – Heiko A. Oberman, Leiden – New York – Köln 1993, 131, spricht davon, das Patronatsrecht des Klosters Engelberg betreffend Stans sei „merklich geschmälert" worden, was aber eben auch heißt: Es wurde nicht auf die Gemeinde oder die Kirchgenossen übertragen; vgl. dazu auch Kurze, *Pfarrerwahlen im Mittelalter* (Anm. 15), 316.

61 Cavelti, *Die Eigentümer* (Anm. 37), 297 f.

62 Im Falle von Buochs, wo die Kirchgenossen bereits im Jahr 1454 das bindende Nominationsrecht gegen den Abt von Engelberg erstritten, hieß es bezüglich des von den Kirchgenossen nominierten Priesters in der betreffenden Urkunde: „Denselben sollen Wir oder unser Nachkommen unserm gnädigen Herren, Johann Ambuel, izt Apt, oder eim andern, welcher denn je ze ziten ze Engelberg Apt ist, antworten, dem soll denn ein Apt on widerred die Kilchen lichen, und ihn unserm gnädigsten Herrn von Konstanz oder seiner Vicarien präsentieren, als das von alter harkommen ist, wannt die Herrlichkeit und Rechtung der Lichenschaft mit Namen ietz unserm Herren dem Apt und allen seinen Nachkommen den Aepten ze Engelberg beliben, und darinn gantz unvergriffen sin soll", abgedruckt bei Businger, *Die Geschichten des Volkes von Unterwalden* (Anm. 16), 398. Es sollte also weiterhin der Abt sein, der die Kirche (ver-)„lieh" – eine Formulierung, die merkwürdig erschiene, wenn die Kirchgenossen von Buochs ihre Kirche zu Eigentum erhalten hätten.

Kirchgenossen lediglich die Benennung des Leutpriesters und gestand ihnen ferner zu, diesen zu versorgen aus den Mitteln der verschiedenen dort vorhandenen Pfründen. Daß diese Pfründen mittlerweile – in der Mitte des 15. Jahrhunderts – von den Beteiligten als eigenständige Rechtspersonen verstanden wurden, kommt dabei dadurch zum Ausdruck, daß der Abt sich im erwähnten Vergleich beurkunden ließ, daß er der Leutpriesterei – und nicht etwa den Kirchgenossen von Stans – nichts mehr schuldig sei.[63]

Angesichts dieser Faktenlage kann es nicht erstaunen, daß sich der von Cavelti als einziger Schweizer Gewährsmann angeführte Eugen Isele als Schilfrohr erweist, das den in die Hand sticht, der sich darauf stützt (vgl. 2 Kön 18, 21). Denn Isele hatte bereits im Jahr 1957 in der „Schweizerischen Kirchenzeitung" unter dem Titel *Zur Rechtsgeschichte der Ortskirche* geschrieben: „Es wurde festgestellt, daß die meisten unserer Pfarreien in die Zeit des Eigenkirchenrechtes zurückreichen. Aber eine genossenschaftliche Eigenkirche konnte bisher auf schweizerischem Gebiet nicht nachgewiesen werden. Unsere Pfarrkirchen hatten ursprünglich einen Grundherrn als Kirchherr, und er war ein Adliger oder ein Kloster. Es ist auch kein Fall bekannt, in dem die Parochianen in die Stelle des Eigenkirchenherrn eingetreten sind. Erst unter dem Dekretalenrecht haben sie das Patronat erworben".[64] In Unterwalden sei dies laut Isele „erst seit dem 17. Jahrhundert"[65] der Fall gewesen.

Das Nidwalden des 15. und 16. Jahrhunderts war auch sonst nicht ein Hort eigenkirchlicher Verhältnisse. Dies zeigen einige Beispiele von Stiftungsgründungen. Zuerst zu den Verhältnissen im Pfarrort Stans selbst: Als die Nidwaldner Obrigkeit zu Beginn des 17. Jahrhunderts fand, die fünf in Stans inzwischen entstandenen Pfründen seien zu dürftig, befürwortete sie dem Konstanzer Ordinariat gegenüber, eine Pfründe – die Frühmeßpfründe[66] – mit den übri-

---

63 „Es hat ouch ein abt im selber vorbehan, dz er noch sins gotzhus der lÿprÿstrÿ nút pflichtig sin sol ze geben ob joch sach wer dz sÿ nút gnůg hettÿ", in: Durrer, *Bruder Klaus* (Anm. 57), 19. Cavelti, *Die Eigentümer* (Anm. 37), 296 f., weist im Falle von Buochs darauf hin, in den Urkunden fehle jeder Hinweis, daß eine rechtlich selbständige Pfründe bereits bestanden haben könnte. Hier, im Falle von Stans, wo der Nachweis aus einer Urkunde möglich ist, geht Cavelti mit dem allgemeinen Hinweis darüber hinweg, die Ablösung vom Kloster Engelberg sei „im Kern gleich" vollzogen worden wie in Buochs, vgl. ebd., 298. Auf S. 44 des erwähnten Gutachtens (Manuskript) umschifft Cavelti die Nennung der Rechtsperson „Leutpriesterei", indem er sagt, das Kloster habe sich aller Verpflichtungen „gegenüber dem Unterhalt des Pfarrers" entbunden.

64 Eugen Isele, *Zur Rechtsgeschichte der Ortskirche,* in: Schweizerische Kirchenzeitung 125 (1957) 383 f.

65 Ebd., 384.

66 Diese Pfründe war schon im Jahr 1396 von 42 namentlich bekannten Männern gestiftet worden. Im Jahr 1397 heißt es dann in einem Schreiben, das zum Zweck hatte, weiteres Kapital für die Pfründe zu sammeln: „Allen den, die disen brief ansehend Lesend oder Hörend Lesen, künden wir der Amman und die Landlüt gemeinlich von Underwalden under dem kernwald, daz wir gestift und Uffbracht haben einen

gen vier zu vereinigen. Das Ordinariat prüfte den Antrag der Stiftungsverwalter und gab ihm im Jahr 1618 unter Berufung auf die Vollmacht, zu dieser Handlung berechtigt zu sein, statt[67] – ein Vorgehen, das gänzlich sinnlos gewesen wäre, wenn die Frühmesserei und die anderen Pfründen im Eigentum der Kirchgenossen gestanden hätten.[68] Die Pfründen wurden somit als vermögensfähige Stiftungen verstanden, welche die Kirchgenossen vor Ort verwalteten unter der Aufsicht des Diözesanbischofs.[69] Das kanonische Kirchenrecht hatte auch in der Innerschweiz Einzug gehalten.

Für die Verhältnisse auf dem Land ist das gleiche zu konstatieren. Hier stachelte der Wille zur politischen Emanzipation, aber auch die echte Sorge um das Seelenheil die fernab der Pfarrdörfer liegenden Ortschaften an, selbst Pfarrei zu werden.[70] Die beiden einzigen alten Pfarreien Nidwaldens, Buochs und Stans, waren seit dem 15. Jahrhundert von dieser partikularistischen Absetzbewegung entfernter gelegener Ortschaften gleichermaßen betroffen.

Mit Datum vom 17. Dezember 1454 stifteten die zur Pfarrei Buochs gehörenden Einwohner des Weilers Emmetten eine ewige Messe und Pfründe in der Absicht, wegen der Abgelegenheit ihrer Ortschaft und der Widrigkeiten der

---

früegen Mess ze Stans In der kilchen uff sant katerinen altar, got ze lob und ze Er und allen gelöbigen selen ze trost", in: A. Odermatt, *Die Frühmesserei in Stans,* in: Beiträge zur Geschichte Nidwaldens 1 (1884) 65–76, hier 73.

67 Die Urkunde des Konstanzer Generalvikars ist abgedruckt ebd., 75 f.: „*Exposuerunt Nobis Nobiles providi probi sapientesque viri Domini Land Amannus ac Senatus Subsylvaniensis, qualiter in eorum pago Stanss dicto quinque beneficia fundata atque dotata sint, quae omnia multo tempore ob tenuitatem redditum non possessa fuerint. Propterea sibi constituerint, ex his praebendis unam, videlicet Praemissariam supprimere et caeteris quatuor beneficiis pro meliori clericorum sustentatione unire dummodo Rmi. et Illmi. Dni. nostri velut Ordinarii aut noster ratificans accedat consensus. Nos considerantes petitionem hanc aequam et rationi consonam esse, auctoritate qua fungimur ordinaria permittimus ac indulgemus, ut Praemissaria in Stanns reliquis quatuor beneficiis pro meliori clericorum sustentatione uniatur, ita tamen, ut onera illius suppressi et uniti beneficii per alios, qui fructus et redditus ipsius annuos percipiunt debito modo supportentur*"; vgl. dazu auch A. Odermatt, *Die Pfarrkirche Stans,* in: Beiträge zur Geschichte Nidwaldens 5 (1888) 56. Im Jahr 1665 wurde die Frühmeßpfründe dann durch zwei Privatpersonen wieder neu gestiftet und dotiert, vgl. dazu Arnold Nüscheler, *Die Gotteshäuser der Schweiz,* in: Der Geschichtsfreund 47 (1892) 171 f.; vgl. auch Odermatt, *Die Frühmesserei in Stans* (Anm. 66), 66 f.

68 Zu weiteren frommen Stanser Stiftungen, die bis ins 19. Jahrhundert hineinreichen, vgl. Konstantin Vokinger, *Die Kirche von Stans,* Stans 1947, 35–38.

69 Vgl. zur Vermögensfähigkeit als Ausweis der Rechtspersönlichkeit und zur Unhaltbarkeit der so genannten „Kirchgemeindetheorie", welche behauptet, die Kirchgemeinden seien die Eigentümer des Kirchenguts: Hans Vasella, *Die Grundbucheintragung der kirchlichen Güter,* Fribourg 1938, 11–20, bes. 12.

70 Vgl. dazu Karl Siegfried Bader, *Dorfgenossenschaft und Dorfgemeinde,* Bd. 2, Weimar 1962, 198 und 200; vgl. auch Peter Blickle, *Die Reformation vor dem Hintergrund von Kommunalisierung und Christianisierung. Eine Skizze,* in: Kommunalisierung und Christianisierung (Anm. 19), 20–22; vgl. Fuhrmann, *Kirche und Dorf* (Anm. 17), 423; vgl. Pfaff, *Pfarrei und Pfarreileben* (Anm. 14), 218–220.

Natur ständig einen Priester bei sich zu haben.[71] Der Abt von Engelberg, der Leutpriester von Buochs und die Kirchgenossen von Buochs erklärten sich damit einverstanden, daß die Leute von Emmetten ihren Priester selbst wählen können sollten. Sie sollten ihn dann zum Abt schicken, auf daß er ihm die Kirche leihe. Zugleich solle der Priester auch dem Bischof von Konstanz präsentiert werden. Dieser bestätigte mit Datum vom 6. August 1455 die Stiftung und anerkannte das Patronatsrecht.[72] Auch später scheint in Emmetten das Stiften nicht außer Mode gekommen zu sein: Im Jahre 1805 wurde dort nämlich eine neue Pfrund, genannt „Helferei", gestiftet.[73]

Dass Nidwalden in der Diözese Konstanz kein Sonderfall war, zeigt auch das Beispiel des ursprünglich ebenfalls zu Buochs gehörenden Ortes Beckenried. Hier stiftete am 16. August 1486 eine Einzelperson, Heiny im Lo, eine Pfründe an einer bereits vorbestehenden Kapelle.[74] Der Generalvikar von Konstanz konstatierte, diese Stiftung sei *iuste et canonice* gemacht worden, und anerkannte sie mit Datum vom 6. April 1487.[75] Da diese Stiftung aber zu wenig sub-

---

71 „Zu dem ersten, so hand die frommen lüt uf dem berg emmetten gesessen Ein ewige mess ufgenommen und gemacht in der Kilchen zu sant Jacob uf Emmetten, die sy ewenklich behan sollen und wollen, und hand dieselben mess und pfründe gestift und gewidmet …", in: Der Geschichtsfreund 19 (1863) 284–290, hier 285.

72 *„Idcirco incolarum predictorum supplicatione inclinati, dotationem, fundationem prebende eiusdem ac bonorum applicationem Jurispatronatus illius seu presentandi ordinationem, omniaque alia et singula in dictis litteris dotationis contenta et comprehensa ex certa scientia pro perpetua illorum subsistentia approbandum, roborandum et confirmandum duximus et harum serie approbamus, roboramus et confirmamus"*, in: Der Geschichtsfreund 4 (1847) 301–303, hier 302f; vgl. dazu R. Odermatt, *Errichtung der Kaplanei Emmetten,* in Beiträge zur Geschichte Nidwaldens 1 (1884) 87–92.

73 Die vom katholischen Pfarramt Emmetten herausgegebene Schrift *Geschichtliche Erinnerungen der Pfarrei und der St. Jakobs- und Theresiakirche Emmetten,* Emmetten 1938, berichtet: „Stiftung Helferei und Pfarrhelfer-Verzeichnis. Darüber lesen wir im Jahrzeitenbuch unter der Ueberschrift ‚Zum ewigen Andenken', was folgt: ‚Im Jahre 1805 ist die neue Pfrund, genannt Helferei, auf Emmetten errichtet worden. Gewisse Guttäter, die unten mit Namen und ihrer Gabe genannt werden, haben das jährliche Einkommen ganz und noch einen ansehnlichen Ueberschuss an den Grund und Boden und das neue Pfrundhaus gestiftet'", 25. In der Folge werden 45 Stifter mit Name und geschenkter Summe aufgeführt, vgl. ebd., 25 f.

74 „… so hab ich mit zitlicher guter vorbetrachtung wolbedacht recht und redlich für mich ouch alle min ewigen erben und nachkommen … in der gemelten Capell zů Beggenriet uff Sant Heinrichs Altar eine nüwe caplaney pfrund einer ewigen meß mit eim eignen priester, der die fürbaßhin haben und als hienach stät versechen sol, gestifft, dotirt, gewidmet, gefundirt und begabet …", in A. Odermatt, *Die Pfarrkirche in Beggenried,* in: Der Geschichtsfreund 46 (1891) 147 f.; vgl. dazu die Ergänzungen und Berichtigungen von Robert Durrer, *Die Kunstdenkmäler des Kantons Unterwalden,* Zürich 1899–1928, unveränderter Nachdruck Basel 1971, 34–38.

75 *„… fundacionem, erectionem, dotacionem et ordinacionem … duximus auctorizandam, approbandam, ratificandam et confirmandam, et in dei nomine auctoritate ordinaria approbamus, auctorizamus, ratificamus et confirmamus …"*, in Odermatt, *Die Pfarrkirche in*

stantiell war, stifteten die Beckenrieder im Jahr 1520 mit Zustimmung des Apostolischen Nuntius und mit Unterstützung auch aus den benachbarten Kantonen eine zweite Pfründe.[76] Die Streitereien mit den Kirchgenossen und der Geistlichkeit von Buochs über die Abtrennung Beckenrieds von Buochs, über die Ablösung von Lasten und die Erhebung zur selbständigen Pfarrei, welche erst der Apostolische Nuntius im Jahr 1818 beendete, wurden stets vor kirchlichen Instanzen ausgetragen.[77]

Um noch ein Beispiel aus dem 17. Jahrhundert zu zitieren, sei auf die Stiftung der Pfründe in der Stanser Filiale Dallenwil hingewiesen.[78] Nachdem im Jahre 1685 mit gütiger Hilfe von außen durch die Einwohner ein Pfarrhaus gebaut worden war, stellten zwei Priester, Karl Matthias Zurblumen und Johann Kaspar Barmettler, das notwendige Kapital zur Verfügung und setzten eine Stiftungsbrief auf. Das *Ius Patronatus* sicherten sie sich zu Lebzeiten selbst. Nach ihrem Tod sollte es der Ürte, der Bürgergemeinde von Dallenwil, zustehen. Dem Kaplan wurde zugestanden, selbst für den Einzug der Zinsen besorgt zu sein. Der Konstanzer Weihbischof Konrad Ferdinand Geist von Wildegg erteilte am 29. November 1694 der Stiftung die kirchliche Approbation. Die weltliche Macht, der Landrat, ratifizierte die Stiftungsurkunde am 13. Dezember 1694.

Diese Beispiele mögen genügen, um zu zeigen, daß Nidwalden, was die Stiftungstätigkeit der Gläubigen angeht, im Bistum Konstanz, später im Bistum Chur, zu dem es heute als administriertes Gebiet gehört, kein Sonderfall war. Was sich anhand dieser Stichproben feststellen läßt, bestätigt den Stiftungscharakter der Kirchengüter und liegt im Rahmen dessen, was das kirchliche Recht kannte und anerkannte.[79]

Dabei soll nicht bestritten werden, daß Nidwalden seit dem 15. Jahrhundert vom erwähnten „alten Herkommen" und von den in der ganzen Innerschweiz grassieren *usi & abusi*[80] ebenfalls betroffen war (vgl. oben 1.2).[81] Zweifellos ist es ebenfalls richtig, daß diese Bräuche und Mißbräuche den Stiftungscharakter

---

Beggenried (Anm. 74), 151.

76 Der Geber-Rodel, welcher über 200 Namen umfaßt, beginnt mit den Worten: „Item diß sindt die, so die neüwen pfrundt gestifft unnd daran gen hannd, frouwen unnd man gott dem Allmechtigen zu lob (…)", ebd., 156–165. Obwohl Cavelti, *Die Eigentümer* (Anm. 37), die Existenz des Dokuments erwähnt, spricht er nur von einer „Gründung" der Pfründe, vgl. 51 (Manuskript).

77 Vgl. Odermatt, *Die Pfarrkirche in Beggenried* (Anm. 74), 121–133, mit Verweisen auf mehrere Quellentexte.

78 Vgl. dazu Peter Steiner, *Die Fundation der Pfründe von Dallenwil*, in: Aus Nidwaldens Vergangenheit. Historische Aufsätze, Stans 1980 (Beiträge zur Geschichte Nidwalden 39), 96–106. Zur Geschichte der wohl erstmals 1473 geweihten Kapelle vgl. Durrer, *Die Kunstdenkmäler* (Anm. 74), 78–81.

79 Vgl. dazu etwa Fuhrmann, *Dorfgemeinde und Pfründstiftung* (Anm. 19), 77–112.

80 Vgl. dazu Joseph Anton Felix von Balthasar, *Kurzer Historischer Entwurf der Freiheiten und der Gerichtsbarkeit der Eidsgenossen in sogenannten Geistlichen Dingen oder De Helvetiorum juribus circa sacra*, Zürich 1768, 2., noch von Balthasar verbesserte Aufl., Rapperswil 1833, 59 f. (§ 10).

der kirchlichen Anstalten bisweilen verdunkelt haben und daß dies das Rechtsbewußtsein der Gemeinden, später der Kirchgemeinden, gestärkt hat, nicht bloß *de facto* mit weitgehenden Befugnissen ausgestattete Verwalter kirchlicher Rechtspersonen zu sein, sondern die Eigentümer der kirchlichen Zwecken dienenden Güter.[82] Unzweifelhaft ist aber auch, daß die Kirche den Rechtsstandpunkt – wie dargelegt – stets gewahrt und ihn zumindest teilweise in der Praxis sogar erfolgreich gegen Übergriffe der Kirchgenossen durchgesetzt hat.[83] Daraus mittels des Postulats eines „dinglichen Patronatsrechts" letztlich heute noch bestehende eigenkirchliche Verhältnisse ableiten zu wollen, ist jedoch von der Sache her nicht zulässig. Die Berufung auf das Eigenkirchenwesen treibt im übrigen den bei landeskirchlichen Vertretern des öfter beobachteten Traditionalismus auf den Spitze, wenn ein vor bald 900 Jahren von der Kirche mit der Androhung der Exkommunikation verurteiltes zivilrechtliches Konstrukt heute noch bemüht wird, um der Kirche ihre Kirchgebäude, Pfarrhäuser und weiteren Immobilien streitig zu machen.

Zusammenfassend muß festgehalten werden, daß die Säkularisation der Kirche in Nidwalden weder rechtsgeschichtlich zu rechtfertigen ist noch daß sie dem langfristigen Interesse der Kirche an der zweckgerechten Erhaltung ihrer Güter dient. Was 1991 und 1992 übers Knie gebrochen wurde, muß deshalb rückgängig gemacht werden durch eine grundbuchliche Eintragung der Kirchengüter auf kirchliche Stiftungen gemäß ZGB Art. 87, Abs. 1.

3.3. Ein ekklesiologisches Defizit

Mit dem Übergang vom Eigenkirchenwesen zum Patronatsrecht hat die Kirche – wie oben (vgl. 1.1) gezeigt – eine rechtliche Konzeption überwunden, die den Laien eine Aufgabe zugewiesen hatte, die sie gegenüber der Kirche auf weltlich-rechtlichen Rechtstiteln wahrzunehmen hatten. Die Kirche hat den Laien dafür eine Aufgabe zugewiesen, die sie als Patrone nunmehr in der Kirche wahrnehmen sollten, auf der Basis des kirchlichen Rechts und in der Logik der *Communio*. Die Kirche konnte in dieser Frage gar nicht anders entscheiden, denn sie ist als „komplexe Wirklichkeit" zugleich die irdische Kirche und die mit himmlischen Gaben beschenkte Kirche, die aus menschlichem und göttlichem Element zusammenwächst, wie das II. Vatikanische Konzil festgestellt hat (vgl. Dogmatische Konstitution Lumen Gentium, Nr. 8). Dieses in der Inkarnation des göttlichen Wortes wurzelnde ekklesiologische Strukturprinzip führt dazu, daß es sich beim Kirchenvermögen „um eine Realität handelt, die

---

81 Vgl. dazu auch Grichting, *Das Verfügungsrecht* (Anm. 1), 88–97.

82 Zur Unzulässigkeit, von der Verwaltungstätigkeit (oder auch der Beitragspflicht) auf die Eigentümerschaft zu schließen vgl. Vasella, *Die Grundbucheintragung* (Anm. 69), 16.

83 Vgl. Schweizer, *Das Gemeindepatronatsrecht* (Anm. 21), 34 ff., 68 f.

auch zur Ekklesiologie gehört".[84] Und das heißt: Die Güter der Kirche sind Teil der „komplexen Wirklichkeit" Kirche, so daß sie nach der der Kirche immanenten Logik behandelt werden müssen.

Die Weigerung der Nidwaldner Kirchgemeinden und der Landeskirche, dies zu akzeptieren, und der Versuch, mittels der Berufung auf ein „dingliches", am zivilrechtlichen Eigentum haftendes Patronatsrecht letztlich eigenkirchliche Rechte weiterhin geltend zu machen, ist demgegenüber typisch für das ganze staatskirchenrechtliche System der Schweiz. Denn dieses System weist den Laien nicht eine Aufgabe zu, die sie innerhalb der kirchlichen *Communio* wahrnehmen sollen. Sondern es weist den Laien eine Rechtsposition zu, die im zivilen Recht liegt und die damit die Laien zu Gegenspielern der Hierarchie, zu einer „zweiten Hierarchie", macht. Die komplexe Wirklichkeit der Kirche wird dadurch zerlegt in eine Hierarchie, die sich um das Geistliche der Kirche kümmert, und in eine extraekklesiale Korporation von Laien, die sich um das vermeintlich „Weltliche" der Kirche kümmert. Das ist gut gallikanisch, aber nicht katholisch.

Im Verlauf der Geschichte haben, unabhängig von der Schweiz, verschiedene Staaten versucht, trotz der kirchlichen Grundentscheidung, wie sie mit dem Patronatsrecht gefallen war, durch Eingriffe ins Kirchenvermögen die Laien auf der Basis ziviler Rechtstitel zu einer zweiten «Hierarchie» aufzubauen. Die Kirche hat all diese Versuche abgewehrt. Oder sie hat solche Versuche, nachdem sie ein Stück weit in die Praxis umgesetzt waren, wieder überwunden.[85] Quintessenz der aus diesen Prozessen gewonnenen geschichtlichen Erfahrung der Kirche ist heute der Grundsatz, dass das Vermögen der Kirche immer „im Namen der Kirche" *(nomine Ecclesiae)* zu verwalten ist (vgl. CIC/1983, c. 1282). Das „Materielle" der „komplexen Wirklichkeit" Kirche ist also nicht im eigenen Namen, im Namen des Staates oder im Namen einer als außerhalb der kirchlichen *Communio* verfaßten Körperschaft der Laien zu verwalten.

Das II. Vatikanische Konzil hat gelehrt, besonders in einer pluralistischen Gesellschaft müsse man klar unterscheiden „zwischen dem, was die Christen als Einzelne oder im Verbund im eigenen Namen als Staatsbürger, die von ihrem christlichen Gewissen geleitet werden, und dem, was sie im Namen der Kirche zusammen mit ihren Hirten tun" (Pastoralkonstitution Gaudium et Spes, Nr. 76). Die kirchliche Vermögensverwaltung soll nun, wie der Codex Iuris Canonici auf der Basis einer langen geschichtlichen Erfahrung sagt, nicht im eigenen Namen, sondern im Namen der Kirche geleistet werden. Dies bedingt die Überwindung eines Denkens, das die Laien letztlich immer als Gegenspieler der Hierarchie begriffen hat und begreift. Mit anderen Worten: Eine Lösung der Problematik des staatskirchenrechtlichen Systems in der Schweiz bedingt die Rezeption der Lehre des II. Vatikanischen Konzils über das Wesen

84 So Yves Congar, *Les biens temporels de l'Église d'après sa tradition théologique et canonique,* in: Église et pauvreté, hrsg. von George Cottier u. a., Paris 1965, 233.

85 Vgl. dazu meine Habilitationsschrift: Grichting, *Das Verfügungsrecht* (Anm. 1), passim.

der Kirche als komplexe Wirklichkeit und über die Sendung der Laien (vgl. Lumen Gentium, Nr. 30-38). Diese Lehre beinhaltet, daß die Laien in Staat und Gesellschaft im eigenen Namen, auf der Basis ihres christlich gebildeten Gewissens, handeln können und handeln sollen, daß sie aber im engeren Bereich der Kirche – und damit auch im Bereich des kirchlichen Vermögensrechts – nicht im eigenen Namen, sondern im Namen der Kirche, nach der Logik der *Communio* und im Rahmen ihres Rechts, handeln müssen. Bestehen die Laien jedoch entgegen der konziliaren und kodikarischen Lehre in der Schweiz darauf, in kirchlichen Angelegenheiten wie der Vermögensverwaltung weiterhin im eigenen Namen zu handeln, so führt dies zu einer Zerreißung der Kirche in geistliche und weltliche „Kompetenzen", damit immer wieder zu Zwietracht und zur Lähmung der Kirche – ein Prozeß, der vor aller Augen ist.

Die letztlich von ekklesiologischen Defiziten herrührende Selbstblockierung der Kirche in der Schweiz muß beendet werden, nicht durch einen Rückgriff auf das Frühmittelalter, sondern durch eine wirkliche Rezeption des II. Vatikanischen Konzils. Dieses hat im Bereich des Vermögensrechts die Laien nicht zu Gegenspielern der Bischöfe und Priester gemacht, sondern zu sachkundigen Mitarbeitern. Im Dekret *Presbyterorum ordinis* heißt es dazu: „Die Kirchengüter im eigentlichen Sinne sollen die Priester sachgerecht und nach den Richtlinien der kirchlichen Gesetze verwalten, wenn möglich unter Zuhilfenahme erfahrener Laien" (Nr. 17). Wie ein Echo darauf klingen da die Worte, die Papst Johannes Paul II. den Schweizer Bischöfen anläßlich ihres Ad-Limina-Besuchs am 4. September 1997 mit auf den Heimweg gegeben hat: „Das Leben der Ortsgemeinden muß sich in die Strukturen einfügen, die der Kirche eigen und anders geartet sind als die bürgerlichen Institutionen".[86]

86 AAS 90 (1998) 509.

Die Entwicklung des Verfügungsrechts am Kirchengut in der Urschweiz unter besonderer Berücksichtigung des Kantons Nidwalden

Paul Oberholzer

In der Aktennotiz einer Aussprache vom 31. März 1989 zwischen kirchlichen, staatskirchlichen und kantonalen Behörden Nidwaldens gibt Urs Cavelti zu bedenken, daß die Frage der Eigentumsverhältnisse an kirchlichen Gütern erst im 19. Jahrhundert eine eingehende Klärung erfahren hat. Für ihn begannen sich die Abwägungen im Kreis zu drehen, ob die Kirchengüter Nidwaldens nun für kirchliche Stiftungen oder für Besitz der Kirchgemeinden zu halten seien, ob der Instituten- oder Gemeindetheorie der Vorzug zu geben sei. Und so forderte er, die Eigentumsfrage anhand einer historischen Beweisführung abhandeln zu lassen.[1]

Der vorliegende Beitrag nimmt das Postulat auf und zeichnet aus historiographischer – und nicht aus juristischer oder kanonistischer – Sicht, die Entwicklung der Verwaltung und des Verfügungsrechts über die kirchlichen Güter nach. Dies ist vor allem dank neuerer Publikationen gut möglich. Vorsicht ist allerdings geboten, wenn daraus direkte Schlüsse zur Lösung der 1983 ins Rollen gebrachten Fragen gezogen werden. Denn die Frage nach dem Eigentümer kirchlicher Stiftungen und Güter stellte sich erst im Verlaufe des 19. Jahrhunderts mit der Einrichtung eines kantonal geführten Grundbuches. Für die Gläubigen der vorausgehenden Jahrhunderte war selbstverständlich, daß die Stiftungen, die sie – und das wird in diesem Artikel deutlich zum Ausdruck kommen – selbst verwalteten, nicht ihr Eigentum waren. Stiftungen waren ursprünglich Schenkungen an einen Heiligen, den Patron bzw. die Patronin, wie sie uns heute von Kirchen noch bekannt sind. So läßt sich die Eigentumsfrage aus heutiger juristischer Sicht mit dieser historischen Darstellung nicht abschließend beantworten. Nachgezeichnet werden soll aber, wie sich das Verwaltungsrecht der Kirchengüter entwickelte und wer zu welchen Zeiten welche Ansprüche erhob.

1. Zu den ersten christlichen Spuren in Nidwalden

Bei einer historischen Beweisführung jeder Art empfiehlt sich eingangs eine Situierung der kirchlichen und herrschaftlichen Verhältnisse, wo solche erstmals ansatzweise faßbar sind.

---

1 Aktennotiz: Die Eigentümer der römisch-katholischen Kirchen- und Pfrundgebäude im Kanton Nidwalden. Besprechung den 31. März 1989, Stans.
Quellen und Literatur werden im folgenden abgekürzt zitiert; s. unten S. 274 ff.

Die ersten kirchlichen Zeugnisse liegen in den archäologischen Funden in den Kirchen Stans aus dem 8. und Buochs aus dem 10. Jahrhundert. Die frühesten Urkunden stammen aus dem 11. Jahrhundert. Für das Früh- und Hochmittelalter ist also mit einer Besiedlung der Nidwaldner Talsohle zu rechnen. Zur tatsächlichen Ausgestaltung der Herrschaftsverhältnisse läßt sich hingegen wenig sagen. Der herrschaftliche Landesausbau erfolgte in der ganzen Urschweiz lückenhaft und spät. Zur Errichtung klassischer Grundherrschaften kam es nicht.[2]

Wo andernorts nördlich der Alpen frühmittelalterliche Schriftdenkmäler über die kirchliche Verfassung Aufschluß geben, ist eine starke eigenkirchliche Prägung festzustellen. Obwohl direkte Quellen für Nidwalden fehlen, sollen die Grundzüge des Eigenkirchenwesens hier kurz dargelegt werden. Denn sie treffen höchstwahrscheinlich auch auf Nidwalden zu.

Eine Eigenkirche ist ein Gotteshaus, das der Herrschaft eines Grundherrn derart untersteht, daß sich daraus nicht nur die Verfügung in vermögensrechtlicher Beziehung, sondern auch die volle geistliche Leitungsgewalt ergibt. Eigenkirchen bilden sich überall dort, wo sich Kirche und Staat als öffentliche und flächendeckende Gewalten zurückgezogen oder gar nie existiert haben. Es hat somit nie ein „Eigenkirchenrecht“ in dem Sinn gegeben, daß ein impliziter oder expliziter Gesetzeskodex dafür bestimmend gewesen wäre.[3] Man spricht darum zutreffender vom „Eigenkirchenwesen“, das sich in jeder Kultur und zu jeder Zeit unterschiedlich entwickeln oder wieder zurückbilden konnte.

In Alemannien ist für die Christianisierung und die erste Kirchenbauphase nur eine sehr geringe bischöfliche Präsenz im unmittelbaren Umfeld von Konstanz auszumachen. In den übrigen Regionen hingegen sind beide Prozesse vom grundbesitzenden Adel getragen worden. So waren auch die Eigentums- und Verfügungsrechte an den Niederkirchen viel ausgeprägter eigenkirchlich als in anderen Gegenden nördlich der Alpen – so zum Beispiel in Freising und im mosel-fränkischen Raum, wo die Bischöfe viel stärker in die Ausgestaltung niederkirchlicher Verhältnisse involviert waren.[4]

Im Laufe des 12. Jahrhunderts gelangten die beiden Kirchen von Stans und Buochs aus den Händen adliger Grundherren an die Klöster Muri und Engelberg. Im ausgehenden 13. Jahrhundert war nur noch Engelberg von der Partie. Dieses verhältnismäßig spät gegründete Benediktinerkloster war in Nidwalden auch sonst stark begütert. Weitere herschaftliche Rechte verteilten sich hauptsächlich auf dem Ritteradel entstammende Dienstleute des Klosters Murbach-Luzern.[5]

---

2 Sablonier, *Gründungszeit ohne Eidgenossen,* 40 f.

3 Landau, *Eigenkirchenwesen,* 399 f.

4 Bohme, *Neue archäologische Aspekte zur Christianisierung Süddeutschlands,* 92; Lorenz, *Die Alemannen auf dem Weg zum Christentum,* 87.

5 Cavelti, *Die Eigentümer der römisch-katholischen Kirchen und Pfrundgebäude im Kanton Nidwalden,* 294; Pfaff, *Pfarrei und Pfarreileben,* 213; Sablonier, *Gründungszeit ohne Eidgenossen,* 43, 47.

2. Das beginnende Spätmittelalter, eine Schwellenzeit

Um 1300, mit dem frühen Spätmittelalter, setzt für die Urschweiz – wie für den ganzen Kulturraum nördlich der Alpen – eine dichtere schriftliche Überlieferung ein. Weitere Veränderungen prägten das ganze Gesellschaftsgefüge nachhaltig; für die Urschweiz sind folgende Faktoren besonders gestaltgebend:

1) Die hochmittelalterliche Landesausbauphase war weitgehend abgeschlossen.
2) Im Bereich der Grundherrschaft entwickelten sich einst miteinander verbundene Rechte auseinander. Grundherrliche Rechte traten in ihrer Bedeutung stark zurück gegenüber Ansprüchen aus vogteilicher Schutzgewalt, insbesondere Steuerforderungen, Zöllen und Kirchenpatronaten.[6]

Der ganze Investiturstreit, aber auch die Beschlüsse der Laterankonzilien, die das Patronatsrecht etablierten und die Zuordnung jedes Gläubigen zu einer Pfarrkirche sowie die Rechte des Pfarrers klärten, und so mithalfen, kirchliche Verfügungsrechte aus der umfassenden Grundherrschaft herauszulösen, sind nur eine Triebfeder dieses breiter angelegten ökonomischen und sozialen Prozesses.

Zudem konnten Klöster im Erwerb von Patronatsrechten zu dieser Zeit in der ganzen Urschweiz stark zulegen. Das hat aber weniger mit einer Klerikalisierung zu tun als damit, daß Klöster sich als die geschickteren Ökonomen erwiesen als der in Bedrängnis geratene Milites-Adel und ihre Besitzrechte stark ausbauen konnten.[7]

In dieser Zeit ist auch ein großer Wandel im Verwaltungsschriftgut feststellbar: die Entwicklung zur Erfassung von Besitzrechten anhand von Verzeichnissen. Allerdings handelt es sich dabei noch weitgehend um die Verschriftlichung von Ansprüchen auf umstrittene oder noch nicht allgemein anerkannte Güter und Rechte, deren praktische Umsetzung nicht *a priori* gegeben war.[8]

Gerade in diesem Zusammenhang muß ergänzt werden, daß Eigenkirchen und Patronatsrechte bisher wegen damit verbundenen Zehnteinnahmen als rentable Kapitalanlagen galten. Wohl kommt der Begriff *decima* in zahlreichen früh- und hochmittelalterlichen Quellen vor. Karolingische Kapitularien haben damit eine allgemeine Ertragssteuer auf bebautem Grund für eine jeweils fest zugeordnete Pfarrkirche vor Augen. Die Verfasser hatten dabei – zumindest für die Verhältnisse nördlich der Alpen – eher die josianische Gesetzesreform aus dem alttestamentlichen Buch Deuteronomium als die konkrete wirtschaftliche und herrschaftliche Ausgangslage vor Augen. Bei Zehnten in unserem Umfeld handelte es sich entweder um ein Dotationsgut, das der Eigenkirchenherr aus seiner Grundherrschaft der Kirche gutgeschrieben hat, oder um eine Ertrags-

6 Sablonier, *Gründungszeit ohne Eidgenossen*, 39.

7 Ebd., 43, 63–69.

8 Ebd., 27–31.

steuer auf Allmenderschließungen.[9] Kirchenpatronate waren also weit weniger ertragreich als bisher angenommen, dennoch aber erstrebenswert, neben den Einnahmen vor allem auch wegen der Möglichkeit, einem Mitglied des dynastischen Verbandes ein Benefizium zuzuhalten. Zudem war eine Kirche Identifikationssymbol für die Bevölkerung und damit ein relevantes Element zur Ausübung der Herrschaft.

3. Präsenz des Bischofs

In dieser Schwellenzeit um 1300 begann sich der Bischof von Konstanz in seinem weitreichenden Sprengel neu zu positionieren. Davon zeugen insbesondere vier noch heute erhaltene Dokumente:

1) Der *Liber decimationis Cleri Constanciensis pro Papa anno 1275.* Der Bischof erhob damals in einem einmaligen Akt für die Finanzierung eines päpstlichen Kreuzzugs von jedem Kleriker der Diözese den Zehnten aus seinem Pfrundeinkommen. Mit dem dabei angelegten Verzeichnis werden erstmals die Diözese mit einem flächendeckenden Pfarreinetz und der Bischof in seinem Anspruch als Oberhirte im ganzen Sprengel greifbar. Der Prozeß der Pfarreibildung, also die Herauslösung der Eigenkirche aus der integralen Grundherrschaft, ihre direkt faßbare Einbindung in den Diözesanverband, die territoriale Abgrenzung und die Einteilung in Pfarr- und Filialkirchen muß in der zweiten Hälfte des 12. Jahrhunderts eingesetzt und um 1275 in groben Zügen abgeschlossen gewesen sein. Das Verzeichnis – in den Händen des Bischofs – bietet zudem erstmals einen Überblick über die Pfrundeinkommen in der ganzen Diözese. Die Pfarrei Stans war zu dieser Zeit bereits dem Kloster Engelberg inkorporiert. Der Abt entrichtete eine Pauschale auf alle seine Einkünfte, weswegen Angaben zum Pfarrbenefizium Stans fehlen. Die Kapläne von Stans und Buochs verzeichnen hingegen ein jährliches Einkommen von 30 Pfund, der Pfarrer von Buochs eines von 73 Pfund.[10]
2) Mit dem *Liber Quartarum* von 1324 liegt der erste bischöfliche Anspruch auf die Entrichtung der Zehntquart von jedem Geistlichen der Diözese vor. Stans und Buochs waren zu dieser Zeit Engelberg inkorporiert. Aus ihnen sollen jährlich 20 Pfund und 10 Solidi an den Bischof gehen.[11]

---

9 Wanner, *Vom lokalen Heiligtum zur ländlichen Pfarrkirche,* 270–272; Sablonier, *Gründungszeit ohne Eidgenossen,* 43.

10 Person-Weber, *Der Liber Decimationis des Bistums Konstanz,* 386.

11 *Liber Quartarum et Bannalium in dioecesi Constanciensi de anno 1324,* 38.

3) 1327 erließ der Bischof neue Statuten, gefolgt von einer Visitation und einer Synode. Dabei ging es vor allem um die klerikale Disziplin, aber auch um die Einkünfte der Kirchen und Pfründen.[12]
4) 1353 wurde mit dem *Liber taxationis* ein Verzeichnis von Einkommen und Lasten jeder Pfründe, der Einwohnerzahl und dem Patronatsherrn jeder Pfarrei sowie ihrer Entfernung von Konstanz angelegt. Realisiert (oder erhalten) ist dieses Vorhaben allerdings nur für einige wenige Dekanate nördlich des Hochrheins.[13]

Auch wenn diese Dokumente nur lückenhaft überliefert sind und weitgehend als Anspruchsschriftgut und nicht als Beweismittel für eine seit langem ausgeübte Praxis angesehen werden können, bezeugen sie eine noch nie dagewesene Präsenz des Bischofs in seinem ganzen Sprengel. Diese ist auch mit Ansprüchen auf Einsichtnahme in die finanziellen und materiellen Verhältnisse auf Pfarreiebene – nicht aber auf deren Besitz oder Verwaltung – verbunden.

4. Die Kirchgenossen als Akteure

Zur gleichen Zeit werden auch die Kirchgenossen als Akteure direkt faßbar. Das Phänomen ist im Spätmittelalter an verschiedenen Orten feststellbar, in der Urschweiz aber besonders früh, was auf die kirchlich und herrschaftlich schlecht erschlossenen Täler und nicht auf den der Bevölkerung inneren Drang nach Selbstbestimmung zurückzuführen ist.

Mit einem Pfarrbenefizium war zumeist ein Kirchherr belehnt, der mit dem Patronatsherrn dynastisch verbunden war, selbst aber nicht am Ort residierte, sondern sich durch einen persönlich angeheuerten Leutpriester, einen *vicarius*, vertreten ließ. Für die benötigte Erlaubnis zur Ortsabwesenheit entrichtete der Kirchherr dem Bischof ein Entgelt. Der *vicarius* hingegen stand nur in einem Dienstverhältnis zum Kirchherrn, nicht zum Bischof.

Für Nidwalden gestaltete sich die Rechtslage insofern anders, als Stans und Buochs dem Kloster Engelberg inkorporiert waren. So verleibte Bischof Eberhard von Konstanz am 27. Oktober 1270 die Pfarrkirche Stans dem Benediktinerkloster ein mit dem ausdrücklichen Hinweis, daß das Recht auf die Zehntquart und auf Visitation sowie die *procurationes* dem Bischof verblieben.[14] Am 8. Februar 1303 inkorporierte Bischof Heinrich II. die Pfarrkirche Buochs dem Kloster, wobei eine Minderpfründe davon ausgenommen war, d. h. die Erträge dieses Benefiziums durfte der Abt nicht beanspruchen.[15] Das Kloster war durch die beiden bischöflichen Verfügungen permanent mit den Kirchensätzen von

---

12 Pfaff, *Pfarrei und Pfarreileben*, 236–238.

13 *Liber taxationis ecclesiarum et beneficiorum in Dioecesi Constantiensi de anno 1353.*

14 *Quellenwerk zur Entstehung der Schweizerischen Eidgenossenschaft*, Abt. I, Bd. 1, 470 f., Nr. 1047.

Stans und Buochs belehnt, war *de jure* Kirchherr, bezog deren Einkünfte und beschäftigte und entlöhnte dafür einen *vicarius,* der die priesterlichen Dienste am Ort verrichtete.

Die neue Mitgestaltung der Kirchgenossen wird erstmals 1290 in Spiringen manifest, wo diese für den Bau einer Kirche und die Stiftung eines Pfarrbenefiziums Güter zusammentrugen und dazu vom Bischof die Bestätigung bekamen. Auf diesem Weg folgten in der ganzen Urschweiz bis zum Vorabend der Reformation zahlreiche Kaplanei- und Pfarreistiftungen. So stiftete zum Beispiel im Jahre 1486 Heinrich im Lo von Buochs eine Pfründe für Beckenried, deren Güter durch die Kapellgenossen verwaltet wurden.Vor dem Kaplan, der in Buochs Wohnsitz zu nehmen hatte und dem dortigen Pfarrer unterstellt war, mußte aber Rechenschaft abgelegt werden. Die Wahl des Geistlichen lag zuerst beim Stifter, nach dessen Tod bei den Beckenriedern. Die bischöfliche Bestätigung der Stiftung erfolgte am 6. April 1487. Im Jahre 1500 machten die Kapellgenossen eine neue Stiftung. Durch die Verfügung eines päpstlichen Legaten vom 1. Dezember 1517 und durch einen Schiedsgerichtspruch vom 14. Dezember 1520 in der Propstei des Großmünsters Zürich wurde den Beckenriedern zugestanden, daß der Kaplan in ihrem Dorf wohnen und nur zu ihrer Betreuung eingesetzt werden durfte, allerdings ohne die Pfarrechte von Buochs zu beeinträchtigen.[16] Diese schriftlichen Fixierungen von Ansprüchen, Rechten und Zuständigkeiten hatten ihren Ursprung in Widerständen von seiten der Mutterpfarrei, d. h. von den dort bepfründeten Priestern und Kirchgenossen. Diese sahen bei solchen Verselbständigungstendenzen, die einmal in der gänzlichen Loslösung Beckenrieds von Buochs enden sollten, ihre bisherigen Einkünfte gefährdet und forderten eine entsprechende Entschädigung.

Zu dieser Entwicklung gehörte auch die bereits erwähnte Übernahme der Leutpriesterwahl durch die Kirchgenossen. In den meisten Fällen hatte der nicht-residierende Kirchherr dagegen nicht viel einzuwenden, denn er konnte damit rechnen, daß die Leute dafür auch einen Teil der Besoldung übernahmen. Wichtig ist in diesem Stadium, daß die Laien nie den Pfarrer wählten, dieses Amt hatte ja der Kirchherr inne, sondern dessen Vertreter, der seit alters her in einem privaten Anstellungsverhältnis, unberührt von der Gewalt des Bischofs stand.

Zudem begannen sich die Pfarreiangehörigen mit Erfolg gegen von außen aufoktroyierte Inkorporationen zu wehren. In Nidwalden zeigte sich das besonders deutlich.

So verzichtete Abt Johann Ambühl von Engelberg am 18. August 1454 auf das Ernennungsrecht der Geistlichen der Pfarrei Buochs, womit die Pfarrgenossen zum Recht, ihre Kirche „ze versorgen, als uns fueglich were", kamen.[17] Im

---

15 *Quellenwerk zur Entstehung der Schweizerischen Eidgenossenschaft,* Abt. I, Bd. 2, 161, Nr. 325.

16 Odermatt, *Die Pfarrkirche in Beggenried,* 118–121.

17 Heer, *Aus der Vergangenheit von Kloster und Tal Engelberg,* 139; Pfaff, *Pfarrei und Pfarreileben,* 215.

Juli 1462 mußte Abt Heinrich Parler auf einen Schiedsspruch der Schirmorte eingehen, in dem die Rechte an der Pfarrkirche Stans neu geregelt wurden. Darin wurde den Stansern ihre alte Gewohnheit offiziell bestätigt, für „die lyppriestery oder die andren pfrůnd" einen von ihnen erwählten Priester dem Abt präsentieren zu dürfen. Dieser hatte die Pflicht, den Kandidaten dem Bischof zur Verleihung des Benefiziums zu empfehlen. Dem Abt verblieben die Zehntrechte, er hatte aber auch weiterhin für das Dach des Kirchengebäudes aufzukommen. Die Stanser entrichteten dem Abt als Entschädigung 115 Pfund. In der Klostergeschichte wird dieses Ereignis bis in die jüngste Zeit als große Niederlage bezeichnet. Diese lag sicher nicht in der Bestätigung des „Subpräsentationsrechtes" für die Stanser. Vielmehr mußte der Zusatz „ein Abt sol ouch hinenhin den pfrůnden nut pflichtig sin ze geben ..." einschneidende Konsequenzen gehabt haben. Das Kloster wurde hier von Unterhaltspflichten gegenüber den sieben Stanser Pfründen befreit, außer einer Abgabe von sieben Pfund an die „obern pfrůnd" und dem „jungen zenden" an die Pfründe genannt „selmes". Damit ist aber indirekt ausgesagt, daß der Abt als Inkorporationsherr keine Ansprüche mehr auf die Pfrundeinkommen hatte. Und die müssen beträchtlich gewesen sein, denn sonst hätten ihn die Stanser nicht mit der beträchtlichen Summe von 115 Pfund entschädigt. Formell wurde der Abt keines Rechtstitels enthoben. Die eidgenössischen Schirmorte hätten dazu auch keine Befugnisse gehabt. Er blieb auch offiziell Patronatsherr, die ihm verbliebenen Rechte waren aber ein Hohn – und dessen war sich Engelberg beim Empfang dieser Urkunde mit ihrer höchst neutralen und harmlos anmutenden Formulierung durchaus bewußt. Entscheidend war bei diesem „Vergleich" weniger die Bestätigung des Pfarrwahlrechtes, das die Stanser ja schon lange ausgeübt hatten, als vielmehr die Übertragung der Pfrundgutverwaltung.[18]

5. Konsequenzen für die kirchliche Situation in der Urschweiz

In allen drei Entwicklungen (Pfarreigründung, Wahl des Leutpriesters, Auflösung der Inkorporationen) übernahmen die Kirchgenossen weitreichende Verwaltungsrechte, sei es in materieller, sei es in personeller Hinsicht. In den meisten Fällen wurden sie auch *de jure* Patronatsherren. Das bedeutete, daß sie den eigenen Priester präsentieren durften – entweder direkt dem Bischof – oder bei den Nidwaldner Pfarreien dem Abt von Engelberg, der die Präsentation dem Bischof weiterleitete, womit der Abt formal in der Position des Patronatsherrn blieb. Der Konstanzer Hirte schließlich nahm die Investitur vor. Gerade beim Schiedsspruch betreffend Stans kamen die Kirchgenossen zu ihrem Ziel, weil sie argumentierten, sie würden schon seit Jahren die Wahl ihrer Seelsorger selber vornehmen. Neu waren aber die rechtlichen Umstände, nach denen der vom Volk erwählte Priester nun offizieller Pfarrherr, also auch Inhaber bzw. Le-

18 Durrer, *Bruder Klaus*, 17–20.

hensträger des Benefiziums war. Behandelt wurde er aber von den Kirchgenossen gleich wie zu früheren Zeiten, als er *vicarius* war. Dazu gehörte das Recht, den Geistlichen wieder abzusetzen. Dies schlug sich noch im 19. Jahrhundert darin nieder, daß die Stanser Seelsorger alljährlich beim Volk um Bestätigung im Amt ansuchen mußten.[19] Zusätzlich übernahmen die Kirchgenossen mit dem Patronatsrecht auch Verwaltungsaufgaben am Pfrund- und Kirchengut. Bei den von ihnen gestifteten Pfründen ist das naheliegend. Aber auch mit den Wahl- und Präsentationsrechten sowie der Auslösung von Inkorporationen gelangten materielle, administrative Kompetenzen in ihre Hände.[20]

6. Schlussfolgerungen für die mittelalterlichen Verhältnisse

Die zitierten Dokumente betreffend Baulasten rufen nach einigen Berichtigungen des Gutachtens von Urs Josef Cavelti. Auf die Urschweiz trifft nicht zu, daß die Baulast der Kirchgenossen in die karolingische Zeit zurückführt. Cavelti nennt dafür einen Beschluß des Konzils von Olonne (F) von 825 mit königlicher Bestätigung, wonach die Kirchgenossen zum Unterhalt ihrer Kirchen verpflichtet werden.[21] Frühmittelalterliche Legestexte können generell nicht unbesehen von konkreten Verhältnissen zur Klärung von „Ist-Zuständen" herangezogen werden – erst recht nicht, wenn zu Ausstellungsort und -zeit eine große räumliche, kulturelle und zeitliche Distanz besteht.

Für die Urschweiz läßt sich feststellen, daß weder im 10. Jahrhundert eine Teilung des ursprünglich einheitlichen Kirchenvermögens in Benefizial- und Fabrikgut vorgenommen worden ist, noch die Kirchgenossen seitdem den Unterhalt bestritten haben.[22] Es entbehrt somit eines schlüssigen Quellenbelegs, daß bereits hier der Ursprung der strukturierten Kirchgemeinde lokalisiert werden kann. Vielmehr blieb das Kirchengut ungeteilt in den Händen des Patronats- bzw. Kirchherrn, bei ihm lagen die Unterhaltspflichten, von ihm ging das Verwaltungsrecht auf die Pfarreiangehörigen im Zuge ihrer Übernahme des Pfarrwahlrechtes über.

Daraus resultiert aber, daß im Spätmittelalter der von den Kirchgenossen gewählte Pfarrer nie mit der Verwaltung der Güter des Benefiziums betraut war, auch wenn er damit offiziell belehnt war. Diese Aufgabe hatten ja die Kirchgenossen einstmals vom Kirch- bzw. Inkorporationsherrn übernommen. Deren Bestrebungen und Praxis wurden dabei nie als Auflehnung gegen die bischöfliche Gewalt verstanden. Denn der Ordinarius wurde in seinen bisher

19 Businger, *Der Kanton Unterwalden*, 109–111.

20 So bereits 1377 in Arth, wo mit der Übernahme des Pfarrwahlrechts die Baulasten zwischen Kirchherrn und Kirchgenossen neu aufgeteilt wurden (Pfaff, *Pfarrei und Pfarreileben*, 228).

21 Cavelti, *Die Eigentümer der römisch-katholischen Kirchen*, 304.

22 So ebd., 289–293.

wahrgenommenen und eingeforderten Rechten gar nicht beschnitten. Vielmehr ging es gegen die Inkorporations-, Patronats- und Kirchherren. Und die zeigten sehr wohl Widerstand.

Die in der Urschweiz so entwickelte Kirche hat sich reformatorischem Gedankengut gegenüber als absolut resistent erwiesen. Es sei an dieser Stelle auf die – wenn auch nicht unumstrittene – These von Peter Blickle verwiesen. Dergemäß blieb die Innerschweiz deswegen katholisch, weil zentrale Postulate der Reformation, nämlich die Pfarrwahl und die Verwaltung der Benefizialgüter bereits in den Händen der Kirchgenossen waren, wobei die Inhalte der katholischen Glaubenslehre und die Autorität der kirchlichen Hierarchie nie in Zweifel gezogen wurden.[23]

7. Stabilisierung in der Frühen Neuzeit

Die bisher beschriebenen Verhältnisse erfuhren bis zum Untergang der Alten Eidgenossenschaft, ja sogar bis zur Nidwaldner Kantonsverfassung von 1850 keine wesentliche Veränderung, sondern eine Zementierung, unterstützt von folgenden drei Komponenten:

1) In einer Bulle vom 8. Januar 1513 hat Papst Julius II. auf Ersuchen den Landleuten von Uri, Schwyz, Unterwalden, Glarus, Zug und Luzern ihre Patronatsrechte als Zeichen der Dankbarkeit für geleistete Kriegsdienste bestätigt. Das bedeutete in erster Linie die Garantie des Heiligen Stuhls für die im Verlauf des Spätmittelalters in der Zentralschweiz gewachsenen kirchlichen Verhältnisse,[24] die für Nidwalden darin bestanden, daß die Kirchgenossen ihre Seelsorger wählten und die materiellen Güter der Gotteshäuser verwalteten. So zumindest verstanden die Eidgenossen die Verfügung und beriefen sich entsprechend darauf. Was für eine kirchliche Ordnung der Papst mit der Bulle tatsächlich vor Augen hatte, ist eine andere Frage. Bei der Formulierung des Dokuments bediente sich die päpstliche Kanzlei ihrer allgemein gebräuchlichen kanonistischen Terminologie.
2) Die katholische Reform kam in der zweiten Hälfte des 16. Jahrhunderts bereits zu großer Blüte. Vorangetrieben wurde sie angesichts der Untätigkeit des Bischofs von Konstanz von Landammännern und Räten gegen den anfänglichen Widerstand der Ortsgeistlichkeit. Die „weltlichen Behörden" waren es, die den Kontakt zur Karl Borromäus unterhielten und für die Einrichtung einer päpstlichen Nuntiatur in Luzern sowie die Berufung von Kapuzinern und Jesuiten und deren materielle Ausstattung sorgten. Federführend war der Nidwaldner Landammann Melchior Lussy, der die katholische Eidgenossenschaft auf dem Konzil von Trient vertrat. Wichtig war die-

23 Blickle, *Warum blieb die Innerschweiz katholisch?*, 29–38.

24 Pfaff, *Pfarrei und Pfarreileben*, 233; Frei, *Die Pfarrwahlbulle Papst Julius' II.*, 180–184.

sen Herren, die geistliche und liturgischen Reformen des Konzils umzusetzen, in ihren althergebrachten Rechten über Kirchen und Klöster aber belassen zu werden.[25]

3) In der Frühen Neuzeit prägte der sog. Befreiungsmythos das Selbstverständnis der katholischen Eidgenossen. Ihm gemäß wurden den Vorvätern im Spätmittelalter wegen tugendhafter Lebensführung und Pflege katholischer Frömmigkeit durch göttliche Gnade die Landsgemeindedemokratie und damit die Selbstbestimmung und Unabhängigkeit geschenkt. Durch die fortgeführte Religionspraxis sollen die Freiheiten durch göttlichen Gnadenerweis auch fürderhin gewahrt bleiben. Bestandteil des Befreiungsmythos waren auch die päpstlich bestätigten Patronatsrechte. Er hatte eine stark religiöse, ja konfessionelle Ausrichtung, seine Garanten waren aber nichtsdestoweniger weltliche Behörden und keine Kleriker. Seine Position hatte darin auch Niklaus von Flüe (ein Laie in weltlichen Ämtern, der als Eremit aber täglich die heilige Messe besuchte), dem man den positiven Ausgang des Stanser Verkommnisses verdankte und der sich auch beim Vergleich um die Inkorporationsrechte von Stans 1462 für die Kirchgenossen und gegen das Kloster Engelberg eingesetzt hatte. Man kann hier von einem streng observanten, aber nicht klerikalen Katholizismus reden. Verstanden werden kann dies nur auf dem Hintergrund einer nicht-säkularisierten Gesellschaft. Weltanschauliche oder konfessionelle Neutralität waren nicht denkbar. Der Landammann gehörte in den Zug von Prozessionen und Wallfahrten, leitete die Landsgemeindeversammlung und war in Rückbesinnung auf die päpstliche Bulle auch Garant der Pfarrwahlrechte des Volkes.[26]

8. Die Position des Bischofs – ein noch ungenügend erforschtes Feld

Wegen seines weitreichenden Sprengels war der Bischof von Konstanz in der konkreten Ausgestaltung des kirchlichen Lebens in den katholischen Orten der Eidgenossenschaft nie wirklich präsent. Durch die Verselbständigungstendenzen im ausgehenden Mittelalter standen die Eidgenossen ihrem Oberhirten im Reichsfürstenstand zusätzlich reserviert gegenüber; und seine Teilnahmslosigkeit in der Umsetzung der katholischen Reform hatte das Streben nach Unabhängigkeit von der geistlichen Jurisdiktion des Bischofs zur Folge. Wohl scheiterten solche Bemühungen um die Errichtung eines eigenen Bistums und eines Generalvikariats mit bischöflichen Vollmachten; Ergebnis war aber der Abschluß eines Konkordats im Jahre 1605 zwischen dem Bischof und der Luzerner Regierung als Vorort der katholischen Eidgenossenschaft. Dabei wurde auch das Amt eines bischöflichen Kommissars eingerichtet, der de facto die Stellung eines Generalvikars, also eines Vertreters des Bischofs vor Ort, einnahm. Eine

25 Blumer, *Staats- und Rechtsgeschichte,* Erster Band, 247.

26 Businger, *Der Kanton Unterwalden,* 111.

bedeutende Rolle spielte bereits vorher und in der Folge der in Luzern residierende Nuntius. Er nahm zusammen mit den Äbten der eidgenössischen Klöster weitgehend die pontifikalen Aufgaben wahr.

Zum Kompetenzbereich des Kommissars gehörten unter anderem die Disziplinargewalt über den Klerus in Straf- und Zivilrechtssachen, die Kontrolle über die Besetzung der Pfründen, die Verwaltung des kirchlichen Vermögens und die jährliche Überprüfung der Kirchenrechnungen. Er bildete auch die unterste Instanz des bischöflichen Ehegerichts und nahm regelmäßige Visitationen in den Pfarreien wahr. Seine Einsetzung nahm der Bischof auf einen Vorschlag des Luzerner Rats vor. Zum Zuständigkeitsbereich gehörte auch Nidwalden, außer für die Zeit zwischen 1723 und 1770, als der Ort ein eigenes Kommissariat unterhielt. Wieweit nun die Verfügungsgewalt über die kirchlichen Vermögenswerte wirklich ging, ist unklar. Erstens hatten beide Konkordatspartner zum tatsächlichen Inhalt ihrer Übereinkunft unterschiedliche Vorstellungen. Die Regierungen sahen im Kommissar eher einen vom Staat bevollmächtigten Amtsträger zur Wahrnehmung der ihnen zustehenden *iura circa sacra* und reklamierten die Vermögensverwaltung für sich. Zweitens ist der alltägliche Betrieb der Kommissariate, deren es in der Alten Eidgenossenschaft mehrere gab, ungenügend erforscht. Das Luzerner Kommissariatsarchiv, heute im Archiv des Stiftes im Hof in Luzern, betrifft in seinem Inhalt zum größten Teil die Ehegerichtsbarkeit und in weit geringerem Maße straffällige Kleriker. Das Fehlen einschlägiger Quellen ist aber noch kein Beleg, daß Kommissare keine Kontrolle über die Vermögensverwaltung ausgeübt hätten.[27] Drittens wurde bisher kaum ein Augenmerk auf die Frage kirchlicher Güterverwaltung in der Alten Eidgenossenschaft gerichtet.

Ein Element direkter bischöflicher Einsichtnahme, das für den Kanton Nidwalden wiederum noch keine Erforschung erfahren hat, die kirchliche Güterverwaltung aber tangiert haben könnte, sind die bischöflichen Visitationen. Ein Konstanzer Synodalbeschluß von 1567/69 beauftragte die Dekane, ihre Pfarreien jährlich zweimal zu visitieren; bischöfliche Visitatoren sollten dies im Zweijahresrhythmus tun. Gemäß Dekreten von 1610 sollten Dekane nur noch einmal jährlich visitieren und dabei auch die Pfründen und ihre Einkünfte in Augenschein nehmen, ebenso ein für jede Quart ernannter Spezialvisitator. Zudem sollte ein Generalvisitator aus Konstanz jede Pfarrei alle zwei Jahre visitieren. Dazu dienten ihnen die *Quaestiones Praeliminares,* ein Katalog mit 27 Fragen zur Vorbereitung der Visitationen. Sie beziehen sich auf die Kirchengüter und deren Verwaltung, auf statistische Angaben wie die Anzahl der Pfarreiangehörigen und auf das Verhältnis der weltlichen Obrigkeit zur Geistlichkeit. Die *Charta Visitatoria* von 1591, eine verkürzte Form von Diözesanstatuten, enthält ebenso auch Richtlinien zur Verwaltung von Kirchengütern, ihre Rolle bei den Visitationen ist hingegen ungeklärt.

---

27 Wicki, *Staat, Kirche, Religiosität,* 27–29; Gossi – Bannwart, *Die Protokolle der bischöflichen Visitationen,* 32; Brulisauer, *Die Kommissare,* 690, 705.

Es gilt als sicher, daß in diesem engen Zeitraster in der Diözese Konstanz nie visitiert wurde, Visitationen wurden aber sehr wohl vorgenommen. Ausgewertet wurden die Protokolle nur für das 18. Jahrhundert aus dem Kanton Luzern: Die Visitatoren reisten nicht in jede Pfarrei, sondern nahmen an einem Ort Unterkunft und ließen die Geistlichen zur Befragung kommen. Dazu gehörten auch Befragungen zum Patronatsherren und den Einkünften, den Gebäulichkeiten der Parrei und den Einrichtungen. Bezeichnenderweise hat die Luzerner Regierung erst 1768 verlangt, daß Fragen zur Anzahl und Größe der Stiftungen, zu den Einkünften und zur Verwaltung des Kirchenguts auch vor den jeweiligen weltlichen Vorgesetzten beantwortet werden müssen.[28] In Inhalt und Aufbau waren die Visitationen in Nidwalden wohl ähnlich gestaltet. Nur war Luzern eine Stadtrepublik, die die meisten Patronate in eigenen Händen hatte. Nidwalden hingegen war eine Landsgemeindedemokratie mit Gemeindepatronaten. Gerade in Fragen der Güterverwaltung müssen hier Unterschiede bestanden haben.

9. Fazit

Die kirchlichen Güter in Nidwalden – wie in der ganzen Urschweiz – waren ursprünglich in den Händen des Eigenkirchen- und dann des Patronatsherrn. Die Verwaltung lag oft bei dem mit dem Kirchensatz belehnten Kirchherrn. Mit der Übernahme der Patronatsrechte durch die Kirchgenossen ging auch die Güterverwaltung an sie. Bereits im ausgehenden 13. Jahrhundert begann sich der Bischof von Konstanz Einsichtnahme in die Pfrunderträge in der ganzen Diözese zu verschaffen. Dabei handelt es sich um Anspruchsschriftgut, so daß es nicht möglich ist, über die tatsächlich gepflegte Praxis zu befinden. Ähnlich müssen die Richtlinien zu den Visitationen gesehen werden.

Für den kirchlichen Alltag ist anzunehmen, daß die Beschreibung von Aloys Businger aus dem Jahre 1836 auch für die Zeit des *Ancien Régime* zutrifft:

> „In Nidwalden beruht die Verwaltung der Kirchengüter bei einem Kirchenrathe, bei welchem der Kirchmeier das Präsidium führt, und der Ortspfarrer die erste Stimme in Berathungen hat. Ein ähnliches Verhältnis findet in den Filialen statt. Die Amtsdauer des Kirchmeiers beschränkt sich meist auf 2 Jahre … Die kirchlichen Bedürfnisse werden bestritten aus den Zinsen schon vorhandener Kapitalien, oder durch ausgeschriebene Steuern, theils auf das Vermögen, und in Nidwalden auch auf die Kopfzahl der Kommunikanten berechnet, oder aus den noch bestehenden Zehnten an Nuss, Oel, Wachs in natura oder in vorherbestimmtem Geldpreise, oder endlich auch aus den Beiträgen gewisser Bruderschaften und des Opfers".[29]

---

28 Gossi – Bannwart, *Die Protokolle der bischöflichen Visitationen,* 21–57.

29 Businger, *Der Kanton Unterwalden,* 112.

Von der bischöflichen Präsenz in dieser Frage schreibt Bussinger nichts. Verwiesen sei aber auf das Beispiel vom 24. Mai 1618, als Landammann und Rat von Unterwalden bei Johannes Hausmann (ca. 1568–1632), von 1605 bis 1632 Generalvikar von Jakob Fugger (1567–1626) von 1604 bis 1626 Bischof von Konstanz die Erlaubnis einholten, eine von den fünf Pfründen der Pfarrei Stans, die einzeln zum Unterhalt der Kleriker nicht ausreichend dotiert waren, aufzuheben und deren Einkünfte auf die vier anderen zu verteilen.[30] Es geht hier zwar nicht um einen Akt der Güterverwaltung, sondern um die Aufhebung einer einstmals mit bischöflicher Bestätigung ins Leben gerufenen Stiftung. Es zeigt sich aber, daß die Nidwaldner in einem solchen Falle den Bischof als letztverantwortlich anerkannten.

10. Ausblick

Es ist schwierig, mit einer Darstellung mittelalterlicher und frühneuzeitlicher Verhältnisse gegenwärtige Rechtsunsicherheiten zu klären. Lassen sich heutige Grundbuchfragen anhand historischer Darstellungen aus Gesellschaften mit ganz anderer Verfassung beantworten? Es ist unbestritten, daß die Kirchgenossen ihre Kirchen selber gebaut und die Güter verwaltet haben. Da es aber in ländlichen Gebieten wie Nidwalden, wo das römische Recht nicht zur Anwendung gekommen ist, zur Zeit des *Ancien Régimes* kein Grundbuch gegeben hat, wurde die Frage des Eigentums von kirchlichen Gütern gar nicht gestellt. Aus einer historischen Darstellung auf das Eigentum heutiger Kirchgemeinden zu schließen, erweist sich darum als wenig sinnvoll.

Kirchensatz und Pfründen wurden im Spätmittelalter und in der frühen Neuzeit als Stiftungen angesehen. Entsprechend wurden die Güter verwaltet. Kann man sie aus diesem Grund bereits als kirchliche Stiftungen im heutigen Rechtsverständnis bezeichnen?

Im Jahre 1884 hatte der Kanton Nidwalden ein Grundbuch eingeführt. Das damit verbundene Gesetz enthält die absolute Eintragungspflicht für alle Grundstücke. Dabei sind auch die Eigentümer jeder Liegenschaft zu vermerken. Bei den kirchlichen Gebäuden und deren Grundstücken wurden dies generell die Kirchgemeinden.[31]

Zum Abschluß seien die relevanten Passagen aus der ersten Nidwaldner Verfassung von 1850 zitiert:

> § 3. Das Nidwaldner Volk bekennt sich ungetheilt zur christlich-römisch-katholischen, apostolischen Religion. Der Staat gewährt der katholischen Kirche seinen vollen Schutz. Das Verhältnis zwischen Kirche und Staat ist ein durchaus freies und

---

30 Odermatt, *Die Frühmesserei in Stans*, 75 f.

31 Cavelti, *Eigentümer der römisch-katholischen Kirchen*, 280.

selbstständiges, und die von denselben bisher besessenen Rechte bleiben beiden zugesichert.

§ 4. Den Klöstern und kirchlichen Stiftungen von Nidwalden ist ihr Fortbestand gewährleistet.

Kirchgemeinden

§ 66. Jede der sechs Pfarrgemeinden bildet eine Kirchgemeinde, welche ihre Angelegenheiten theils in Versammlungen aller Angehörigen, theils durch einen Kirchenrath besorgt.

Der Kirchgemeinde als Versammlung aller Pfarrgemeindsangehörigen bleibt vorbehalten:

1. Die Genehmigung der Kirchenrechnungen nach vorheriger Prüfung.
2. Anordnung der Neubauten und Reparaturen an Kirchen- und Pfrundgebäuden, nebst bedeutenderen Anschaffungen.
3. Anlegung von Kirchensteuern auf Vorschlag des Kirchenraths.
4. Erwählung:
   a) derjenigen Geistlichen, deren Ernennung nach hergebrachten Rechten ihr zukommt;
   b) des Kirchmeiers auf eine Amtsdauer von zwei Jahren;
   c) des Kirchenraths auf die Dauer von sechs Jahren mit nachheriger Wiederwählbarkeit;
   d) des Kirchenrathssekretärs, des Verwalters der Pfrund- und Stiftungsgüter auf die Dauer von zwei Jahren;
   e) der Mitglieder, des Suppleanten und Sekretärs ihres Vermittlungsgerichts;
   f) der allfälligen weltlichen Kirchenbediensteten auf die Dauer von einem Jahr.

§ 67. Ordentlicherweise finden die Kirchgemeinds-Versammlungen unter Präsidium des Kirchmeiers nach bisheriger Uebung statt; ausserordentlich, so oft der Kirchenrath es nötig erachtet und nach diesfalls eingeholter Bewilligung des Wochenraths, welche allein für Wahlen von Pfründen und Kirchenbediensteten nicht erforderlich ist.

Der Kirchenrath

§ 67. Dem Kirchenrathe als Ausschuss der Kirchgemeinde liegt ob:

1. Die Anordnung der Kirchgemeindesversammlungen.
2. Vollziehung aller Beschlüsse und Verordnungen, welche von der Kirchgemeinde ihm zu diesem Behuf übertragen worden.
3. Aufsicht über die Verwaltung der Kirchen- und Pfrundgüter und Besorgung der minder wichtigen Anschaffungen, sowie Reparaturen an Kirchen und Pfrundgebäuden.
4. Prüfung der Kirchenrechnung und Voranschlagung der Kirchensteuer.
5. Leitung der Armenverwaltung, Ernennung des Präsidenten und der Mitglieder derselben; Prüfung der Armenverwaltungs-Rechnung und Bestimmung der Armensteuer.
   Mitglieder des Kirchenraths, welche nicht zugleich Angehörige der Armenverwaltung sind, haben in Armenverwaltungs-Angelegenheiten keine Stimmberechtigung.
6. Als erster eherichterlicher Instanz Bestimmung über Eheverweigerung, und zwar in ökonomischer Beziehung und unbeschadet den kirchlichen Pfarrrechten laut der Göldischen Verordnung vom 23. Jänner 1818.

§ 69 Er besteht mit Inbegriff des Kirchmeiers als Präsident, und des Ortspfarrers, je nach Bevölkerung der Pfarrgemeinde aus sechs bis achtzehn Mitgliedern, und versammelt sich ordentlicherweise jährlich vierzehn Tage vor Abhaltung der ordentlichen Kirchgemeinde;

ausserordentlich so oft der Kirchmeier ihn zusammenruft.

Für Abfassung gültiger Beschlüsse ist die Anwesenheit von wenigstens der Hälfte der Mitglieder erforderlich.

Quellen

ROBERT DURRER, *Bruder Klaus: Die ältesten Quellen über den seligen Nikolaus von Flüe, sein Leben und seinen Einfluss*, Erster Band, Sarnen 1917–1921.

ANTON GOSSI – JOSEF BANNWART (Hrsg.), *Die Protokolle der bischöflichen Visitationen des 18. Jahrhunderts im Kanton Luzern*, Luzern – Stuttgart 1992 (Luzerner Historische Veröffentlichungen 27).

Liber Quartarum et Bannalium in dioecesi Constanciensi de anno 1324, hrsg. v. Dekan Haid, in: Konstanzer Diözesanarchiv 4 (1869), 3–62.

Liber taxationis ecclesiarum et beneficiorum in Dioecesi Constantiensi de anno 1353, hrsg. v. Decan Haid, in: Konstanzer Diözesanarchiv 5 (1870), 3–118.

GERLINDE PERSON-WEBER, *Der Liber Decimationis des Bistums Konstanz, Studien, Edition und Kommentar*, München 2001 (Forschungen zur oberrheinischen Landesgeschichte XLIV).

Quellenwerk zur Entstehung der Schweizerischen Eidgenossenschaft, Abt. I., Urkunden, Band 1, Von den Anfängen bis Ende 1291, Aarau 1933.

Quellenwerk zur Entstehung der Schweizerischen Eidgenossenschaft, Abt. I., Urkunden, Band 2, Von Anfang 1292 bis Ende 1332, Aarau 1937.

Verfassung des Kantons Unterwalden nid dem Wald 1850.

Literatur

BENJAMIN ADLER, *Die Entstehung der direkten Demokratie. Das Beispiel der Landsgemeinde Schwyz 1789–1866*. Mit einem Nachwort von Andreas Suter, Zürich 2006, 21–28.

PETER BLICKLE, *Warum blieb die Innerschweiz katholisch?*, in Mitteilungen des Historischen Vereins des Kantons Schwyz 86 (1994), 29–38.

JOHANN JAKOB BLUMER, *Staats- und Rechtsgeschichte der schweizerischen Demokratien oder der Kantone Uri, Schwyz, Unterwalden, Glarus, Zug und Appenzell*, Zweiter Theil: Die neuere Zeit (1531–1798), Erster u. Zweiter Band, St. Gallen 1858, 1859.

HORST WOLFGANG BOHME, *Neue archäologische Aspekte zur Christianisierung Süddeutschlands während der jüngeren Merowingerzeit*, in: Mission und Christianisierung am Hoch- und Oberrhein (6.–8. Jahrhundert), Archäologie und Geschichte, hrsg. von Walter Berschin, Dieter Geuenich, Heiko Steuer, Stuttgart 2000 (Freiburger Forschungen zum ersten Jahrtausend in Südwestdeutschland 10), 75–109.

Josef Brulisauer, *Die Kommissare (Schweizer Gebiet),* in: Das Bistum Konstanz, Zweiter Teil, Helvetia Sacra, Abt. I., Erzbistümer und Bistümer II, Zweiter Teil, Basel – Frankfurt/M 1993, 673–727.

Aloys Businger, *Der Kanton Unterwalden, historisch, geographisch, statistisch geschildert, Beschreibung aller in demselben befindlichen Berge, Seen, Flüsse, Heilquellen, Flecken, merkwürdigen Dörfer, so wie der Schlösser, Burgen und Klöster; nebst Anweisung denselben auf die genussvollste und nützlichste Weise zu bereisen. Ein Hand- und Hausbuch für Kantonsbürger und Reisende,* St. Gallen – Bern 1836 (Historisch-geographisch-statistisches Gemälde der Schweiz 6).

Joseph Businger, *Die Geschichten des Volkes von Unterwalden ob und nid dem Wald, von dessen frühester Abkunft an bis auf unsere Zeiten mit Hinsicht auf die Geschichten seiner Nachbarn von Ury und Schwyz,* 2 Bände, Luzern 1827–1828.

Urs Josef Cavelti, *Die Eigentümer der römisch-katholischen Kirchen und Pfrundgebäude im Kanton Nidwalden,* in: ders., Kirchenrecht im demokratischen Umfeld. Ausgewählte Aufsätze, Fribourg 1999, 279–312.

Josef Frei, *Die Pfarrwahlbulle Papst Julius' II.,* in: Der Geschichtsfreund. Mitteilungen des Historischen Vereins der fünf Orte Luzern, Uri, Schwyz, Unterwalden und Zug 89 (1934) 165–193.

Wilfried Hartmann, *Die Eigenkirche: Grundelement der Kirchenstruktur bei den Alemannen?,* in: Die Alemannen und das Christentum, Zeugnisse eines kulturellen Umbruchs, hrsg. von Sönke Lorenz, Barbara Scholkmann, Leinfelden-Echterdingen 2003, 1–11.

Gall Heer, *Aus der Vergangenheit von Kloster und Tal Engelberg 1120–1970,* Engelberg 1975.

Peter Landau, *Eigenkirchenwesen,* in Theologische Realenzyklopädie V, Berlin – New York 1982, 399–404.

Sönke Lorenz, *Die Alemannen auf dem Weg zum Christentum,* in: Die Alemannen und das Christentum, Zeugnisse eines kulturellen Umbruchs, hrsg. v. dems., Barbara Scholkmann, Leinfelden-Echterdingen 2003, 65–111 (Schriften zur südwestdeutschen Landeskunde 48 Quart 2, Veröffentlichungen des Alemannischen Instituts 71).

Anton Odermatt, *Die Frühmesserei in Stans,* in: Beiträge zur Geschichte Nidwaldens 1, Stans 1884, 65–76.

Paul Oberholzer, *Vom Eigenkirchenwesen zum Patronatsrecht. Leutkirchen des Klosters St. Gallen im Früh- und Hochmittelalter,* St. Gallen 2002 (St. Galler Kultur und Geschichte 33).

Anton Odermatt, *Die Pfarrkirche Beggenried,* in: Der Geschichtsfreund. Mitteilungen des historischen Vereins der fünf Orte XLVI (1891), 109–191.

Carl Pfaff, *Pfarrei und Pfarreileben. Ein Beitrag zur spätmittelalterlichen Kirchengeschichte,* in: Innerschweiz und frühe Eidgenossenschaft. Jubiläumsschrift 700 Jahre Eidgenossenschaft, Band 1: Verfassung, Kirche, Kunst, Olten 1990, 205–282.

ROGER SABLONIER, *Gründungszeit ohne Eidgenossen, Politik und Gesellschaft in der Innerschweiz um 1300,* Baden 2008.

KONRAD WANNER, *Vom lokalen Heiligtum zur ländlichen Pfarrkirche - am Beispiel des heutigen Kantons Zürich,* in: Variorum Munera Florum. Latinität als prägende Kraft mittelalterlicher Kultur. Festschrift für Hans F. Haefele zu seinem 60. Geburtstag, hrsg. von Adolf Reinle, Sigmaringen 1985, 253–272.

HANS WICKI, *Staat, Kirche, Religiosität. Der Kanton Luzern zwischen barocker Tradition und Aufklärung,* Luzern – Stuttgart 1990 (Luzerner Historische Veröffentlichungen 26).

AKTEN

Staatsarchiv Nidwalden:

Aktennotiz: Die Eigentümer der römisch-katholischen Kirchen- und Pfrundgebäude im Kanton Nidwalden. Besprechung den 31. März 1989, Stans.

C. Zusammenfassende Überlegungen am Ende der Tagung

Zusammenfassender Schlußbeitrag am Ende der Tagung

Francesco Coccopalmerio

Als Vertreter des Heiligen Stuhls möchte ich eher neutral bleiben und mich nicht zu speziellen oder endgültigen Schlußfolgerungen verpflichten. Ich möchte einfach sagen, daß wir in diesen beiden Tagen, die wirklich reich waren an Informationen und Reflexionen, an Vorschlägen und Perspektiven, viele Daten erhalten und gleichzeitig verstanden haben, daß es verschiedene niveauvolle Positionen nicht nur von Kirchenrechtsexperten, sondern auch von Bischöfen gibt. Das ist ein Zeichen einerseits für eine rechte Freiheit des Denkens, eine rechte Religionsfreiheit, und andererseits für wirklich komplexe Situationen. Wie ich gestern abend sagte, beabsichtigt der Heilige Stuhl auf dieser Tagung nicht, Strukturänderungen auch nur in irgendeinem Punkt vorzuschlagen, noch erwartet er vernünftigerweise, daß man hier zu solchen gelangt. Der Heilige Stuhl wünscht nur, daß die Probleme ans Tageslicht kommen, indem man sich ihrer bewußt wird und sie fortwährend reflektiert – natürlich auch in Hinblick auf mögliche Veränderungen, die mit Mut anzupacken und mit Flexibilität anzunehmen sind. Wir müssen aber weiterhin nachdenken! Worüber müssen wir nachdenken? Vor allem müssen wir die Identität gewisser kirchlicher Strukturen gemäß der Ekklesiologie und gemäß dem kanonischen Recht in Erinnerung rufen. Im besonderen müssen wir in Erinnerung rufen, was die Diözese ist, was die Pfarrei ist, wer der Bischof ist, wer der Pfarrer ist, und welcher Art die Beziehungen zwischen Pfarrern und Diözesanbischöfen sind. Was sagt die Ekklesiologie, was sagt das kanonische Recht dazu?

Andererseits müssen wir genau wissen, wie die Realität des Schweizer weltlichen Rechts ist, oder besser, wie die vorausgehenden kirchlichen Gegebenheiten, deren Identität – wie ich soeben erklärt habe – durch die Ekklesiologie und das kanonische Recht bestimmt sind, vom Schweizer weltlichen Recht rezipiert werden. Zwei Dinge müssen wir sehr gut kennen: die kirchenrechtliche Identität der erwähnten Institute und die Eigenart ihrer Rezeption im weltlichen Recht der Schweiz.

Wir müssen also fortfahren, in dieser Richtung nachzudenken. Dazu genügt diese Tagung nicht: sie ist nur ein Anfang! In den Referaten und Diskussionen sind einige charakteristische Punkte hervorgekommen, die der besonderen Aufmerksamkeit würdig scheinen: Wer ist der Pfarrer und was sind die Beziehungen, die zwischen ihm und dem Diözesanbischof bestehen bei der Ernennung des Pfarrers, bei der *missio canonica* und beim Verbleiben im Amt, wenn es keine *missio canonica* gibt? Wie wird diese Beziehung von den so genannten Kirchgemeinden gesehen: Sehen sie den Pfarrer zum Beispiel als angestellten Mitarbeiter wie einen Laien und vergessen dabei die besondere Beziehung zwischen dem Pfarrer und dem Diözesanbischof? Falls es so wäre, dann wäre dies zu ändern. Aber ist es wirklich in allen Kantonen so? Wir müssen also die Situation in den verschiedenen Schweizer Kantonen anschauen. Wenn in diesen Punkten eine gewisse Veränderung notwendig ist, dann schlagen wir sie vor und vergessen nicht, daß, wenn es eine echte Veränderung dieser Art gibt, es auch eine Veränderung zu Gunsten der weltlichen Gesetzgebung ist, die sich damit modernisiert und verbessert, weil sie konkret eine Besonderheit der Kirche anerkennt und die Religionsfreiheit hervorhebt.

Wie ist diese Arbeit fortzuführen? Man könnte daran denken, eine Reihe von Problemen herauszuarbeiten wie jene, die ich eingangs erwähnt habe. Man könnte eine kleine Expertenkommission einsetzen, die die Reflexion auf jeden dieser Punkte richtet und jeweils Spezialisten sowohl des kanonischen Rechts als auch des Schweizer Rechts mit einbindet.

Wichtig ist, daß diese Arbeit mit großer Ernsthaftigkeit und wissenschaftlicher Sorgfalt weitergeht. Vielen Dank für alles, was Sie bis jetzt getan haben.

Zusammenfassendes Schlußwort am Ende der Tagung

Kurt Koch

An den Beginn meines Schlußwortes gehört ein ausführlicher und vielseitiger Dank. Ich danke den Repräsentanten des Heiligen Stuhles für ihre Teilnahme an der ganzen Tagung. Mit ihrer Gegenwart haben sie eindrücklich dokumentiert, mit welchem wohlwollenden Interesse Papst Benedikt XVI. und seine Repräsentanten die Ortskirchen in der Schweiz begleiten. Herzlich danke ich dem Ortsbischof, Mgr. Pier Giacomo Grampa für seine wohltuende Gastfreundschaft. Ich danke allen Referenten und Experten, die ihr Fachwissen zur Verfügung gestellt und in den Diskussionen Rede und Antwort gestanden haben. Ein besonderer Dank gilt dem Tagungsleiter, Professor Libero Gerosa für seine große Arbeit bei der Vorbereitung und Durchführung der Tagung und für seine sorgfältige Moderation. Dieser Dank gilt auch allen seinen Mitarbeitenden bei der Organisation und bei der Simultanübersetzung. Schließlich danke ich der Delegation der Römisch-katholischen Zentralkonferenz für ihre Gegenwart und für ihre Beteiligung an den Diskussionen.

Die Tagung hat ein ganzes Spektrum von Fragestellungen und Problemen im Verhältnis zwischen der katholischen Kirche und dem Staat wie besonders den staatskirchenrechtlichen Organisationen an den Tag gebracht. Sie hat diese Probleme aber nicht lösen können, sondern höchstens Richtungen angezeigt, in welche die weitere Arbeit gehen soll. Mit den Repräsentanten des Heiligen Stuhles sind wir übereingekommen, daß die Bischofskonferenz eine Fachkommission einsetzen wird, die *„sine ira et studio“* die hängigen Fragen studieren soll. Aus diesem Grund kann ich mein Schlußwort auf die wesentlichen Elemente konzentrieren.

1. Es gehört zweifellos zu den schönsten Erscheinungen in der Kirche nach dem Zweiten Vatikanischen Konzil, daß sich viele Laien ehrenamtlich für das Leben und Gedeihen der Kirche engagieren. Wahrscheinlich dürfte das Mitdenken und Mittragen des kirchlichen Lebens durch viele Gläubige selten in der Kirchengeschichte so groß wie heute gewesen sein. Dies nehmen wir Bischöfe in Anerkennung und großer Dankbarkeit zur Kenntnis. Viele Gläubige erblicken in den staatskirchenrechtlichen Körperschaften eine gute Möglichkeit, um ihre Mitverantwortung wahrnehmen zu können. Sie machen dann freilich nicht selten die Erfahrung, daß die Motive, aufgrund derer sie sich in diesen Institutionen engagieren und die zumeist pastoraler Natur sind, mit den Aufgaben, denen sie sich zu widmen haben, nicht in genügendem Maße übereinstimmen. Dies führt nicht selten zu Unsicherheiten in der Wahrnehmung jener Möglichkeiten, freilich auch der Grenzen, die mit den staatskirchenrechtlichen Institutionen gegeben sind, zumal die sogenannte Doppelstruktur eine Aufteilung zwischen pastoraler Verantwortung auf der einen und Finanzverwaltung auf der anderen Seite impliziert, die nur schwer durchgehalten werden kann. Es ist aber in jedem Fall als Vorteil zu betrachten, wenn Gläubige aus

einer pastoralen und kirchlichen Motivation ihre Verantwortung in den staatskirchenrechtlichen Institutionen wahrnehmen. Große Probleme können hingegen dort entstehen, wo Laien aus staatlichen oder parteipolitischen Überlegungen Einsitz in staatskirchenrechtliche Institutionen nehmen wollen oder diese Aufgabe als Sprungbrett für höhere politische Ämter erfüllen wollen.

2. Damit diese sogenannte Doppelstruktur überhaupt funktionieren kann, muß ein gegenseitiges Aufeinander-Hören die unabdingbare Voraussetzung sein. Denn die Inkompatibilität der kirchlichen und staatskirchenrechtlichen Strukturen führt nur dann nicht zu unüberwindbaren Konflikten, wenn beide Seiten die Möglichkeiten und Grenzen ihrer Kompetenzen kennen und dem gleichen Ziel dienen wollen. Hinzu kommt eine weitere große Schwierigkeit: Da die staatskirchenrechtlichen Systeme weitgehend mit den Strukturen der reformierten Kirchen in der Schweiz deckungsgleich sind, lassen sich nicht wenige Repräsentanten der staatskirchenrechtlichen Institutionen – freilich zumeist unbewußt - nicht von der Ekklesiologie des Zweiten Vatikanischen Konzils, sondern von einem zwinglianischen Kirchenverständnis leiten.

Diesen Gefahren läßt sich nur begegnen, wenn die Verantwortlichen in den staatskirchenrechtlichen Institutionen mit einer entsprechenden theologischen Bildung begleitet werden und wenn für neu gewählte Kirchenräte und Kirchenrätinnen Einführungskurse organisiert werden, in denen sowohl das katholische Kirchenverständnis als auch das gute Zusammenwirken zwischen den staatskirchenrechtlichen und kirchlichen Instanzen thematisiert wird. Denn in der heutigen Situation eines weitgehenden Verdunstens des christlichen Glaubens und des katholischen Kirchenbewußtseins können wir einfach nicht mehr – wie früher – selbstverständlich davon ausgehen, daß die Kirchenglieder schon wissen, was Christ sein und Kirche leben heißt. In dieser Situation genügt auch das selbstverständliche Vertrauen in das demokratische Grundprinzip, daß, wer gewählt ist, *eo ipso* kompetent ist, nicht mehr. Die Tatsache, daß auf der einen Seite niemand in unserer Kirche Lektorin oder Kommunionhelfer werden kann, ohne einen Einführungskurs absolviert zu haben, daß aber auf der anderen Seite Vertreter und Vertreterinnen von staatkirchenrechtlichen Gremien einfach gewählt werden in der Annahme, daß sie ihre Verantwortung und ihre Kompetenzen schon kennen, ist ein Problem, das vordringlich angegangen werden muß.

Die Zusammenarbeit ist auch auf der kantonalen Ebene zu intensivieren, und zwar dahingehend, daß die Pastoral-Verantwortlichen Einsitz in den staatskirchenrechtlichen Institutionen haben, ohne daß sie selbst Mitglieder dieser Gremien sein dürfen. Sie sollen Rede , aber nicht Stimmrecht haben. Denn es ist ekklesiologisch nicht tragbar, daß die Vertreter des Bischofs von diesen staatskirchenrechtlichen Institutionen in die Minderheit versetzt werden können.

3. Von daher fällt nochmals Licht auf die strukturellen Probleme der staatskirchenrechtlichen Institutionen, die vor allem bei zwei Sachverhalten überdeutlich werden.

a) Die staatskirchenrechtlichen Institutionen stehen und fallen erstens mit dem Prinzip der Gemeindeautonomie, wobei das staatliche Prinzip bruchlos auf die Kirche übertragen wird. Gemeindeautonomie ist aber ein durch und durch helvetisches, aber ganz und gar unkatholisches Prinzip. Denn in katholischer Sicht ist eine Pfarrei gerade nicht ein geschlossener, sondern ein offener Raum: offen für die anderen Pfarreien und das Bistum und offen im Empfangen wie im Geben. Die katholische Kirche ist im Grunde ein Netz von Gemeinschaften, die miteinander durch die Eucharistie verbunden sind. Das staatskirchenrechtliche Prinzip der Gemeindeautonomie führt zudem zu einer Festschreibung des Pfarreiprinzips, es läßt Kirche fast nur noch als Pfarrei in Erscheinung treten und blendet andere kirchliche Wirklichkeiten tendenziell aus. Hinzu kommt erschwerend, daß die staatskirchenrechtlichen Institutionen eine volkskirchliche Situation nicht nur voraussetzen, sondern auch widerspiegeln und gleichsam festschreiben. In der heutigen pastoralen Situation, in der die volkskirchliche Situation weithin weggebrochen ist, müssen die staatskirchenrechtlichen Institutionen unbedingt mehr Flexibilität an den Tag legen.
b) Die Inkompatibilität der Strukturen kommt zweitens zum Ausdruck bei der Frage des so genannten Kirchenaustritts. Denn auf der einen Seite kann man in theologischer Sicht die Taufe nicht rückgängig machen und deshalb auch nicht aus der Kirche austreten. Auf der anderen Seite verlangt der Staat, daß jeder Mensch die Freiheit hat, zu einer Kirche zu gehören oder sich von ihr zu verabschieden. Ein neues und schwieriges Problem tritt heute dort auf, wo Gläubige aus dem staatskirchenrechtlichen Gefüge, aber gerade nicht aus der Kirche austreten wollen. Auch hier kommt es zu einem schwerwiegenden Interessenkonflikt: Auf der einen Seite haben die Repräsentanten staatskirchenrechtlicher Organisationen mit Recht Sorge, daß damit das Prinzip der Kirchensteuerpflicht untergraben und die auch finanzielle Solidarität aufgekündigt werden könnte. Auf der anderen Seite kann und darf von den Repräsentanten der Kirche nicht erwartet oder gefordert werden, daß sie Gläubige, die aus der so genannten Kantonalkirche austreten wollen, mit der Exkommunikation bestrafen sollten. Deshalb müssen dort, wo bei Gläubigen Gewissenskonflikte vorliegen, pastorale Wege gesucht werden.

4. Damit wird der Blick frei auf das wohl elementarste Grundproblem, wie sich nämlich die Kirche und die staatskirchenrechtlichen Institutionen genauerhin zueinander verhalten: Auf der einen Seite dürfen sie nicht miteinander identifiziert, auf der anderen Seite können sie aber auch nicht voneinander getrennt werden. Dieses Zwischen im Verhältnis von Kirche und Staat weist auf den prekären Status der staatskirchenrechtlichen Institutionen hin, die Prof. Bernhard Ehrenzeller treffend als „Schwebezustand zwischen Kirche und Staat" charakterisiert hat. Diese Situation hat das mißliche an sich, daß sich Repräsentanten der staatskirchenrechtlichen Institutionen je nach Situation einmal vom Staat und ein andermal von der Kirche her definieren. Ein solches Lavieren be-

fördert aber ein partnerschaftliches Verhältnis nicht, sondern erschwert es und provoziert neue Mißverständnisse. Denn Einvernehmlichkeit setzt voraus, daß beide Partner über ihre eigene Identität und diejenige des anderen klare Vorstellungen haben.

Die Tendenz, die auf staatskirchenrechtlicher Seite festzustellen ist, daß sie sich immer weniger als „staatliche" Institutionen verstehen wollen, ist an sich begrüßenswert. Wenn aber daraus gefolgert wird, daß sie nun als „kirchliche" Institutionen anerkannt werden sollen, wird der eine Geist durch den anderen ausgetrieben. In der jüngeren Vergangenheit haben vor allem alt Bundesrichter Guisep Nay und der Generalsekretär der Römisch-katholischen Zentralkonferenz, Daniel Kosch, eine Anerkennung der Kirchgemeinden und der so genannten Kantonalkirchen als gewohnheitsrechtliche Institutionen des partikularen Kirchenrechts postuliert und damit eine Anerkennung von deren kirchlichem Charakter verbunden. Dieses Postulat muß aber bereits an der Tatsache scheitern, daß es dem katholischen Kirchenverständnis, demgemäß in erster Linie Personen und nicht Institutionen beauftragt werden, wesensfremd ist, vom Staat geforderte Organisationen als kirchliche zu anerkennen, zumal bei diesen dem Bischof selbst bei Entscheidungen über diözesane Notwendigkeiten kein Mitwirkungsrecht zusteht. Eine kirchliche Anerkennung der staatskirchenrechtlichen Institutionen käme deshalb einer Blankozustimmung zu allen auf demokratischem Weg gewählten Repräsentanten gleich, die mit der Verantwortung eines Bischofs schlechterdings nicht zu vereinbaren ist.

Dieses Postulat widerspricht freilich auch den meisten kantonalen Kirchenverfassungen. So heißt es beispielsweise in der „Verfassung der Römisch-katholischen Landeskirche des Kantons Basel-Landschaft": „Die Landeskirche ordnet ihre Rechtsverhältnisse im Rahmen der Kantonsverfassung, des Kirchengesetzes und dieser Verfassung selbständig." Oder in einer anderen Verfassung steht zu lesen: „Die Landeskirche ordnet ihre Angelegenheiten im Rahmen der Kantonsverfassung und des Gesetzes über die bernischen Landeskirchen selbständig." Kirchlich ist an diesen rechtlichen Grundlagen allein die Tatsache, daß die staatskirchenrechtlichen Institutionen ausschließlich einem kirchlichen Zweck dienen; alles andere aber ist im staatlichen Recht begründet. Wenn hingegen die Kirchgemeinden und die so genannten Kantonalkirchen kirchliche Institutionen wären, müßten sie ihren ersten Referenzpunkt im Kirchenrecht haben; sie haben ihn aber im staatlichen Recht. Es muß deshalb dabei sein Bewenden haben, daß staatskirchenrechtliche Institutionen vom Staat geforderte demokratisch strukturierte Organisationen, freilich mit einer kirchlichen Zweckbestimmung sind.

5. Einer neuzeitlichen Regelung des Verhältnisses von Kirche und Staat entspricht die Konzeption einer freien Kirche im freien Staat, wobei der Kirche auch die Freiheit zusteht, sich selbst organisieren zu können. In vielen Schweizer Kantonen schreibt der Staat aber demokratisch organisierte Strukturen vor, wenn die Kirche öffentlich-rechtlich anerkannt werden und das Recht, Steuern zu erheben, haben will. Ob solche staatliche Vorgaben mit dem Prinzip der

Religionsfreiheit verträglich sein können, dürfte die grundlegendste Fragestellung sein, die an dieser Tagung angesprochen worden ist. Wir sind gut beraten, wenn wir solche Anfragen, auch und gerade wenn sie von Nicht-Schweizern gestellt werden, nicht vorschnell beiseite schieben mit dem Hinweis, daß Ausländer ohnehin wenig Ahnung von den Schweizerischen Verhältnissen haben. Wir sollten vielmehr den Mut haben, uns auch diesen in Fremdwahrnehmung erhobenen Fragen offen zu stellen, um im Verhältnis von Kirche und Staat einen guten Weg in die Zukunft zu bahnen. Denn die Religionsfreiheit gehört in der Sicht der katholischen Kirche in die Mitte der Menschenrechte, wie Papst Benedikt XVI. immer wieder betont.

Von welch grundlegender Bedeutung die Religionsfreiheit in der katholischen Kirche ist, kann man daran ablesen, daß das Zweite Vatikanische Konzil eine eigene Erklärung zu diesem Thema mit dem Titel *„Dignitatis humanae personae"* verabschiedet hat. Die konziliare Debatte zu dieser Erklärung hat Papst Benedikt als junger Theologe in seinen damals sehr beachteten Berichten über den Verlauf des Zweiten Vatikanischen Konzils zu den „wichtigsten Ereignissen des Konzils" gerechnet. Er hat sie als „das Ende des Mittelalters, ja das Ende der konstantinischen Aera in der Peterskirche" bezeichnet, und zwar in der Überzeugung, daß in den letzten 500 Jahren der Kirche wenig „so sehr geschadet" hat, „wie das zähe Festhalten an überlebten staatskirchlichen Positionen", und er hat daraus die Konsequenz gezogen: „Daß die Inanspruchnahme des Staates durch die Kirche seit Konstantin mit ihren Höhepunkten im Mittelalter und im absolutistischen Spanien der frühen Neuzeit zu den bedenklichsten Hypotheken der Kirche in der Welt von heute gehört, ist eine Erkenntnis, der der historisch Denkende sich heute nicht mehr entziehen kann."[1]

Wenn man sich die diesbezüglich intensiven und kontroversen Debatten auf dem Konzil vergegenwärtigt, drängt sich noch eine weitere Lektion auf: Es waren der angelsächsische, der amerikanische und südamerikanische Episkopat und der Episkopat der so genannten Missionsländer, die sich am profiliertesten für die Erklärung der Religionsfreiheit ausgesprochen haben. Demgegenüber waren die heftigsten Gegner dieser Erklärung der italienische und der spanische Episkopat, und zwar aus dem Grund, daß sie immer noch unter dem Schutz von staatlichen Protektionen lebten und um ihre freilich anachronistisch gewordenen Konkordate gefürchtet haben. Diese starke Minderheit hat gezeigt, welch zähe Kraft herkömmliche Positionen haben können, auch wenn sie theologisch unhaltbar sind und der Kirche nur noch schaden. Von der Tatsache her, daß sich schließlich eine Mehrheit für die Erklärung der Religionsfreiheit bilden konnte, muß man diese Debatte als „entscheidende Stunde des Konzils" einschätzen, in der „die innere Führung von Europa fort an die jungen Kirchen Amerikas und der Missionsländer übergegangen" ist und in der die positive Bedeutung der Tatsache vor Augen getreten ist, „daß die Kirche Weltkirche geworden ist".[2]

---

1 Joseph Ratzinger, *Ergebnisse und Probleme der dritten Konzilsperiode,* Köln 1965, 31 f.

2 Ebd., 33 f.

Von daher kann es nicht erstaunen, daß Europa sich auch heute noch viel Zeit nimmt, um diese Konzilslektion zu erlernen. Auch in der Schweiz finden sich noch immer Relikte, die zeigen, daß die neuzeitliche Trennung von Staat und Kirche und damit die Anerkennung der Religionsfreiheit, und zwar auch in ihrer korporativen Gestalt, noch nicht überall nachvollzogen sind. Zu denken ist beispielsweise an die Bistumskonkordate in der Schweiz, die aus der Zeit einer verabsolutierten staatlichen Kirchenhoheit stammen und deren Bestimmungen weitestgehend mit dem Zweiten Vatikanischen Konzil nicht zu vereinbaren sind. Diesbezüglich muß man aber feststellen, daß auch heute noch viele Schweizer Katholiken eher der konziliaren konservativen Minderheit verpflichtet sind als der fortschrittlichen Mehrheit, die sich auf dem Konzil durchgesetzt hat.

6. In diesem größeren Zusammenhang sollte die Frage neu erwogen werden, ob das Verhältnis von Kirche und Staat in der Schweiz nicht auf dem Weg von neuen Konkordaten geregelt werden sollte. Diese Perspektive drängt sich auch deshalb auf, weil der Schweizer Staat für sich in Anspruch nimmt, selbst darüber zu bestimmen, wie er die Religionsgemeinschaften staatsrechtlich verstehen und erfassen will, wie alt Bundesrichter Nay betont hat, daß der Staat die „Kompetenz-Kompetenz" für sich beansprucht, „um sein Verhältnis zu den Religionsgemeinschaften festzulegen". Gegenüber dieser Schieflage, die damit notwendigerweise gegeben ist, ermöglicht nur der konkordatäre Weg, daß die katholische Kirche als wirklich eigenständiger Partner zum Staat in der Schweiz anerkannt und das Verhältnis von Kirche und Staat *„par cum pari"* geregelt werden könnte.

Es versteht sich von selbst, daß es sich dabei nur um ein langfristiges Projekt handeln kann, das zudem mit vielen Schwierigkeiten behaftet sein wird. Dies ist freilich kein Grund, diese Perspektive überhaupt und von vornherein auszuschließen. Auf dem Weg dahin muß aber auf jeden Fall auf eine weitere Entflechtung im Verhältnis von Kirche und Staat hingearbeitet werden, damit die korporative Religionsfreiheit wirklich zum Tragen kommen kann. In diese Richtung hat sich vor allem Urs Josef Cavelti ausgesprochen. Weil nach seinem Urteil das geltende Staatskirchenrecht in vielen Kantonen die kirchliche Organisationsfreiheit zu sehr einschränkt, vertrat er entschieden das Postulat einer weiteren Entflechtung von Staat und Kirche als einzig glaubwürdige Alternative zur totalen Trennung von Kirche und Staat.[3]

Mit allen diesen Fragen ist freilich die hauptsächliche Herausforderung, vor der die Kirche in der heutigen pastoralen Situation steht, noch nicht angesprochen. Diese besteht vielmehr in der Frage, wie der christliche Glaube an die kommenden Generationen weitergegeben werden und wie der Kirche der epochale Wandel von der bisher vom konstantinischen Geist geprägten Gestalt zu einer neuen, freilich erst in Umrissen erkennbaren, neuen Sozialgestalt gelin-

---

3 Urs Josef Cavelti, *Entflechtung von Kirche und Staat,* Vortrag vor dem Kathedralkapitel der Diözese Basel vom 3. November 1982, unveröffentlichtes Manuskript.

gen kann. Diese Herausforderung in evangelischem Freimut anzugehen, ruft alle, die Repräsentanten von Kirche und der staatskirchenrechtlichen Institutionen, in die Pflicht. Nur wenn wir diese Aufgabe gemeinsam angehen, entsprechen wir auch dem Grundanliegen des heutigen Tagesheiligen, des großen Bischofs von Mailand, Karl Borromäus, der zu seiner Zeit seine ganze Kraft in die Erneuerung des kirchlichen Lebens investiert hat. Seiner Fürbitte dürfen wir auch die Zukunft der katholischen Kirche in der Schweiz anvertrauen.

Schlußfolgerungen und Perspektiven

Libero Gerosa

Die Erklärung *Dignitatis Humanae* über die Religionsfreiheit vom 7. Dezember 1965 ist gewiß einer der grundlegenden und historisch wirksamsten Texte des gesamten Zweiten Vatikanischen Konzils. In Nr. 2 dieses epochalen Dokuments bekräftigen die Konzilsväter:

> „Das Vatikanische Konzil erklärt, daß die menschliche Person das Recht auf religiöse Freiheit hat. Diese Freiheit besteht darin, daß alle Menschen frei sein müssen von jedem Zwang sowohl von seiten Einzelner wie gesellschaftlicher Gruppen, wie jeglicher menschlichen Gewalt, so daß in religiösen Dingen niemand gezwungen wird, gegen sein Gewissen zu handeln, noch daran gehindert wird, privat und öffentlich, als einzelner oder in Verbindung mit anderen – innerhalb der gebührenden Grenzen – nach seinem Gewissen zu handeln. Ferner erklärt das Konzil, das Recht auf religiöse Freiheit sei in Wahrheit auf die Würde der menschlichen Person selbst gegründet, so wie sie durch das geoffenbarte Wort Gottes und durch die Vernunft selbst erkannt wird. Dieses Recht der menschlichen Person auf religiöse Freiheit muß in der rechtlichen Ordnung der Gesellschaft so anerkannt werden, daß es zum bürgerlichen Recht wird" (DH 2).

Die Verwendung des Wortes „anerkennen" in bezug auf dieses Grundrecht aller Bürger jeder Nation ist nicht zufällig, sondern verdeutlicht den Verfassungscharakter dieses Rechts sowie die Notwendigkeit, es immer als unverzichtbaren Bezugspunkt bei der Ordnung der institutionellen Beziehungen zwischen katholischer Kirche und politischer Gemeinschaft präsent zu halten. Die Prinzipien, die diese institutionellen Beziehungen regeln, wurden von den Konzilsvätern in Nr. 76 („Politische Gemeinschaft und Kirche") der Pastoralkonstitution *Gaudium et Spes* festgelegt. Unter diesen Prinzipien erhalten zwei ein besonderes Gewicht im Zusammenhang mit den pluralistischen Gesellschaften, wie sie gegenwärtig bestehen: das Prinzip der gegenseitigen Unabhängigkeit und jenes des unterschiedlichen Dienstes an denselben Menschen, eines Dienstes, der sich durch die Gewissensbildung der Bürger und gemäß den Modalitäten verwirklicht, die an die Umstände von Ort und Zeit anzupassen sind. Die Konzilsväter bekräftigen nämlich:

> „Sehr wichtig ist besonders in einer pluralistischen Gesellschaft, daß man das Verhältnis zwischen der politischen Gemeinschaft und der Kirche richtig sieht, so daß zwischen dem, was die Christen als Einzelne oder im Verbund im eigenen Namen als Staatsbürger, die von ihrem christlichen Gewissen geleitet werden, und dem, was sie im Namen der Kirche zusammen mit ihren Hirten tun, klar unterschieden wird ... Die politische Gemeinschaft und die Kirche sind auf je ihrem Gebiet voneinander unabhängig und autonom. Beide aber dienen, wenn auch in verschiedener Begründung, der persönlichen und gesellschaftlichen Berufung der gleichen Menschen. Diesen Dienst können beide zum Wohl aller um so wirksamer leisten, je mehr und besser sie rechtes Zusammenwirken miteinander pflegen; dabei sind jeweils die Umstände von Ort und Zeit zu berücksichtigen" (GS 76).

Der Arbeitsplan der Tagung „Katholische Kirche und Staat in der Schweiz“, die von der Schweizer Bischofskonferenz in Zusammenarbeit mit dem Heiligen Stuhl und dem Internationalen Institut für kanonisches und vergleichendes Religionsrecht der Theologischen Fakultät Lugano organisiert wurde, war von Grund auf in Übereinstimmung mit diesen Prinzipien des Konzils konzipiert. Während nämlich der erste Arbeitstag ganz dem Studium und der Analyse gewidmet war, wie die ekklesiologischen und verfassungsrechtlichen Prinzipien des II. Vatikanischen Konzils in den politischen Strukturen der Schweizer Eidgenossenschaft rezipiert werden, hat sich am zweiten Tag die Arbeit sowohl des Plenums als auch der Arbeitsgruppen darauf konzentriert, die konkrete rechtlich-institutionelle Gestalt zu untersuchen, die diesen Prinzipien auf kantonaler Ebene vorgegeben ist. Die Schweiz besteht aus 26 souveränen Kantonen, welche die institutionellen Beziehungen mit den christlichen Kirchen und Religionsgemeinschaften in unterschiedlicher Weise regeln, und diese Differenzierung, die vom Trennungssystem in Genf und Neuenburg bis zur Kantontalkirche von Luzern reicht, muß bei der Analyse der Kernpunkte des Schweizer Staatskirchenrechts präsent gehalten werden. Daraus ist der richtige Weg zu ihrer angemessenen Lösung und der daraus folgenden Überwindung der aktuellen Spannungen auszumachen, die jüngst zu Konflikten zwischen der kirchlichen Autorität und den Vertretern der Körperschaften des öffentlichen Rechts führten.

Die positiven Ergebnisse dieser zweifachen Arbeit sind zumindest vier und können in folgender Weise zusammengefaßt werden:

1. Dank des weiten Raumes, der den Diskussionen im Plenum und in den Gruppen zugemessen wurde, konnten die Teilnehmer der Tagung mit Zufriedenheit eine Wiederaufnahme des Dialogs zwischen allen betroffenen Partnern und vor allem ein erneuertes Engagement bei der Suche nach der kirchlichen *communio* zwischen den Teilkirchen in der Schweiz und dem Heiligen Stuhl feststellen.
2. Die Feststellung der positiven Rolle, welche die kommunalen und kantonalen Körperschaften des öffentlichen Rechts, die durch die Zuerkennung der öffentlichen Rechtspersönlichkeit durch viele Schweizer Kantone an die katholische Kirche entstanden sind, seit circa eineinhalb Jahrhunderten spielen, kann die Bewußtwerdung nicht länger bremsen oder gar behindern, daß sie wieder Hilfseinrichtungen im Dienste der Pfarreien und Diözesen werden müssen, die vom kanonischen Recht geleitet werden.
3. Bei der Erfüllung dieser Hilfsfunktion, die hauptsächlich finanziell-administrativer Art ist, müssen die Körperschaften des öffentlichen Rechts vor allem und in einer den neuen pastoralen Situationen angemessenen Weise versuchen, das Prinzip der Subsidiarität mit jenem der Solidarität zu verbinden. Im besonderen sind die kantonalen Körperschaften, die zu ein und derselben Diözese gehören, aufgefordert, ihre Beziehungen mit dieser zu regeln, sei es durch Änderungen der Statuten, sei es durch Abschluß von Verträgen oder Übereinkünften. Dabei ist zu berücksichtigen, daß die Seelsorgs-

aufgaben, die nach dem II. Vatikanischen Konzil von der Pfarrei auf die Diözese übergegangen sind, in exponentieller Weise zugenommen haben und es deshalb unverzichtbar ist, eine effektive Autonomie des Diözesanbischofs sicherzustellen, auch gegenüber den Kirchgemeinden, die so tief in der kirchlichen Kultur der Schweiz verwurzelt sind.

4. Die Arbeit, die notwendig ist, um die Strukturen und Funktionen der Kirchgemeinde und der kantonalen Körperschaften an die Ekklesiologie des Zweiten Vatikanischen Konzils anzupassen, ist noch groß, sowohl auf der Ebene der Ausgestaltung als auch auf der Ebene der Gesetzgebung. Auf beiden Ebenen ist es angebracht, möglichst abgestimmte Lösungen für die gemeinsamen Probleme zu suchen, wie zum Beispiel jenes pastorale Problem der wachsenden Zahl an Getauften, die vor dem Staat ihren Kirchenaustritt aus steuerlichen Gründen erklären. Auf beiden Ebenen ist die Schweizer Bischofskonferenz gerufen, auch mit der Hilfe von Experten diese Abstimmung und weitere Entwicklungen der wichtigen Arbeit der Begegnung zu fördern, die von dieser Tagung in Lugano angestoßen wurde.

Im übrigen ist daran zu erinnern, daß die Plenardebatten der Tagung, die zuerst sehr lebhaft und dann immer übereinstimmender waren, schließlich nicht nur gezeigt haben, daß die Perspektive einer vollständigen Trennung von Staat und Kirche in den Schweizer Kantonen nicht wünschenswert ist, weil mit ihr die aktuellen Probleme nicht gelöst werden können, sondern vor allem, daß der Status der Körperschaft öffentlichen Rechts in diesen Kantonen durch die Verfassung nur jenen Religionsgemeinschaften verliehen wird, die seit längerer Zeit *in statu cooperationis* und daher in einer Loyalitätsbeziehung mit dem Staat stehen, der mit dieser Verleihung nicht die eine Religion gegenüber der anderen begünstigen will, sondern vielmehr das säkulare Gemeinwohl aller bedeutenden Teile der Gesellschaft verwirklichen und damit den religiösen Frieden und die Achtung der öffentlichen und privaten Rechtsordnung schützen will, unter Ausschluß jeder Art von Fundamentalismus und Fanatismus, sei er religiös oder laikal. In dieser Perspektive wird man die Widerstände gegenüber den wünschenswerten und bisweilen absolut notwendigen strukturellen Veränderungen überwinden, wenn man das folgende doppelte Vorzeichen nicht vergißt: vor allem jenes des Präsidenten der Schweizer Bischofskonferenz, der in der *lectio magistralis* (veröffentlicht im Anhang zu didesem Band) die Dringlichkeit unterstreicht, im aktuellen pluralistischen Kontext die Dyade Staat-Kirche aufzugeben, um einer triadischen Beziehung Staat-Gesellschaft-Kirche bzw. Religionsgemeinschaften Raum zu geben; und dann jenes universale von Papst Benedikt XVI., der in Nr. 25 seiner Enzyklika *Spe salvi* unterstreicht, daß „das immer neue Ringen um die rechten Ordnungen der menschlichen Dinge … jeder Generation auferlegt" ist.

III. Weitere Beiträge zur Diskussion

Ekklesiologische und staatskirchenrechtliche Fragestellungen im Bistum Basel*

Kurt Koch

Für die Einladung zu dieser Vorlesung danke ich, und ich freue mich, an der Theologischen Fakultät Luzern zu einem Thema zu sprechen, das ich in meinen früheren Vorlesungen oft behandelt und zu dem ich mich auch öffentlich geäußert habe.[1] Denn im Rahmen meiner Ekklesiologie-Vorlesungen habe ich es für unabdingbar gehalten, nicht nur die dogmatische Lehre des Zweiten Vatikanischen Konzils über die katholische Kirche vorzutragen, sondern auch den spezifisch helvetischen Kontext zu beleuchten, in dem diese Lehre über die Kirche ins alltägliche Leben übersetzt werden muß. In meiner damaligen Lehrtätigkeit hatte ich aufgrund meiner Erfahrungen vor allem die Bedeutung der staatskirchenrechtlichen Systeme auf kirchgemeindlicher und kantonaler Ebene im Blick. Welche Auswirkungen diese Systeme auf das Leben eines Bistums und auf die Kirche in der Schweiz haben, ist mir erst in meiner Verantwortung als Bischof bewußt geworden. Weil neue Realitäten in mein Blickfeld getreten sind, mußte ich auch meine bisherigen Beurteilungen modifizieren.[2] Verschiedene voreilige Geister haben mir deshalb eine „bischöfliche Wende" attestiert und mich mit dem Stigma eines „Wendehalses" versehen. Doch ich tröste mich mit der menschlichen Grundtatsache, daß der biographische Lebensprozeß eines Menschen darin besteht, daß er angesichts einer sich wandelnden Realität nicht stehen bleibt, sondern sich auch zu verändern vermag, wie sie der hervorragende Theologe und Kardinal John Henri Newman sehr schön ausge-

---

* Eröffnungsvortrag bei der öffentlichen Ringvorlesung „Kirche – Staat" an der Theologischen Fakultät Luzern in der Jesuitenkirche in Luzern am 2. April 2008.

1 Kurt Koch, *Kirche in der Spannung zwischen christlichem Glauben und politischer Verantwortung. Marginalien zu einem institutionalisierten Dauerkonflikt,* in: Ders., Gerechtigkeit und Friede küssen sich. Bausteine christlicher Friedensverantwortung der Schweiz, Luzern – Stuttgart 1991, 159–174; Ders., *Kirche in der Schweiz: Ein ekklesiologischer Testfall? Versuch einer vergleichenden Pastoralekklesiologie,* in: Ders., Gottlosigkeit oder Vergötterung der Welt? Sakramentale Gotteserfahrungen in Kirche und Gesellschaft, Zürich 1992, 183–206; Ders., *Kirche und Staat in kritisch-loyaler Partnerschaft. Systematisch-theologische Überlegungen zu einem institutionalisierten Dauerkonflikt,* in: Ders., Konfrontation oder Dialog? Brennpunkte heutiger Glaubensverkündigung, Freiburg / Schweiz 1996, 148–172.

2 Vgl. Kurt Koch, *Der Bischof als erster Verkünder, Liturge und Leiter der Ortskirche,* in: Schweizerische Kirchenzeitung 168 (2000) 174–180, Ders., *Staatskirchenrechtliche Systeme und katholische Ekklesiologie,* in: Schweizerische Kirchenzeitung 168 (2000) 541–555; Ders., *Kirche an der Schwelle zum dritten Jahrtausend. Wegweisungen in die Zukunft,* in: Die Zeichen der Zeit erkennen. Theologische Zeitsignaturen am Beginn des 21. Jahrhunderts, hrsg. von Aladár Gajary, Freiburg / Schweiz 2004, 59–85.

drückt hat: „Hier auf Erden heißt leben sich ändern, und vollkommen sein heißt sich oft geändert haben."[3]

I. Ein schwieriges Thema

Zu meinen wichtigsten Erfahrungen, die ich als Bischof machen mußte, gehört die Tatsache, daß es sich bei der Frage der staatskirchenrechtlichen Systeme um ein sehr schwieriges und sensibles Thema handelt, bei dessen Bearbeitung man auf der Hut sein muß, keine Mißverständnisse zu provozieren und niemanden zu verletzen. Dafür gibt es verschiedene Gründe. Ein erster Grund besteht darin, daß diese Frage äußerst emotionsgeladen ist. Nicht wenige Katholiken beurteilen die staatskirchenrechtlichen Systeme als die Errungenschaft der katholischen Kirche in der Schweiz, so daß bereits kritische Rückfragen als Angriff auf einen wichtigen helvetisch-kirchlichen Sonderfall angeklagt werden. Häufig wird auch die Behauptung vertreten, mit den staatskirchenrechtlichen Systemen sei in der katholischen Kirche in der Schweiz die Volk-Gottes-Ekklesiologie des Zweiten Vatikanischen Konzils ortskirchlich umgesetzt worden, so daß jede kritische Auseinandersetzung bereits als Rückfall hinter das Konzil verdächtigt wird. Hinzu kommt, daß die staatskirchenrechtlichen Systeme von engagierten Persönlichkeiten repräsentiert werden, denen sie die Möglichkeit geben, ihre Mitverantwortung für das Leben der Kirche wahrzunehmen und die deshalb jede inhaltliche Kritik an diesen Systemen sofort als persönliche Infragestellung ihres Engagements und ihrer Arbeit empfinden oder gar eine Ablehnung der Mitverantwortung von Laien in der Kirche überhaupt befürchten. Ich bitte deshalb, meine kritische Auseinandersetzung mit den staatskirchenrechtlichen Systemen nicht als Infragestellung von konkreten Menschen und ihrem Engagement mißzuverstehen; dieses verdient vielmehr meinen Dank und meine Anerkennung. Die Probleme, die diese Systeme der katholischen Kirche bereiten, liegen vielmehr auf der strukturellen Ebene. Die Schwierigkeit einer kritischen Auseinandersetzung mit den staatskirchenrechtlichen Systemen hängt aber noch von zwei weiteren Faktoren ab, die ich im Sinne einer Einführung in die Problematik etwas eingehender besprechen möchte.

1. Bunte Vielfalt von staatskirchenrechtlichen Systemen in der Schweiz

Zumeist pflegt man von dem staatskirchenrechtlichen System in der Schweiz zu reden und davon auszugehen, daß dieses einheitlich geregelt ist. Da in der Schweiz aber die Regelung des Verhältnisses von Staat und Kirche nicht vom

---

3 John Henry Newman, *An Essay on the Development oft Christian Doctrine,* London 1980, 40.

Bund vorgenommen wird, sondern in der Kompetenz der Kantone liegt, gibt es im Grunde so viele verschiedene Verhältnisbestimmungen zwischen Staat und Kirche, wie es Kantone gibt.[4] Um diese bunte Vielfalt von staatskirchenrechtlichen Systemen in der Schweiz zu verdeutlichen, legt sich vor allem ein Vergleich zwischen den Situationen in den Diözesen St. Gallen und Basel nahe, wobei es genügen muß, nur die drei wichtigsten Unterschiede zu benennen:

Das Bistum St. Gallen hat erstens eine ganz andere Rechtsstellung als das Bistum Basel. In der Verfassung des Katholischen Konfessionsteils des Kantons St. Gallen vom 18. September 1979 Artikel 3 heißt es unmißverständlich: „Das Bistum St. Gallen ist als öffentlich-rechtliche juristische Person anerkannt." Dies trifft für das Bistum Basel keineswegs zu. Denn es ist nicht öffentlich-rechtlich anerkannt, sondern kann in rechtlicher Hinsicht allein aufgrund der Existenz eines Vereins aktiv werden. Dieser grundlegende Unterschied zieht zweitens von selbst auch wichtige Differenzen in der Beurteilung verschiedener Sachverhalte nach sich, beispielsweise der Frage des sogenannten Kirchenaustritts. Während im Bistum St. Gallen aufgrund des engen Konnexes zwischen dem Bistum und dem Konfessionsteil der so genannte Austritt aus einer Kirchgemeinde implizit auch als Austritt aus der römisch-katholischen Kirche des Bistums gewertet werden kann, ist dieser Zusammenhang im Bistum Basel in so enger Weise nicht gegeben. Im Bistum St. Gallen sind drittens das Gebiet des Katholischen Konfessionsteils und dasjenige des Bistums weithin deckungsgleich, was eine enge Kooperation zwischen beiden nicht nur ermöglicht, sondern auch erleichtert. Demgegenüber stellt sich die Situation im Bistum Basel als viel komplexer dar: Auf seinem ganzen Gebiet existieren zehn sehr verschiedene kantonalkirchliche Institutionen mit eigenen Verfassungen und Organisationsstrukturen, die in der diözesanen Finanzkommission einerseits und in der Landeskirchenkonferenz andererseits nur lose und ohne große Verbindlichkeit miteinander verbunden sind. Während der Bischof von St. Gallen mit einem Pfarrer verglichen werden kann, der mit einem Kirchgemeinderat zusammenarbeiten kann, muß der Bischof von Basel gleichsam mit zehn verschiedenen Kirchgemeinderäten Kontakt pflegen, was selbstredend bereits bei einem Pfarrer einer massiven Überforderung gleichkäme. Ein solcher Pfarrer ist mir ohnehin nicht bekannt.

Führt man sich diese grundlegenden Unterschiede vor Augen, kann man das ansonsten viel gepriesene föderalistische Prinzip nur dann ernst nehmen, wenn man die Vielfalt der staatskirchenrechtlichen Systeme berücksichtigt und wenn man bei der Wahrnehmung der Beurteilung der jeweiligen Situation – auch durch Bischöfe – die konkrete Realität mitberücksichtigt. Es macht deshalb in meinen Augen beispielsweise keinen Sinn, in der Einstellung zu den staatskirchenrechtlichen Organisationen den Bischof von St. Gallen gegen den Bischof von Basel auszuspielen, wie dies – offensichtlich auch aus großer Unkenntnis der realen Verhältnisse – in den vergangenen Monaten im „St. Galler

---

4 Vgl. Dieter Kraus, *Schweizerisches Staatskirchenrecht. Hauptlinien des Verhältnisses von Staat und Kirche auf eidgenössischer und kantonaler Ebene,* Tübingen 1993.

Tagblatt" zu verfolgen gewesen ist. Da die konkreten Situationen in den Bistümern nämlich grundlegend verschieden sind, kann man weder vom Bischof von Basel erwarten, daß er sich die Beurteilung des Bischofs von St. Gallen zu eigen macht, noch umgekehrt. Dies würde letztlich auf eine Dementierung des föderalistischen Prinzips bei den staatskirchenrechtlichen Organisationen in der deutschsprachigen Schweiz hinauslaufen müssen.

In der Vergangenheit durfte ich immer wieder die Erfahrung machen, daß es gerade St. Galler Repräsentanten von staatskirchenrechtlichen Institutionen gewesen sind, die meine Anfragen an die staatskirchenrechtlichen Systeme im Bistum Basel und meine damit verbundenen Anliegen am sensibelsten verstanden haben. Unter Wahrnehmung der zum größten Teil idealen Verhältnisse im Bistum St. Gallen waren sie am meisten dafür offen, daß gerade im Bistum Basel in staatskirchenrechtlicher Hinsicht ein großer Reformstau besteht. Zu diesen St. Galler Persönlichkeiten gehört an erster Stelle *Urs Josef Cavelti,* der um die bunte Vielfalt der staatskirchenrechtlichen Systeme gewußt, deshalb über den St. Galler Tellerrand hinausgeschaut und viele Denkanstöße für die Weiterentwicklung des Staatskirchenrechts auch und gerade im Bistum Basel gegeben hat, auf die noch zurückzukommen sein wird.[5] An dieser Stelle aber möchte ich mich dem zweiten Faktor zuwenden, der die Behandlung der staatskirchenrechtlichen Systeme sehr erschwert.

2. *Unterschiedliche Beurteilungen der staatskirchenrechtlichen Systeme*

Wie es grundlegende Unterschiede in der Ausgestaltung der staatskirchenrechtlichen Systeme gibt, so ist auch eine ganze Bandbreite bei der Beurteilung dieser Systeme festzustellen, die von vorbehaltloser Zustimmung bis zu einer grundsätzlichen Ablehnung reichen. Es lohnt sich, dieses Panorama der breiten Diskussion über die staatskirchenrechtlichen Systeme in der deutschsprachigen Schweiz – freilich in der gebotenen Kürze – vor Augen zu führen, um sich dessen bewußt zu werden, wie komplex diese Problematik ist und daß sie nicht mit einer Weiß-Schwarz-Malerei behandelt werden kann.

Aus der langen Reihe entschiedener Befürworter der staatskirchenrechtlichen Systeme kann ich freilich nur wenige Namen nennen, und zwar – aus gegebenem Anlaß – an erster Stelle *Adrian Loretan,* der in ihnen einen willkommenen Anlaß sieht, daß die Kirche ihr so genanntes „Kreuz mit der Demokratie" überwinden kann.[6] Ihm vorausgehend hat *Pius Hafner* in seiner Dissertation

5 Urs Josef Cavelti, *Kirchenrecht im demokratischen Umfeld. Ausgewählte Aufsätze,* Freiburg / Schweiz 1999. Vgl. Daniel Kosch, *Denkanstöße von Urs Josef Cavelti zur Weiterentwicklung des Staatskirchenrechts,* in: Ders., Demokratisch – solidarisch – unternehmerisch. Organisation, Finanzierung und Management in der katholischen Kirche in der Schweiz, Zürich 2007, 85–153.

6 Adrian Loretan, *Wie entwickelt die römisch-katholische Kirche ein Ja zum demokratischen Rechtsstaat und seinen Grundrechten?,* in: Das Kreuz der Kirche mit der Demokratie.

„Staat und Kirche im Kanton Luzern" in den staatskirchenrechtlichen Systemen historisch gewachsene Elemente im sichtbaren Gefüge der katholischen Kirche in der Schweiz wahrgenommen und sie als „Ergebnis einer weitgehend autochthonen Entwicklung" beurteilt, die zur „Identität des schweizerischen Katholizismus" gehört.[7] Als Befürworter der staatskirchenrechtlichen Systeme, die aber in ihnen einen relativ großen Reformstau festmachen und deshalb für deren Weiterentwicklung plädieren, sind der bereits erwähnte *Urs Josef Cavelti* und *Daniel Kosch,* der Generalsekretär der Römisch-katholischen Zentralkonferenz, zu nennen.[8] *Leo Karrer* erblickt in den staatskirchenrechtlichen Systemen staatlich unterstütze und garantierte Verwirklichungen einer „synodalen" Kirche, wobei er in ihnen vor allem eine Ventilfunktion angesichts mangelnder synodaler Strukturen in der Kirche selbst und damit „Erinnerungen an gesamtkirchliche Erwartungen (oder Visionen) in Richtung einer synodalen Kirchenstruktur" wahrnimmt, „deren formale Kriterien Partizipation, Transparenz und Solidarität wären".[9] Zu einem unhaltbaren Extrem wird diese Position gesteigert von *Willy Spieler,* der im gegenwärtigen Staatskirchenrecht ein „Kirchennotrecht" in dem Sinne sieht, daß es stellvertretend dafür zu sorgen habe, daß die Glieder der Kirche eine demokratische Rechtsordnung in der Kirche einfordern können.[10]

Auf der anderen Seite fehlt es aber auch nicht an warnenden und ablehnenden Stimmen. Bereits *Eugenio Corecco,* der spätere Bischof von Lugano, hat gegen die so genannten Landeskirchen den Vorwurf einer unreflektierten Übernahme der protestantischen Ekklesiologie in der katholischen Kirche erhoben.[11] Die wohl deutlichste Kritik an den staatskirchenrechtlichen Systemen wird in der gegenwärtigen Situation von *Martin Grichting* vertreten. In seiner Dissertation über das Verhältnis von Staat und Kirche im Kanton Zürich erblickt er in den staatskirchenrechtlichen Systemen „ein Trojanisches Pferd in der Kirche", „dem nun immer mehr Kirchenfremdes entsteigt, ohne daß das kirchliche (Lehr-)Amt die ihm zustehende Aufgabe erfüllen könnte, weil es im besten Fall im goldenen Käfig sitzt oder kurzerhand kaltgestellt wird".[12] Und in seiner Ha-

Zum Verhältnis von katholischer Kirche und Rechtsstaat, hrsg. von Adrian Loretan – A. Bernet-Strahm, Zürich 2006, 19–34.

7 Pius Hafner, *Staat und Kirche im Kanton Luzern. Historische und rechtliche Grundlagen,* Freiburg / Schweiz 1991, 322.

8 Vgl. Anm. 5.

9 Leo Karrer, *Katholische Kirche Schweiz. Der schwierige Weg in die Zukunft,* Freiburg / Schweiz 1991, 371.

10 Willy Spieler, *Staatskirchenrecht als Kirchennotrecht. Plädoyer für die Partizipation der Gläubigen an der Kirchenleitung,* in: Recht – Ethik – Religion. Festschrift für Giusep Nay, hrsg. von Dietmar Mieth – René Pahud de Mortanges, Luzern 2002, 65–75.

11 Eugenio Corecco, *Katholische „Landeskirche" im Kanton Luzern. Das Problem der Autonomie und der synodalen Struktur der Kirche,* in: Archiv für katholisches Kirchenrecht 139 (1970) 3–42.

12 Martin Grichting, *Kirche oder Kirchenwesen? Zur Problematik des Verhältnisses von Kirche und Staat in der Schweiz, dargestellt am Beispiel des Kantons Zürich,* Freiburg / Schweiz

bilitationsschrift über das „Verfügungsrecht über das Kirchenvermögen auf den Ebenen von Diözese und Pfarrei" beklagt er, daß im Unterschied zum Kirchenrecht (c. 1279 CIC), gemäß dem der Bischof beziehungsweise der Pfarrer in der Vermögensverwaltung federführend sein muß, in den staatskirchenrechtlichen Systemen die starke Tendenz herrscht, „das Kirchengut aus seiner ekklesiologischen Verankerung" herauszulösen, es dem Einfluß der kirchlichen Hierarchie zu entziehen und es „als weltliche Basis zu benützen, um innerhalb der Kirche eine zweite – die Hierarchie konkurrenzierende – Kraft zu schaffen".[13]

Zwischen diesen – im zustimmenden wie ablehnenden Sinn – markanten Stellungnahmen liegen eher vermittelnde Analysen und Beurteilungen. Vor allem *Walter Gut* anerkennt die staatskirchenrechtlichen Systeme, er sieht in ihnen aber vor allem eine „auxiliare Funktion" für das Leben und Wirken der Kirche und unterzieht nicht in erster Linie die Kirchgemeinden, wohl aber die kantonalkirchlichen Organisationen einer deutlichen Kritik, weil er in den sogenannten Landeskirchen „im Staat verwurzelte, staatsähnliche Gebilde" wahrnimmt, die die katholische Verfassung der Kirche zur Randerscheinung degradieren, oder gar als eine „Art Staatswesen im geistlichen Bereich".[14] *Markus Ries* diagnostiziert angesichts der staatskirchenrechtlichen Systeme, die er befürwortet, einen starken „Rückzug aus der Führungsverantwortung auf kirchlicher Seite", zu dem sich das erstarkte „Selbstbewußtsein im staatskirchlichen Bereich" gegenläufig entwickelt habe.[15] Ich bin Markus Ries aber auch dankbar, daß er in einem seiner Beiträge zu den staatskirchenrechtlichen Systemen auch mich bei den vermittelnden Positionen einreiht.[16] Denn im Unterschied zu nicht wenigen Polemikern, die ein differenziertes Denken nicht ertragen und mich einfach zum Feind dieser Systeme erklärt haben, kann ich mich in dieser Ortszuweisung durchaus wieder finden. Bereits in meinen früheren theologischen Stellungnahmen habe ich nämlich stets vom „Segen" und den „Tücken" der staatskirchenrechtlichen Systeme gesprochen. Während der Zeit meiner Tätigkeit an der Theologischen Fakultät in Luzern hat man freilich gerne einseitig den „Segen" herausgehört, während man heute offensichtlich ebenso einseitig nur noch die Rede von den „Tücken" registrieren will.

1997 (Freiburger Veröffentlichungen aus dem Gebiete von Kirche und Staat 47), 331.

13 Martin Grichting, *Das Verfügungsrecht über das Kirchenvermögen auf den Ebenen von Diözese und Pfarrei,* St. Ottilien 2007 (Münchener Theologischen Studien 62) 5 und 2.

14 Walter Gut, *Landes- und Kantonalkirchen im Lichte des Zweiten Vatikanischen Konzils,* in: Kirche – Kultur – Kommunikation. Peter Henrici zum 70. Geburtstag, hrsg. von Urban Fink – René Zihlmann, Zürich 1998, 533–553.

15 Markus Ries, *Kirche und Landeskirche im Bistum Basel. Der nachkonziliare Struktur- und* Kurt Koch zur Bischofswahl, hrsg. von Markus Ries – Walter Kirchschläger, Zürich 1996, 133–156, hier: 150.

16 Markus Ries, *Konkordate für die katholische Schweiz,* in: Una Sancta 53 (1998) 241–256, hier: 251, Anm. 27.

II. Kirche als Hierarchie oder Demokratie?

Die große Bandbreite der unterschiedlichen Beurteilungen der staatskirchenrechtlichen Systeme hat ihren Grund vor allem darin, daß in ihnen viele ekklesiologische Grundannahmen verschlüsselt sind, die implizit Erkenntnis und Beurteilung leiten, über die aber oft nicht offen gesprochen wird. Bevor auf diese Probleme eingegangen werden kann, gilt es deshalb zunächst die grundlegende Frage zu stellen, was denn die katholische Kirche ist. Angesichts des Nebeneinanders und Miteinanders von kirchlichen und staatskirchenrechtlichen Strukturen ist diese Frage dahingehend zu präzisieren, ob die Kirche demokratisch oder hierarchisch ist. Daß es sich dabei um eine schiefe Alternative handelt, hat Hugo Aufderbeck, ein verstorbener Bischof in der ehemaligen DDR, mit seiner überraschenden Definition entlarvt: „Die Kirche ist keine Demokratie, denn wir stehen alle unter dem einen Herrn. Die Kirche ist aber auch keine Monarchie, denn wir alle sind Schwestern und Brüder."

Mit dieser doppelten negativen Abgrenzung ist eine Gratwanderung impliziert, die die Frage nach dem Wesen der Kirche noch tiefer stellen läßt. Denn hinter der Alternative von demokratisch oder hierarchisch verbirgt sich die viel grundlegendere Frage, ob die Kirche rein weltlich-säkular und *deshalb* demokratisch zu verstehen ist, oder ob sie eine geistlich-sakramentale Wirklichkeit und *deshalb* hierarchisch ist. Hierarchisch ist sie nämlich nur deshalb, weil sie sakramental ist, wie dies Papst *Benedikt XVI.* sehr deutlich auf den Begriff gebracht hat: „Ihre tiefe und unaufgebbare Struktur ist nicht demokratisch, sondern sakramental, folglich hierarchisch; denn die auf der apostolischen Sukzession gegründete Hierarchie ist unabdingbare Bedingung, um zur Kraft, zur Wirklichkeit des Sakramentes zu gelangen."[17]

Damit ist vor allem ein Doppeltes ausgesagt: Die Kirche ist erstens nicht monarchisch, sondern *hierarchisch.* Denn Hierarchie heißt nicht „heilige Herrschaft", was ohnehin einem hölzernen Eisen gleichkäme. Dem ursprünglichen Wortsinn nach heißt Hierarchie vielmehr „heiliger Ursprung".[18] Diese Etymologie weist darauf hin, daß die Hauptaufgabe der Hierarchie in der Kirche darin besteht, den „heiligen Ursprung" des Christusereignisses zu schützen und zu tradieren, damit er in der Geschichte weiterwirken und sich auch in der heutigen Kirche auslösen und seinen befreienden Gang nehmen kann.

Die Kirche ist zweitens aber auch nicht demokratisch, sehr wohl aber *synodal.* Denn zwischen Demokratie und Synodalität besteht ein grundlegender Unterschied: Während die Demokratie gerade nicht der synodalen, sondern der parlamentarischen Tradition verpflichtet ist und während das demokratische Verfahren vor allem der Ermittlung von Mehrheiten dient, erweist sich

17 Joseph Kardinal Ratzinger, *Zur Lage des Glaubens. Ein Gespräch mit Vittorio Messori,* München 1985, 49.

18 Leo Scheffczyk, *Das Petrusamt in der Kirche: Übergeordnet – eingefügt,* in: Petrus und Papst. Evangelium – Einheit der Kirche – Papstdienst. Band II: Neue Beiträge, hrsg. von Albert Brandenburg – Hans Jörg Urban, Münster 1978, 142–158, hier: 146.

Synodalität als ungemein viel anspruchsvoller. Der synodale Prozeß kann sein Ziel allein darin finden, in den Glaubensüberzeugungen und den daraus fließenden Lebensweisen des einzelnen Christen und der kirchlichen Gemeinschaft einen tragfähigen Konsens zu finden. Konsensfindung und nicht Mehrheitsentscheide machen das eigentliche Wesen der Synodalität aus.

Man muß deshalb auf der Hut sein, daß das theologisch-geistliche Wort „Synodalität" nicht als Tarnwort für das bloß demokratische Verfahren zur Ermittlung von Mehrheiten benutzt wird. Dies ist beispielsweise dort der Fall, wo man sich auf das bereits in der alten Kirche lebendige Prinzip zu berufen pflegt, daß das, was alle angeht, die Zustimmung aller finden muß: *„Quod omnes tangit, ab omnibus tractari et approbari debet."* Geht man aber dem eigentlichen Sinn dieses altkirchlichen Prinzips genauer nach,[19] stellt man sehr bald fest, daß damit gerade nicht gemeint gewesen ist, daß sich der Wille der demokratischen Mehrheit auch in der Kirche durchsetzen sollte. Mit diesem Prinzip war vielmehr vorausgesetzt, daß sich alle bei ihren Stellungnahmen am Evangelium Jesu Christi und an dem in ihm bekundeten Willen Gottes orientieren sollen und wollen. Insofern ging man davon aus, daß in dem, worin alle Ortskirchen übereinstimmen, am gewissesten die treue Überlieferung des Evangeliums ausfindig gemacht werden kann. Der *consensus fidelium* fungierte deshalb nicht als Norm, an der die Wahrheit des Glaubens demokratisch ermittelt werden könnte, sondern als Kriterium, das sich beim Finden der Wahrheit als hilfreich erweist.

Diese historische Erinnerung zeigt deutlich, daß Synodalität einen durch und durch geistlichen, genauerhin spirituell-theologischen Prozeß meint und deshalb viel mehr Energie beansprucht als bloßes demokratisches Verfahren. Das alles entscheidende Kriterium der Synodalität besteht in der Unterscheidung der Geister, und zwar dahingehend, ob der synodale Prozeß dem Wirksamwerden des Evangeliums, dem immer eine applauslose Ungleichzeitigkeit anhaftet, in der kirchlichen Wirklichkeit dient oder einer geschwächten *„evangelization light"* dienstbar gemacht wird. Mit Recht sieht der Wiener Pastoraltheologe *Paul Michael Zulehner* das entscheidende Kriterium wahrhafter Synodalität in der Frage, ob sie der „Vertiefung" oder der „Verseichtung" des Evangeliums dient.[20]

Von daher leuchtet ein, daß Synodalität kein Gegensatz zur Hierarchie sein kann. Sie bringt vielmehr zum Ausdruck, daß die Hierarchie ihre Aufgabe, den Ursprung des Christusereignisses zu schützen und zu tradieren, unmöglich im Alleingang wahrnehmen kann, sondern daß sie den Weg zusammen mit allen Getauften gemeinsam geht. Denn *syn-hodos* bezeichnet den gemeinsamen Weg in der Glaubensgemeinschaft der Kirche. Hierarchie und Synodalität fordern

---

19 Yves Congar, *Quod omnes tangit, ab omnibus tractari et approbari debet,* in: Revue historique et et droit francais et étranger 36 (1958) 210–259.

20 Paul Michael Zulehner, *Nachhaltige Reform. Pastoraltheologische Anmerkungen zur österreichischen Kirche nach dem Kirchenvolksbegehren,* in: Stimmen der Zeit 122 (1997) 233–246, hier: 236.

sich deshalb wechselseitig,[21] wie der katholische Theologe Medard Kehl diese Grundüberzeugung in die ekklesiologische Definition eingebracht hat: „Die katholische Kirche versteht sich als das ‚Sakrament der Communio Gottes'; als solche bildet sie die vom Heiligen Geist geeinte, dem Sohn Jesus Christus zugestaltete und mit der ganzen Schöpfung zum Reich Gottes des Vaters berufene Gemeinschaft der Glaubenden, die synodal und ‚hierarchisch' zugleich verfaßt ist."[22]

Bei dieser ekklesiologischen Definition ist es von entscheidender Bedeutung, wie dieses „zugleich" von Synodalität und Hierarchie zu verstehen und zu vollziehen ist. *Cyprian von Karthago,* ein berühmter afrikanischer Bischof in der alten Kirche, hat dieses „zugleich" klassisch formuliert und mit dieser Kurzformel ausgedrückt: *„Nihil sine episcopo, nihil sine consilio presbyterii, nihil sine consensu plebis."*[23] Cyprian hat mit dieser Kurzformel jene Verhaltensweisen ins Visier genommen, die das kirchliche Leben verderben und bis auf den heutigen Tag wirksam sein können, beziehungsweise sind, nämlich erstens alle Spielarten des Klerikalismus, deshalb das *synodale* Prinzip: „nichts ohne die Zustimmung des Volkes"; zweitens bischöflich-selbstherrliche Alleingänge, deshalb das *kollegiale* Prinzip: „nichts ohne den Rat des Presbyteriums"; und drittens Absonderungen und separatistische Gruppenbildungen in der Kirche, die sich gerne basisdemokratisch legitimieren; deshalb das *personale* Prinzip: „nichts ohne den Bischof".

III. Ekklesiologische Probleme des Staatskirchenrechts

Vergleicht man diese klassisch gewordene Formel Cyprians mit der kirchlichen Realität heute, wird man bald zum Urteil kommen, daß sie nicht in genügender Weise eingelöst ist. Auf der einen Seite hat die Kirche selbst keineswegs alle Möglichkeiten der Synodalität ausgeschöpft und hat im Ausbau und in der rechtlichen Regelung der synodalen Dimension des kirchlichen Lebens einen grossen Nachholbedarf. Auf der anderen Seite können aber auch die staatskirchenrechtlichen Systeme nicht als Ersatz für die zuwenig vorhandene synodale Dimension im Leben der Kirche betrachtet werden. Wiewohl sie zwar ihre legislativen Organe als „Synoden" zu bezeichnen pflegen, sind sie weithin nicht der synodalen, sondern der demokratisch-parlamentarischen Tradition verpflichtet. Hier liegt der tiefste Grund, daß sich die staatskirchenrechtlichen Systeme mit dem katholischen Kirchenverständis reiben (müssen) und in einer grundlegenden Spannung zur Ekklesiologie des Zweiten Vatikanischen Kon-

---

21 Vgl. Kurt Koch, *Synodales und hierarchisches Prinzip in der Kirche. Überlegungen zu einem chronisch gewordenen Spannungsfeld,* in: Ders., Kirche im Dialog zwischen Realität und Vision, Graz 1995, 27–42.

22 Medard Kehl, *Die Kirche. Eine katholische Ekklesiologie,* Würzburg 1992, 51.

23 CSEL III, 2, S. 512.

zils stehen.[24] Es muß freilich genügen, diese Spannung anhand der drei elementarsten Probleme zu konkretisieren.

1. Orientierung an der staatlichen Wirklichkeit

Das Selbstverständnis der römisch-katholischen Kirche läßt sich am ehesten mit dem Bild einer Ellipse mit zwei Brennpunkten beschreiben, nämlich der Einheit der weltweiten Universalkirche und der Vielheit der Ortskirchen, wobei unter Ortskirche nicht die Pfarrei, sondern die um den Bischof versammelte und mit ihm Eucharistie feiernde Bistumskirche zu verstehen ist. Die katholische Kirche ist deshalb zugleich ortskirchlich und universalkirchlich und damit zugleich bischöflich und päpstlich verfaßt. Die eine katholische Kirche besteht, wie das Zweite Vatikanische Konzil in Erinnerung gerufen hat, in diesen einzelnen Ortskirchen und aus ihnen.[25] Erst innerhalb dieser elliptischen Verfassung findet die Pfarrei ihren Ort. Sie ist „eine bestimmte Gemeinschaft von Gläubigen, die in einer Teilkirche auf Dauer errichtet ist und deren Seelsorge unter der Autorität des Diözesanbischofs einem Pfarrer als ihrem eigenen Hirten anvertraut ist" (c. 515 CIC). Eine Pfarrei gibt es folglich nur, weil es ein Bistum gibt, und eine Kirchgemeinde gibt es nur, weil es eine Pfarrei gibt und keineswegs umgekehrt.

Für diese unverwechselbare Verfassung der katholischen Kirche gibt es in keiner staatlichen Wirklichkeit Analogien, auch nicht im helvetischen Modell von Gemeinden, Kantonen und Bund. Das fundamentale Problem der staatskirchenrechtlichen Systeme besteht nun aber gerade darin, daß sie sich weithin nicht am Kirchenverständnis des Zweiten Vatikanischen Konzils orientieren, das seine Schwerpunkte bei der Universalkirche und bei der Bistumskirche hat. Die staatskirchenrechtlichen Systeme sind vielmehr ganz den staatlichen Strukturen in der Schweiz nachgebildet, wobei sie vor allem auf der Ebene der Gemeinden und der Kantone sehr stark, auf der Ebene des Bistums und der Kirche in der Schweiz aber sehr schwach ausgebildet sind. Die staatskirchenrechtlichen Institutionen verstehen sich nicht nur als Analogien zur staatlichen Wirklichkeit in der Schweiz, sondern sie sind selbst staatliche Institutionen, freilich mit einer kirchlichen Zweckbestimmung. Hinsichtlich Rechtsordnung und Geschäftsführung, Behördenorganisation und Instanzenweg sind sie präzise Abbilder der staatlichen Einwohnergemeinden und in diesem Sinne öffentlich-rechtliche Spezialgemeinden. Diese Verdoppelung der kirchlichen Strukturen – vor allem auf der Ebene der Pfarrei die Kirchgemeinde – spiegelt sich vornehmlich wieder im Umgang mit den Personen im kirchlichen Dienst. Diese

---

24 KURT KOCH, *I sistemi di diritto ecclesiastico nella Svizzera tedesca e l'Ecclesiologia del Concilio Vaticano II. Un' analisi teologica della situazione attuale,* in: Ius Ecclesiae. Rivista Internazionale di Diritto Canonico 13 (2001) 49–70.

25 *Lumen gentium,* Nr. 23.

sind in kirchlicher Sicht bischöflich beauftragte Amtsträger, in staatskirchenrechtlicher Sicht hingegen angestellte Beamte einer staatskirchenrechtlichen Körperschaft.

Da diese staatskirchenrechtlichen Institutionen von den Gläubigen oft viel unmittelbarer erfahren werden können als die kanonischen Wirklichkeiten des Bistums und der Universalkirche, besteht die große Gefahr, daß sie auch viel unmittelbarer auf das Bewußtsein der Gläubigen einwirken und deren Selbstverständnis mehr im Sinne des helvetischen Staatsmodells als des katholischen Kirchenverständnisses prägen.

2. *Autonomie der Kirchgemeinde*

Eng damit zusammen hängt das zweite Problem: Während sich in der Sicht des Zweiten Vatikanischen Konzils Kirche in erster Linie im Bistum verwirklicht, das als „Ortskirche" bezeichnet und neu gewürdigt worden ist, haben die staatskirchenrechtlichen Systeme ihr Gravitationszentrum nicht im Bistum, sondern in der Pfarrei, genauerhin in der Kirchgemeinde, der eine weitestgehende Autonomie zugesprochen wird. Damit aber weist die katholische Kirche Strukturen auf, die ihrem eigenen Selbstverständnis nicht entsprechen, sondern vielmehr demjenigen der aus der Reformation hervorgegangenen kirchlichen Gemeinschaften. Dies gilt vor allem vom Prinzip der Autonomie der Kirchgemeinde, mit dem die staatskirchenrechtlichen Systeme letztlich stehen oder fallen, das aber in katholischer Sicht als das eigentliche Kernproblem identifiziert werden muß und über das Bischof Peter Henrici mit Recht geurteilt hat, es stelle den „größten Hemmschuh für die Kirche in der Schweiz" dar und es stärke dem helvetischen „Kirchturmdenken" den – ohnehin starken – Rücken.[26]

„Autonomie der Kirchgemeinde" ist ein helvetisch-demokratisches, aber nicht ein katholisch-konziliares Prinzip. Daß die staatskirchenrechtlichen Kirchgemeinden in finanzieller Hinsicht autonom sind, mag zur Not noch angehen, wiewohl sich Finanz- und Pastoralverantwortung nicht trennen lassen. Gefährlich wird es aber dort, wo eine Pfarrei sich auch in kirchlicher Hinsicht als autonom versteht. Denn eine Pfarrei ist nur dann eine Gemeinde der katholischen Kirche und damit eine über das Gemeindewesen hinausgehende belangvolle kirchliche Wirklichkeit, wenn sie nicht autonom, nicht in sich geschlossen ist. Das Kirchesein einer Pfarrei beruht vielmehr darauf, daß sie im Ganzen der Kirche steht; nur so ist sie katholisch. Eine Pfarrei ist Kirche in der Kirche allein dadurch, daß sie in die Bistumskirche und darüber hinaus in die weltweite Universalkirche hinein glaubt und lebt. Eine Pfarrei verdient deshalb nur dann die Ehrenbezeichnung „katholisch", wenn sie ein prinzipiell offener Ort ist: solida-

---

26 *Konzentration auf das Wesentliche. Weihbischof Dr. Peter Henrici SJ, Zürich, im Gespräch mit Georg Riman*, in: Kirche – Kultur – Kommunikation (Anm. 14) 911–930, hier: 922.

risch offen für andere Pfarreien, für das Bistum und für die universale Kirche, und zwar im Geben wie im Empfangen.

Dazu ist sie vor allem von der eucharistischen Versammlung her verpflichtet, die in dem doppelten Sinn die Mitte der Kirche ausmacht, daß zwar jede eucharistische Versammlung am Ort ganz Kirche ist, daß aber jede Einzelversammlung nicht die ganze Kirche repräsentiert, sondern nur dann wirklich Kirche bleibt, wenn sie in einer grundlegenden Einheit mit den anderen eucharistischen Versammlungen steht. Denn die Kirche ist gerade nicht die Summe von in sich autonomen Pfarreien, sondern ein Glaubensnetz von Eucharistiegemeinschaften, und sie wird immer wieder am tiefsten vereint durch den einen Leib Christi, den alle Glieder der Kirche empfangen und zugleich bilden. Die Kirche ist folglich nur das Volk Gottes, wenn sie es vom Leib Christi her ist.[27]

3. *Gegenläufigkeit der Institutionen*

Die Spannungen, die zwischen der Kirche und den staatskirchenrechtlichen Systemen bestehen, hat Bischof Peter Henrici auf den Punkt gebracht, wenn er von einer „Gegenläufigkeit zwischen dem Selbstverständnis unserer Kirchgemeinden und dem Selbstverständnis der katholischen Kirche" spricht und diese dahingehend präzisiert: „Die katholische Kirche baut sich nicht ‚kongregationalistisch' von unten, von den vergemeinschafteten Pfarreien her auf, sondern sakramental-eucharistisch, von Christus her. Sie ist ‚hierarchisch' verfaßt ... Damit bewegt sich die den kirchlichen Körperschaften vom Staat zugewiesene demokratische Organisationsform gegenläufig zu der vom Kirchenrecht vorgesehenen. Im Staatskirchenrecht kommt der Primat (und die Finanzhoheit) den einzelnen Kirchgemeinden zu, im Kirchenrecht dagegen den Bistümern. Die Spannungen und Missverständnisse, die auch in unserer schweizerischen Idylle nicht fehlen, dürften zu einem guten Teil auf diese Gegenläufigkeit von staatskirchenrechtlichem und kirchenrechtlichem Strukturaufbau zurückzuführen sein."[28]

a) Kirchenfinanzierung als Schmelztiegel

Es ist kein Zufall, daß Bischof Henrici diese Gegenläufigkeit auch im Blick auf die Kirchenfinanzierung konkretisiert. Denn das System der Kirchenfinanzierung ist das deutlichste Spiegelbild und gleichsam der Schmelztiegel der angesprochenen ekklesiologischen Probleme. Gemäß dem staatskirchenrechtlichen

---

27 Kurt Koch, *Die Kirche Gottes. Gemeinschaft im Geheimnis des Glaubens,* Augsburg 2007, bes. 29–36: Kirche als Volk Gottes vom Leib Christi her.

28 Peter Henrici, *Gegenwart und Zukunft des Verhältnisses zwischen Staat und Kirche(n),* in: Schweizerische Kirchenzeitung 172 (2004) 918, 920–923, zit. 920.

Grundprinzip der Autonomie der Kirchgemeinden liegt nämlich die Steuerhoheit allein bei den Kirchgemeinden und müssen alle übergemeindlichen Aufgaben der Kirche von unten nach oben finanziert werden, was bereits gemäß dem physikalischen Gesetz der Schwerkraft nur schwer zu realisieren ist. Konkret bedeutet dieses System, daß, je höher die kirchliche Verantwortungsebene ist, desto bescheidener sich die zur Verfügung stehenden Möglichkeiten und Kräfte ausnehmen. Im allgemeinen kann als Faustregel gelten: 100 zu 10 zu 1. Dies heißt konkret, daß ein Zehntel des Steueraufkommens auf die kantonale Ebene und ein Prozent auf die diözesane und gesamtschweizerische Ebene steigt.[29]

Daß die Konsequenzen dieses Systems für die Finanzierung diözesaner und gesamtschweizerischer Notwendigkeiten als prekär zu beurteilen sind, kann man sich leicht an zwei Beispielen verdeutlichen. Von den ca. 800 Millionen Kirchensteuern gelangen erstens nicht einmal 8 Millionen auf die Schweizerische Ebene. Daniel Kosch hat den Versuch unternommen, darzustellen, was dies bedeuten würde, wenn dieses System auf einer tieferen Stufe zur Anwendung käme. Es würde implizieren, daß von den Kirchensteuern 90 % für das christliche Leben in den Familien aufgewendet, 10 % der Pfarrei zur Verfügung gestellt und dem Kirchgemeinderat für seine Aufgaben 1 % überlassen würden. Man kann sich leicht vorstellen, daß einer solchen Pfarrei und einem solchen Kirchgemeinderat keine lange Zukunft beschieden wäre. Warum nur soll es dann der Kirche in den Bistümern und in der ganzen Schweiz zugemutet werden?[30]

Ein zweites Beispiel: Für die kirchliche Medienarbeit auf gesamtschweizerischer und sprachregionaler Ebene werden von den 800 Millionen des Kirchensteuergeldes nur gerade 2 Millionen Fr. ausgegeben. Wenn man bedenkt, daß allein die *Basler Zeitung Medien* 272 Millionen investiert, stellt sich unwillkürlich die Frage, wie es sich die katholische Kirche in der Schweiz leisten kann, bei Kirchensteuereinnahmen von 800 Millionen ganze 2 Millionen in die nationale Öffentlichkeitsarbeit zu investieren. Welchen Sinn macht es, wenn auch und gerade in staatskirchenrechtlichen Gremien über das schlechte Image unserer Kirche in der Öffentlichkeit geklagt wird, wenn man sich nicht zugleich verpflichtet fühlt, die Bedingungen der Möglichkeit zu schaffen, diese Situation zu verbessern?

Angesichts dieser Beobachtungen läßt sich kein anderer Schluß ziehen als der, daß unsere staatskirchenrechtlichen Systeme subsidiaritätsvirtuos und solidarschwach sind oder über-subsidiarisiert und unter-solidarisiert, wie *Urs C. Reinhardt,* der Redaktor des Solothurner Kirchenblattes, prägnant diagnostiziert: „Es gibt wohl kaum etwas Mühsameres als die zerflügelte, kantonalisierte und kommunalisierte kirchliche Gemeinschaft der Deutschschweiz. Und damit

---

29 Alois Odermatt, *Kirchensteuern in der Schweiz. Öffentlich-rechtliche Körperschaften mit pastoraler Bedeutung,* in: Una Sancta 53 (1998) 257–264, hier: 259.

30 Daniel Kosch, *Warum man auch in Zeiten der Finanzknappheit bei den RKZ- und Diözesanbeiträgen nicht sparen sollte – ein Plädoyer.* Unveröffentlichtes Manuskript 2007.

auch unseres Bistums."[31] Damit aber werden unsere staatskirchenrechtlichen Systeme nicht nur der Katholischen Soziallehre nicht gerecht, der gemäß ein System nur dann als gerecht beurteilt werden kann, wenn die beiden Prinzipien der Subsidiarität und der Solidarität miteinander im Gleichgewicht stehen, sondern es wird auch deutlich, welcher Reformstau bei den staatskirchenrechtlichen Institutionen gegeben ist.

Ich bin *Daniel Kosch,* dem Generalsekretär der Römisch-katholischen Zentralkonferenz, sehr denkbar, daß er auf diese strukturellen Schwächen immer wieder hinweist und sie vor allem dort lokalisiert, wo es gälte, Unterschiede zwischen armen und reichen Regionen auszugleichen oder übergreifende Aufgaben gemeinsam zu finanzieren. Denn die „aktuelle Mittelverteilung auf die lokale, regionale, diözesane und gesamtschweizerische Ebene entspricht den heutigen Anforderungen nicht mehr".[32]

b) Verhältnis kantonalkirchlicher Organisationen zum Bistum

Dieselben strukturell bedingten Probleme wiederholen sich im Verhältnis zwischen den kantonalkirchlichen Institutionen zum Bistum, wie ich dies für das Bistum Basel verdeutlichen möchte. In diesem Bistum sind die kantonalkirchlichen Organisationen zwar in der Landeskirchenkonferenz und in der Diözesanen Finanzkommission zusammengeschlossen. Diese Gremien können aber keine verbindlichen Beschlüsse fassen. So kann die Finanzkommission jedes Jahr neu zwar den Bistumsbeitrag festlegen. Sie kann ihn aber nur empfehlen; beschlossen wird er an den zehn verschiedenen Synoden der kantonalkirchlichen Organisationen. Dieses Vorgehen ist erstens schwerfällig und zudem ohne Garantie, ob es zum Ziel führt.

Selbst Repräsentanten von staatskirchenrechtlichen Organisationen klagen darüber, daß in einem derart großen Bistum nicht wenige Mitglieder von Synoden kaum Kenntnis von der Aufgabe eines Bistums und seiner Leitung haben, aber dennoch über dessen Bedürfnisse entscheiden. Dabei kann es auch zu gravierenden Betriebsunfällen kommen. So hat beispielsweise die Synode der Landeskirche Bern im Jahre 1995 den Bistumsbeitrag verweigert, und zwar mit der Begründung, daß der zwar bereits gewählte neue Bischof von Basel vom Papst noch nicht bestätigt worden sei. Diese Synode wollte den Papst strafen, ohne zu wissen, daß sie damit bloß dem Bistum geschadet hat. Daß auf solch wackligen Fundamenten die Leitung eines Bistums nicht erleichtert und eine mittelfristige Finanzplanung nicht ermöglicht wird, dürfte offensichtlich sein.

---

31 Urs C. Reinhardt, *Prospektiv statt resignativ handeln! Für eine Wochenzeitung des Bistums Basel,* in: (K)Ein Kochbuch. Anleitungen und Rezepte für eine Kirche der Hoffnung. fer – Brigitte Muth-Oelschner, Freiburg / Schweiz 2000, 461–464.

32 Daniel Kosch, *Demokratisch – solidarisch – unternehmerisch. Organisation, Finanzierung und Management in der katholischen Kirche in der Schweiz,* Zürich 2007, 37.

Ich denke freilich nicht nur an die Bistumsfinanzen, sondern auch an mehr Solidarität zwischen den kantonalkirchlichen Organisationen selbst, vor allem zwischen den reicheren mit jährlichen großen Überschüssen und ärmeren, die teilweise nicht einmal mehr das Nötigste ermöglichen können. Wie soll man es beispielsweise deuten, daß Basel-Stadt derart sparen muß, daß bereits der Verkauf von Kirchengebäuden vor Augen steht, während Kirchgemeinden in Basel-Landschaft jährlich einen Überschuß von über einer Million erwirtschaften und eigene Sitzungen einberufen müssen, um über die Verwendung dieser Gelder zu entscheiden? Mit dem größten Aufgebot an Verständnis für unsere Strukturen kann ich eine solche Situation nicht mehr als „katholisch" bezeichnen.

Von daher drängt sich die Frage eines Finanzausgleichs zwischen den Bistumskantonen auf. Diese Frage dürfte spätestens dann nicht mehr vom Tisch gewischt werden können, wenn in einem der zehn Diözesankantone eine Initiative zur Trennung von Kirche und Staat angenommen würde. Dann wäre der *Status confessionis* bei den anderen Bistumskantonen gegeben, und sie müßten sich der unausweichlich gewordenen Frage stellen, ob man diesen Bistumskanton finanziell aushungern läßt oder ob doch noch ein Bewußtsein, zu demselben Bistum zu gehören, vorhanden ist.

Es gehört unabdingbar zur Verantwortung des Diözesanbischofs, für das Ganze zu schauen und mögliche zukünftige Entwicklungen bereits heute zu thematisieren, auch wenn er dann mit seinen Anfragen auf wenig Verständnis stößt. Doch ich lebe lieber mit den Vorwürfen, die man mir heute macht, als mit den Vorwürfen, die dann später dahingehend erhoben würden, wenigstens der Bischof hätte doch solche Entwicklungen vorausahnen müssen.

Mit anderen Worten ist die Zeit (über-)reif geworden, den kantonalkirchlichen Organisationen genau jenen Fortschritt zuzumuten, der bei ihrer Errichtung den Kirchgemeinden zugemutet und auch zugetraut worden ist. Die kantonalkirchlichen Organisationen sind ja vor allem deshalb errichtet worden, damit in den einzelnen Bistumskantonen erstens ein Finanzausgleich zwischen reicheren und ärmeren Kirchgemeinden ermöglicht werden und zweitens zunehmenden übergemeindlichen pastoralen Notwendigkeiten auf kantonaler Ebene besser entsprochen werden konnte. Derselbe Fortschritt ist nun auch von den kantonalkirchlichen Organisationen im Blick auf die zunehmenden pastoralen Bedürfnisse in den Bistümern und in der ganzen Kirche in der Schweiz zu erwarten. Wie die Kirchgemeinden dabei eine gewisse Relativierung ihrer Autonomie in Kauf nehmen mußten, so gerät nun auch die Autonomie der kantonalkirchlichen Organisationen immer mehr in Konflikt mit dem heute zunehmend erhöhten Bedarf an überkantonalen pastoralen Aufgaben und mit der immer notwendiger werdenden Zusammenarbeit auf der Ebene des Bistums und der ganzen Kirche in der Schweiz.

Natürlich bin ich mir dessen bewußt, daß diese Fortschreibung größerer Solidarität auf der Ebene des Bistums juristisch schwieriger sein wird als die Fortschreibung der Solidarität zwischen den Kirchgemeinden auf kantonaler Ebene. Doch dort, wo das Problem wirklich erkannt und die Notwendigkeit eingesehen wird, werden sich auch Wege der Realisierung finden lassen. Denkanstöße in dieser Richtung liegen jedenfalls im Werk *Urs Caveltis* vor. Aufgrund seiner St. Galler Erfahrung, daß sich im Verhältnis zwischen Bistum und staatskirchenrechtlicher Institution auf kantonaler Ebene nicht allzu große Probleme stellen, wenn Bistum und staatskirchenrechtliche Institution weitestgehend deckungsgleich sind, war er besonders hellsichtig für die Probleme, die entstehen, wenn diese Deckungsgleichheit nicht gegeben ist, wenn vielmehr verschiedene kantonalkirchliche Organisationen im gleichen Bistum existieren wie im Bistum Basel, in dem es gleich zehn sind.

Grundsätzlich läßt sich sagen, daß je zahlreicher die Bistumskantone sind, die dem gleichen Bistum zugehören, desto dringlicher ihr Verhältnis zum Bistum verbindlich geregelt werden muß. Dieses Grundproblem hat Cavelti sehr sensibel wahrgenommen und deshalb mehr Verbindlichkeit und Solidarität unter den kantonalkirchlichen Organisationen in ihrem Verhältnis zum Bistum eingefordert. In seinen „Elementen einer Konkordatspolitik" hat er als Ergänzung zur Aufgabe der Beitragsleistungen der kantonalkirchlichen Organisationen an das Bistum ein „weiteres Instrument der Solidarität unter den Kantonalkirchen" gefordert, „wonach sie sich gegenseitig auf die gleichen Grundlagen der Beiträge verpflichten"; und er hat dieses Postulat sofort dahingehend präzisiert: „Ebenso sind Finanzpläne wenigstens auf eine mittelfristige Planung auszulegen. Dies verlangt eine Beitragszusicherung für wenigstens eine kurze mehrjährige Periode. Es ist also ein Gleichgewicht zu ermitteln zwischen den zur Zeit real unsicheren Zukunftsperspektiven des Ertrags der Kirchensteuern und dem Bedarf der Bistümer. Ohne eine befristete Bindung der Kantonalkirchen sowohl für Budgets wie allenfalls auch für bestimmte Teilaufgaben kann solidarische Mitwirkung nicht mehr auskommen."[33]

Zu erinnern ist ferner an die weitere Weisheit Urs Caveltis, daß die Bistumskantone als Bausteine der Bistümer zu betrachten sind. Bausteine machen aber nur Sinn, wenn sie nicht vereinzelt in der Landschaft herumliegen, sondern dem Aufbau und Zusammenhalt eines Gebäudes dienen. Die kantonalkirchlichen Organisationen sind folglich nur dann Bausteine eines Bistums, wenn sie nicht die bisherige Kantonalisierung der Kirche weiterverfolgen, sondern sich als Bausteine in das größere Ganze eines Bistums und darüber hinaus der Kirche in der Schweiz einbringen.

Wer sich im Bistum Basel auch nur ein bißchen auskennt, wird sofort zugeben müssen, daß es von diesen Visionen Caveltis noch weit entfernt ist. Die dankbare Anerkennung durch die kommende Generation, diese Visionen eingelöst zu haben, würde ich aber den staatskirchenrechtlichen Verantwortlichen der heutigen Generation gerne gönnen wollen.

---

33 Urs Josef Cavelti, *Elemente einer Konkordatspolitik,* in: SJKR / ASDE 9 (2004) 95–140, hier: 119.

IV. Notwendigkeit eines gedeihlichen Zusammenwirkens

Ich habe die ekklesiologischen und ekklesiopraktischen Probleme, die mit den staatskirchenrechtlichen Systemen gegeben sind, bewußt pointiert herausgestellt, um darauf hinzuweisen, daß das Miteinander der beiden Rechtssysteme nur dann funktioniert und auch eine gute Zukunft haben wird, wenn beide einvernehmlich zusammenwirken und sowohl ihre Kompetenzen als auch ihre Grenzen klar kennen.[34] Ein solches Zusammenwirken ist auch deshalb besonders notwendig, weil es in den vergangenen Jahren schwerwiegenden Belastungsproben ausgesetzt gewesen ist und es weiterhin bleibt, wenn ich nur an die unhaltbaren Entwicklungen in den Kirchgemeinden Röschenz und Kleinlützel denke. Diese Konfliktsituationen haben es an den Tag gebracht, daß das Zusammenwirken zwischen kanonischen und staatskirchenrechtlichen Organen gleichsam nur bei „schönem Wetter" funktioniert, in der Krisensituation aber weithin versagt.

1. *Verschiedene Kompetenzen und klare Grenzen*

Mit diesen Konfliktsituationen ist eine letzte Inkompatibilität der beiden Rechtssysteme an den Tag getreten, die es aufmerksam und klug weiter zu verfolgen gilt. Dieses Problem kann freilich nicht auf dem Weg gelöst werden, daß sich im Konflikt die Kirche stets den staatskirchenrechtlichen Vorgaben zu beugen hätte, wie dies alt Bundesrichter *Giusep Nay* insinuiert, wenn er die Kompetenz-Kompetenz bezüglich der Regelung des Verhältnisses von Kirche und Staat einseitig dem Staat zuordnet.[35] In dieselbe problematische Richtung hat auch das Kantonsgericht Basel-Landschaft in der Causa Röschenz geurteilt, daß nämlich die korporative Freiheit der römisch-katholischen Kirche selbst im innerkirchlichen Bereich ihre unbedingte Grenze immer beim staatlichen Recht finden müsse, wie es in der schriftlichen Urteilsbegründung heißt: „Die aus Art. 29 der Bundesverfassung fließenden Grundrechtsbestimmungen sind stärker zu gewichten als die in der Verfassung der Landeskirche enthaltenen Verweise auf Lehre und Rechtsordnung der römisch-katholischen Kirche; die Grundrechtsnormen müssen deshalb grundsätzlich innerkirchlichem Recht vorgehen." Und wenn das Gericht hinsichtlich der „Güterabwägung zwischen dem Selbstbestimmungsrecht der Kirche und staatlichem Rechtsgüterschutz" geurteilt hat, es müsse immer dem letzteren der absolute Vorrang gegeben werden, dann muß die Rückfrage erlaubt sein, ob eine solche absolute Staatsbezo-

---

34 René Zihlmann, *„Einvernehmlich". Zürcher Erfahrungen zur Partnerschaft zwischen kanonischen Instanzen und religionsrechtlichen Körperschaften,* in: (K)Ein Koch-Buch (Anm. 31) 575–596.

35 Giusep Nay, *Staatskirchenrecht. Der Dualismus als Chance,* in: Schweizerische Kirchenzeitung 172 (2004) 898, 900–903, hier: 898.

genheit die Freiheit der Kirche, aber auch diejenige der landeskirchlichen Ordnung noch zu garantieren vermag oder ob sie sie nicht vielmehr erstickt.[36] Auf jeden Fall ist die Frage nach dem Verhältnis zwischen den kanonischen und den staatskirchenrechtlichen Vorgaben auf der einen und zwischen den staatskirchenrechtlichen und den staatsrechtlichen Vorgaben auf der anderen Seite eine offene Frage, die auch in der neueren Bundesverfassung noch keineswegs gelöst ist.[37]

Wenn in Konfliktsituationen das kirchliche Recht stets dem Staatskirchenrecht unterliegen müßte, stellt sich zudem die Frage, wie es denn nun um die ansonsten viel gepriesene Einvernehmlichkeit zwischen beiden Rechtsinstitutionen in Tat und Wahrheit bestellt ist. Nur wenn diese Frage einer tragfähigen Antwort entgegengeführt werden kann, darf man in der Zukunft hinsichtlich eines gedeihlichen Zusammenwirkens zuversichtlich sein. Gemäß ihrem eigenen Selbstverständnis haben die staatskirchenrechtlichen Institutionen die Aufgabe, das Leben und Wirken der Kirche administrativ und finanziell zu ermöglichen und zu unterstützen. Überall dort, wo die staatskirchenrechtlichen Institutionen diese Verantwortung wahrnehmen, sind sie ein Segen für die Kirche. Dort hingegen werden sie zum Problem, wo sie im Gegenteil die Wahrnehmung der Verantwortung der kirchlichen Autorität behindern oder gar untergraben und wo sich deshalb im Konfliktfall das Kirchenrecht dem Staatskirchenrecht prinzipiell zu beugen hätte.

Das Zusammenwirken zwischen den kirchlichen und den staatskirchenrechtlichen Instanzen ist eine sensible Gratwanderung, die eine gute Kenntnis der komplizierten Sachlage voraussetzt. Für ein gutes Zusammenwirken erscheint es mir deshalb unabdingbar, daß die Verantwortlichen in diesen staatskirchenrechtlichen Institutionen mit einer entsprechenden Bildung begleitet werden. Ich anerkenne dankbar, daß verschiedene staatskirchenrechtliche Institutionen auf kantonaler Ebene in unserem Bistum für neu gewählte Kirchenräte und Kirchenrätinnen Einführungskurse organisieren, bei denen sowohl das katholische Kirchenverständnis als auch das gute Zusammenwirken zwischen den staatskirchenrechtlichen und kirchlichen Instanzen thematisiert wird. Es ist mir ein großes Anliegen, daß in allen Bistumskantonen solche Einführungskurse durchgeführt werden, auch und gerade im Dienst der unmittelbar betroffenen Kirchgemeinderäte und Kirchenräte, die ihre Verantwortung nur wahrnehmen können, wenn sie in solider Weise darauf vorbereitet werden.

---

36 Vgl. Walter Gut, *Fehlender Respekt gegenüber der Kirchen- und Religionsfreiheit. Zum Urteil des Kantonsgerichts Basel-Landschaft vom 5. September 2007 im Fall der Röm.-Kath. Kirchgemeinde Röschenz,* in: Schweizerische Kirchenzeitung 11 / 2008 Beilage.

37 Kurt Koch, *Religionsrecht der Schweiz im Licht der Religionsfreiheit,* in: Das Religionsrecht der neuen Bundesverfassung. Le droit des religions dans la nouvelle Constitution fédérale, hrsg. von R. Pahud de Mortanges, Freiburg/Schweiz 2001 (Freiburger Veröffentlichungen zum Religionsrecht 10), 93–103.

2. *Kirchenrechtliche Anerkennung der staatskirchenrechtlichen Institutionen?*

Überblickt man die ganze Problematik im Verhältnis der Kirche zu den staatskirchenrechtlichen Institutionen, wird man gegenüber einer neuerdings von verschiedenen Personen postulierten „synodalen" Interpretation der staatskirchenrechtlichen Gremien durch die Kirche selbst und damit einer partikularrechtlichen Anerkennung der staatskirchenrechtlichen Institutionen als kirchliche Gremien äußerst skeptisch sein müssen. In diese Richtung hat vor allem alt Bundesrichter *Giusep Nay* eine „Änderung der defensiven Haltung der Kirche" und folglich eine „Anerkennung von Kirchgemeinden und Kantonalkirchen als gewohnheitsrechtliche Institutionen des partikularen Kirchenrechts" gefordert, weil damit eine Anerkennung von deren kirchlichem Charakter auch nach Kirchenrecht verbunden wäre.[38]

Auf diese Forderung könnte zunächst nur unter der Voraussetzung eingetreten werden, daß die staatskirchenrechtlichen Organisationen auf kantonaler Ebene inskünftig auf die Bezeichnung „Kirche" für eine staatskirchenrechtliche Körperschaft verzichten. Daß es sich dabei nicht um die Infragestellung eines absoluten Dogmas handelt, kann man bereits daraus ersehen, daß sich staatskirchenrechtliche Organisationen auf kantonaler Ebene – wie beispielsweise St. Gallen, Solothurn, Zug und Zürich – nicht als „Landeskirchen" oder „Kantonalkirchen" bezeichnen, sondern bewußt andere Bezeichnungen gewählt haben, die dem eigentlichen Charakter dieser Organisationen besser entsprechen.

Vor allem aber in theologischer Sicht sind staatskirchenrechtliche Organe auf kantonaler Ebene staatliche Institutionen mit einer kirchlichen Zweckbestimmung, aber sie sind keine Kirchen, wie bereits Bischof Anton Hänggi in seiner Stellungnahme zum Vorentwurf zum Kirchgemeindegesetz der so genannten römisch-katholischen Landeskirche des Kantons Luzern im Jahre 1972 unmißverständlich eingeschärft hat, daß sich eine staatliche Kirchenorganisation nicht zur Kirche erklären könne und daß es folglich nicht angehe, „die Kirche in eine Amts-(Klerus-) und eine Landes-(Volks-)Kirche zu spalten, wie auch der Staat sich nicht teilen läßt in einen Regierungs- und einen Volksstaat." Eine so genannte „Landeskirche" sei deshalb nur eine staatliche Organisationsform für das Kirchenvolk, nicht hingegen die Kirche an sich, und dürfe auch nicht so bezeichnet werden.[39] Wiewohl Bischof Hänggis Votum damals nicht berücksichtigt worden ist, hat er posthum mit dem letztjährigen Entscheid des Bundesgerichts Recht bekommen, das nur die Universalkirche als Kirche und die so genannte „Landeskirche" als ein staatskirchenrechtliches Konstrukt bezeichnet hat. Ähnliches wäre zudem aus den weiter oben genannten Gründen auch von der Bezeichnung eines Kirchenparlamentes als „Synode" zu sagen.

---

38 Giusep Nay, *Kirche und Staat im Lichte der Religionsfreiheit. Die schweizerische Lösung des Dualismus,* in: Gesellschaftliche Ängste als theologische Herausforderung. Kontext Europa, hrsg. von Adrian Loretan – Franco Luzatto, Münster 2004, 65–78, hier: 74 f.

39 Archiv des bischöflichen Ordinariates in Solothurn, M 977.

Die Forderung einer partikularrechtlichen Anerkennung staatskirchenrechtlicher Institutionen als kirchliche Wirklichkeiten steht vor allem der Tatsache entgegen, daß solche Institutionen in der Kirche gar nicht vorgesehen sind, sondern staatliche und vom Staat geforderte Kreationen sind, die nicht nachträglich gleichsam kirchlich „getauft" werden können. Eine solche globale Anerkennung müßte zudem die Anerkennung aller gegenwärtigen und zukünftigen Repräsentanten dieser Institutionen mit einschließen und käme einer Pauschalzustimmung zu allen heute und morgen gewählten und zu wählenden Kirchgemeinderäten und Kirchenräten gleich. Gewiß wäre dies angesichts vieler Repräsentanten staatskirchenrechtlicher Organisationen, die heute vorbildlich wirken, kein Problem. Was aber wäre mit jenen Personen, die sich bewußt in staatskirchenrechtliche Gremien wählen lassen, um gegen die Kirchenleitung zu arbeiten, oder mit jenen Personen, die nicht aus kirchlichen, sondern aus politischen Gründen Einsitz in solche Gremien nehmen wollen, zumal in jenen Kantonen – wie Solothurn –, in denen die Auswahl für die Kirchgemeinderäte noch immer eine Angelegenheit der politischen Parteien ist? Diese Personen könnten sich dann nicht nur darauf berufen, daß sie mit dem Segen der Kirche arbeiten, sondern das ganze Wirken dieser Personen und Institutionen wäre von der Kirche von vorneherein pauschal abgesegnet.

Dies aber kann der Kirche nicht zugemutet werden, zumal sie gemäß ihrem Selbstverständnis Beauftragungen in erster Linie im Blick auf Personen und nicht Institutionen ausspricht. Dies wird aber von den staatskirchenrechtlichen Institutionen selbst verunmöglicht, da deren Repräsentanten durch Wahl in ihr Amt kommen und der Bischof dabei kein Wort zu sagen hat. Es ist bereits heute eigenartig, daß ich bei der Besetzung von wichtigen Aufgaben in den regionalen Bischofsvikariaten die staatskirchenrechtlichen Institutionen vor der Ernennung konsultiere, während die Repräsentanten der staatskirchenrechtlichen Organe – ohne mein Wissen und meine Konsultation – einfach gewählt werden, wobei ich zumeist irgendwelchen Medien entnehmen muß, wer gewählt worden ist. Einem solchen Verfahren und den aus ihm hervorgegangenen Personen blankomäßig und blind zuzustimmen, ist mit der Verantwortung eines Bischofs schlicht nicht zu vereinbaren. Es ist zudem seltsam, daß Dienste wie Lektoren oder Kommunionhelfer einer kirchliche Beauftragung bedürfen, während Repräsentanten der staatskirchenrechtlichen Organe, denen eine große Verantwortung für die Kirche zukommt, ohne jede kirchliche Beauftragung dastehen.

Dieser Argumentation hat *Daniel Kosch* vorgeworfen, sie verrate „ein eingeschränktes Amts- und Kirchenverständnis", das beispielsweise nicht berücksichtige, daß die „Wahl auch in der Kirche ein gültiges Verfahren sei, Menschen für gewisse Aufgaben zu bestimmen", wobei er sich auf die Abtwahl und die Papstwahl beruft.[40] Völlig ausgeblendet hat Daniel Kosch freilich den grundlegenden Unterschied, daß Christen, die zum Abt oder zum Papst gewählt worden sind, eine kirchliche Ausbildung hinter sich haben und sich im kirchlichen

---

40 Kosch, *Demokratisch – solidarisch – unternehmerisch* (Anm. 32), 39.

Dienst lange Zeit bewährt haben, was bei den Repräsentanten der staatskirchenrechtlichen Organisationen in der Regel nicht zutrifft, weil hier vielmehr das demokratische Grundprinzip gilt, daß wer gewählt ist, auch *eo ipso* kompetent ist.

Daß dieses demokratische Prinzip in der Kirche angesichts der heutigen Situation einer zunehmenden Verdunstung des Glaubens und des Kirchenverständnisses immer mehr Probleme provoziert und in einer Glaubensgemeinschaft nur äußerst beschränkt angewendet werden dürfte, ist ein weiterer Indikator dafür, daß eine partikularrechtliche Anerkennung der staatskirchenrechtlichen Institutionen aus ekklesiologischen Gründen nicht in Frage kommen kann, daß vielmehr gerade auch bei der Frage der Auswahl oder Wahl der Verantwortlichen eine große Inkompatibilität der beiden Rechtssysteme aufscheint. Von daher muß es dabei bleiben, daß staatskirchenrechtliche Organisationen staatliche Institutionen, freilich mit einer kirchlichen Zweckbestimmung, sind. Dies muß genügen, um in der Pastoral der Kirche sinnvoll zusammenarbeiten zu können, zumal in der heutigen Situation, in der die Kirche vor neuen und epochalen Herausforderungen steht.

V. Staatskirchenrecht und neues pastorales Paradigma

Damit wird der Blick frei auf die zweifellos größte Herausforderung, der sich auch die staatskirchenrechtlichen Systeme in der heutigen pastoralen Situation stellen müssen. Dabei ist von der Grundvoraussetzung auszugehen, daß das staatskirchenrechtliche System der Kirchgemeinden im wesentlichen auf dem Pfarreiprinzip beruht, weil es Kirchgemeinden nur geben kann, weil es Pfarreien gibt und weil die ersteren im Dienst der letzteren stehen und deren Leben administrativ und finanziell unterstützen. Diese Grundvoraussetzung hat zur Konsequenz, daß, wenn die Bedeutung der Pfarrei geringer wird, dies notwendigerweise auch Rückwirkungen auf die Kirchgemeinden haben wird. Diesem neuen Phänomen müssen wir uns eingehend zuwenden, weil es eine große Herausforderung an die Pastoral der Kirche in Gegenwart und Zukunft darstellt.

1. Pfarrei und Kirchgemeinde am Ende des Konstantinischen Zeitalters

Die Pfarrei ist zwar auch heute für den einzelnen Katholiken der unmittelbare Lebensort, der ihn den Glauben in seiner kirchlichen Gestalt erfahren läßt. Im Normalfall findet der katholische Christ auch heute in der Pfarrei und damit im Umfeld seines Lebensalltags, seines Freundes- und Bekanntenkreises und in der Begegnung der sonntäglichen Gottesdienstgemeinschaft emotional seine kirchliche Beheimatung. Von daher lebt Kirche durchaus zunächst in der Pfarrei. Dennoch muß sofort hinzugefügt werden, daß Kirche sich nie in der Pfarrei erschöpfen kann und darf. Kirche ist immer auch mehr als Pfarrei, und sie ist es in der Geschichte auch immer gewesen. Denn es hat neben den Pfarreien immer auch apostolische Bewegungen gegeben, die den Raum der Ortsgemeinde oder sogar der Ortskirche überschritten haben. Zu denken ist dabei in der frühen Zeit der Kirche an die Mönchsbewegung, später an die großen Ordensgründungen der Franziskaner, Dominikaner und Jesuiten, an die großen missionarischen Kongregationen im 19. Jahrhundert bis hin zu den neuen geistlichen Gemeinschaften und kirchlichen Bewegungen heute.[41] Wie wir heute zwischen diesen neuen kirchlichen Bewegungen und den Pfarreien manchmal Reibungsflächen beobachten können, so hat es auch in der Geschichte zwischen den ortsgemeindlichen und den apostolischen kirchlichen Wirklichkeiten immer wieder Auseinandersetzung und Streit gegeben, und zwar vor allem dann, wenn die ortsgemeindliche Struktur in einer verengten und verarmten Sicht der Kirche verabsolutiert worden ist.

Da Kirche immer auch mehr als Pfarrei ist und folglich die Sozialgestalt der Gemeindekirche kein Gestaltungsmonopol von Kirche für sich beanspruchen kann, ergibt sich bereits aus diesen theologischen Gründen eine gewisse Relativierung des Pfarreiprinzips und in der Folge auch des staatskirchenrechtlichen Prinzips der Kirchgemeinden und vor allem des Prinzips der Gemeindeautonomie. In der heutigen Situation wird die Bedeutung der Pfarrei noch zusätzlich aus soziologischen Gründen geringer, die in gesellschaftlichen Verschiebungen liegen, die man nicht nur in der Abkehr nicht weniger Menschen heute von der Volkskirche und in den daraus folgenden gelockerten Beziehungen zu Pfarrei und Kirchgemeinde wahrnehmen muß. Auch der zunehmend antiinstitutionell geprägte Geist in der heutigen Gesellschaft und die hohe Mobilität der Bevölkerung durchbrechen in ihrer praktischen Bedeutung die kirchliche Struktur von Pfarrei und Kirchgemeinde.

Dieses Gesamtproblem kann man in der kurzen Diagnose zusammenfassen, daß einerseits den staatskirchenrechtlichen Systemen die Vorstellung und Existenz von Volkskirchen mit ihren starken Pfarreibindung zugrundeliegen, daß diese andererseits aber in der heutigen Gesellschaft einem starken Erosionsprozeß ausgesetzt sind, der in einem engen Zusammenhang mit der Situation der gesamten modernen und postmodernen Kultur steht, wie Medard Kehl mit Recht urteilt: „Die großen Kirchen sind massiv in die gegenwärtigen Krisenphänomene unserer neuzeitlichen Kultur hineinverstrickt und teilen darum auf ihre Weise die Problematik dieser Kultur."[42] Wenn man diese Diagnose ernstnimmt, dann drängt sich unweigerlich das Urteil auf, daß wir uns gegen-

41 Joseph Kardinal Ratzinger, *Kirchliche Bewegungen und ihr theologischer Ort,* in: Ders., Weggemeinschaft des Glaubens. Kirche als Communio, Augsburg 2002, 151–179.

42 Medard Kehl, *Kirche in der Fremde. Zum Umgang mit der gegenwärtigen Situation der Kirche,* in: Wozu Kirche? Wozu Gemeinde? Kirchenvisionen, hrsg. von Günther Koch – Josef Pretscher, Würzburg 1994, 40–62, hier: 41 f. Vgl. auch Ders., *Wohin geht die Kirche? Eine Zeitdiagnose,* Freiburg i. Br. 1996.

wärtig in der Phase des endgültigen Endes der konstantinisch geprägten Gestalt des Christentums und der Kirche befinden, wobei darunter die durchgehende Vergesellschaftung des Christentums in dem Sinne zu verstehen ist, daß man gleichsam aufgrund der Geburt Christ wird und selbstverständlich in die Kirche hineinwächst.[43]

Die Zeichen der Zeit weisen aber eindeutig in die Richtung, daß das konstantinische Bündnis zwischen Kirche und Staat immer mehr aufgelöst wird und daß die mit diesem Bündnis gegebene Selbstverständlichkeit des Hineinwachsens der Menschen in die Kirche aufgrund ebenso selbstverständlicher Sozialisationspraxis des Glaubens stets unwirksamer wird. Denn das Strukturganze, das der (nach-)konstantinischen Sozialisationspraxis zugrundeliegt, bricht immer mehr auseinander, und zwar irreversibel; und die gesellschaftlichen Stützen der Volkskirche, die bisher das Christwerden und Kirchesein getragen haben, verschwinden unaufhaltsam. Darin liegt der äußerst labil und fragil gewordene Status der volkskirchlichen Situation der katholischen Kirche in unseren Breitengraden begründet. Deshalb wird auch der Kirche in unserem Land immer deutlicher jener Prozeß bevorstehen, den nach dem Urteil von Kardinal Walter Kasper die Freikirchen vorweggenommen haben, nämlich „die Unabhängigkeit und Freiheit vom Staat und den Abschied von der konstantinischen Epoche der Kirche".[44]

Angesichts dieser gravierenden Verschiebungen kann kein Zweifel darüber bestehen, daß auch die staatskirchenrechtlichen Systeme mit ihrer starken Konzentration auf die Kirchgemeinde und mit ihrem forcierten Prinzip der Gemeindeautonomie einer notwendigen Anpassung bedürfen. Denn ohne eine solche Anpassung erwecken diese Systeme nicht nur den Anschein einer nach wie vor volkskirchlichen Situation, sondern sie stehen auch in der großen Gefahr, diese zu perpetuieren. Ablesbar ist dies vor allem daran, daß auch heute nicht wenige Angehörige von Pfarreien und Kirchgemeinden problemlos das bisher vererbte, gewachsene und volkskirchlich geprägte Christsein – freilich kontrafaktisch – voraussetzen, auch weiterhin auf eine volkskirchlich orientierte Pastoral der flächendeckenden Begleitung und der Bestandswahrung setzen und dabei entweder in einer gewissen Selbstzufriedenheit auf die doch noch gut funktionierende Volkskirche blicken oder angesichts dessen, was alles nicht mehr funktioniert, ins Murren ausbrechen – wie das Volk Israel in der Wüste, das sich nach den Fleischtöpfen Ägyptens zurückgesehnt hat.

---

43 Vgl. Heribert Mühlen, *Kirche wächst von innen. Wege zu einer glaubensgeschichtlich neuen Gestalt der Kirche. Neubestimmung des Verhältnisses von Kirche und Gesellschaft,* Paderborn 1996.

44 Walter Kasper, *Der Päpstliche Rat zur Förderung der Einheit der Christen im Jahre 1999,* in: Catholica 54 (2000) 81–97, hier: 93.

2. *Initiationspastoral als besondere Herausforderung*

Mit einer solchen in pastoraler Sicht äußerst riskanten Reduktion der Ekklesiologie auf die volkskirchlich geprägte Pfarrei und Kirchgemeinde kann man aber jenem grundlegenden Wandel, dem die Kirche in unserer Situation ausgesetzt ist, nicht mehr gerecht werden. Das Hauptproblem, das sich beim Festhalten an der heutigen Gestalt den staatskirchenrechtlichen Systemen stellt, besteht darin, daß sie von einem pastoralen Paradigma ausgehen und es zugleich festschreiben, das der heutigen Situation nicht mehr genügend entspricht und das seine Erfolgslosigkeit immer deutlicher an den Tag bringt, nämlich das volkskirchliche, gemeindeorientierte und letztlich konstantinische Paradigma. Dieses Problem ist mit Händen zu greifen vor allem bei der Initiationspastoral, die eine besondere Herausforderung darstellt.[45] Um diese besser verstehen zu können, muß freilich kurz in die Geschichte zurückgeblendet werden.

a) Kirchliche Initiation im Wandel der Geschichte

Die ursprüngliche Gestalt der kirchlichen Initiation war der Katechumenat. Dieser war in der alten Kirche jene Institution, in der die Taufbewerber die Ernsthaftigkeit der mit ihrer Taufe verbundenen Umkehr an den Tag zu legen hatten. Denn die Taufe wurde nicht einfach als Sakrament verstanden, das rein äußerlich vollzogen werden könnte, sondern sie impliziert nach dem damaligen Verständnis vielmehr einen radikalen Existenzwandel von der „fleischlichen", der Sünde und dem Tod ausgelieferten Existenz, zur „geistlichen", von Gottes Geist geleiteten Existenz im Sinne der Befreiung zum wahren Sein, die Gestalt gewinnen muß in einer radikalen Änderung der Lebensweise, die vor allem einschließt, in Übereinstimmung mit Christus zu leben. Die Taufbewerber mußten deshalb an einem dreijährigen Taufunterricht teilnehmen, dessen Ziel es war, sorgfältig in das jüdisch-christliche Glaubenswissen und in die Lebensform des Glaubens in der Gemeinschaft der Kirche einzuführen.

Dahinter steht die Überzeugung der frühen Kirche, daß sich das Christwerden in einem langen Weg der Wandlung und der Bekehrung vollzieht, den der Mensch Schritt für Schritt zu gehen hat. Die alte Kirche ging deshalb selbstverständlich davon aus, daß sich das christliche Leben bei den Taufbewerbern nicht von selbst einstellt, sondern daß es erlernt und eingeübt werden muß. Ebenso selbstverständlich ging sie davon aus, daß das Böse mächtig ist und daß um das Kommen der Gottesherrschaft gekämpft werden muß. Von welcher existenziellen Tragweite der Katechumenat empfunden wurde, zeigt beispielsweise Augustins Vergleich der christlichen Initiation in die Kirche mit der Herstellung des Brotes: Wie das Korn, das über den Bergen zerstreut war, gesammelt, gedro-

---

45 Vgl. Kurt Koch, *Initiation in die Kirche. Eine pastorale Herausforderung der Kirche heute im Licht der Tradition,* in: Damit sie das Leben haben (Joh 10, 10). Festschrift für Walter Kirchschläger zum 60. Geburtstag, hrsg. von Ruth Scoralick, Zürich 2007, 131–146.

schen und gemahlen, mit Wasser zum Teig vermischt und im Feuer gebacken wird, so müssen die Katechumenen durch die Mühen der Taufvorbereitung hindurch gehen, im Wasser getauft und im Feuer des Heiligen Geistes zum einen Brot, nämlich zum Leib Christi, werden.[46]

Und welche einschneidenden Konsequenzen im Leben der Christen die Taufe in der Alten Kirche mit sich brachte, kann man an der Tatsache ablesen, daß für die Getauften viele heidnische Berufe nicht mehr in Frage kamen, und zwar genauerhin alle Berufe, die mit dem heidnischen Kult in Berührung standen – wie beispielsweise Schauspieler und Gladiatoren, Astrologen und Traumdeuter, Zuhälter und Dirnen. Taufbewerber wurden deshalb nur zugelassen, wenn sie bereit waren, solche Berufe aufzugeben. Hinter dieser „Liste der christlichen Verweigerungen"[47] steht die Überzeugung, daß die Taufe auch zu Ablehnungen von Verhaltensweisen führt, die „man", nämlich der durchschnittliche Mensch zu tun pflegt.

In der alten Kirche war also die kirchliche Initiation mit dem Katechumenat als dem ursprünglichen und eigentlichen Weg des Christwerdens und damit der Umkehr verbunden, der mit der Feier der Eucharistie besiegelt wurde. Mit der Konstantinischen Wende und vollends mit der Erklärung des Christentums zur offiziellen Staatsreligion jedoch war der Verfall der pastoralen Institution des Katechumenats um das fünfte Jahrhundert nicht mehr aufzuhalten. Diese grundlegende Wende hatte zur Konsequenz, daß „an die Stelle eines umfassenden Katechumenats für *Ungetaufte*" nun „die Unterweisung der Kinder *nach der Taufe*" trat.[48] Während in der alten Kirche die Initiation der Feier des Sakramentes vorausgegangen war, stand nun nach der Konstantinischen Wende das Sakrament am Anfang und folgte die Initiation auf die Feier des Sakraments, die in der pastoralen Trias von Familie, Schule und kirchlichem Religionsunterricht zu vollziehen war.

Heute stehen wir nochmals vor einer grundlegend anderen und neuen Situation, die Papst *Benedikt XVI.* bereits als Präfekt der Glaubenskongregation dahingehend diagnostiziert hat, daß sich ein Großteil der Christen heute „faktisch im Katechumenats-Status" befindet und daß wir dies „in der Pastoral endlich ernstnehmen müssen".[49] In der Tat werden in der heutigen Situation selbst die geschichtlich gewachsenen traditionellen Wege der Glaubensweitergabe und der Hinführung zum Glauben und kirchlichen Leben und die damit verbundenen Lernorte – Familie, Pfarrei und Schule – zunehmend schwächer oder fallen ganz aus. Nicht nur findet in vielen Familien die Primärsozialisation im kirchlichen Leben nicht mehr statt, sondern auch in der Schule wird die Weitergabe des Glaubens zunehmend prekärer; und selbst der Religionsunterricht,

---

46 AUGUSTINUS, *Sermo* 227, 1.

47 GERHARD LOHFINK, *Braucht Gott die Kirche? Zur Theologie des Volkes Gottes,* Freiburg i. Br. 1998, 261.

48 Vgl. MÜHLEN, *Kirche wächst von innen* (Anm. 43), 97.

49 JOSEPH KARDINAL RATZINGER, *40 Jahre Konstitution über die Heilige Liturgie. Rückblick und Vorblick,* in: Liturgisches Jahrbuch 53 (2003) 209–221, hier: 218.

der immer nur subsidiär zu wirken vermag, kann kaum mehr auf bereits vorhandenen Glaubensgrundlagen aufbauen.

b) Wiederentdeckung des Katechumenates

Diese Entwicklungen haben zur Konsequenz, daß im dominierenden Mittelpunkt der pastoralen Arbeit die Sakramentalisierung des menschlichen Lebens steht und gerade nicht die Evangelisierung, die in einer missionarischen Situation zweifellos im Vordergrund stehen müßte. Denn die Pastoral muß in der heute weithin diffus gewordenen Situation, wie Kardinal Walter Kasper mit Recht betont hat, von der „pastoralen Prävalenz des Wortes vor dem Sakrament" ausgehen.[50]

Nimmt man diese pastorale Situation ernst, kann und darf die Kirche nicht mehr einfach voraussetzen, daß die Menschen schon wissen, was Christsein ist und wie sich kirchliches Leben gestaltet. Sie muß vielmehr davon ausgehen, daß es gilt, den Glauben und das Leben in der Kirche in jeder Generation von Grund auf neu zu lernen. Während die Missionskirchen den Zusammenhang zwischen Initiation und Katechumenat bereits seit längerer Zeit wieder neu entdeckt haben, und während dieser Zusammenhang für die Freikirchen in anderer Weise wichtig geworden ist, stellt heute angesichts der weitgehenden Entkirchlichung und Entchristlichung in den westlichen Gesellschaften „die Erneuerung des Katechumenats inzwischen auch für die historischen Kirchen eine Lebens- und Überlebensnotwendigkeit" dar.[51] Da nämlich die Selbstverständlichkeit der traditionellen Form eines „vererbten" Christentums brüchig geworden ist und wir uns auch in den westlichen Gesellschaften den Herausforderungen einer missionarischen Situation nicht mehr verschließen können und dürfen,[52] liegt in der Wiederentdeckung des Katechumenats eine pastorale Herausforderung und Chance vor uns, der wir uns stellen sollten.[53]

Dieser Herausforderung können wir nur entsprechen, wenn die herkömmliche Pastoral der Initiation ihre ursprünglich katechumenale und dies heißt erstverkündigende-evangelisierende Dimension zurückgewinnt. Die französische Christentumssoziologin *Danielle Hervieu-Leger* hat mit Recht betont, daß die traditionelle Kategorie des „praktizierenden Katholiken" in der heutigen

50 Walter Kasper, *Wort und Sakrament,* in: Ders., Glaube und Geschichte, Mainz 1970, 285–310, hier: 310.

51 Vgl. Walter Kardinal Kasper, *Ekklesiologische und ökumenische Implikationen der Taufe,* in: Weg und Weite. Festschrift für Karl Lehmann, hrsg. von Albert Raffelt, Freiburg i. Br. 2001, 581–599, hier: 585.

52 Vgl. Die Deutschen Bischöfe, *„Zeit zur Aussaat". Missionarisch Kirche sein,* Bonn 2000.

53 Vgl. *Erwachsenentaufe als pastorale Chance. Impulse zur Gestaltung des Katechumenats,* hrsg. vom Sekretariat der Deutschen Bischofskonferenz, Bonn 2001 (Arbeitshilfen 160). Vgl. auch *Wege zum Christwerden. Der Erwachsenenkatechumenat in Europa,* hrsg. von Matthias Ball – Ernst Werner, Ostfildern 1994.

pastoralen Situation kaum mehr aussagekräftig ist, jedenfalls nur noch auf eine kleine Minderheit zutrifft, daß die Mehrheit vielmehr als „Pilger“ und „Konvertiten“ zu betrachten sind. Dies sind Menschen, die nicht einfach Christen sind, sondern auf dem Weg, Christen zu werden. Pilger und Konvertiten sind deshalb noch nicht überzeugte Christen, sondern Menschen, die auf der Suche nach ihren Lebensüberzeugungen sind und Christen nur werden in der Begegnung mit überzeugten Christen und Christengemeinschaften.

Von daher stellt sich die entscheidende Rückfrage an unsere staatskirchenrechtlichen Systeme, wie sie dieser neuen katechumenalen Situation und der aus ihr notwendigerweise folgenden missionarischen Pastoral zu entsprechen vermögen. Denn diese Systeme lassen sich nach wie vor leiten von der volkskirchlichen Logik einer präzisen Erfassung der Kirchenmitglieder und der ebenso genauen Erhebung ihrer Zugehörigkeit, wie sie ihren deutlichsten Ausdruck findet in der Pflicht der Besteuerung der Kirchenmitglieder. Der „Alles-oder-Nichts-Standpunkt“ in dem Sinn, daß man entweder Mitglied der Kirche ist und seiner Steuerpflicht nachzukommen hat oder daß man sich von dieser Pflicht nur befreien kann, wenn man den sogenannten Kirchenaustritt erklärt, vermag bereits der Mentalität vieler Kirchenmitglieder heute nicht mehr gerecht zu werden, weil er ihnen keine Möglichkeit läßt, sich – aus welchen Gründen auch immer – auf bestimmte Zeit vom kirchlichen Leben zu beurlauben und gleichsam „Kirchenferien“ zu verbringen, sondern weil er nur das Entweder-Oder gelten läßt und damit erst recht so genannte Kirchenaustritte provoziert. Vollends der Situation der „Pilger“ und „Konvertiten“, für die nicht die Frage der Kirchenzugehörigkeit im Vordergrund steht, sondern die auf dem Weg sind, allererst ihre Zustimmung zum christlichen Glauben und kirchlichen Leben zu finden, wird dieser „Alles-oder-Nichts-Standpunkt“ der staatskirchenrechtlichen Systeme in keiner Weise gerecht. Sie sind deshalb herausgefordert, neue Wege zu suchen, um mit einer größtmöglichen Flexibilität einer heute notwendigen katechumenal-missionarischen Pastoral entsprechen zu können.

3. Staatskirchenrecht und missionarisch Kirche sein

Wenn wir uns dem kurz skizzierten grundlegenden Wandel, dem unsere Kirche in der heutigen gesellschaftlichen Situation ausgesetzt ist, ehrlich stellen, ergeben sich somit ganz neue Fragen, die nicht allein und nicht in erster Linie mit strukturellen Anpassungen und quantifizierenden Prioritätensetzungen beantwortet werden können, wenn die Seel-Sorge nicht zur reinen Zähl-Sorge verkommen soll. Die Entwicklungen und Veränderungen in der heutigen Situation der Kirche sind aber derart gravierend, daß sie uns vor eine grundlegende pastorale Alternative stellen, die ich – gewiß etwas zugespitzt – so formulieren möchte:

Wollen wir uns einem stets rasanter werdenden Bedeutungsverlust des Christentums und der Kirche in der heutigen gesellschaftlichen Öffentlichkeit einfach resignativ ergeben und allein die verbliebenen volkskirchlichen Restbestände verwalten, oder glauben wir daran, daß das Evangelium, das uns anvertraut ist, derart menschliches Leben fördernd ist, daß wir auch heute neue Christen und Christinnen für das Evangelium gewinnen können? Wollen wir unsere pastoralen Bemühungen auf ein möglichst reibungsloses und schmerzfreies Abwickeln der gewiß großen Tradition der Volkskirche beschränken, oder wollen wir als Kirche auch heute „Menschenfischer" für Gott sein? Oder um diese Alternative mit den Worten von *Madeleine Delbrêl,* der glaubwürdigen Pionierin des Glaubens in einer säkularisierten Welt, zu formulieren: Wollen wir de-missionieren oder missionieren?

„Den Glauben ins Spiel bringen": Mit diesem Leitwort haben wir im Bistum Basel den Pastoralen Entwicklungsplan ausgearbeitet und mit ihm die genannte Alternative eindeutig in der zweiten Fragerichtung beantwortet. Oder um die Herausforderung, vor der wir heute stehen, mit *Christian Hennecke,* dem verantwortlichen Leiter des Fachbereichs Verkündigung in der Diözese Hildesheim, zu benennen: Die Kirche hat keine Zukunft, wenn sie angesichts der heutigen Mangelerscheinungen nur murrt und sich nach den Fleischtöpfen Ägyptens zurücksehnt. Die Kirche braucht vielmehr den Mut, über den Jordan zu gehen und „Expeditionen ins Land der Verheißung" zu unternehmen.[54]

An die staatskirchenrechtlichen Organisationen – und natürlich zunächst an die Kirche selbst – ist damit die grundlegende Frage gestellt, wie sie diesem elementaren pastoralen Paradigmenwandel zu entsprechen gedenken und welche Flexibilität sie dabei an den Tag zu legen bereit sind. In meinen Augen sind sie vor allem herausgefordert, statt permanent den kirchlichen Reformstau zu beklagen, ihren eigenen Reformstau sensibel wahrzunehmen, wie ihn *Daniel Kosch,* der Generalsekretär der Römisch-katholischen Zentralkonferenz, unmißverständlich beim Namen genannt hat: „Die staatskirchenrechtlichen Strukturen leiden ... ebenfalls unter einem Reformstau und sind gefordert, ihre eigenen Strukturen anzupassen und zu Gunsten der wichtiger gewordenen übergreifenden Aufgaben der Kirche auch ganz konkret ein Stück Besitzverzicht zu leisten."[55]

„Nicht defensiv bewahren, sondern offensiv weiterentwickeln":[56] Dies ist jedenfalls das Gebot der gegenwärtigen Kirchenstunde, die auch dem entscheidenden Impuls des Zweiten Vatikanischen Konzils gerecht werden will. Denn es wollte den entschiedenen Übergang von einer nur bewahrenden zu einer missionarischen Kirche fördern, weshalb für das Konzil, was heute weithin in Vergessenheit geraten ist, der Gegenbegriff zu „konservativ" gerade nicht „progressiv" war, sondern „missionarisch".

---

54 Christian Hennecke, *Kirche, die über den Jordan geht. Expeditionen ins Land der Verheißung,* Münster 2007.

55 Kosch, *Demokratisch – solidarisch – unternehmerisch* (Anm. 32) 20.

56 Ebd., 40.

V. Neue Ortsbestimmung der Kirche in der Öffentlichkeit

Die Revitalisierung der grundlegend missionarischen Dimension der Kirche ruft auch nach einer neuen Ortsbestimmung der Kirche in der heutigen gesellschaftlichen Öffentlichkeit und nach einer Revision der Stellung der staatskirchenrechtlichen Systeme in ihr. Die heutige Situation hat *Victor Conzemius* sensibel dahingehend diagnostiziert, daß sich die römisch-katholische Kirche in der deutschsprachigen Schweiz noch weitgehend „zwischen Staatskirchentum und kirchlicher Autonomie" aufhält und daß es in diesem eigenartigen Schwebezustand begründet ist, daß sich die römisch-katholische Kirche in der Schweiz weitgehend durch ihr Gegenüber zum Staat und in Analogie zum Staat bestimmt.[57] Denn ihren sichtbarsten Ausdruck findet diese Situation in der Existenz der staatskirchenrechtlichen Systeme, insofern die Kirchgemeinden und die so genannten „Landeskirchen" Institutionen des staatlichen Rechts, freilich mit einer kirchlichen Zweckbestimmung, sind.

Angesichts der heutigen gesellschaftlichen Entwicklungen drängt sich aber stets deutlicher das Urteil auf, daß mit dieser weitestgehenden Staatsanalogie der staatskirchenrechtlichen Systeme eine zureichende und dem neuzeitlichen Grundmodell einer tendenziellen und partiellen Trennung von Staat und Kirche gerecht werdende Ortsbestimmung der Kirche in der gesellschaftlichen Öffentlichkeit nicht gefördert wird. *Urs Josef Cavelti* hat deshalb gerade als Jurist eine „weitere Entflechtung" von Kirche und Staat gefordert, weil das geltende Staatskirchenrecht in vielen Kantonen die Organisationsfreiheit der Kirche noch zu sehr einschränke: „Die notwendige und für das Staatskirchenrecht charakteristische Autonomie der Konfession schlägt hier zu wenig durch."[58] Weil die öffentlich-rechtliche Anerkennung der Kirche die Zweckverschiedenheit von Kirche und Staat zum Ausdruck bringen müsse und weil sie die Religionsfreiheit nicht aufhebe, sondern „ihr Rechnung zu tragen habe", sollten sich auch die Bekenntnisse „nach ihrem eigenen Selbstverständnis" einrichten können.[59]

Eine solche „weitere Entflechtung" von Kirche und Staat ist auch aus einem noch prinzipielleren Grund vordringlich. Mit dem Vorsitzenden des Rates der Evangelischen Kirche in Deutschland, Bischof *Wolfgang Huber,* bin ich der Überzeugung, daß es für eine adäquate Ortsbestimmung der Kirche in der heutigen Gesellschaft von ausschlaggebender Bedeutung ist, „daß sie die Dyade von Staat und Kirche hinter sich läßt und ihren Ort im triadischen Verhältnis von

---

57 Victor Conzemius, *150 Jahre Diözese Basel. Weg einer Ortskirche aus dem „Getto" zur Ökumene,* Basel – Stuttgart 1979.

58 Urs Josef Cavelti, *Entwicklungstendenzen im schweizerischen Staatskirchenrecht,* in: Kirche – Staat im Umbruch. Neuere Entwicklungen im Verhältnis von Kirchen und anderen Religionsgemeinschaften zum Staat, hrsg. von Adrian Loretan, Zürich 1995, 206–213, hier: 208 f.

59 Urs Josef Cavelti, *Entflechtung von Kirche und Staat.* Referat vom 3. 11. 1982 vor dem Domkapitel der Diözese Basel. Unveröffentlichtes Manuskript.

Staat, Kirche und Gesellschaft wahrnimmt".[60] Im Unterschied zur Situation der römisch-katholischen Kirche in der deutschsprachigen Schweiz, die eine starke Öffentlichkeit hinsichtlich ihrer Staatlichkeit, aber eine relativ schwache Öffentlichkeit hinsichtlich ihrer Gesellschaftlichkeit aufweist, läßt sich die Beziehung von Kirche und Staat inskünftig nur adäquat beschreiben im weiteren Kontext der gesamtgesellschaftlichen Lebenswelt, in der die Kirche zunächst angesiedelt ist.

Der entscheidende Referenzrahmen der Kirche der Zukunft gerade hinsichtlich ihrer Öffentlichkeit wird deshalb in erster Linie nicht der Staat, sondern die Gesellschaft sein müssen. Dies bedeutet, daß sich die katholische Kirche selbst als Teil der gesamtgesellschaftlichen Strukturen und als Element in den vielfältigen kulturellen Verständigungsprozessen der heutigen Gesellschaft verstehen und verwirklichen muß. Dazu muß sie sich aber von einer staatsanalogen hin zu einer intermediär-gesellschaftlichen Institution wandeln und den grundlegenden Unterschied zwischen Staatlichkeit und Gesellschaftlichkeit von Religion und Kirche von Grund auf neu buchstabieren lernen. Der Bedeutung und der Problematik der staatskirchenrechtlichen Systeme wird man deshalb noch nicht gerecht, wenn man sie in einer rein innerkirchlichen Optik betrachtet. Sie müssen vielmehr auch im gesellschaftlichen Gesamtkontext beurteilt und auf ihre Zukunftsfähigkeit hin befragt werden. Diesbezüglich stehen viele Aufgaben vor uns, die ich freilich mit dieser kurzen Vorlesung nicht lösen, sondern nur auf den Traktandentisch der Kirche und der staatskirchenrechtlichen Systeme heute legen kann, und die uns alle gewiß nicht arbeitslos machen werden.

---

60 Wolfgang Huber, *Kirche in der Zeitenwende. Gesellschaftlicher Wandel und Erneuerung der Kirche*, Gütersloh 1998, 269.

Sakramentale Struktur und soziale Gestalt der Kirche

Kurze Betrachtungen über die Lage in der Schweiz

Juan Ignacio Arrieta

1. Die Relevanz der Themen des Ius Publicum Ecclesiasticum

Aus Anlaß der jüngsten Tagung in Lugano über die Lage der Kirche in der Schweizer bürgerlichen Gesellschaft ergaben sich bedeutsame Themen, mit denen sich traditionellerweise das *Ius Publicum Ecclesiasticum Externum* beschäftigte. Diese Disziplin, wie sie in den Jahrzehnten vor dem Konzil vertreten worden war, wurde durch das Zweite Vatikanum sozusagen „liquidiert", das den Fragen, die diese Materie betrafen, einen völlig neuen Ansatz verlieh, mit dem Ergebnis, daß sie seit damals aus den Studienplänen der Fakultäten des kanonischen Rechts praktisch verschwunden ist. Dennoch sind die Themen, mit denen sich der besagte Zweig des kanonischen Rechts beschäftigte, immer aktuell und haben es heute vielleicht mehr denn je nötig, von den Fachleuten erneut aufgegriffen zu werden, indem sie den neuen Hinweisen, Zielen und Grundlagen folgen, die das II. Vatikanische Konzil geliefert hat.

Das *Ius Publicum Ecclesiasticum Externum* nahm sich bekanntlich vor allem vor, die Sozialgestalt der Kirche selbst in einer Weise zu umreißen, daß sie von der politischen Gesellschaft angemessen „anerkannt" wird, so daß ihre Einrichtungen mit jenen der zivilen Gesellschaft in Übereinstimmung mit ihren begrifflichen Kategorien in Dialog treten können und es gelingt, die kanonische Rechtsordnung mit der weltlichen Rechtsordnung der Staaten korrekt in Beziehung zu setzen.

Auf diese Weise die Einrichtungen der katholischen Kirche zu definieren, erweist sich auch als ein notwendiger Schritt, um das Staat-Kirche-Verhältnis in der Schweiz adäquat einzuordnen, vor allem, wenn man bedenkt, daß das Selbstverständnis der Kirche zum gegenwärtigen Zeitpunkt[1] gemäß den Vorgaben des letzten Konzils einige Ansätze überwunden hat, die in der Vergangenheit gebräuchlich waren und die sehr wahrscheinlich zu ihrer Zeit dazu beigetragen haben, die soziale Wirklichkeit der katholischen Kirche in der Schweizer Eidgenossenschaft in weltlich-rechtlicher Form zu gestalten.

Auf den folgenden Seiten werde ich im Telegrammstil und unter Bezugnahme auf die Schweizer Situation vier Fragen streifen, die das *Ius Publicum Ecclesiasticum* betreffen und mit der sakramentalen Struktur der Kirche verknüpft sind, wie sie von der Lehre des II. Vatikanischen Konzils vorgelegt wurde:

---

1 Vgl. allgemein Javier Hervada, *Diritto costitutionale canonico,* Milano 1989; Juan Ignacio Arrieta, *Diritto dell'organizzazione ecclesiastica,* Milano 1997.

a) die zweifache Ebene, die der Kirche immanent ist – universal und partikular – mit ihrer Notwendigkeit der *communio*, der hierarchischen Unterordnung und der Verteilung spezifischer Aufgaben;
b) die Strukturierung der kirchlichen Ämter und vor allem der Dienstfunktionen gemäß der konkreten hierarchischen Subordination der drei Stufen des Weihesakramentes, womit privatrechtliche Parameter durch öffentlich-rechtliche ersetzt wurden;
c) die dementsprechende Überwindung des Patronatswesens;
d) die soziale Strukturierung der Kirche in hierarchischer Form infolge der Bedeutung des Amtspriestertums für das gemeinsame Priestertum aller Getauften.

Diesem letztgenannten Faktor entspricht die Tatsache, daß in den partizipativen Strukturen, die in der Kirche eingeführt wurden, die hierarchische Gestalt vor allem in den Ausdrucksformen stark abgemildert erscheint. Das „Konsultativvotum" hat in einem Konzept von Leitung in *communio* einen besonderen Wert, ohne jedoch den Inhaber eines Leitungsamtes von der persönlichen Verantwortung bei der Entscheidung entbinden zu können. Die objektive Bedeutung dieses Faktors (der Beratung) für die Kirche ist m. E. vor allem in der Schweiz als ein Weg zu berücksichtigen, um das angemessene Gleichgewicht zwischen der Achtung der eigenen kulturellen Traditionen und den unverzichtbaren Erfordernissen der kirchlichen Struktur wiederherzustellen.

Auf den folgenden Seiten werde ich mich darauf beschränken, allgemein einige Überlegungen theologischer und kanonistischer Art über die aktuelle Organisation der Kirche in der Schweiz anzustellen. Meine Überlegungen sollen grundsätzlicher Art sein, da ich weder die nötigen Kenntnisse noch irgendeine Berechtigung habe, konkrete Fälle zu beurteilen. Ich würde daher die Gerechtigkeit verletzen, wenn ich es anders machte, und gewiß fehlte mir auch der Sinn für die Dankbarkeit, wenn ich nicht die Kräfte anerkennen würde, die von so vielen im Dienst der Kirche aufgewendet werden.

Außerdem ist das Thema alles andere als einfach, wie aus der Tagung in Lugano klar hervorging. Daher sollen diese Überlegungen nur einen Beitrag zu der Diskussion leisten, die in diesen Tagen in Gang gekommen ist, in der Hoffnung, ein bißchen Licht in das Ganze zu bringen.

2. Die zweifache Ebene der kirchlichen Struktur

Anstatt unmittelbar auf die Idee der rechtlich vollkommenen Gesellschaft zurückzugreifen, wie es das *Ius Publicum Ecclesiasticum* gemacht hat, zieht es die Kirche gegenwärtig eher vor, sich als „Gemeinschaft von Kirchen" zu präsentieren, die auf der sakramentalen Grundlage des Episkopats gemäß einer zweifachen Ebene strukturiert ist: der universalen und der partikularen (LG 23, CD 11). Die Korrelation zwischen diesen beiden Ebenen, die ihrerseits jeweils einen eigenen Zuständigkeitsbereich darstellen (die höchste Autorität und jene des Diözesanbischofs), läßt sich nicht mit den rechtlichen Begriffen der „Dezentralisierung" ausdrücken, weder in der Form der „Konföderation" noch in einer anderen der Formen, die für die Gestaltung der weltlichen Gesellschaft bekannt sind. Auch die Begriffe der „geteilten Souveränität", die man jetzt für die Beziehungen zwischen der Europäischen Union und den Mitgliedstaaten verwendet, taugen nicht als Vergleich.

In der Kirche, die *per definitionem* ein Heilsmysterium ist, ist die Art der Beziehung zwischen den beiden soeben beschriebenen Bereichen oder Ebenen eine solche von „wechselseitiger Durchdringung"[2] oder Immanenz. Jedes Element muß im anderen zugegen sein – das universale im partikularen und umgekehrt –, was auf rechtlicher Ebene objektive Probleme verursacht, mit hinreichender Klarheit auszumachen, was in die Zuständigkeit einer Ebene fällt und was einer anderen zusteht. Zu meinen, diese Frage mit einer reinen Kompetenzaufteilung zu lösen, wäre illusorisch, weil das Wesen der Kirche in Begriffen der *„communio"* dargestellt wird. Wahrscheinlich liegt die einzige Möglichkeit, wie dieses Problem (das als eine Art von Widerspruch erscheint) rechtlich zu lösen ist, in der Form der Leitungspraxis, d. h. in einer Leitung, die in *communio* vollzogen wird. Die *communio* ist somit ein zentrales Element nicht nur der Kirchlichkeit,[3] sondern auch der pastoralen Leitung.

Die Ortskirchen können im wesentlichen nicht voneinander verschieden sein; sie können sich nicht von den Elementen lösen, die das bezeichnen, was das gemeinsame Erbe der besonderen „Güter" ist, die wir mit allen anderen Getauften der katholischen Kirche gemeinsam haben und die unsere Identität charakterisieren: die Einheit des Glaubens, der Sakramente und der Leitung (c. 205 CIC). Der Anteil an denselben Gütern bringt auch konkrete Organisationsformen der Kirche mit sich.

Die doppelte Dimension der Kirche verweist auf der einen Seite auf die notwendige Einfügung der Kirche in die kulturellen Besonderheiten jedes Ortes – und darin haben die Kirchen und das kanonische Recht durch die gesamte Geschichte hindurch eine große Elastizität bewiesen –, verlangt aber auf der anderen Seite die Treue zu den universalen Faktoren der Identität im Wesen, die uns auf eine Grenze hinweisen, jenseits welcher die Verkörperung im Lokalen den Verlust der katholischen *communio* mit sich brächte.

Daher ist die Art und Weise, wie die Kirche an einem bestimmten Ort gestaltet wird, nicht nur ein lokales Problem der Getauften am Ort: Vielmehr stellt es ein Problem der Universalkirche dar, ein Problem, das die höchste

---

2 Vgl. JOHANNES PAUL II., *Allocuzione alla Curia Romana* vom 20. Dezember 1990, Nr. 9, in AAS 83 (1991) 745–747; KONGREGATION FÜR DIE GLAUBENSLEHRE, *Schreiben „Communionis notio"* vom 28. Mai 1992, Nr. 9, in AAS 86 (1993) 838–850.

3 Die Bischofssynode von 1985 erklärte nämlich, daß „die Communio-Ekklesiologie die zentrale und grundlegende Vorstellung" der Dokumente des II. Vatikanischen Konzils sei (vgl. SYNODUS EPISCOPORUM, *Relatio finalis, Exeunte coetu secundo,* Città del Vaticano 1985); vgl. *Communionis Notio,* Nr. 3.

Autorität angeht und die Leitungsinstrumente betrifft, die dieser zur Verfügung stehen (die Vertreter des Papstes, die Ausübung der höchsten Gewalt usw.), um die wirksame *communio* der Kirchen sicherzustellen. Die Geschichte dieses zweiten Jahrtausends zeigt, bis zu welchem Punkt die Einheit mit Rom und die Überwindung von Lokalismen die Garantie für Autonomie und Freiheit der Ortskirchen waren.

Aus diesen ersten Betrachtungen kann man einige Schlußfolgerungen ziehen: erstens die Notwendigkeit, auf den gemeinsamen Sinn der Universalkirche zurückzugreifen, um die adäquate Form zu finden, die kirchlichen Einrichtungen zu interpretieren; zweitens die Tatsache, daß zusammen mit konkreten Initiativen der Bischöfe – einzeln oder in der Bischofskonferenz – auch der Heilige Stuhl auf den Plan gerufen ist, Initiativen zu ergreifen, die darauf hinwirken, daß die bürgerlichen Institutionen des Landes die Sozialstruktur der Kirche in adäquater Weise respektieren.

Im speziellen Fall der Schweiz und einer bewährten historischen Praxis folgend, könnte sich vielleicht die mehrmals vorgeschlagene Idee eines „Rahmenkonkordats", das der Eidgenossenschaft und den Kantonen vorzulegen wäre, mittelfristig als praktikabel erweisen, um der katholischen Kirche und ihren Einrichtungen die angemessene weltlich-rechtliche Gestalt zu geben, die von den Wandlungen durch das Konzil verlangt wird und auf die ich mich im folgenden beziehen werde. Vielleicht noch nützlicher als ein Konkordat mit umfassendem Inhalt könnte ein Bündel von Vereinbarungen über einzelne Aspekte sein, die von der Gesamtproblematik getrennt werden können und der Herstellung einer wirksamen Plattform des Dialogs dienen, sowie eine Methode der Begegnung, die dann dazu dient, nacheinander verschiedene Themen anzugehen.

3. Die hierarchische Strukturierung der Dienstfunktionen

Eine weitere Neuerung, die das II. Vatikanum ausgehend von der hierarchischen Strukturierung der drei Stufen des Weihesakramentes brachte, war die Konzeption der Ausübung des Dienstes – in personaler Form oder durch Kirchenämter – in enger Abhängigkeit von den höheren Stufen des Sakramentes und letztlich vom Diözesanbischof (vgl. LG 28).

Nicht, daß die Lehre über die Subordination der drei Weihestufen zuvor anders gewesen wäre; die Neuerung besteht vielmehr in der größeren Kohärenz in der Lehre und in der Vertiefung der Grundlagen zum Beispiel durch den Begriff „Presbyterium" und die Verbindung sowohl des priesterlichen als auch des diakonalen mit dem bischöflichen Amt (vgl. LG 28, CD 28, PO 7).

Diese neue Perspektive hat bedeutsame rechtstechnische Folgen. Zunächst hat sie zu einer Neuordnung der gesamten rechtlichen Regelung des Kirchenamtes geführt, die während der Revision des CIC/1917 vorangetrieben wurde und sich im CIC/1983 in einer einheitlichen und – im Unterschied zur vorhergehenden – nicht so bruchstückhaften Regelung dessen konkretisiert hat, was wir die „kirchliche Funktion" oder in gleichbedeutender, aber mehr mit der kanonistischen Tradition übereinstimmender Weise als Ausübung des kirchlichen Dienstes bezeichnen könnten.

Der Begriff des Kirchenamtes des CIC/1983 ist neu (c. 145 CIC), und die Gesamtheit der neuen Elemente der Lehre, die aus dem II. Vatikanum hervorgingen, hat den Gesetzgeber zu einer Regelung der Materie gemäß öffentlich-rechtlichen Kategorien und weniger gemäß privat-rechtlichen Begriffsschemata geführt, wie es im CIC von 1917 der Fall war. Jetzt wird z. B. nicht mehr von „Ämtern im Eigentum" oder von „Inhabern eines Benefiziums" gesprochen usw. Allerdings sind noch einige privatrechtliche Spuren geblieben, z. B. die Möglichkeit, ein Amt durch Ersitzung zu erwerben (c. 199 n. 6 CIC).[4]

Insgesamt hatte der privatrechtliche Ansatz, der den Kirchenämtern und ihren Inhabern – die auch Inhaber des jeweiligen Benefiziums waren – eine große Autonomie gewährt hatte, eine atomisierte Sicht der kirchlichen Verwaltung begünstigt. Diese erschien nämlich zusammengesetzt aus so vielen Einheiten, wie es autonome Benefizien mit eigener Rechtspersönlichkeit gab.[5] Dieser Ansatz ist nun vom II. Vatikanum durch das Dekret *Presbyterorum ordinis* Nr. 20 überwunden worden. Jetzt erscheint das gesamte System der seelsorglichen Ämter (z. B. in einer Diözese) nicht mehr atomisiert, sondern wie ein einheitliches Ganzes mit dem eigenen Bischof, dem als Haupt der pastoralen Struktur der Diözese vom Gesetz die Einsetzung, Versetzung und Absetzung der Amtsinhaber zugewiesen ist.

Dies ist die Sichtweise, die ich „öffentlich-rechtlich" genannt habe und die das Amt berücksichtigt, das in der Kirche dem Bischof anvertraut ist und von diesem teilweise seinen Mitarbeitern übertragen wird. In dieser Perspektive ist der Hirte der Diözese in eine Position gestellt, in der er in voller persönlicher Verantwortung (und mit hinreichender Autonomie) prüfen, bewerten und entscheiden muß, wer die bestgeeigneten Kandidaten für verschiedene Ämter in der eigenen Diözese sind. Die Diözese nämlich, von der die Pfarrgemeinden ein Teil sind (die Pfarrei wird vom Konzil als *pars dioecesis* definiert), ist dem Diözesanbischof vom Haupt des Kollegiums anvertraut und er ist vor der Kirche für sie verantwortlich.

Davon verschieden war der Ansatz des CIC/1917, der sich auf der Basis einer relativen Autonomie der Ämter im Zusammenhang mit dem jeweiligen Benefizium entfaltete. Daher darf man sich nicht wundern, daß dieser alte Ansatz in einigen Gegenden bestehen blieb, wo besonders auf die rechtliche Regelung geachtet wird, welche die weltlich-rechtliche Struktur der kirchlichen Einrichtungen bestimmt.

---

4 Vgl. Juan Ignacio Arrieta, *Funzione pubblica e ufficio ecclesiastico,* in Ius Ecclesiae 7 (1995) 91–113; Olis Robleda, *Innovationis Concilii Vaticani II in theoria et disciplina officiis et beneficiis ecclesiasticis,* in: Periodica 58 (1969) 155 ff.; 59 (1970) 277 ff.

5 Vgl. José Antonio Souto, *Consideración unitaria de la organización de la Iglesia,* in: Ius Canonicum 17 (1969) 164 ff.; Klaus Mörsdorf, *De conceptu officii ecclesiastici,* in Appollinaris 33 (1960) 75 ff.

Es scheint dennoch nötig, die möglichen Abwandlungen in den Blick zu nehmen, vor allem jene von größerer inhaltlicher Bedeutung, und darauf zu sehen, daß sie im Rahmen des Möglichen aufgegriffen werden.

4. Die Überwindung des Patronatswesens

In enger Verbindung mit dem, was vorhin gesagt wurde, und als notwendige Konsequenz daraus hat das Konzil die Überwindung jeder Form von Patronat in der Kirche vorgeschlagen, mit der Absicht, der kirchlichen Autorität – im allgemeinen dem Diözesanbischof, aber auch dem Heiligen Stuhl – die gebührende Freiheit bei der Besetzung der kirchlichen Ämter sicherzustellen. Mit dieser Initiative wollte das Konzil endgültig die Tatsache überwinden, daß irgendeine weltliche Autorität, die vor einiger Zeit dazu beigetragen hat, die Vermögensmasse des Benefiziums zu schaffen, sich auf den Rechtstitel der wirtschaftlichen Dotation berufen kann, um in Zukunft die Wahl der Inhaber der dazugehörigen Ämter zu bestimmen.

Auch hier stehen wir vor einem öffentlich-rechtlichen Element, welches das vorhergehende, privatrechtlich geprägte auch deswegen ersetzt hat, um der kollegialen Dimension gerecht zu werden, welche die Ausübung des kirchlichen Dienstes gemeinsam mit dem eigenen Bischof charakterisiert, wie der Katechismus der katholischen Kirche von neuem in Erinnerung rufen wollte (KKK Nr. 877).

Die Überwindung des Patronatssystems stellte in den Jahren nach dem Konzil eine konstante politische Linie dar, die der Heilige Stuhl in den Beziehungen mit den Staaten verfolgte, vor allem dort, wo man von den weltlichen Autoritäten einen Verzicht auf die Privilegien erhalten wollte, die ihnen in der Vergangenheit von der Kirche unter dem Titel des Patronats gewährt worden waren, insbesondere jenes der Bischofsernennung. In der Tat haben verschiedene Konkordatsstaaten nach dem Konzil auf solche Privilegien verzichtet.

So ist es verständlich, daß aus besonderen historischen und kulturellen Gründen in einigen Schweizer Kantonen (vor allem in den deutschsprachigen) bis heute ein Kriterium erhalten geblieben ist, das inhaltlich jenem des Patronats ähnlich ist, nicht nur bei der Verwaltung der Geldmittel aus der Kirchensteuer, sondern auch bei der Ernennung der Pfarrer und noch allgemeiner bei der Partizipation am kirchlichen Wirken in seinen verschiedenen institutionellen Ausdrucksformen der pfarrlichen und kantonalen Räte.

Dieses Faktum stellt vor allem ein ernstes Problem theologischer Art dar, da der Rechtstitel der Partizipation, der auf solche Weise verwendet wird, letztlich auf das Faktum zurückgeht, daß vor einigen Jahrhunderten die Güter für den Bau einer Kirche oder die Einrichtung eines Benefiziums gestiftet wurden. Abgesehen davon, daß dies als Mittel zur Legitimation des Patronats überholt ist, erscheint es heute in deutlichem Widerspruch mit dem *einzigen* echten rechtlichen (und theologischen) Titel der Teilhabe der Gläubigen an der Sendung der

Kirche zu stehen, die das II. Vatikanum anerkennt: nämlich dem Empfang des Sakraments der Taufe.

Es könnte verständlich sein – zumindest vom Prinzip her –, daß das weltliche Recht für die Verwaltung der Summen, die durch die Steuern zur Unterstützung der Religionsgemeinschaften, denen die Steuerzahler angehören, eingebracht werden, ein bestimmtes (demokratisches) System vorschreibt. Allzu einschränkend erscheint hingegen, daß die Katholiken diese Steuern unter der Bedingung zahlen müssen, daß ihr Beitrag nach Kriterien des weltlichen Rechts verwaltet wird und nicht nach den spezifischen Kriterien der Konfession, zu der sie sich bekennen. Außerdem erscheint die Tatsache, daß diese Summen streng genommen nicht als „Kirchenvermögen" qualifiziert werden können, wie eine Abstraktion, da sie von der Regelung abhängt, die zu ihrer Verwaltung festgelegt ist. Als noch problematischer erweist sich aber, daß mit dieser Art von (demokratischer) Methode, die vom weltlichen Gesetz für die wirtschaftliche Verwaltung der Steuereinkünfte festgelegt wird, dann weitere Kompetenzbereiche und Aufgaben verknüpft werden, bezüglich derer die kirchliche Disziplin vorsieht, daß sie nach ganz bestimmten Parametern durchgeführt werden.[6]

Zum Beispiel ist es höchst problematisch, an der Legitimität der Praxis der Pfarrerwahl festzuhalten.[7] Diese Praxis kann nämlich nicht einfach als *praeter legem* gewertet werden, nur weil sie im CIC nicht erwähnt wird. Vielmehr erscheint sie klar *contra legem,* wenn man bedenkt, daß ihr Nichtvorhandensein im Codex des kanonischen Rechts nicht ein Versehen ist, sondern die Folge einer Entscheidung, die vom Konzil getroffen, wurde, wie aus Nr. 28 des Dekrets *Christus Dominus* hervorgeht.[8] Es handelt sich daher um eine Praxis *contra legem* und *contra Concilium,* da sie einen der Kernpunkte berührt, den wir gerade aufgezeigt haben: die Freiheit des diözesanen Hirten bei der Besetzung der seelsorglichen Ämter.

Das Rechtsinstitut des Patronats seitens der weltlichen Autorität existiert nicht mehr in der Rechtsordnung der Kirche. Es stellt eine anachronistische Form dar – wenn man so sagen kann –, die pastoralen Erfordernisse der Kirche zu unterstützen, die in Widerspruch steht mit dem Wesen der Spenden – ohne Auflagen und Bedingungen –, welche die Kirche von den eigenen Gläubigen unabhängig vom jeweiligen Beitragssystem erwartet.

---

6 Siehe konkret die *Interdikasterielle Instruktion zu einigen Fragen über die Mitarbeit der Laien am Dienst der Priester* vom 15. August 1997, in: AAS 89 (1997) 852–877; dt.: VApSt 129.

7 C. 523 CIC führt taxativ an: „Unbeschadet der Vorschrift des c. 682, § 1 [Pfarreien, die einem Religioseninstitut anvertraut wurden] ist der Diözesanbischof für die Besetzung eines Pfarramtes zuständig, und zwar durch freie Übertragung, falls nicht jemand ein Vorschlags- oder Wahlrecht hat." Es ist offensichtlich die Kirche, die ein allfälliges Präsentations- oder Wahlrecht verleihen und anerkennen muß, was in der Schweiz formell nicht geschehen zu sein scheint.

8 Vgl. auch Paul VI., *Motu proprio Ecclesiae Sanctae* I, Nr. 18.

5. Die hierarchische Strukturierung der Kirche

Ein anderes Element der zu prüfenden Problematik betrifft die hierarchische Strukturierung, die der katholischen Kirche eigen ist und die nach ihrer Lehre in allen ihren institutionellen Erscheinungsweisen, in allen ihren Partizipationsstrukturen und Räten präsent sein muß, weil es sozusagen zur „DNA" des eigenen sozialen Gewebes gehört, wie sich aus der strukturierenden Wirkung der Sakramente ergibt.

Obwohl es sich dank der Taufe um eine Gesellschaft von Gleichen handelt (LG 32, c. 208 CIC), vertraut das Weihesakrament die Leitungsfunktionen in der kirchlichen Gemeinschaft einigen Gläubigen – den Geweihten – an, und dies bedingt in der Gesellschaft der Kirche eine Hierarchie sowie einen Typ von Rechtsbeziehung hierarchischer Art zwischen den Geweihten und den anderen Gläubigen. Aus dieser Lage der Dinge ergibt sich eine klare Konsequenz: Aufgrund dieser Hierarchie ist die Leitungsverantwortung eine persönliche Verantwortung der Amtsträger und nicht auf andere Subjekte übertragbar, da die Hirten auf diese Pflicht nicht verzichten und die Entscheidungen nicht dem Kriterium der Mehrheitsentscheidung durch irgendein Kollegium übertragen können. Außer in Fällen, die vom Recht genau festgelegt sind, kann der Hirte – der Bischof oder der Pfarrer – die Zuständigkeit für die eigenen Entscheidungen nicht anderen anvertrauen: Ein solches Verhalten wäre ein Verstoß gegen das kanonische Recht.

Dieses Grundprinzip muß in jeder Ausdrucksform der Gesellschaft der Kirche präsent sein. Es handelt sich um eine Eigentümlichkeit der hierarchischen Struktur und stellt gewiß einen großen Unterschied zu den zivilen Gesellschaften liberal-demokratischer Art dar sowie zu den Organisationen jeglicher Art, die sich in der zivilen Gesellschaft nach deren eigener Rechtsordnung herausbilden. Die von Christus gegründete Kirche hingegen ist hierarchisch und ihre Mitwirkungsorgane sind unvermeidlich hierarchisch, nicht demokratisch, was sich notwendigerweise in den formalen Beziehungen innerhalb dieser Organe widerspiegelt.

In den Sitzungen der Tagung von Lugano ist diese Problematik mehrmals ans Licht gekommen. Die Frage hat sich offen herausgestellt, als mit gesundem Realitätssinn beobachtet wurde, daß die interpersonalen Beziehungen, die sich innerhalb der Kirchgemeinde – und somit in den Räten, die in diesem Bereich wirken – entfalten, nicht einfach als „Zusammenarbeit der Laien mit dem geweihten Amt" qualifiziert werden können, da es sich um eine andersartige rechtliche Beziehung handelt, die in Wirklichkeit keine Grundlage im Codex des kanonischen Rechts findet.

Die Beobachtung war äußerst erhellend, da sie durch die praktische Erfahrung einfach das Fehlen der hierarchischen DNA in derartigen „kirchlichen" Strukturen bemerkbar machte, oder wie man richtig sagen müßte, in den „Strukturen des Staatskirchenrechts", die vom weltlichen Recht vorgesehen sind. Diese Einrichtungen, die hauptsächlich der rechten Finanzverwaltung dienen, sind in Wirklichkeit Strukturen des weltlichen Rechts, die in ihrem Inneren (in ihren intersubjektiven Beziehungen) notgedrungen das für die demokratische Gesellschaft typische „soziale Gewebe" entwickeln, das in den Einrichtungen präsent ist, die sich der Verwaltung der öffentlichen Angelegenheiten widmen (in diesem Fall der Verwaltung der Gelder, die von den Steuerzahlern der katholischen Kirche zugewiesen werden) – insgesamt ein Modell, das kaum mit der hierarchischen Struktur der Kirche zu vereinbaren ist.

Anscheinend muß man den Schluß ziehen, daß diese Räte, die sowohl auf kantonaler als auch auf pfarrlicher Ebene eingerichtet wurden, nicht viel mit den kirchlichen Einrichtungen zu tun haben, die der Codex des kanonischen Rechts für die gesamte Kirche vorsieht (hauptsächlich die diözesanen oder pfarrlichen Pastoral- und Vermögensverwaltungsräte).[9] In den Räten, die der CIC vorgibt und die auf der katholischen Theologie basieren, sind die jeweiligen Positionen des Hirten und der Gläubigen,[10] die jeweiligen Zuständigkeiten, der hierarchische Kontext der Zusammenarbeit und die Grundlage in der Taufe, auf die sich eine solche Beteiligung bezieht, klar.

Abschließend kann man feststellen, daß es, wenn die vorangehenden Überlegungen richtig sind, notwendig ist, von Anfang an auch aus Gründen der strengen Legitimität die Aufgaben und Funktionen, welche die kanonische Rechtsordnung den Mitwirkungsorganen zuweist, die von der kanonischen Rechtsordnung geschaffen sind, von jenen Funktionen zu unterscheiden, die das weltliche Recht den jeweiligen Kirchgemeinden zuweist: Es handelt sich um unterschiedliche Aufgaben, die nach abweichenden Prinzipien und Regeln erfüllt werden und daher sehr wahrscheinlich auch von anderen Subjekten.

Die anomalen Erscheinungsweisen sind vielfältig. Ich beschränke mich darauf, eine weitere aufzuzeigen, wo in einem Kontext wie dem beschriebenen der Kirche nicht erlaubt wird, sich gemäß den eigenen Grundnormen zu verhalten. Ich beziehe mich auf die Behandlung, die der katholischen Kirche gegenüber den emigrierten Gläubigen abverlangt wird, die, obwohl sie als Getaufte das Grundrecht auf aktive Teilhabe in den verschiedenen pfarrlichen und diözesanen Einrichtungen haben, davon keinen Gebrauch machen können, weil im Kontext der jeweiligen Kirchgemeinde diese Teilhabe *de facto* jenen vorbehalten ist, die gemäß dem weltlichen Gesetz bestimmte Bedingungen erfüllen. Hier zeigt sich von neuem das Problem der Katholizität und die Notwendigkeit, Aufgaben und Funktionen der kanonischen Einrichtungen von jenen des weltlichen Rechts zu unterscheiden.

---

9 Vgl. Juan Arrieta, *Organos de participación y corresponsabilidad en la Iglesia diocesana,* in: Ius Canonicum 68 (1994) 553–593.

10 Vgl. Kongregation für die Bischöfe, *Direktorium „Apostolorum successores" über die Hirtenaufgabe der Bischöfe* vom 22. Februar 2004, Nr. 59.

6. Die beratende Teilhabe in der Kirche

Ich wies anfangs darauf hin, daß es in enger Verbindung mit der hierarchischen Struktur der Kirche, die durch die Sakramente der Taufe und der Weihe bewirkt wird, ein weiteres wirksames Element gibt, das seinen „angemessenen kirchlichen Kontext" an das hierarchische Prinzip anpaßt in einer Perspektive der „Leitung in *Communio*"[11]. Es handelt sich um die besondere Bedeutung die in dieser Leitungsdimension das „Beratungsrecht" erhält, das in der Kirche in vielfältiger Weise ausgedrückt ist – institutionell und spontan, formell und informell – und das in Wirklichkeit die authentische kirchliche Alternative zu den anderen Systemen der Teilhabe darstellt.

Mir scheint es besonders angebracht, auf einer Tagung an der Theologischen Fakultät von Lugano über die kirchliche Bedeutung des beratenden Stimmrechts zu sprechen, weil es Eugenio Corecco war, der Bischof dieser Diözese und Gründer dieser Fakultät und einer der größten Gelehrten des kanonischen Rechts, der dieses Thema vertieft hat, ganz sicher wegen seines persönlichen Bezugs zur Lage der Kirche in diesem Land.[12]

Auch wenn die Geschichte von selbst davon Zeugnis ablegt, wie in der Kirche dem beratenden Stimmrecht immer ein weit höherer Wert zuerkannt wurde als jener, der von den positiven Normen strikt festgelegt wird,[13] so war es wieder das II. Vatikanische Konzil, das die Begründung für die hohe Bedeutung lieferte und die theologischen Grundlagen für eine Perspektive der pastoralen Leitung in *communio* bot.

Durch die Taufe sind alle Gläubigen nämlich gerufen, sich an der *aedificatio Ecclesiae* zu beteiligen. Der Getaufte ist nicht einfach ein passives Subjekt, sondern besitzt durch das Sakrament, das er empfangen hat, eine genau bestimmte Pflicht, am Aufbau der Kirche mitzuarbeiten (vgl. LG 10; c. 204 § 1 CIC). Verschiedene Vorschriften des Codex des kanonischen Rechts haben diese Position dann konkretisiert und unter anderem das Recht und die Pflicht betont, den geweihten Hirten die eigene Meinung zu sagen (c. 212 § 3 CIC), sich institutio-

---

11 Die kirchliche *communio* in ihrer organischen Verfaßtheit „ruft den Bischof zur persönlichen Verantwortung, setzt aber auch die Beteiligung aller Kategorien von Gläubigen voraus, insofern sie für das Wohl der Teilkirche, die sie selbst bilden, mitverantwortlich sind. Was die Authentizität dieser organischen Gemeinschaft garantiert, ist das Wirken des Heiligen Geistes, der sowohl in der persönlichen Verantwortung des Bischofs als auch in der Beteiligung der Gläubigen an dieser Verantwortung am Werk ist" (Johannes Paul II., *Nachsynodales Apostolisches Schreiben „Pastores gregis"* vom 16. Oktober 2003, Nr. 44, in: AAS [2004] 825–924 [dt.: VApSt 163]).

12 Unter den vielen Schriften, die ich zitieren könnte, siehe vor allem Eugenio Corecco, *Kirchliches Parlament oder synodale Diakonie?*, in: Ders., Ordinatio Fidei. Schriften zum kanonischen Recht, hrsg. von Libero Gerosa – Ludger Müller, Paderborn – München – Wien – Zürich 1994, 359–379; Ders., *Sinodalità*, in: Nuovo Dizionario di Teologia, hrsg. von Giuseppe Barbaglio – Severino Dianich, Bologna 1988, 1482–1494.

13 Dazu siehe die Studie von Edoardo Ruffini, *Il principio maggioritario. Profilo storico*, Milano ^{2}1987.

nell in die kirchlichen Mitwirkungsorgane einzubringen (vgl. z. B. cc. 511 ff., 536, 537 CIC), und allgemein die Fähigkeit – die jedoch selbstverständlich kein subjektives Recht ist –, von den geweihten Hirten für kirchliche Aufgaben herangezogen zu werden.

Wenn man es aufmerksam betrachtet, so führen dieses Recht und diese Pflicht zur Teilhabe an der Sendung der Kirche, die von *Lumen gentium* formuliert und erneut vom ersten Canon des zweiten Buches des CIC aufgegriffen werden, ein Element ein, welches das hierarchische Prinzip „kontextualisiert". C. 204 CIC formuliert es selbst im zweiten Satz, indem er darauf hinweist, daß es in einem Kontext der allgemeinen Mitbeteiligung aller Gläubigen an der *aedificatio Ecclesiae* in Übereinstimmung mit der Stellung, die jedem in der Kirche eigen ist, verwirklicht werden muß. Das, was hier mit solchen Worten über die Getauften gesagt wird, ist mit noch größerem Recht im Kontext des Presbyteriums auf die geweihten Amtsträger anzuwenden und auf der Ebene der Gesamtkirche auf die Mitglieder des Bischofskollegiums. „Kirchliche *communio*" und „Mitbeteiligung" erscheinen so als Begriffe, die einander entsprechen, jedoch ohne daß der Vorrang eines Faktors den anderen aufheben könnte.

Wenn wir zur Teilhabe aller Getauften zurückkehren und die communiale Art betrachten, mit der die Kirche pastoral geleitet werden muß und die natürlich von seiten aller – Hirten und Gläubigen – die Beteiligung an einer „Kultur der *communio*"[14] verlangt, dann gibt es keinen Zweifel, daß die einzelnen Ansichten gebührend abgewogen werden bzw. daß die in beratender Weise in den Partizipationseinrichtungen ausgedrückten Meinungen, obwohl sie keine zwingende Kraft haben, um die Entscheidungen des Hirten – des Diözesanbischofs oder Pfarrers – zu bestimmen und festzulegen, gewiß einen Einfluß auf ihn ausüben, der größer ist als der, den das positive Recht ihm formell zuweist.

Diese Meinungen – seien sie informell oder institutionalisiert – können sich nicht schlicht und einfach dem Willen des Hirten aufdrängen, weil dieser von der Kirche nicht ermächtigt ist, auf die eigene persönliche Zuständigkeit für die Entscheidungen zu verzichten. Er kann nicht einfach auf die eigene Zuständigkeit verzichten, um sie dem Urteil der Mehrheit zu übertragen.

Aber auf der anderen Seite ist der Hirte – Bischof oder Pfarrer – immer gehalten, die Meinungsäußerungen, die er in solchen Zusammenhängen erhält, als vorbereitende Elemente zu werten, die rechtlich zu den eigenen Entscheidungen gehören, indem er die eigenen Ansichten aufmerksam den Meinungen der anderen gegenüberstellt, bis er unter Umständen dem Kriterium der Klug-

---

14 Der Papst schloß mit einem Aufruf von allgemeiner Tragweite: „Wenn daher die Rechtsweisheit durch präzise Festlegung von Regeln für die Teilnahme die hierarchische Struktur der Kirche herausstellt sowie Versuchungen zu Willkür und ungerechtfertigten Ansprüchen abwehrt, so verleiht die Spiritualität der Gemeinschaft dem institutionellen Tatbestand eine Seele und leitet zu Vertrauen und Öffnung an, die der Würde und Verantwortung eines jeden Gliedes des Gottesvolkes voll entspricht" (Johannes Paul II., *Apostolisches Schreiben „Novo Millennio ineunte"* vom 6. Januar 2001, Nr. 43–45, in AAS 93 [2001] 266–309 [dt.: VApSt 150]).

heit bei der Leitung folgt, das c. 127 § 2 n. 2 CIC aufstellt: „Obgleich der Obere keineswegs verpflichtet ist, sich ihrer, wenn auch übereinstimmenden, Stellungnahme anzuschließen, darf er dennoch ohne einen seinem Ermessen nach überwiegenden Grund von deren Stellungnahme, vor allem von einer übereinstimmenden, nicht abweichen".

Dieses Kriterium zeigt einen wichtigen Aspekt dessen auf, was die Leitung in *communio* darstellt und bestätigt seinerseits von selbst die unterschiedliche Behandlung, die eine beratende Stellungnahme in der kirchlichen Rechtsordnung und in den weltlichen Rechtsordnungen der Staaten hat.

Die Ausübung des beratenden Stimmrechts in der Kirche, in einem gebührenden Zusammenhang von pastoraler Leitung in *communio,* erweist sich als die angemessene Art, die Teilhabe aufgrund der Taufe mit der hierarchischen Struktur zu verbinden. So gelangt man zu dem, was wir, wenn man es recht versteht, eine kirchliche Variante des „demokratischen" Prinzips nennen könnten. Dieses dient bei aufmerksamer Beachtung, die von der sakramentalen Struktur und den Positionen, die jeder in der Kirche einnimmt, verlangt werden, dazu, das hierarchische Element auszugleichen.

Ich denke, daß ein Land mit großer kultureller und bürgerlicher Tradition wie die Schweiz der gesamten Kirche ein nachzuahmendes Beispiel bieten kann, wenn es das besondere Engagement in den Dienst der hierarchischen Struktur stellt – das Engagement, das es für die *res publica* und in unserem Falle für die bewußte Beteiligung an der *aedificatio Ecclesiae* aufbringt durch Stellungnahmen von strikt beratendem Charakter, die die Hirten jedoch mit der Verantwortung dessen beurteilen müssen, der gehalten ist, in *communio* zu leiten.

Das konziliare Prinzip der Communio Ecclesiae et Ecclesiarum und das Problem einer Neueinteilung der Diözesen in der Schweiz

Libero Gerosa

I. Entstehung und Entwicklung des Problems

Seit nunmehr fast zwei Jahrhunderten wird in der Schweiz über die Notwendigkeit einer Revision der Diözesanumschreibung diskutiert; wenn auch nicht kontinuierlich, wird darüber seit der berühmten provisorischen Unterstellung der Katholiken des Kantons Zürich unter die Apostolische Administration des Bischofs von Chur diskutiert, zu der es mit Apostolischem Breve vom 9. Oktober 1819, d. h. nach der Aufteilung der Diözese Konstanz gekommen ist.[1] Im folgenden wurde auf Gesuch der Synode von 1972 das Problem Zürich teilweise gelöst durch die Entsendung eines Weihbischofs in die Stadt Zwinglis; dennoch bleiben seitdem viele Probleme ungelöst, und nicht nur für die Katholiken dieses Kantons, sondern allgemeiner für die pastorale Organisation der ganzen katholischen Kirche in der Schweiz. Das haben die lebhaften und nicht ganz von polemischen Untertönen freien Debatten gezeigt, die durch zwei Ereignisse in der jüngeren Zeit ausgelöst worden sind – vor allem durch jene im Zusammenhang mit der Errichtung der Erzdiözese Vaduz, die am 2. Dezember 1997 vorgenommen wurde, auch um die leidige Frage Haas zu beenden,[2] in zweiter Hinsicht jene im Zusammenhang mit der Aufhebung des Verfassungsartikels über die Diözesen, die vom Volk und von den Kantonen mit Volksabstimmung vom 10. Juni 2001 beschlossen worden ist.

Heute ist die Umschreibung der schweizerischen Diözesen daher soziologisch und pastoral überholt und manchmal geradezu unhaltbar. Nicht nur der Diözese Chur, sondern auch der Diözese St. Gallen sind Territorien hinzugefügt worden in der provisorischen Form der Apostolischen Administration. Keine große Stadt in der Schweiz ist Sitz eines Diözesanbischofs; die Diözese Basel umfaßt in territorialer Hinsicht zehn Kantone, Chur sieben, Fribourg vier, mit all dem, was das im Blick auf unterschiedliche Systeme der institutionellen Beziehungen zwischen Staat und Kirche sowie der Kirchenfinanzierung mit sich bringt. Außerdem sind alle schweizerischen Diözesen außer Lugano und St. Gallen mehrsprachig und die numerische Verteilung der Gläubigen geht vom Maximum der 1, 2 Millionen Katholiken des Bistums Basel zum Minimum der

---

1 Vgl. hierzu Urban Fink, *Ein definitives Provisorium? Zur Territorialgeschichte des Bistums Chur im 19. und 20. Jahrhundert*, in: Kirche – Kultur – Kommunikation. Peter Henrici zum 70. Geburtstag, hrsg. von Urban Fink – René Zihlmann, Zürich 1998, 671–689, bes. 679–681.

2 Die Apostolische Konstitution zur Errichtung der Erzdiözese Vaduz findet sich in: AAS 90 (1998) 8 f.

200 000 von Sitten.[3] Insgesamt ist es mehr als dringend, wenigstens die Frage zu stellen, ob nicht – wie es in anderen europäischen Ländern geschieht – die Zeit jetzt für eine vierte umfassende pastorale Neuorganisation der katholischen Kirche in der Schweiz reif ist.[4] Die ersten drei Neuorganisationen waren: jene beim Übergang vom Römischen Reich zur karolingischen Periode (in welcher Sitten und Chur eine höchst wichtige Rolle spielten); die durch die protestantische Reform notwendig gewordene Organisation (wobei der Bischof von Lausanne nach Fribourg, der Bischof von Genf nach Annexy in Savoien und der Bischof von Basel nach Bruntrut [Pourrentruy] versetzt wurden); und schließlich jene aufgrund der Französischen Revolution (mit der provisorischen Eingliederung von Zürich und Teilen der Zentralschweiz an Chur und der beiden Halbkantone von Appenzell an St. Gallen und von Schaffhausen an die wiederhergestellte Diözese Basel).

Bezüglich einer möglichen allgemeinen pastoralen Neuorganisation der schweizerischen Diözesen müssen jedoch die unterschiedlichen Ebenen im Blick bleiben und unterschieden werden, auf denen sich das Problem stellt: die verfassungsrechtliche Ebene mit ihren Konsequenzen bezüglich des Staatskirchenrechts, für das der Kanton zuständig ist, die historisch-soziologische und die kanonistisch-pastorale Ebene.

II. Der verfassungsrechtliche Aspekt des Problems

Weder die Bundesverfassung von 1848 noch das Projekt einer neuen Verfassung, das vom schweizerischen Volk 1872 abgelehnt worden ist, enthielten irgendeine Norm bezüglich der Errichtung neuer Diözesen auf dem Territorium der Schweiz. Erst auf Insistieren der tessiner Kantonsregierung veröffentlichte der Bundesrat am 22. Juli 1859 eine Entscheidung, mit welcher die Jurisdiktion ausländischer Bischöfe auf dem Territorium der Schweiz abgeschafft wurde.[5]

---

3 Vgl. *Historische Statistik der Schweiz,* hrsg. von Heiner Ritzmann-Blickenstorfer, Zürich 2006.

4 Zu den ersten drei Neuorganisationen der Diözesen in der Schweiz vgl. Urs Josef Cavelti, *Neueinteilung der Bistümer in der Schweiz. Historische, kirchliche und staatskirchenrechtliche Aspekte,* in: Neue Bistumsgrenzen – neue Bistümer, hrsg. von Urs Josef Cavelti, Freiburg / Schweiz 1992 (Freiburger Veröffentlichungen aus dem Gebiete von Kirche und Staat 37), 109–129, hier: 109 f., wo der Autor in der Fußnote bezüglich der immer wiederkehrenden Vertagung dieser delikaten Thematik das klassische Werk von Ulrich Lampert zitiert: *Kirche und Staat in der Schweiz. Darstellung ihrer rechtlichen Verhältnisse,* Basel – Freiburg / Schweiz 1929 ff., Bd. 2 (1938) 288-360.

5 Zum ganzen vgl. Walter Gut, *Der Staat und die Errichtung von Bistümern. Neuere Erwägungen zu Art. 50 Abs. 4 der Schweizerischen Bundesverfassung („Bistumsartikel"),* Freiburg / Schweiz 1997 (Freiburger Veröffentlichungen aus dem Gebiete von Kirche und Staat 52), 1–4.

Dennoch ist diese Entscheidung, die nach Cavelti bis heute in Geltung ist,[6] gemeinsam mit der Angelegenheit von Genf (Ausweisung von Bischof Mermillod, der später Kardinal wurde) und Basel (Absetzung von Bischof Lachat) sowie der Aufhebung der Nuntiatur in Bern, und so in einem Klima von Intoleranz und Kulturkampf, in die Bundesverfassung von 1874 eingegangen in Art. 50 Abs. 4, der lautet: „Die Errichtung von Bistümern auf schweizerischem Gebiete unterliegt der Genehmigung des Bundes." Ein kurzer Vergleich mit der Rechtsordnung Deutschlands unter Bismarck, die ebenfalls den berühmten Kanzelparagraphen gegen subversive Predigten enthielt, der erst 1953 aufgehoben wurde, zeigt klar, daß der sogenannten Bistumsartikel eine typisch schweizerische Lösung ist, eine gesetzliche Konkretisierung des üblichen „Sonderfalls Schweiz", die tatsächlich eine Diskriminierung der Katholiken in der Schweiz in Kauf nimmt, auch wenn diese dem Problem bislang aus dem Weg gegangen sind und sich immer wieder zugunsten einzelner Lösungen auf dem Konkordatsweg ausgesprochen haben.[7]

Im Zusammenhang mit der erneuten Verfassungsreform und mit der Frage Haas hat sich das Problem auf politischer Ebene erneut gestellt, auch weil sowohl Art. 12 Abs. 4 des Projekts 1995 als auch Art. 74 Abs. 3 des Projekts 1996 in der deutschsprachigen Version geradezu eine Verschärfung oder „schärfere Nuance"[8] in der Formulierung der Verfassungsnorm aufweist. Tatsächlich lautet der Text von 1874: „ Die Errichtung von Bistümern auf schweizerischem Gebiete unterliegt der Genehmigung des Bundes", während derjenige der beiden genannten Projekte wie folgt lautet: „Bistümer dürfen nur mit Genehmigung des Bundes errichtet werden." Konsequenterweise und mit noch mehr Recht hätte sich die völlige Streichung eines solchen anachronistischen Artikels von selbst geboten, sowohl weil er dem Verfassungsprinzip der Gleichheit widerspricht, als auch weil er Art. 9 der Europäischen Menschenrechtskonvention und Art. 18 der Menschenrechtscharta der Vereinten Nationen widerspricht.[9] Dnnoch herrschte in den Kammern der Bundesversammlung die Auffassung des Justizministeriums vor, wonach bei der Arbeit an der formalen Neuordnung der Verfassung alle inhaltlichen Fragen ausgeklammert bleiben sollten, die dazu führen könnten, daß die Reform bei der Abstimmung am 18. April 1999 zu Fall gebracht werden könnte. Am 16. November 1998 beauftragte die staatspolitische Kommission des Ständerates den Bundesrat, eine Vorgehens-

---

6 Vgl. Urs Josef Cavelti, *Die Praxis zum Bistumsartikel in der Bundesverfassung,* in: ZBI 81 (1980) 57–65, bes. 59, hier zitiert nach Gut, ebd., 1.

7 Zum kulturellen Hintergrund des sogenannten Bistumsartikels der schweizerischen Bundesverfassung vgl. Nicolas Michel, *La Constitution fédérale et les évêchés. Une discrimination contraire à la liberté religieuse,* in: Rapports Eglise – Etat en mutation. La situation en Suisse romande et au Tessin, hrsg. von Adrian Loretan, Freiburg / Schweiz 1997 (Freiburger Veröffentlichungen aus dem Gebiete von Kirche und Staat 49), 25–50, bes. 27–30.

8 Gut, *Der Staat und die Errichtung von Bistümern* (Anm. 5), 2 f.

9 Vgl. Michel, *La Constitution fédérale et les évêchés* (Anm. 7), 44–47.

weise zur Beratung über ein Projekt zur Abschaffung des betreffenden Artikels vorzulegen, welches einer Volksabstimmung zu unterziehen wäre. Diese fand im Juni 2001 mit positivem Erfolg statt und der Artikel wurde endgültig abgeschafft. Diese Abschaffung des betreffenden Verfassungsartikels, wenngleich gerechtfertigt und von den schweizerischen Bischöfen gewünscht, löst noch nicht alle Probleme der dringenden Notwendigkeit einer Neuaufteilung und -organisation der schweizerischen Diözesen. Tatsächlich, außer der Notwendigkeit, die Konsequenzen dieser Gesetzesänderung auf der Ebene des in kantonaler Zuständigkeit liegenden Staatskirchenrechts sehr gründlich zu prüfen[10] – eine Arbeit, die früher oder später an anderer Stelle zu leisten ist –, bleiben nicht geringe kanonistische und pastorale damit zusammenhängende Probleme ungelöst angesichts der bekannten Komplexität der Fragen, die sich aus der Rechtsstellung der kantonalen Körperschaft des öffentlichen Rechts ergeben, wozu die katholische Kirche in vielen schweizerischen Kantonen erhoben worden ist.

Vor der Behandlung dieser Probleme, die heute die bei weitem wichtigsten sind,[11] ist es erforderlich, sich kurz mit den historisch-soziologischen Aspekten der Frage zu befassen.

III. Die historisch-soziologischen Aspekte des Problems

Die historisch-soziologischen Aspekte sind gerade jene, die bei der Ausarbeitung des interessanten Projekts „Bistumsgrenzen“ am meisten Beachtung gefunden haben, das seitens der schweizerischen Bischofskonferenz in Auftrag geben worden ist und vom schweizerischen Institut für Pastoralsoziologie mit Sitz in St. Gallen im Jahr 1980 veröffentlicht wurde. Auf der Basis von demogra-

---

10 Zur Notwendigkeit einer differenzierten Bewertung der staatskirchenrechtlichen Konsequenzen auf kantonaler Ebene vgl. Cavelti, *Neueinteilung* (Anm. 4) 118–129; Christoph Winzeler, *Die „Bistumsartikel“ der Schweizerischen Bundesverfassung von 1874 – ein Fossil der neueren Verfassungsgeschichte?*, in: Annuaire suisse de droit ecclésial 1996, Bern 1997, 47 – 54, bes. 53 f.

11 Mit dieser Einschätzung stimmt überein Cavelti, ebd. 117. Auf dem Vorrang der pastoralen Probleme und auf der Dringlichkeit einer Reform des schweizerischen Staatskirchenrechts ausgehend von den Notwendigkeiten, die sich aus der Pastoral und aus der Ekklesiologie des Zweiten Vatikanischen Konzils ergeben, insistiert mit Nachdruck und wiederholt der Bischof von Basel; vgl. seine Stellungnahmen bei der Tagung in Lugano (November 2008) und in St. Gallen (März 2008). Die letztgenannten sind wiedergegeben in: Kurt Koch, *Im Staatskirchenrecht nach pastoraler Notwendigkeit entscheiden. Erwartungen eines Diözesanbischofs an staatskirchenrechtliche Organe*, in: Weiterentwicklung des Staatskirchenrechts. Aktuelle Herausforderungen im Licht der Denkanstöße von Urs Josef Cavelti. Symposium an der Universität St. Gallen, Freitag, 14. März 2008, hrsg. von der Römisch-Katholischen Zentralkonferenz der Schweiz, Zürich 2008, 27–35.

phischen, ökonomischen und geographischen Kriterien und an einem theologischen Idealmodell der Diözese oder Partikularkirche ausgerichtet, werden drei Hypothesen einer generellen Neuordnung der schweizerischen Diözesen formuliert.[12] Es lohnt sich nur die dritte Hypothese näher zu betrachten, die von der Kommission „Hypothese einer moderaten Regionalisierung" festgelegt worden ist und die daher den kulturellen Unterschieden in höchstem Maße entspricht. Auf der Basis der Volkszählung von 1980 unterscheidet diese These drei Kategorien von Diözesen:

	Bistümer	Katholikenzahl	Kantone
Unveränderte Diözesen	Sitten	196 082	Wallis
	Lugano	220 313	Tessin
	St. Gallen	270 636	Sankt Gallen, Appenzell (Innerrhoden / Außerrhoden)
Neugeordnete Diözesen	Lausanne – Genf	361 981	Genf, Waadt
	Fribourg	271 560	Fribourg, Neuenburg, Jura
	Chur	264 861	Uri, Schwyz, Unterwalden, Glarus, Graubünden
	Basel	484 671	Bern, Solothurn, Basel-Stadt, Basel-Landschaft
Neu zu begründende Diözesen	Zürich	509 190	Zürich, Thurgau, Schaffhausen
	Luzern	517 360	Luzern, Aargau, Zug

Der in ekklesiologischer und kanonistischer Sicht weniger beachtete Aspekt dieses Kommissionsprojekts ist jener, der sich auf die pastorale Bedeutsamkeit des alten kirchlichen Rechtsinstituts namens Kirchenprovinz bezieht, auf welches das Zweite Vatikanische Konzil hingewiesen hat und das juristisch ausgearbeitet worden ist vom Codex Iuris Canonici, der im Jahr 1983 promulgiert worden ist, d. h. drei Jahre nach Abschluß des zitierten Projekts.

Auf diesen neuen und tragfähigeren ekklesiologischen und kanonistischen Fundamenten dürfte es nicht schwer sein, die dritte Hypothese des Projekts „Bistumsgrenzen" von 1980 mit größerer pastoraler Tragfähigkei und politischer Machbarkeit neu zu denken und neu zu formulieren, indem man sie ergänzt mit dem Gedanken an eine mögliche Errichtung von drei Kirchenprovin-

12 Die drei Hypothesen (dargestellt in einem Schema) wurden formuliert von Roland Ruffieux; vgl. hierzu Projektkommission „Bistumsgrenzen" der Schweizer Bischofskonferenz, *Neueinteilung der Bistümer in der Schweiz. Dokumentation,* St. Gallen, Schweizerisches pastoralsoziologisches Institut (Archivexemplar) 1980, 86–89.

zen in der Schweiz. Neben der bereits vorgesehenen Errichtung zweier neuer Diözesen (Zürich und Luzern) dürfte es notwendig sein, eine dritte neue Diözese vorzusehen, nämlich Genf. Ebenso wie Zürich ist auch Genf jetzt schon Sitz eines Auxiliarbischofs (mit den Kompetenzen eines regional zuständigen Generalvikars), und Luzern ist eine Stadt mit beachtlicher katholischer Tradition und Sitz einer staatlichen katholisch Theologischen Fakultät. Darüber hinaus müßte an eine Zusammenfassung der alten und neuen schweizerischen Diözesen in drei Kirchenprovinzen gedacht werden. Man könnte z. B. an zwei Kirchenprovinzen für die Deutschschweiz denken (die erste für Luzern und Basel mit ca. eine Million Katholiken, die zweite für St. Gallen, Zürich und Chur mit ebenfalls etwas über einer Million Katholiken) und an eine Kirchenprovinz für die französische Schweiz (Sitten, Fribourg und Genf mit ca. 850 000 Katholiken) wobei lediglich die Diözese Lugano exemt bliebe. Schematisch ließe sich eine solche Lösung folgendermaßen darstellen:

Kirchenprovinz	**Bistümer**	**Katholikenzahl**
Deutsche Schweiz I	Basel, Luzern	ca. 1 000 000
Deutsche Schweiz II	Chur, St. Gallen, Zürich	ca. 1 000 000
Französische Schweiz	Fribourg, Genf, Sitten	ca. 850 000
(exemt)	Lugano	ca. 250 000

Natürlich könnten auch andere Zusammenschlüsse geprüft werden, aber alle sowohl die hier skizzierten, als auch die noch weiteren denkbaren, müssen vor allem einer inneren kirchlichen Reflexion unterworfen werden. Hierbei müssen alle Teilkirchen in der Schweiz vor allem die Lehre des Zweiten Vatikanischen Konzils über die synodale Ausübung der *sacra potestas* und die pastoralen Möglichkeiten, die in der neuen kanonistischen Auffassung, vor allem im CIC, von der Kirchenprovinz als typische Struktur für Teilkirchenverbände enthalten sind, möglichst klar in den Blick nehmen.

IV. Die neuen kanonistischen Voraussetzungen des Problems

1. *Das konziliare Prinzip der Communio Ecclesiae et Ecclesiarum und seine Bedeutung für die Ausübung kirchlicher Vollmacht*

Das strukturelle Wesen des Mysteriums der Kirche besteht in der wechselseitigen Immanenz der Gesamtkirche und der Teilkirchen, die von LG 23, 1 in die Formel „*in quibus et ex quibus*" gefaßt wurde. Diese Formulierung des Konzils widersetzt sich auf der Ebene des Verfassungsrechtes der Kirche sowohl einem Prinzip der Autokephalie der Teilkirche als auch einem monistischen Verständnis der Gesamtkirche. Im ersten Fall wird das innere Moment ausschließlich betont, so daß die Gesamtkirche nicht mehr wirklich existiert oder auf einen bloßen Bund von Teilkirchen verkürzt wird. Im zweiten Fall überwiegt das äußere Element so sehr, daß die Teilkirchen schließlich als bloße Verwaltungsbezirke in der Gesamtkirche aufgehen. Die Untrennbarkeit der beiden Elemente ermöglicht dem Konzil, das konstitutionelle Wesen der *„communio Ecclesiarum"* in eine vollkommene theologische Synthese zu bringen.[13] Nach dieser Synthese sind Gesamt- und Teilkirche nichts anderes als zwei konstitutive Dimensionen der einen Kirche Christi, wie auch Papst Johannes Paul II. in einer Homilie ausgeführt hat.[14] Diese fundamentale Struktur des Mysteriums der Kirche muß im Blick sein, sowohl um das Problem der Beziehung zwischen *ius universale* und *ius particulare*,[15] als auch Natur, Zweck und gegenseitige Beziehungen der verschiedenen institutionellen und Leitungsorgane der *communio Ecclesiae et Ecclesiarum* richtig zu erfassen. Tatsächlich lassen sich die letztgenannten nur schwerlich mit den politischen Kategorien von Zentralisierung und Dezentralisierung oder mit einem ausschließlichen Rückgriff auf das sozialphilosophische Subsidiaritätsprinzip umschreiben. Das wird bestätigt zum einen durch die Unsicherheit des kirchlichen Gesetzgebers im Zusammenhang mit der systematischen Einordnung der Normen über die sogenannten Teilkirchenverbände oder Teilkirchenfamilien (cc. 431–459), die immer wieder an verschiedene Stellen versetzt worden sind,[16] zu anderen durch die nicht vollständige Rezeption des Prinzips der wechselseitigen Immanenz des Universalen und des Partikularen in den CIC. In der Tat hat der kirchliche Gesetzgeber die Formel *„in quibus et ex quibus"* von LG 23, 1 auf der einen Seite in c. 368 CIC versetzt, d. h. an den Anfang des Abschnitts über die Partikularkirchen, während sie in systematischer Hinsicht in einen einführenden Canon zu Beginn des gesamten Teils *De Ecclesiae constitutione hierarchica* (cc. 330–572) am Platz gewesen wäre. Auf der anderen Seite fügt derselbe kirchliche Gesetzgeber im ersten Abschnitt über die institutionellen Organe mit der höchsten kirchlichen Leitungsvollmacht diese nicht in ihren ekklesiologischen Kontext ein und bietet auch keine Definition

---

13 Vgl. Winfried Aymans, *Die Communio Ecclesiarum als Gestaltgesetz der einen Kirche,* in: AfkKR 139 (1970), 69–90, jetzt abgedruckt in: ders., Kirchenrechtliche Beiträge zur Ekklesiologie, Berlin 1995, 17–39; Antonio Maria Rouco Varela, *Das kanonische Recht im Dienst der kirchlichen Communio,* in: ders., Schriften zur Theologie des Kirchenrechts und Kirchenverfassung, hrsg. von Winfried Aymans – Libero Gerosa – Ludger Müller, Paderborn – München – Wien – Zürich 2000, 291–309.

14 Vgl. Johannes Paul II., *Homilie vom 12. Juni 1984 in Lugano,* in: Ansprachen in der Schweiz. Pastoralreise Johannes Pauls II., 12.–17. Juni 1984, hrsg. vom Sekretariat der Schweizerischen Bischofskonferenz, Freiburg / Schweiz 1984, 15–23, hier: 19.

15 Hierzu vgl. Eugenio Corecco, *Ius universale – Ius particulare,* in: Ius in vita et in missione Ecclesiae. Acta Symposii internationalis Iuris Canonici. Città del Vaticano 19 – 24 aprile 1993, Città del Vaticano 1994, 551 – 574; Libero Gerosa, *Communio Ecclesiarum. Die wechselseitigen Beziehungen zwischen der Universalkirche und den Partikularkirchen in ekklesiologisch- kanonstischer Sicht,* in: Universales und partikulares Recht in der Kirche. Konkurrierende oder integrierende Faktoren?, hrsg. von Peter Krämer – Sabine Demel – Libero Gerosa – Ludger Müller, Paderborn 1999, 1–19.

16 Vgl. Communicationes 12 (1980), 244 – 246; 14 (1982), 124 und 155 f.

der Universalkirche, anders als er es für die Teilkirche getan hat, die er in c. 369 umschrieben hat unter wörtlicher Übernahme der konziliaren Definition von CD 11.[17]

Die nur unvollständige Rezeption dieses ekklesiologischen Prinzips des Konzils wirkt sich auch auf die Normen des CIC über die Ausübung der *sacara potestas* aus.[18] An dieser Stelle genügt es jedoch, nur einige Aspekte dieser Thematik zu betrachten, jene nämlich, welche die Ausübung der Leitungsvollmacht in der Kirchenprovinz betreffen.

2. *Die synodale Struktur der Kirchenprovinz und ihre pastorale Bedeutung*

Nach der Ekklesiologie des Zweiten Vatikanischen Konzils steht außer Zweifel, daß kraft der Fülle des Weihesakraments einzig der Diözesanbischof im Besitz der ganzen *„sacra potestas"* ist.[19] Ebenso unzweifelhaft ist, daß dieses dem sakramentalen Ursprung der *„sacra potestas"* zu verdankende Element sich stets mit dem synodalen Element der Ausübung dieser Vollmacht verbinden muß, denn die beiden Elemente wohnen der Kirche als Communio wechselseitig inne. Daraus folgt – und vielleicht ist es das, was die Rezeption in der Schweiz besonders erschwert –, daß die größere Teilhabe und Mitverantwortung an der Ausübung der kirchlichen Vollmacht sich eben nicht durch eine nun geradezu mythische „Demokratisierung" der Verfassungsstruktur der Kirche, die kraft göttlichen Rechts zugleich hierarchisch und charismatisch ist (LG 4), erreichen läßt, sondern nur durch eine flexible Entwicklung der Synodalität, die einerseits der *„communio Ecclesiarum"* eignet und andererseits die Mitverantwortung aller Gläubigen stets voraussetzt.[20]

Innerhalb dieser Lehre des Zweiten Vatikanischen Konzils, die für das ganze kanonische Recht sehr wichtig ist, versteht man besser, daß die Konzilsväter in LG 23, 4 und CD 40 die pastorale Rolle der Kirchenprovinzen nicht nur aus

---

17 Die erstgenannte Inkongruenz wurde herausgearbeitet von Eugenio Corecco, *Aspekte der Rezeption des Vatikanum II im neuen Codex Iuris Canonici,* in: ders., Ordinatio Fidei. Schriften zum kanonischen Recht, hrsg. von Libero Gerosa – Ludger Müller, Paderborn – München – Wien – Zürich 1994, 109–157; die zweite dagegen von Gianfranco Ghirlanda, *Il diritto nella Chiesa mistero di comunione,* Milano – Roma 1990, 497.

18 Vgl. dazu Peter Krämer, *Dienst und Vollmacht in der Kirche. Eine rechtstheologische Untersuchung zur Sacra Potestas-Lehre des II. Vatikanischen Konzils,* Trier 1973; Libero Gerosa, *Grundlagen und Paradigmen der Gesetzesauslegung in der Kirche. Zukunftsperspektiven für die katholische Kanonistik,* Münster 1999, 179–203.

19 Zu diesem Thema vgl. Libero Gerosa, *Der Bischof: Seine Bestellung, seine geistliche Vollmacht und die christliche Verkündigung in Europa,* in: Bulletin – ET 3 (1992) 66–94.

20 Zu einer detaillierten Analyse dieser Frage vgl. Libero Gerosa, *Rechtstheologische Grundlagen der Synodalität in der Kirche. Einleitende Erwägungen,* in: Iuri canonico promovendo. Festschrift für Heribert Schmitz zum 65. Geburtstag, hrsg. von Winfried Aymans – Karl-Theodor Geringer, Regensburg 1994, 35–55.

geschichtlichen Gründen aufwerten wollten, sondern auch und vor allem aus ekklesiologischen Gründen, die durch das neue Selbstbewußtsein der Kirche als Gemeinschaft von Kirchen bestimmt werden. In den cc. 431–459 hat der Codex des kanonischen Rechts von 1983 diese Konzilslehre im wesentlichen übernommen. C. 431 § 2 bestimmt: „Exemte Diözesen darf es künftig in der Regel nicht geben" (in der Schweiz aber sind heute alle exemt!); deshalb sei jede von ihnen einer Kirchenprovinz zuzuordnen, die – im Unterschied zum Plenarverband, d. h. der Gebietskörperschaft der Teilkirchen des Territoriums einer nationalen Bischofskonferenz – öffentliche Rechtspersönlichkeit besitzt (c. 432 § 2).

Die Leitungsorgane einer Kirchenprovinz sind der Metropolit und das Provinzialkonzil. Während das erste Leitungsorgan an einen Bischofssitz gebunden ist, hat das zweite nicht nur Leitungsgewalt, sondern im Unterschied zu den Bischofskonferenzen besitzt es vor allem von Rechts wegen für alle der betreffenden Provinz zugeordneten Teilkirchen (c. 440 § 1) gesetzgebende Gewalt (c. 445). Die synodale Struktur der Kirchenprovinz hat also eine solide Rechtsbasis, auch wenn sich diese in mancher Hinsicht noch vervollkommnen ließe.[21] Doch auf der pastoralen Ebene läßt sich schwerlich dem Urteil widersprechen, daß die diesbezüglichen Normen des Codex bis heute leider toter Buchstabe geblieben sind.[22] Man weiß von keinem Bestreben eines Metropoliten, ein Provinzialkonzil einzuberufen, weswegen es mehr als berechtigt ist, sich nach dem Grund dieser Zurückhaltung zu fragen, wirft man doch gerade heute den großen Bischofskonferenzen vor, eine gewisse Verdunkelung der personalen Verantwortung des einzelnen Diözesanbischofs zu fördern. Es scheint, daß einige ideologische Verkürzungen und das Beharren, mit dem man immer noch von Kollegialität spricht, wo doch der ekklesiologisch passendere Ausdruck Synodalität wäre, Theologen und Bischöfe irgendwie an der Feststellung gehindert haben, daß nach dem vom Codex vorgelegten Profil der Kirchenprovinz diese ganz offensichtlich eine kanonische Institution ist, in der das personale und das synodale Element der *„sacra potestas"* harmonisch miteinander verbunden sind. Wenn man sich zudem vor Augen hält, daß die Synodalität ihrer Natur nach stets die Mitverantwortung der Laien voraussetzt, versteht man, auch ohne – theologisch unberechtigt – zu demokratischen Verengungen des kirchlichen Lebens zu greifen,[23] daß sich die Kirchenprovinz als ein für die

---

21 Es wäre zum Beispiel eine weitere Verbesserung des kanonistischen Profils des Provinzialkonzils wünschenswert, besonders was die Auswahl der zu behandelnden Gegenstände betrifft. In gleichem Maße müßte eine größere Miteinbeziehung der Suffraganbischöfe, der Kathedralkapitel und anderer Gremien bei der Designation des Metropoliten in Betracht gezogen werden.

22 Vgl. Heinz Maritz, *Die Stellung des Metropoliten im neuen kirchlichen Recht,* in: Ministerium Iustitiae. Festschrift für Heribert Heinemann zur Vollendung des 60. Lebensjahres, hrsg. von André Gabriels – Heinrich J. F. Reinhardt, Essen 1985, 243–247, hier: 246.

23 Einige Beispiele dafür, wohin solche demokratischen Reduktionen führen können, illustriert Walter Gut, *„Landeskirchen" und „Kantonalkirchen" im Lichte des II. Vatikanischen Konzils,* in: Kirche – Kultur – Kommunikation (Anm. 1) 533–553. Vgl. in dieser

künftige Organisation der Seelsorge sehr hilfreiches Instrument ansehen läßt. Dafür sprechen wenigstens drei Gründe.

Erstens spielt in der rechtlichen Definition der Kirchenprovinz, welche nicht göttlichen, sondern bloß menschlichen Rechtes ist, das Kriterium des Territoriums eine viel wichtigere Rolle als in der Definition der Teilkirche, die nun in mehr personalem Sinn verstanden wird.[24] Dies verleiht ihr folglich eine größere Befähigung zur Inkulturation des Glaubens, ohne dabei in nationalistische Verkürzungen zu fallen, denn das Territorium einer Kirchenprovinz entspricht in der Regel nicht dem einer Nation.

Zweitens besitzt die Kirchenprovinz zwar eine von der des Plenarverbandes verschiedene synodale Struktur,[25] aber es steht ihr ein Metropolit vor. In ihr verbindet sich somit nicht nur das synodale Element harmonisch mit dem personalen, sondern eben kraft dieser wechselseitigen Immanenz gesteht das kanonische Recht ihren Leitungsorganen größere Kompetenzen zu. Beispielsweise fällt der Kirchenprovinz – gemäß c. 377 § 3 – eine nicht unbedeutende Rolle beim Vorgang der Auswahl der Bischöfe der ihr angehörenden Bistümer zu. Nach c. 1438 kommen dem Metropolitangericht überdies die Rechte eines ordentlichen Berufungsgerichtes zu. Das schon erwähnte Provinzialkonzil ist sodann ein Leitungsorgan von ganz anderem Gewicht als eine einfache regionale Bischofskonferenz. Zum einen gehören einem Provinzialkonzil gemäß c. 443 §§ 3 und 5 auch die folgenden Personen als ordentliche Mitglieder – wenn auch mit bloß beratender Stimme – an: die Generalvikare und Bischofsvikare, die höheren Oberen der Ordensinstitute, die Rektoren der kirchlichen Universitäten und Seminarien, die Delegierten des Kathedralkapitels und der Priesterräte und Pastoralräte. Zum andern ist die Funktion des Provinzialkonzils vorwiegend gesetzgebend (*„praesertim legislativa"*, c. 445) und seine Dekrete bedürfen bloß der *„recognitio"* und nicht einer *„approbatio"* durch den Heiligen Stuhl, damit sie promulgiert werden können (c. 446).

Drittens und letztens ist nicht zu vergessen, daß durch die volle Aufwertung des Amtes des Metropoliten und der pastoralen Rolle der Kirchenprovinz in Zukunft c. 436 § 2 äußerst wichtig werden könnte. Er lautet: „Wo die Umstände es erfordern, kann der Metropolit vom Apostolischen Stuhl mit besonderen Aufgaben und einer Vollmacht betraut werden, die im Partikularrecht zu umgrenzen sind". Und dabei ist zu vermerken, daß die Rolle des Partikularrechts und des Rechtspluralismus innerhalb der katholischen Kirche als *„communio Ecclesiarum"* mit der Promulgation des Codex für die katholischen Ostkirchen (CCEO) und der in den letzten Jahrzehnten erfolgten Einberufung verschiedener kontinentaler oder regionaler Synoden weitgehend aufgezeigt worden ist. Zudem braucht man diesbezüglich nur daran zu erinnern, daß schon das Kon-

---

Hinsicht auch Dieter Kraus, *Kirche und Demokratie im schweizerischen Staatskirchenrecht. Zum Verhältnis kanonischer und kantonaler Prinzipien in der römisch-katholischen Kirchenorganisation der Schweiz,* in: IKZ Communio 25 (1996) 169–179.

24 Vgl. CD 11 und c. 369.

25 Vgl. c. 439.

zil von Trient den Metropoliten die Möglichkeit zugestand, *„iure devolutivo"* der Nachlässigkeit der Suffragane entgegenzuwirken und falls nötig interdiözesane und Provinzpriesterseminare zu errichten. Auch besteht kein Anlaß zu zweifeln, daß diese Möglichkeiten des Metropoliten und des Provinzialkonzils noch ausgeweitet werden können, da auch c. 381 des Codex des kanonischen Rechtes von 1983 dem Diözesanbischof alle zur Ausübung seines Hirtendienstes notwendigen Kompetenzen zugesteht mit Ausnahme derer, die von Rechts wegen oder aufgrund eines päpstlichen Dekretes einer anderen kirchlichen Autorität vorbehalten sind.

V. Schluss: Bietet die Errichtung von Kirchenprovinzen eine neue Chance für die katholische Kirche in der Schweiz?

Die gewaltigen institutionellen und gesellschaftlichen Veränderungen, zu denen es nach 1989 in Europa kam, haben es erst recht als notwendig erwiesen, differenzierte und flexiblere Typen der Zusammenarbeit nicht nur zwischen den Staaten, sondern auch zwischen Staat und Kirche zu entwickeln. Das Europa der Regionen verfügt über die Chancen, sich immer mehr zu festigen, und die verschiedenen helvetischen Regionen können dem nicht länger einfach zuschauen. In diesem Umfeld könnte auch die alte kanonische Struktur der Kirchenprovinz eine weitere Chance für die verschiedenen Gruppierungen der Teilkirchen bilden, damit diese in nächster Zukunft wieder Pioniere des missionarischen und pastoralen Handelns der Gesamtkirche sein können. In der Schweiz hat man zu Beginn der achtziger Jahre bei der Erarbeitung des erwähnten Projekts einer Neueinteilung der Bistümer das Gespräch über die Kirchenprovinzen vielleicht allzu rasch aufgegeben, und zwar aus mindestens zwei Gründen:

Zu einen hat man bei der Erarbeitung des erwähnten Projekts allzusehr auf der eventuellen Errichtung einer einzigen Provinz Schweiz beharrt,[26] während es doch klar ist, daß eine solche von den Schweizern nie angenommen würde, denn sie sind sehr auf die verschiedenen eigenen Identitäten und Autonomien bedacht und überempfindlich in bezug auf jede mögliche Ausnahme vom Prinzip der Gleichheit unter allen Bischofssitzen. Zum andern hat man auch die Schwierigkeit unterschätzt, ob ein solcher Vorschlag vom Heiligen Stuhl angenommen werden könnte, denn das Territorium einer Kirchenprovinz sollte in der Regel nicht mit dem einer Nation übereinstimmen, um so die Gefahr zu vermeiden, daß das Provinzialkonzil als ein Instrument der Nationalisierung der Teilkirchen mißbraucht wird.

Die seit 1989 eingetretenen Veränderungen verpflichten jedoch zu einer mutigen Wiederaufnahme sowie einer theologischen und rechtlichen Vertiefung dieses Problems. Dabei sollte nicht prinzipiell die Möglichkeit einer Lö-

---

26 Vgl. Projektkommission „Bistumsgrenzen" der Schweizer Bischofskonferenz (Anm. 12), 90 f.

sung auf der Ebene eines Konkordats zwischen dem Hl. Stuhl und der Eidgenossenschaft unterschätzt werden, wobei freilich Sorge dafür zu tragen wäre, jede Einschränkung der kantonalen Kompetenzen zu vermeiden. Ein mutiges Wiederaufgreifen des Problems wird nur dann zu positiven Ergebnissen führen können, wenn ihm eine gründliche Reflexion und Diskussion innerhalb der Teilkirchen in der Schweiz vorausgeht.[27]

27 Ein erster Schritt in die richtige Richtung war die Durchführung der wissenschaftlichen Tagung „Staat und Kirche in der Schweiz", welche die Schweizerische Bischofskonferenz gemeinsam mit dem Apostolischen Stuhl angeregt hatte und die im Jahr 2008 vom *Istituto Internazionale di Diritto Canonico e Diritto Comparato delle Religioni* in Lugano durchgeführt worden ist; ihre Akten werden mit dem vorliegenden Band in deutscher Sprache publiziert.

IV. Zusätzliche Stellungnahmen und Voten

Votum: zum Kirchenaustritt

Vitus Huonder

Das II. Vatikanische Konzil hat in der Pastoralkonstitution *Gaudium et Spes* gelehrt: Die Kirche „wird sogar auf die Ausübung von legitim erworbenen Rechten verzichten, wenn feststeht, daß durch deren Inanspruchnahme die Lauterkeit ihres Zeugnisses in Frage gestellt ist“ (Nr. 76).

Die Frage, wie die Kirche mit Austretenden aus den staatskirchenrechtlichen Körperschaften umgehen soll, scheint mir ein konkreter Anwendungsfall zu sein für das, was das Konzil gesagt hat. Wenn wir mit Härte gegen Menschen vorgehen, die – aus welchen Gründen auch immer – aus den Kirchgemeinden austreten, dann zeichnen wir ein unsympathisches Bild von der Kirche, dann ist die Lauterkeit des kirchlichen Zeugnisses in der Gesellschaft in Frage gestellt. Denn die Kirche ist nicht die Gemeinschaft der Beitragszahler, die Nichtzahler ausschließt. Sondern die Kirche ist die Gemeinschaft der Getauften und der Glaubenden. Nur weil jemand eine Steuer, die nicht einmal der Kirche direkt zugute kommt, nicht mehr bezahlen will, kann man ihn nicht vom Leben der Kirche und von den Sakramenten ausschließen. Als Bischof von Chur kann ich es deshalb nicht gutheißen, wenn von Gläubigen, die aus der Kirchgemeinde austreten, ein Antibekenntnis gegen die eigentliche Kirche verlangt wird. Das sagt im Grunde auch das Urteil des Bundesgerichts vom 16. November 2007, wenn es festhält, daß im Falle eines Austritts aus der Kirchgemeinde kein Austritt aus der eigentlichen Kirche verlangt werden dürfe.

Bereits unter meinem Vorgänger, Bischof Amédée Grab, hat das Bistum Chur eine Handreichung betreffend den Austritt aus den staatskirchenrechtlichen Organisationen erarbeitet. Diese Handreichung bemüht sich, die Lauterkeit des Zeugnisses der Kirche zu schützen. Sie fordert nicht Härte, sondern sie will einen pastoralen Weg mit den Menschen gehen, die aus der Kirchgemeinde austreten. Diese Handreichung datiert aus dem Jahr 2005, stammt also aus der Zeit vor dem erwähnten Bundesgerichtsurteil. Sie liegt aber genau auf dessen Linie. Die Handreichung betont, «daß nach dem katholischen Kirchenrecht kein Zwang besteht, Mitglied irgendeiner Körperschaft zu sein“ (I.4.2.). Bei einem Austritt aus der Kirchgemeinde sei ferner nicht automatisch davon auszugehen, daß damit die Trennung von der eigentlichen Kirche beabsichtigt sei (vgl. II.3.4.). In der Folge legt die Handreichung darauf Gewicht, ein möglicherweise gestörtes Verhältnis des Austretenden zur Kirche nicht zu beenden, sondern offen zu bleiben für einen weiteren gemeinsamen Weg. Dieser Weg bleibt aber nur offen, wenn man den Menschen nicht zwingt, sich von der eigentlichen Kirche loszusagen und wenn man ihm nicht mit der Exkommunikation droht.

Die Handreichung des Bistums Chur sieht vor, bei der Sakramentenspendung gegenüber solchen, die aus der Kirchgemeinde ausgetreten sind, großzügig zu sein. Und es wird angeregt, im einen oder anderen Fall für den Dienst der Kirche um eine Spende zu bitten (III.1.3.). An diesem Punkt muß weitergedacht und dann gehandelt werden. Es soll den Gläubigen, welche aus den staatskirchenrechtlichen Organisationen ausgetreten sind, durch die Schaffung einer Institution im Sinne des c. 1274 die Möglichkeit eröffnet werden, die Kirche dennoch zu unterstützen. Dies wird der Kirche helfen, die Lauterkeit ihres Zeugnisses zu wahren, indem sie nicht fordert und droht, sondern indem sie wirbt und einlädt.

Votum: Die schweizerischen staatskirchenrechtlichen Strukturen im Lichte der katholischen Ekklesiologie

Vitus Huonder

Präambel

Ich möchte betonen, daß ich in meiner Diözese gegenwärtig in einem guten Kontakt zu den staatskirchenrechtlichen Organen der einzelnen Kantone stehe. Ich schätze die Personen, die in diesen Organen tätig sind. Ich meine auch, daß sie in der Situation, in welcher wir uns befinden, eine wertvolle Arbeit leisten. Dennoch darf man nicht die Augen verschließen vor der Problematik, welche mit dem staatskirchenrechtlichen System der meisten Kantone der Schweiz verbunden ist.

Votum

Das in den meisten Kantonen der Schweiz entwickelte Staatskirchenrecht muß im Hinblick auf seine Tauglichkeit in erster Linie auf dem Hintergrund der katholischen Ekklesiologie beurteilt werden. Es geht um die Frage: Ist das genannte System mit der katholischen Ekklesiologie kompatibel oder nicht? Die Antwort darauf ist entscheidend für eine korrekte Beurteilung der Angelegenheit.

Eines der großartigsten Dokumente des Zweiten Vatikanums ist die Dogmatische Konstitution über die Kirche *„Lumen Gentium"* vom 21. November 1964. Sie ist der authentische Ausdruck dessen, was die katholische Kirche über ihr Kirchesein lehrt. Hier finden wir die verbindliche Ekklesiologie.

Im Mittelpunkt der theologischen Aussagen über die Kirche steht der Begriff des Volkes Gottes. Damit wird die Kirche mit Bezug auf das Israel des Alten Bundes treffend als Gemeinschaft aller Gläubigen umschrieben. Dieses Volk Gottes nun hat eine *hierarchische Verfassung,* die von Christus ausgeht. Sie ist nicht von Menschen gewollt, sondern vom Herrn selber vorgegeben. Denn er hat die Apostel auserwählt und mit der Leitung des Volkes Gottes beauftragt. Die Apostel bilden den Ursprung der heiligen Hierarchie (vgl. *Ad gentes* 5).

Nachfolger der Apostel sind die *Bischöfe.* Sie führen das apostolische Erbe weiter und bilden nach den Aposteln die Hierarchie. In diesem Sinn sagt das Konzil: „Diese Heilige Synode setzt den Weg des ersten Vatikanischen Konzils fort und lehrt und erklärt feierlich mit ihm, daß der ewige Hirt Jesus Christus die heilige Kirche gebaut hat, indem er die Apostel sandte wie er selbst gesandt war vom Vater (vgl. Joh 20, 21). Er wollte, daß deren Nachfolger, das heißt die

Bischöfe, in seiner Kirche bis zur Vollendung der Weltzeit Hirten sein sollten" (*Lumen Gentium* 18). In diesem Licht ist das dreifache Amt des Bischofs zu sehen, nämlich die Aufgabe des Lehrens, des Heiligens und des Leitens *(munus docendi, munus sanctificandi, munus regendi).*

Hier zeichnet sich die Inkompatibilität zwischen den staatskirchenrechtlichen Strukturen der Schweiz und dem katholischen Kirchenverständnis insofern ab, als diese Strukturen die Eigenart der katholischen Kirche nicht oder nicht genügend respektieren, vor allem die *„tria munera"* des Bischofs nicht berücksichtigen. Der Staat auferlegt der katholischen Kirche eine ihrer hierarchischen Verfassung und dem bischöflichen Amt nicht gerecht werdende parallele Organisationsform.

Die konkreten Auswirkungen sind, daß der Bischof in den bestehenden Verhältnissen der Schweiz beim Ausüben des *munus regendi* stark eingeschränkt ist. Das kann sogar zur gänzlichen Handlungsunfähigkeit führen. So ist der Bischof oft nicht in der Lage, Auswüchsen in der Pastoral wirksam entgegenzutreten und berechtigten Klagen der Gläubigen durch entsprechende Verordnungen gerecht zu werden. Der äußere Druck und die Komplikationen, die durch das System entstehen, hindern ihn daran. Das Ergebnis ist: Der Bischof kann nicht Bischof sein, so wie die katholische Kirche das Bischofsamt versteht. Das hat bisweilen auch Auswirkungen auf das *munus docendi* und *sanctificandi.*

Eine der schlimmsten Folgen ist das Aufkommen von beinahe unüberwindlichen innerkirchlichen Spannungen zwischen Orthodoxie und kirchenfremden Wegen. Hier sollte der Bischof, wie es *„Lumen Gentium"* in Nr. 23 sagt, Prinzip und Fundament der Einheit in seiner Teilkirche sein. Doch gerade diese Sendung wird ihm durch das staatskirchenrechtliche System erschwert. Darin liegt letztlich die Problematik des Systems.

Kirchenfinanzierung im Spannungsfeld von katholischer Ekklesiologie und schweizerischer Demokratie

Daniel Kosch

1. Fragen der Finanzierung des kirchlichen Lebens

Fragen der Finanzierung des kirchlichen Lebens standen zwar während der Tagung zum Thema „Katholische Kirche und Staat in der Schweiz" in Lugano nicht im Zentrum der Aufmerksamkeit. Hintergründig jedoch spielten sie eine wichtige Rolle. Dies nicht zuletzt deshalb, weil der Auftrag der staatskirchenrechtlichen Körperschaften, „Voraussetzungen zu schaffen und Hilfe zu leisten für die Erfüllung kirchlicher Aufgaben",[1] zwar nicht ausschließlich, aber doch wesentlich darin besteht, zur Finanzierung des kirchlichen Lebens beizutragen.

Problemanzeigen und kritische Anfragen

In den Referaten und Diskussionen kommen folgende Probleme und kritischen Anfragen immer wieder zur Sprache:

a) Im Zusammenhang mit der Gewährleistung der korporativen Religionsfreiheit wurde die Frage gestellt, ob diese durch die Verknüpfung des Steuerbezugsrechts mit der Verpflichtung der Konfessionsangehörigen, sich in Form demokratisch und rechtsstaatlich verfaßter Körperschaften zu organisieren, nicht übermäßig beschränkt wird.

b) Angesichts der Tatsache, daß im Selbstverständnis der katholischen Kirche die Diözese als „Ortskirche" von zentraler Bedeutung ist, wurde darauf hingewiesen, daß die Ausrichtung der Kirchensteuern auf die kommunale und kantonale Ebene dazu führt, daß auf diözesaner und schweizerischer Ebene zu wenig finanzielle Mittel zur Verfügung stehen.

c) Im Zusammenhang mit der Tatsache, daß die Kantone für die Regelung der Beziehungen von Staat und Kirchen zuständig sind (BV Art. 72), was in bezug auf die Modelle und die Leistungsfähigkeit der Kirchenfinanzierung zu erheblichen Diskrepanzen führt, wurde darauf hingewiesen, daß das schweizerische System zwar subsidiaritätsstark, aber solidaritätsschwach ist.

d) Vor dem Hintergrund des kürzlich ergangenen Bundesgerichtsurteils zum „partiellen Kirchenaustritt" stellte sich die Frage, ob und wie der mit einem „Teilaustritt" verbundene Wegfall der Entrichtung der Kirchensteuer kirchenrechtlich beurteilt und gegebenenfalls sanktioniert werden kann.

---

1 So die klassische Formulierung der Verfassung des Katholischen Konfessionsteils des Kantons St. Gallen, Art. 2 Abs. 1.

e) Im Rahmen von Überlegungen zu einer vollständigen Trennung von Kirche und Staat bzw. eines staatskirchenrechtlichen Modells, das ohne öffentlichrechtlich anerkannte und mit Steuerhoheit ausgestattete Körperschaften auskommt, wurde über die prekäre Situation der Kirchenfinanzierung im Kanton Neuenburg informiert. Dort entrichten aufgrund der Freiwilligkeit nur 2 % der Katholiken den vollen Kirchenbeitrag und nur 20 % bezahlen ihn teilweise. Dies führt dazu, daß der Kirche nur 12 % der erwarteten Beiträge zur Verfügung stehen. Und bezüglich der staatskirchenrechtlichen Regelungen im Kanton Tessin wurde festgehalten, daß diese dem Bistum zwar eine hohe Autonomie gewähren, aber zu massiven finanziellen Schwierigkeiten führen.
f) Im Hinblick auf mögliche Zukunftsmodelle wurde einerseits der stärkere Einbezug der kanonischen Autoritäten in die finanziellen und administrativen Entscheidungen der staatskirchenrechtlichen Körperschaften und anderseits eine verbindlichere Zusammenarbeit der kantonalkirchenrechtlichen Organisationen untereinander sowie mit den Bistümern gefordert.

2. Finanzierung diözesaner und überdiözesaner Aufgaben

Mittelbedarf auf diözesaner und schweizerischer Ebene

Die Diözese spielt als „Ortskirche" im Selbstverständnis und im Recht der katholischen Kirche insbesondere seit dem Zweiten Vatikanischen Konzil und dem Erlaß des neuen kirchlichen Gesetzbuches (CIC von 1983) eine zentrale Rolle. In finanzieller Hinsicht hingegen ist in der Schweiz die lokale Ebene wesentlich besser ausgestattet. Auch etliche kantonalkirchliche Organisationen verfügen über erhebliche finanzielle Mittel. Als Faustregel gilt, daß von 100 % kommunalen Kirchensteuern 10 % auf die kantonale und je 1 % auf die diözesane und nationale Ebene gelangen. Zusammen mit der Gegenläufigkeit zwischen der hierarchischen Struktur der Kirche und dem von unten nach oben strukturierten staatskirchenrechtlichen System führt dies zu einer „Schieflage" (Kurt Koch) und erfordert die einvernehmliche Zusammenarbeit zwischen Bistum und staatskirchenrechtlichen Körperschaften, wo Aufgaben der Kirche mit Kirchensteuermitteln finanziert werden sollen. Die ekklesiologisch wichtige Ebene des Bistums und die pastoral wie gesellschaftlich gegenüber früher sehr viel bedeutsamere sprachregionale und nationale Ebene haben zu wenig finanzielle Mittel und ihre Unterstützung durch die kantonalkirchlichen Organisationen ist zu wenig verbindlich geregelt.

Finanzierungsschwierigkeiten in Kantonen und Bistümern ohne Kirchensteuern

Es wäre allerdings ein Trugschluß zu meinen, eine Schwächung oder gar Aufhebung der demokratisch verfaßten und primär kommunal verankerten staatskirchenrechtlichen Körperschaften könnte zu einer Verbesserung der finanziellen Situation auf diözesaner und gesamtschweizerischer Ebene beitragen und damit die Handlungsmöglichkeiten des Bischofs bzw. der katholischen Kirche in der Schweiz erweitern. Denn jene Kantone (GE, NE) und Diözesen (Sitten, Lugano, z. T. Lausanne-Genf-Freiburg), die ohne obligatorische Kirchensteuern auskommen müssen, haben die größten Schwierigkeiten, die diözesane und überdiözesane Ebene finanziell zu alimentieren. Hinzu kommen dort z. T. auch erhebliche Schwierigkeiten, für das pfarreiliche Leben und insbesondere für die Besoldung der kirchlichen Mitarbeitenden die notwendigen Finanzmittel bereitzustellen. Ähnliches gilt für Kantone mit einem relativ schwach verankerten staatskirchenrechtlichen System (BS). Demgegenüber erweisen sich die rechtlich und historisch gut verankerten kantonalkirchlichen Organisationen als wichtigste Stützen für die Finanzierung diözesaner und überdiözesaner Aufgaben der Kirche.

Bewußtseinswandel und stark gestiegene Beiträge an die RKZ und die Diözesen

Der unter den aktuellen Gegebenheiten einzig gangbare Weg, bessere Voraussetzungen für die Finanzierung diözesaner und gesamtschweizerischer Aufgaben zu schaffen, besteht deshalb darin, die kantonalkirchlichen Organisationen von dieser Notwendigkeit zu überzeugen. Diese werden ihrerseits die Kirchgemeinden und letztlich auch die einzelnen Gläubigen und Steuerzahlenden dafür gewinnen müssen, daß es der ganzen Kirche zum Vorteil gereicht, wenn die Mittel nicht nur vor Ort, sondern in deutlich höherem Ausmaß als bisher auch für übergeordnete Aufgaben eingesetzt werden.

Die Römisch-Katholische Zentralkonferenz und ihre Mitglieder haben im Verlauf der letzten Jahrzehnte maßgeblich dazu beigetragen, daß diesbezüglich Fortschritte erzielt wurden. Stellten sie vor 25 Jahren (1983) nur Fr. 1 700 000 für gesamtschweizerische Aufgaben zur Verfügung, so beläuft sich dieser Betrag gegenwärtig (2008) auf Fr. 6 100 000, was einer Steigerung um mehr als 350 % entspricht. Dieses Wachstum übersteigt nicht nur die Teuerung, sondern auch die Zunahme der finanziellen Möglichkeiten in den Kirchgemeinden und kantonalkirchlichen Organisationen bei weitem. Es zeigt auf, daß das Bewußtsein für die Bedeutung der übergreifenden Aufgaben der katholischen Kirche in der Schweiz bereits stärker geworden ist – was nicht heißt, daß weitere Bemühungen nicht notwendig bleiben. Auch die Bistumsbeiträge wurde im Laufe der vergangenen Jahre und Jahrzehnte immer wieder deutlich erhöht.

Voraussetzungen für positive Weiterentwicklungen

Die Erfahrung zeigt, daß solche Bemühungen nur dann erfolgreich sind, wenn folgende Rahmenbedingungen berücksichtigt werden:

a) Der Finanzbedarf muß glaubwürdig und mit einleuchtenden Argumenten begründet werden. Es genügt nicht, sich auf die Ekklesiologie oder das Kirchenrecht zu berufen. Vielmehr muß aufgezeigt werden, welchen konkreten, auch in den Pfarreien und im Alltag religiös interessierter Menschen spürbaren Nutzen die diözesanen und überdiözesanen Vorhaben stiften.
b) Die Mitglieder der finanzkompetenten Organe müssen als mündige „Kirchbürger" ernstgenommen und einbezogen werden. Es gilt, ihr Recht anzuerkennen, über die Höhe und die Zweckbestimmung der verfügbaren Mittel mit zu entscheiden. Und es gilt, ihrem Anspruch auf finanzielle Transparenz zu entsprechen.
c) Eine stärkere Berücksichtigung der diözesanen und schweizerischen Ebene bei der Zuweisung der finanziellen Mittel kann aufgrund der dafür notwendigen Bewußtseinsveränderungsprozesse nur schrittweise und relativ langsam erfolgen.
d) Die Verteilung der Lasten muß als gerecht empfunden werden. Dies gilt sowohl für die Mittelverteilung auf die unterschiedlichen Ebenen (kommunal, kantonal, diözesan und national), als auch für die Verteilung zwischen den beteiligten Körperschaften, deren finanzielle Möglichkeiten sich stark voneinander unterscheiden. Das Solidaritätsprinzip muß zwar stärker zum Zuge kommen als dies derzeit der Fall ist. Aber zugleich muß auch die Eigenverantwortung jener eingefordert werden, die bisher nur geringe finanzielle Beiträge leisten. Und es darf auch nicht aus den Augen verloren werden, daß die Pfarrei (und finanziell gesehen die Kirchgemeinde) nach wie vor die „Zelle der Diözese" (Zweites Vatikanisches Konzil, AA 10) bildet.
e) Die Koordination zwischen den verschiedenen kantonalkirchlichen Organisationen auf Bistumsebene und auf gesamtschweizerischer Ebene, aber auch die Kooperation zwischen ihren diözesanen Zusammenschlüssen und dem Bistum bzw. zwischen dem nationalen Zusammenschluß in der RKZ und der Schweizer Bischofskonferenz müssen verbindlicher geregelt werden. Zur formalen Absicherung drängen sich Verträge und Vereinbarungen auf, zur Gewährleistung der notwendigen finanziellen Sicherheit und Planbarkeit sind gut abgestützte Beitragsschlüssel und aufeinander abgestimmte mehrjährige Finanzbeschlüsse der kantonalkirchlichen Organisationen notwendig. Ebenso wichtig sind eine partnerschaftliche, auf Vertrauen und Respekt vor den jeweiligen Zuständigkeiten basierende Zusammenarbeit und demzufolge gute persönliche Beziehungen auf der Ebene der Leitungsgremien.

Da es sich bei den Kirchensteuergeldern um öffentliche Mittel handelt, die von den staatskirchenrechtlichen Körperschaften aufgebracht werden, sind „die Grundsätze, die der CIC für die Verwaltung der Kirchengüter festgelegt hat, nicht direkt anwendbar" (L. Gerosa). Vielmehr basiert eine so konzipierte Verstärkung der Kirchenfinanzierung auf diözesaner und schweizerischer Ebene auf den langen und insgesamt positiven Erfahrungen der Kooperation der kanonischen Autoritäten mit den kirchlichen Körperschaften auf lokaler und kantonaler Ebene, die es sich zum Ziel gesetzt haben, gute Voraussetzungen für das kirchliche Leben zu schaffen. Dabei ist stets zu berücksichtigen, daß jede finanzielle Entscheidung an den pastoralen Notwendigkeiten zu messen ist. Für diese tragen die geweihten Amtsträger nach Beratung mit den dafür zuständigen Gremien und unter Berücksichtigung des Glaubenssinnes des Gottesvolkes die Verantwortung.

Werden diese Zuständigkeiten beachtet, schränkt diese Form der Kirchenfinanzierung die Handlungsfähigkeit der Bischöfe nicht ein. Vielmehr muß festgehalten werden, daß die finanzielle Leistungsfähigkeit der Kirchensteuern die Möglichkeiten der Kirche erheblich erweitert, ihre Aufgabe im Dienst an den Gläubigen wie an der gesamten Gesellschaft wahrzunehmen.

3. Finanzielle Solidarität über die Kantonsgrenzen hinaus

Starke Unterschiede von Kanton zu Kanton

Ein Blick auf die finanziellen Möglichkeiten der einzelnen kantonalkirchlichen Organisationen macht große Differenzen sichtbar. So bezahlte ein Katholik im Kanton Zürich im Jahr 2002 durchschnittlich rund Fr. 470 Kirchensteuer, im Kanton Aargau Fr. 410, im Thurgau Fr. 350, in Basel-Stadt 306, im Kanton Neuenburg Fr. 64 und im Kanton Genf Fr. 26. Diese Unterschiede haben verschiedene Gründe:

a) *Die unterschiedlichen kantonalen Regelungen für die Kirchensteuerpflicht,* insbesondere bezüglich der Frage, ob die Kirchensteuer obligatorisch ist oder als freiwilliger Kirchenbeitrag erhoben wird, sowie bezüglich der Frage, ob nur die natürlichen oder auch die juristischen Personen besteuert werden; zusätzlich in Betracht zu ziehen sind die hier nicht berücksichtigten Beiträge des kantonalen Staats für die Finanzierung bestimmter kirchlicher Aufgaben.
b) *Die unterschiedliche Wirtschaftskraft der jeweiligen katholischen Wohnbevölkerung der Kantone;* in den wirtschafts- und finanzstarken Kantonen ist auch das Steuersubstrat größer als z. B. in ländlichen Randregionen.
c) Eine wichtige Rolle spielt aber auch die *Tradition;* in manchen Kantonen werden traditionell tiefere Kirchensteuern erhoben als in anderen.

Aus dieser Analyse der Gründe dafür, daß die Kirche mancherorts „reich“, andernorts „arm“ ist, ergibt sich, daß kein direkter Zusammenhang mit den wirtschaftlichen Verhältnissen der katholischen Wohnbevölkerung besteht, sondern andere Faktoren mindestens ebenso wichtig sind.

Unrealistische Forderung nach einem diözesanen Finanzausgleich

Dies ist bei der in den letzten Jahren z. B. vom Bischof von Basel erhobenen Forderung nach einem diözesanen Finanzausgleich zu berücksichtigen. Zwar mag es durchaus zutreffen, daß auch mangelnde Solidaritätsbereitschaft und „Kirchturmdenken" einem solchen Vorhaben im Wege stehen. Aber die Hauptschwierigkeit ist anderer Natur: Es läßt sich letztlich kaum begründen, warum jene kantonalkirchlichen Organisationen, in denen die Bereitschaft, Kirchensteuern zu bezahlen, größer ist als andernorts, andere kantonalkirchliche Organisationen finanziell unterstützen sollen, deren katholische Bevölkerung unter Umständen sogar wohlhabender, aber nicht bereit ist, auch entsprechende Kirchensteuern zu entrichten.

Ein praktikabler und gerechter Finanzausgleich würde voraussetzen, daß die Bemessungsgrundlagen für die Kirchensteuern überall gleich sind. Das ist angesichts der Vielfalt der Steuersysteme und auch angesichts des Steuerwettbewerbs in der Schweiz undenkbar, zumal die Festlegung des Steuerfußes meist in der Zuständigkeit der Kirchgemeinden liegt.

Am deutlichsten läßt sich die Problematik eines Finanzausgleichs im Bistum Lausanne-Genf-Freiburg aufzeigen: Der Kanton Freiburg kennt Kirchensteuern analog den Kantonen in der deutschsprachigen Schweiz. Die Kantone Genf und Neuenburg kennen nur freiwillige Kirchenbeiträge. Im Kanton Waadt erhält die Kirche erhebliche Beiträge aus kantonalen (staatlichen) Steuermitteln. Wie und auf welcher Basis könnte ein Finanzausgleich geschaffen werden? Sollen die Freiburger Katholiken, die in einem verhältnismäßig strukturschwachen Kanton leben, die katholische Kirche in den Kantonen Genf und Neuenburg unterstützen, nur weil allzu viele Katholiken dort nicht bereit sind, ihren freiwilligen Kirchenbeitrag zu leisten, während die Freiburger ihrer Solidaritätspflicht nachkommen? Sollen und könnten die waadtländer Katholiken versuchen, die vom Staat bereit gestellten Mittel für die finanziell schwache Kirche in den Trennungskantonen einzusetzen? Wie ließe sich solche Solidarität gegenüber den Steuerzahlenden und gegenüber dem kantonalen Parlament, das über die Höhe des Beitrags an die Kirche(n) entscheidet, begründen?

Praktikable Wege stärkerer Solidarität über Kantonsgrenzen hinaus

Statt von einem diözesanen oder gesamtschweizerischen Finanzausgleich zu sprechen, sollte über praktikable Formen finanzieller Solidarität über die Kantonsgrenzen hinaus nachgedacht werden. Dazu bestehen folgende Möglichkeiten:

a) Für die diözesanen und schweizerischen Beiträge werden solidar-starke Beitragsschlüssel entwickelt. Diese tragen der je unterschiedlichen Kirchenfinanzierungsform und Leistungskraft Rechnung. Damit werden die finanzschwachen kantonalkirchlichen Organisationen entlastet.

b) Die finanziell gut gestellten kantonalkirchlichen Organisationen machen ihr z. T. sehr gut ausgebautes Angebot an kirchlichen Dienstleistungen auch den Katholiken aus anderen Kantonen zugänglich. Sie erbringen damit gewissermaßen „zentralörtliche Leistungen", ohne dafür eine Abgeltung zu verlangen, sei dies in Bereichen wie Erwachsenenbildung oder Ausbildung von Katechetinnen, sei dies in der Öffentlichkeitsarbeit oder in der teilweisen Freistellung von kirchlichen Mitarbeitenden für diözesane und schweizerische Aufgaben.
c) Die finanziell gut gestellten kantonalkirchlichen Organisationen oder auch einzelne finanzstarke Kirchgemeinden unterstützen mit Projektbeiträgen gezielt Vorhaben in finanzschwächeren Teilen des Bistums oder der Schweiz. Solche Projektbeiträge können auch diözesanen oder überdiözesanen Vorhaben zugute kommen, die sich über die ordentlichen Beiträge ans Bistum oder die RKZ nicht finanzieren lassen, weil dies die Finanzschwächeren überfordern würde.

Es liegt auf der Hand, daß solche Maßnahmen nicht alle Probleme lösen können, die sich aus der sehr unterschiedlichen finanziellen Leistungsfähigkeit ergeben.

Zudem sind sie freiwillig und können z. B. in finanziell schwierigen Zeiten dem Spardruck zum Opfer fallen. Dennoch lohnt es sich, in diese Richtung weiterzudenken, zumal Erfahrungen mit solchen Maßnahmen zeigen, wie wirkungsvoll sie sind.

4. Kirchenaustritt und Kirchensteuerpflicht

Das viel diskutierte Problem des sogenannten Kirchenaustritts kann hier nicht in seiner ganzen Breite aufgerollt werden. Unter finanziellen Gesichtspunkten stehen zwei Fragen im Vordergrund:
a) Es gibt Kirchenangehörige, die – aus welchen Gründen auch immer – zwar aus der staatskirchenrechtlichen Körperschaft austreten, aber Mitglieder der Kirche bleiben möchten. Wird dies zugelassen, bezahlen sie keine Kirchensteuern mehr, werden aber weiterhin als der Kirche zugehörig angesehen.
b) Es gibt Kirchenangehörige, die zwar ihren Austritt aus der Kirche erklärt haben, aber dennoch einzelne Angebote der Kirche in Anspruch nehmen möchten – z. B. die Taufe ihrer Kinder oder eine kirchliche Bestattung.

Die kirchenrechtliche Beurteilung dieser Situationen ist komplex und kann nicht pauschal vorgenommen werden, ist doch im Einzelfall zu prüfen, ob es sich bei einer Erklärung des Kirchenaustritts um einen Akt des Abfalls vom Glauben oder der Lossagung von ihrer Gemeinschaft handelt. Die Verweigerung der kirchenrechtlich verankerten Beitragspflicht (CIC, can. 222) ist kein ausreichender Grund für einen Ausschluß von den Sakramenten. Diese Situationsbeurteilung fällt zudem in die Zuständigkeit der kirchlichen Autoritäten und ist nicht von den staatskirchenrechtlichen Behörden vorzunehmen.

Anforderungen an einen angemessenen Umgang mit der Problematik

Im Hinblick auf die Finanzierung weiter Teile des kirchlichen Lebens mit Hilfe von Kirchensteuern sind jedoch an den Umgang mit dieser Problematik drei klare Anforderungen zu stellen:

a) Die Bischöfe und die Seelsorgenden sind gefordert, klar festzuhalten, daß die sich aus dem Glauben ergebende Pflicht, einen materiellen Beitrag für das Wirken der Kirche zu leisten, dort wo Kirchensteuern erhoben werden, durch ihre Bezahlung erfüllt wird. Ein Austritt aus der staatkirchenrechtlichen Körperschaft ist grundsätzlich nicht vereinbar mit dem erklärten Willen, Mitglied der katholischen Kirche zu sein. Einzige Ausnahmen sind Situationen in Kirchgemeinden und Pfarreien, die in staatskirchenrechtlicher oder kirchenrechtlicher Hinsicht unhaltbar oder problematisch sind.
b) Sonderregelungen dürfen nicht dazu führen, daß der Eindruck entstehen könnte, es gäbe nebeneinander zwei Formen der Kirchenzugehörigkeit, von denen eine mit der Zugehörigkeit zur Körperschaft und mit der Kirchensteuerpflicht verbunden ist, die andere aber keine entsprechende Verpflichtung kennt.
c) Die Regelungen in den einzelnen Diözesen müssen aufeinander abgestimmt sein, weil sehr unterschiedliche Modelle auf die Länge nicht durchsetzbar sind. Dies erfordert ein koordinierendes Wirken der Schweizer Bischofskonferenz.

Diese Anforderungen werden von den Bischöfen um so leichter erfüllt werden, je besser sie sich mit dem schweizerischen Modell der Kirchenfinanzierung identifizieren können. Stehen sie diesem jedoch so kritisch gegenüber, daß sie darin primär keine Chance, sondern eine Einschränkung ihrer Handlungsfähigkeit und jener der Kirche in der heutigen Gesellschaft sehen, sollten sie so konsequent sein, dann auch nicht mehr die Erwartung an die staatskirchenrechtlichen Strukturen zu richten, diese sollten zusätzliche Mittel für die Finanzierung kirchlicher Aufgaben auf diözesaner Ebene bereitstellen.

5. Praktische Schlussfolgerungen

Ein Maßnahmenplan, der diese Überlegungen berücksichtigt, müßte mindestens folgende Punkte umfassen:

a) *Information und Bewußtseinsbildung;* umfassende und gut verständliche Information der Organe der kantonalkirchlichen Organisationen und der Kirchgemeinden sowie der einzelnen Kirchenmitglieder über die Situation der Kirchenfinanzierung und den Mittelbedarf auf diözesaner und nationaler Ebene, damit auf breiter Basis ein Bewußtseinswandel herbeigeführt werden kann.

b) *Verträge und Vereinbarungen;* Erarbeitung von Verträgen und Vereinbarungen zwischen den kantonalkirchlichen Organisationen der größeren Diözesen, welche die Zusammenarbeit bei der Beschaffung der notwendigen Mittel für das Bistum sowie die Zuständigkeiten bei deren Verwendung regeln und auf deren Basis mehrjährige Finanzbeschlüsse der kantonalkirchlichen Organisationen erwirkt werden können.

c) *Gegenseitiger Einbezug der kirchlichen und staatskirchenrechtlichen Organe;* Erarbeitung von Formen verbindlich geregelten gegenseitigen Einbezugs der kirchlichen bzw. staatskirchenrechtlichen Organe in die Prozesse der Meinungsbildung und Entscheidungsfindung auf allen Ebenen, auf der Basis gegenseitigen Vertrauens, transparenter Kooperation und des Respekts der jeweiligen Zuständigkeiten. In diesem Sinne wäre gemäß den von Prof. Bernhard Ehrenzeller eingebrachten Vorschlägen „einerseits zu prüfen, ob nicht die staatskirchenrechtlichen Kantonalkörperschaften verstärkt zusammenarbeiten könnten mit den Organen des entsprechenden Bistums. Es wären dafür in den staatskirchenrechtlichen Erlassen ‚Öffnungsklauseln' vorzusehen und geeignete Mitwirkungsverfahren zu entwickeln".
Anderseits wäre zu prüfen, „ob nicht eine verstärkte vertragliche Regelung zwischen den kantonalkirchlichen Organisationen und dem jeweiligen Bistum eine geeignete neue Kooperationsform wäre." Gegenstand einer solchen Übereinkunft könnten alle Fragen beidseitigen Interesses sein. Ein zentraler Punkt wird sicherlich die notwendige Finanzierung des jeweiligen Bistums sein müssen, wobei Vertreter der Kantonalorganisationen im Rahmen gemeinsamer Gremien in die Beratung. Beschlußfassung und Beaufsichtigung der Verwendung dieser Finanzmittel, bei denen es sich ja um Steuermittel handelt, einzubeziehen wären. Die Übereinkunft sollte aber auch die Mitwirkung der staatskirchenrechtlichen Organisationen in anderen als Finanzfragen ermöglichen, um eine langfristige Vertrauensbasis in den gegenseitigen Beziehungen zu schaffen.

d) *Pastorale Planungen unter Berücksichtigung der finanziellen Implikationen;* Erarbeitung von pastoralen Planungen auf diözesaner und gesamtschweizerischer Ebene, auf deren Grundlage der zusätzliche Mittelbedarf konkretisiert werden kann und die auch den konkreten Nutzen dieser pastoralen Initiativen für das Leben der Kirche vor Ort und im Alltag glaubwürdig aufzeigen und begründen.

e) *Gemeinsam erarbeitete Regelungen zum „Kirchenaustritt"* auf der Basis eines klaren Bekenntnisses zur Konkretisierung der kirchenrechtlichen Beitragspflicht gemäß can. 222 in der Form der Kirchensteuern und der in den Trennungskantonen vorgesehenen Kirchenbeiträge.

f) *Aufbau eines Kompetenzzentrums für Kirchenfinanzierung,* das Grundlagen-, Informations- und Ausbildungsarbeit leistet im Bereich der Beschaffung, der

Verwaltung und Verwendung der kirchlichen Finanzmittel im Sinne der *good governance.*

6. Staatskirchenrechtliche Rahmenbedingungen

Was die staatskirchenrechtlichen Voraussetzungen für eine erfolgreiche Umsetzung der vorgeschlagenen praktischen Maßnahmen betrifft, muß an dieser Stelle zur Hauptsache auf die Beiträge von Bischof Peter Henrici, Adrian Loretan, Giusep Nay sowie Bernhard Ehrenzeller verwiesen werden:

a) *Religionsfreiheit als leitendes Prinzip;* Basis des Schweizer Religionsverfassungsrechts ist die in der Bundesverfassung garantierte Glaubens- und Gewissensfreiheit (BV Art. 15). Die Religionsfreiheit gewährleistet nicht nur die individuelle Religionsfreiheit, sondern auch die Freiheit der Religionsgemeinschaften, sich gemäß ihrem eigenen Selbstverständnis zu organisieren.
b) *Öffentliche und öffentlichrechtliche Anerkennung;* aufgrund des föderalistischen Staatsaufbaus fällt die Regelung der Beziehungen zwischen Staat und Kirche in die Kompetenz der Kantone (BV Art. 72). Alle Kantone anerkennen, daß die Römisch-Katholische Kirche von öffentlichem Interesse ist und in den meisten Kantonen ist sie öffentlichrechtlich anerkannt. Damit ist in der überwiegenden Zahl der Kantone das Angebot verbunden, daß die Angehörigen der Kirche sich in einer demokratisch und rechtsstaatlich verfaßten Körperschaft organisieren, welcher der Staat im Sinne einer freundschaftlichen Kooperation das Recht verleiht, Kirchensteuern zu erheben. Die Zuständigkeit der kirchlichen Organe bleibt dabei gewahrt, zumal sich die Kompetenzen der staatskirchenrechtlichen Körperschaften auf den finanziellen und administrativen Bereich beschränken.
c) *Zunehmende Entflechtung und Anerkennung der korporativen Religionsfreiheit;* Das Staatskirchenrecht hat sich in den letzten Jahren unter dem Einfluß der Anerkennung der korporativen Religionsfreiheit weiterentwickelt, indem noch bestehende Überbleibsel staatlicher Kirchenhoheit im Sinne einer vollständigen Entflechtung beseitigt wurden. Diese Entwicklung wird bei anstehenden Revisionen weitergehen. Die im modernen Rechtsstaat garantierte Religionsfreiheit sichert so der Kirche den Freiraum, der wesentliche Voraussetzung für ihr öffentliche Wirken ist. „Das so genannte ‚duale System' verbindet die ‚staatsrechtlich' sichergestellten Vorteile einer optimalen Kooperation mit dem Staat und einer solidarischen und breit abgestützten Finanzierung der Kirche mit dem Respekt vor ihrem Selbstverständnis und ihren Strukturen, in die weder der Staat noch die kirchlichen Körperschaften eingreifen … Das Grund- und Menschenrecht der Religionsfreiheit kann und muß der Kirche die Zuversicht geben, daß sie auch die staatkirchenrechtlichen Verhältnisse in den deutschschweizerischen Kantonen nutzen kann, ohne daß dies dem Grundsatz der freien Kirche im freien Staat in einem modernen Sinne Abbruch tun würde" (G. Nay).

d) *Stellung und dienende Funktion der staatskirchenrechtlichen Körperschaften;* die staatskirchenrechtlichen Körperschaften stehen zwischen Kirche und Staat. „Als vom Staat geschaffene und mit hoheitlichen Befugnissen ausgestattete Organisationen unterliegen sie notwendigerweise den staatlichen Rechtsprinzipien, sind also an das öffentliche Interesse, an das Gesetzmäßigkeits- und Verhältnismäßigkeitsprinzip und auch an die Grundrechte gebunden ... Dennoch sind sie nicht ‚Staat' oder gleichzusetzen mit ‚staatlichen Organen'. Vom Staat unterscheiden sie sich gerade dadurch, daß nur die betreffenden Konfessionsangehörigen Mitglieder der Körperschaft sind und von den demokratischen Rechten Gebrauch machen können. Ebenso wichtig ist, daß die Zwecksetzung dieser Körperschaften klar auf die jeweiligen Kirchen ausgerichtet ist. Ihr Sinn und Zweck ist es, der Kirche bei der Erfüllung ihres Auftrages gemäß ihrem eigenen Selbstverständnis zu dienen. Eine solche Zwecksetzung wäre dem Staat selbst aufgrund des Neutralitätsgebotes klarerweise verboten. Dennoch: Diese staatskirchenrechtlichen Körperschaften sind zwar Gemeinschaft der Gläubigen, aber doch nicht ‚Kirche' im kanonischen Sinne. Vielmehr wird mit der staatskirchenrechtlichen Organisation ein dualistisches System geschaffen, das unterschiedlichen Prinzipien folgt" (B. Ehrenzeller).

e) *Wahrung der Religionsfreiheit und Hinordnung auf die Kirche;* angesichts der Tatsache, daß es sich bei dieser staatskirchenrechtlichen Organisation lediglich um ein Angebot des Staates handelt, schränkt es die Religionsfreiheit nicht ein. Dies gilt um so mehr, als die öffentlichrechtlich anerkannten staatskirchenrechtlichen Körperschaften aufgrund ihrer Zwecksetzung verpflichtet sind, die kirchlichen Zuständigkeiten zu respektieren. Dazu gehört auch, daß sie die ekklesiologische Bedeutung der Diözesen als Ortskirchen anerkennen und verpflichtet sind, entsprechend ihren jeweiligen Möglichkeiten die notwendigen Voraussetzungen dafür zu schaffen, daß die Bistümer und die Bischöfe ihre Aufgabe wahrnehmen können.

f) *Sorgfältige Weiterentwicklung;* nicht nur im Hinblick auf die Erhaltung der sehr tragfähigen und bewährten Beziehungen zwischen Staat und Religionsgemeinschaften sondern auch im Hinblick auf eine zukunftsfähige Finanzierung des kirchlichen Lebens ist es im Interesse sowohl der kirchlichen Autoritäten als auch der Gemeinschaft der Glaubenden sowie der gesamten Gesellschaft, wenn dieses erprobte System der Regelung des Verhältnisses von Kirche und Staat sorgfältig weiter entwickelt wird. Dabei gilt es, sowohl dem Selbstverständnis der Kirche als auch dem typisch schweizerischen Staatsaufbau Rechnung zu tragen, für den die direkte Demokratie, das Prinzip der Gemeindeautonomie und der Föderalismus prägend sind, der aber auch offen und fähig ist, in einer zunehmend pluralistischen Gesellschaft und einer vernetzten und globalisierten Welt ein Zusammenleben in Freiheit und Frieden zu ermöglichen.

7. Abschliessende Überlegungen

Jedes Modell der Finanzierung des kirchlichen Lebens hat seine Stärken und seine Schwächen. Sowohl unter rein finanziellen Gesichtspunkten als auch im Hinblick auf die Präsenz und Akzeptanz der Kirche in der Gesellschaft kann das Modell der Bildung staatskirchenrechtlicher Körperschaften, denen seitens des Kantons die Steuerhoheit übertragen wird, als erfolgreich und effizient beurteilt werden. Dies hängt nicht nur damit zusammen, daß der Staat der katholischen Kirche damit sehr behilflich ist, die Kirchenbeiträge mit hoher Verbindlichkeit einzufordern, sondern hat eine ganze Reihe weiterer Gründe:

a) Die Bemessung der Höhe der Kirchensteuer in Analogie zur Bemessung der staatlichen Steuerpflicht ist solidarisch:Vermögende bezahlen anteilmäßig mehr als finanziell schwach gestellte.
b) Die Tatsache, daß die Gemeinschaft der Gläubigen selbst dafür verantwortlich ist, die Höhe der Kirchensteuern und -beiträge festzulegen, gibt der Kirche diesbezüglich weit größere Freiheit als eine Finanzierung mit Hilfe von Staatsbeiträgen, deren Höhe von politischen Entscheidungen abhängig ist, die unter dem Einfluß der politischen Parteien und unter Beteiligung vieler zustande kommen, die keinen Bezug zum kirchlichen Leben haben.
c) Die Erhebung der Kirchensteuer auf lokaler Ebene schafft einen Bezug zur Kirchgemeinde und Pfarrei am eigenen Wohnort. Die Kirchensteuer geht nicht an eine ferne und anonyme Institution, sondern kommt zu einem erheblichen Teil unmittelbar der Kirche vor Ort zu Gute.
d) Die Prinzipien der Rechtsstaatlichkeit und der finanziellen Transparenz schaffen ein hohes Maß an Glaubwürdigkeit, daß die Mittelverwendung sorgfältig überprüft wird.
e) Die demokratischen Mitwirkungsrechte schaffen eine Beteiligungsmöglichkeit. Dies fördert die Bindung an die Kirche auch dann, wenn diese Rechte von vielen nicht wahrgenommen werden.

Aktive Teilnahme als gleichzeitig katholisch-kirchlicher und demokratisch-schweizerischer Wert

Äußere und innere Verbindung mit der Kirche, materielle Solidarität, Erfahrungen des Glaubens, die mit dem Alltag und der je eigenen Lebenswelt verbunden sind, aktive Beteiligung am Leben der Kirche und Mitverantwortung dafür, daß ihre Botschaft in der Welt von heute zum Tragen kommt – all dies sind Werte, die in der katholischen Kirche einen hohen Stellenwert haben. Dies gilt auch dann, wenn das kirchliche Vermögensverwaltungsrecht diesen Werten zu wenig Beachtung schenkt, sondern fast ausschließlich die Handlungsfreiheit der Amtsträger im Blick hat. Aus diesen Gründen sollten Möglichkeiten für die Weiterentwicklung der Strukturen der Kirchenfinanzierung in der Schweiz nicht nur im Bereich notwendiger Anpassungen bei den staatskirchenrechtlichen Strukturen gesucht werden, sondern auch im Bereich von partikulären kirchenrechtlichen Regelungen, welche dem gleichzeitig katholisch-kirchlichen und demokratisch-schweizerischen Wert der „aktiven Teilnahme“ bzw. *„actuosa participatio“* die notwendige Beachtung schenken.

Dies ganz im Sinne des Zweiten Vatikanischen Konzils, das festhält: „Als Teilnehmer am Amt Christi, des Priesters, Propheten und Königs, haben die Laien ihren aktiven Anteil am Leben und Tun der Kirche. Innerhalb der Gemeinschaften der Kirche ist ihr Tun so notwendig, daß ohne dieses auch das Apostolat der Hirten meist nicht zu seiner vollen Wirkung kommen kann“ (AA 10).

Anmerkung zum Thema Staatskirchenrecht: Gesetz zu Lasten Dritter?

Stefan Suter

Es wird oft geltend gemacht, daß kantonale Kirchenverfassungen oder -gesetze eine Verbindlichkeit entfalten würden, an die sich auch die Bischöfe zu halten hätten. Was zunächst einleuchtend klingen mag, hält einer näheren Betrachtungsweise nicht stand und zwar aus folgenden Gründen:

1. Die Bindung des Bistums an staatskirchliche Normen setzt entweder voraus, daß der Bischof Rechtsunterworfener dieser Norm ist oder er bzw. einer seiner Vorgänger dieser Bestimmung explizit zugestimmt hat.
2. Wie alle Bürger und Einwohner ist auch ein katholischer Bischof staatlichen Gesetzen unterworfen. Oft finden sich aber Normen, die entweder durch die kantonal kirchlichen Körperschaften erlassen wurden oder in Abstimmung mit den kantonalen Autoritäten ergangen sind.
   Diese Bestimmungen können keine Bestimmungen zu Lasten des Bistums enthalten und auch nicht entsprechend interpretiert werden. Dies gilt selbst dann nicht, wenn die kantonale Legislative oder Exekutive dem staatskirchlichen Gesetz ausdrücklich zugestimmt hätten.
   Sowenig wie ein Vertrag zu Lasten Dritter in diesem Bereich möglich wäre, können staatskirchliche Gesetze erlassen werden, die dem Bischof Pflichten auferlegen, ohne daß er diesen zugestimmt hätte.
3. Die Zustimmung des Bistums hat in einem formellen Akt zu erfolgen, soweit die Rechte des Bischofs tangiert werden. Ungenügend wäre etwa die Zusendung eines Gesetzesentwurfs zur Vernehmlassung oder eine Anhörung.
4. Die Aufbürdung von (staatskirchlichen) Gesetzen gegenüber Bistum und Bischof verletzt die korporative Religionsfreiheit und wäre deswegen verfassungswidrig.

Anmerkungen zum „Fall Röschenz" in Basel-Landschaft

Stefan Suter

Die positive Einschätzung des Urteils des Kantonsgerichts Basel-Landschaft vom 5. 9. 2007 für die Entwicklung der Kirche kann keineswegs geteilt werden und zwar zusammenfassend aus folgenden Gründen:

1. Die Erteilung der *missio canonica* oder der Entzug derselben ist kein Verwaltungsakt im weltlichen Sinne. Es handelt sich um eine innerkirchliche, d. h. auf dem Glauben beruhenden Handlung des Bischofs. Ein Bischof ist nicht Teil der kantonalen oder bundesrechtlichen Administration.
2. Selbstverständlich sind gerade bei öffentlich-rechtlichen Arbeitsverhältnissen die Grundrechte wie etwa die Gewährung des rechtlichen Gehörs zu wahren. Da nach dem geltenden System im Kanton Basel-Landschaft der Bischof zwar kirchlich Vorgesetzter, nicht aber Arbeitgeber des betreffenden Priesters ist, hat nicht der Bischof das rechtliche Gehör zu gewähren, sondern das zuständige staatskirchenrechtliche Organ.
3. Es wird geltend gemacht, daß aufgrund einer Bestimmung in der Kirchenverfassung des Kantons Basel-Landschaft die *missio* Anstellungsvoraussetzung sei. Deswegen habe in diesem Fall die *missio* bzw. der entsprechende Entzug stellvertretend staatlichen Charakter. Dieser Auffassung könnte nur dann zugestimmt werden, wenn das Bistum dieser Bestimmung und den entsprechenden Konsequenzen (ersatzweise staatliches Handeln) jemals zugestimmt hätte. Die Konstruktion eines Vertrages bzw. eines Gesetzes zu Lasten Dritter (zu Lasten des Bistums) ist unzulässig. Folglich haben die staatskirchenrechtlichen Organe den *missio*-Entzug zwar zu befolgen. Einzig diese Instanzen sind aber für die Formalien des Arbeitsverhältnisses, und dazu gehört das Grundrecht des rechtlichen Gehörs, verantwortlich.
4. Entscheidend ist somit nicht, ob vor dem Zeitpunkt des *missio*-Entzugs das rechtliche Gehör (im weltlichen Sinne) gewährt worden ist, sondern ob die staatskirchenrechtlichen Organe in der Lage sind, in deren Konsequenz die Kündigung (mit Gewährung des rechtlichen Gehörs) auszusprechen. Der Auffassung des Kantonsgerichts, wonach der Bischof das rechtliche Gehör vor dem *missio*-Entzug hätte gewähren müssen, kann nicht gefolgt werden. Im übrigen wurde das rechtliche Gehör vollumfassend gewährt. Richtig ist, daß auf eine Protokollierung verzichtet wurde.
5. Bezeichnend ist ferner die sehr extensive Interpretation des rechtlichen Gehörs, die unter einer freiheitsrechtlichen Betrachtungsweise grundsätzlich durchaus positiv zu werten wäre. Die Ausführungen, wonach das rechtliche Gehör aber immer „entscheidoffen" geführt werden müsse, gehen an den Realitäten vieler staatlicherseits getroffenen Verfügungen (vgl. IV, Fremdenpolizei etc.) vorbei. Es ist nicht einzusehen, weswegen für die katholische Kirche ein strengerer Maßstab gelten sollte als für staatliche Behörden.
   Zu beachten ist auch die äußerst restriktive Interpretation, die das Kantonsgericht bezüglich der Heilung bei einer allfälligen Verletzung des rechtli-

chen Gehörs aufgezogen hat. Sämtliche Zeitungsausschnitte betreffend öffentlicher Verleumdungen („Die katholische Kirche ist die größte Diktatur der Welt" etc.) wurden mit den Rechtsschriften eingelegt. Die sonst gerichtsüblich praktizierte Heilung allfälliger Mängel vor einer Gerichtsinstanz mit voller Kognition wurde zurückgewiesen. Auch hier wäre es durchaus begrüßenswert, wenn dies allgemeine Rechtsprechung werden würde. Andere Gerichtsentscheide, die seither ergangen sein, scheinen dieser strengen Praxis aber nicht zu folgen. Es ist deswegen stoßend, daß diese sehr hohen Anforderungen ausgerechnet in einem Fall gestellt werden, der die katholische Kirche betrifft.

6. Unbeabsichtigt fördert dieses Urteil Tendenzen, die öffentlich-rechtliche Anerkennung der Kirche in Frage zu stellen. Würde es sich nämlich um rein privatrechtliche Anstellungsverhältnisse handeln, so könnte nach den sehr liberalen Kündigungsregeln des OR lediglich auf mißbräuchliche Kündigung geklagt werden, was höchstens eine Strafzahlung von 1–6 Monatsgehältern zur Folge hätte, wobei anzumerken ist, daß dieser Rahmen von den Gerichten kaum ausgeschöpft wird. Die Weiterverlängerung eines Arbeitsverhältnisses wäre indessen rechtlich ausgeschlossen.
7. Auffällig ist zudem, daß das Urteil des Kantonsgerichts, welches sich über insgesamt 53 Seiten erstreckt, viele rechtliche Detailfragen sehr umfassend anspricht. Der Einwand, daß der betroffene Priester gegen den *missio*-Entzug innerkirchlich hätte rekurrieren müssen, wird indessen mit wenigen Zeilen abgetan (Ziff. 4.2). Dies wird u. a. damit begründet, daß keine Gewaltentrennung bestehe, keine weltliche Überprüfung möglich sei und die EMRK nicht gelte. Die Darlegungen überzeugen nicht, zumal schweizerische Gerichtsinstanzen des öfteren bereit sind, außereuropäische Verwaltungsakte (zumindest vorfrageweise) zu akzeptieren, auch wenn diese naturgemäß nicht der EMRK unterstehen. Auch kann der Einwand nicht gehört werden, das Urteil der Apostolischen Signatur könne auch ohne Begründung in Rechtskraft erwachsen. Zunächst kennt auch das hiesige Rechtssystem diverse Urteile, die nicht begründet werden müssen. Es kommt hinzu, daß nichts dagegen einzuwenden gewesen wäre, wenn das Urteil der zuständigen Instanz des Heiligen Stuhles auf ihre Anwendbarkeit in der Schweiz geprüft worden ware. Nicht hingenommen werden kann allerdings, daß das Kantonsgericht von vornherein das innerkirchliche Rechtsmittelsystem als nicht den rechtsstaatlichen Anforderungen entsprechend abqualifiziert, womit grundsätzlich darauf verzichtet werden könne.

An diesem Beispiel zeigt sich, daß das Urteil des Kantonsgerichts letztlich kein positiver Schritt für eine Rechtsentwicklung in der katholischen Kirche darstellen kann, sondern geradezu kirchenfeindlich ausgefallen ist.

Zwei unvereinbare Welten

Ein persönlicher Erfahrungsbericht

Franz Xaver von Weber

Die Tagung in Lugano hat die existenzielle Problematik des schweizerischen Sonderfalls in aller Deutlichkeit offen gelegt. Das staatskirchrechtliche Regelwerk ist drauf und dran, im Innern der katholischen Kirche Strukturen zu etablieren, die nach den Worten des Evangelisten Johannes dem „Geist dieser Welt" verpflichtet sind, einem Geist, der *à la longue* die Substanz des katholischen Glaubens aushöhlt.

Diese zweite Welt der staatskirchlichen Strukturen und ihrer Vertreter paßt nicht nur punktuell, sondern auch grundsätzlich nicht zur Welt der Kirche. Denn diese zweite Welt will die Welt des Staates in die Welt der Kirche hineinzwängen, indem sie letztlich auch der Kirche die dem modernen Staat eigenen Grundsätze von Demokratie, Pluralismus, Werteneutralität und Laizität verbindlich aufoktroyieren will. Die Kirche versteht sich aber als Volk Gottes. Sie verfügt über ein geoffenbartes, durch das Lehramt geschütztes Glaubensgut und basiert nicht auf basisdemokratischen Beschlüssen und Entscheidungen. Ihren authentischen Selbstvollzug erkennt sie in der Feier der Sakramente.

Die zweite Welt der staatskirchlichen Organisation will heute keine Kompromisse mehr erzielen, sondern sie will sich durchsetzen. Von der ursprünglichen Idee, der Welt der Kirche zu dienen, hat sie sich verabschiedet. Jetzt geht es darum, die Welt der Kirche der Welt der staatskirchlichen Strukturen einzugliedern und letztlich unterzuordnen.

Meine Erfahrungen als Rechtsanwalt und Berater von Priestern in Not in der Schweiz zeigt mir eines: Ein Kirchenrat oder eine Kirchenpflege, die einen Pfarrer oder einen Priester weghaben will, schafft das immer, unabhängig, ob der entsprechende Priester vom Pfarrvolk gewählt oder ob er „nur" angestellt ist. Noch nie mußte in einem Konfliktfall die Kirchenpflege gehen, immer ziehen die Priester den Kürzeren. Der Fall Röschenz ist hier keine Ausnahme (dazu später).

Was sind denn die Ursachen für die Konflikte zwischen der Kirchenpflege und den Priestern? Es geht hauptsächlich um theologische Zuständigkeiten. Diese spitzen sich meistens in Konflikten zwischen Priestern und emanzipatorisch programmierten, oft gegenüber der kirchlichen Hierarchie indifferent oder ablehnend eingestellten KatechetInnen und Kirchgemeindefunktionären zu. Letztere werden von der Kirchenpflege nach ihren Kriterien eingestellt: Laienförderung, Selbstdefinition der Glaubensinhalte, Eventkreativität. Der Pfarrer ist zwar ein vom Bischof Entsandter und Beauftragter, soll aber die Seelsorge nach den Vorgaben der Staatskirchenfunktionäre betreiben. In solchen lokalen Konflikten ist der Pfarrer oft menschenseelenallein. Er sieht sich einer Phalanx von sich gegenseitig stützenden Kirchenratsmitgliedern gegenüber. Während diese immer mehr Gemeindemitglieder hinter sich zu wissen meinen, vereinsamt der unter Druck geratene Pfarrer zusehends. Auch von den lokalen Medien kann er keine Unterstützung erwarten, im Gegenteil. Diese können die Krise mit unausgewogenen Berichten zusätzlich schüren.

Die bischöfliche Hilfe für den in Not geratenen Priester ist beschränkt. Der Bischof muß auf die Kirchenpflege Rücksicht nehmen, diese muß ja den nächsten Pfarrer wieder anstellen. Der Bischof kann sich keine Eskalation leisten, selbst wenn alles dafür spricht, daß die Kirchenpflege oder von ihr angestellte Funktionäre Kompetenzen mißbraucht, verletzt oder eigenmächtig an sich gerissen haben. Die Pfarrer werden verheizt. In der Pfarrei öffnen sich Gräben, welche steigende Indifferenz unter den noch verbliebenen aktiven Pfarreiangehörigen zur Folge haben.

Das an der Tagung von Lugano vorgestellte Arbeitskonfliktvermeidungsprogramm vermag die grundsätzliche Unvereinbarkeit der beiden Welten zwar zu kaschieren, aber nicht zu beseitigen. Die für Arbeitskonflikte angestellten Fachkräfte stehen, da sie von den staatskirchenrechtlichen Körperschaften angestellt sind, immer auf der Seite der Kirchenpflegen. Die beispielsweise von der römisch-katholischen Zentralkommission des Kantons Zürich eingesetzte Fachberatung in Personalfragen steht den Personalchefs der Kirchenpflegen mit Rat und Tat zur Verfügung. Pfarrer, die mit der Kirchenpflege in Clinch geraten sind, können sich zwar auch bei ihr um Rat und Tat bemühen, doch wird diese alles daran setzen, den Pfarrer zur Einsicht zu bringen – selbstverständlich mit verständnisvollen und einfühlsamen Worten –, die Kirchgemeinde – und *nolens volens* dann auch die Pfarrei – ohne Verursachung weiterer Probleme zu verlassen und sein Glück in einer anderen Kirchgemeinde und Pfarrei oder gar in einem anderen Bistum zu versuchen. Auch die Personalombudsstelle als neutrale und unabhängige Berartungs- und Vermittlungsstelle vermag schwerwiegende und grundsätzliche Probleme nicht zu lösen, verfügt sie doch über keinerlei Entscheidungs- und Weisungsbefugnisse.

So verspürt ein unter Druck geratener Priester – ich spreche hier selbstverständlich nur von Fällen, wo das unterschiedliche Arbeits- und Amtsverständnis die Grundlage des Konflikts ist und nicht strafrechtlich relevantes Handeln – das ganze Unverständnis dieser zweiten Welt; seine Welt der Kirche kann ihm die nötige Hilfe nicht gewähren. So nimmt der Konflikt seinen programmierten Ausgang: Der Priester muß gehen, ist frustriert, verbittert und geht letztlich für die Seelsorge verloren. Doch auch bei den Kirchenpflegern macht sich Frustration und Systemmüdigkeit breit. Mitglieder ziehen sich zurück, wenden der Kirche den Rücken zu, schimpfen über den Klerus und verabschieden sich in die Indifferenz.

Auf diese unvereinbaren Welten ist es zurückzuführen, daß das kirchliche Leben in der Schweiz vor dem Kollaps steht. Es gehen immer weniger Menschen zu kirchlichen Anlässen hin, da weder die eine Welt noch die andere Welt sich je nach ihrem Selbstverständnis zeigen kann. Die zweite Welt der Staatskirchenfunktionäre diktiert mit dem Mittel des Geldes die Welt der Kirche so sehr, daß diese sich zunehmend gar nicht mehr getraut, Bewährtes, Anerkanntes und Selbstverständliches zu fördern und zu praktizieren.

So lähmt diese zweite, allein am staatlichen Funktionieren orientierte, veramtete Welt die spirituelle Welt der Kirche zunehmend. Das Fazit ist denn auch rabenschwarz: Die Kirche in der Schweiz ist wahrscheinlich nirgends so flächendeckend tot gemacht worden wie in unserem Land – und das trotz nach wie vor bedeutenden Kirchensteuereinnahmen, mit denen sich die Kirchenpflegen eigentlich alles leisten könnten, was einer lebendigen Welt der Kirche dienlich wäre. Doch der Ertrag ist gleich null, weil nicht die Kirche das Sagen über den Einsatz der Temporalien, die Einnahmen aus den Kirchensteuern, hat, sondern die Staatskirchenfunktionäre. Solange das so bleibt, wird die Situation nicht besser, sondern noch schlimmer werden.

Kommt dazu, daß die zweite Welt der Staatskirchenfunktionäre auch zunehmend die Welt der Kirche spaltet. So gibt es Pfarrer und gar Bischöfe, die sich mehr der zweiten Welt der Staatskirchenfunktionäre verpflichtet fühlen. Es ist klar, daß ihnen dort der Hof gemacht wird. Hie und da gelingt ein Hochseilakt aufgrund moderierender Charaktere der beteiligten Priester. Sie schaffen es, daß beide Welten immerhin noch zusammenarbeiten. Es kann aber auch sein, daß der Tanz auf dem hohen Seil nicht gelingt. Und dann zeigt sich, zu welcher Welt sich der betreffende Priester hingezogen fühlt. Im Falle von Röschenz hat sich der Priester in seinem Kampf gegen den Bischof mit der Kirchenpflege verbandelt. Durch den Sukkurs der auf der Lauer liegenden Medien ließ sich schnell die gewünschte Skandalisierung erreichen. So geriet hier nicht der Pfarrer mit der Kirchenpflege in Konflikt, sondern der Bischof – ein ganz besonderer Leckerbissen für die Medien.

Der Sonderfall Schweiz ist in der Zwischenzeit ein Experimentierfeld neuer Konfliktfelder geworden. Wie wenn angesichts des Zustands der Gesellschaft die allgemeinen Probleme nicht schon groß genug wären. Eine nicht von Zerreißproben geschwächte Kirche wäre aber heute auch in der Schweiz nötiger denn je – gerade auch hinsichtlich ihres zeitlosen Beitrages für das moralische Fundament der Gesellschaft in krisengeschüttelter Zeit.

Teilnehmer an der Tagung „Katholische Kirche und Staat in der Schweiz", Lugano 3. und 4. November 2008

Schweizerische Bischofskonferenz

Mgr. Dr. Kurt Koch, Bischof von Basel, Präsident der Schweizer Bischofskonferenz
Mgr. Norbert Brunner, Bischof von Sitten, Vizepräsident der Schweizer Bischofskonferenz
Mgr. Bernard Genoud, Bischof von Lausanne-Genf-Freiburg
Mgr. Markus Büchel, Bischof von St. Gallen
Mgr. Pierre Farine, Weihbischof von Lausanne-Genf-Freiburg
Mgr. Dr. Ivo Fürer, emeritierter Bischof von St. Gallen
Mgr. Martin Gächter, Weihbischof von Basel
Mgr. Amédée Grab OSB, emeritierter Bischof von Chur
Mgr. Pier Giacomo Grampa, Bischof von Lugano
Mgr. Dr. Peter Henrici SJ, emeritierter Weihbischof von Chur
Mgr. Dr. Vitus Huonder, Bischof von Chur
Mgr. Joseph Roduit CRA, Abt von St-Maurice
Mgr. Denis Theurillat, Weihbischof von Basel
Mgr. Dr. Paul Vollmar SM, Weihbischof von Chur
Mgr. Martin Werlen OSB, Abt von Einsiedeln

Vertreter des Apostolischen Stuhls

Mgr. Dr. Juan Ignacio Arrieta Ochoa de Chinchetru, Sekretär des Päpstlichen Rates für die Gesetzestexte, Rom
Mgr. Dr. Dr. Francesco Canalini, Apostolischer Nuntius, Bern
Prof. Dr. Carlo Cardia, Ordinarius für Staatskirchenrecht, Università Roma Tre
Mgr. Dr. Dr. Francesco Coccopalmerio, Präsident des Päpstlichen Rates für die Gesetzestexte, Rom
Mgr. Dr. Jan Pawlowski, Staatssekretariat, Rom
Mgr. Dr. Jean-Claude Périsset, Apostolischer Nuntius, Berlin

Sekretariat der Schweizer Bischofskonferenz

Dr. Felix Gmür, Generalsekretär der Schweizer Bischofskonferenz

Walter Müller, Verantwortlicher für Kommunikation und Sprecher der Schweizer Bischofskonferenz

Dr. Erwin Tanner, stellvertretender Generalsekretär der Schweizer Bischofskonferenz

Leiter der Tagung

Mgr. Prof. Dr. Libero Gerosa, Ordinarius für Kanonisches Recht, Direktor des Internationalen Instituts für Kanonisches Recht und vergleichendes Recht der Religionen (Istituto DiReCom) an der Theologischen Fakultät Lugano

Experten und Referenten

Jean-Robert Allaz, Bischofsvikar, Lausanne

Alois Bissig, Präsident des Kleinen Kirchenrats der Römisch-Katholischen Landeskirche Nidwalden

Dr. Dr. Joseph Maria Bonnemain, Offizial der Diözese Chur

Lic. iur. can. Urs Brosi, Generalsekretär der Katholischen Landeskirche Thurgau

Prof. Dr. Arturo Cattaneo, Ordinarius für Kanonisches Recht im Istituto S. Pio X, Venedig

Prof. Dr. Bernhard Ehrenzeller, Ordinarius für Staats- und Verwaltungsrecht an der Universität St. Gallen.

Georg Fellmann, Präsident der Römisch-Katholischen Zentralkonferenz der Schweiz (RKZ)

Susana García, Generalsekretärin der Fédération ecclésiastique catholique romaine du Canton Vaud

Dr. Philippe Gardaz, alt-Kantonsrichter, Lausanne

Dr. Martin Grichting, Bischofsvikar, Chur

Lic. iur. Kristin Gubler Borer, Mitglied der Kommission für Staatskirchenrecht und Religionsrecht der RKZ

Ruedi Heim, Bischofsvikar, Luzern

Dr. Andreas Hubli, Personalchef der Katholischen Kirche im Kanton Zürich

Bernard Jordan, Geschäftsführer der Fédération catholique romaine neuchâteloise (FCRN)

Dr. Daniel Kosch, Generalsekretär der Römisch-Katholischen Zentralkonferenz der Schweiz (RKZ)

Lic. iur. Barbara Kühne-Cavelti, Präsidentin der Kommission für Staatskirchenrecht und Religionsrecht der RKZ

Roger Liggenstorfer, theologischer Mitarbeiter von Bischof Dr. Kurt Koch, Solothurn

Prof. Dr. Adrian Loretan, Ordinarius für Kanonisches Recht und Staatskirchenrecht an der Universität Luzern

Dr. Stefan Müller, Präsident des Verbandes der römisch-katholischen Kirchgemeinden des Kantons Glarus, Delegierter RKZ, Glarus
Dr. Giusep Nay, Präsident des Bundesgerichts i. R., Valbella
Dr. Paul Oberholzer SJ, Zürich/Rom
Prof. Dr. Vincenzo Pacillo, Professor für Staatskirchenrecht an der Universität Modena und am Istituto DiReCom, Lugano
Lic. iur. Giorgio Prestele, Generalsekretär der Katholischen Kirche im Kanton Zürich
Mgr. Carlo Radaelli, Generalsekretär der Diözese Milano
Prof. Dr. Wolfgang Rüfner, Vertreter der Deutschen Bischofskonferenz
Markus Sahli, Vertreter des Schweizerischen Evangelischen Kirchenbunds (SEK)
Prof. Dr. Suzette Sandoz, Universität Lausanne, Nationalrätin i. R.
Dr. Benno Schnüriger, Mitglied der Kommission für Religionsrecht und Staatskirchenrecht der RKZ
Lorenzo Simorelli, Generalanwalt der Kurie von Milano
Charles Steiner, Vizepräsident der Römisch-Katholischen Zentralkonferenz der Schweiz (RKZ), Genf
Dr. Stefan Suter, Anwalt, Basel
Dr. Franz Xaver von Weber, Schwyz
Dr. Paul Weibel, Schwyz
Hans Wüst, Präsident des Administrationsrats des Katholischen Konfessionsteils des Kantons St. Gallen

Protokollführer

Dr. Roberta Arnold, Lugano
Dr. Alessandro Ferrari, Modena
Dr. Elke Freitag, Lugano
Dr. Urban Fink, Chefredakteur der Schweizerischen Kirchenzeitung, Oberdorf

Dolmetscher

Claudia Gisler, Lugano
Patrizio Foletti, Ascona
Anita Francioli, Adliswil
Lic. phil. Giovanni Meier-Grandjean, Archivar des Sekretariats der SBK, Freiburg

Sekretärin

Carla Fraioli-von Arx, Lugano

Die italienisch- und französischsprachigen Beiträge wurden übersetzt von:

DDr. Burkhard Josef Berkmann, St. Pölten (Juan Ignacio Arrieta; Arturo Cattaneo; Francesco Coccopalmerio, Zusammenfassender Schlußbeitrag am Ende der Tagung; Libero Gerosa, Schlußfolgerungen und Perspektiven; Vincenzo Pacillo)

Fa. OnlineLingua – Binder International, Neulengbach (Bernard Jordan)

Dipl.-Päd. Gerda Schaden, St. Pölten (Philippe Gardaz)

MMag. Monika Stadlbauer, Wien (Francesco Coccopalmerio, Votum am Ende des ersten Tages; Kurt Koch, Votum am Ende des ersten Tages; Jean-Claude Périsset)

Dr. Regina Willi, Heiligenkreuz (Carlo Cardia)

Kirchenrechtliche Bibliothek

hrsg. von Libero Gerosa (Lugano) und Ludger Müller (Wien)

Ludger Müller; Alfred E. Hierold; Sabine Demel; Libero Gerosa; Peter Krämer (Hg.)
„Strafrecht" in einer Kirche der Liebe
Notwendigkeit oder Widerspruch?
Kirchliche Strafverfahren kommen von Zeit zu Zeit in den Blick, besonders dann, wenn Einzelfälle in aller Öffentlichkeit verhandelt werden wie sexueller Mißbrauch von Kindern und Jugendlichen durch Mitarbeiter der Kirche, aber auch nur den innerkirchlichen Bereich betreffende Taten wie verbotene Gottesdienstgemeinschaft. Wenn es um Sanktionen in der Kirche geht, stellt sich die grundlegende Frage: Kann es in einer Kirche, in der die Liebe einen hohen Stellenwert einnimmt, überhaupt Strafen geben? Wie ist der Charakter der kirchlichen Sanktionen zu umschreiben: als Strafen, als Bußmittel oder als Disziplinarmaßnahmen? Sind die Mittel des Rechtsschutzes in der Kirche ausreichend? Fragen dieser Art waren Gegenstand der kirchenrechtlichen Tagung, die vom 7. bis 9. März 2004 in Bamberg stattgefunden hat und deren Ergebnisse im vorliegenden Band präsentiert werden.
Bd. 9, 2006, 216 S., 24,90 €, br., ISBN 3-8258-9272-7

Peter Krämer; Sabine Demel; Libero Gerosa; Alfred E. Hierold; Ludger Müller (Hg.)
Recht auf Mission contra Religionsfreiheit?
Das christliche Europa auf dem Prüfstand
Das christliche Europa steht auf dem Prüfstand. Die Diskussionen um die Präambel der europäischen Verfassung sind hierfür exemplarisch. Dies wird auch sichtbar an der fortschreitenden Entchristlichung der Gesellschaft und der wachsenden Bedeutung anderer Religionen. Die Auseinandersetzung über religiöse Symbole in öffentlichen Einrichtungen findet nicht nur hier, sondern auch in anderen europäischen Ländern statt. Der Band dokumentiert die Ergebnisse der Kirchenrechtstagung im Jahr 2006 in Trier, die den Absolutheitsanspruch und die Haltung zur Religionsfreiheit von Christentum, Judentum und Islam thematisiert und Fragen zur Stellung der Religionsgemeinschaften in Staat und Gesellschaft erörtert hat.
Bd. 10, 2007, 232 S., 24,90 €, br., ISBN 978-3-8258-9431-3

LIT Verlag Berlin – Münster – Wien – Zürich – London

Auslieferung Deutschland / Österreich / Schweiz: siehe Impressumsseite